CW01152030

| PÁGINA 36 | **EN RUTA** |

Zagorje p. 69

Zagreb p. 38

Slavonia p. 83

Kvarner p. 135

Istria p. 98

Norte de Dalmacia p. 173

LAS MEJORES EXPERIENCIAS MAPA P. SIG.

Split y Dalmacia central p. 204

Dubrovnik y sur de Dalmacia p. 250

| PÁGINA 331 | **GUÍA DE SUPERVIVENCIA** | INFORMACIÓN PRÁCTICA DE FÁCIL CONSULTA. Cómo desplazarse, conseguir una habitación, viajar seguro y saludar. |

Datos prácticos 332
Transporte 341
Idioma 347
Índice 355
Leyenda de los mapas ... 364

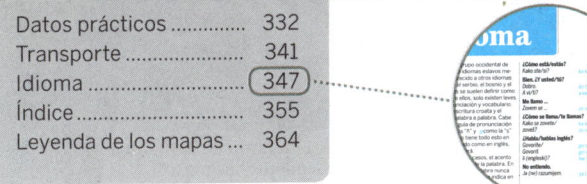

EDICIÓN ESCRITA Y DOCUMENTADA POR

Anja Mutić, Iain Stewart

Croacia

Las mejores experiencias

LAS 17 MEJORES EXPERIENCIAS

El paraíso de Plitvice

1 El espectacular Parque Nacional de los Lagos de Plitvice (p. 184) es un corredor de cristalinas aguas y cascadas color turquesa en el boscoso corazón de Croacia. El terreno kárstico confiere increíbles colores a sus decenas de lagos, desde el Kozjak, de 4 km de largo, hasta lagunas de riberas juncosas, separados por formaciones de *travertino* cubiertas de musgo. Pasarelas de madera permiten caminar sobre este precioso mundo acuático. Para huir del gentío de las riberas hay senderos entre hayas, píceas, abetos y pinos.

Todo Dubrovnik

2 Principal atracción de Croacia, la gran ciudad amurallada de Dubrovnik (p. 250) es Patrimonio Mundial de la Unesco, y con razón. Tras los implacables bombardeos de la guerra en la década de 1990, las imponentes murallas, monasterios, iglesias medievales, lindas plazas y fascinantes barrios residenciales han recuperado su esplendor. Se tiene una perspectiva imbatible de esta perla del Adriático si primero se sube en teleférico al monte Srd y luego se recorren a pie las murallas para ver la ciudad más de cerca, con la historia desplegándose al pie de las almenas.

Asombrarse en Mljet

4 Densos pinares cubren la paradisíaca isla de Mljet (p. 269), aún casi virgen. Según la leyenda, Ulises no pudo abandonarla en siete años, y no es de extrañar. Toda la parte oeste es un parque nacional, con dos sublimes lagos color cobalto, un monasterio y Pomena, un apacible y pequeño puerto que parece sacado de una postal. Tampoco el este tiene desperdicio, con estupendas calas y toda una joya gastronómica, el restaurante Stermasi (p. 270).

La marcha de Hvar

3 En pleno verano no hay sitio más animado que el pueblo de Hvar (p. 239). Multitud de gente guapa y bronceada baja de sus yates para disfrutar de la lúdica oferta que día y noche ofrece esta glamurosa isla. Hay fiestas en la playa mientras el sol se hunde en lontananza en el Adriático, cócteles de diseño junto al mar al son de música *house* y fiestas de la luna llena junto al mar, todo para un público fiestero pero sofisticado.

Tomar café en Zagreb

5 Es imprescindible hacerlo en uno de sus cafés-terraza, todo un rito que implica pasar horas observando a la gente, cotilleando y meditando, sin que los camareros metan prisa. Para vivir la tan europea y animada cultura del café antes de que Starbucks se instale, hay que conseguir una mesa en la peatonal y adoquinada Tkalčićeva, donde se suceden estos establecimientos, o en Trg Petra Preradovića o Bogovićeva. No hay que perderse la *špica* de la mañana del sábado, ese ritual de tomar café y ver gente que supone el cenit del programa social semanal de Zagreb.

La buena mesa de Istria

6 La *dolce vita* impera en Istria (p. 98), donde mejor se come en Croacia. Destacan su marisco, trufas, aceite de oliva, espárragos silvestres, vino y una variedad poco común de vacuno llamada *boškarin,* además de infinidad de especialidades típicas. Aquí triunfa la antítesis de la comida rápida, la *slow food:* se paladea en los restaurantes de la costa, en tabernas familiares de pueblos medievales encaramadas a un cerro y en almazaras reconvertidas en el verde interior montañoso de la península.

'Windsurf' en Bol

7 En la costa sur de la isla de Brač se halla Bol, con su célebre playa de Zlatni Rat (p. 234), una lengua de guijarros dorados frecuentada por los amantes del *windsurf;* el canal marino entre las islas de Brač y Hvar ofrece condiciones de viento ideales gracias al mistral del oeste, que sopla todas las tardes de mayo a finales de septiembre. El viento se va levantando por la mañana, momento ideal para que los principiantes surquen las olas. Pasado el mediodía, cobra verdadera fuerza y es perfecto para quien busque una buena descarga de adrenalina.

Caminatas y escaladas por Paklenica

8 El Parque Nacional de Paklenica (p. 186) es impresionante; desde la costa norte de la isla de Pag es como mejor se aprecia la brusca elevación de los montes Velebit frente al mar. Las dos grandes gargantas que hienden esta cordillera son una ruta natural de senderismo que lleva a los altos picos alpinos de Vaganski vrh (1757 m) y Babin vrh (1741 m). Paklenica es también el mejor centro de escalada en roca de Croacia, con cientos de rutas espectaculares.

Pasteles y helados

9 Los golosos adorarán Croacia y sería un pecado perderse las *slastičarnas* (pastelerías) que hay por todo el país. Hay que probar los cremosos pasteles a la austriaca, los muy croatas *kremšnite* (hojaldres de crema) y los *strudels* caseros. En verano, los mostradores de helados suelen ofrecer entre diez y veinte sabores recién hechos. El *sladoled* (helado) croata es tan bueno como el *gelato* italiano.

La salvaje Kamenjak

10 Los croatas amantes de la playa veneran esta pequeña península al sur de Pula por su salvaje y abrupta belleza y su desolado aire de confín del mundo. Kamenjak (p. 105) es una reserva natural protegida, sin urbanizar, cubierta de brezos, matas y flores silvestres, y atravesada por un dédalo de pistas de tierra. Rodeada de cristalinas aguas verdiazules, ofrece una sucesión de ensenadas de guijarros y apartadas playas rocosas. Aunque en verano esté concurrida, siempre hay una playa vacía adonde escaparse, además de un bar donde charlar.

Hechizo azul en Biševo

11 Entre las numerosas cuevas de la apartada isla caliza de Biševo (p. 249), la Gruta Azul (Modra Špilja) destaca por su espectacular juego de luces natural. En las mañanas despejadas, los rayos del sol penetran por un agujero submarino en esta gruta costera, bañándola con una fascinante luz azul plateada; bajo el agua turquesa, los tenues brillos plata y rosa de las rocas crean un efecto sobrenatural. Bañarse en su interior resulta totalmente surrealista; una experiencia imprescindible.

Surcar el Adriático

12 Desde breves excursiones entre islas cercanas hasta travesías a lo largo de toda la costa pasando la noche a bordo. Un crucero es un modo estupendo y barato de ver el Adriático croata. Se contempla la impresionante costa mientras se pasa velozmente ante algunas de las 1244 islas del país, como las famosas Hvar y Brač u otras menos visitadas como Vis. Si hay dinero para derrochar, se puede alquilar un velero para ver las islas impulsado por los vientos y las corrientes marinas.

Kopački Rit, maravilloso humedal

13 Uno de los mejores lugares de Europa para observar aves es este increíble humedal que forman los ríos Danubio y Drava, Kopački Rit (p. 92). Hay que hacer una excursión en barco y estar ojo avizor para ver águilas imperiales y de cola blanca, cigüeñas negras, garzas imperiales y pájaros carpinteros, algunas de las casi trescientas especies registradas. Se puede explorar el bosque inundado en canoa, o hacer rutas a pie o a caballo. También son comunes mamíferos como el ciervo o el jabalí y reptiles como la culebra teselada o las tortugas de agua.

El alma de Split

14 El Palacio de Diocleciano (p. 205), una de las ruinas romanas más imponentes del mundo, da una idea de la milenaria historia croata. Se halla en un laberíntico y animado barrio, alma y vibrante corazón de Split, que rebosa de bares, tiendas y restaurantes. Uno de los mejores planes en Croacia es perderse en este dédalo de callejas, pasadizos y patios, lo bastante pequeño como para encontrar siempre una salida. Hay que franquear sus muros para tomar algo en la Riva, paseo marítimo pavimentado en mármol y bordeado de palmeras.

Descubrir Zadar

15 La ciudad de Zadar (p. 175) ofrece historia y cultura a raudales, sin perder su aire práctico, y se está convirtiendo en uno de los principales destinos croatas. Es imprescindible ver, entre otras cosas, dos instalaciones artísticas del arquitecto Nikola Bašić: el cautivador *Órgano del Mar* y el impresionante *Saludo al Sol*. Hay también estupendos festivales de música. En una cercana y linda península cubierta de pinos, el Garden Festival brinda la ocasión de oír a las figuras más creativas de la música electrónica.

Castillos de cuento de Zagorje

16 No hay que perderse estos castillos medievales de postal. Aunque data de 1334, el de Trakošćan (p. 78) muestra el estilo gótico de su posterior restauración. Cuenta con un buen museo sobre la nobleza croata y, para pasear, 87 Ha de terrenos ajardinados en un romántico parque estilo inglés con árboles exóticos y un lago artificial. Aunque actualmente en restauración, también vale la pena ver el castillo de Veliki Tabor (p. 80) por su estructura pentagonal con torres y torrecillas, y el bucólico paisaje que rodea el cerro donde se eleva.

Olvidarse del estrés en Cres

17 La región de Tramuntana, en el norte de Cres (p. 155), fascina por su salvaje belleza. En Beli hay que visitar el centro del buitre leonado para saber todo sobre esta rapaz amenazada. Luego, recorrer el conjunto de ecosenderos que atraviesan vírgenes bosques centenarios y pueblos abandonados, donde casi se espera ver salir un elfo de detrás de alguna gigantesca encina. De vuelta a Beli, en la Pansion Tramontana (p. 157) sirven un sustancioso cordero del lugar con deliciosa ensalada verde, para degustar con un vaso de vino dálmata.

bienvenidos a Croacia

Su rara mezcla de autenticidad a la antigua y glamour *hacen de Croacia el destino de moda en Europa, donde el sol y la playa se disputan la atención con tesoros culturales, arquitectura antigua y tradiciones populares ancladas en el tiempo.*

Tipo de turismo

Pese a su reputación de lugar de vacaciones de Europa, Croacia no se ha rendido al turismo masivo. "El Mediterráneo tal como era", lema de la Oficina Nacional de Turismo, quizá resulte exagerado en destinos populares donde la urbanización se ha impuesto, aunque aún se encuentren focos de cultura tradicional y haya mucho por descubrir fuera de los lugares más trillados. Algunas localidades famosas del Adriático tienen precios tremendos en verano, mientras que viajar por la Croacia interior cuesta una ínfima parte de lo que se paga en la costa. Ante tanta elegancia, el viajero quizá olvide que una brutal guerra civil sacudió Croacia en los años noventa. La forma en que el país se ha recuperado demuestra la resistencia de sus habitantes, gente muy hospitalaria una vez salvada la barrera turista/lugareño.

La costa

Tiene mucha animación y un atractivo estelar indudable. Se encontrará mucho *glamour* en Dubrovnik y Hvar, donde atracan legiones de yates de lujo y es obligado salir de noche y avistar famosos, cóctel de diseño en mano. Para quien busque paz y tranquilidad hay muchos rincones por descubrir, como apartados islotes coronados por faros, preciosos pueblos pesqueros, solitarias calas y atolones a lo Robinson Crusoe. Las familias se reúnen en resguardadas playas y hay un sinfín de actividades para todas las edades.

La belleza interior

Casi todo el mundo visita la costa, de casi 2000 km y más de mil islas, pero se salta las olvidadas maravillas del interior croata. Lejos del litoral se pueden disfrutar las tierras de labranza en un hotel rural, explorar la abrupta naturaleza o practicar muchas actividades: senderismo, bicicleta, rápel, parapente, *rafting,* piragüismo... Aunque Zagreb quede eclipsada por la cercana Viena, esta diminuta capital tiene una atractiva vida, un flamante museo de arte contemporáneo, monumentos antiguos y una apretada lista de festivales y celebraciones.

La gastronomía

El país ha ido escalando poco a poco hasta lo alto del escalafón gastronómico de Europa. Su principal ventaja es la excelente calidad de los ingredientes locales, tanto del mar como de la tierra, imaginativamente preparados por chefs de renombre o guisados al estilo casero en tabernas regentadas por familias. Hay que darse una caminata para llegar a algunos de estos templos culinarios, pero uno sabrá que ha valido la pena en cuanto pruebe la comida. Las zonas vinícolas croatas tienen tanta pujanza como el país mismo, y los aceites de oliva (especialmente los de Istria) están obteniendo un gran reconocimiento.

lo esencial

Moneda
» Kuna (HRK)

Idioma
» Croata

Cuándo ir

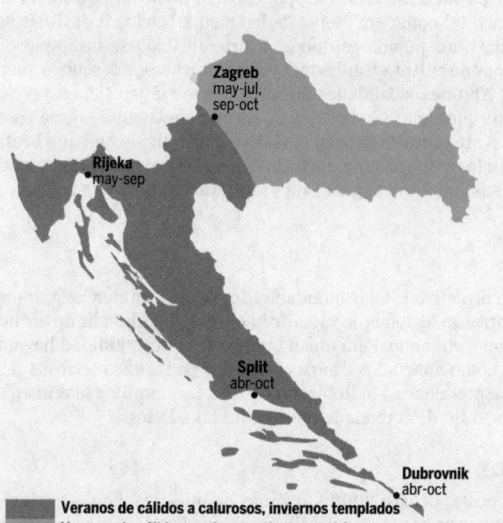

Zagreb
may-jul, sep-oct

Rijeka
may-sep

Split
abr-oct

Dubrovnik
abr-oct

■ Veranos de cálidos a calurosos, inviernos templados
■ Veranos de cálidos a calurosos, inviernos fríos
■ Veranos templados, inviernos fríos

Temporada alta (jul y ago)

» Hace el mejor tiempo del año. La isla de Hvar es la más soleada, seguida de Split, la isla de Korčula y Dubrovnik.

» Los precios están más altos y la costa, más concurrida.

Temporada media (may-jun y sep)

» La costa está ideal, con el mar lo bastante templado para bañarse, poca gente y precios más bajos.

» En primavera e inicios del verano, el viento *maestral* es perfecto para navegar.

Temporada baja (oct-abr)

» Los inviernos son fríos en el continente y los precios, bajos.

» Los vientos del sureste traen densas capas de nubes; los del noreste, fuertes ráfagas de aire seco que despejan el cielo.

Presupuesto diario

Económico, menos de
350 HRK

» Alojamiento en casas particulares; camas en dormitorio colectivo, 150 HRK aprox.

» Mercados donde comprar alimentos.

» Tabernas baratas, *pizza* y helado.

» Actividades gratuitas.

Medio
350-800 HRK

» Habitación doble en hotel de precio medio.

» Comidas en restaurantes correctos y copas de noche.

» Un par de circuitos, más actividades.

Alto, más de
800 HRK

» Hoteles-*boutique* y de cuatro estrellas.

» Comidas en restaurantes de categoría.

» Tratamientos de *spa*.

» Excursiones y automóvil de alquiler.

Dinero

» Cajeros automáticos por doquier. Casi todos los hoteles y restaurantes aceptan tarjetas. Los restaurantes más pequeños, tiendas y alojamientos particulares, solo efectivo.

Visados

» En general no se exigen para estancias de hasta 90 días, aunque los ciudadanos de algunos países sí los precisan.

Teléfonos móviles

» Los usuarios de teléfonos liberados pueden comprar tarjetas SIM locales, fáciles de encontrar. Los restantes tendrán que recurrir al *roaming*.

Conducción

» Se conduce por la derecha; el volante del automóvil está a la izquierda.

Webs

» **Oficina Nacional de Turismo de Croacia** (www.croatia.hr) El mejor punto de partida para planear el viaje.

» **Adriatica.net** (www.adriatica.net) Para reservar habitaciones, apartamentos y hoteles en toda la costa.

» **Sobre Croacia** (www.sobrecroacia.com) Datos prácticos y multitud de *links* útiles para el viajero.

» **Página principal de Croacia** (www.hr) Cientos de enlaces a todo lo que pueda interesar.

» **Lonely Planet.es** Información sobre el destino y foro con multitud de información.

Tipos de cambio

Argentina	1 ARS	1,35 HRK
Chile	1 CLP	0,01 HRK
Colombia	1 COP	0,002 HRK
EE UU	1 US$	5,06 HRK
México	1 MXN	0,45 HRK
Venezuela	1 VEF	1,25 HRK
Zona Euro	1 €	7,25 HRK

Tipos de cambio actualizados en www.xe.com.

Teléfonos útiles

Para llamar a Croacia desde el extranjero, se marca el prefijo internacional, luego el del país, el de zona (sin el 0 inicial) y el número local.

Asistencia en carretera	+987
Prefijo del país	+385
Prefijo internacional desde Croacia	+00
Información telefónica (internacional)	+902
Información telefónica (local)	+988

Cómo llegar

» **Aeropuerto de Zagreb (p. 63)** Autobuses al centro: coinciden con la llegada de los vuelos, de 5.00 a 20.00. Taxis al centro: 150-300 HRK; unos 20 minutos hasta la ciudad.

» **Aeropuerto de Split (p. 221)** Autobuses al centro: coinciden con la llegada de los vuelos. Taxis al centro: 200-260 HRK; unos 30 minutos hasta la ciudad.

Alojamiento en casas particulares

Los hoteles del país suelen ser caros para lo que ofrecen, sobre todo los de la costa durante la temporada alta estival. Alojarse en casas particulares no es solo lo mejor para ahorrarse bastante dinero sino también para conocer la hospitalidad croata. Muchos propietarios tratan a sus huéspedes como a viejos amigos, algo inimaginable en los hoteles.

Sin embargo, hallar la habitación o apartamento particular adecuado requiere algo de esfuerzo. Es mejor informarse de lo que hay antes de partir, en la red o boca a boca. Si se prefiere actuar sobre la marcha, al llegar al destino hay que visitar varios sitios a través de una agencia de viajes antes de decidirse.

Algunos alojamientos particulares ofrecen la posibilidad de comer con los dueños, algo estupendo para conocer la cultura.

Nota: en temporada alta muchos alojamientos particulares cobran recargos por estancias de menos de tres o cuatro noches.

si gusta...

Islas

La costa croata tiene un sinfín de ellas, desde diminutas, verdes y deshabitadas hasta enormes, áridas y muy animadas.

Hvar La más conocida, es la que tiene más horas de sol... y más turistas, gracias al *glamour* del pueblo de Hvar, donde la gente acude para ir de fiesta (p. 238).

Vis Apartada, misteriosa, fuera de lo trillado y prohibida a los turistas durante unos cuarenta años, tiene estupendas playas, bonitos pueblos costeros y comida de primera (p. 245).

Mljet Larga, estrecha y cautivadora, posee un lago marino, un monasterio en un islote y soberbios paisajes. Puede visitarse en el día desde Dubrovnik (p. 269).

Cres Con impresionantes paisajes, pueblos medievales asombrosos y una linda capital con puerto, es una de las menos afectadas por el turismo (p. 155).

Brač La mayor del Adriático, cuenta con la playa croata más famosa, la fascinante Zlatni Rat del lindo pueblo de Bol (p. 234).

Actividades al aire libre

La gente activa y amante del aire libre tiene mucho que hacer en Croacia: nadar en el Adriático, pasear en bicicleta de montaña, practicar *windsurf*, kayak, escalada, descenso de ríos...

Vela Navegar en velero entre las preciosas islas, atracar en destinos populares como Hvar (p. 238) y visitar islas apartadas como las Kornati (p. 202) y Vis (p. 245).

Excursionismo Hay muchos parques nacionales ideales para su práctica, como Plitvice (p. 184), Paklenica (p. 186) y Krka (p. 200), al igual que los alrededores de Zagreb (p. 65).

Submarinismo Para sumergirse y descubrir tesoros submarinos son excelentes las islas de Hvar (p. 238), Brač (p. 232), Krk (p. 200) y las Kornati (p. 202), por citar algunas. Además, hay empresas de submarinismo en casi todos los pueblos costeros.

Bicicleta Para pedalear por la llana campiña de Baranja (p. 92), por la ruta de Parenzana (p. 123) en Istria o por las islas.

Naturismo Croacia ha sido un lugar de primera para el nudismo desde 1936, cuando Eduardo VIII y Wallis Simpson iban a bañarse desnudos por la costa de Rab (p. 104).

Arquitectura

Se hallará de todo tipo, desde romana, barroca, renacentista y románica hasta veneciana, gótica y contemporánea.

Dubrovnik Esta ciudad que se adentra en el azul del Adriático, rodeada de monumentales murallas, es visualmente una de las más deslumbrantes de Europa (p. 253).

Trogir Pequeña localidad costera rebosante de edificios románicos y renacentistas bien conservados, con una de las catedrales más bonitas de la costa (p. 224).

Zadar Compacta y relajada, ofrece todo tipo de estilos arquitectónicos, desde ruinas romanas hasta obras maestras contemporáneas como el *Órgano del Mar* y el *Saludo al Sol* (p. 175).

Palacio de Diocleciano Una de las ruinas romanas más impresionantes del mundo, protegida por la Unesco, ha sido siempre el palpitante corazón de la ciudad: la vida late en su antiguo barrio, el alma de Split (p. 205).

Varaždin Ejemplo de barroco impecablemente restaurado, la antigua capital croata aguarda la codiciada inclusión en el Patrimonio Mundial por su refinadísima ciudad vieja (p. 72).

>> Edificios históricos bien conservados bordean el muelle, Trogir (p. 224).

Playas

En la costa y las islas hay muchas y preciosas donde quitarse la ropa o lucir lo último en biquinis.

Islas Pakleni Playas a la sombra de los pinos, tanto para los nudistas como para los más convencionales (p. 240).

Bačvice Activa, divertida y atestada de vida local (p. 212).

Zrće La capital estival del club y la discoteca (p. 195).

Lubenice Pequeña, solitaria, sensacional y de difícil acceso (p. 160).

Zlatni Rat Lengua de piedras doradas llena de amantes del *windsurf*, con muchas actividades (p. 235).

Lokrum Rocosa y de aguas cristalinas, un paraíso para los nudistas y siempre tranquila (p. 268).

Playa Paraíso De fina arena, una maravilla con aguas poco profundas y a la sombra de los pinos (p. 171).

Stiniva Espectacular y apartada cala de guijarros entre altas rocas (p. 248).

Brela Una serie de calas bordeadas de palmeras, con suaves guijarros (p. 231).

Rt Kamenjak Treinta kilómetros vírgenes de ensenadas, calas, guijarros y rocas (p. 105).

Parques nacionales

El atractivo de Croacia se funda en la naturaleza: sus cascadas, bosques, montes y la deslumbrante costa. Por suerte hay mucho protegido, con ocho parques nacionales que cubren 961 km².

Lagos de Plitvice Este asombroso fenómeno natural contiene sublimes cascadas, pozas color turquesa y bosques (p. 184).

Krka Para ver cascadas estupendas y visitar un apartado monasterio (p. 200).

Paklenica Ofrece naturaleza a gran escala, un par de cañones y excelentes excursionismo y escalada (p. 186).

Risnjak Sombreadas sendas atraviesan densos bosques y prados cuajados de flores silvestres (p. 148).

Islas Kornati Su descarnada belleza es el culmen del Adriático sin complejos turísticos (p. 202).

Mljet El paraíso mediterráneo, una isla serena, apacible y sin degradar (p. 269).

Brijuni Este archipiélago frente a Istria es el parque nacional croata más cultivado (p. 108).

Comer y beber

La gastronomía está en alza en Croacia, que tiene excelentes ingredientes locales como aceite de oliva, trufas, pescado y marisco o jamón ahumado, además de una pujante industria vinícola.

'Slow food' Este movimiento propugna el uso de ingredientes locales, frescos y de temporada, y el disfrute del rito de comer (p. 312).

Aceite de oliva Istria encabeza la marcha hacia la perfección del aceite de oliva croata (p. 314). Hay rutas especializadas para visitar a los productores locales y catarlo.

Vino Hay que ir a Istria por su *malvazija* blanco, *teran* tinto y *muškat* dulce. El *dingač* y el *postup* de la península de Pelješac son de los mejores del país. No hay que perderse las rutas del vino de Eslavonia (p. 93) y Međimurje (p. 77).

Trufas Hay que probar el preciado hongo que crece en los bosques de Istria, donde en otoño hasta se puede ir a buscarlos (p. 129).

mes a mes

Principales celebraciones

1 Carnaval de Rijeka, febrero

2 Cest is D'Best, junio

3 Festival de Cine de Motovun, julio

4 Garden Festival, julio

5 Festival de Verano de Dubrovnik, julio-agosto

Enero

El país vuelve al trabajo tras las vacaciones de Navidad, la nieve dificulta el tráfico por las carreteras del interior y los fuertes vientos que soplan en la costa y las islas restringen los horarios de los *ferries*.

Esquiar en Sljeme

La estación de esquí de Sljeme, con remontes y un telesilla triple, está en el pico principal del monte Medvenica, a las afueras de Zagreb. En Croacia hay gran afición al esquí.

Evitar el gentío en la costa

Si se van a visitar las ciudades costeras, es la mejor época para ahorrar dinero: muchos hoteles ofrecen descuentos de hasta el 50%.

Febrero

Ideal para pintorescas excursiones con nieve en el interior, aunque haya que tener cuidado con las carreteras. El bóreas sopla en el Adriático, los *ferries* son infrecuentes y muchos hoteles de la costa cierran.

Carnaval

Para coloridos disfraces, mucho baile y continua juerga antes de la Cuaresma hay que ir a Rijeka, donde el Carnaval es el acontecimiento del año. También son vistosos los de Zadar y Samobor.

Fiesta de San Blas, Dubrovnik

El 3 de febrero, las calles de Dubrovnik se animan con bailes folclóricos, conciertos, comida, procesiones y mucha actividad callejera, todo en honor de su santo patrón.

Marzo

Empiezan a crecer los días y a subir las temperaturas, sobre todo en la costa. Con el deshielo, es un momento estupendo para ver las cascadas de Plitvice y Krka. Aún hay poca actividad al aire libre.

Zagrebdox

Filmes de todo el mundo concurren al festival internacional de cine documental de Zagreb. El Zagrebdox (www.zagrebdox.net), que empieza a finales de febrero y continúa en marzo, atrae a un buen puñado de amantes del género.

Abril

En la costa y las islas del sur se disfruta de algo de sol y de la soledad. Aunque en el interior aún hace frío, los árboles empiezan a brotar y los ríos, crecidos, son ideales para el *rafting* y el kayak.

Bienal Musical de Zagreb

Desde los sesenta se celebra en la capital en los años impares y es el evento de música contemporánea más prominente del país. Este prestigioso festival se dedica a la música clásica actual.

Recolección del espárrago silvestre, Istria

Al empezar la primavera, en los campos y prados del interior de Istria aparecen los espárragos silvestres. Hay que salir a recogerlos, como hacen los lugareños, para luego comerlos en una estupenda *fritaja* (tortilla).

Mayo

Es soleado y templado en la costa, y el mar está ya listo para bañarse. Además, los hoteles son menos caros y las masas aún no han llegado. La vida de café en Zagreb y Split se se pone a cien.

 Semana de la Danza

Zagreb acoge a compañías de danza experimental de todo el mundo durante la última semana de mayo a junio. Algunos espectáculos se representan tanto en Rijeka y Split como en el recién estrenado Centro de Danza de Zagreb, en un antiguo cine (www.danceweekfestival.com).

 Ljeto na Strossu, Zagreb

Esta divertida serie de eventos y actuaciones tiene lugar en el frondoso paseo Strossmayer. Empieza en mayo y dura todo el verano; cine gratuito al aire libre, conciertos de grupos locales, talleres de arte, concursos de perros callejeros y otras extravagantes actividades.

 Día de la Bodega Abierta, Istria

El último domingo de mayo, renombrados bodegueros y viticultores de la región que produce los mejores vinos de Croacia abren las puertas de sus bodegas para que la gente cate sus vinos y se divierta.

Junio

El mar está ideal, hay estupendos festivales por todo el país y un montón de actividades al aire libre. Los *ferries* inauguran su horario de verano, los precios no son aún de temporada alta ni los hoteles están abarrotados.

 **T-Mobile INmusic Festival, Zagreb**

Hay que bailar en el principal festival de música de Zagreb, tres días de espectáculo junto al frondoso lago Jarun con múltiples escenarios y espacios de acampada. Arcade Fire y Jamiroquai encabezaron el elenco del 2011.

 Cest is D'Best, Zagreb

Durante varios días a principios de junio, las calles de Zagreb se llenan de música, danza, teatro, arte, deporte y otros divertidos eventos. Es un festival callejero muy apreciado, con varios escenarios por el centro y unos doscientos artistas internacionales.

 Eurokaz, Zagreb

En la segunda quincena de junio, compañías innovadoras y artistas de vanguardia de todo el mundo llegan a Zagreb para el Festival Internacional de Nuevo Teatro, dedicado desde 1987 al teatro experimental.

 Festival Hartera, Rijeka

Para oír buenos grupos de *rock* joven de Croacia e *indies* de toda Europa, este festival alternativo de tres días se celebra en una fábrica de papel abandonada de Rijeka; se ha convertido en lo más destacado del año para los fans de la música.

Julio

En plena temporada turística, las playas y los hoteles de la costa se llenan. Los *ferries* funcionan a pleno rendimiento y hay festivales por doquier. Es buen momento para visitar el interior sin aglomeraciones.

 Festival de Verano de Dubrovnik

Empieza a mediados de julio y dura hasta finales de agosto; se celebra desde los años cincuenta. Ofrece música clásica, teatro y danza en distintos lugares de la ciudad, incluida la fortaleza Lovrijenac.

 Garden Festival, Zadar

Marchosos de todo el mundo acuden en masa a la zona de Zadar para oír en directo a grandes artistas de la música electrónica en esta gigantesca fiesta en la playa de Petrčane. La iniciativa del festival fue del productor británico Nick Colgan y el percusionista de UB40 James Brown, fundadores del bar Garden, en Zadar.

 **Festival Internacional del Folclore, Zagreb**

Zagreb se torna un torbellino de música y color al recibir a violinistas y bailarines en traje regional de todo el mundo. Hay talleres gratuitos de baile, música y arte, diseñados para dar a conocer la cultura popular croata.

Festival de Cine Motovun, Istria

El festival de cine más divertido y glamuroso del país presenta anualmente filmes independientes y de vanguardia a finales de julio. Al aire libre y en interiores, hay proyecciones sin parar, conciertos y fiestas en las calles medievales de esta ciudad encaramada a un cerro.

Agosto

Apogeo de la temporada turística en el Adriático, con las temperaturas más altas dentro y fuera del agua, las playas abarrotadas y los precios más altos. En Zagreb hace calor pero no hay gente: todo el mundo está en la costa.

Špancirfest, Varaždin

A finales de agosto, este ecléctico festival anima los parques y plazas de Varaždin con su rico repertorio, desde músicas del mundo (afrocubana, gitana, tango y otras) hasta acróbatas, teatro, artesanía tradicional e ilusionistas.

Festival de Cine de Vukovar, Eslavonia

A finales de agosto, este festival anual proyecta largometrajes, documentales y cortos, básicamente de países del Danubio. Visitándolo se ayuda además a esta ciudad, que aún está recuperándose de la guerra.

Septiembre

La locura estival ha pasado, pero aún hay mucho sol, el mar está templado y gran parte de las masas se ha ido; es buen momento para visitar Croacia. Zagreb recobra vida tras el éxodo veraniego a la costa.

Festival Internacional de Teatro, Zagreb

El teatro contemporáneo de calidad se instala en Zagreb un par de semanas todos los años. A menudo dura hasta principios de octubre y deleita a la afición teatral croata.

Noches Barrocas de Varaždin

Cada septiembre durante dos o tres semanas la música barroca invade esta ciudad igualmente barroca. Orquestas croatas e internacionales tocan en su catedral, iglesias y teatros.

Octubre

Los niños vuelven al cole, los padres trabajan y el país retoma su ritmo normal. Los *ferries* adoptan el horario de invierno, aunque el tiempo es aún bastante bueno.

Festival de Cine de Zagreb

No hay que perderse este importante certamen celebrado cada año a mediados de octubre, con proyección de filmes, fiestas relacionadas y directores internacionales compitiendo por el codiciado Carro de Oro.

'Caza' de trufas, Istria

En el interior de Istria hay que ir a buscar las cotizadas y perfumadas trufas blancas y negras a los bosques cercanos a Motovun y Buzet, para luego comerlas en *risotto,* pasta o tortilla.

Noviembre

En el interior bajan las temperaturas, pero en la costa todavía puede hacer sol, aunque no calor. Algunos hoteles del litoral cierran sus puertas, al igual que muchos restaurantes.

Fiesta de San Martín

El 11 de noviembre todas las zonas vinícolas del país celebran el Martinje (día de San Martín). Hay festejos vinícolas, con mucha comida y catas del vino nuevo.

Itinerarios

Croacia esencial »
La flor y nata de la costa »
Ciudad y campo: Zagreb y alrededores »
De este a oeste: Eslavonia e Istria »

Interior de la Basílica Eufrasiana (s. VI) de Poreč.

Croacia esencial

Dos semanas

En esta ruta desde el interior a la costa se recorren los pesos pesados de Croacia, incluida su capital, un par de parques nacionales y las joyas de la costa dálmata.

» Se empieza en la capital, **Zagreb** (p. 38), dedicando un largo fin de semana a su vibrante vida nocturna, buenos restaurantes y exquisitos museos.

» Se va al sur a pasar el día andando por el **Parque Nacional de los Lagos de Plitvice** (p. 184), verde laberinto de lagos turquesa y cascadas Patrimonio Mundial.

» Se baja a **Zadar** (p. 175), una de las ciudades croatas más infravaloradas, pese a ser todo un hallazgo: histórica, moderna, activa y llena de atractivos.

» A continuación se puede realizar una excursión de un día a la **isla de Pag** (p. 191) y degustar su famoso queso. Si es verano, hay que ir de fiesta a una de sus playas.

» Se nada bajo las estupendas cascadas del **Parque Nacional de Krka** (p. 200) o se descansa en las preciosas **islas Kornati** (p. 202).

» Se pasea por las calles de **Trogir** (p. 224), pueblo de postal.

» Se deambula por las ruinas romanas de **Solin** (p. 223).

» Y ahora, uno de los puntos culminantes: el Palacio de Diocleciano de **Split** (p. 205), alma de esta exuberante ciudad costera.

» Después, se recorre con calma la sinuosa carretera costera hasta **Dubrovnik** (p. 250), soberbia ciudad de apabullante belleza.

Desde arriba
1. Vida nocturna en Tkalčićeva, Zagreb 2. Iglesia de San Crisógono, Zadar 3. Parque Nacional de los Lagos de Plitvice 4. Isla de Pag.

3

4

La flor y nata de la costa

Dos semanas

Se descubren las maravillas de la costa croata, desde los mejores escondites de Istria a las joyas de Kvarner y, más al sur, los grandes éxitos dálmatas, tanto en tierra firme como en las islas.

» El recorrido empieza en la ciudad de **Poreč** (p. 116), con su admirable Basílica Eufrasiana, Patrimonio Mundial.

» Se sigue hacia el sur hasta **Rovinj** (p. 110), de arquitectura veneciana y calles empedradas.

» En **Pula** (p. 100) se recorren las evocadoras ruinas romanas, con un anfiteatro, y se descansa en la playa.

» Yendo hacia el norte hay que parar en la antigua localidad de recreo austriaca de **Opatija** (p. 143), para recorrer su paseo marítimo con impresionantes vistas de la costa de Kvarner.

» Desde la cercana **Rijeka** (p. 137), capital de Kvarner, se puede ir en catamarán a la linda **Rab** (p. 165). Tras deambular por el casco antiguo, se descansa en la playa Paraíso, de **Lopar** (p. 171).

» Luego se visita la histórica **Zadar** (p. 175), con profusión de museos, iglesias, cafés y bares.

» Rumbo al sur está la animada ciudad de **Split** (p. 205), buena base para excursiones a las playas de **Brela** (p. 231) y las islas cercanas.

» En Brač se visita el lindo **Bol** (p. 234).

» Se salta a la chic **isla de Hvar** (p. 238) y a las **islas Pakleni** (p. 240) para tomar el sol con ropa o sin ella.

» Para unos días de verdadero relax, buena comida y mucho submarinismo, nada como la **isla de Vis** (p. 245).

» Desde Split se va a **Dubrovnik** (p. 253), ciudad de calles de mármol, animada vida y magnífica arquitectura.

» No hay que perderse la preciosa isla de **Mljet** (p. 269), cuya vegetación, lagos salados y tranquilidad, curan el alma.

Desde arriba
1. Submarinismo en la isla de Vis 2. Calles empedradas, Rovinj 3. Muelle, Rovinj 4. Korita, isla de Mljet.

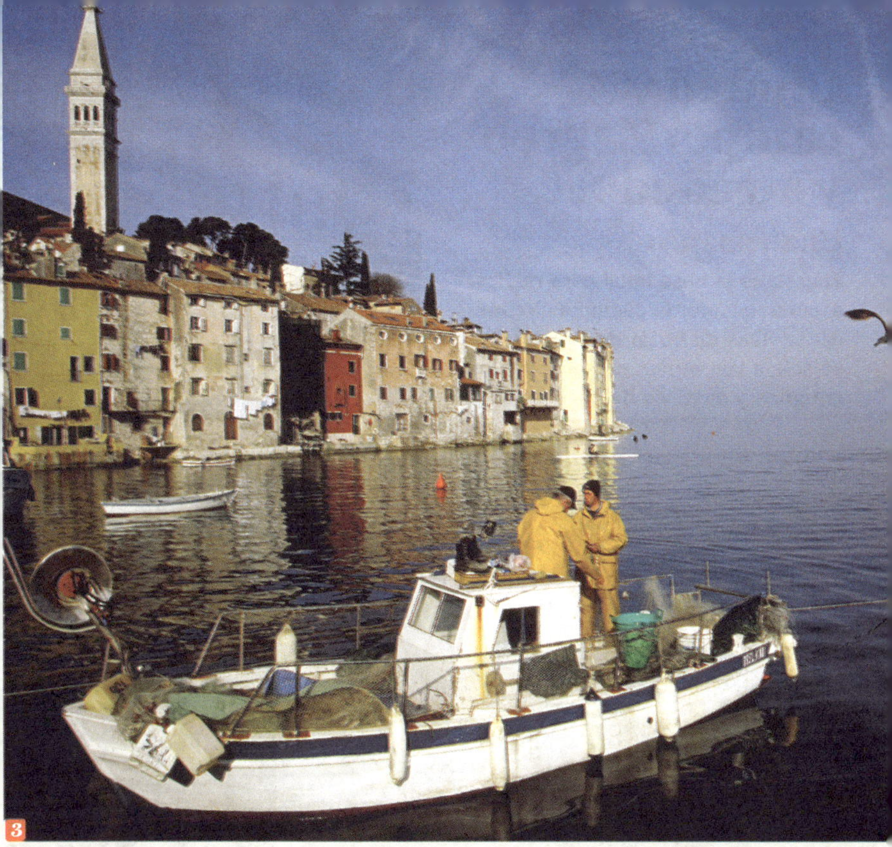
3

4
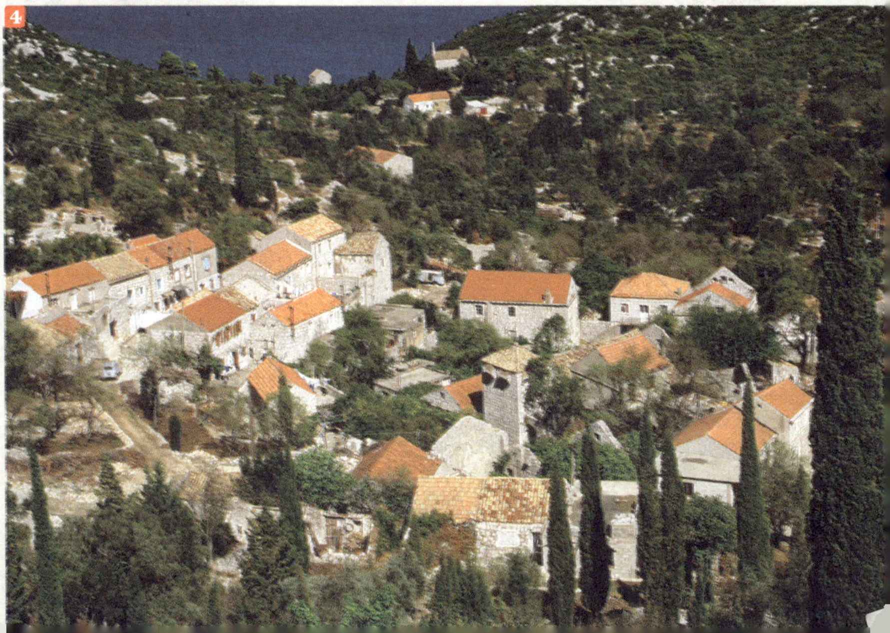

Ciudad y campo: Zagreb y alrededores

Una semana

Zagreb es la base ideal para realizar excursiones por la campiña circundante. Tras disfrutar de la capital, se sale a ver verdes pastos, pueblos antiguos y castillos de cuento.

» Se empieza en la dinámica capital croata, **Zagreb** (p. 38), disfrutando de los museos, el arte y la vida nocturna.

» Luego, se visita el lindo y pequeño **Samobor** (p. 66), con senderismo y pasteles de primera.

» A continuación se puede recorrer la poco turística zona de **Zagorje** (p. 69), con bucólicos paisajes boscosos, granjas y pastos. Lo mejor es empezar por **Klanjec** (p. 81) y descubrir el arte de Antun Augustinčić en el museo local.

» El lugar de nacimiento del hijo más famoso de Croacia, Josip Briz Tito, en **Kumrovec** (p. 81), es de visita obligada. No es un monumento al comunismo, sino una fascinante reflexión sobre la vida tradicional rural.

» Para conocer a los ancestros se visita el flamante Museo de los Neandertal de Krapina, en **Krapina** (p. 78).

» Quien aprecie el misterioso sabor del pasado se deleitará en el **castillo de Trakošćan** (p. 78) y sus verdes terrenos.

» Se hallará más historia en el bien restaurado castillo-fortaleza de **Varaždin** (p. 72), ciudad donde pasar una tarde admirando arquitectura barroca.

» De camino al sur, conviene detenerse en **Marija Bistrica** (p. 81), destino de peregrinos, y admirar unas embriagadoras vistas.

Desde arriba
1. Plaza principal, Samobor 2. Fortaleza encalada, Varaždin 3. Viñedos, Zagorje 4. Castillo de Trakošćan.

3

4

De este a oeste: Eslavonia e Istria

Diez días

En el este se recorre la bucólica Eslavonia para luego dirigirse hasta Istria, península con pueblos medievales, buena comida y lindos hoteles rurales.

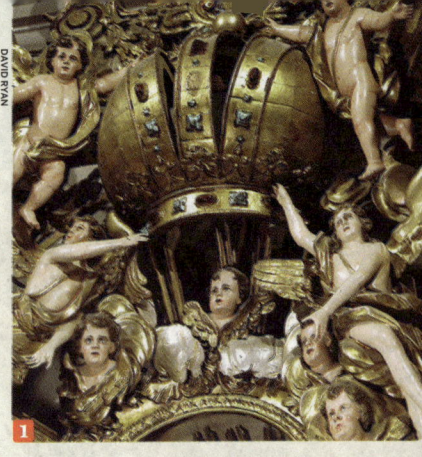

» Las onduladas colinas que rodean Zagreb se van allanando hacia el este camino de Eslavonia, en el borde de Croacia. Hay que parar en **Osijek** (p. 86), ciudad de influencia húngara a orillas del río Drava.

» Se sigue hasta el **Parque Natural de Kopački Rit** (p. 92), con profusión de aves y exuberantes cursos de agua.

» Luego se pasa un día en el "etnopueblo" de **Karanac** (p. 94), disfrutando de la gastronomía y tradiciones de la zona.

» Se sigue hacia el suroeste hasta **Istria** (p. 98). Esta península es la reina gastronómica por sus delicadas trufas, jamón curado al aire, deliciosas aceitunas y excelentes vinos. Hay que parar a comer y dar una vuelta en la ciudad más pequeña del mundo, **Hum** (p. 130).

» Se recorre **Buzet** (p. 128), epicentro de la trufa, y sus pintorescos alrededores.

» En **Pazin** (p. 126) se camina por su famosa sima, que inspiró a Julio Verne.

» Después se ven los preciosos pueblos de **Motovun** (p. 132) y **Grožnjan** (p. 133), encaramados en sendos cerros.

» Rumbo al sur se pasea por el pintoresco **Svetvinčenat** (p. 125) y su plaza mayor renacentista.

» Para terminar, nada como descansar en la encantadora **Bale** (p. 111).

Desde arriba
1. Detalle del interior de una iglesia de Osijek.
2. Tienda de recuerdos, Motovun.

Viajar con niños

Las mejores zonas para niños

Dubrovnik y sur de Dalmacia
Brinda animación playera, divertidos museos y experiencias únicas, como mantenerse en pie sobre la gárgola de Dubrovnik.

Split y Dalmacia central
En Split se deambula por el laberíntico Palacio de Diocleciano y se corretea por la Riva recubierta de mármol. La Makarska Riviera tiene buenas playas, instalaciones familiares de primera y divertidas ofertas recreativas.

Norte de Dalmacia
Zadar ofrece complejos turísticos estupendos para niños y un órgano marino de hipnótico sonido. Šibenik tiene un fabuloso festival infantil y lindas islas cerca.

Istria
Poreč y Rovinj son una base genial para visitar las cercanas cuevas, parques de dinosaurios, fiordos y playas mientras se degusta un delicioso helado.

Zagreb
Se puede montar en el funicular, ver divertidos museos, realizar actividades en Jarun y pasear hasta el pico de Sljeme.

Zagorje
Para saborear la vida rural en Vuglec Breg y Grešna Gorica, hay que recorrer el museo interactivo de Krapina y ver castillos medievales.

Con abrigadas playas de guijarros para bañarse en el Adriático, un puñado de museos interactivos donde refugiarse si llueve y fáciles caminatas por los numerosos parques nacionales y tortuosas calles de pueblos y ciudades antiguas, Croacia ofrece entretenimiento a raudales a quienes viajen con críos. Y, para rematar, los niños son muy bien recibidos.

Croacia para niños

Como en casi toda Europa, en Croacia hay una actitud relajada y positiva hacia los niños. Los croatas están muy orgullosos de sus hijos y son amables con los de los demás. Se sonríe y halaga mucho a los críos, así que no se tendrá la sensación de estar dando la lata si se viaja en familia. Aunque no sea habitual dar el pecho en público, en general se acepta si se hace con discreción. Los servicios específicos son aún escasos, pero eso va cambiando poco a poco. La familia lo pasará genial si se viaja con buena disposición y espíritu de improvisación.

Hay que tener en cuenta que algunos pueblos costeros quizá sean demasiado sosegados para adolescentes ávidos de diversión. Estos (y por tanto sus padres) lo pasarán mucho mejor en destinos costeros con más animación playera. En casi todas las localidades costeras e isleñas se montan en temporada alta camas elásticas y saltadores de gomas; tienen mucho éxito y, a menudo, se forman colas.

En Croacia no faltan espacios abiertos, parques infantiles y zonas peatonales a salvo del tráfico. Casi todas las localidades costeras tienen una *riva* (ribera o paseo marítimo) ideal para pasear y dejar corretear a los niños.

Los croatas están bien dispuestos hacia los niños y siempre dispuestos a ayudar. En cuanto a la seguridad, hay poco de qué preocuparse. El principal problema son las quemaduras solares; hay que llevar mucha crema protectora y gorros, pues el sol del Adriático es más abrasador de lo que parece.

A los críos les encanta la playa, pero hay que elegir bien los sitios: muchas son rocosas, con bruscas caídas donde pueden acabar hiriéndose. Lo bueno es que hay un montón de playas para elegir en la costa y las islas; las de guijarros o arena son perfectas.

La última semana de junio y la primera de julio son ideales para visitar Croacia en familia. La ciudad costera de Šibenik acoge un renombrado festival infantil internacional, con talleres de artesanía, música, baile, cine y teatro, marionetas y desfiles.

Descuentos

Para niños los hay por doquier y para todo, desde entradas a museos hasta alojamientos. La edad máxima suele ser de nueve años. En muchas atracciones los pequeños no pagan entrada.

Comer con niños

El ambiente por lo general relajado de los restaurantes implica que se puede ir con niños a casi cualquier sitio. Incluso los de más categoría tendrán en su carta un plato de arroz, *pizza* o pasta que guste a los críos. Es fácil obtener raciones infantiles. Sin embargo, es raro que haya tronas, y pocos establecimientos disponen de cambiador de pañales. Se encontrarán potitos y preparados en polvo para biberones en casi todos los supermercados y farmacias, a la venta por grupos de edades.

Lo más destacado para niños

Playas

» Baška, isla de Krk: Una concha de 2 km de largo enmarcada por áridos montes.

» Punta Rata, Makarska Riviera: Un fabuloso tramo de guijarros bordeado de pinos.

» Lapad, Dubrovnik: Toboganes marinos, tumbonas y sombrillas a un paso de la ciudad vieja.

» Crveni Otok, Rovinj: Dos islotes comunicados rebosantes de playas de guijarros.

» Lopar, isla de Rab: Playas de arena, aguas poco profundas y múltiples servicios.

Excursiones

» Parque Nacional de Krka: Para zambullirse en un fresco lago bajo una serie de cascadas.

» Parque Nacional de los Lagos de Plitvice: Lagos turquesa, imponentes cascadas y densos bosques.

» Lokrum: Exuberante isla con un jardín botánico y un monasterio medieval.

» Monte Medvednica: El monte favorito de Zagreb tiene verdes senderos por recorrer.

Museos

» Museo Bunari, Šibenik: Divertido e interactivo, sito en un antiguo conjunto de cisternas.

» Museo Técnico, Zagreb: Curioso museo con planetario y la réplica de una mina.

» Museo de los Neandertal de Krapina, Krapina: Para conocer de cerca a nuestros antepasados.

» Casa de la Batana, Rovinj: Interactiva y multimedia, ilustra la historia pesquera de Rovinj.

» Museo Staro Selo, Kumrovec: Entretenida estampa de la vida de pueblo tradicional croata.

Antes de salir

Cuándo ir

Si se busca el máximo de animación y actividad, hay que ir en julio y agosto. Si se desea menos gente y precios más bajos, junio y septiembre son los mejores meses: el agua del mar aún no está fría y hace sol.

Alojamiento

Casi todos los establecimientos reciben bien a las familias, pero hay pocos especializados en ellas. De estos, los mejores son de la cadena Falkensteiner, el Family Hotel Diadora junto a Zadar y el Hotel Vespera de Mali Lošinj. Los hoteles pueden tener cunas, pero en general en cantidad limitada y a veces con recargo. Para mayor comodidad, se puede alquilar un apartamento particular por el precio de una habitación de hotel. Se recomienda preguntar por detalles concretos, como si tiene aire acondicionado, terraza privada o a qué distancia queda la playa.

Qué llevar

Es fácil hallar pañales desechables, sobre todo Pampers estadounidenses y Linostar alemanes; hay que buscar en supermercados como Konzum y en las farmacias DM. Muy pocos restaurantes o lavabos públicos disponen de cambiador de pañales. Los esterilizadores eléctricos son caros y difíciles de encontrar.

Si se piensa ir a las islas, sobre todo a las más apartadas, se recomienda llevar un botiquín, pues no siempre hay servicios médicos a mano.

Salud

No es preciso vacunarse para ir a Croacia. Si se pasa mucho tiempo en espacios naturales, hay que comprobar que los niños no tengan garrapatas. Los casos de enfermedades transmitidas por ellas han aumentado en los últimos años; si se halla alguna, hay que acudir al médico de inmediato.

de un vistazo

Zagreb

Cultura de café ✓✓✓
Museos y galerías ✓
Comida ✓

Cultura de café
Baluarte de la afamada cultura de café de Europa, las terrazas de los cafés de Zagreb están perennemente atestadas (salvo en invierno, claro); ofrecen un café cargado, fuerte, y la ocasión de dejar pasar el tiempo tranquilamente ante una taza durante horas. El momento ideal de comprobarlo es durante el *špica*, el rito de tomar café y observar a la gente que tiene lugar los sábados por la mañana cuando hace buen tiempo y todo el mundo sale a lucir su último modelo.

Museos y galerías
El elegante Museo de Arte Contemporáneo, nuevo emblema cultural de la ciudad, trajo un sabor artístico al paisaje urbano. Luego están los de toda la vida, como el Museo Mimara, con su enorme colección de pintura y escultura o el delicioso Museo Croata de Arte Naif. Para pulsar el palpitante arte contemporáneo de Zagreb, no hay que perderse las galerías independientes que montan exposiciones de vanguardia.

Comida
En este campo tiene mucho que ofrecer la capital croata, que en los últimos años se ha convertido en destino gastronómico. Un puñado de restaurantes sirve platos innovadores, preparados con ingredientes nacionales de gran calidad. El viajero también puede familiarizarse con la gastronomía croata en económicas tabernas que sirven comida tradicional, sencilla pero auténtica.

p. 38

Zagorje

Castillos medievales ✓✓
Arquitectura ✓
Turismo rural ✓

Castillos medievales
Preciosos castillos de cuento salpican las boscosas colinas de esta bucólica región. El neogótico Trakošćan da a conocer la vida de la antigua nobleza croata; el imponente Veliki Tabor, con torres, torrecillas y demás elementos típicos, vigila desde un verde cerro.

Arquitectura
Varaždin es toda una inmersión en el barroco. Los edificios dieciochescos refulgen en su recobrado esplendor, con sus fachadas recién pintadas en los colores pastel originales: ocre, rosa, azul pálido y crema.

Turismo rural
Los lindos paisajes campestres de colinas cubiertas de viñedos, maizales, densos bosques y casitas de caramelo son de fábula. Hay que saborear la vida rural tradicional que se despliega lejos del jaleo turístico del sur.

p. 69

Eslavonia

Observación de aves ✓✓✓
Cultura ✓✓
Historia ✓✓

Observación de aves
Uno de los principales humedales europeos, el Parque Natural de Kopački Rit ocupa la llanura de inundación donde el Danubio se une con el Drava. De fama internacional por su variada avifauna, el mejor momento para visitarlo es durante las migraciones de primavera u otoño.

Cultura
Osijek, su capital, es una de las ciudades más verdes de Croacia, con un pintoresco paseo junto al río y muchos y frondosos parques. También está entre las de mayor riqueza cultural, con un fascinante barrio de los Habsburgo repleto de restaurantes auténticos, ideales para probar la comida con mucha *paprika,* como el *fiš paprikaš.*

Historia
La guerra civil croata fue muy dura en el este de Eslavonia, zona que la artillería pesada arrasó. En Vukovar se pueden ver las cicatrices de la guerra.

p. 83

Istria

Comida ✓✓✓
Arquitectura ✓✓
Playas ✓

Comida
Para conocer la versión regional de la *dolce vita* hay que disfrutar de su magnífica y creativa comida. Desde las trufas blancas y los espárragos silvestres hasta las premiadas aceitunas y vinos, la buena mesa está entre lo más destacado de cualquier visita a Istria, el destino más gastronómico de Croacia.

Arquitectura
Ofrece todo un cóctel: anfiteatros romanos, basílicas bizantinas, casas venecianas y pueblos medievales encaramados a cerros; todo apiñado en una pequeña península.

Playas
Desde las de guijarros bordeadas de pinos y llenas de actividades a un paso de Pula, Rovinj y Poreč, hasta las calas solitarias y agrestes paisajes de Rt Kamenjak, Istria tiene playas para todos los gustos (salvo para incondicionales de la arena).

p. 98

Kvarner

Comida ✓✓
Fauna y flora ✓
Arquitectura ✓

Comida
La calita de Volosko es un hervidero de auténtica cocina croata, con un puñado de restaurantes y *konobas* (casas de comidas) de gran calidad y con mucho sabor.

Fauna y flora
Las islas comunicadas de Lošinj y Cres cuentan con excelentes proyectos de fauna. En la diminuta Veli Lošinj hay un fascinante centro de investigación del delfín adriático y en Cres, un proyecto dedicado al buitre leonado.

Arquitectura
El pueblo de Krk posee un casco medieval. El de Rab, pequeño pero perfecto, tiene históricas iglesias con torres-campanario. Las casas señoriales del pueblo de Cres, Veli Lošinj y Mali Lošinj muestran una clara influencia veneciana.

p. 135

Norte de Dalmacia

Naturaleza ✓✓✓
Ciudades ✓
Paisajes ✓✓

Naturaleza
Aunque casi todos los visitantes vienen aquí por su costa, el interior ofrece múltiples atractivos. Krka y Plitvice tienen lindos lagos y preciosas cascadas. En Paklenika hay altas montañas y buen senderismo.

Ciudades
Hay dos que ofrecen cultura e historia y apenas tienen turistas. Šibenik posee la que quizá sea la catedral más elegante de Croacia; Zadar, enigmáticos monumentos y bares-restaurante a la última.

Paisajes
Larga, estrecha y llena de interés, la isla de Pag tiene agrestes colinas azotadas por el sol que se funden en el más pálido de los verdes. Toda la costa continental es igual de asombrosa, con el mar azul celeste a un lado y una barrera de montañas al este.

p. 173

Split y Dalmacia central

Playas ✓✓✓
Arquitectura ✓✓
Actividades ✓

Playas
Aquí están algunas de las mejores playas del país, tanto populares como alternativas: desde la animada Bačvice, adorada playa urbana de Split; hasta Brela, con sus cantos rodados y sus pinos; o la lengua de Zlatni Rat, en la isla de Brač.

Arquitectura
Hay dos sitios declarados Patrimonio Mundial, a un breve trayecto en automóvil uno de otro: el animado barrio de la época romana que es el Palacio de Diocleciano, en Split; y el popurrí arquitectónico del compacto casco viejo de Trogir.

Actividades
Se hallarán de todo tipo en sus variados entornos, ya sea vela, bicicleta de montaña, kayak marino, senderismo, *rafting*, *windsurf* o, sencillamente, tomar el sol.

p. 204

Dubrovnik y sur de Dalmacia

Historia ✓✓✓
Islas ✓✓
Vino ✓

Historia
Duvrobnik es una de las ciudades más históricas y con un marco más evocador del mundo; uno se maravilla contemplándola, se deleita recorriéndola y sufre al abandonarla. Algo parecido pasa con Korčula, mucho más pequeña pero preciosa.

Islas
Mljet y Korčula, poco pobladas y cubiertas de pinares, son justamente elogiadas por su belleza natural y sus calas. Pero no hay que descuidar la bonita Elafitis, la pequeña Lokrum ni el atractivo de la distante Lastovo.

Vino
La península de Pelješac es una de las zonas vinícolas emergentes del país, aún no envanecida. Hay que hacer un circuito por sus viñedos para catar los tintos locales, vibrantes y con cuerpo como el *postup* y el *dingač*. La vecina Korčula es famosa por sus blancos de uva *grk*.

p. 250

Atención a estos iconos:

- Recomendación del autor
- 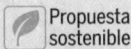 Propuesta sostenible
- GRATIS Gratis

ZAGREB 38	Pazin....................126	Parque Nacional de Paklenica 186
ALREDEDORES DE ZAGREB..............65	Gračišće................128	Starigrad 188
Monte Medvednica 65	Buzet 128	**DUGI OTOK**..............189
Karlovac..................65	Alrededores de Buzet................130	Sali 190
Samobor 66	Motovun................132	Bahía de Telašćica 191
ZAGORJE.................69	Istarske Toplice.........133	Božava 191
Varaždin.................72	Grožnjan................133	**ISLA DE PAG**............ 191
Varaždinske Toplice......76		Pueblo de Pag..........192
Castillo de Trakošćan 78	**KVARNER**..........**135**	Novalja.................194
Krapina..................78	COSTA DE KVARNER 137	REGIÓN DE ŠIBENIK-KNIN 195
Krapinske Toplice........80	Rijeka 137	Šibenik................196
Castillo de Veliki Tabor ... 80	Opatija 143	Parque Nacional de Krka............... 200
Kumrovec 81	Volosko.................146	Islas Kornati 202
Klanjec..................81	Parque Nacional de Risnjak................148	
Marija Bistrica 81	ISLAS DE LOŠINJ Y CRES.................148	**SPLIT Y DALMACIA CENTRAL**......... **204**
Stubičke Toplice..........82	Isla de Lošinj...........149	SPLIT 205
ESLAVONIA.........**83**	Isla de Cres 155	ALREDEDORES DE SPLIT................223
Osijek 86	**ISLA DE KRK**............160	Šolta 223
Baranja...................92	Pueblo de Krk...........161	Solin (Salona).......... 223
Vukovar 94	Punat...................163	TROGIR Y ALREDEDORES 223
Ilok 96	Vrbnik..................164	Trogir 223
	Baška 164	Alrededores de Trogir 227
ISTRIA **98**	**ISLA DE RAB**............ 165	RIVIERA DE MAKARSKA.............229
COSTA ISTRIANA........100	Pueblo de Rab..........167	Makarska.............. 229
Pula..................... 100	Lopar 171	Brela....................231
Islas Brijuni 108		**ISLA DE BRAČ** 232
Rovinj 110	**NORTE DE DALMACIA**........**173**	Supetar 233
Alrededores de Rovinj 116	REGIÓN DE ZADAR 175	Alrededores de Supetar...234
Poreč 116	Zadar...................175	Bol..................... 234
INTERIOR DE ISTRIA 122	Alrededores de Zadar 182	
Labin....................122	Parque Nacional de los Lagos de Plitvice 184	
Vodnjan 124		
Svetvinčenat............125		

En el índice se muestra la lista completa de los destinos incluidos en este libro.

En ruta

ISLA DE HVAR 238
Ciudad de Hvar......... 239
Stari Grad 243
Jelsa 244
ISLA DE VIS............ 245
Ciudad de Vis 246
Komiža................ 248
Alrededores de Komiža.. 249

DUBROVNIK Y EL SUR DE DALMACIA..... 250
DUBROVNIK............252
ALREDEDORES DE DUBROVNIK.........268
Isla de Lokrum 268
Islas Elafiti............. 269
Isla de Mljet............ 269
Cavtat..................272
Jardines de Trsteno 273
ISLA DE KORČULA 273
Ciudad de Korčula 274
Lumbarda 280
Vela Luka 280
PENÍNSULA DE PELJEŠAC........... 281
Orebić................. 282
Ston y Mali Ston........ 283

Zagreb

01 / 779 145 HAB.

Sumario »

Puntos de interés	39
Actividades	50
Circuitos	52
Fiestas y celebraciones	52
Dónde dormir	53
Dónde comer	55
Dónde beber	58
Ocio	59
De compras	61
Monte Medvednica	65
Karlovac	65
Samobor	66

Los mejores restaurantes

- » Vinodol (p. 56)
- » Tip Top (p. 56)
- » Amfora (p. 56)
- » Mano (p. 56)

Los mejores alojamientos

- » Regent Esplanade Zagreb (p. 54)
- » Arcotel Allegra (p. 54)
- » Palace Hotel (p. 54)
- » Hotel Dubrovnik (p. 54)

Por qué ir

Todo el mundo conoce la costa y las islas de Croacia, pero ¿vale la pena ir a la capital del país? La respuesta es, categóricamente, sí. Zagreb es un destino fabuloso, una ciudad de primera con una oferta inacabable de cultura, artes, música, arquitectura, gastronomía y muchas cosas más.

Estéticamente, Zagreb es una mezcla de arquitectura austrohúngara tradicional y toscas estructuras socialistas, dos elementos que marcan su personalidad. Esta pequeña metrópoli está hecha para pasear por las calles, sentarse en un concurrido café, visitar museos y galerías, y disfrutar de los teatros, museos y cines. La ciudad vive al aire libre durante todo el año: en primavera y verano los capitalinos se escapan al lago Jarun, al suroeste, para nadar, remar o divertirse en las discotecas de las orillas; en otoño e invierno van a esquiar al monte Medvednica, a un corto trayecto en tranvía, o a caminar por la cercana Samobor.

Cúando ir

Zagreb

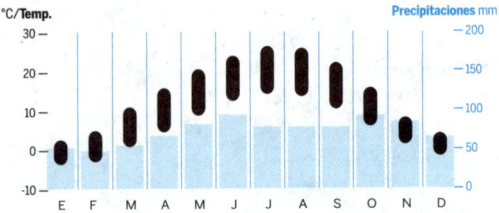

°C/Temp.   Precipitaciones mm

Abril y mayo La ciudad deja atrás el invierno y las terrazas de los cafés bullen de actividad.

Junio La inacabable oferta cultural de algunos de los mejores festivales de Zagreb alegran el paisaje urbano.

Septiembre y octubre Acaban las vacaciones y la ciudad vibra con la energía del ocaso estival.

Historia

La historia documentada de Zagreb empieza en la Edad Media con dos asentamientos en sendas colinas: Kaptol, hoy sede de la catedral de Zagreb, y Gradec. A mediados del s. XVI ambas se unieron y así nació Zagreb.

La plaza hoy conocida como Trg Josipa Jelačića acogía las lucrativas ferias comerciales de la ciudad, lo que supuso la construcción de casonas a su alrededor. En el s. XIX la economía se expandió gracias al desarrollo de una próspera industria textil y al trazado de una línea ferroviaria que conectaba Zagreb con Viena y Budapest. La vida cultural de la ciudad también floreció.

Además, Zagreb se convirtió en el centro del Movimiento Ilirio (véase p. 295). El conde Janko Drašković, señor del castillo de Trakošćan, publicó un manifiesto en 1832 que supuso el inicio de una corriente nacionalista que reivindicaba un Estado croata independiente del Imperio austrohúngaro. El sueño de Drašković se realizó en parte cuando Croacia y su capital se unieron al Reino de los Serbios, Croatas y Eslovenos tras la Primera Guerra Mundial.

La época de entreguerras vio emerger en Zagreb los barrios obreros situados entre las vías del ferrocarril y el río Sava. Se construyeron también nuevas zonas residenciales en las laderas meridionales del monte Medvednica. En abril de 1941 los alemanes invadieron Yugoslavia y entraron en Zagreb sin encontrar resistencia. Ante Pavelić y la Ustaša, agrupación nacionalista filonazi, proclamaron el Estado Independiente de Croacia (Nezavisna Država Hrvatska), régimen títere del III Reich con Zagreb como capital (véase p. 297). Pavelić dirigió el régimen fascista hasta 1944, aunque nunca gozó del apoyo mayoritario de la capital, que se decantó a favor de los partisanos de Tito.

En la Yugoslavia de la posguerra, Zagreb, a su pesar, quedó a la zaga de Belgrado en la Yugoslavia socialista, pero siguió expandiéndose. Finalmente, se convirtió en la capital de Croacia en 1991, el mismo año que se declaró la independencia del país.

◉ Puntos de interés

Al ser la zona más antigua de Zagreb, la Ciudad Alta (Gornji Grad), que comprende los barrios de Gradec y Kaptol, atesora edificios e iglesias emblemáticas que se remontan a los albores de la historia de la urbe. La Ciudad Baja (Donji Grad), que va desde la Ciudad Alta a la estación de trenes, cuenta con los museos de arte más interesantes y con bonitos ejemplos de arquitectura de los ss. XIX y XX.

CIUDAD ALTA

Catedral de la Asunción de la Santísima Virgen María IGLESIA
(Katedrala Marijina Uznešenja; Kaptol; ◉10.00-17.00 lu-sa, 13.00-17.00 do) En la plaza Kaptol destaca la otrora conocida como catedral

---

ZAGREB EN...

Dos días

Se puede empezar el día con un paseo por Strossmayerov trg, el pulmón verde de Zagreb, para después visitar la **Galería Strossmayer de los Maestros Antiguos** y enfilar hasta **Trg Josipa Jelačića**, el centro de la ciudad.

Luego, se sube hasta la **plaza Kaptol** para ver la **catedral**, el centro religioso de Zagreb. Mientras se está por la Ciudad Alta, se puede comprar algo de fruta en el **mercado de Dolac** o almorzar en **Kerempuh**. Acto seguido hay que ir a conocer la obra del mejor escultor de Croacia en el **Estudio Meštrović** y ver el legado artístico naif en el **Museo Croata de Arte Naif** o la exposición de arte contemporáneo en la **Galerija Klovićevi Dvori**. Luego hay que subir a la **torre de Lotrščak** para disfrutar del horizonte urbano y acabar la jornada de copeo por **Tkalčićeva.**

El segundo día se pueden visitar los museos de la Ciudad Baja, sin olvidar el **Museo Mimara**. Almuerzo en **Tip Top** y digestión en el **jardín botánico**. Por la tarde se recomienda ir a Preradovićev trg para luego cenar y disfrutar la vida nocturna.

Cuatro días

El tercer día se podría ir al bonito **cementerio Mirogoj,** con una parada en **Medvedgrad** o en el **parque Maksimir.**

El cuarto, se puede pasar en **Samobor** para empaparse de su encanto de pueblo.

Lo más destacado

1 Tomar un café y unos cócteles al fresco por **Tkalčićeva** (p. 58).

2 Admirar el arte croata actual en el **Museo de Arte Contemporáneo** de Zagreb (p. 49).

3 Pasear por las sinuosas calles de la **Ciudad Alta** de Zagreb (p. 39).

4 Codiciar las pinturas y esculturas del **Museo Mimara** (p. 47).

5 Disfrutar de un *picnic* en el **parque Maksimir** (p. 50).

6 Meditar sobre la mortalidad entre árboles y tumbas en **Mirogoj** (p. 50).

7 Después de un día de excursión, atiborrarse de *štrukli* (empanadillas rellenas de requesón) en **Samobor** (p. 66).

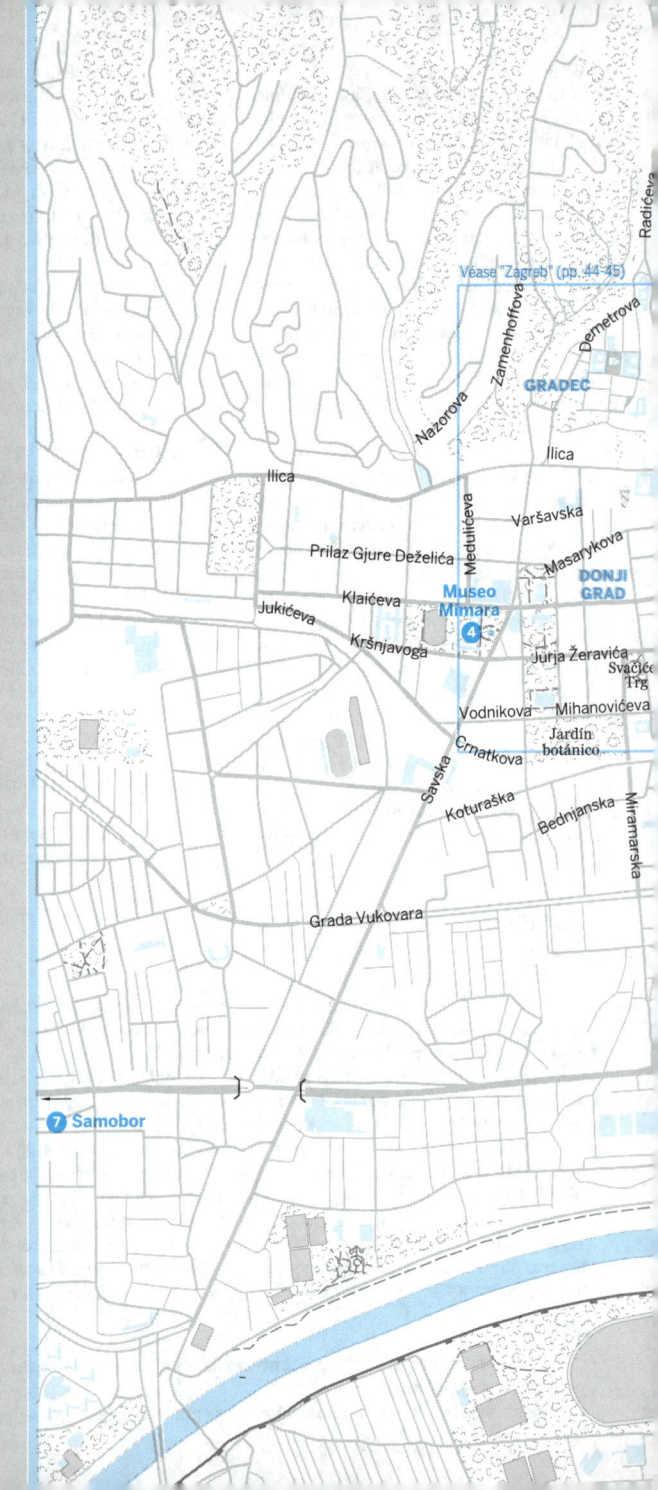

3 Ciudad Alta
6 Mirogoj
Parque Maksimir 5

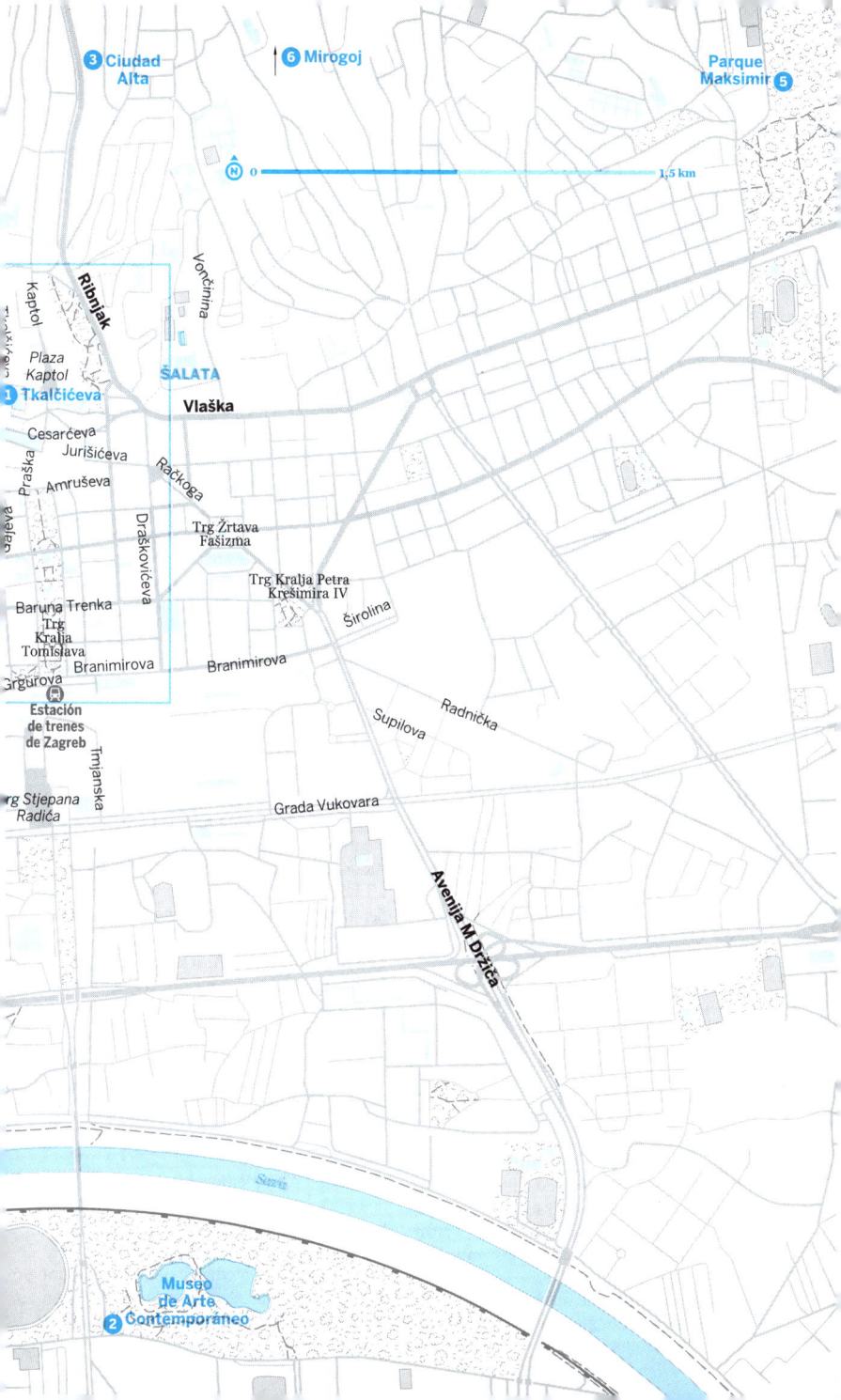

0 — 1,5 km

Kaptol
Ribnjak
Vončinina
Plaza Kaptol
ŠALATA
1 Tkalčićeva
Vlaška
Praška
Cesarčeva
Jurišićeva
Gajeva
Amruševa
Račkoga
Draškovićeva
Trg Žrtava Fašizma
Trg Kralja Petra Krešimira IV
Širolina
Baruna Trenka
Trg Kralja Tomislava
Branimirova
Branimirova
Grgurova
Estación de trenes de Zagreb
Radnička
Supilova
Trnjanska
Trg Stjepana Radića
Grada Vukovara
Avenija M Držića
Sava
Museo de Arte Contemporáneo 2

GALERÍAS DE ARTE CONTEMPORÁNEO DE ZAGREB

Un grupo de jóvenes y ambiciosos artistas nada convencionales genera esa palpable energía creativa de Zagreb. A continuación figuran algunas galerías sin ánimo de lucro donde se puede ver arte patrio, gran parte del cual versa sobre la reciente transición de la sociedad croata.

Galerija Nova   GALERÍA DE ARTE
(Teslina 7; gratis; ⊙12.00-20.00 ma-vi, 11.00-14.00 sa) Este espacio de arte independiente está dirigido por el colectivo **WHW (Što, Kako i za Koga?),** conocido por abordar los temas políticos y sociales más sensibles. El pequeño espacio presenta una movida programación anual de exposiciones, *performances, happenings* y charlas.

Galerija Studentski Centar   GALERÍA DE ARTE
(Savska 25; gratis; ⊙12.00-20.00 lu-vi, 10.00-13.00 sa) Este espacio expone la obra de algunos de los artistas más jóvenes de Croacia, con especial énfasis en el arte conceptual. Monta instalaciones, obras para un momento y ubicación específicos *(site-specific), performances* y proyectos interactivos, pero también montajes teatrales, conciertos y festivales.

Galerija Galženica   GALERÍA DE ARTE
(www.galerijagalzenica.info; Trg Stjepana Radića 5, Velika Gorica; gratis; ⊙10.00-19.00 ma-vi, hasta 13.00 sa) Esta vanguardista galería de la vecina localidad de Velika Gorica bien merece la excursión. Apuesta por el arte surgido de los cambios sociales, políticos y culturales que ha vivido Croacia en los últimos quince años.

Galerija Miroslav Kraljević   GALERÍA DE ARTE
(www.g-mk.hr; Šubićeva 29; gratis; ⊙12.00-19.00 ma-vi, 11.00-13.00 sa) Fundado en 1986, este espacio de arte contemporáneo está dedicado a las artes plásticas. Presenta un dinámico repertorio de exposiciones, conferencias y presentaciones.

---

de San Esteban. Las agujas de sus torres gemelas –al parecer siempre de reformas– sobresalen en el horizonte urbano. Su construcción empezó en la segunda mitad del s. XIII, a imagen y semejanza de la iglesia de San Urbano de Troyes (Francia).

Aunque la primera estructura gótica de la catedral haya sufrido varias remodelaciones desde entonces, la sacristía conserva como oro en paño un conjunto de **frescos** del s. XIII. Como punto más avanzado del cristianismo en el s. XV, la catedral se cercó con una muralla con torres, una de las cuales aún se puede ver en el lado oriental. En 1880 un terremoto dañó seriamente el edificio y, en el umbral del s. XX, se empezó a reconstruir en estilo neogótico.

Pese a las fisuras que dejó en la estructura, lo mejor aguarda en el interior. No hay que perderse el **tríptico** de Alberto Durero en el altar lateral; los altares barrocos de mármol, las estatuas y el púlpito y la **tumba del cardenal Alojzije Stepinac,** obra de Ivan Meštrović.

Para entrar hay que vestir adecuadamente: no se permiten pantalones cortos ni camisas sin mangas.

Mercado de Dolac   MERCADO DE ALIMENTOS
(⊙6.00-15.00 lu-sa, 13.00 do) El colorista mercado de frutas y verduras de Zagreb queda al norte de Trg Josipa Jelačića: un bullicioso y cotidiano epicentro con comerciantes venidos de todo el país. Dolac lleva siendo un hervidero de actividad desde la década de 1930, cuando el Ayuntamiento decidió establecer un mercado de abastos en los lindes de la Ciudad Alta y la Baja. El meollo del mercado está en una zona elevada; a pie de calle hay tenderetes cubiertos que venden carne y productos lácteos y, un poco más hacia la plaza, un mercado de flores. En el extremo norte hay puestos de miel de la zona, ornamentos artesanales y comida muy económica.

Plaza Kaptol   PLAZA HISTÓRICA
La Ciudad Alta medieval se concentra alrededor de la plaza Kaptol, donde casi todos los edificios datan del s. XVII. No hay que perderse la **puerta de piedra,** la entrada oriental a la población medieval de Gradec, ahora un lugar de culto. Cuenta la leyenda que en 1731 hubo un gran incendio que destruyó toda la entrada de madera salvo la pintura de

la Virgen y el Niño, obra de un artista desconocido del s. XVII. La gente cree que la pintura es milagrosa y acude a ella para rezar, encender velas y dejar flores. Las losas de la puerta de piedra están grabadas con agradecimientos y alabanzas a la Virgen.

En el frontis occidental de la puerta se verá una **estatua de Dora,** la heroína de una novela histórica del s. XVIII que vivía con su padre junto a dicha puerta.

Torre de Lotrščak   EDIFICIO HISTÓRICO
(Kula Lotrščak; Strossmayerovo Šetalište 9; adultos/reducida 10/5 HRK; ☉10.00-20.00) La torre se construyó a mitad del s. XIII para proteger la entrada sur de la ciudad. Durante el último siglo se ha venido disparando un cañón todos los días a las 12.00 para conmemorar un acontecimiento a medio camino entre la historia y la leyenda. Al parecer, cierto mediodía se disparó un cañonazo contra los turcos acampados en la otra orilla del río Sava y que se aprestaban para conquistar la ciudad. En su trayectoria, la bala alcanzó a un gallo que quedó hecho pedazos y, por alguna razón, eso desmoralizó de tal manera a los turcos que desistieron de sus intenciones. Una explicación menos esotérica indica que el cañonazo permite a las iglesias sincronizar sus relojes.

La torre brinda unas asombrosas vistas de 360º de la ciudad. Cerca, hay un **funicular** (4 HRK), construido en 1888, que comunica la Ciudad Baja con la Alta.

Iglesia de San Marcos   IGLESIA
(Crkva Svetog Marka; Markov trg; ☉7.30-18.30) Esta iglesia del s. XIII es uno de los edificios más emblemáticos de Zagreb. Su colorido tejado (de 1880) presenta el escudo medieval de armas de Croacia, Dalmacia y Eslavonia a la izquierda, y el blasón de la ciudad a la derecha. El portal gótico lo componen 15 figuras emplazadas en hornacinas poco profundas y esculpidas en el s. XIV. El interior alberga esculturas de Meštrović.

Solo se puede entrar a la antesala durante el horario señalado. La iglesia solo abre durante las misas.

Museo Croata de Arte Naif   MUSEO
(Hrvatski Muzej Naivne Umjetnosti; www.hmnu.org; Ćirilometodska 3; adultos/reducida 20/10 HRK; ☉10.00-18.00 ma-vi, hasta 13.00 sa y do) Si gusta el arte naif, un estilo que estuvo muy de moda en Croacia durante las décadas de 1960 y 1970, pero que desde entonces ha perdido un poco de fuelle, este pequeño museo resultará de interés. Atesora unas mil pinturas, dibujos y algunas esculturas de los artistas más significativos de esta escuela, tales como Generalić, Mraz, Virius y Smaljić. Para más información sobre estos artistas, véase p. 78.

Estudio Meštrović   COLECCIÓN DE ARTE
(Mletačka 8; adultos/reducida 30/15 HRK; ☉10.00-18.00 ma-vi, hasta 14.00 sa y do) El artista más reconocido de Croacia es Ivan Meštrović. Su antigua casa, un edificio del s. XVII donde vivió y trabajó entre 1922 y 1942, acoge el Estudio Meštrović. Su excelente colección cuenta con unas cien esculturas, dibujos, litografías y muebles de los primeros cuarenta años de su trayectoria artística. Meštrović, que también trabajó como arquitecto, diseñó algunas estancias de dicha casa.

Museo de la Ciudad   MUSEO
(Muzej Grada Zagreba; www.mgz.hr; Opatička 20; adultos/reducida 20/10 HRK; ☉10.00-18.00 ma-vi, 11.00-19.00 sa, 10.00-14.00 do) Este museo ocupa un convento de clarisas del s. XVII. Desde 1907 acoge un museo de historia local con documentos, material gráfico, artesanías y muestras interactivas que encantan a los críos. A destacar, la maqueta de la antigua Gradec. En todas las salas hay explicaciones en inglés.

Galerija Klovićevi Dvori   GALERÍA DE ARTE
(www.galerijaklovic.hr; Jezuitski trg 4; adultos/reducida 30/20 HRK; ☉11.00-19.00 ma-do) Ubicada en un antiguo monasterio jesuita, esta galería es la más prestigiosa de la ciudad en arte moderno, croata e internacional. Por sus salas han pasado obras de Picasso y Chagall, entre otros, además de colecciones

---

LA OPINIÓN DEL LECTOR

¿Alguien quiere dar a conocer al resto del mundo ese fabuloso restaurante que ha descubierto?, ¿manifestarse en contra de las opiniones de Lonely Planet?, ¿explicar simple y llanamente su último viaje?

No importan las razones, hay que visitar lonelyplanet.es, donde se puede consultar información sobre el destino y formular o responder a alguna pregunta en el foro, entre otras opciones. O sencillamente se puede pasar el rato charlando con viajeros de gustos similares. Adelante, que cada uno diga la suya.

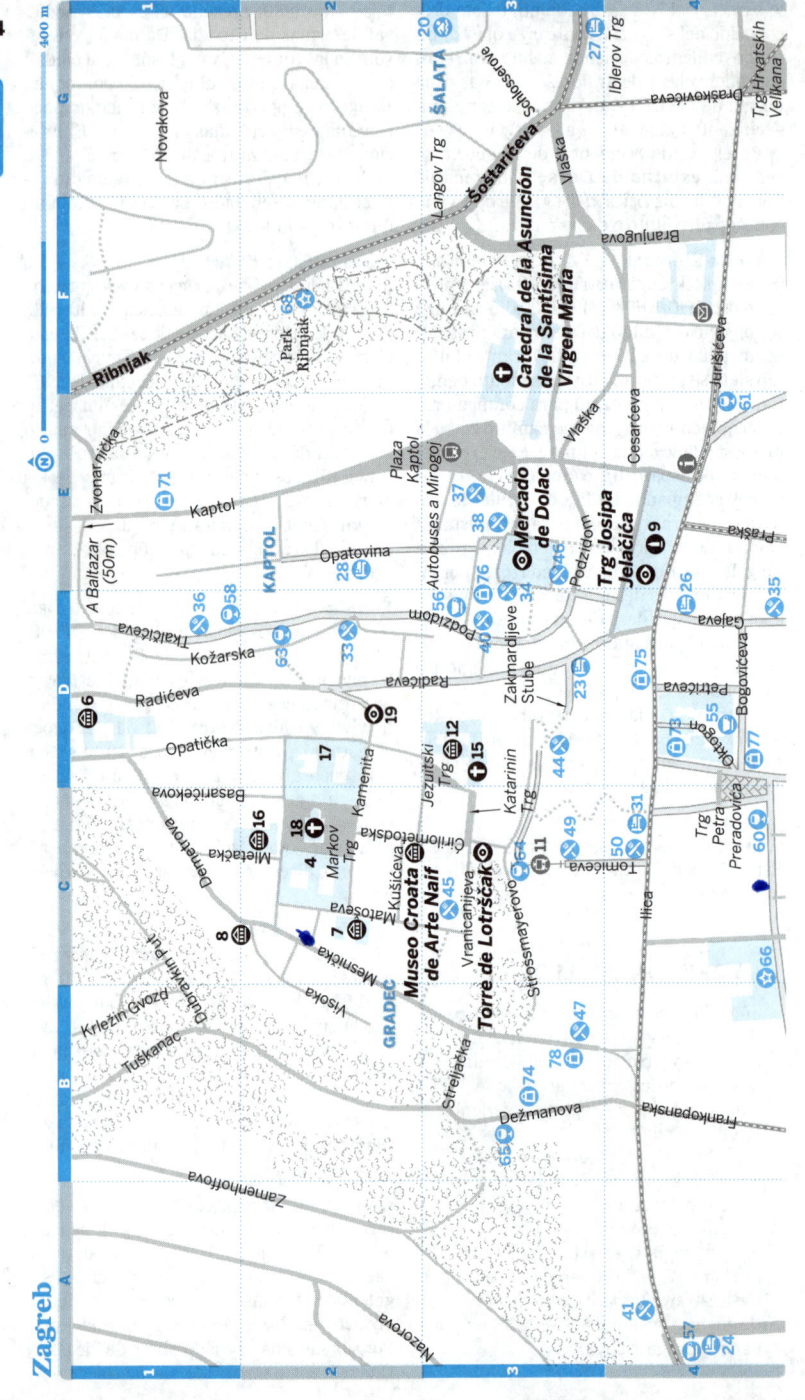

Zagreb

44

ŠALATA

KAPTOL
- Ribnjak
- Park Ribnjak
- Plaza Kaptol
- Catedral de la Asunción de la Santísima Virgen María
- Mercado de Dolac
- Trg Josipa Jelačića

GRADEC
- Museo Croata de Arte Naif
- Torre de Lotrščak

Streets & places:
Novakova, Langov Trg, Šoštarićeva, Schlosserove, Vlaška, Iblerov Trg, Trg Hrvatskih Velikana, Draškovićeva, Branjugova, Jurišićeva, Palmotićeva, Oesarčeva, Praška, Gajeva, Petriceva, Bogovićeva, Trg Petra Preradovića, Okrešon, Ilica, Tomićeva, Katarinin Trg, Ćirilometodska, Kušićeva, Matoševa, Vraničanijeva, Strossmayerovo, Jezuitski Trg, Kamenita, Markov Trg, Mletačka, Basaričekova, Demetrova, Opatička, Radićeva, Kožarska, Tkalčićeva, Opatovina, Kaptol, Zvonarnička, Zakmardijeve Stube, Podzidom, Visoka, Mesnička, Krležin Gvozd, Tuškanac, Dubravkin Put, Streljačka, Dežmanova, Frankopanska, Zamenhoffova, Nazorova, A Baltazar (50m)

0 — 400 m

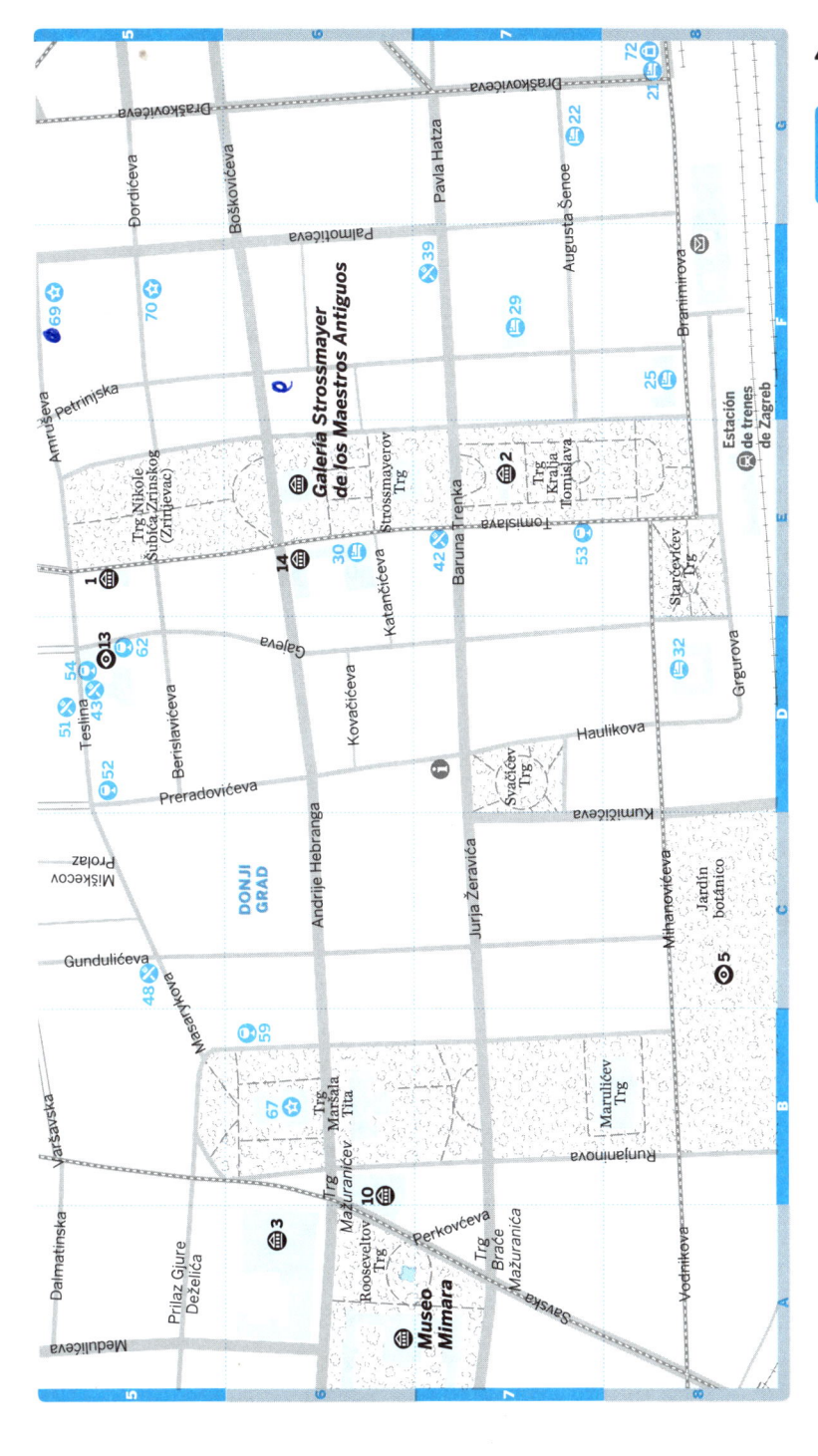

ZAGREB

45

DONJI GRAD

Museo Mimara

Galería Strossmayer de los Maestros Antiguos

Estación de trenes de Zagreb

Jardín botánico

Streets and places

Varšavska, Dalmatinska, Medulićeva, Prilaz Gjure Deželića, Gundulićeva, Mištkecov Prolaz, Preradovićeva, Berislavićeva, Teslina, Amruševa, Petrinjska, Đorđićeva, Boškovićeva, Palmotićeva, Draškovićeva, Pavla Hatza, Augusta Šenoe, Branimirova, Masarykova, Hebranga, Andrije Hebranga, Jurja Žerjavića, Kumičićeva, Mihanovićeva, Runjaninova, Vodnikove, Savska, Perkovčeva, Mažuranićev Trg, Trg Braće Mažuranića, Rooseveltov Trg, Trg Maršala Tita, Marulićev Trg, Svačićev Trg, Trg Nikole Šubića Zrinskog (Zrinjevac), Strossmayerov Trg, Trg Kralja Tomislava, Tomislava, Starčevićev Trg, Katančićeva, Kovačićeva, Gajeva, Haulikova, Grgurova, Mažuranićev Trg

Zagreb

◎ Los mejores puntos de interés
Catedral de la Asunción de la
  Santísima Virgen María............................. F3
Museo de Arte Naif de Croacia C2
Mercado de Dolac E3
Torre Lotrščak.. C3
Museo Mimara... A6
Galería Strossmayer Antiguos Maestros E6
Trg Josipa Jelačića E4

◎ Puntos de interés
1 Museo Arqueológico............................. E5
2 Pabellón de Arte....................................E7
3 Museo de Arte y Artesanía.................. A6
4 Banski Dvori C2
5 Jardín botánico C8
6 Museo de la Ciudad D1
7 Museo de Historia de Croacia............. C2
8 Museo de Historia Natural de Croacia ..C1
9 Estatua ecuestre................................... E4
10 Museo Etnográfico B6
Fuente... (véase 12)
11 Funicular.. C3
12 Galerija Klovićevi Dvori........................D3
13 Galerija Nova...D5
14 Galería de Arte Moderno E6
15 Iglesia jesuita de Santa Catalina..........D3
16 Estudio Meštrović................................. C2
17 Sabor D2
18 Iglesia de San Marcos.......................... C2
Estatua de Dora .... (véase 19)
19 Puerta de piedra D2

Actividades, cursos y circuitos
20 Centro deportivo y recreativo
  Šalata...G3

🛌 Dónde dormir
21 Arcotel Allegra G8
22 Evistas G7
23 Fulir Hostel D3
24 Hobo Bear Hostel.................................. A4
25 Hotel Central F8
26 Hotel Dubrovnik....................................D4
27 Hotel Jadran G3
28 Krovovi Grada E2
29 Omladinski Hotel F7
30 Palace Hotel E6
31 Pansion Jägerhorn............................... C4
32 Regent Esplanade Zagreb....................D8

🍴 Dónde comer
33 Agava...D2

34 Amfora D3
35 Boban D4
36 Ivica i Marica D1
37 Kaptolska Klet.......................................E3
38 Kerempuh E3
39 Konoba Čiho F7
40 Nocturno D3
41 Nova A4
42 Pekarnica Dora E7
43 Pingvin D5
44 Pod Gričkim Topom D3
45 Prasac C3
46 Rubelj...E3
47 Stari Fijaker 900................................... B3
48 Tip Top C5
49 Vallis Aurea C3
50 Vincek... C4
51 Vinodol D5
Zinfandel's..................................... (véase 32)

🍷 Dónde beber
52 Apartman D5
53 Bacchus E7
54 BP Club..D5
55 Bulldog D4
56 Cica..D3
57 Eli's Cafe... A4
58 Funk Club..D1
59 Hemingway B6
60 Kino Europa.. C4
61 Klub Kino Grič.......................................E4
62 Lemon D5
63 Melin D2
64 Stross.. C3
65 Velvet.. B3

✨ Ocio
66 Instituto de Música de Croacia........... C4
67 Teatro Nacional de Croacia B6
68 Purgeraj... F2
69 Rush Club F5
70 Studio Mobilus..................................... F5

🛍 De compras
71 Bornstein E1
72 Branimir Centar....................................G8
73 Croata..D4
74 I-GLE B3
75 Nama D4
76 Natura Croatica D3
77 Profil Megastore...................................D4
78 Prostor B3

de prominentes artistas tales como Lovro Artuković e Ivan Lovrenčić. La tienda de regalos vende interesantes recuerdos y tiene un bonito café al lado.

Iglesia jesuita de Santa Catalina IGLESIA
(Crkva Svete Katarine; Katarinin trg; ☉ antes de misa 18.00 lu-vi, 11.00 do) Esta bonita iglesia barroca se construyó entre 1620 y 1632. Aunque maltratada por los incendios y un terremoto, la fachada sigue siendo cautivadora y el interior alberga un bonito altar de 1762. La obra de estucado del interior data de 1720 y hay medallones del s. XVIII que ilustran la vida de santa Catalina en el techo de la nave.

Museo de Historia Natural de Croacia
MUSEO
(Hrvatski Prirodoslovni Muzej; Demetrova 1; adultos/reducida 20/15 HRK; ☉10.00-17.00 ma-vi, hasta 13.00 sa y do) Este museo acoge una colección de utensilios y huesos prehistóricos hallados en la cueva Krapina, pero también exposiciones sobre la evolución de la vida animal y vegetal de Croacia, algunas temporales sobre regiones específicas del país. En verano el museo cierra los jueves a las 20.00 y los sábados a las 19.00.

Sabor PARLAMENTO
En el lado oriental de Markov trg está el Sabor (Parlamento) de Croacia, construido en 1910 en el lugar que ocupaban unas mansiones barrocas de los ss. XVII y XVIII. Su estilo neoclásico desentona un poco en la plaza pero su relevancia histórica es innegable: desde su balcón se proclamó la secesión de Croacia del Imperio austrohúngaro en 1918. Hoy en día es el epicentro de la política nacional.

Banski Dvori PALACIO
(palacio de Ban; Markov trg) En su día fue la residencia de los virreyes croatas pero hoy es el palacio presidencial (formado por dos mansiones barrocas) con sus cortes constituyentes, archivos y demás dependencias gubernamentales. En octubre de 1991 el palacio fue bombardeado por el ejército federal yugoslavo en un intento por asesinar (o eso se cree) al presidente Franjo Tuđman. Entre junio y octubre se celebra la ceremonia del cambio de guardia todos los sábados y domingos al mediodía.

Museo de Historia de Croacia
MUSEO DE HISTORIA
(Hrvatski Povijesni Muzej; www.hismus.hr; Matoševa 9; adultos/reducida 10/5 HRK; ☉10.00-18.00 lu-vi, hasta 13.00 sa y do) Sito en un fabuloso edificio barroco, este museo exhibe una colección bastante interesante de banderas, piedras, bellas artes, fotos, documentos y mapas que repasan la historia croata.

CIUDAD BAJA
Trg Josipa Jelačića PLAZA
El corazón geográfico de Zagreb es un punto de referencia inigualable. Todo el mundo se encuentra aquí y, además, las terrazas de sus cafés ofrecen todo un espectáculo: gente bajando de los tranvías, saludándose y dispersándose entre vendedores de periódicos y flores camino de sus quehaceres habituales.

La plaza debe su nombre a Ban Jelačić, el *ban* (virrey o gobernador) del s. XIX que condujo a las tropas croatas a una desastrosa batalla contra el ejército húngaro en un intento de lograr la secesión del Imperio. La **estatua ecuestre** de Jelačić presidió la plaza entre 1866 y 1947, pero Tito ordenó su retirada por sus obvias connotaciones nacionalistas. El Gobierno de Franjo Tuđman la recuperó de un almacén en 1990 y la devolvió a su lugar.

Casi todos los edificios datan del s. XIX; no hay que perderse los relieves del escultor Ivan Meštrović en el nº 4.

Museo Mimara MUSEO
(Muzej Mimara; Roosveltov trg 5; adultos/reducida 40/30 HRK; ☉10.00-17.00 ma, mi, vi y sa, hasta 19.00 ju, hasta 14.00 do oct-jun, 10.00-19.00 ma-vi, hasta 17.00 sa, hasta 14.00 do jul-sep) Esta es la heterogénea colección de arte privada (la mejor de Zagreb) de Ante Topić Mimara, quien donó más de 3750 objetos de valor a su Zagreb natal, aunque pasara gran parte de su vida en Salzburgo (Austria).

Ubicada en una antigua escuela (1883) de estilo neorrenacentista, la colección abarca diferentes períodos y regiones. Hay una sección de arqueología con 200 objetos; muestras con antiguo material gráfico del Lejano Oriente; una colección de cristal, telas y muebles de diferentes siglos; y 1000 objetos de arte europeo.

La sección de pintura cuenta con obras de Rafael, Caravaggio, Rembrandt, El Bosco, Velázquez, Goya, Delacroix, Manet, Renoir y Degas.

Galería Strossmayer
de los Maestros Antiguos MUSEO
(Strossmayerova Galerija Starih Majstora; www.mdc.hr/strossmayer; Trg Nikole Šubića Zrinskog 11; adultos/reducida 10/5 HRK; ☉10.00-19.00 ma,

hasta 16.00 mi-vi, 13.00 sa y do) Este museo está ubicado en la Academia Croata de Artes y Ciencias, del s. XIX y estilo neorrenacentista. El bonito edificio atesora la impresionante colección de bellas artes donada a la ciudad por el obispo Strossmayer en 1884.

El museo incluye a maestros italianos de los ss. XIV-XIX como Tintoretto, Veronés y Tiepolo; pintores holandeses y flamencos como J. Brueghel el Joven; artistas franceses y españoles como Proudhon y El Greco; y croatas clásicos como Medulić y Benković.

El patio interior luce la **losa de Baška** (Baščanska Ploča), una placa de piedra de la isla de Krk en la que figura el ejemplo más antiguo de escritura gaglolítica, que data de 1102. Además hay una **estatua del obispo Strossmayer** obra de Ivan Meštrović.

Museo Arqueológico   MUSEO

(Arheološki Muzej; www.amz.hr; Trg Nikole Šubića Zrinskog 19; adultos/reducida 20/10 HRK; 10.00-17.00 ma, mi y vi, hasta 20.00 ju, 13.00 sa y do) Los útiles expuestos abarcan desde la Prehistoria en adelante. Uno de los más interesantes es la **Vučedolska Golubica** (paloma Vučedol), un incensario milenario (4000 años) de cerámica hallado cerca de la localidad de Vukovar. Desde entonces el "pájaro" se ha convertido en un símbolo de esa región y de la paz. Igual de fascinantes son las **momias egipcias,** en un marco de luz y sonido que invita a la reflexión. La **colección numismática** es una de las más importantes de Europa, con unas 260 000 monedas, medallas, medallones y condecoraciones.

El patio, repleto de **monumentos romanos** que datan de los ss. V-IV a.C., hace las veces de café al aire libre en verano.

Museo Etnográfico   MUSEO

(Etnografski Muzej; www.emz.hr; Trg Mažuranićev 14; adultos/reducida 15/10 HRK; ju gratis; 10.00-18.00 ma-ju, hasta 13.00 vi-do) Este edificio abovedado de 1903 alberga el patrimonio etnográfico de Croacia. De los 70 000 objetos de la colección se exponen solo 2750, entre ellos cerámicas, joyas, instrumentos musicales, herramientas, armas y trajes folclóricos croatas. A destacar, los pañuelos bordados en oro de Eslavonia y los encajes de la isla de Pag. Gracias a las donaciones de exploradores croatas como Mirko y Stevo Seljan, también hay piezas de Sudamérica, el Congo, Etiopía, China, Japón, Nueva Guinea y Australia. En la segunda planta suelen programarse exposiciones temporales.

Museo de Arte y Artesanía   MUSEO

(Muzejza Umjetnost i Obrt; www.muo.hr, en croata; Trg Maršala Tita 10; adultos/reducida 30/20 HRK; 10.00-19.00 ma, mi, vi y sa, hasta 22.00 ju, hasta 14.00 do) Construido entre 1882 y 1892,

---

ARTE CONTRA HISTORIA

La **Asociación Croata de Artistas de Bellas Artes** (Hrvatsko Društvo Likovnih Umjetnika; www.hdlu.hr; Trg Žrtava Fašizma bb; adultos/reducida 15/10 HRK; 11.00-19.00 ma-vi, 10.00-14.00 sa y do) es una de las pocas obras arquitectónicas de Ivan Meštrović y un edificio que, en resumidas cuentas, ha vivido diferentes etapas de la historia de la región.

Inicialmente diseñada por Meštrović en 1938 como un pabellón de exposiciones, la estructura rendía homenaje al rey Petar Karađorđević (gobernador del Reino de los Serbios, Croatas y Eslovenos), quien hirió las sensibilidades de los nacionalistas croatas. Con el inicio del Gobierno fascista de Croacia, el edificio fue rebautizado como Centro de Artistas de Zagreb en mayo de 1941, hasta que varios meses más tarde Ante Pavelić, el líder fascista de Croacia, ordenó desalojar todas las obras de arte y convertirlo en una mezquita para que la población musulmana local se sintiera como en casa. Pese al descontento de los artistas, se reestructuró el edificio y se rodeó con tres minaretes.

Sin embargo, con la creación de la Yugoslavia socialista, se cerró la mezquita de inmediato y el edificio recuperó su propósito inicial, aunque el Gobierno lo rebautizó como Museo de la Liberación del Pueblo. Se montó una exposición permanente y, en 1949, el Gobierno ordenó derribar los minaretes. En 1951 un arquitecto llamado V. Richter empezó a devolverle su aspecto original según el proyecto de Meštrović. El edificio ha seguido siendo un espacio expositivo desde entonces, regentado por una asociación sin ánimo de lucro de artistas croatas. Aunque el nuevo Gobierno del país lo rebautizara en 1991 como Asociación Croata de Artistas de Bellas Artes, todo el mundo en Zagreb aún lo conoce como "la vieja mezquita".

PUNTO DE VISTA AUTÓCTONO

IVANA VUKŠIĆ: FUNDADORA Y DIRECTORA DEL MUSEO DE ARTE CALLEJERO DE ZAGREB

Fundado en primavera del 2010, el Museo de Arte Callejero de Zagreb no tiene una sede física ni horarios ni comisarios ni glamurosas inauguraciones o, al menos, así es como su directora, Ivana Vukšić, describe la iniciativa, concebida como una sucesión de proyectos. El primero fue completado con éxito cuando se concedieron a unos ochenta artistas 450 m del muro que separa la calle Branimirova de las vías del tren.

A continuación, Ivana presenta las últimas incorporaciones en el panorama artístico y cultural de Zagreb.

Principales galerías de arte

Las galerías más interesantes para descubrir las nuevas tendencias en el arte croata son **Galerija Studentski Centar, Galerija Galženica** y **Galerija Miroslav Kraljević.** La programación de estos espacios sin pretensiones siempre sorprende con sus conceptos frescos y sus trabajos de calidad.

Principales eventos culturales

En Zagreb los eventos suelen ser predecibles por carecer de producciones culturales independientes. Para los cinéfilos se recomiendan encarecidamente el **Zagreb Film Festival** y el **Zagrebdox** (www.zagrebdox.net). El maravilloso festival de teatro callejero **Cest is D'Best** convierte Zagreb en un circo todos los veranos.

---

este museo exhibe muebles, telas, metales, cerámicas y cristal que datan desde la Edad Media a la actualidad. Se pueden ver esculturas góticas y barrocas del norte de Croacia, pero también pinturas, grabados, campanas, cocinas, anillos, relojes, libros encuadernados, juguetes, fotos y diseños industriales. El museo también alberga una importante biblioteca y organiza exposiciones temporales con frecuencia.

Galería de Arte Moderno   GALERÍA DE ARTE
(Moderna Galerija; www.moderna-galerija.hr; Andrije Hebranga 1; adultos/reducida 40/20 HRK; ◷10.00-18.00 ma-vi, hasta 13.00 sa y do) Esta galería ofrece un maravilloso despliegue de obras de artistas croatas de los últimos 200 años, entre ellos maestros de los ss. XIX y XX como Bukovac, Mihanović y Račić. Ofrece una encomiable visión general del vibrante panorama artístico del país.

Pabellón de Arte   SALA DE EXPOSICIONES
(Umjetnički Paviljon; www.umjetnicki-paviljon. hr; Trg Kralja Tomislava 22; adultos/reducida 30/15 HRK; ◷11.00-19.00 ma-sa, 10.00-13.00 do) Este pabellón amarillo programa exposiciones temporales de arte contemporáneo. Construido en 1897 en un impresionante estilo *art nouveau,* el pabellón es el único espacio de Zagreb diseñado para tal fin: acoger grandes exposiciones. La galería cierra de mediados de julio a finales de agosto.

Jardín botánico   JARDÍN
(Botanički Vrt; Mihanovićeva bb; ◷9.00-14.30 lu y ma, 9.00-19.00 mi-do abr-oct) Para descansar de tanto museo, tanta galería y tanto trote, se puede tomar un respiro en esta bonita zona verde. Trazado en 1890, el jardín acoge 10 000 especies de plantas, entre ellas 1800 especímenes de flores tropicales, y disfruta de rincones y senderos apacibles a años luz del bullicio de la ciudad.

NOVI ZAGREB
Museo de Arte Contemporáneo
MUSEO
(Muzej Suvremene Umjetnosti; www.msu.hr; Avenija Dubrovnik 17; adultos/reducida 30/15 HRK, 1er mi de mes gratis; ◷11.00-19.00 ma-do, 11.00-22.00 ju) Ubicado en un edificio funcionalista de reciente construcción, obra del consagrado arquitecto Igor Franić, este ostentoso y nuevo museo presenta exposiciones monográficas y colectivas de artistas patrios y extranjeros en sus 1500 m². La exposición permanente, llamada Colección en Movimiento, muestra 620 atrevidas obras de 240 artistas, la mitad de los cuales son croatas. Obsérvese la divertida pieza interactiva *Double Slide* (Tobogán doble) del artista belga Carsten Holler, y la conmovedora instalación *Ženska Kuća* de la destacada artista croata Sanja Iveković, que aborda el tema de la violencia de género. La luminosa

fachada que da a la transitada avenida es la mayor de Europa Central. El museo cuenta con una suculenta programación de cine, teatro, conciertos y artes escénicas durante todo el año.

AL NORTE DEL CENTRO

Mirogoj CEMENTERIO
(6.00-20.00 abr-sep, 7.30-18.00 oct-mar) Al norte del centro urbano, a 10 minutos en el autobús nº 106 desde la catedral (o a 30 min a pie por calles arboladas) se halla uno de los cementerios más bonitos de Europa, a los pies del monte Medvednica. Fue diseñado en 1876 por el arquitecto de origen austriaco Herman Bollé, que también proyectó muchos edificios de Zagreb. La majestuosa sucesión de pórticos coronados por cúpulas parece una fortaleza por fuera, pero en su interior reinan la paz y el refinamiento. El camposanto es como un frondoso jardín surcado por senderos y salpicado con esculturas y tumbas de bello diseño. Entre ellas destacan la del poeta Petar Preradović y la del líder político Stjepan Radić, sin olvidar el busto de Vladimir Becić, obra de Ivan Meštrović. El monumento más reciente es una **cruz** en memoria a los caídos en la Guerra de la Independencia de Croacia.

Medvedgrad FORTALEZA
(9.00-19.00; entrada 10 HRK) Encaramada en el lado sur del monte Medvednica, por encima de la ciudad, la fortaleza de Medvedgrad es el monumento medieval más importante de Zagreb. Construida entre 1249 y 1254, se levantó para proteger la ciudad de las invasiones tártaras. Perteneció a una serie de familias aristocráticas, pero quedó hecha una ruina tras un terremoto y su subsiguiente abandono. Las obras de restauración empezaron en 1979, aunque no se abordaron con real entusiasmo hasta 1994, cuando el país puso los ojos en sus monumentos históricos como forma de fortalecer la recién estrenada independencia. Hoy en día se pueden ver los gruesos muros reconstruidos y las torres, una pequeña **capilla** con frescos y el **santuario de la Patria**, que rinde homenaje a aquellos que dieron su vida por la libertad de Croacia. En días despejados, brinda unas vistas preciosas de Zagreb y alrededores.

AL ESTE DEL CENTRO

Parque Maksimir PARQUE
(Maksimirska bb; www.park-maksimir.hr; 9.00-atardecer) Los tranvías nº 4, 7, 11 y 12 llevan hasta este apacible rincón arbolado de 18 Ha. Abierto al público en 1794, fue el primer paseo público del sureste de Europa. Está diseñado a la inglesa, con senderos, prados de césped y lagos artificiales. El elemento más fotografiado del lugar es la exquisita **glorieta Bellevue** (1843). También está la **glorieta Echo** y un edificio construido a imagen y semejanza de una casita de campo suiza. Se puede pasar por el **centro de información** (10.00-16.00 ma-vi, hasta 18.00 sa y do med abr-med oct, 10.00-16.00 ju-do resto del año) para descubrir otras sorpresas del parque. El **zoológico** (www.zoo.hr; adultos/niños 30/20 HRK; 9.00-20.00) cuenta con una modesta colección de animales de todo el mundo y permite al público ver cómo se da de comer a focas, leones marinos, nutrias y pirañas.

Actividades

Polideportivo Mladost POLIDEPORTIVO
(Jarunska 5, Jarun; entrada familiar de 1 día fines de semana 60 HRK, adultos/niños 25/15 HRK; 9.00-14.00 y 15.00-20.00 lu-vi, 13.00-17.00 sa, 10.00-14.00 do) A orillas del río Sava, cuenta con piscinas olímpicas cubiertas y al aire libre, y con otras más pequeñas para niños; un gimnasio y pistas de tenis. Para llegar a Jarun, hay que tomar el tranvía nº 5 o 17.

Centro deportivo y recreativo Šalata
POLIDEPORTIVO
(Schlosserove 2; adultos/niños entre semana 20/15 HRK, fines de semana 30/20 HRK, entrada familiar entre semana/fines de semana 40/60 HRK; 13.30-17.30 lu-vi, 11.00-19.00 sa y do) Este centro cuenta con pistas de tenis a cubierto y al exterior, un gimnasio, una pista de patinaje sobre hielo en invierno y dos piscinas al aire libre. También hay una pista de hielo cubierta donde alquilan patines.

Sljeme MONTAÑA
Aunque no se suela relacionar Zagreb con los deportes de invierno, nada más salir de la ciudad se puede esquiar en Sljeme, el pico principal del monte Medvednica, aunque no siempre hay suficiente nieve. Cuenta con cuatro pistas de esquí, tres sencillos telesillas y otro triple; para conocer el estado de la nieve hay que llamar al **centro de esquí** (45 53 382) o consultar www.sljeme.hr.

Lago Jarun LAGO
Este lago del sur de Zagreb es una popular escapada entre los residentes en cualquier época del año, pero sobre todo en verano, cuando las aguas cristalinas invitan a un

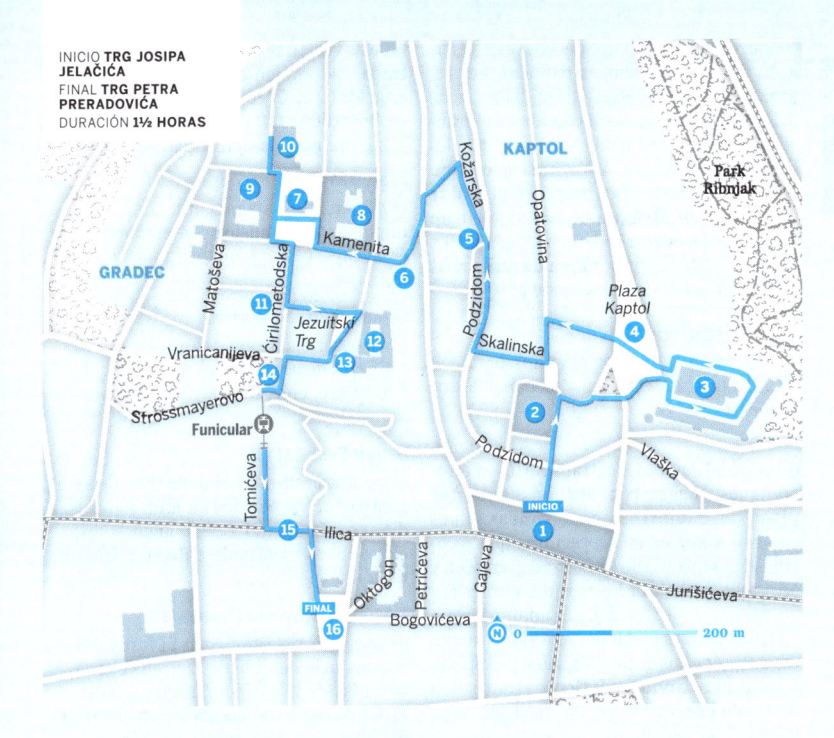

INICIO **TRG JOSIPA JELAČIĆA**
FINAL **TRG PETRA PRERADOVIĆA**
DURACIÓN 1½ HORAS

Circuito a pie
Por la arquitectura, el arte y la vida en la calle

❯ Se puede recoger un ejemplar gratuito de *Step by Step* en cualquier oficina de turismo. Sugiere dos circuitos a pie por el centro urbano para explorar la Ciudad Alta y la Baja.

El punto de partida ideal para cualquier paseo por Zagreb es la transitada ❶ **Trg Josipa Jelačića**. Conviene subir las escaleras hasta el ❷ **mercado de Dolac** y comprar algo de fruta o algún tentempié antes de dirigirse a la ❸ **catedral neogótica**. Hay que cruzar la ❹ **plaza Kaptol**, bordeada por edificios del s. XVII, bajar por Skalinska y salir a Tkalčićeva. Se puede subir la calle y después, seguir por las escaleras que hay al lado del bar ❺ **Melin**, que conducen a la ❻ **puerta de piedra**, un fascinante lugar de culto. Al lado, hay que subir por Kamenita para desembocar en Markov trg, la sede de la ❼ **iglesia de San Marcos**, el lugar más emblemático de Zagreb; el ❽ **Sabor**, el Parlamento del país; y ❾ **Banski Dvori**, el palacio presidencial. Se puede pasear por las sinuosas calles de la Ciudad Alta y conocer diferentes aspectos del mundo del arte de Croacia en el ❿ **Estudio Meštrović**. Se puede retroceder y cruzar Markov trg para luego bajar por Ćirilometodska hasta salir a uno de los museos más peculiares del país, el ⓫ **Museo de Arte Naif de Croacia**. Se recomienda cruzar Jezuitski trg y entrar en la ⓬ **Galerija Klovićevi Dvori**, donde aguardan exposiciones de arte contemporáneo nacional e internacional. Cuando ya se haya terminado con el arte, hay que alzar la mirada hacia la fabulosa ⓭ **iglesia jesuita de Santa Catalina** y después, salir a la ⓮ **torre de Lotrščak** para empaparse de las vistas de la ciudad. Acto seguido, se puede bajar en el funicular o por unas arboladas escaleras; ambas opciones desembocan en ⓯ **Ilica**, la arteria comercial de Zagreb.

Se puede cruzar Ilica y después ir hasta ⓰ **Trg Petra Preradovića**, donde se puede descansar en uno de los muchos cafés al aire libre.

chapuzón. Aunque parte del lago esté reservado a las competiciones náuticas, hay espacio más que suficiente para disfrutar de un baño. Para llegar, se debe tomar el tranvía nº 5 o 17 hasta Jarun y seguir las señales hasta el *jezero* (lago). Al llegar se puede ir a la izquierda hasta Malo Jezero para **nadar** y **navegar en piragua** o para alquilar un **patín acuático,** o a la derecha hasta Veliko Jezero, donde hay una **playa de guijarros** y se puede practicar **'windsurf'**.

Circuitos

En Zagreb hay muchos circuitos para elegir; el autor de esta guía recomienda los siguientes.

ZET — AUTOBÚS

(www.zet.hr) La red de transportes metropolitanos cuenta con **autobuses de dos pisos descubiertos,** con paradas libres de abril a finales de septiembre, que recorren el casco antiguo (señalizados en rojo) y otros que pasan por los parques periféricos y Novi Zagreb (en verde). Los adultos pagan 70 HRK, pero es gratis para los niños menores de 7 años; los autobuses salen de la plaza Kaptol. El **tranvía turístico** gratuito sale a diario de la céntrica Trg Josipa Jelačića de 9.30 a 19.30, cada hora.

Zagreb Inside — A PIE

(www.zagrebinside.com) Los circuitos incluyen el Women of Zagreb ("Mujeres de Zagreb") todos los viernes a las 17.00 y el Do You Speak Croatian? ("¿Habla croata?") los sábados a las 13.00, que imparte un curso básico de croata. Suelen salir de delante del centro de información turística y cuestan 90 HRK (70 HRK estudiantes); en agosto no hay circuitos.

Blue Bike Tours — BICICLETA

(www.zagrebbybike.com) Para conocer Zagreb en bicicleta, hay que reservar una plaza en los circuitos que salen a diario a las 11.00 (que va por el centro urbano) y a las 15.00 (el antiguo circuito por la Ciudad Alta); ambos duran unas 3 horas y cuestan 170 HRK.

Fiestas y celebraciones

Para una lista completa de eventos hay que consultar www.zagreb-convention.hr. Las mayores ferias internacionales de Croacia son las comerciales que se celebran en Zagreb en primavera (mediados de abril) y otoño (mediados de septiembre). Muchas actuaciones al aire libre son gratuitas, no así los conciertos en recintos cerrados. Los precios varían según el espectáculo y las entradas; se venden en **Koncertna Direkcija Zagreb** (45 01 200; www.kdz.hr; Kneza Mislava 18; 9.00-18.00 lu-vi). Del calendario anual cabe subrayar los siguientes eventos.

Bienal Musical de Zagreb — MÚSICA

(www.mbz.hr) El acontecimiento más importante de música contemporánea de Croacia se celebra en abril todos los años impares.

Queer Zagreb Festival — GAYS Y LESBIANAS

(www.queerzagreb.org) Acampada y fiesta a finales de abril/principios de mayo, con teatro, cine, danza y actuaciones musicales.

Urban Festival — ARTE

(www.urbanfestival.hr) Este festival de arte contemporáneo se dedica a un tema diferente cada año y tiene lugar en espacios públicos; normalmente en primavera u otoño.

T-Mobile INmusic Festival — MÚSICA

(www.vipinmusicfestival.com) El festival de música más notable de Zagreb celebra tres días de jolgorio en junio. Arcade Fire y Jamiroquai encabezaron el cartel del 2011 y en años anteriores Franz Ferdinand, Iggy Pop, Massive Attack y Morrissey tomaron el escenario principal junto al lago Jarun. Hay muchos escenarios y lugares donde acampar.

Festival Internacional de Cine de Animación — CINE

(www.animafest.hr) Este prestigioso festival se viene celebrando en Zagreb desde 1972, todos los años, en junio. Los años impares se dedican a los largometrajes; los pares, a los cortos.

Cest is D'Best — FESTIVAL CALLEJERO

(www.cestisdbest.com) Cada año, a principios de junio, este festival callejero encandila a la ciudadanía de Zagreb durante unos días con cinco escenarios repartidos por el centro urbano, unos doscientos artistas internacionales y espectáculos de música, danza, teatro, arte y deportes.

Ljeto na Strossu — FESTIVAL CALLEJERO

(www.ljetonastrosu.com) De finales de mayo a principios de septiembre, cada año, este curioso y gratuito festival presenta proyecciones de cine al aire libre, conciertos, talleres de arte y competiciones caninas junto al arbolado paseo Strossmayer.

ZAGREB PARA NIÑOS

Zagreb cuenta con maravillosas atracciones para los críos, pero desplazarse con ellos puede ser complicado. Entre vías de tranvía, bordillos altos y automóviles, manejar un cochecito por las calles no es fácil. Los autobuses y tranvías suelen ir demasiado llenos para colocar el cochecito, aunque tengan una zona reservada para ello. Los niños menores de 7 años viajan gratis en los transportes públicos. Si se opta por el taxi, hay pocos que tengan cinturones de seguridad que funcionen para el viajero y sus retoños.

Los niños estarán encantados con la colección de bichos del **Museo de Historia Natural de Croacia;** después se puede ir al **Museo de la Técnica** (Tehnički Muzej; Savska 18; adultos/menores 7 años exposiciones 15 HRK/gratis, planetario 15/15 HRK; ☺9.00-17.00 ma-vi, hasta 13.00 sa y do), que tiene un planetario, locomotoras de vapor, satélites y naves espaciales en miniatura, y una réplica de una mina en el interior del edificio, además de secciones de agricultura, geología, energía y transporte. El planetario puede no gustar a los niños menores de 7 años.

Para un poco de actividad al aire libre, el mejor lugar para que los niños se explayen es **Boćarski Dom** (Prisavlje 2). El parque dispone de las zonas de recreo mejor equipadas, campos de deporte y una rampa para patinar. También hay un apacible sendero junto al río Sava para el disfrute de los padres. Para llegar, se debe tomar el tranvía nº 17 en dirección oeste hasta la parada de Prisavlje.

Hay dos zonas de recreo y un zoológico en el parque Maksimir, pero son más pequeños que los de Boćarski Dom y suelen estar más concurridos. A los niños amantes del agua les encantarán las piscinas del polideportivo Mladost o el lago Jarun.

Eurokaz TEATRO
(www.eurokaz.hr) Desde 1987 el Festival Internacional de Nuevo Teatro presenta compañías de teatro alternativo y montajes vanguardistas de todo el mundo durante la segunda quincena de junio.

Festival Internacional de Folclore FOLCLORE
(www.msf.hr) Este festival se celebra desde 1966, normalmente durante unos pocos días de julio. Presenta a bailarines y cantantes folclóricos de Croacia y de otros países europeos ataviados con trajes regionales. Se imparten talleres gratuitos de danza, música y arte, diseñados para mostrar la cultura tradicional croata.

Tardes de Verano de Zagreb MÚSICA
Cada julio este festival presenta un ciclo de conciertos en la Ciudad Alta. El atrio de la Galerija Klovićevi Dvori, en Jezuitski trg, y el escenario de Gradec acogen conciertos de *jazz, blues* y músicas clásica y del mundo.

Festival Internacional de Marionetas MARIONETAS
(http://public.carnet.hr/pif-festival) Este destacado festival de marionetas, en marcha desde 1968, suele convocarse la última semana de agosto y presenta compañías estelares, talleres para elaborar marionetas y exposiciones.

Festival Internacional de Teatro TEATRO
(www.zagrebtheatrefestival.hr) El teatro contemporáneo de primera fila asalta los escenarios de Zagreb durante un par de semanas en septiembre, a menudo hasta principios de octubre.

Festival de Cine de Zagreb CINE
(www.zagrebfilmfestival.com) Si el viajero está en Zagreb a mediados de octubre no debe perderse este importante evento cultural, con presentaciones de películas y fiestas paralelas. Los directores compiten por el premio Golden Pram ("cochecito de oro").

🛏 Dónde dormir

La llegada de las aerolíneas de bajo coste no ha cambiado en demasía el panorama de alojamientos de Zagreb, aunque algo comienza a moverse, de ahí que se empiecen a ver algunos alojamientos económicos interesantes. Aunque los nuevos albergues estén principalmente dirigidos a mochileros, es un buen comienzo. Para aquellos que busquen precios medios, más intimidad y un entorno acogedor, hay agencias que gestionan el alquiler de habitaciones en casas particulares y de apartamentos. Los

PARA ESTAR EN ZAGREB COMO EN CASA

Si el viajero quiere alojarse en una casa particular o en un apartamento, conviene no llegar en domingo porque casi todas las agencias están cerradas, a menos que se haya hecho una reserva. Una habitación doble cuesta a partir de 300 HRK y un apartamento-estudio, a partir de 400 HRK por noche. Normalmente se cobra un suplemento por estancias de una sola noche. Entre las agencias que merecen la pena están:

Evistas (48 39 554; www.evistas.hr; Augusta Šenoe 28; i desde 210 HRK, d 295 HRK, apt 360 HRK) Recomendada por la oficina de turismo; es la que queda más cerca de la estación de trenes; busca alojamiento en casas particulares.

InZagreb (65 23 201; www.inzagreb.com; Remetinečka 13; apt 471-616 HRK) Apartamentos fantásticos, ubicación céntrica, con Wi-Fi. Estancia mínima de tres noches. El precio incluye el alquiler de bicicletas y los traslados a/desde la estación de trenes o autobuses. Se puede reservar a través de la página web o por teléfono.

Never Stop (Nemoj Stati; 091 637 8111; www.nest.hr; Boškovićeva 7a; apt 430-596 HRK) Apartamentos de fábula en el centro urbano, con estancia mínima de dos noches. Para precios y más información, consúltese su página web.

---

hoteles de negocios y precio alto atraviesan un buen momento, gracias al importante papel que desempeña Zagreb como destino de convenciones internacionales. Si se quiere tirar la casa por la ventana, no faltarán opciones.

Los precios suelen mantenerse igual durante todo el año, pero habitualmente hay un recargo de un 20% si se coincide con un festival, sobre todo la feria de otoño.

Regent Esplanade Zagreb
HOTEL HISTÓRICO €€€

(45 66 666; www.regenthotels.com; Mihanovićeva 1; h desde 1020 HRK; P❄@☎) Impregnado de historia, este hotel de seis pisos se construyó en 1924 junto a la estación de trenes para recibir con la pompa de rigor a los pasajeros del *Orient Express*. Desde entonces ha hospedado a reyes, artistas, periodistas y políticos. Esta obra maestra de *art déco* rebosa mármol por doquier, inmensas escaleras y ascensores de madera. Se puede echar un vistazo al magnífico salón de baile de color esmeralda, comer en el maravilloso Zinfandel's Restaurant o patinar en la pista de hielo temporal del Oleander Terrace.

Arcotel Allegra
HOTEL DE DISEÑO €€€

(46 96 000; www.arcotel.at/allegra; Branimirova 29; i/d desde 730/840 HRK; P❄@☎) El primer hotel de diseño de Zagreb cuenta con 151 holgadas habitaciones y un vestíbulo de mármol con un acuario con peces exóticos. Las sábanas están estampadas con las caras de Kafka, Kahlo, Freud y otros personajes ilustres. Hay un reproductor de DVD en cada habitación y servicio de préstamo de películas. El Orlando Fitness & Spa del último piso ofrece unas vistas fabulosas de la ciudad. También cuenta con el aceptable restaurante Radicchio y con el Joe's Bar, que caldea el ambiente con música latina. En verano, los platos del día cuestan a partir de 490 HRK.

Palace Hotel
HOTEL HISTÓRICO €€€

(48 99 600; www.palace.hr; Strossmayerov trg 10; i/d desde 777/894 HRK; P❄@☎) Este elegante hotel, el más antiguo de la ciudad, desprende encanto europeo. La señorial mansión de estilo secesionista, construida en 1891, aúna prestancia aristocrática y las últimas comodidades en sus 118 habitaciones y elegantes suites. Se recomiendan las habitaciones delanteras por sus fantásticas vistas del parque. No hay que perderse los asombrosos frescos de la parte trasera del café de la planta baja, dotados del característico refinamiento austrohúngaro.

Hotel Dubrovnik
HOTEL €€€

(48 63 555; www.hotel-dubrovnik.hr; Gajeva 1; i/d desde 980/1200 HRK; P❄☎) En plena plaza principal, este edificio de cristal con pretensiones neoyorquinas es un lugar emblemático de la ciudad. Frecuentado por huéspedes en viaje de negocios, se halla en pleno meollo. Las 245 habitaciones, elegantes y bien decoradas, transpiran estilo clásico a la vieja usanza. Hay que intentar conseguir una con vistas a la plaza Jelačić para disfrutar del pulso urbano de la ciudad. Consúltense los fabulosos paquetes y ofertas especiales del hotel.

Pansion Jägerhorn HOTEL FAMILIAR €€
(☎48 33 877; www.jaegerhorn.hr; Ilica 14; i/d/apt 498/705/913 HRK; P✳@⚡) Este entrañable hotelito, el "cuerno del cazador", se halla justo debajo de la torre de Lotrščak y cuenta con un personal amable y 13 habitaciones elegantes y clásicas con buenas vistas (se puede otear la frondosa Gradec desde las habitaciones del ático). El restaurante de la planta baja, el más antiguo de Zagreb (1827), sirve platos de caza.

Hotel Ilica HOTEL €€
(☎37 77 522; www.hotel-ilica.hr; Ilica 102; i/d/apt 349/449/749 HRK; P✳⚡) Las habitaciones de este céntrico hotel presentan un marco tranquilo y cuartos de baño bien equipados; las hay desde la desmesura *kitsch* a las decoradas con suntuosidad, con aderezos dorados, camas afelpadas, enormes cuadros y tonalidades rojas a mansalva. Se puede tomar el tranvía nº 1, 6 y 11, o caminar 15 minutos por la concurrida Ilica.

👍 Hobo Bear Hostel ALBERGUE €
(☎48 46 636; www.hobobearhostel.com; Medulićeva 4; dc/d desde 122/400 HRK; ✳@⚡) En un apartamento dúplex, este impecable albergue de siete dormitorios presenta paredes de obra vista, suelos de maderas nobles, taquillas gratuitas, cocina, salón comunitario, intercambio de libros y un personal simpático. Para llegar hay que tomar el tranvía nº 1, 6 u 11 desde Jelačić. Las tres habitaciones dobles se hallan al cruzar la calle.

Krovovi Grada HOTEL ECONÓMICO €
(☎48 14 189; Opatovina 33; i/d 200/300 HRK; @⚡) Esta vieja casa restaurada, básica pero cautivadora, queda apartada de la calle pero en los lindes de la Ciudad Alta y a tiro de piedra de la transitada Tkalčićeva. Las habitaciones poseen suelos que crujen, muebles de época y colchas algo cursis. La del último piso es ideal para ver los tejados del casco antiguo.

Fulir Hostel ALBERGUE €
(☎48 30 882; www.fulir-hostel.com; Radićeva 3a; dc 130-140 HRK; @⚡) Cerca del ajetreo de la plaza Jelačić y de los bares de Tkalčićeva, el Fulir tiene 28 camas, unos propietarios simpáticos, cocina (genial, porque está cerca del mercado de Dolac), taquillas, una sala comunitaria llena de DVD e Internet, y té y café gratuitos.

Hotel Jadran HOTEL €€
(☎45 53 777; www.hoteljadran.com.hr; Vlaška 50; i/d 517/724 HRK; P⚡) Este hotel de seis pisos disfruta de una ubicación impagable a solo unos minutos de la plaza Jelačić. Las 48 habitaciones son alegres y el personal, simpático. Los precios son negociables según disponibilidad.

Buzzbackpackers ALBERGUE €
(☎23 20 267; www.buzzbackpackers.com; Babukićeva 1b; dc/d desde 130/450 HRK; ✳@⚡) Apartado del centro, pero limpio y con habitaciones luminosas, Internet gratuito, una cocina inmaculada y una zona para barbacoas. En la estación de trenes hay que tomar el tranvía nº 4 o 9 hasta la parada de Heinzelova, que queda a un paso del albergue. Los propietarios también regentan otro albergue, más tipo apartamento, en el centro urbano.

Hotel Central HOTEL €€
(☎48 41 122; www.hotel-central.hr; Branimirova 3; i/d 657/794 HRK; ✳⚡) El mejor alojamiento si hay que tomar un tren. Ocupa un edificio cuadrado, de hormigón, y ofrece 76 habitaciones, cómodas pero un poco estrechas. Las del último piso son más amplias y dan a un patio arbolado.

Hotel Fala HOTEL FAMILIAR €€
(☎/fax 61 94 498; www.hotel-fala-zg.hr; II Trnjanske Ledine 18; i/d 343/500 HRK; P✳@) Las habitaciones son pequeñas, mas cuidadas y limpias. Se halla a 20 minutos a pie del centro, pero también se puede tomar el tranvía nº 5 o 13 hasta Lisinski y dar un paseo desde allí.

Ravnice Hostel ALBERGUE €
(☎23 32 325; www.ravnice-youth-hostel.hr; Ravnice 38d; dc/d 125/288 HRK; @⚡) A 45 minutos a pie o a 20 en tranvía desde el centro, cuenta con habitaciones espartanas pero limpias, mesa de *ping-pong* en el jardín y extras como taquillas, té, café e Internet.

Omladinski Hostel ALBERGUE €
(☎48 41 261; www.hfhs.hr; Petrinjska 77; dc 113 HRK, i/d 203/286 HRK; ⚡) Aunque remodelado no hace mucho, este lugar de la época socialista aún conserva algo de su sombrío pasado. Las habitaciones son básicas y limpias, y los dormitorios colectivos tienen tres o seis camas; es céntrico y el más económico de la ciudad.

🍴 Dónde comer

Para disfrutar de los restaurantes de Zagreb hay que ser fan de la comida croata o italiana, aunque poco a poco la oferta se está diversificando y surgen establecimientos de cocina japonesa, por ejemplo. Se lleva la *haute cuisine* de impecable presentación pero a precios elevados.

La principal calle comercial de la ciudad, Ilica, está bordeada por establecimientos de comida rápida y bares económicos de tentempiés.

Vinodol
COCINA CROATA €€

(Teslina 10; platos principales desde 70 HRK) La clientela patria y extranjera aprecia la buena comida centroeuropea. Si hace buen tiempo se puede comer en un patio cubierto al que se accede por un pasaje cubierto de hiedra que sale de Teslina; la alternativa invernal es un enorme comedor con techos abovedados de piedra. El suculento cordero o ternera con patatas asadas a la *peka* (cazuela con tapa) no tiene desperdicio.

Tip Top
MARISCO €

(Gundulićeva 18; platos principales desde 55 HRK; lu-sa) Resulta muy recomendable Tip Top y su personal, que aún luce viejos uniformes socialistas y ceñudas caras que, al final, acaban regalando alguna sonrisa. Pero lo más destacable es su excelente cocina dálmata. Cada día tienen menú; el *gulash* de pulpo de los jueves es altamente recomendable.

Amfora
MARISCO €

(Dolac 2; platos principales 40 HRK; almuerzo) Los lugareños lo frecuentan mucho al mediodía por su fresquísimo pescado con verduras, productos recién traídos del mercado vecino. El establecimiento es pequeño y cuenta con algunas mesas fuera y una galería en el primer piso con bonitas vistas del mercado. Las recomendaciones del personal nunca fallan.

Mano
COCINA INTERNACIONAL €€

(Medvedgradska 2; platos principales desde 100 HRK; lu-sa) Elegante asador en un precioso edificio de ladrillo a escasos pasos de Kaptol Centar, con un amplio comedor de paredes de piedra vista, columnas de acero y una cocina acristalada. La iluminación es tenue y los platos principales, novedosos (sirvan como ejemplos el ciervo rebozado con castañas y la polenta con jabalí y gorgonzola).

Kerempuh
COCINA CROATA TRADICIONAL €€

(Kaptol 3; platos principales desde 75 HRK; almuerzo lu-do) Con vistas al mercado de Dolac, este lugar es espléndido para probar la sencilla y conseguida cocina croata preparada con frescos ingredientes de mercado. El menú cambia a diario y siempre depende de lo que el chef ha comprado por la mañana. No hay nada como sentarse en una mesa al fresco para disfrutar de una buena comida y unas excelentes vistas.

Prasac
COCINA MEDITERRÁNEA €€

(48 51 411; Vranicanijeva 6; platos principales desde 87 HRK; lu-sa) El chef croata-siciliano inventa imaginativos platos mediterráneos en este íntimo establecimiento con techos de vigas de madera. El menú cambia a diario y la comida fresca del mercado es maravillosa, pero el servicio es lento y las raciones, escasas. Hay que reservar con antelación. Un menú de cuatro platos cuesta 250 HRK. Ideal para una comida romántica.

Stari Fijaker 900
COCINA CROATA TRADICIONAL €

(Mesnička 6; platos principales desde 50 HRK; cerrado cena do verano) Este restaurante-cervecería ocupó en su día el primer puesto de la oferta gastronómica de Zagreb, y su decoración de bancos corridos y manteles blancos aún conserva esa sobriedad contenida. Como su fuerte es la cocina tradicional, se recomiendan las salchichas caseras, los estofados de judías y los *štrukli* (buñuelos de queso fresco), o uno de los platos del día, más económicos.

Pod Gričkim Topom
COCINA CROATA €€

(Zakmardijeve Stube 5; platos principales desde 90 HRK; lu-sa) Escondido junto a un frondoso sendero que pasa por debajo de la Ciudad Alta, este encantador restaurante tiene una terraza al fresco y sirve buenas especialidades croatas de carne. Es un lugar fabuloso para refugiarse una fría y nevada noche de invierno o para cenar bajo las estrellas en verano.

Ivica i Marica
COCINA CROATA TRADICIONAL €€

(Tkalčićeva 70; platos principales desde 70 HRK) Inspirado en el cuento *Hansel y Gretel* de los hermanos Grimm, este pequeño restaurante-pastelería recuerda la celebérrima casa de pan de jengibre de la bruja, con camareros ataviados con trajes tradicionales. Prepara platos de verduras y pescado pero también otros carnívoros. Los helados, pasteles y *štrukli* están de fábula.

Kaptolska Klet
COCINA CROATA TRADICIONAL €

(Kaptol 5; platos principales desde 50 HRK) Este agradable restaurante cuenta con una enorme terraza al fresco y un luminoso comedor tipo cervecería. Aunque famoso por sus especialidades de Zagreb, como las carnes de cordero y de vacuno a la parrilla en una *peka* y las salchichas caseras, también sirve un delicioso pastel de verduras.

Konoba Čiho — MARISCO €€
(Pavla Hatza 15; platos principales desde 80 HRK) *Konoba* (establecimiento familiar sencillo) dálmata de toda la vida donde, en la parte de abajo, se puede pedir pescado al peso y marisco, a la parrilla o guisado. Tiene una amplia carta de *rakija* (orujo) y de vinos de la casa.

Vallis Aurea — COCINA CROATA TRADICIONAL €
(Tomićeva 4; platos principales desde 37 HRK; ☼lu-sa) Este genuino restaurante croata sirve algunos de los mejores platos caseros de la ciudad, por eso siempre está lleno al mediodía, por sus *gableci* (almuerzos tradicionales). Queda justo al lado del extremo inferior del funicular.

Karijola — PIZZERÍA €
(Kranjčevićeva 16a; *pizzas* desde 42 HRK) A los lugareños les apasionan las crujientes *pizzas* de pasta fina que salen del horno de arcilla de este sencillo restaurante y que se elaboran con ingredientes de primera calidad, como jamón ahumado, aceite de oliva, mozzarella, tomates *cherry*, *rúcula* y setas de cardo.

Nova — COCINA VEGETARIANA O 'VEGANA' €€
(Ilica 72; platos principales desde 60 HRK; ☼lu-sa) Este elegante restaurante macrobiótico es ideal para los *veganos*, con menús con una fabulosa relación calidad-precio. Forma parte de todo un emporio de la salud: hay una tienda de comida sana en la parte de abajo, tratamientos de *shiatsu*, clases de yoga y cursos de *feng shui*.

Žlica & Vilica — COCINA CROATA €
(Kneza Mislava 13; platos principales desde 35 HRK; ☼cerrado cena sa y do, y do en verano) Este *bistró* recién inaugurado queda un poco apartado del centro y sirve platos croatas caseros en un elegante entorno verde y en la terraza. Cada día hay cinco platos para escoger fuera de carta; también sirve desayunos.

Boban — COCINA ITALIANA €€
(Gajeva 9; platos principales desde 70 HRK) Este restaurante subterráneo es propiedad de la estrella croata de fútbol Zvonimir Boban, que se hizo famoso en el AC Milan. No extraña pues que se especialice en comida italiana: pastas, *risotto* y ñoquis de todo tipo, así como platos de carne. Es un lugar popular para almorzar y cenar; en la terraza del café del piso de arriba se reúnen los jóvenes de Zagreb.

Baltazar — COCINA CROATA €€€
(Nova Ves 4; platos principales desde 120 HRK; ☼lu-sa) Este refinado restaurante con solera prepara carnes (pato, cordero, cerdo, ternera y pavo) a la parrilla al estilo de Zagorje y Eslavonia. Sirve un buen abanico de platos mediterráneos y vinos de la zona. La terraza es un lugar fabuloso para cenar bajo las estrellas.

Nocturno — COCINA ITALIANA €
(Skalinska 4; platos principales desde 40 HRK) Justo por debajo de la catedral, este restaurante sirve buenos clásicos italianos y cuenta con una animada terraza. Prepara las típicas *pizzas* (25-35 HRK) y enormes raciones de *risotto*, perfectas si se está hambriento.

Agava — COCINA INTERNACIONAL €€
(Tkalčićeva 39; platos principales desde 80 HRK) La oferta de este elegante restaurante abarca desde entrantes como *carpaccio* de pez espada a platos principales de filete y trufas o exquisitos *risottos* y pasta con marisco al coñac. La carta de vinos propone toda suerte de caldos istrios y eslavones.

Zinfandel's — COCINA INTERNACIONAL €€€
(Mihanovićeva 1; platos principales desde 170 HRK) Platos deliciosos y creativos servidos con estilo en el comedor del Regent Esplanade. Para algo más sencillo, pero igual de delicioso, hay que dirigirse a Le Bistro, de aire francés, también en el hotel, y probar sus famosos *štrukli*.

Rubelj — COMIDA RÁPIDA €
(Dolac 2; platos principales desde 25 HRK) Este establecimiento de Dolac, uno de los muchos Rubelj que hay en la ciudad, es fabuloso para una rápida ración de *ćevapi* (pequeña salchicha picante de carne picada de ternera, cordero o cerdo). Se parecen mucho a las de Bosnia (su hogar espiritual).

Pingvin — SÁNDWICHES €
(Teslina 7; ☼9.00-4.00 lu-sa, 18.00-2.00 do) Desde 1987, esta institución de la comida rápida prepara deliciosos e imaginativos sándwiches y ensaladas que los lugareños disfrutan en un par de taburetes de la barra.

Vincek — PASTELERÍA €
(Ilica 18) Esta *slastičarna* (pastelería) prepara unos pasteles deliciosos y los mejores helados de la ciudad, de ahí las colas que se forman apenas comienza el buen tiempo.

Pekarnica Dora
PANADERÍA €

(Strossmayerov Trg 7; ⊙24 h) Cerca de la estación de trenes, esta panadería abre las 24 horas para saciar los caprichos dulces de los noctámbulos.

🍷 Dónde beber

En la Ciudad Alta, la distinguida Tkalčićeva está llena de bares y cafés. En la Baja, Bogovićeva, al sur de Trg Josipa Jelačića, está flanqueada de bares y se convierte en un importante lugar de encuentro en primavera y verano, durante las noches suaves. Trg Petra Preradovića (o Cvjetni trg) es el escenario más popular de la Ciudad Baja para los artistas callejeros y las bandas de música. Entre Trg Preradovića y Bogovićeva hay media docena de bares y cafés que, en verano, gozan de una gran animación. Sin embargo, los locales cierran a medianoche y el ambiente se calma de mediados de julio a finales de agosto, cuando medio Zagreb se marcha de vacaciones a la costa.

Booksa
LIBRERÍA, CAFÉ

(www.booksa.hr; Martićeva 14d; ⊙11.00-20.00 ma-do, finales jul cierra 3 semanas) Los bibliófilos y poetas, los escritores y actores, los bohemios y artistas, en definitiva todo aquel que lleva una vida creativa en Zagreb va a charlar y a tomar café, comprar libros, conectarse al Wi-Fi gratuito y escuchar lecturas a esta bonita librería. También se programan lecturas en inglés; consúltese su página web.

Stross
BAR AL AIRE LIBRE

(Strossmayerovo Šetalište) De junio a septiembre se monta un bar improvisado en el paseo Strossmayer, en la Ciudad Alta, con copas económicas y música en directo casi cada noche a las 21.30, más o menos. La clientela variopinta, las fabulosas vistas de la ciudad y el entorno arbolado lo convierten en un lugar fabuloso para pasar el rato por la noche.

👍 Bacchus
BAR DE 'JAZZ'

(www.bacchusjazzbar.hr; Trg Kralja Tomislava 16) Hay que tener suerte para conseguir una mesa en este exuberante y escondido patio ajardinado, el más singular de Zagreb. A partir de las 22.00 todo el mundo entra al artístico espacio subterráneo, que acoge conciertos de *jazz* (ju-sa), lecturas de poesía y noches temáticas de música *retro*. El ambiente se tranquiliza en verano.

Cica
BAR

(Tkalčićeva 18) Este diminuto bar a pie de calle es el más *underground* de Tkalčićeva. El original interior luce obras vanguardistas de artistas locales y un mercadillo con objetos de lo más *cool*. Se puede probar uno o (quien se atreva) los 15 tipos de *rakija* por los que es popular el establecimiento: de hierbas, de frutos secos, de frutas...

Kino Europa
CAFÉ-BAR

(Varšavska 3; ⊙lu-sa) El cine más antiguo de Zagreb (de la década de 1920) ahora acoge un espléndido café, un bar de vinos y una *grapperia*. En este espacio acristalado con una terraza al aire libre, se encontrará un café insuperable, más de treinta tipos de grapas y Wi-Fi gratuito. Todos los días el cine proyecta películas y, a veces, se organizan fiestas de baile.

Funk Club
MÚSICA, CAFÉ-BAR

(Tkalčićeva 52) De día se puede tomar un café y ver a la gente pasar y, de noche, bajar las escaleras de caracol y comprobar la razón por la que este local de culto tiene a los lugareños a su entera disposición. En un pequeño sótano con techos abovedados de piedra, los *disc jockeys* ofrecen sesiones de *house*, *jazz*, *funk* y *broken beat* a un público entregado (salvo en verano).

Limb
BAR

(Plitvička 16; ⊙lu-sa) Un lugar secreto que solo conocen los lugareños, probablemente el bar más moderno y discreto de la ciudad, justo al lado de KSET. Una clientela bohemia, un poco madura, llena las dos

---

PAUSA PARA UN CAFÉ

Ni siquiera el primer Starbucks de Croacia (que al parecer se inaugurará pronto en Zagreb) tiene posibilidad alguna de competir con el *špica*, la arraigada tradición local de Zagreb de tomar un café en el centro urbano entre las 11.00 y las 14.00 los sábados, antes o después de la visita al mercado de Dolac. Este alarde de exhibir las últimas tendencias en moda, teléfonos móviles y cotilleos hace que la gente corra para conseguir el mejor sitio en una terraza de Bogovićeva, Preradovićeva y Tkalčićeva. Es una fabulosa manera de vivir el momento más animado de la ciudad.

pequeñas y coloristas salas y la terraza acristalada con un árbol en medio.

Apartman
BAR

(Preradovićeva 7) En un 1er piso este bar está decorado con almohadones y lo frecuenta una clientela joven despreocupada y sin pretensiones. Algunas noches hay sesiones de *disc jockeys* pero también abre de día.

Klub Kino Grič
BAR, CLUB

(Jurišićeva 6) Este cine tradicional ha sido reconvertido hace poco en un bar multicolor de dos pisos y un pequeño club subterráneo (ju-sa hasta 2.00). Desde entonces es uno de los favoritos de la ciudad, con exposiciones de arte y sesiones de cine en una acogedora sala.

Melin
BAR

(Tkalčićeva 47) Un bar de *rock and roll* como los de antes, con asientos cutres, paredes pintadas con grafitis y música a todo volumen. Aunque la calle está en proceso de aburguesamiento, este mugriento rincón del antiguo Zagreb resiste con mucho carisma y una terraza para tomar copas al fresco.

Velvet
CAFÉ

(Dežmanova 9; 8.00-22.00 lu-vi, hasta 15.00 sa, hasta 14.00 do) Elegante establecimiento para tomar una buena taza de café y picar algo en un interior chic minimalista decorado por la propietaria Saša Šekoranja, la florista más a la moda de Zagreb.

Lemon
BAR, CLUB

(www.lemon.hr; Gajeva 10) Lugar fabuloso en verano para tomar unos cócteles en la terraza del Museo Arqueológico, rodeado de antiguas losas de piedra. En otoño e invierno, se puede bailar en el club de la parte de abajo.

Eli's Cafe
CAFÉ

(www.eliscaffe.com; Ilica 63; 8.00-16.00 lu-sa, hasta 14.00 do, hasta 14.00 cada día med jul-med ago) Se llevó un premio por servir el mejor café 100% arábica de la ciudad. Desayunar un suave capuchino con unos pastelitos para mojar es una delicia.

Bulldog
CAFÉ-'PUB'

(Bogovićeva 6) Sus mesas en la acera ofrecen una posición privilegiada para contemplar el ajetreo de esta concurrida calle peatonal. Por la noche, es un buen sitio para tomar unas copas, con música en directo en el club subterráneo durante los fines de semana.

Palainovka
CAFÉ

(Ilirski Trg 1) Este establecimiento de estilo vienés se jacta de ser el café más antiguo de Zagreb (1846) y sirve unos deliciosos cafés, tés y pasteles bajo unos bonitos techos con frescos.

BP Club
BAR DE 'JAZZ'-CLUB

(Teslina 7; 22.00-2.00 lu-sa) Un clásico subterráneo para tomar una copa tranquila o, algunas noches, disfrutar de los conciertos de *jazz, blues* y *rock*.

Movie Pub
'PUB'

(Savska 141) Este popular *pub* tiene pósteres de estrellas de cine en las paredes, 30 tipos de cerveza y karaoke los jueves a las 22.30 para desgañitarse con las canciones más conocidas.

Hemingway
'LOUNGE' BAR

(Trg Maršala Tita 1) En esta coctelería de postín, las gafas de sol negras y el iPhone son imprescindibles. Para ir de pose y dejarse ver.

⭐ Ocio

Hay que admitir que Zagreb no ocupa un primer puesto como destino noctámbulo pero cuenta con un panorama musical y artístico en evolución constante y con un flujo creciente de viajeros en busca de diversión. Los teatros y salas de conciertos locales presentan una oferta muy variada durante todo el año. Muchos aparecen en la publicación mensual *Zagreb Events & Performances,* disponible en la principal oficina de turismo. Las últimas páginas de los periódicos *Jutarnji List* y *Večernji List* publican una cartelera actualizada de arte y cultura.

Locales nocturnos

Las entradas cuestan entre 20 y 100 HRK, según la noche y el evento. Los clubes abren sobre las 22.00, pero no empiezan a llenarse hasta medianoche. Casi todos abren solo de jueves a sábado.

Aquarius
CLUB

(www.aquarius.hr; lago Jarun) Este popularísimo club es un lugar fantástico para salir de fiesta y cuenta con varios espacios que desembocan en una enorme terraza junto al lago. Se suele pinchar *house* y *techno,* pero los viernes se reservan para el *hip hop* y el *R&B* de las sesiones Blackout Lounge. En verano se traslada a Zrće, en Pag (p. 195).

Močvara
CLUB

(www.mochvara.hr, en croata; Trnjanski Nasip bb) En una antigua fábrica a orillas del río Sava, el "pantano" luce un encanto roñoso pero atractivo y es uno de los mejores escenarios de la ciudad para la *crème de la crème* de la música alternativa. La programación abarca desde *dub* y *dancehall* a músicas del mundo y *heavy metal*.

KSET
CLUB

(www.kset.org, en croata; Unska 3) En esta sala de conciertos, la mejor de Zagreb, actúa la flor y nata local: desde sonidos étnicos a *hip-hoperos*. Los sábados por la noche programa sesiones de *disc jockeys*, que reúnen a centenares de jovencitos que se desmelenan hasta tarde. Propone un cartel de conciertos y fiestas para todos los gustos.

Jabuka
CLUB

(Jabukovac 28) La "manzana" es uno de los favoritos de toda la vida, con grandes éxitos de los años ochenta servidos a una clientela entrada en la treintena que recuerda sus viejos tiempos. Queda apartado, en una zona selecta a la que se puede llegar en taxi o a través del bosque.

Medika
CLUB

(www.pierottijeva11.org; Pierrotijeva 11) Se hace llamar "centro cultural autónomo" y está en una vieja fábrica farmacéutica. Es el primer centro *okupa* legalizado de la ciudad con una programación de conciertos, exposiciones de arte y fiestas regadas con cerveza económica y *rakija*.

Purgeraj
CLUB

(www.purgeraj.hr; Park Ribnjak 1) Original espacio con un cartel de música *rock*, *blues* y *avant-garde jazz* en directo. Los sábados por la noche sirve una fusión de música *disco*, *funk*, pop y de los años ochenta.

Sirup
CLUB

(www.sirupclub.com; Donje Svetice 40) Una clientela con ganas de fiesta, mayormente masculina, frecuenta este enorme club apartado del centro urbano atraída por su resplandeciente diseño y su apetecible cartel de *disc jockeys* de *techno*, patrios e internacionales.

Boogaloo
CLUB

(www.boogaloo.hr, en croata; OTV Dom, Vukovarska 68) Este local propone sesiones de *disc jockeys*, noches temáticas y conciertos. La noche de *house* y *techno* de los viernes es muy popular. Está a 15 minutos a pie de la plaza Jelačića.

Locales de ambiente

El panorama gay y lésbico de Zagreb por fin está saliendo a la luz, aunque aún no de forma descarada. Muchos gays salen de ligoteo, con discreción, por la playa sur del lago Jarun y son bienvenidos en casi todas las discotecas.

David
BAR

(www.sauna-aquateam.hr; Ulica Ivana Broza 8a; ⊙17.00-23.00) Esta sauna, bar y sala de vídeos solo para hombres es un lugar popular en el ambiente gay de Zagreb. La entrada de un día cuesta 80 HRK.

Studio Mobilus
CLUB

(www.studio-mobilus.hr; Đorđićeva 10) Este club de ligoteo solo para hombres es un lugar ideal para hacer nuevos amigos.

Rush Club
CLUB

(Amruševa 10) Una clientela de gays y lesbianas más jóvenes se mezcla en este divertido club del centro urbano, con entrada gratuita los jueves y noches temáticas (por ejemplo, de karaoke).

Teatro

Aunque hay espectáculos muy solicitados, siempre hay entradas disponibles.

Teatro Nacional de Croacia
TEATRO

(📞48 88 418; www.hnk.hr; Trg Maršala Tita 15) Este teatro neobarroco, fundado en 1895, presenta montajes de ópera y *ballet*. La escultura *La fuente de la vida* (1905) de Ivan Meštrović que hay delante, no tiene desperdicio.

Sala de conciertos Vatroslav Lisinski
SALA DE CONCIERTOS

(📞61 21 166; www.lisinski.hr; Trg Stjepana Radića 4) El escenario más prestigioso de la ciudad para conciertos sinfónicos, actuaciones de *jazz* y músicas del mundo, y producciones teatrales.

Instituto de Música de Croacia
SALA DE CONCIERTOS

(📞48 30 822; Gundulićeva 6a) Otra buena sala de música clásica. Suele programar obras de compositores croatas interpretados por músicos del país.

Deportes

El lago Jarun acoge competiciones de botes de remos, kayak y piraguas en verano. Se puede llamar al 📞0800 300 301 para más detalles. Para información sobre eventos deportivos, hay que marcar el ☎9841.

Hay una gran afición por el baloncesto en Zagreb, no en vano, la Cibona, el equipo local, es uno de los clásicos de Europa. Se puede rendir homenaje a su jugador más famoso en el **Museo Conmemorativo Dražen Petrović** (☎48 43 333; Savska 30; entradas 20-100 HRK), justo al lado del Museo de la Técnica. Se disputan partidos con frecuencia; las entradas se venden en la taquilla, junto a la puerta de acceso, o a través de www.cibona.com.

El Dinamo es el equipo de fútbol más popular de Zagreb y juega en el **Stadion Maksimir** (☎23 86 111; Maksimirska 128; entradas desde 30 HRK), al este de la ciudad. Los partidos se disputan los domingos por la tarde, entre agosto y mayo. Se puede tomar el tranvía nº 4, 7, 11 o 12 hasta Bukovačka. Para más información, consúltese www.nk-dinamo.hr.

🔒 De compras

Ilica es la principal calle comercial de Zagreb; en sus sobrios edificios se suceden las marcas internacionales de moda.

Prostor   MODA
(www.multiracionalnakompanija.com; Mesnička 5; ⊙12.00-20.00 lu-vi, 10.00-15.00 sa) Esta fantástica y pequeña galería de arte y tienda de ropa presenta las creaciones de algunos de los mejores artistas independientes de la ciudad, así como de jóvenes modistos. Se puede asistir a las inauguraciones, codearse con gente interesante y conocer un poco más al *artisteo* de Zagreb; para ello hay que consultar la página web. Se halla en un patio que desemboca en Mesnička.

Bronić Sisters   ROPA, COMPLEMENTOS
(www.bronic.biz) Los versátiles modelitos de las talentosas gemelas Josipa y Marijana, que trabajan y venden en su estudio-vivienda, no tienen desperdicio. Es fácil pasarse horas combinando prendas y complementos diferentes para salir con el atavío perfecto.

Natura Croatica   RECUERDOS
(www.naturacroatica.com; Skalinska 2a) Vende más de trescientos productos y recuerdos croatas 100% naturales: desde jabones artesanales y fragantes aceites de baño a *rakija*, vinos, chocolates, mermeladas y especias. El lugar perfecto para comprar regalos.

Sherrif & Cherry   'BOUTIQUE' DE DISEÑO
(www.sheriffandcherry.com; Medvedgradska 3) En esta *boutique*-espacio de creación del diseñador, oriundo de Rovinj, Mauro Massarotto, se pueden conseguir un par de zapatillas deportivas Startas de la ex Yugoslavia, recicladas pero rabiosamente *cool*.

Profil Megastore   LIBRERÍA
(Bogovićeva 7; ⊙9.00-22.00 lu-sa) En un pasaje, la librería más evocadora de Zagreb tiene una fabulosa selección de libros (con una completa sección en inglés) y un bonito café en la galería.

Bornstein   TIENDA DE VINOS
(www.bornstein.hr; Kaptol 19) Buen establecimiento de vinos y licores patrios. Presenta una sorprendente selección de coñacs, vinos y productos de *gourmet*.

I-GLE   'BOUTIQUE' DE DISEÑO
(www.i-gle.com; Dežmanova 4) Para probarse alguno de los inventos casi escultóricos pero cómodos de Nataša Mihaljčišin y Martina Vrdoljak-Ranilović, las impulsoras y agitadoras de la industria de la moda de Croacia desde la década de 1990.

Croata   TIENDA DE CORBATAS
(www.croata.hr; Oktogon Passage, Ilica 5) Como la corbata se creó en Croacia, no hay mejor

---

DÍAS DE MERCADO

En Zagreb no existen muchos mercados, pero los que hay son muy interesantes. El **mercado de antigüedades** (⊙9.00-14.00) de los domingos en Britanski trg es una de las alegrías del centro urbano, pero para ver un mercadillo sin parangón en toda Croacia, hay que ir a **Hrelić** (⊙7.00-15.00 do y mi). Es un enorme espacio donde hay de todo, desde accesorios para automóviles y muebles antiguos a ropa, discos, utensilios de cocina y un largo etcétera. Todo es, por supuesto, de segunda mano y, además, se puede regatear. Aparte de ir de compras, la visita en sí ya merece la pena porque muestra una cara oculta de Zagreb: muchos gitanos, música, animación general y humeante carne a la parrilla en la sección de alimentación. Si se visita en verano conviene llevar un gorro y protección solar porque no hay sombra. En la parte trasera de la estación de trenes hay que tomar el autobús nº 295 (8 HRK, 20 min) hasta Sajam Jakuševac.

lugar para comprar una. Las de seda hechas en la zona cuestan entre 249 y 2000 HRK.

En cuanto a centros comerciales, se recomiendan los siguientes:

Branimir Centar (Draškovićeva 51) Con un colosal cine, bares, cafés y restaurantes para relajarse después de una sesión de compras.

Nama (Ilica 4) Los imperecederos grandes almacenes de Zagreb.

Información
Urgencias
Comisaría de policía (45 63 311; Petrinjska 30)

Acceso a Internet
Hay algunos cibercafés pequeños por Preradovićeva.

Sublink (48 11 329; www.sublink.hr; Teslina 12; 15 HRK/h; 9.00-22.00 lu-sa, 15.00-22.00 do) El primer (y mejor) cibercafé de la ciudad.

Lavanderías
Aquellos que se alojen en casas particulares podrán pedir al propietario si les puede hacer la colada; saldrá más económico que en las siguientes opciones, que cobran unos 60 HRK por 5 kg y cierran los domingos.

Dorateks (Draškovićeva 31)

Petecin (Kaptol 11)

Consigna
Garderoba Estación de autobuses (primeras 4 h 20 HRK, después 2,50 HRK/h; 5.00-22.00 lu-sa, 6.00-22.00 do); estación de trenes (24 h 15 HRK; 24 h)

Asistencia médica
Dentistas de urgencias (48 03 200; Perkovčeva 3; 24 h)

KBC Rebro (23 88 888; Kišpatićeva 12; 24 h) Servicio de urgencias, al este de la ciudad.

Farmacia (48 16 198; Trg Josipa Jelačića 3; 24 h)

Dinero
Hay cajeros automáticos en las estaciones de autobuses y trenes, el aeropuerto, y en muchos sitios de la ciudad. Algunas sucursales bancarias de las estaciones de autobuses y trenes aceptan cheques de viaje. Se pueden encontrar oficinas de cambio en el Importanne Centar, en Starčevićev trg, pero también en otros lugares de la ciudad.

Correos
Oficina principal de correos (48 11 090; Jurišićeva 13; 7.00-20.00 lu-vi, 13.00 sa) Con locutorio.

> **ZAGREB CARD**
>
> Si se va a estar en Zagreb de 1 a 3 días, la Zagreb Card sale muy a cuenta. Las hay de 24 horas o de 72 horas (60/90 HRK) y permiten viajar gratuitamente en todos los transportes públicos, obtener un 50% de descuento en las entradas a museos y galerías, y rebajas en algunos bares y restaurantes, en los alquileres de automóviles y muchas cosas más. Se facilita una lista con todos los lugares que ofrecen descuentos, pero también se puede consultar en www.zagrebcard.fivestars.hr para más información. Se venden en la oficina principal de turismo y en muchos albergues, hoteles, bares y tiendas.

Oficina de correos (49 81 300; Branimirova 4; 24 h) Tiene lista de correos y es la mejor para enviar paquetes.

Información turística
Oficina principal de turismo (48 14 051, línea de información gratuita 800-53-53; www.zagreb-touristinfo.hr; Trg Josipa Jelačića 11; 8.30-21.00 lu-vi, 9.00-18.00 sa y do jun-sep, 8.30-20.00 lu-vi, 9.00-17.00 sa y do oct-may) Facilita mapas y folletos gratuitos de la ciudad y vende la Zagreb Card.

Oficina del Parque Nacional de Plitvice (46 13 586; Trg Kralja Tomislava 19; 8.00-16.00 lu-ju, 15.30 vi) Cuenta con información y folletos principalmente de Plitvice y de Velebit, pero también de otros parques nacionales de Croacia.

Oficina estival de turismo (aeropuerto; 9.00-21.00 lu-vi, 10.00-17.00 sa y do) Junto al vestíbulo de llegadas internacionales; abre de junio a septiembre.

Oficina de turismo (estación de trenes; 8.30-20.00 lu-vi, 12.30-18.30 sa y do) Los mismos servicios que la oficina principal de turismo.

Asociación de Turismo de Zagreb (48 73 665; www.tzzz.hr; Preradovićeva 42; 8.00-16.00 lu-vi) Tiene información y material sobre las atracciones de los alrededores de Zagreb, entre ellas las rutas del vino y los carriles bici.

Agencias de viajes
Atlas Travel Agency (48 07 300; www.atlas-croatia.com; Zrinjevac 17) Circuitos por todo el país.

Croatia Express (📞49 22 237; Trg Kralja Tomislava 17) Reservas de billetes de tren, alquiler de automóviles, billetes de avión y *ferry*, hoteles en todo el país y una excursión diaria a la playa de junio a septiembre (90 HRK ida y vuelta a Crikvenica).

CYHA Travel Section (📞48 47 474; www.hfhs.hr; Trg Žrtava Fašizma 13; ⊙8.00-17.00 lu-vi) La agencia de viajes de la Croatian YHA informa sobre albergues HI en toda Croacia y hace reservas.

Generalturist (📞48 07 660; www.generalturist.com; Praška 5) Tiene oficinas en toda Croacia y reserva excursiones a la costa, pasajes de cruceros y billetes de avión.

❶ Cómo llegar y salir

Avión
Croatia Airlines (📞66 76 555; www.croatiaairlines.hr; Zrinjevac 17) La línea aérea nacional del país opera vuelos internacionales y nacionales a/desde Zagreb.

Aeropuerto de Zagreb (📞45 62 222; www.zagreb-airport.hr) Situado 17 km al sureste de Zagreb, es uno de los principales del país, con vuelos internacionales y nacionales.

Autobús
La **estación de autobuses de Zagreb** (📞060 313 333; www.akz.hr; Avenija M Držića 4) está 1 km al este de la estación de trenes. Los tranvías nº 2, 3 y 6 van de la estación de autobuses a la de trenes. El tranvía nº 6 llega hasta Trg Josipa Jelačića. Cuenta con una gran sala de espera donde se puede aguardar cómodamente el autobús.

Antes de comprar el billete se recomienda preguntar la hora de llegada (algunos vehículos van por carreteras secundarias y hacen muchas paradas).

Véase recuadro para información sobre salidas de autobuses desde Zagreb. Conviene tener en cuenta que estos servicios son más reducidos en temporada baja.

AUTOBUSES DESDE ZAGREB

Nacionales

DESTINO	PRECIO (HRK)	DURACIÓN (H)	SERVICIOS DIARIOS
Dubrovnik	215-228	9½-11	9-10
Korčula	239	11	1
Krk	163-194	3-4½	8
Makarska	169-199	6½	12-14
Mali Lošinj	267-284	5-6	3
Osijek	125-165	4	8-11
Plitvice	72-83	2-2½	11
Poreč	150-221	4-4½	11
Pula	162-185	3½-5½	14-17
Rab	183-197	4-5½	4
Rijeka	104-155	2½-3	20-25
Rovinj	146-185	3-6	9-11
Šibenik	135-165	4½-7	20-22
Split	165-181	5-8½	32-34
Varaždin	69	1-2	19-23
Zadar	99-138	3½-5	31

Internacionales

DESTINO	PRECIO (HRK)	DURACIÓN (H)	SERVICIOS
Belgrado	199-204	6	6 diarios
Florencia	438	10½	1 semanal
Múnich	352	9½	2 diarios
París	800	11	2 semanales
Sarajevo	188-244	7-8	4-5 diarios
Viena	250	5-6	2 diarios

TRENES DESDE ZAGREB

Nacionales

DESTINO	PRECIO (HRK)	DURACIÓN (H)	SERVICIOS DIARIOS
Osijek	115	3½-5½	6
Rijeka	97	4-5	5
Šibenik	153	8	1
Split	166	5½-8	5
Varaždin	57	2-3	12
Zadar	161	8	1

Internacionales

DESTINO	PRECIO (HRK)	DURACIÓN (H)	SERVICIOS DIARIOS
Banja Luka	100	4½	2
Belgrado	159	6½	4
Budapest	223	6-7	3
Liubliana	100	2½	7
Mostar	282	11½	1
Múnich	674	8½-9	3
Plöe	313	13½	1
Sarajevo	222	9½	2
Venecia	303	7½	1
Viena	446	5½-6½	2

Tren

La **estación de trenes** (060 333 444; www.hznet.hr) se halla en la parte sur de la ciudad. Al salir de ella, uno se topara con una serie de jardines y glorietas que conducen al centro urbano. Se recomienda reservar los billetes de tren pues hay pocas plazas. Véase recuadro para información sobre trenes que salen de Zagreb.

Cómo desplazarse

A/desde el aeropuerto

Autobús El autobús de Croatia Airlines que va al aeropuerto (30 HRK) sale de la estación de autobuses aproximadamente cada hora o 30 minutos entre 5.00 y 20.00, y sigue el mismo horario para regresar del aeropuerto.

Taxi Cuesta entre 150 y 300 HRK.

Automóvil

Resulta bastante sencillo circular por Zagreb en automóvil (los bulevares son amplios y el aparcamiento en el centro urbano, aunque escaso, solo cuesta 12 HRK/h). Hay que ir con mucho cuidado con los tranvías.

Hrvatski Autoklub (HAK; Club del Automóvil de Croacia; 46 40 800; www.hak.hr; Avenija Dubrovnik 44) Los motoristas pueden llamar al 987 para ayuda en carretera.

Las siguientes compañías internacionales de alquiler tienen oficina en Zagreb:

Avis (46 73 603; www.avis.com.hr; Radnička 45 y en el aeropuerto)

Budget Rent-a-Car (45 54 936; www.budget.hr; Pile 1 y en el aeropuerto)

Hertz (48 46 777; www.hertz.hr; Vukotinovićeva 4)

Conviene recordar que las compañías nacionales suelen tener tarifas más bajas. Pruébese con **H&M** (37 04 535; www.hm-rentacar.hr; Grahorova 11 y en el aeropuerto).

Taxi

Todos los taxis de Zagreb llevan taxímetro; cobran 19 HRK por bajada de bandera y 7 HRK por kilómetro. Los domingos y por la noche (22.00-5.00) se aplica un recargo del 20%. Cada hora de espera cuesta 50 HRK y el equipaje, 3 HRK por bulto.

Con estos precios, no será difícil encontrar un taxi libre, normalmente en las paradas azules; también se puede llamar al 970 o 060 800 800.

Tranvía

El transporte público (www.zet.hr) se basa en una eficiente red de tranvías, aunque el centro urbano es lo bastante compacto para no necesitarlos. En casi todas las paradas hay mapas con las rutas para facilitar la orientación.

Los quioscos de prensa venden billetes a 8 HRK. El mismo billete es válido para hacer transbordo en un plazo de 90 minutos y en una sola dirección. Conviene saber que el tranvía que sale de la plaza principal es gratuito hasta las dos primeras paradas en ambas direcciones.

Un *dnevna karta* (billete de 1 día), válido en todo el transporte público hasta las 4.00 del día siguiente, se vende en casi todos los quioscos de prensa (25 HRK).

Al subir al tranvía hay que asegurarse de validar el billete en la máquina amarilla.

ALREDEDORES DE ZAGREB

Zagreb está rodeada por infinidad de posibilidades para escapar del mundanal ruido, desde la pintoresca Karlovac a Samobor, con sus apacibles paseos por la montaña (y sus deliciosos pasteles).

Monte Medvednica

Al norte de Zagreb, este monte brinda excelentes oportunidades para **salir de excursión.** Hay dos rutas populares. Se puede tomar el tranvía nº 14 hasta el final del recorrido y luego cambiar al nº 15, también hasta la última parada, que queda cerca del funicular que sube hasta la cima de la montaña; al lado del funicular hay un sendero perfectamente señalizado que también lleva hasta la cumbre. Otra opción es tomar el autobús nº 102 desde Britanski trg, al oeste del centro, en Ilica, hasta la iglesia de Šestine e iniciar el ascenso desde allí. Hay que calcular unas 3 horas (ida y vuelta) para cualquiera de estas rutas y recordar que es fácil perderse en una montaña tan boscosa. Hay que llevar ropa de abrigo y agua, y regresar antes de la puesta de sol. También hay peligro de infección por la picadura de garrapatas en verano, por lo que se recomienda vestir prendas de manga larga y pantalones largos, y examinarse el cuerpo después de la excursión por si hay mordeduras. Para más información, contáctese con la oficina de turismo de Zagreb.

También se puede ir a esquiar a la **estación de esquí de Sljeme** (www.sljeme.hr), donde hay cinco pistas de varios niveles (la página web actualiza el estado de la nieve). Se puede almorzar en un restaurante de la zona (el Purgerka es el más popular) y alquilar el equipo en las tiendas.

Karlovac

047 / 60 000 HAB.

Situada en la confluencia de cuatro ríos (el Kupa, el Korana, el Mrežnica y el Dobra), no es de extrañar que Karlovac y sus alrededores se hayan convertido en un refugio de urbanitas que buscan la tranquilidad a orillas del río. La ciudad ya es curiosa de por sí por ese centro histórico en forma de estrella de seis puntas, dividido en 24 manzanas casi perfectamente rectangulares. Situada en la carretera comercial que comunica Zagreb con Rijeka, se construyó en 1579 como plaza militar para combatir a los turcos. Aunque solo quedan los fosos de las murallas originales, el centro urbano conserva sus arregladas calles geométricas flanqueadas por edificios barrocos.

El río Kupa separa la parte oriental de la occidental. Prilaz Većeslava Holjevca, la calle principal, atraviesa la ciudad de norte a sur. El casco antiguo queda al este de esta calle y se asienta sobre la orilla sur del río Kupa. La plaza mayor es Trg Josipa Jelačića. La estación de autobuses está en Prilaz Većeslava Holjevca, unos 500 m al sur del centro urbano, y la de trenes, 1,5 km al norte, también por Prilaz Većeslava Holjevca.

Puntos de interés y actividades

Zvijezda DISTRITO HISTÓRICO

El mayor reclamo de Karlovac es la Zvijezda ("estrella"), el casco antiguo. La **iglesia de la Sagrada Trinidad,** del s. XVII, con su altar de mármol negro, y el anexo **monasterio franciscano,** son los reclamos de Trg Josipa Jelačića. Las residencias de los mercaderes y los militares de los ss. XVII y XVIII de las calles circundantes se están restaurando para realzar sus delicados trazos. Resulta muy agradable bajar a pie por Radićeva, donde aguarda la casa del conde Janko Drašković.

Museo de la Ciudad MUSEO

(Gradski Muzej; 615 980; Strossmayerov trg; adultos/reducida 10/7 HRK; 7.00-15.00 lu-vi, 10.00-12.00 sa y do) Una manzana al norte de Trg Josipa Jelačića está Strossmayerov trg, una plaza semicircular de estilo barroco donde se halla el Museo de la Ciudad en un palacio de los Frankopan. Entre sus

MERECE LA PENA

UN DULCE HOGAR EN LAS MONTAÑAS

Si se quiere saborear la vida rural de Croacia a tiro de piedra de Zagreb, hay que ir a **Kućica** (099-629-2939; www.kuchica.com; entre semana/fin de semana 375/750 HRK, descuentos para estancias largas), una bonita casa rústica tradicional hecha con madera de roble de 120 años de antigüedad. A solo 30 minutos de la ciudad, este refugio a lo *Hansel y Gretel* en las montañas es un mundo aparte. Fuera hay huertos, viñedos, una huerta ecológica, una hamaca bajo un castaño, el trinar de los pájaros... Dentro, muebles antiguos restaurados, un horno de leña y decoración rústica y colorida...

Este adorable escondite, un sueño hecho realidad de Vanja e Iva, dos jóvenes profesionales del *marketing* procedentes de Zagreb, se puede alquilar por días, semanas o más tiempo. Aunque en la zona no haya muchas cosas que hacer, se puede salir de excursión y hay una encantadora aldea con una iglesia, una tienda y dos cafés. La larga mesa de madera al fresco y la barbacoa convierten esta casa en un destino popular entre familias y grupos de amigos. De vez en cuando se organizan cursos de yoga, talleres de fotografía y otras actividades divertidas.

Con vehículo propio, se puede visitar en un día. En caso contrario, por 365 HRK aproximadamente, los propietarios recogen al viajero en Zagreb y le dejan en la casa, previa parada en un mercado. Si se pide con antelación, incluso le pueden dejar preparadas empanadas caseras, pan, pasteles, grapa y verduras de su huerta.

---

exposiciones de artesanías de la zona y de objetos de interés histórico se hallan algunas maquetas de la antigua Karlovac.

Dubovac FORTALEZA MEDIEVAL
(Zagrad 10) Si se camina unos 30 minutos hacia el norte orillando el río Kupa y después se sube la cuesta, se desembocará en Dubovac, una fortaleza medieval que alberga un café y brinda unas vistas excelentes de Karlovac.

Dónde dormir y comer

La oficina de turismo facilita alojamientos en casas particulares (80-110 HRK por persona). En el centro urbano hay tres hoteles.

Carlstadt Hotel HOTEL €€
(611 111; www.carlstadt.hr; Vranicanijeva 1; i/d 317/469 HRK; P❄️🐾) Es el favorito de los visitantes en viaje de negocios, con 40 habitaciones de colores beis y marrón, todas con TV y teléfono. La ubicación es excelente.

Mirna PESCADO €
(Koransko Šetalište bb; platos principales desde 55 HRK) Tras un aperitivo en el Carlstadt, se puede seguir aquí con un plato de pescado de río o de mar servido en una terraza con vistas al río Korana.

Slatki Centar PASTELERÍA €
(Vlatka Mačeka 6) Los mejores pasteles y panqueques.

Información

Oficina de turismo (615 115; www.karlovac-touristinfo.hr; Petra Zrinskog 3; 8.00-15.00 lu-sa, hasta 13.00 do jul y ago, 8.00-15.00 lu-vi, hasta 13.00 sa sep-jun) Reserva alojamiento en casas particulares.

Cómo llegar y salir

Karlovac está bien comunicada con Zagreb en autobús (32-42 HRK, 50 min, 20 diarios). También hay trenes frecuentes a Zagreb (38 HRK, 50 min, 20 diarios) y Rijeka (80 HRK, 3 h, 6 diarios).

Samobor

01 / 19 000 HAB.

Samobor es donde los estresados habitantes de la ciudad van a desconectar y a disfrutar de una comida opípara, unos pasteles cremosos y un bonito paisaje. Un sinuoso riachuelo poco profundo atraviesa un centro urbano compuesto por elegantes casas de colores pastel y algunas iglesias antiguas, mientras que Samoborsko Gorje es ideal para salir de excursión.

Fiel a su misión de conservar el pasado, la principal actividad económica apuesta por los pequeños negocios familiares de artesanía, los restaurantes y la producción de mostaza y licores. Las tradiciones literarias y musicales quedan reflejadas en unos cuantos festivales anuales, a destacar el **Fašnik** (Carnaval de Samobor).

◉ Puntos de interés y actividades

Museo de la Ciudad MUSEO
(Gradski Muzej; Livadićeva 7; adultos/reducida 8/5 HRK; ⊙9.00-14.00 ma-vi, hasta 13.00 sa, 10.00-17.00 do jul y ago; 9.00-15.00 ma-vi sep-jun) Sito en una mansión histórica, el museo presenta dos pisos llenos de objetos poco interesantes de la cultura regional, a destacar una colección etnográfica.

Museo Marton MUSEO
(⌂36 70 600; Jurjevska 7; adultos/reducida 20/15 HRK; ⊙10.00-13.00 sa y do solo con cita previa) Colección privada de arte centrada en pinturas del período Biedermeier, pero también con porcelana, cristal y muebles.

🛏 Dónde dormir

La mayoría de los visitantes de Samobor vive en Zagreb y va solo a pasar el día, pero el viajero también podría instalarse aquí y desplazarse a Zagreb a su antojo.

Hotel Livadić HOTEL FAMILIAR €€
(⌂33 65 850; www.hotel-livadic.hr; Trg Kralja Tomislava 1; i/d/ste 360/465/700 HRK; P❋ 🕸) Este evocador hotel familiar decorado al estilo del s. XIX tiene un patio lleno de flores alrededor del cual se reparten habitaciones espaciosas y cómodas. Su restaurante y café sirven platos y pasteles exquisitos; no hay que olvidar que la gastronomía es uno de los principales reclamos de Samobor.

Hostel Samobor ALBERGUE €
(⌂33 74 107; www.hostel-samobor.hr; Obrtnička 34; 127 HRK por persona; P @) Nuevo albergue de 82 camas con habitaciones limpias y luminosas, tipo cubículo, fotografías artísticas en el comedor y los pasillos y un servicio simpático. El propietario ofrece circuitos guiados en moto por Žumberak y otras zonas del interior del país.

🍴 Dónde comer

Gabreku 1929 RESTAURANTE €
(Starogradska 46; platos principales desde 55 HRK) A un paso del centro urbano, este clásico restaurante lo lleva la misma familia desde la década de 1920. Es célebre por sus 35 tipos de *palačinke* (crepes) dulces y saladas.

Pri Staroj Vuri RESTAURANTE €
(Giznik 2; platos principales desde 55 HRK) En esta acogedora casa rural, sita a unos 50 m

---

SALIR DE EXCURSIÓN

Samobor es un buen punto de partida para salir de excursión a **Samoborsko Gorje,** un sistema montañoso, estribación de la cordillera Žumberak, que comunica los elevados picos de los Alpes con las cuevas kársticas y los precipicios de los Alpes Dináricos. También ha sido la cuna del montañismo organizado de Croacia desde mayo de 1875 (véase www.plsavez.hr). En 1999, toda la zona, que abarca 333 km², fue declarada parque nacional por su biodiversidad, sus bosques, sus cuevas kársticas, sus cañones y sus cuatro cataratas. Tapizada de prados y bosques, la cordillera es el destino más popular de la región para los montañeros. Casi todas las excursiones son sencillas y hay algunos refugios de montaña agradables para descansar. Muchos solo abren en fin de semana (salvo en temporada alta).

La cordillera tiene tres grupos: el Oštrc en el centro, el Japetić al oeste y el Plešivica al este. Se puede acceder a los dos grupos de Oštrc y Japetić desde Šoićeva Kuća, una cabaña de montaña y restaurante, sita 10 km al oeste de Samobor, a la que se puede llegar en el autobús nº 144. Desde allí hay una cuesta bastante empinada de 30 minutos hasta la fortaleza medieval de montaña de Lipovac y 1 hora de ascenso hasta el pico de Oštrc (752 m), con otra cabaña de montaña.

Otra popular caminata es la subida de 1½ horas desde Šoićeva Kuća a Japetić (879 m), el pico más alto de las montañas de Samobor y un recurrente punto de salto en parapente (www.parafreek.hr). También se puede seguir un sendero desde Oštrc a Japetić (2 horas). El grupo de Plešivica atesora las ruinas de una fortaleza medieval y un parque forestal protegido; también hay una zona popular de escalada. Se puede ir desde la aldea de Rude (autobús nº 143 hasta Rude y Braslovje). Desde Rude, se puede enfilar hacia el este hasta la cabaña de caza de Srndać, en el puerto de montaña de Poljanice (12 km), desde donde queda una subida bastante pronunciada de 40 minutos hasta el pico de Plešivica (779 m). La oficina de turismo facilita mapas e información sobre excursiones por la región.

PARQUE NATURAL DE LONJSKO POLJE

Lonjsko Polje acoge maravillas de lo más diverso. Está lleno de casas de madera del s. XIX y típicas de Croacia; aquí los observadores de aves (o más bien, los aficionados a las cigüeñas) y los apasionados de los caballos disfrutarán mucho. Y si alguien es aficionado a la historia de la Segunda Guerra Mundial, la zona también acoge los monumentos más interesantes relacionados con la creación de la ex Yugoslavia. Candidato a ser lugar Patrimonio Mundial en enero del 2008, Lonjsko Polje (044-672 080; www.pp-lonjsko-polje.hr; Čigoć; adultos/reducida 40/30 HRK; 9.30-17.00) es una superficie de humedales de 506 km^2 (*polje* significa "campo") en la región de Posavina, entre el río Sava y el monte Moslavačka Gora. Acomodado junto al río Lonja, afluente del Sava, que da nombre al parque, esta enorme cuenca de retención es célebre por su diversidad en fauna y flora.

La zona se la reparten varias aldeas. Čigoć es un punto de encuentro de cigüeñas mundialmente famoso; las cigüeñas anidan en lo alto de sus bonitas casas de madera. Estas aves migratorias llegan aquí entre finales de marzo y principios de abril y revolotean y se alimentan de insectos de los humedales hasta finales de agosto, momento en el que emprenden su vuelo de regreso de dos a tres meses rumbo al sur de África. Si se visita la población en otoño o invierno aún se podrán ver algunos ejemplares que se quedan durante todo el año y son alimentados por los lugareños. En Čigoć está el punto de información del parque, la oficina de entradas y una pequeña colección etnográfica propiedad de la familia Sučić.

La histórica aldea de Krapje tiene fama por sus casas tradicionales de madera, bien conservadas, y por sus zonas ricas en pesca y caza. No hay que perderse las escaleras externas con techumbre, porches y pilares, y las diversas construcciones agrícolas con sus graneros, secaderos, porquerizas y gallineros. De abril a finales de octubre se instala un centro de información en una de las casas de madera; al frente del mismo hay un guía a quien le encanta ilustrar a los visitantes sobre el patrimonio cultural de la zona. Conviene fijarse en el caballo *posavski*, una raza de la zona que pasta en los robledales de Lonjsko Polje. Por la zona también se puede montar a caballo (hay que preguntar en la oficina de información de Čigoć).

Cerca está Jasenovac, ubicación de un campo de concentración de la Segunda Guerra Mundial tristemente célebre. Dirigido por la Ustaša y el Gobierno filonazi de Croacia durante la contienda, se calcula que aquí murieron entre 49 000 y un millón de serbios, judíos, gitanos y antifascistas croatas, dependiendo de quien facilite las cifras. El Museo Honorífico de Jasenovac (www.jusp-jasenovac.hr; gratis; 9.00-17.00 lu-vi, 10.00-18.00 sa y do) es un recuerdo sobrecogedor de los horrores de la guerra.

Lonjsko Polje está 50 km al sureste de Zagreb. Para llegar, lo mejor es ir en vehículo propio: el transporte público es escaso y dificulta la movilidad por el parque. Hay alojamientos en varias casas de madera de la zona.

---

en cuesta de Trg Kralja Tomislava, se sirven platos tradicionales. Se recomienda el *pisanica* (filete de ternera con salsa picante de setas, cebolla, tomate y vino tinto).

U Prolazu PASTELERÍA
(Trg Kralja Tomislava 5) El mejor *kremšnite* (pastel de crema) de la localidad.

❶ Información

Oficina de turismo (33 60 044; www.tz-samobor.hr; Trg Kralja Tomislava 5; 8.00-19.00 lu-vi, 9.00-17.00 sa, 10.00-17.00 do) En el centro urbano, tiene muchos folletos y mapas de Samobor, pero también de Samoborsko y Žumberačko Gorje.

❶ Cómo llegar y salir

La estación de autobuses (sin consigna) está en Šmidhenova, a unos 100 m cuesta arriba de la localidad. Samobor está bien comunicada en transporte público. Se puede tomar un autobús de Samoborček desde la estación principal de autobuses de Zagreb (25 HRK, 30 min, cada 30 min).

Zagorje

Sumario »
- Varaždin.............72
- Varaždinske Toplice...76
- Castillo de Trakošćan .78
- Krapina 78
- Krapinske Toplice....80
- Castillo de Veliki Tabor 80
- Kumrovec 81
- Klanjec..............81
- Marija Bistrica 81
- Stubičke Toplice......82

Los mejores restaurantes
- » Vuglec Breg (p. 80)
- » Grešna Gorica (p. 81)
- » Zlatne Gorice (p. 78)
- » Zlatne Ruke (p. 75)

Los mejores alojamientos
- » Vuglec Breg (p. 80)
- » Hotel Varaždin (p. 75)
- » Spa & Golf Resort Sveti Martin (p. 77)
- » Ozis (p. 77)

Por qué ir

Aunque se encuentra muy cerca de Zagreb, la bucólica región de Zagorje, al norte del país, recibe pocos turistas, incluso durante la temporada alta estival. Algo sorprendente, pues las suaves colinas de esta región están salpicadas de encantadores pueblos, castillos medievales, extensos viñedos y fuentes termales. Sus frondosos paisajes y su gastronomía y arquitectura de influencia austriaca, por no hablar de sus precios, son una buena alternativa al frenético sur mediterráneo y suponen una escapada de los calores veraniegos. Es un placer disfrutar de su tranquilidad sin multitudes, aunque suele haber algo más de gente durante los fines de semana, cuando familias excursionistas procedentes de Zagreb irrumpen en la zona.

La región de Zagorje empieza al norte del monte Medvednica, cerca de Zagreb, y se extiende hacia el oeste hasta la frontera con Eslovenia y hacia el norte hasta Varaždin, la joya barroca de Croacia.

Cuándo ir

Varaždin

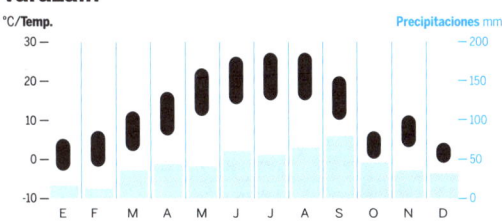

Junio Empieza el clima veraniego, para descubrir las colinas, los castillos y los balnearios termales.

Agosto El Špancirfest en Varaždin ofrece música de todo el mundo, teatro e interesantes espectáculos.

Septiembre Folclore y comida tradicional en el Festival de la Canción Kajkavski, en Krapina.

Lo más destacado

1 Admirar la arquitectura barroca increíblemente conservada de **Varaždin** (p. 72).

2 Experimentar la vida de la nobleza croata en el **castillo de Trakošćan** (p. 78).

3 Conocer la vida rural tradicional en el **Museo Staro Selo** (p. 81) de Kumrovec.

4 Probar las especialidades culinarias croatas en **Vuglec Breg** (p. 80), cerca de Krapinske Toplice.

5 Aprender algo más sobre los neandertales en el **Museo de los Neandertal de Krapina** (p. 79), en Krapina.

6 Asistir al **Špancirfest** (p. 75), un acontecimiento que sacude las calles de Varaždin.

7 Recorrer los viñedos de la región de **Međimurje** (p. 77), situada al noreste de Varaždin.

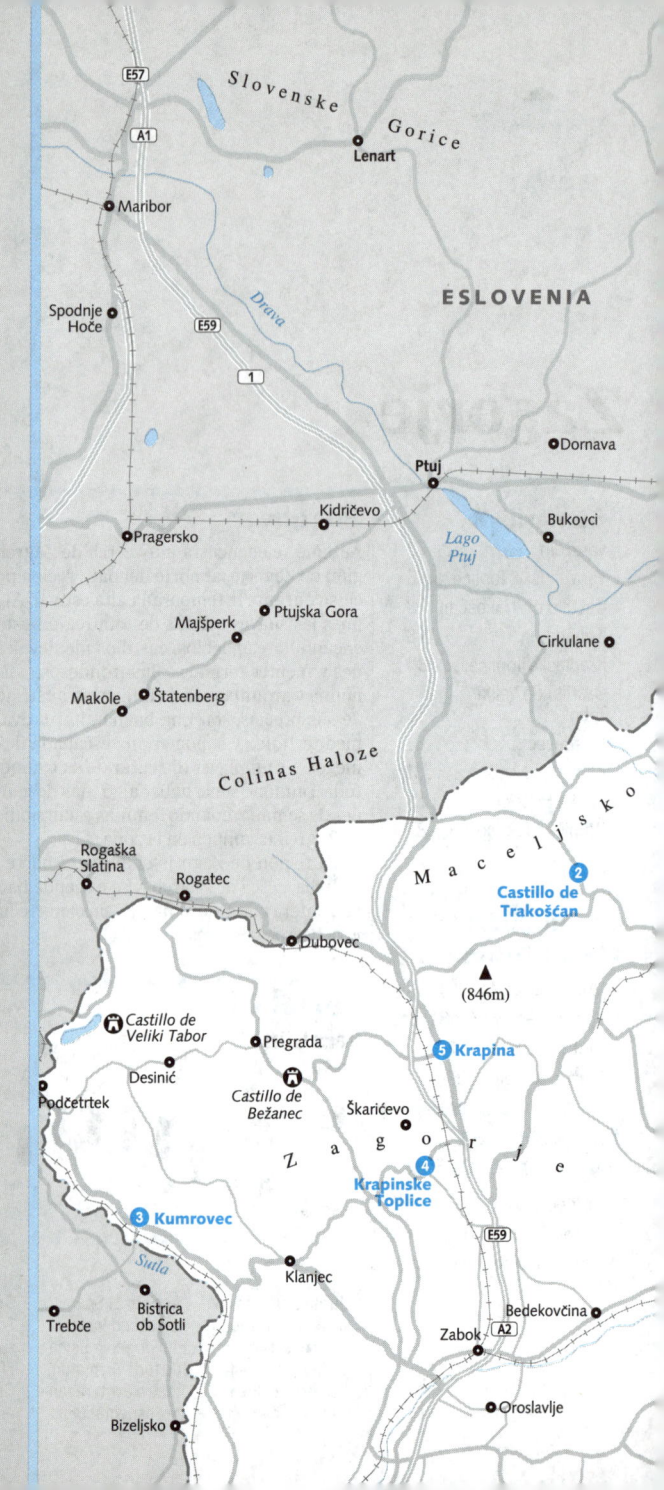

Idioma

Muchos de los habitantes de la región hablan un dialecto local del croata, el kajkavski, así llamado por el término *kaj?*, que significa "¿qué?". Después del croata o kajkavski, el segundo idioma más hablado es el alemán; poca gente habla inglés y quienes lo hacen son los más jóvenes.

❶ Cómo llegar y desplazarse

Aunque las ciudades y atracciones de Zagorje (www.tz-zagorje.hr) están unidas a Zagreb mediante autobús y tren, los servicios son esporádicos, por lo que merece la pena disponer de vehículo propio para explorar mejor la zona. El mejor modo de empaparse de sus rústicos encantos consiste en alquilar un automóvil durante un par de días para recorrer sus serpenteantes carreteras rurales. También se pueden contratar excursiones en Potepuh (www.potepuh.hr), una agencia de viajes en línea especializada en turismo cultural y de aventuras por Zagorje. Entre sus ofertas se incluyen románticos fines de semana (visitas a castillos, bodegas y tabernas rurales), excursiones en *quad* por todo tipo de terrenos y parapente.

Varaždin

📞 042 / 49 075 HAB.

Varaždin, 81 km al norte de Zagreb, es un destino frecuentemente ignorado que se suele tomar como mero lugar de paso al ir o volver de Hungría. Pese a ello, es una ciudad que bien vale la pena, pues el centro es un muestrario de arquitectura barroca escrupulosamente restaurada y de parques y jardines cuidados con esmero. En tiempos fue la capital de Croacia y su más próspera ciudad, lo cual explica el extraordinario refinamiento de los edificios. Para culminar la sinfonía está la deslumbrante y blanca Stari Grad (ciudad vieja) con sus torres, que albergan un museo de la ciudad.

La zona peatonal flanqueada por atractivos edificios del s. XVIII tiene su centro en la plaza Trg Kralja Tomislava, de la que salen numerosas calles antiguas.

Historia

La ciudad de Garestin (actual Varaždin) desempeñó un importante papel en la historia croata. En 1181, durante el reinado de Bela III, se convirtió en centro administrativo local, y en 1209 alcanzó, gracias al rey Andrés II el estatus de ciudad real libre con su propio sello y escudo de armas. En el 2009 se cumplieron 800 años de dicho acontecimiento.

Cuando los turcos asediaban Croacia, Varaždin era el bastión más poderoso y la residencia escogida por los generales. Al remitir el cerco otomano, Varaždin prosperó como centro cultural, político y comercial de Croacia. Su cercanía al norte de Europa facilitó la expansión de la arquitectura barroca que florecía en aquel tiempo. Gran cantidad de artesanos y constructores de renombre acudió a Varaždin para diseñar mansiones, iglesias y edificios públicos.

En 1756, la ciudad se convirtió en capital de Croacia y lo fue hasta que, en 1776, un desastroso incendio hizo que el *ban* (virrey) croata hiciera las maletas y mudara su gobierno a Zagreb. Por su parte, la ciudad, aún próspera, fue reconstruida en el aún visible estilo barroco.

La población es un importante centro de productos textiles y agrarios, zapatos y muebles. También constituye un destino cada vez más popular para excursiones de un día, gracias a su casco antiguo recientemente restaurado.

◉ Puntos de interés

El centro de Varaždin ofrece una excelente colección de edificios barrocos, varios de los cuales se han transformado en museos. Muchas de sus mansiones aristocráticas y elegantes iglesias están siendo restauradas como parte del intento de que la ciudad sea incluida en la lista de sitios Patrimonio Mundial de la Unesco. La mayoría de los edificios tienen oportunas placas en inglés con explicaciones históricas y arquitectónicas.

Museo de la Ciudad MUSEO

(Gradski Muzej; www.gmv.hr; Strossmayerovo Šetalište 7; adultos/reducida 25/15 HRK; ◎9.00-17.00 ma-vi, 13.00 sa y do) Esta fortaleza encalada es una joya de la arquitectura defensiva medieval ubicada en el interior de la Stari Grad (ciudad antigua). Está rodeada por un parque magníficamente cuidado. Se empezó a construir en el s. XIV. La actual estructura gótica-renacentista data del s. XVI, cuando constituía la principal fortificación regional para protegerse de los turcos. El edificio fue propiedad privada hasta 1925; hoy en día, alberga un museo lleno de muebles, cuadros, relojes, cerámicas, insignias, armas y objetos decorativos reunidos a lo largo de los siglos y divididos en 30 salas de exposiciones. La arquitectura resulta

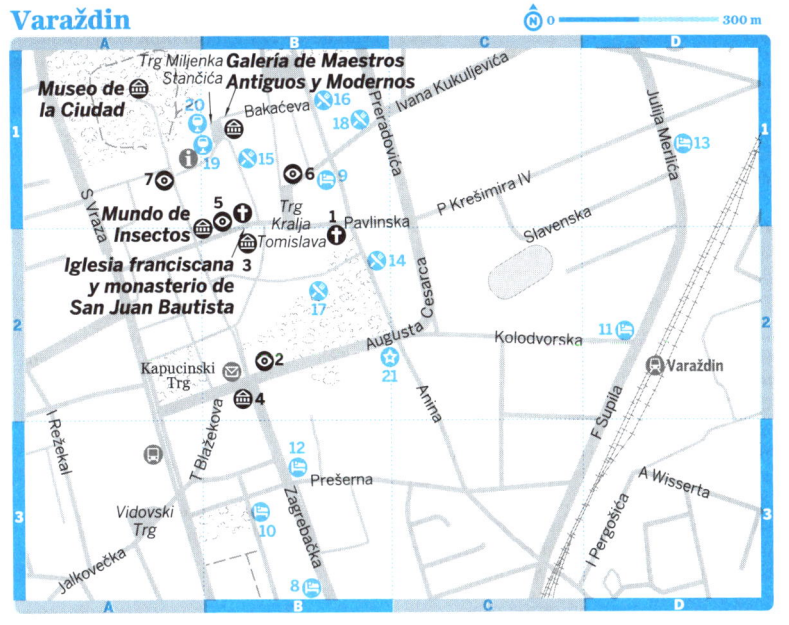

Varaždin

Varaždin

◎ Los mejores puntos de interés
Iglesia franciscana y monasterio
 de San Juan Bautista...............................B1
Gª de Maestros Antiguos y Modernos..........B1
Museo de la Ciudad......................................A1
Mundo de Insectos..A2

◎ Puntos de interés
1 Catedral de la Asunción B2
2 Teatro Nacional de Croacia B2
3 Palacio de Patačić.................................B2
4 Palacio de Patačić-Puttar.....................B2
5 Estatua del obispo Grgur Ninski B1
6 Ayuntamiento B1
7 Plaza de Artesanías Tradicionales A1

ⓔ Dónde dormir
8 Garestin Pansion...................................B3
9 Hotel Istra..B1
10 Hotel Turist B3
11 Hotel Varaždin D2
12 Maltar B3
13 Studentski Centar Varaždin D1

ⓧ Dónde comer
14 Angelus B2
15 Grenadir B1
16 Mercado B1
17 Park B2
18 Zlatne Ruke B1

ⓒ Dónde beber
19 Mea Culpa B1
20 Soho A1

ⓞ Ocio
21 MMC Kult B2
 Oficina conciertos de Varaždin . (véase 2)

mucho más interesante que las colecciones. Se entra por un puente levadizo. Conviene deambular para admirar los arcos, patios y capillas de este amplio castillo-fortaleza.

Cementerio de Varaždin CEMENTERIO
(Hallerova Aleja; ⏰7.00-21.00 may-sep, 17.00 oct-abr) Si se da un paseo de 10 minutos hacia el oeste de la ciudad antigua, se llegará al apacible cementerio de Varaždin, una obra maestra de la jardinería diseñada en 1905 por el arquitecto vienés Hermann Helmer. Para apreciar algunos increíbles paisajes se puede deambular entre lápidas, avenidas, paseos y más de siete mil árboles, entre los que se encuentran magnolios, hayas y abedules.

Galería de Maestros Antiguos y Modernos
MUSEO

(Galerija Starih i Novih Majstora; Trg Miljenka Stančića 3; adultos/reducida 25/15 HRK; ◉9.00-17.00 ma-vi, 13.00 sa y do) El palacio de Sermage, de estilo rococó, se erigió en 1759. Conviene reparar en los medallones esculpidos de su fachada antes de hacer una visita rápida al museo, con su surtido de retratos y paisajes de las escuelas croata, italiana, holandesa, alemana y flamenca. La exposición permanente se cierra a veces para dar paso a exposiciones temporales.

Mundo de Insectos
MUSEO

(Entomološka Zbirka; Franjevački trg 6; adultos/reducida 25/15 HRK; ◉9.00-17.00 ma-vi, hasta 13.00 sa y do) Esta fascinante colección entomológica, ubicada en el palacio clasicista de Hercer, está formada por casi 4500 insectos de 1000 especies diferentes. Los ejemplos de nidos, hábitats y hábitos reproductivos de los insectos son instructivos y están bien expuestos; cuenta con puntos interactivos y audioguías de uso gratuito.

Iglesia franciscana y monasterio de San Juan Bautista
IGLESIA

(Crkva Svetog Ivana Krstitelja; Franjevački trg 8; ◉6.30-12.00 y 17.30-19.30) Construida en 1650 en el emplazamiento de una estructura anterior, esta iglesia barroca alberga la torre más alta de la ciudad (54,5 m), así como una antigua farmacia con frescos del s. XVIII en el techo. Al lado se encuentra una réplica de la **estatua de bronce del obispo Grgur Ninski,** creada por Ivan Meštrović para la ciudad de Split. Según dicen, tocar el dedo gordo de su pie da buena suerte.

Catedral de la Asunción
CATEDRAL

(Katedrala Uznesenja Marijina; Pavlinska 5; ◉7.00-12.30 y 15.30-19.30) Esta antigua iglesia jesuita, ubicada al sur de Trg Kralja Tomislava, se erigió en 1646. En la fachada destaca una puerta de principios del barroco que ostenta el escudo de armas de la noble familia Drašković. En la nave central está el altar, con elaborados grabados, columnas de mármol y un retablo dorado dedicado a la Asunción de la Virgen María. Famosa por su excelente acústica, aquí se organizan conciertos durante las Veladas Barrocas.

Ayuntamiento
EDIFICIO HISTÓRICO

(Gradska Vijećnica; Trg Kralja Tomislava 1) Uno de los edificios más llamativos de la ciudad. Este magnífico edificio románico-gótico alberga el Ayuntamiento desde el s. XVI. Hay que destacar el escudo de armas de la ciudad, al pie de la torre y el portal esculpido de 1792. La ceremonia del cambio de guardia se celebra todos los sábados a las 11.00, de mayo a septiembre.

Otros puntos de interés son:

Plaza de Artesanías Tradicionales
PLAZA

(Trg Tradicijskih Obrta; ◉10.00-18.00 lu-sa abr-oct) La atracción más reciente de la ciudad. Sus demostraciones sobre la elaboración de cerámica, tejidos y sombreros recrean el pasado.

Palacio de Patačić
PALACIO

(Palača Patačić; Franjevački trg 4) Este palacio rococó exquisitamente restaurado data de 1764 y ostenta un portal de piedra con excelentes tallas.

Palacio de Patačić-Puttar
PALACIO

(Palača Patačić-Puttar; Zagrebačka 2) Conviene echar un vistazo a esta llamativa mezcla de los estilos barroco y clásico. Su portal de piedra profusamente decorado ostenta el escudo de armas de la familia Patačić.

Teatro Nacional de Croacia
EDIFICIO HISTÓRICO

(Hrvatsko Narodno Kazalište; Augusta Cesarca 1) Este espectacular teatro se construyó en 1873 en estilo neoclásico, siguiendo los planos de Hermann Helmer.

Orillas del río Drava
RIBERA FLUVIAL

Tras un paseo de 15 minutos al noreste del centro, se llega a esta apacible y verde riba que ofrece senderos para caminar y varios cafés al aire libre, perfectos para relajarse.

Aquacity
PARQUE ACUÁTICO

(Motičnjak bb, Trnovec Bartolomečki) A 3 km de la ciudad por la carretera de Koprivnica se encuentra esta versión en Varaždin de una playa urbana. Tiene un lago, pistas de tenis y un restaurante.

✦ Fiestas y celebraciones

Varaždin es famosa por su festival de música barroca, las **Veladas Barrocas de Varaždin** (www.vbv.hr), que tienen lugar todos los meses de septiembre durante dos o tres semanas y en las que orquestas nacionales e internacionales tocan en la catedral, las iglesias y los teatros de la ciudad. Las entradas cuestan entre 75 y 150 HRK, dependiendo del evento, y están disponibles 1 hora antes de los conciertos en las agencias de viajes y en la **oficina de conciertos de Varaždin** (☏ 212 907; Teatro Nacional Croata, Augusta Cesarca 1).

A finales de agosto, el ecléctico **Špancirfest** (www.spancirfest.com) da vida a los parques y plazas de la localidad con músicas del mundo que van de la afrocubana al tango, acróbatas, teatro, artesanos e ilusionistas.

Menos convencional, el **Trash Film Fest** (www.trash.hr) anual es un festival de películas de acción de bajo presupuesto que se proyectan en el **MMC Kult** (Anina 2) durante varios días a mediados de septiembre.

Dónde dormir

Por lo general más baratos que en Zagreb, la mayoría de los hoteles de Varaždin son limpios, están bien cuidados y ofrecen una decorosa relación calidad-precio. La clientela consiste sobre todo en gente de negocios de Zagreb y de los países vecinos, lo cual significa que los establecimientos tienden a estar ocupados los días laborables y vacíos los fines de semana.

Si se está buscando alojamiento en casas particulares hay que acudir a la oficina de turismo, que dispone de una lista con habitaciones individuales o dobles a partir de 150 y 250 HRK, respectivamente. Por lo general no se pagan suplementos por estancias de una sola noche y los precios se mantienen constantes durante todo el año.

Hotel Varaždin   HOTEL €€
(290 720; www.hotelvarazdin.com; Kolodvorska 19; i/d desde 388/590 HRK; P✱@) Sus relucientes habitaciones de estilo contemporáneo están llenas de comodidades, como Internet y minibar. Es el hotel más nuevo de la ciudad y está ubicado frente a la estación de trenes. En el recinto hay un restaurante con bar y terraza.

Maltar   CASA DE HUÉSPEDES €
(311 100; www.maltar.hr; Preŝernova 1; i/d 235/435 HRK; P✱@) Buena relación calidad-precio. Una alegre y pequeña casa de huéspedes regentada por una familia y ubicada cerca del centro. Las habitaciones tienen televisión y están bien cuidadas. Cuatro de las suites (2/3 personas 465 HRK/595 HRK) tienen una pequeña cocina.

Garestin Pansion   HOTEL €€
(214 314; Zagrebačka 34; i/d 300/460 HRK; P✱) Los lugareños frecuentan el popular restaurante de este hotel ubicado a tiro de piedra del centro. Los visitantes se relajan en las 13 cómodas habitaciones con minibar de la planta superior.

También destacan:

Hotel Turist   HOTEL €€
(395 395; www.hotel-turist.hr; Kralja Zvonimira 1; i/d 380/594 HRK; P@) Su falta de carácter se ve equilibrada por sus sólidas instalaciones y su experiencia de más de 35 años. Las habitaciones más caras, estilo "clase *business*" (i/d 403/820 HRK) ofrecen servicio de minibar.

Hotel Istra   HOTEL €€€
(659 659; www.istra-hotel.hr; Ivana Kukuljevića 6; i/d desde 577/874 HRK; P✱@) Ofrece las instalaciones que cabe esperar. Tiene una ubicación insuperable y todo tipo de comodidades en sus 11 habitaciones. Es el único hotel de cuatro estrellas de la ciudad.

Studentski Centar Varaždin   HOSTAL €
(332 910, 332 911; www.scvz.hr; Julija Merlića bb; i/d 225/360 HRK; @) Esta residencia y hostal para estudiantes ofrece 30 habitaciones recién renovadas que se pueden alquilar durante todo el año. Todas tienen TV, Internet por cable y nevera. También dispone de servicio de lavandería.

Dónde comer y beber

Aunque no destaca como destino para *gourmets*, Varaždin ofrece cantidad de opciones para todos los presupuestos para probar la cocina croata. Hay un **mercado** (Augusta Šenoe 12) diario abierto hasta las 14.00. En muchas panaderías se pueden comprar los sabrosos panes con forma de dedo de Varaždin, los llamados *klipić*.

Angelus   COCINA ITALIANA €
(Alojzija Stepinca 3; pizzas/platos principales desde 30/45 HRK) Esta acogedora pizzería-*trattoria* alojada en un sótano abovedado elabora excelentes *pizzas*, pasta (desde ñoquis hasta *tagliatelle*), *risottos* y platos de carne.

Zlatne Ruke   COCINA CROATA MODERNA €€
(Ivana Kukuljevića 13; platos principales desde 70 HRK) Este local subterráneo es la opción de la ciudad que más se preocupa por el diseño y la única interesante para los *gourmets*. En su comedor de blancas paredes de piedra sirve platos creativos, como hígado de ganso con melocotones y *tartar* de ciervo.

Grenadir   COCINA CROATA TRADICIONAL €
(Kranjčevića 12; platos principales desde 35 HRK) Restaurante tradicional en el centro. Sus *gableci* (almuerzos baratos y sustanciosos que se sirven entre semana) son sencillos,

AUTOBUSES DESDE VARAŽDIN

DESTINO	PRECIO (HRK)	DURACIÓN	SERVICIOS
Berlín (Alemania)	795	15 h	2 semanales
Múnich (Alemania)	345	8 h	2 diarios
Castillo de Trakošćan	25	40 min	9 diarios
Varaždinske Toplice	15	30 min	20 diarios
Viena (Austria)	215	6 h	1 diario
Zagreb	69	1¾ h	cada hora

pero ofrecen una excelente relación calidad-precio y son muy populares entre los lugareños.

Park   COCINA CROATA €

(Jurja Habdelića 6; platos principales desde 48 HRK) Sus carnes a la parrilla y bufés de ensaladas son bastante normales. Destaca por su terraza con vistas a los árboles, su ambiente anticuado y sus almuerzos baratos.

Mea Culpa   BAR 'LOUNGE'

(300 868; Ivana Padovca 1) Este elegante bar *lounge* de dos plantas que, en días soleados, saca sus mesas a Tr Miljenka Stančića es un buen lugar para obtener la dosis diaria de cafeína o combinados.

Soho   CAFÉ-BAR

(Trg Miljenka Stančića 1) Al igual que el Mea Culpa, este café-bar tiene mesas en la plaza aunque su interior tiene un ambiente más íntimo y tranquilo.

❶ Información

Acceso a Internet

Caffe Bar Aquamarin (Gajeva 1; 7.00-24.00 lu-ju, 2.00 vi y sa, 1.00 do) Si se pide una bebida, se podrá navegar gratis por la Red en su ordenador.

Consigna

Garderoba Estación de autobuses (7 HRK/bulto; 4.30-22.00); estación de trenes (15 HRK/día; 7.00-20.00) Consigna.

Información turística

Oficina de turismo (210 987; www.tourism-varazdin.hr; Ivana Padovca 3; 8.00-19.00 lu-vi, 10.00-17.00 sa abr-oct, 8.00-16.00 lu-vi, 10.00-13.00 sa nov-mar) Cantidad de información y coloridos folletos.

Agencias de viajes

Horizont Travel (395 111; www.horizont-travel.hr; Aleja Kralja Zvonimira 1) Ofrece circuitos por la ciudad y la región de Zagorje.

❶ Cómo llegar y salir

La estación de autobuses está al suroeste del centro. La de trenes, al este, en la otra punta de la ciudad. Aunque estén a 1 km de distancia, ambas están enlazadas por un servicio de microbuses (5-15 HRK) que pasa por la ciudad y los pueblos de los alrededores.

Varaždin es un importante centro de transportes en el norte de Croacia, con líneas de autobús y tren que se extienden en todas las direcciones. Hay que recordar que los autobuses que se dirigen al norte salen de Zagreb y paran en Varaždin, y que los billetes cuestan lo mismo independientemente de que se compren en una ciudad o en otra.

Hay 12 trenes diarios a Zagreb (57 HRK, 2½ h); para los servicios a la costa hay que realizar transbordo en Zagreb. Otros 2 trenes diarios viajan a Budapest, en Hungría (240 HRK, 7-10 h), aunque hay que realizar transbordo en Koprivnica. Hay que tener en cuenta que el tren que sale más temprano para más tiempo en Koprivnica.

Varaždinske Toplice

042 / 6973 HAB.

Sus fuentes termales de aguas sulfurosas tienen una temperatura de 58°C y llevan atrayendo a visitantes desde que los romanos fundaron aquí un asentamiento con balneario en el s. I. La atractiva localidad de Varaždinske Toplice está rodeada de suaves colinas boscosas y ofrece también una variedad de iglesias y edificios históricos, como el castillo barroco de la **Stari Grad** (Trg Slobode 16). Tras su fachada neogótica se esconde la **oficina de turismo** (633 133; www.toplice-vz.hr, en croata; 7.30-15.30 lu-vi), que distribuye folletos y ofrece información sobre relajantes terapias de salud; además, puede ayudar al viajero a encontrar alojamiento en casas particulares.

Al lado se yergue el **Museo de la Ciudad**, que alberga una escultura de Minerva del

s. III. Cuando se redactó esta guía, estaba cerrado por obras de renovación. Los apasionados de la Historia deberían darse una vuelta por Aqua Iasae, los restos de las antiguas termas romanas construidas entre los ss. I y IV, apenas a un corto paseo desde la Stari Grad.

El balneario está 12 km al sureste de Varaždin y 69 km al noreste de Zagreb. Desde Varaždin salen numerosos autobuses.

🛏 Dónde dormir y comer

Hotel Minerva   HOTEL €€
(☎630 831; www.minerva.hr, en croata; Trg Slobode 1; i 340-440 HRK, d 420-720 HRK; 🅿 🐾) Este hotel se erigió alrededor de las piscinas termales que, según dicen, tienen propiedades curativas, en especial para enfermedades reumáticas. El antiestético edificio de hormigón ofrece habitaciones con balcones (algunas sin renovar), piscinas interiores y al aire libre, un parque acuático y una sala de *fitness*. Los huéspedes pueden acceder gratis a las piscinas; los que no se alojen aquí deben pagar 35 HRK entre semana y 40 HRK los fines de semana. También hay una sauna (45 HRK/1 h), masajes (90 HRK/40 min) y diversos programas antiestrés.

Ozis   CASA DE HUÉSPEDES €
(☎250 130; www.ozis.hr; Zagrebačka 7; i/d 180/300 HRK; 🅿) Encantadora y regentada por una familia, está ubicada a la entrada de la población. Ofrece 10 impecables habitaciones y tres suites, así como un patio precioso. El desayuno se paga aparte y hay un

DE CAMINO A HUNGRÍA: MEĐIMURJE

El ondulante paisaje de Međimurje se extiende al noreste de Varaždin hacia las fronteras con Hungría y Eslovenia. Esta zona fértil, pintoresca y repleta de viñedos, manzanares, trigales y huertas recibe poco turismo. Sin embargo, esto está cambiando lentamente a medida que se van descubriendo sus atractivos, como las prometedoras bodegas y el pueblo-balneario de Sveti Martin.

Para catar los mejores vinos de la región en un auténtico ambiente familiar hay que dirigirse a la bodega Lovrec (☎040 830 171; www.vino-lovrec.hr; Sveti Urban 133, Štrigova; ✆previa cita), en el pueblo de Sveti Urban, situado 20 km al noroeste de Čakovec, la capital de la región. Las visitas guiadas (disponibles en inglés, francés y alemán) dan una idea sobre la elaboración de vinos y sobre su fascinante historia, tres siglos que abarcan seis generaciones de fabricantes de vinos. Aquí se puede echar un vistazo a una bodega de 300 años con antiguas barricas y prensas de uvas, descansar a la sombra de dos enormes árboles que se usaban en el pasado para refrescar la bodega, disfrutar de las vistas de las 6 Ha de viñedos y rematarlo todo con una cata de unas diez variedades de vinos que abarcan desde el *chardonnay* al *graševina* local. Toda la visita dura unas 2 horas y cuesta 80 HRK (20 HRK más para degustar sabrosos tentempiés compuestos por queso, salami y pan). Además, al visitante le obsequian con una botella de vino y siempre puede comprar otra.

A varios kilómetros de distancia por carreteras entre verdes colinas, el agradable pueblo de Sveti Martin Na Muri alberga el Spa & Golf Resort Sveti Martin (☎040 371 111; www.toplicesvetimartin.hr; Grkaveščak bb; i/d 590/1 180 HRK), de cuatro estrellas y recientemente renovado. Ofrece una serie de piscinas termales, al aire libre y cubiertas, así como un parque acuático, pistas de tenis, senderos por el bosque, tiendas, restaurantes y un campo de golf. Al lado del complejo hay elegantes alojamientos estilo apartamento con salón, cocina y un balcón (desde 640 HRK). Los visitantes que no se alojan aquí pueden adquirir una entrada para disfrutar de las piscinas durante todo un día por 50 HRK (fin de semana 60 HRK); la entrada cuesta 10 HRK menos a partir de las 13.00. Entre otras instalaciones cuenta con una sala de *fitness* (25 HRK/día) y una sauna (60 HRK/día). También ofrece una amplia variedad de terapias corporales, como fangoterapia (280 HRK/h) y masajes con chocolate (330 HRK/45 min).

En la granja de Goričanec (☎040 868 288; Dunajska 26), situada a unos 4 km del pueblo, se pueden practicar varias actividades, como paseos a caballo, pesca o caza.

Potrti Kotač (☎040 868 318; Jurovčak 79; platos principales desde 40 HRK), a 1 km del balneario cuesta arriba, sirve buenos platos locales y dispone de un apartamento para alquilar (250 HRK).

10% de recargo por las estancias inferiores a tres noches.

Zlatne Gorice COCINA CENTROEUROPEA €€
(www.zlatne-gorice.com; Banjščina 104, Gornji Kneginec; platos principales desde 55 HRK) Si el viajero dispone de vehículo propio, debe parar a almorzar en esta reluciente mansión restaurada y situada a 3 km de Toplice por la antigua carretera de Varaždin. Rodeada de viñedos, sirve comida centroeuropea (escalopes, guisos y medallones de ternera) en sus cuatro salones interiores o en su terraza con bucólicas vistas. Ofrece un paseo del vino, un jardín laberíntico, catas de vino (45 HRK con queso, fruta y pan) y tres acogedoras habitaciones dobles (300 HRK) en el piso de arriba.

Castillo de Trakošćan

Entre las fortalezas más impresionantes de Croacia, vale la pena visitar el **castillo de Trakošćan** (796 281; www.trakoscan.hr; adultos/reducida 30/15 HRK; 9.00-18.00 abr-oct, 9.00-16.00 nov-mar), 80 km al noroeste de Zagreb, por su bien presentado museo y los hermosos terrenos adyacentes. No se conoce la fecha exacta de la edificación, pero la referencia oficial más antigua data de 1334. La mayoría de sus rasgos románicos originales se perdieron cuando fue restaurado en estilo neogótico a mediados del s. XIX y sus 87 Ha de terrenos fueron convertidos en un romántico parque de estilo inglés, con árboles exóticos y un lago artificial.

El castillo estuvo ocupado hasta 1944 por la familia aristocrática de los Drašković y tiene tres plantas dedicadas a exponer el mobiliario original y una plétora de retratos familiares. Las numerosas habitaciones van del estilo neorrenacentista al gótico y el barroco. También hay una colección de espadas y armas de fuego, además de una cocina de época en el sótano. Después del chapuzón de historia se puede ir bajando por los verdes senderos hasta el embarcadero del lago; allí es posible alquilar una barca a remo para dos personas (50 HRK/1 h) en los días cálidos.

Entre Zagreb y Trakošćan no hay autobuses pero entre semana hay combinación desde Varaždin, lo cual permite hacer excursiones en el día.

Krapina
049 / 12 950 HAB.

Una bulliciosa población de provincias en el centro de una hermosa región rural. Casi todos los visitantes acuden atraídos por uno de los yacimientos arqueológicos nean-

---

ARTE NAIF CROATA

Croacia dio a luz a su propia versión del arte naif, un estilo diferenciado de la pintura del s. XX que hace representaciones fantásticas y coloristas de la vida rural.

El pintor Krsto Hegedušić (1901-1975) fundó la escuela de Hlebine en el pueblo del mismo nombre, ubicado en la región de Podravina, 13 km al este del centro provincial de Koprivnica. En la década de 1930, tras acabar sus estudios en París, regresó y reunió a un grupo de artistas autodidactas sin ninguna educación artística formal, ofreciéndoles una oportunidad para destacar. Entre los componentes de la primera generación de pintores croatas naif se encontraban Ivan Generalić (1914-1992), hoy en día el más elogiado en el extranjero, Franjo Mraz (1910-1981) y Mirko Virius (1889-1943). Todos eran artistas aficionados que pintaron escenas narrativas de la vida campesina con un vibrante colorido.

Hoy en día, un puñado de pintores y escultores siguen trabajando en Hlebine. Sus obras se pueden ver expuestas en la **Galería de Hlebine** (Trg Ivana Generalića 15, Hlebine; adultos/reducida 10/5 HRK; 10.00-16.00 lu-vi, 14.00 sa). En Hlebine también se puede visitar la **Galerija Josip Generalić** (048 836 430; Gajeva 75; adultos/reducida 10/5 HRK; 10.00-17.00 lu-vi). Bautizada en honor al hijo del famoso Ivan, que siguió los pasos de su padre, está situada en la casa familiar de los Generalić. Conviene llamar con antelación para averiguar si está abierta.

Otros lugares en los que se puede admirar el arte naif croata son el Museo Croata de Arte Naif (p. 43) en Zagreb y la **Galería de Koprivnica** (Zrinski trg 9, Koprivnica; 10.00-13.00 y 17.00-20.00 ma-vi, 10.00-13.00 sa y do), recientemente renovada y que posee una pequeña sección de artes aplicadas.

dertales más grandes de Europa, hoy en día un museo recientemente inaugurado. En 1899, las excavaciones arqueológicas en la colina Hušnjakovo sacaron a la luz restos humanos y animales de una tribu neandertal que vivió en una cueva entre 100 000 y 35 000 años antes de nuestra era. Además de armas y herramientas de piedra del Paleolítico se hallaron 876 restos humanos, entre ellos, 196 dientes sueltos que pertenecieron a varias decenas de individuos. Estos hallazgos constituyen el centro del nuevo museo.

Después del baño de prehistoria, aparte de callejear un poco, Krapina no tiene mucho que ofrecer para entretener al viajero.

La calle principal que cruza el lugar se llama Zagrebačka Ulica, que en el centro se convierte en Ljudevita Gaja y, en su extremo norte, Magistratska. El centro es la Trg Stjepana Radića, entre Zagrebačka y Ljudevita Gaja.

Puntos de interés

Museo de los Neandertal de Krapina
MUSEO

(Šetalište Vilibalda Sluge bb; adultos/reducida 50/25 HRK; 9.00-19.00 ma-vi, 10.00-19.00 sa y do abr-jun, 9.00-18.00 ma-vi, 10.00-19.00 sa y do jul y ago, horario reducido sep-mar) La joya de la corona de Krapina es este museo situado al oeste del centro y recién inaugurado el invierno del 2010. Construido en una roca vertical y revestido por una pared de cristal, este cavernoso espacio de dos plantas alberga exposiciones de alta tecnología que detallan la historia y geología de la región con carteles en tres idiomas. Tras un vídeo de introducción en la sala principal, el recorrido está diseñado para emular un periplo de descubrimiento del origen de la raza humana, con cámaras subterráneas, dioramas muy realistas de los neandertales y cantidad de juegos interactivos. No hay que perderse la entrada a la segunda planta, a través de un oscuro pasadizo con originales luces.

La parte exterior del museo es la frondosa colina donde se encontraron los restos; alberga una exposición de neandertales a tamaño real dedicados a actividades cotidianas, como blandir garrotes y tirar piedras.

Conviene tener en cuenta que las puertas se cierran 1 hora antes de la hora oficial de cierre.

Otro puntos de interés son:

Monasterio franciscano
MONASTERIO

El visitante puede echar una ojeada a este monasterio barroco que en otra época albergaba una escuela de filosofía y teología. La iglesia contigua ostenta evocadores frescos del monje paúl Ivan Ranger en la sacristía.

Galería de Arte de la Ciudad GALERÍA DE ARTE
(Magistratska 25; gratis; 10.00-15.00 lu-vi, 18.00 sa, 11.00-18.00 do) Ofrece exposiciones itinerantes de artistas croatas.

Fiestas y celebraciones

A principios de septiembre se puede disfrutar de actuaciones folclóricas, recitales de poesía y comida tradicional de Zagorje durante el **Festival de la Canción Kajkavski** (Festival Kajkavske Popevke) que se celebra anualmente.

Dónde dormir

Pod Starim Krovovima
HOTEL €

(Trg Ljudevita Gaja 15; i/d 210/340 HRK) Esta agradable *pension* en el centro ofrece ocho habitaciones con baño, sencillas pero limpias. Entre semana se pueden degustar sabrosos y económicos *gablec* (almuerzos) por 25 HRK en el restaurante de la planta baja.

Dónde comer y beber

Neandertal Pub
BARBACOA, CAFÉ-BAR €

(Šetalište Vilibalda Sluge bb; platos principales desde 50 HRK) Este café-restaurante de temática neandertal está ubicado en la entrada del museo y afirma que la receta de su barbacoa tiene 13 000 años de antigüedad.

Ilir
CAFÉ-BAR

(Trg Ljudevita Gaja 3) Se puede degustar un café al sol en una de sus relajantes mesas al aire libre o disfrutar del anticuado ambiente en el interior.

Información

Oficina de turismo (371 330; www.tz-zagorje.hr; Magistratska 11; 8.00-15.00 lu-vi, 10.00-18.00 sa, 11.00-18.00 do abr-sep, 8.00-15.00 lu-vi, 12.00 sa oct-mar) No es muy útil: ofrece algunos folletos e información escasa.

Cómo llegar y salir

De lunes a sábado, varios autobuses recorren el trayecto entre Zagreb y Krapina (40 HRK, 1 h), pero solo hay un servicio los domingos. Entre semana hay hasta 13 trenes desde Zagreb (40 HRK, 1½ h), pero hay que realizar transbordo en Zabok; los fines de semana, los servicios son menos frecuentes.

La estación de trenes está unos 300 m al sur. La de autobuses, a otros 600 m en la misma calle, en Frana Galovića 15.

Krapinske Toplice

049 / 5 744 HAB.

Esta ciudad-balneario está emplazada unos 17 km al suroeste de Krapina, en medio de las onduladas colinas de la campiña de Zagorje. Su foco de interés son sus cuatro fuentes termales, ricas en magnesio y calcio y cuya temperatura nunca baja de los 39°C. La localidad en sí no es especialmente atractiva ni tampoco respira mucha alegría, dado que los baños los frecuentan pacientes de edad avanzada siguiendo diversos programas de rehabilitación. Todo eso podría cambiar con la apertura del nuevo balneario, actualmente en construcción, que tendrá piscinas cubiertas, saunas y otras instalaciones de *fitness* y de salud y belleza.

Dónde dormir y comer

Vuglec Breg CASA RURAL €€
(345 015; www.vuglec-breg.hr; Škarićevo 151; i/d 490/540 HRK; P@) Esta hermosa casa rural dispone de una pintoresca ubicación en el pueblo de Škarićevo, a 4 km de Krapinske Toplice. Sus cuatro casitas tradicionales (con siete habitaciones renovadas y tres suites) se yerguen entre colinas, viñedos y bosques. El **restaurante** (platos principales desde 80 HRK) ofrece excelentes especialidades de Zagorje, como el *purica s mlincima* (pavo asado a fuego lento con fideos al horno). Todo se cocina en un horno de pan y se sirve en una terraza con vistas panorámicas. En el recinto hay pistas de tenis, senderos para pasear y una bodega de vinos (catas 45 HRK). También alquila bicicletas de montaña (25 HRK/h). Para los niños hay un parque infantil y paseos en poni.

Para acceder a Vuglec Breg es mejor viajar con vehículo propio. Hay que cruzar el pueblo en dirección a Krapina y seguir las señales de Vuglec Breg. En la cumbre de Hršak Breg hay que girar a la izquierda y seguir hasta el final de la carretera.

Hotel Aquae Vivae HOTEL €€
(202 202; www.aquae-vivae.hr; Antuna Mihanovića 2; i/d 335/530 HRK; P❋) Sus habitaciones, más bien pequeñas, tienen una decoración anticuada, así que merece la pena pagar un poco más (i 30 HRK, d 60 HRK) por una versión superior con baño nuevo. Hay que pedir una con vistas al frondoso patio trasero. Los precios incluyen el uso de las piscinas cubiertas y al aire libre y del centro de *fitness*.

Información

Oficina de turismo (232 106; www.krapinsketoplice.net; Zagrebačka 4; 8.00-15.00 lu-vi, 13.00 sa) Distribuye información y folletos.

Cómo llegar y salir

La estación de autobuses está en el centro de la localidad, a tiro de piedra de la mayor parte de los puntos de interés y de la oficina de turismo. El balneario, 46 km al noroeste de Zagreb, está bien comunicado con la capital (36 HRK, 1 h, 7-12 diarios), por lo que constituye una fácil excursión de un día.

Castillo de Veliki Tabor

Al llegar al castillo de Veliki Tabor, 57 km al noroeste de Zagreb, se puede ver desde lo alto un agradable paisaje de montes, maizales, viñas y bosques. Ya solo las vistas hacen que la visita valga la pena, así como la sabrosa comida tradicional de los alrededores.

La aristocracia croata empezó a construir castillos fortificados en la región a finales del s. XVI para protegerse de la amenaza turca. El pentagonal **castillo de Veliki Tabor** (Košnički Hum 1, Desinić) estaba cerrado por obras de renovación cuando se redactó esta guía, pero probablemente vuelva a abrir en los próximos años. A principios del s. XVI, el castillo se erigió encima de un edificio medieval anterior; sus cuatro torres semicirculares se añadieron posteriormente. Estratégicamente encaramada en lo alto de un monte, esta fortaleza entre amarilla y dorada tiene todo lo que pudiera desear un señor medieval: torres, torreones y huecos por los que echar alquitrán y aceite hirviendo a los enemigos. Incluso alberga el cráneo de Veronika Desinić, una chica joven y pobre del pueblo que, según afirman las leyendas populares, fue emparedada por su romance con el hijo del dueño del castillo.

Cuando no sufre las obras de restauración, el castillo organiza dos acontecimientos anuales: el **Tabor Film Festival** (www.taborfilmfestival.com), que es un festival internacional de cortometrajes en julio, y la **feria medieval** de septiembre, que solo dura un día y ofrece batallas con espadas, competiciones de cetrería y bailes renacentistas.

Para admirar el castillo desde la distancia se puede reservar una mesa al aire libre en **Grešna Gorica** (www.gresna-gorica.com; Taborgradska Klet 3, Desinić; platos principales desde 60 HRK), un rústico restaurante a menudo invadido por familias de Zagreb durante los fines de semana. El lugar resulta un tanto artificioso, pero es estupendo para los niños porque tiene animales de granja, un jardín de recreo y mucho espacio abierto. Los adultos disfrutan de sus vistas a la campiña y sus especialidades de Zagorje bien preparadas, como los *štrukli* (una especie de buñuelos rellenos de requesón) y el *srneći gulaš* (*gulash* de venado). Hay un sendero señalizado que lleva desde el castillo hasta el restaurante, que se encuentra unos 2 km al este de Veliki Tabor (40 min andando).

De lunes a sábado hay ocho autobuses diarios que viajan entre Zagreb y Desinić (52 HRK, 1½-2 h); los domingos hay cuatro. Para llegar a Veliki Tabor hay que recorrer a pie 3 km hacia el noroeste.

Kumrovec

049 / 1854 HAB.

La región de Zagorje vio nacer a numerosos croatas de renombre, entre los cuales destaca Tito, nacido en Kumrovec con el nombre de Josip Broz. Este bonito pueblo situado en el valle del río Sutla, cerca de la frontera con Eslovenia, ha sido cuidadosamente transformado en museo etnográfico al aire libre. Hay una recreación de un pueblo del s. XIX, el **Museo Staro Selo** (www.mdc.hr/kumrovec; Kumrovec bb; adultos/reducida 20/10 HRK; 9.00-19.00 abr-sep, 9.00-16.00 oct-mar), que muestra 40 casas y edificios auxiliares hechos de madera y tierra prensada. Estas *hiže* (cabañas de Zagorje) están ahora llenas de muebles, maniquíes, juguetes, prensas de uva y herramientas de panadero (todo ello con leyendas en inglés) con el fin de recrear la artesanía y las costumbres tradicionales de la región.

El museo ofrece una imagen vívida de las tradiciones campesinas y la vida en el campo en un paraje idílico, con un riachuelo correteando. Hay que destacar la escultura de bronce a tamaño natural del mariscal Tito a la puerta de su lugar de nacimiento, dentro del cual se conserva el mobiliario original, cartas de dirigentes extranjeros y objetos personales varios. Los fines de semana entre abril y septiembre, el museo ofrece demostraciones de herrería, fabricación de velas, alfarería y cestería.

Entre semana hay dos autobuses diarios que viajan entre Zagreb y Kumrovec (39 HRK, 1¼ h); los sábados hay uno y los domingos no hay servicio. Entre semana hay seis trenes diarios (32 HRK, 1½-2 h); los fines de semana, menos. El transbordo se realiza en Harmica.

Klanjec

049 / 3234 HAB.

Otro destacado croata de la región de Zagorje fue el famoso escultor Antun Augustinčić (1900-1979), que creó el *Monumento a la paz* situado frente al edificio de la ONU en Nueva York. En Klanjec, su encantador pueblo natal, hay una **galería** (www.mdc.hr/augustincic; Trg Antuna Mihanovića 10; adultos/reducida 20/10 HRK; 9.00-17.00 abr-sep, 9.00-15.00 ma-do oct-mar) dedicada a su obra con montones de torsos de bronce sin cabeza y una gran réplica de la estatua a la paz. Fuera hay un pequeño parque de esculturas y al lado está el monumento en memoria de los partisanos caídos, del mismo artista.

Una vez vista la galería, al visitante le quedará poco recorrido turístico para el resto del día, pero resulta interesante darse una vuelta por la **iglesia barroca** del s. XVII y el **monasterio franciscano** que hay frente a la galería y tomarse un tiempo para asimilar las vistas de los montes de alrededor.

Los dos autobuses diarios que viajan de Zagreb a Kumrovec paran en Klanjec (36 HRK, 1-1½ h). Cabe destacar que los sábados solo hay un servicio y los domingos, ninguno.

Marija Bistrica

049 / 6612 HAB.

El mayor centro de peregrinación de Croacia está en Zagorje, en un pueblo 37 km al norte de Zagreb llamado Marija Bistrica, en la ladera del monte Medvednica. El foco de atención del lugar es la **iglesia de Marija Bistrica** (Hodočasnička Crkva Marije Bistričke), que contiene una figura gótica de la Virgen Negra, tallada en madera en el s. XV. A dicha estatua se le atribuyen poderes milagrosos que se remontan a las invasiones turcas del s. XVI, cuando se salvó de la destrucción; en 1880, un pavoroso incendio destruyó todo menos la estatua, lo cual no pudo sino confirmar sus poderes. De la parte de atrás de la iglesia parte un

vía crucis, cuyas 14 estaciones están marcadas por obras de escultores croatas y ofrecen unas vistas excelentes. El santuario atrae a 600 000 peregrinos al año, aunque fueron más en 1998, cuando el papa Juan Pablo II acudió a beatificar al cardenal Alojzije Stepinac. Quien quiera asistir a un verdadero despliegue de devoción religiosa puede acudir el 15 de agosto, fecha en la que se celebra la popular peregrinación de Velika Gospa (la Asunción de la Virgen).

Entre semana hay hasta 20 autobuses al día desde Zagreb a Marija Bistrica (30-45 HRK, 1h 40 min); los fines de semana hay menos.

Stubičke Toplice

049 / 2752 HAB.

Como es el balneario más cercano a Zagreb, **Stubičke Toplice** (www.bolnicastubicketoplice.com) sirve para quitarle el estrés a un leal grupo de clientes procedentes de la gran ciudad que frecuentan este vestigio de la época socialista.

Las aguas termales calientes (69°C) que salen de las capas subterráneas de roca llevan estimulando el turismo en esta zona desde el s. XVIII. Las piscinas (ocho al aire libre y una cubierta) tienen una temperatura de entre 32 y 36°C; se utilizan para tratar una amplia variedad de dolencias musculares y reumáticas. Los servicios abarcan desde los más básicos (15 HRK por 1 hora en las piscinas y 30 HRK por un masaje de 15 minutos) hasta una amplia variedad de elaboradas terapias. Conviene echar un vistazo a la página web para un resumen detallado.

El autobús deja al viajero en el centro de la localidad, cerca de la **oficina de turismo** (282 727; Šipeka 24; 8.00-19.00 lu-vi, 13.00 sa med jun-med sep, 8.00-16.00 lu-vi resto del año), que puede ayudarle a encontrar alojamiento en casas particulares.

El **Hotel Matija Gubec** (282 630; www.hotel-mgubec.com; Viktora Šipeka 31; i/d 340/540 HRK;) ofrece modestas habitaciones con televisión y teléfono, así como piscinas, una sauna y un gimnasio. Si el viajero no se aloja en el hotel, le cobrarán 35 HRK por usar sus piscinas al aire libre, 45 HRK por la piscina cubierta y 20 HRK por la sauna.

De la estación principal de autobuses de Zagreb salen autobuses en dirección al balneario (37 HRK, 1 h). Hay ocho servicios diarios entre semana, cuatro los sábados y dos los domingos.

Eslavonia

Sumario »
- Osijek 86
- Baranja 92
- Vukovar 94
- Ilok 96

Los mejores restaurantes
» Stari Pochum (p. 97)
» Slavonska Kuća (p. 90)
» Josić (p. 94)
» Zelena Žaba (p. 94)

Los mejores alojamientos
» Maksimilian (p. 89)
» Zdjelarević (p. 93)
» Ivica Marica (p. 94)

Por qué ir

Llana y repleta de ríos, Eslavonia casi no ha sido tocada por el turismo pese a contar con extraordinarias maravillas naturales y deliciosas especialidades culinarias. Los humedales de Kopački Rit constituyen una de las mejores reservas ornitológicas de toda Europa; son perfectos para circuitos en barco y para practicar ciclismo y excursionismo. Osijek, la ciudad más grande de Eslavonia, está enclavada en un precioso entorno junto al río Drava y tiene un barrio fortificado, mientras que la región de Baranja es famosa por sus bodegas. La guerra se sintió de un modo especialmente cruento en el sureste de Eslavonia, donde la histórica Vukovar está recuperándose poco a poco e Ilok, en la frontera con Serbia, vuelve a atraer a los visitantes gracias a sus excelentes bodegas y a su magnífico casco antiguo.

Rodeada por tres grandes ríos (el Sava, el Drava y el Danubio), esta fascinante región siempre ha mantenido fuertes lazos con Hungría, Serbia y Alemania.

Cuándo ir
Osijek

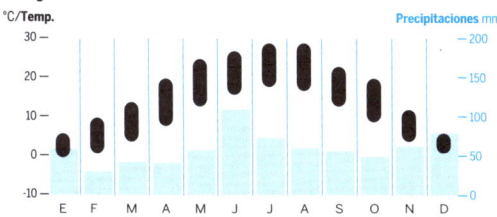

Abril y mayo La primavera es una delicia, gracias a sus temperaturas y a la ausencia de mosquitos.

De junio a septiembre Se puede disfrutar de varios festivales de diversa temática.

De octubre a marzo Los días más cortos son ideales para degustar guisos y platos de caza.

Lo más destacado

1 Explorar el **Parque Natural de Kopački Rit** (p. 92), uno de los humedales más grandes de Europa y un paraíso para los amantes de las aves.

2 Degustar las especialidades de la región en **Tvrđa** (p. 87), el barrio fortificado de Osijek.

3 Visitar los inquietantes monumentos conmemorativos de la guerra en **Vukovar** (p. 94).

4 Recorrer las carreteras vinícolas de **Baranja** (p. 92).

5 Pasar un día visitando los increíbles puntos de interés cultural de **Osijek** (p. 86).

6 Disfrutar de un extraordinario museo y luego probar la comida local en la hermosa población de **Ilok** (p. 96).

7 Admirar la vida agraria en el **pueblo de Karanac** (p. 94), un importante centro del turismo rural.

8 Disfrutar de las vistas del Danubio desde el impresionante monumento conmemorativo de la guerra en **Batina** (p. 94).

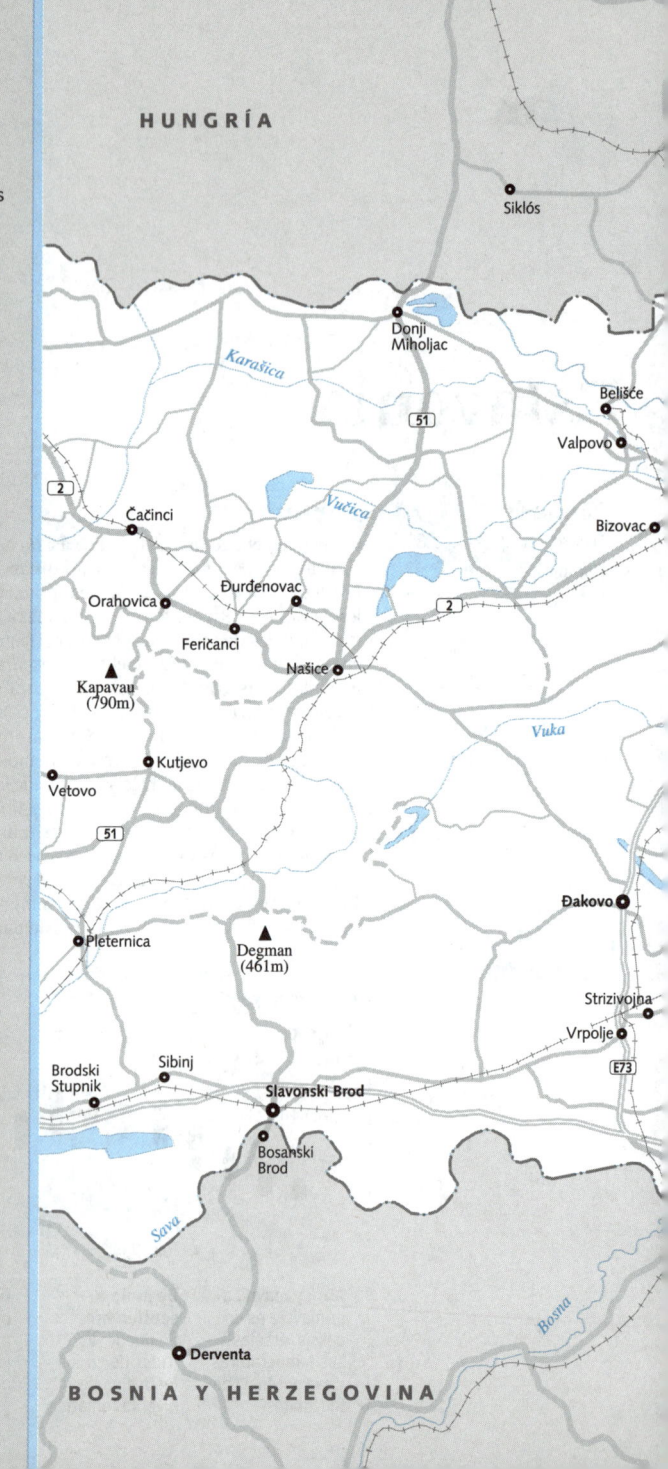

SERBIA
0
30 km
Bezdan
Batina 8
E662
Beli Manastir
Sombor
Karanac 7
Kneževi Vinogradi
Parque Natural de Kopački Rit
1
E73
4 Baranja
Danubio
Petrijevci
Bilje
Kopačevo
Drava
Višnjevac
2 5 Osijek
Čepin
2
Bijelo
Antunovac
Dalj
E73
Trpinja
Borovo
55
3 Vukovar
Nuštar
Danubio
Ivankovo
Vinkovci
St Jankovci
2
Bač Palanka
Ilok 6
Andrijaševci
Privlaka
Gundinci
55
Gradište
Otok
Šid
Sikirevci
SERBIA
Županja
Bosanski Šamac
Bošnjaci
E70
A3
Bosut
Vrbanja
Drenovci
Sava

Historia

Antes de que la guerra de 1991 obligara a desplazarse a decenas de miles de personas, Eslavonia contaba con una de las poblaciones europeas de mayor diversidad étnica. Poblada por tribus eslavas en el s. VII, la región fue conquistada por los turcos en el s. XVI. Los habitantes católicos huyeron y los colonos ortodoxos serbios, mejor recibidos por los turcos, se mudaron aquí en masa.

En 1690, los partidarios serbios de Viena dejaron Kosovo por sus batallas contra los turcos y se asentaron en la región de Srijem, ubicada alrededor de Vukovar. Los turcos cedieron las tierras a Austria en 1699 y los Habsburgo convirtieron gran parte de la región en una frontera militar (Vojna Krajina).

La población musulmana abandonó la zona, pero pronto llegaron más serbios, así como mercaderes alemanes, campesinos húngaros, eslovacos y ucranianos, albaneses católicos y judíos. Muchos terrenos se vendieron a aristócratas alemanes y húngaros que construyeron enormes mansiones barrocas y clásicas alrededor de las poblaciones de Osijek, Vukovar e Ilok. Tras la Primera y la Segunda Guerra Mundial, muchos alemanes fueron asesinados o expulsados.

La gran comunidad serbia animó a Slobodan Milošević a que intentara anexionar la región a la Gran Serbia. Esta agresión comenzó en 1991 con la destrucción de Vukovar y el bombardeo de Osijek. En 1992 se impuso un alto el fuego, pero la región no fue devuelta a Croacia hasta enero de 1998, como parte del acuerdo de paz de Dayton.

Puede que las refriegas hayan acabado, pero el impacto que ha tenido la guerra sigue siendo muy profundo. En poblaciones como Vukovar, los serbios y los croatas viven vidas casi totalmente separadas. Se están llevando a cabo numerosos esfuerzos para volver a unir a las comunidades, pero hasta ahora el éxito es muy limitado.

Peligros y advertencias

Durante la guerra de la década de 1990, en Osijek y alrededores se sembraron miles de minas antipersonales. Aunque la ciudad y sus alrededores a lo largo de la carretera principal ya se han limpiado de minas y son completamente seguros, no es muy sensato aventurarse por la zona pantanosa al norte del río Drava que conduce a Kopački Rit. Casi todos los campos de minas están señalizados; conviene estar atento a las señales.

En verano, los mosquitos asedian la zona de Kopački Rit. Hay que llevar manga larga y pantalones o embadurnarse de repelente.

Osijek

♪ 031 / 85 217 HAB.

Esta arbolada población histórica y universitaria con un magnífico paseo junto al ancho río Drava y una impresionante fortaleza del s. XVIII, merece, sin duda, una visita.

La ciudad sufrió mucho durante la década de 1990, debido a los bombardeos de los serbios; en algunas estructuras todavía se pueden ver los impactos de la artillería, pero la mayor parte de sus suntuosos edificios (incluidas algunas excelentes mansiones secesionistas del s. XIX) ya se han restaurado.

Esta elegante capital está recuperando cada vez más su porte gracias al regreso de los exiliados, al creciente número de estudiantes, los nuevos hoteles y restaurantes y al flujo constante de turistas. Además, Osijek es una perfecta base cosmopolita, fascinante y agradable para realizar excursiones de un día al ámbito rural de Eslavonia y al maravilloso Parque Natural de Kopački Rit.

Historia

Gracias a su ubicación a orillas del río Drava cerca de su confluencia con el Danubio (Dunav en croata), Osijek ha sido muy importante desde el punto de vista estratégico durante más de dos milenios. Le dieron su nombre los pobladores eslavos; en el s. XII ya era una próspera población comercial. En 1526, los turcos destruyeron la ciudad, la reconstruyeron en el estilo otomano y la convirtieron en un centro administrativo.

Los austriacos expulsaron a los turcos en 1687, cuando los musulmanes huyeron a Bosnia y la ciudad fue repoblada con serbios, croatas, alemanes y húngaros. Como todavía se temían ataques turcos, a principios del s. XVIII los austriacos erigieron la fortaleza de Tvrđa, que sigue en pie hoy en día.

Hasta la reciente guerra de la década de 1990, Osijek fue un potente centro industrial de la antigua Yugoslavia. Cuando estalló la guerra, en 1991, el ejército federal yugoslavo y las unidades paramilitares serbias invadieron la región de Baranja, situada al norte de Osijek. Los primeros proyectiles cayeron en la ciudad en julio de 1991 y fueron lanzados desde las posiciones serbias ubicadas en la otra orilla del río Drava. Cuando Vukovar cayó en noviembre del mismo año, las fuerzas federales y serbias

MERECE LA PENA

CATEDRAL Y CABALLOS DE ĐAKOVO

La tranquila y provinciana población de Đakovo está 35 km al sur de Osijek y constituye una fácil excursión de un día. Existen tres razones principales para visitarla: su impresionante catedral, los caballos *lipizzanos* y el magnífico festival folclórico que organiza todos los veranos.

La joya de la localidad es la **catedral** (Trg Strossmayera 6; ☉6.00-12.00 y 15.00-19.00) de ladrillo rojo, que domina el centro con sus dos campanarios de 84 m de altura. Encargada por el obispo Strossmayer en 1862, esta catedral neorrománica ostenta un interior con tres naves y escenas bíblicas pintadas con brillantes colores.

Đakovo es famosa por sus caballos *lipizzanos*, una noble raza de purasangres con un linaje que se remonta hasta el s. XVI. Se crían en una granja de las afueras y se adiestran en **Ergela** (📞031 813 286; www.ergela-djakovo.hr; Augusta Šenoe 45; adultos/reducida 20/10 HRK; ☉7.00-17.30 lu-vi), a un paseo corto de la catedral. Alrededor de 50 caballos son adiestrados a diario para su futuro trabajo como tiros de lujo para carruajes.

Đakovački Vezovi (Bordados Đakovo) organiza una muestra de caballos *lipizzanos* y un espectáculo folclórico a principios de julio, con bailes de la región y canciones tradicionales.

---

convirtieron a Osijek en su principal objetivo, bombardeándola con artillería mientras miles de residentes salían en tropel de la ciudad. Estos devastadores bombardeos continuaron hasta mayo de 1992, pero la ciudad nunca se rindió.

La economía de Osijek se vio gravemente dañada por los costes derivados de la reconstrucción y del realojamiento de los refugiados, así como de la pérdida de los mercados para sus productos. Sin embargo, en los últimos años la ciudad ha empezado a prosperar otra vez y se nota un nuevo optimismo.

◉ Puntos de interés

TVRĐA
Erigida bajo el dominio de los Habsburgo para defenderse de los ataques turcos otomanos, la ciudadela del s. XVIII salió bastante ilesa de la reciente guerra. Este complejo barroco de calles adoquinadas, amplias plazas y mansiones señoriales deja ver una extraordinaria unidad arquitectónica que le confiere un ambiente de museo al aire libre.

La plaza principal o Trg Svetog Trojstva se caracteriza por el elaborado **monumento a la Santísima Trinidad,** una columna barroca erigida en 1729 para rendir homenaje a las víctimas de la peste que asoló la ciudad en el s. XVIII.

Museo de Gloria Maris MUSEO
(Svodovi bb; adultos/reducida 20/15 HRK; ☉10.00-16.00 ma, mi y vi, 20.00 ju, 13.00 sa y do) Actualmente ubicado en un magnífico y nuevo local bajo bóvedas de la antigua ciudadela, este extraordinario museo está dedicado a las conchas de mar y a la vida marina en general. Fue creado con esfuerzo y cariño por Vladimir Filipov, quien se dedicó a recoger alrededor de un millón de conchas de todos los rincones del mundo a lo largo de sus 48 años como coleccionista. Aquí se pueden admirar la criatura oceánica más venenosa del mundo (los restos de un pulpo de Filipinas), fósiles (incluido el de uno de los primeros seres que caminó por el planeta Tierra hace alrededor de 650 millones de años), un diente de megalodón y ejemplares conservados de habitantes del mar Adriático. Y por supuesto, miles de conchas marinas, desde almejas gigantes hasta ejemplares diminutos.

No hay mucha información disponible en inglés, por lo que conviene llamar con antelación para pedir un traductor.

Museo de Eslavonia MUSEO
(Muzej Slavonije Osijek; www.mso.hr; Trg Svetog Trojstva 6; adultos/reducida 15/10 HRK; ☉8.00-14.00 ma, mi y vi, 20.00 ju, 10.00-13.00 sa y do) Alberga una enorme colección de tesoros y objetos relacionados con la historia de Eslavonia. Empieza con una exposición de herramientas de la Edad del Bronce y piezas romanas de la colonia de Mursa y sigue con preciosos tejidos, joyas y excelentes muebles.

Museo Arqueológico de Osijek MUSEO
(Arheološki Muzej Osijek; Trg Svetog Trojstva 2; adultos/reducida 15/8 HRK; ☉10.00-15.00 ma, mi y vi, 17.00-20.00 ju, 10.00-13.00 sa y do) El

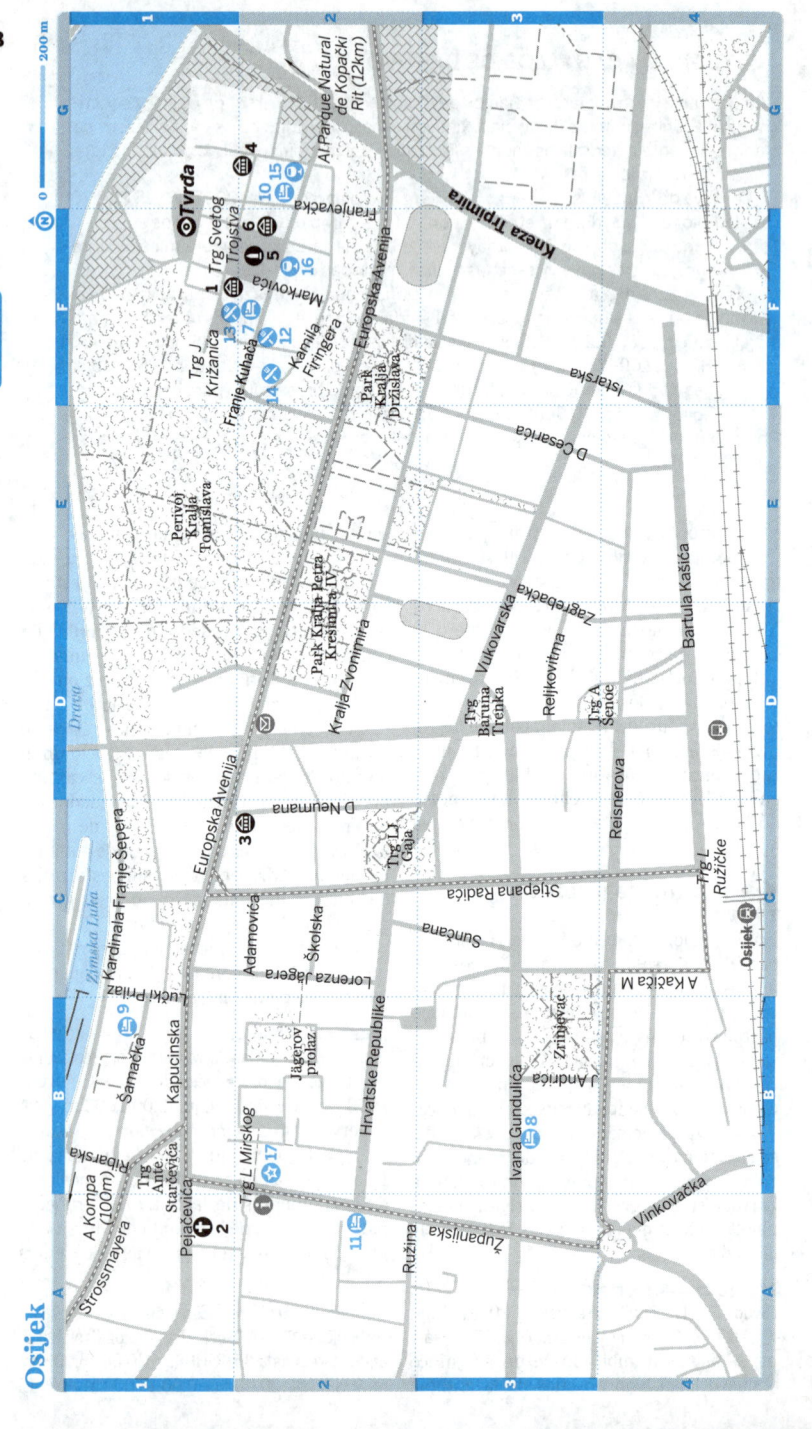

Osijek

Osijek

Los mejores puntos de interés
Tvrđa..F1

Puntos de interés
1 Museo Arqueológico
 de Osijek...F1
2 Iglesia de San Pedro y San Pablo..........A1
3 Galería de Bellas Artes..........................C2
4 Museo de Gloria Maris...........................G2
5 Monumento a la Santísima Trinidad.....F2
6 Museo de Eslavonia................................F2

Dónde dormir
7 Hostel Tufna..F2
8 Hotel Drava..B3
9 Hotel Osijek...B1
10 Maksimilian...G2
11 Waldinger..A2

Dónde comer
 Kavana Waldinger.....................(véase 11)
12 Kod Ruže..F2
13 Restaurant Müller...................................F1
14 Slavonska Kuća.......................................F2

Dónde beber
15 Old Bridge Pub..G2
16 St Patrick's Pub.......................................F2

Ocio
17 Teatro Nacional de Croacia....................B2
 Tufna...(véase 7)

edificio en sí es increíble y está renovado. Se trata de una estructura para la vigilancia de la ciudad con un suelo precioso de madera de roble y una cúpula de cristal sobre un patio con soportales. Expone piezas que abarcan desde piedras romanas hasta cascos celtas.

PARTE ALTA DE LA CIUDAD

Iglesia de San Pedro y San Pablo IGLESIA
(☉8.00-12.00 y 14.00-19.30) Esta iglesia domina la Trg Ante Starčevića. Su torre de 90 m de altura solo se ve superada por la catedral de Zagreb. Erigida en la década de 1890, esta iglesia neogótica de ladrillo rojo se caracteriza por su interior con 40 elaboradas vidrieras de estilo vienés y sus coloridos frescos del pintor croata Mirko Rački.

Galería de Bellas Artes GALERÍA DE ARTE
(Galerija Likovnih Umjetnosti; www.gluo.hr; Europska Avenija 9; adultos/reducida 10/5 HRK; ☉10.00-18.00 ma, mi y vi, 20.00 ju, 13.00 sa y do) Ubicada en una elegante mansión neoclásica, esta galería alberga una colección de cuadros y esculturas del s. XVIII en adelante, creados por artistas de la región.

FUERA DEL CENTRO

Zoo Osijek ZOO
(www.unikom.hr; Tvrđavica 1; adultos/reducida 8/4 HRK; ☉9.00-19.00 mar-ago, 17.00 sep-feb) Para escapar de los museos e iglesias se puede montar gratis en el emblemático *kompa* (un *ferry* de madera para peatones propulsado por la corriente del agua) en la orilla de Gornji Grad para ir al Zoo Osijek, situado en la otra orilla del Drava. El zoo más grande de Croacia se extiende por 11 Ha verdes junto al río y alberga 80 especies de animales y un terrario lleno de reptiles. El *kompa* funciona de 8.00 a 24.00, de junio a septiembre, y de 9.00 a 18.00, de octubre a mayo.

Fiestas y celebraciones

Festival Internacional de 'Jazz' 'JAZZ'
(www.huzuk-os.hr) Conciertos de músicos de jazz procedentes de EE UU y Europa; se celebra en abril.

Urban Fest Osijek MÚSICA
(www.ufo.com.hr) Festival de música que se celebra en junio y presenta a artistas de diferentes géneros: *hip-hop, rock* y electrónica, principalmente.

Pannonian Challenge DEPORTES
(www.pannonian.org) Festival de deportes extremos en agosto.

Dónde dormir

Osijek ofrece una selección limitada de hoteles; para habitaciones en casas particulares hay que preguntar en la oficina de turismo o en OK Tours.

Maksimilian CASA DE HUÉSPEDES €
(☎497 567; www.maxsimilian.hr; Franjevačka; i/d desde 207/364 HRK; ❋@) En pleno casco antiguo, es una magnífica casa de huéspedes regentada por un hospitalario equipo que habla inglés. Las siete habitaciones de este edificio histórico de 1860 son muy amplias y tienen televisión por satélite, altos techos y muebles modernos; casi todas disponen de aire acondicionado. También ofrece una cocina, Internet gratuito y café/té.

Hotel Osijek   HOTEL DE LUJO €€€
(230 333; www.hotelosijek.hr; Šamačka 4; i/d 760/950 HRK; P※@令) En la orilla del río, este elevado punto de referencia construido con cemento es el mejor hotel de la ciudad y está lleno de visitantes en viaje de negocios. Las habitaciones y apartamentos son elegantes y urbanitas, con un toque modernista; casi todos tienen unas vistas espectaculares. El centro de belleza y salud en la planta 14 alberga un baño turco, un *jacuzzi* y una sauna.

Hostel Tufna   HOSTAL €
(215 020; www.tufna.hr; Franje Kuhača 10; dc 100 HRK; @令) La mejor opción para mochileros. Este acogedor hostal ofrece dos dormitorios colectivos con 10 camas (algo apretadas, aunque los colchones son de buena calidad), Wi-Fi e Internet gratuitos y un extravagante salón para huéspedes con decoración de los años setenta, vinilos clásicos y un reproductor para pincharlos. Lo malo es que se encuentra ubicado justo encima de un bar-discoteca, por lo que conviene ponerse tapones para los oídos durante los fines de semana.

Waldinger   HOTEL HISTÓRICO €€€
(250 450; www.waldinger.hr; Županijska 8; Pension i/d 340/440 HRK, hotel i/d 650/950 HRK; P※@令) Este hotel está dividido en dos. Las suntuosas habitaciones del edificio principal ofrecen encanto a la antigua usanza y a raudales, con lujosos muebles y alfombras tupidas. La pension es más modesta, con habitaciones modernas y funcionales. El excelente desayuno que se sirve en el majestuoso comedor está incluido. Además, dispone de una sala de *fitness* bien equipada y de un pintoresco café.

También destacan:

Hotel Drava   HOTEL MODERNO €€
(250 500; www.hotel-drava.com; Ivana Gundulića 25a; i/d 413/606 HRK; P※@) Atractivo hotel moderno cerca de las estaciones de trenes y autobuses. Habitaciones coloridas y decoradas con gusto.

Villa Sveti Rok   CASA DE HUÉSPEDES €€
(310 490; www.villa-sveti-rok.hr; Svetog Roka 13; i/d 585/785 HRK; P※@) En una calle residencial arbolada. Sus habitaciones bien equipadas son un poco chillonas, pero cómodas.

✕ Dónde comer

Osijek es perfecta para probar la sustanciosa y especiada cocina de Eslavonia, muy influenciada por la vecina Hungría. La páprika se añade a casi todos los platos. Destacan sobre todo la carne y los pescados de agua dulce: el *fiš paprikaš* (pescado guisado en una salsa de páprika y servido con fideos) es el plato más conocido de la región.

Slavonska Kuća   COCINA ESLAVONIA €
(Kamila Firingera 26a; platos principales desde 40 HRK; ⊙cerrado cena do) El favorito de los lugareños para degustar comida regional. Sirve cantidad de *pečena riba* (pescado al horno), entre los que destaca el delicioso siluro. Los precios son muy asequibles y las raciones, abundantes. La comida se puede regar con un *graševina,* un vino blanco afrutado.

Kod Ruže   COCINA ESLAVONIA €
(Kuhačeva 25a; platos principales desde 45 HRK; ⊙cerrado cena do) Abunda la parafernalia rústica (tipo cabezas disecadas de venados), pero sin duda se trata de un lugar muy pintoresco para degustar la comida de la región, en especial los fines de semana, cuando una banda toca música folclórica en directo. Excelente opción para platos de carne de cerdo; también sirve cantidad de ensaladas (hay que probar la *alas salata*).

Restaurant Müller   COCINA INTERNACIONAL €
(Trg Jurja Križanića 9; platos principales 30-70 HRK; ⊙7.30-22.00) Una buena opción para las familias: los adultos pueden disfrutar de platos bastante tradicionales, como la trucha a la parrilla y el puré de castañas, mientras los niños devoran un plato de tortitas, o viceversa. Ofrece opciones muy baratas para el almuerzo (25 HRK).

Kavana Waldinger   CAFÉ €
(Županijska 8; pasteles desde 12 HRK; ⊙7.30-23.00) Café señorial que atrae a gente importante de la ciudad por su excelente servicio y su selección de deliciosos pasteles.

🍷 Dónde beber y ocio
Bares y locales nocturnos

Los cafés y bares al aire libre a la orilla del río, en los alrededores del Hotel Osijek, son muy populares si hace buen tiempo. Si no es así, la mejor opción para salir es la zona de Tvrđa, donde hay de todo, desde *pubs* de estilo inglés hasta bulliciosos locales de *turbo folk*.

Old Bridge Pub   'PUB'
(www.oldbridgepub.hr; Franje Kuhača 4) Idéntico a un *pub* londinense. Tiene tres plantas y una pequeña terraza al aire libre. La planta superior es un espacio con estilo y elegantes sofás. Los fines de semana por la noche está

ambientado con un grupo de música en directo o un *disc jockey*.

St Patrick's Pub 'PUB'
(Franje Kuhača 15) La mejor opción para empezar la noche. Este sociable y acogedor *pub* cuenta con un íntimo interior de madera oscura y luces de neón. También tiene una enorme terraza en la plaza principal. No sirve comida.

Tufna DISCOTECA
(www.tufna.hr; Franje Kuhača 10) Una pequeña discoteca con ambiente *underground*. Los DJ pinchan todo tipo de música electrónica, desde himnos *house* hasta *drum and bass*.

Teatro

Teatro Nacional de Croacia TEATRO
(Hrvatsko Narodno Kazalište; ⌕220 700; www.hnk-osijek.hr; Županijska 9) Espléndido teatro que ofrece una programación de obras teatrales, *ballets* y óperas de septiembre a junio.

ℹ Información

Hay Wi-Fi gratuito en las zonas de Gornji Grad y Tvrđa.

Hospital (⌕511 511; Josipa Huttlera 4)

OK Tours (⌕212 815; www.ok-tours.hr; Trg Slobode 7) Circuitos, información y alojamiento en casas particulares.

Panturist (⌕214 388; www.panturist.hr; Kapucinska 19) La agencia de viajes más grande de Eslavonia. Organiza viajes en autobús a la costa y a destinos en el extranjero, como Alemania, Suiza y Bosnia y Herzegovina.

Oficina de correos (Kardinala Alojzija Stepinca 17; ⊙7.30-19.00 lu-sa) Llamadas telefónicas y anticipos de efectivo con tarjeta MasterCard.

Press Cafe (Lorenza Jägera 24; acceso a Internet 15 HRK/h; ⊙7.00-23.00 lu-sa, 8.00-23.00 do) Para navegar por la Red mientras se disfruta de una bebida.

Privredna Banka (Stjepana Radića 19)

Oficina de turismo (⌕/fax 203 755; www.tzosijek.hr; Županijska 2; ⊙7.00-20.00 lu-vi, 16.00 sa) Bien preparada, con cantidad de folletos y mapas.

✈ **Zlatna Greda** (⌕565 180; www.zlatna-greda.org; Sjenjak 48; ⊙9.00-10.00 1er mi mes) Excelente ONG medioambiental que organiza excursiones en piragua por el Danubio y Kopački Rit, así como caminatas, expediciones ornitológicas, safaris fotográficos y circuitos en bicicleta. La oficina solo abre una vez al mes, por lo que conviene contactar con ellos por correo electrónico.

ℹ Cómo llegar y salir

Osijek es un importante centro de transportes con autobuses y trenes que salen en todas direcciones.

AUTOBUSES DESDE OSIJEK

Nacionales

DESTINO	PRECIO (HRK)	DURACIÓN (H)	SERVICIOS DIARIOS
Bizovačke	18	½	10
Đakovo	32	¾	16
Dubrovnik	313	14	1
Ilok	60	2	5
Požega	69	2¼	4 (2 do)
Rijeka	245	7	1
Slavonski Brod	64	1¾	17
Split	296	11	1
Toplice	48	1	6
Vukovar	30	¾	11
Zagreb	130	4	10

Internacionales

DESTINO	PRECIO (HRK)	DURACIÓN (H)	SERVICIOS
Belgrado	120	3½	4 diarios
Viena	295	9	2 semanales
Zúrich	715	18	1 semanal

TRENES DESDE OSIJEK

DESTINO	PRECIO (HRK)	DURACIÓN (H)	SERVICIOS DIARIOS
Bizovačke Toplice	17	15 min	12
Požega	56	3-4	3
Rijeka	201	9-10	2
Šibenik	242	14	1 (transbordo en Perković)
Slavonski Brod	45	1½	7 (2 directos)
Zagreb	115	5	7

Avión

El **aeropuerto de Klisa** (514 451, 060 339 338; www.osijek-airport.hr) está a 20 km de Osijek por la carretera de Vukovar. Su oficina en la ciudad está situada en Vijenac J. Gotovca 4. Klisa es un aeropuerto de poca importancia, con solo algunos vuelos internacionales, como el de Ryan Air a Fráncfort (Hahn). En temporada alta, Croatia Airlines fleta vuelos a Dubrovnik y Split.

Autobús

En la p. 91 se detallan algunos de los autobuses al extranjero que salen de Osijek. Hay muchos más servicios a Alemania de los que se pueden mencionar en esta guía.

Tren

Hay un tren al día en cada sentido entre Pećs y Osijek (59 HRK, 2 h). El que sale de Osijek enlaza con Budapest (222 HRK, 5 h). También hay un tren diario a Sarajevo (144 HRK, 6½ h).

Cómo desplazarse

Un autobús lanzadera sale de la terminal de llegadas del aeropuerto y va al centro de la ciudad por 25 HRK. También sale de la estación de autobuses 2½ horas antes de cada vuelo.

En la ciudad hay un excelente servicio de taxis muy asequible. **Cameo** (205 205) tiene vehículos modernos con taxímetro; casi todos los trayectos por la ciudad cuestan solo 13 HRK.

Osijek tiene cuatro líneas de tranvía. El billete cuesta 8 HRK si se le paga al conductor o 7 HRK si se compra en un *tisak* (puesto de periódicos). Los sábados, un **tranvía turístico** (billetes 10 HRK; 10.00-12.00) con guía realiza un circuito de 30 minutos por el centro de la ciudad (si se desea un guía que hable inglés hay que contactar con la oficina de turismo con antelación).

Para los visitantes, las líneas de tranvía más prácticas son la 2, que enlaza las estaciones de trenes y autobuses con Trg Ante Starčevića en el centro, y la 1, que viaja a Tvrđa.

Varios autobuses recorren el trayecto entre Osijek y la cercana Bilje; hay que tomar el autobús 6 (rutas 24, 25 o 27) con la señal "Darda-Bilje".

Baranja

031

En un pequeño triángulo al noreste de Croacia, en la confluencia de los ríos Drava y Danubio, Baranja se extiende al este de Osijek en dirección a Serbia, al norte hacia la población de Beli Manastir y al suroeste hacia Đakovo. La influencia húngara se puede sentir con fuerza en esta zona principalmente agrícola; todas las localidades tienen nombres en los dos idiomas y algunos lugareños no hablan mucho croata.

En los últimos años, esta pintoresca región formada por pantanos, viñedos, huertos y campos de trigo (sin una sola farola) se ha popularizado como el destino turístico más interesante del este de Croacia. Esto se debe en parte a su principal atracción, la reserva ornitológica de Kopački Rit, pero también a sus excelentes estancias en auténticas granjas, sus restaurantes regionales y sus prometedoras bodegas.

PARQUE NATURAL DE KOPAČKI RIT

Tan solo 12 km al noreste de Osijek, el **Parque Natural de Kopački Rit** (Park Prirode Kopački Rit; www.kopacki-rit.com; adultos/niños 10/5 HRK) es uno de los humedales más extensos de Europa. Aquí se han registrado 293 especies de aves. Formada por la confluencia de los ríos Drava y Danubio, esta amplia llanura que se inunda en temporada tiene dos lagos principales: el Sakadaško y el Kopačevo, rodeados por una extraordinaria variedad de vegetación, desde flora acuática y de praderas, hasta bosques de sauces, álamos y robles. Dependiendo de la temporada, se pueden encontrar nenúfares, juncias, helechos acuáticos, lentejas de agua, juncos y cizañas.

En sus aguas nadan 44 especies de peces, incluidos la carpa, la brema, el lucio, el siluro y la perca. Fuera del agua revolotean

21 tipos de mosquitos (hay que llevar mucho repelente) y deambulan ciervos, jabalíes, castores, martas y zorros. Sin embargo, aquí se viene a buscar aves; con suerte, se podrán admirar las excepcionales cigüeñas negras, pigargos europeos, somormujos lavancos, garzas imperiales, espátulas comunes y gansos salvajes. Las mejores épocas son durante las migraciones de primavera y otoño.

Durante la guerra, en el parque se enterraron cantidad de minas, por lo que estuvo cerrado durante muchos años. Hoy día ya se han eliminado casi todas; los senderos seguros están señalizados. El parque dispone de un moderno **centro de visitantes** (752 320; 9.00-17.00) situado en la entrada principal, junto a la carretera de Bilje-Kopačevo. Se pueden recorrer a pie los dos senderos pedagógicos de los alrededores, aunque también ofrecen diversos **circuitos guiados.** Un circuito por la reserva en barco, que incluye la visita a un castillo y una granja, cuesta 70 HRK; uno especializado en fauna en un barco pequeño cuesta 100 HRK por hora (máximo cuatro personas). Los circuitos salen de un punto de embarque situado a 1 km del centro de visitantes. Hay que reservar con antelación, en especial en primavera y otoño.

En el extremo norte del parque, a 12 km del centro de visitantes, hay un castillo del período austrohúngaro y una estación de investigación bioecológica llamada **Dvorac Tikveš** (752 320; 120 HRK/persona), que ofrece siete agradables habitaciones con baño privado y vistas a los árboles. En el pasado, Tito usaba el castillo como pabellón de caza; durante la década de 1990 fue ocupado por los serbios. Los bosques alrededor del complejo siguen estando minados, por lo que no hay que aventurarse solo a pasear. El almuerzo en el **restaurante** (platos principales 42-86 HRK) es una maravilla; las carpas se asan ensartadas en una rama y el *fiš paprikaš* se cocina a fuego lento con leña.

UN SORBO DE VINO DE ESLAVONIA

Las vides llevan cultivándose en Eslavonia desde hace milenios. De hecho, se cree que el nombre "Baranja" deriva del término húngaro para "madre-vino". Tras un período de estancamiento, la región está viviendo un importante renacimiento. Los vinos blancos de variedades locales de uva, como el *graševina*, son muy famosos, y con razón. Aquí también se producen terrosos tintos. Hay que llamar con antelación a todas estas bodegas para asegurarse de que habrá alguien para recibir al visitante y mostrarle el recinto.

Kutjevo (034-255 002; www.kutjevo.com, en croata; Kralja Tomislava 1, Kutjevo; previa cita) alberga una bodega que data de 1232. Antiguamente, formaba parte de la abadía cisterciense. Se puede visitar en un circuito guiado (20 HRK) y catar su marca "de Gotho" (tintos incluidos). Cerca se encuentran dos de las mejores bodegas de Eslavonia: **Krauthaker** (034-315 000; www.krauthaker.hr; Ivana Jambrovića 6, Kutjevo; cata y circuito 40 HRK), cuyos *graševina* suelen ganar importantes premios, y **Enjingi** (034-267 201; www.enjingi.hr; Hrnjevac 87, Vetovo; cata y circuito 50 HRK), que usa métodos ecológicos y barricas tradicionales de roble para la crianza y se enorgullece de una experiencia en la producción vinícola que se remonta a 1890.

En Baranja, el cultivo de la vid ha renacido en las suaves colinas alrededor de Kneževi Vinogradi. Los prometedores viticultores, en especial en los pueblos de Zmajevac y Suza, trabajan a lo largo de senderos vinícolas bien señalizados. Tradicional en su enfoque vinícola, **Gerstmajer** (031-735 276; Šandora 31, Zmajevac) ofrece circuitos de cata por sus 11 Ha de viñedos y su bodega. Bajando la colina se encuentra el mayor productor de la zona, **Josić** (031-734 410; www.josic.hr; Planina 194, Zmajevac), que también alberga un excelente restaurante (p. 94). **Kolar** (031-733 006; Maršala Tita 141; 9.00-17.00) ofrece catas de vino en la bodega y tiene una tienda en la carretera principal de Suza.

Eslavonia también cuenta con las antiguas bodegas de Ilok y con el primer hotel vinícola de Croacia, el **Zdjelarević** (035-427 775; www.zdjelarevic.hr), situado en un hermoso recinto en Brodski Stupnik, cerca de Slavonski Brod. El hotel tiene senderos pedagógicos señalizados que discurren por los viñedos y se pueden recorrer con un agrónomo experto en suelos y en la diferencia entre diferentes variedades de uva. También alberga un buen restaurante y puede organizar circuitos informativos por las bodegas y otras industrias vinícolas de Eslavonia.

No hay transporte público para llegar al parque, pero se puede tomar un autobús local en Osijek que vaya a Bilje y caminar los 3 km restantes hasta la entrada. También se puede alquilar una bicicleta en Osijek en **CetraTour** (031-372 920; www.cetratour.hr; Ružina 16).

Zlatna Greda (p. 91) también organiza magníficos circuitos por Kopački Rit y tiene su propio **centro ecológico** (091 42 11 424), recién construido en el pueblo desierto de Puszta, en el interior del parque y 15 km al norte de Osijek. Las caminatas, las expediciones ornitológicas y las aventuras en piragua comienzan aquí. Todavía están trabajando en ello, pero Zlatna Greda tiene planes para abrir un *camping,* un café y un pequeño museo.

ALREDEDORES DE KOPAČKI RIT

Bilje, 5 km al norte de Osijek, es una ciudad-dormitorio con cantidad de alojamientos baratos. Constituye una base alternativa para visitar Kopački Rit. **Bilje Plus** (750 264; www.biljeplus.hr) es una asociación formada por cinco B&B que alquila habitaciones y bicicletas (70 HRK/día). Regentado por una familia, **Mazur** (750 294; www.mazur.hr; K Braminira 2; h 150-240 HRK) es una buena opción, con habitaciones arregladas (dos con baño privado) y sustanciosos desayunos. Un sendero para bicicletas une Bilje con Osijek.

El tranquilo pueblo de Kopačevo, en el límite de Kopački Rit, alberga un extraordinario restaurante regional llamado **Zelena Žaba** (Ribarska 3; platos principales desde 40 HRK), cuyo nombre significa "rana verde" por los miles de batracios que croan en el pantano de atrás. Hay que probar la especialidad de la casa: el *fiš perkelt,* un guiso de pescado con fideos caseros, queso fresco y bacón.

KARANAC Y ALREDEDORES

Situado en el extremo norte de Baranja, 8 km al este de Beli Manastir, el centro de turismo rural y comunidad agrícola de Karanac ofrece una visión auténtica de la vida rural en Eslavonia y está bien preparado para recibir visitantes. Rodeado por cerezos y jardines cuidados con cariño, alberga tres iglesias (reformista, católica y ortodoxa) y algunos ejemplos bien conservados de la arquitectura panonia.

En Karanac existen varias opciones de alojamiento, incluido el pintoresco **Sklepić** (720 271; www.sklepic.hr, en croata; Kolodvorska 58; i/d 230/338 HRK), que ofrece preciosas, aunque pequeñas, habitaciones rústicas con baño privado. **Ivica Marica** (091 13 73 793; www.ivica-marica.com; Ivo Lola Ribar 8a; 224 HRK por persona; P @) es otra opción excelente; se trata de una granja en activo regentada por una joven pareja. Ofrece habitaciones y apartamentos preciosos, adornados con madera de pino, así como una sauna y buenas instalaciones infantiles.

Sklepić también tiene un **museo étnico** (720 271; entrada 15 HRK; previa cita), sito en una finca rural de 1897 ubicada en un extremo del pueblo. Alberga 2000 objetos tradicionales, talleres, una bodega y establos.

En esta zona de Baranja se pueden encontrar varios restaurantes excelentes y bodegas. Destaca **Baranjska Kuća** (720 180; Kolodvorska 99, Karanac; platos principales desde 45 HRK), que sirve numerosos platos tradicionales, como los guisos de pescado, y tiene un jardín trasero a la sombra de castaños con graneros, una herrería y una antigua cámara frigorífica. **Josić** (031-734 410; www.josic.hr; Planina 194, Zmajevac; platos principales desde 40 HRK), en el cercano pueblo de Zmajevac, es una opción de lujo, con mesas dispuestas en bodegas abovedadas. Hay que probar sus salchichas de páprika y su sopa de pescadores. El comensal debe visitar su bodega para disfrutar de una cata de vinos.

En plena frontera tripartita, donde Croacia se une con Serbia y Hungría, **Batina** es un sorprendente monumento conmemorativo de la época comunista que rinde homenaje a una victoria decisiva de las fuerzas soviéticas contra los nazis en la Segunda Guerra Mundial. Una enorme estatua femenina se yergue en lo alto del monumento. Desde aquí se puede disfrutar de unas vistas espectaculares del Danubio.

Vukovar

032 / 28 869 HAB.

Hoy en día, constituye todo un reto imaginarse Vukovar como era antes de la guerra: una hermosa población junto al Danubio con una serie de elegantes mansiones barrocas y fuertes raíces históricas que se remontan al s. x. En el pasado, estaba llena de galerías de arte y museos. Todo cambió con el sitio de 1991, que destruyó su economía, su cultura, su infraestructura y la armonía entre sus habitantes.

Desde que Vukovar le fue devuelta a Croacia en 1998, ha habido un gran progreso en la reparación de los daños. En el centro hay nuevos edificios, pero todavía se conservan muchas fachadas desmoronadas y llenas de agujeros de proyectiles. El antiguo depósito de agua en la carretera de Ilok se ha dejado en pie como testimonio de la destrucción.

La restauración de la armonía entre los habitantes de Vukovar ha progresado mucho menos. Los serbios y los croatas viven en mundos paralelos y hostiles; su vida social está totalmente separada. Los niños van a escuelas diferentes y sus padres beben en bares segregados dependiendo de sus orígenes. Algunas organizaciones internacionales están intentando fomentar la armonía y la integración, pero perdonar resulta muy difícil si se ha perdido el medio de vida o a algún miembro de la familia.

Inevitablemente, muchos de los puntos de interés de Vukovar tienen que ver con la guerra; visitarlos constituye una experiencia desgarradora y emotiva.

Puntos de interés

Lugar de la Memoria: Hospital de Vukovar   MUSEO
(452 011; www.ob-vukovar.hr; Županijska 37; entrada 10 HRK; 8.00-15.00 lu-vi, previa cita) Este museo multimedia relata los trágicos sucesos que tuvieron lugar en el hospital durante el sitio de 1991 (véase recuadro en p. 96). El conmovedor circuito lleva al viajero a través de una serie de pasillos protegidos por sacos de arena con proyecciones en vídeo de secuencias filmadas durante la guerra, impactos de bombas y el claustrofóbico refugio atómico donde se ocultaban los recién nacidos y los niños de las enfermeras. Hay pequeños cubículos donde se pueden escuchar entrevistas y discursos de las víctimas y los supervivientes.

Monumento conmemorativo de Ovčara
MONUMENTO CONMEMORATIVO
(10.00-17.00) A unos 6 km de Vukovar de camino a Ilok hay un desvío al monumento conmemorativo de Ovčara, que está a otros 4 km por la misma carretera. Se trata del hangar donde 200 víctimas del hospital fueron golpeadas y torturadas. En el interior de la oscura sala se proyectan fotografías de las víctimas y hay una sola vela encendida en mitad del espacio vacío. Las víctimas fueron asesinadas en un maizal situado 1,5 km más abajo en la misma carretera; está señalizado con una lápida de mármol negro cubierta de velas y flores.

Museo de la Ciudad   MUSEO
(Gradski Muzej; Županijska 2; adultos/reducida 10/5 HRK; 7.00-15.00 lu-vi) Ubicado en el palacio de Eltz, del s. XVIII, estaba cerrado por obras cuando se redactó esta guía. Estaba prevista su reapertura en el 2011.

Cementerio conmemorativo de la guerra   MONUMENTO CONMEMORATIVO
Sito a unos 3,5 km de Vukovar por la carretera principal de Ilok, alberga 938 cruces blancas que conmemoran a las víctimas del sitio de la ciudad.

Fiestas y celebraciones
El **Festival de Cine de Vukovar** (www.vukovarfilmfestival.com) se celebra todos los años a finales de agosto. Ofrece largometrajes, documentales y cortos, principalmente de países por donde pasa el Danubio.

Dónde dormir y comer

Hotel Lav   HOTEL €€€
(445 100; www.hotel-lav.hr; JJ Strossmayera 18; i/d 590/900 HRK; P❄@☎) Hotel de cuatro estrellas, moderno y bien gestionado, con habitaciones luminosas, amplias y bien equipadas que disponen de magníficas vistas al río. También ofrece un buen bar, una sala para tomar café, un restaurante y una terraza.

Hotel Dunav   HOTEL €
(441 285; Trg Republike Hrvatske 1; i/d 258/432 HRK; P❄) Un establecimiento de la época yugoslava con un aspecto un tanto extraño. Algunas de sus monótonas habitaciones con terraza disponen de unas magníficas vistas al Danubio.

Dunavska Golubica   COCINA ESLAVONIA €€
(Lenjinovo S/vetalis/vte 10; platos principales desde 45 HRK) Elegante restaurante en un atractivo recinto. Posee una excelente reputación gracias a sus especialidades regionales.

Información
Hay bancos y cajeros automáticos en varios puntos de Strossmayera, la calle principal.

ACCESO
Cabe destacar que la recepcionista del Hospital de Vukovar no habla inglés y no concertará una cita (o no puede hacerlo) para los visitantes que no hablen croata; el personal de la oficina de turismo ayuda a los visitantes extranjeros.

EL SITIO DE VUKOVAR

Antes de la guerra, Vukovar tenía una población multiétnica de unas 44 000 personas; los croatas constituían el 44% y los serbios, el 37%. A principios de 1991, a medida que Croacia se iba apartando de la antigua Yugoslavia, las tensiones entre ambos grupos empezaron a crecer. En agosto de 1991, las fuerzas federales yugoslavas lanzaron un importante ataque con artillería e infantería en un intento por tomar la localidad.

A finales de agosto, solo quedaban 15 000 de los habitantes de Vukovar; el resto había huido. Los que se quedaron se refugiaron en sótanos a prueba de bombas y vivían gracias a las latas de conservas y el agua racionada, mientras los cadáveres se amontonaban en las calles por encima de ellos. Durante los meses que duró el sitio, la ciudad resistió mientras sus defensores, lamentablemente superados en número, rechazaban los ataques.

Tras varias semanas de luchas cuerpo a cuerpo, Vukovar se rindió el 18 de noviembre. Dos días después, soldados serbios entraron al hospital de Vukovar y se llevaron a 400 pacientes, trabajadores y sus familias, 194 de los cuales fueron masacrados cerca del pueblo de Ovčara; sus cuerpos fueron enterrados en una fosa común cercana. En el 2007, en el Tribunal Internacional de La Haya, Mile Mrkšić y Veselin Šljivančanin, dos oficiales del ejército yugoslavo, fueron condenados a 20 y cinco años de prisión, respectivamente, por su papel en esta masacre. La condena de Mrkšić fue confirmada en la apelación del 2009, mientras que la de Šljivančanin aumentó hasta 17 años por haber instigado los asesinatos.

Se calcula que 2000 personas (incluidos 1100 civiles) murieron en la defensa de Vukovar. Hubo 4000 heridos, varios miles de desaparecidos (supuestamente en fosas comunes) y 22 000 desplazados.

La **oficina de turismo** (/fax 442 889; www.turizamvukovar.hr; JJ Strossmayera 15; 7.00-16.00 lu-vi, 12.00 sa) no dispone de folletos, pero su personal se desvive por ayudar a los visitantes. **Danubium Tours** (/fax 445 455; www.danubiumtours.hr; Trg Republike Hrvatske 1) ofrece circuitos en bicicleta, expediciones en kayak por el Danubio y otras actividades en Vukovar y alrededores.

❶ Cómo llegar y salir

Vukovar tiene buenas conexiones de autobús para viajar a Osijek (30 HRK, 45 min, 14 diarios), Ilok (30 HRK, 50 min, 6 diarios) y Zagreb (154 HRK, 5 h, 4-5 diarios). También hay servicios regulares a Belgrado (95 HRK, 3 h, 5 diarios), en Serbia. Además, cuenta con un tren directo diario a Zagreb (114 HRK, 4 h).

Ilok

032 / 8350 HAB.

La población más oriental del país, a 37 km de Vukovar, está encaramada en una colina con vistas al Danubio y a la región serbia de Vojvodina, al otro lado del río. Rodeada por las colinas vinícolas de Fruška Gora, famosas por sus caldos desde la época romana, esta población medieval bien conservada tiene un famoso castillo que hoy en día alberga uno de los mejores museos de Eslavonia.

Ocupada por Serbia a principios de la década de 1990, Ilok le fue devuelta a Croacia en 1998. Desde entonces, la producción vinícola ha florecido; la zona cuenta actualmente con 15 bodegas que se pueden visitar. Además, el casco antiguo fortificado se está renovando tras las recientes excavaciones arqueológicas.

◉ Puntos de interés y actividades

La población medieval es una zona arbolada rodeada por los restos de unas enormes murallas. Alberga dos excepcionales ejemplos de la época otomana: un **'hammam'** del s. XVI y una **'turbe'** o tumba de un noble turco.

Museo de Odescalchi MUSEO
(Muzej Grada Iloka; Šetalište Oca Mladena Barbarića bb; adultos/reducida 20/10 HRK; 9.00-19.00 lu-vi, 15.00 sa, 11.00-18.00 do) Es el principal punto de interés de Ilok, un excelente museo municipal situado en el espectacular marco del palacio de Odescalchi, por encima del Danubio. El rey Nikola Iločki erigió este castillo sobre los cimientos de un edificio del s. XV. A finales del s. XVII, la fami-

lia italiana de los Odescalchi reconstruyó la fortaleza medieval en el estilo barroco clasicista actual.

Las exposiciones del museo están muy bien presentadas, con paneles informativos detallados e ilustrados en inglés y croata. Los orígenes, la historia y la cultura de Ilok se explican gracias a impresionantes piezas arqueológicas (incluido un sorprendente pilar romano que representa al agnusdéi) y a contenidos etnográficos. Los sables y los mosquetes testimonian el período turco de la localidad, aunque también alberga excelentes muebles y arte del s. XIX, así como una lápida y tapices de una antigua sinagoga.

Iločki Podrumi BODEGAS
(Iločki Podrumi; 590 088; www.ilocki-podrumi.hr; Dr Franje Tuđmana 72; circuitos 5 HRK; 8.00-18.00) Las antiguas bodegas están al lado del castillo y merecen una visita. Hay que asegurarse de probar el *traminac*, un vino blanco seco que se sirvió en la coronación de la reina Isabel II de Inglaterra. El circuito de 20 minutos lleva al visitante a la pintoresca bodega subterránea con sus barricas de madera de roble. También alberga una magnífica tienda de vinos, un café y un restaurante. Los circuitos en inglés tienen que solicitarse con antelación.

Dónde dormir y comer

Hotel Dunav HOTEL JUNTO AL RÍO €€
(596 500; www.hoteldunavilok.com; Julija Benešića 62; i/d 300/500 HRK; P @) A orillas del Danubio, este excelente hotel ofrece 16 atractivas habitaciones con vistas a los árboles, así como un precioso café en una terraza frente al río. Danubium Tours tiene una sucursal aquí.

Stari Pochum HOTEL Y RESTAURANTE €€
(590 088; www.ilocki-podrumi.hr; platos principales 45-100 HRK; P @) Ubicadas en el interior de las antiguas bodegas del castillo, estas salas de banquetes cubiertas por paneles de madera y enormes barricas de roble constituyen un espléndido entorno para disfrutar de una comida sustanciosa. Los productos locales ocupan un lugar importante: salchichas de cerdo de Ilok, estofado con bolas de masa al estilo de los pastores y *fiš paprikaš*. Por supuesto, la carta de vinos es excelente. También tiene un nuevo edificio para alojarse, con 18 habitaciones grandes y modernas estilo chalé (i/d 350/500 HRK) que ofrecen vistas al Danubio y una lujosa decoración.

Información

Oficina de turismo (590 020; www.turizami lok.hr; Trg Nikole Iločkog 2; 8.00-16.00 lu-vi) Puede recomendar casas rurales y rutas a pie por los alrededores de Ilok. Ofrece cantidad de información sobre la zona. Conviene llamar con antelación, pues los horarios son irregulares.

Cómo llegar y salir

El autobús se detiene en el centro de la localidad, a unos pocos pasos de la parte medieval. Ilok está conectada con Osijek gracias a siete autobuses diarios (60 HRK, 1 ¾ h); todos pasan por Vukovar.

Istria

📄 052

Sumario »

Pula	100
Islas Brijuni	108
Rovinj	110
Poreč	116
Labin	122
Vodnjan	124
Svetvinčenat	125
Pazin	126
Gračišće	128
Buzet	128
Motovun	132
Istarske Toplice	133
Grožnjan	133

Los mejores restaurantes

» Toklarija (p. 131)
» Damir i Ornella (p. 123)
» Konoba Batelina (p. 106)
» La Puntulina (p. 114)

Los mejores alojamientos

» Monte Mulini (p. 113)
» Stancija 1904 (p. 126)
» Hotel Kaštel (p. 126)
» Hotel Istra-Neptun (p. 109)

Por qué ir

La Croacia continental se encuentra con el Adriático en Istria (Istra en croata), península de 3600 km^2 y forma de corazón situada justo al sur de Trieste (Italia). Su bucólico interior, con suaves colinas y llanuras fértiles, atrae a muchos bohemios a sus pueblecitos, sus hoteles rurales y sus granjas-restaurante, mientras que la agreste y verde costa sigue siendo un gran reclamo para los amantes de la playa y el sol. Gran parte del litoral está salpicado de enormes complejos hoteleros, y sus playas rocosas no son las mejores de Croacia, pero cuentan con muy variadas instalaciones. El mar está calmo y aún se encuentran numerosos rincones tranquilos.

La costa o "Istria Azul", como la llama el ente nacional de turismo, se llena en verano, pero la "Istria Verde" (el interior) está tranquila incluso en pleno agosto. Añádase una aclamada gastronomía (pescado y marisco frescos, trufas blancas, espárragos silvestres, aceites de oliva y vinos), sazónese con encanto histórico y se tendrá el paraíso.

Cuándo ir

Pula

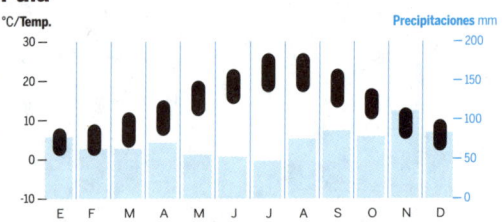

Abril La primavera se recibe saliendo al campo a buscar espárragos silvestres.

Julio y agosto Las poblaciones se animan con festivales de música clásica, *jazz* y cine.

Septiembre La temporada de la trufa blanca se inicia con el Festival de Subotina, en Buzet.

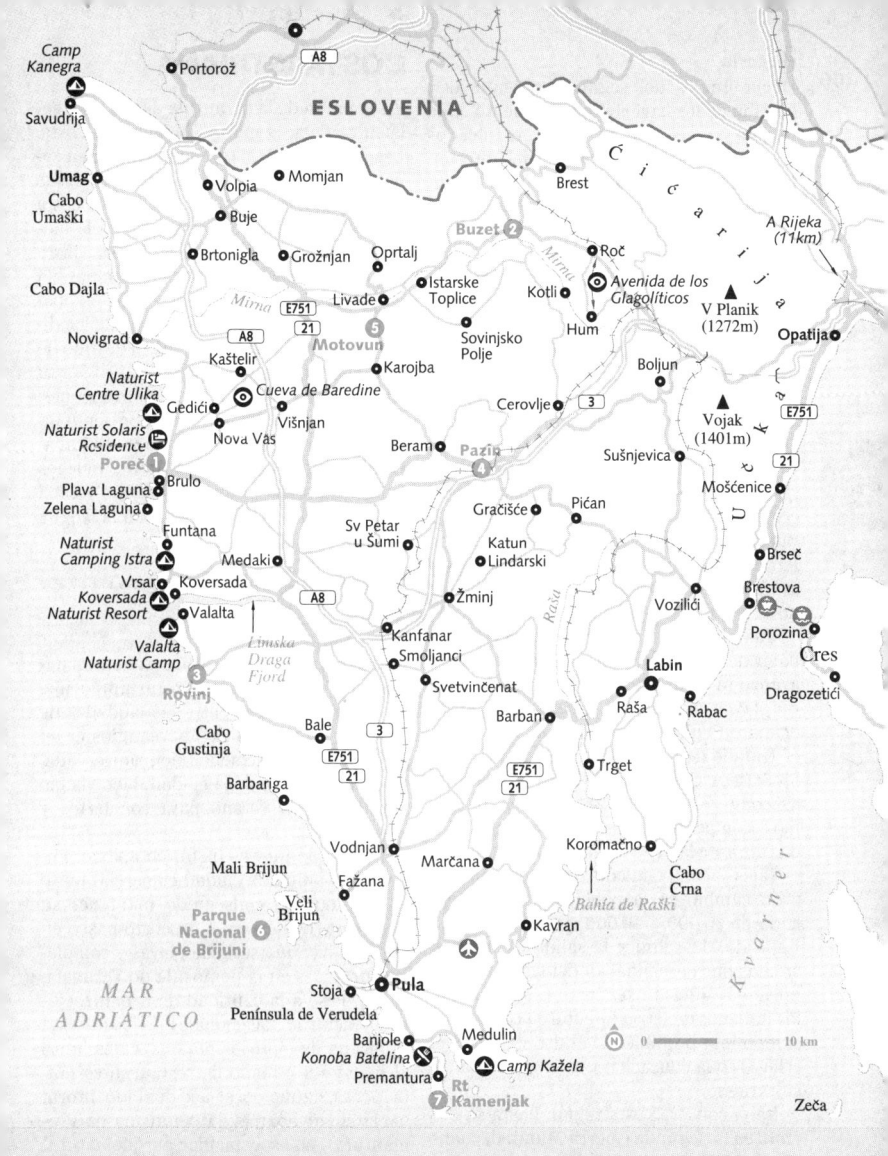

Lo más destacado

① Admirar los mosaicos de la **Basílica Eufrasiana** (p. 117) de Poreč.

② Ir a buscar trufas a los bosques que rodean **Buzet** (p. 128).

③ Conocer la tradición pesquera de Rovinj, en la **Casa de la Batana** (p. 110).

④ Recorrer los senderos de la legendaria **sima de Pazin** (p. 126).

⑤ Ver películas al aire libre en el veraniego festival de **Motovun** (p. 132).

⑥ Empaparse de chic comunista en las **Brijuni** (p. 108), islas de recreo de Tito.

⑦ Recorrer los agrestes parajes de **Rt Kamenjak** (p. 105), cabo cercano a Pula.

Historia

Hacia finales del segundo milenio a.C., la tribu de los istrios ilirios se asentó en la región y construyó poblados fortificados en la costa y en las colinas del interior. Los romanos tomaron Istria en el s. III a.C. y empezaron a construir carreteras y nuevas fortificaciones para proteger puntos estratégicos.

Entre el 539 y el 751 Istria perteneció a Bizancio; el vestigio más importante de esa época es la Basílica Eufrasiana de Poreč. Posteriormente fueron disputándose el poder las tribus eslavas, los francos y los germanos, hasta que a principios del s. XIII una Venecia cada vez más poderosa se hizo con el control de la costa de Istria.

Con la caída de Venecia en 1797, Istria quedó bajo dominio austriaco, luego francés (1809-1813) y más tarde austriaco. Durante los ss. XIX y XX, la mayor parte de Istria pasó a ser poco más que un puesto avanzado del Imperio austrohúngaro al que no se prestaba demasiada atención.

Cuando el Imperio se desintegró, a finales de la Primera Guerra Mundial, Italia avanzó rápidamente sus líneas para asegurar el control de Istria. Las tropas italianas ocuparon Pula en noviembre de 1918 y, con el Tratado de Rapallo, de 1920, el Reino de los Serbios, Croatas y Eslovenos cedió Istria, así como Zadar y diversas islas, a Italia, como recompensa por unirse a las tropas aliadas durante la Primera Guerra Mundial.

Tales acontecimientos produjeron un gran cambio en la población, con la llegada de 30 000 a 40 000 emigrantes de la Italia de Mussolini y la salida de muchos croatas que desconfiaban del fascismo. Sus miedos resultaron ser justificados, ya que los italianos de Istria intentaron consolidar su dominio prohibiendo el uso de idiomas eslavos en la educación y en las actividades culturales.

Italia conservó esta región hasta su derrota en la Segunda Guerra Mundial, cuando Istria pasó a formar parte de Yugoslavia, lo que provocó un nuevo éxodo, ya que los italianos y muchos croatas huyeron del régimen comunista de Tito. Trieste y la punta noroccidental de la península fueron puntos de contención entre Italia y Yugoslavia hasta 1954, cuando por fin aquella parte fue cedida a Italia. Como consecuencia de la reorganización de Yugoslavia a manos de Tito, el norte de la península se incorporó a Eslovenia, de la que aún forma parte.

COSTA ISTRIANA

En la punta de la península de Istria se encuentra Pula, la mayor ciudad de la costa. Las islas Brijuni, que se convirtieron en zona de recreo de Tito, se pueden visitar desde aquí en una excursión de un día. La costa oriental de Istria tiene su centro en la moderna población turística de Rabac, justo por debajo del antiguo pueblo de montaña de Labin. La costa occidental es el escaparate turístico de la zona. Rovinj es la localidad con más encanto, y Poreč, el destino de vacaciones más cómodo y económico por su amplia gama de alojamiento y diversiones. Enfrente está Italia, cuya omnipresente influencia la hace aún más cercana. El italiano es el segundo idioma en Istria, muchos istrianos poseen pasaporte italiano y cada topónimo tiene su equivalente en la lengua de Dante.

Pula

60 000 HAB.

La gran cantidad de restos romanos hacen que Pula (la antigua Polensium) ocupe un lugar destacado entre las ciudades de Croacia. La estrella de los vestigios es su anfiteatro, notablemente bien conservado, en pleno corazón de la ciudad, bien visible y utilizado en verano para conciertos y actuaciones.

Puntos de interés histórico aparte, Pula es una animada ciudad comercial junto al mar que ha conseguido mantener su encanto provinciano. A un corto paseo en autobús hay una serie de playas y complejos turísticos en la península de Verudela, al sur. Pese a la cantidad de urbanizaciones y centros vacacionales, la costa está salpicada de olorosos pinares, cafés junto al mar y un puñado de restaurantes fantásticos. Siguiendo el accidentado litoral hacia el sur aparece la península de Premantura y su espectacular parque natural en el cabo de Kamenjak.

Historia

Durante la dominación austrohúngara, Pula fue elegida en 1853 como principal centro naval del Imperio. La construcción del puerto y la apertura de su gran astillero en 1886 desató una expansión demográfica y económica que convirtió la ciudad en una potencia militar e industrial. Pula volvió a entrar en decadencia bajo el gobierno fascista italiano, que duró de 1918 a 1943, año en que la ciudad fue ocupada por los alemanes. A finales de la Segunda Guerra Mundial, Pula quedó bajo la administración de las fuerzas anglo-americanas hasta que pasó a formar parte de Yugoslavia en 1947. La estructura industrial de Pula soportó la reciente guerra relativamente bien y la ciudad sigue siendo un importante centro de producción naval, textil, metalúrgica y de vidrio.

Puntos de interés

La parte más antigua de la ciudad sigue la estructura romana, con calles que rodean la ciudadela central, mientras que los barrios más nuevos siguen un patrón rectangular. La mayoría de las tiendas, agencias y negocios se concentran en el casco viejo y sus alrededores, así como en Giardini, Carrarina, Istarska y Riva, que recorre todo el puerto. Las playas y casi todos los hoteles y restaurantes, salvo unos pocos del casco viejo, se hallan 4 km al sur, en la punta Verudela; se llega a ellos andando hacia el sur por Arsenalska, que se convierte en Tomasinijeva y luego, en Veruda.

Anfiteatro romano — RUINAS
(Arena; Flavijevska bb; adultos/reducida 40/20 HRK; 8.00-21.00 verano, 9.00-20.00 primavera y otoño, 9.00-17.00 invierno) El monumento más imponente y famoso de Pula domina el puerto al noreste del casco viejo. Todo él de caliza local, se construyó en el s. I a.C. para acoger espectáculos de gladiadores, con asientos para hasta 20 000 espectadores. En lo alto de los muros hay un acueducto que recogía el agua de lluvia. Aún se pueden ver las losas usadas para sostener la carpa de tela que protegía a los espectadores del sol. En las cámaras inferiores hay un pequeño **museo** con una muestra de equipamiento para la elaboración de aceite de oliva. Cada verano se celebra aquí el **Festival de Cine de Pula,** así como conciertos de pop y música clásica.

Templo de Augusto — TEMPLO ROMANO
(foro; adultos/reducida 10/5 HRK; 9.00-20.00 lu-vi, 10.00-15.00 sa y do verano, con cita previa en la oficina de turismo resto del año) Erigido entre el 2 a.C. y el 14 d.C., es el único resto visible del foro romano, que tenía otros templos y edificios públicos. Fue un céntrico lugar de reunión desde la Antigüedad y hasta finales de la Edad Media. Tras la marcha de los romanos se convirtió en iglesia y luego, en granero. Se reconstruyó después de ser bombardeado en 1944 y ahora alberga un pequeño museo histórico con carteles en inglés.

Museo Arqueológico — MUSEO
(Arheološki Muzej; Carrarina 3; adultos/reducida 20/10 HRK; 9.00-20.00 lu-sa, 10.00-15.00 do may-sep, 9.00-14.00 lu-vi oct-abr) Exhibe hallazgos arqueológicos de toda Istria. Las exposiciones permanentes comprenden desde la Prehistoria a la Edad Media, pero se hace hincapié en el período que va del s. II a.C. al s. VI d.C. Aunque no se entre en el museo, no hay que dejar de ver el gran **jardín escultórico** que lo rodea, y el **teatro romano** que hay detrás. El jardín, al que se accede a través de unas puertas gemelas del s. II, acoge conciertos en verano.

Arco triunfal de los Sergios — RUINAS
A lo largo de Carrarina se ven las murallas romanas que delimitaban la ciudad por el este. Hay que seguirlas hacia el sur hasta este majestuoso arco erigido en el 27 a.C. en honor de tres miembros de la familia Sergia que se distinguieron en Pula. Hasta el s. XIX era la puerta de la ciudad y estaba flanqueado de murallas, derribadas para permitir la expansión de la ciudad.

Catedral — IGLESIA
(Katedrala; Kandlerova; 10.00-17.00 med jun-med sep, misa en croata 8.00 lu-do, en italiano 9.00 do) Se remonta al s. V. Más antiguo es el altar, un sarcófago romano que guarda reliquias de santos del s. III. El pavimento muestra fragmentos de mosaicos de los ss. V y VI. La fachada tardorrenacentista se añadió a principios del s. XVI. Se emplearon piedras del anfiteatro para construir el campanario en el s. XVII.

Museo de Historia — MUSEO
(Povijesni Muzej Istre; Gradinski Uspon 6; adultos/reducida 15/7 HRK; 8.00-21.00 jun-sep, 9.00-17.00 oct-may) Ocupa una fortaleza veneciana sobre el centro del casco viejo. La exigua colección se centra en la historia marítima de Pula, pero las vistas desde la ciudadela bien merecen una parada.

Capilla de Santa María Formosa — IGLESIA
(Kapela Marije Formoze; Flaciusova) Bizantina, es todo lo que queda de la abadía benedictina del s. VI que había en el lugar. Sus mosaicos están ahora en el Museo Arqueológico. Solo se abre para alguna que otra exposición de arte en verano o previa cita a través del Museo Arqueológico.

Pula

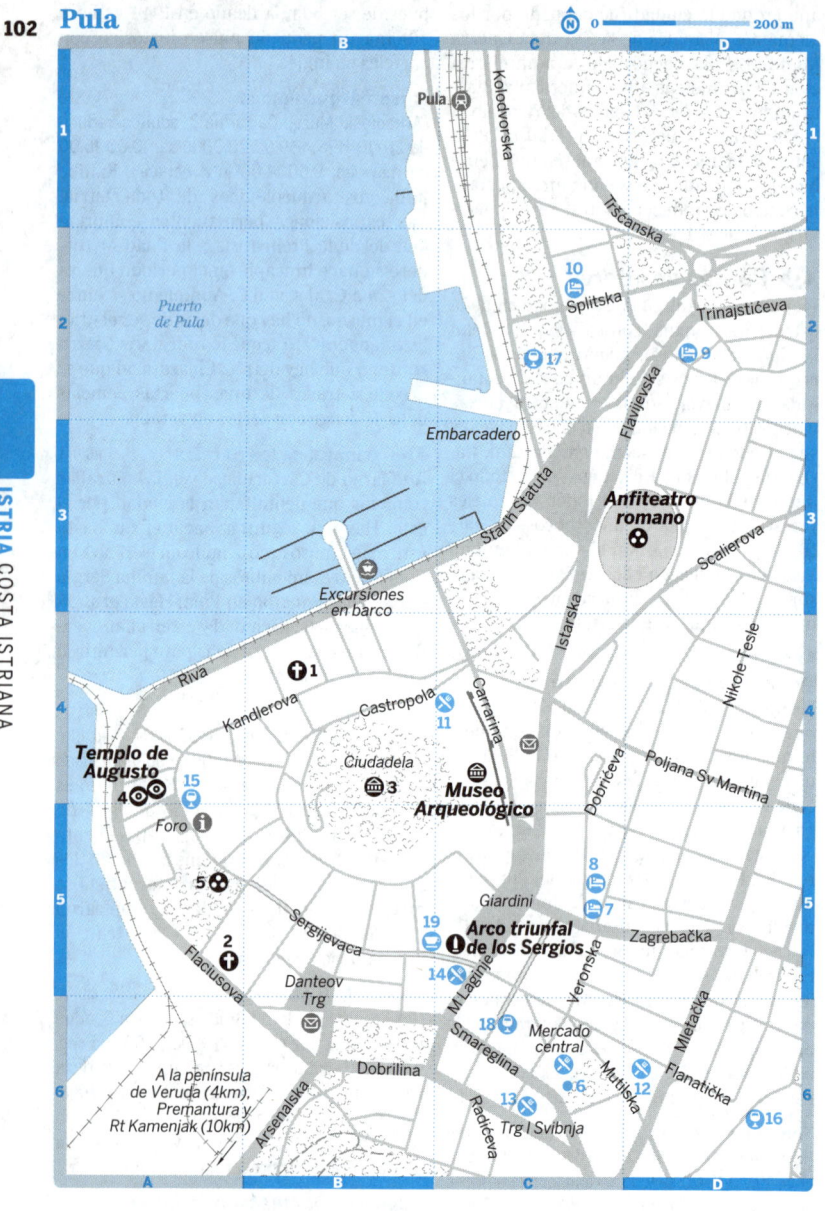

Palacio Comunal   EDIFICIO HISTÓRICO
Construido en el foro en 1296 como sede del Gobierno de la ciudad-estado, muestra una mezcla de estilos arquitectónicos, desde románico a renacentista. Sigue siendo sede de la alcaldía.

Suelo de mosaico romano   MOSAICO
Junto a Sergijevaca, data del s. III. Enmarcado por motivos geométricos bien conservados, el panel central representa una escena mitológica griega, el castigo de Dirce por haber intentado matar a su sobrina.

Pula

◉ Los mejores puntos de interés
Museo Arqueológico.......................................C4
Anfiteatro romano...D3
Templo de Augusto..A4
Arco triunfal de los Sergios...........................C5

◉ Puntos de interés
1 Catedral..B4
2 Capilla de Santa María de Formosa......A5
3 Museo de Historia.................................B4
4 Antiguo ayuntamiento...........................A4
5 Mosaico romano....................................A5

Actividades, cursos y circuitos
6 Edo Sport..C6

◉ Dónde dormir
7 Hotel Galija..C5

8 Hotel Omir...C5
9 Hotel Scaletta..D2
10 Riviera Guest House.............................C2

◉ Dónde comer
11 Jupiter..C4
12 Kantina...D6
13 Markat..C6
14 Qpola..C5

◉◉ Dónde beber
15 Cvajner...A4
16 P14...D6
17 Pietas Julia...C2
18 Scandal Express..................................C6
19 Uliks...B5

🏃 Actividades

Una fácil ruta ciclista de 41 km desde Pula a Medulin sigue la senda de los gladiadores romanos.

Diving Hippocampus SUBMARINISMO
(☏098 255 820; www.hippocampus.hr) Empresa de submarinismo en el Camping Stoja.

Edo Sport EXCURSIONES
(☏222 207; www.edosport.com; Narodni Trg 9) Organiza excursiones y actividades.

Istria Bike BICICLETA
(www.istria-bike.com) Web del ente de turismo que informa sobre recorridos, paquetes y agencias que ofrecen excursiones en bici.

Orca Diving Center SUBMARINISMO
(☏224 422; Hotel Histria) En punta Verudela, organiza inmersiones en barco y a pecios.

Windsurf Bar EXCURSIONES, 'WINDSURF'
(☏091 512 3646; www.windsurfing.hr; Camping Village Stupice) En Premantura, además de *windsurf* ofrece excursiones en bicicleta (250 HRK) y kayak (300 HRK).

👉 Circuitos

Aunque casi todas las agencias de viajes de Pula ofrecen excursiones a Brijuni, Limska Draga, Rovinj y el interior de Istria, suele ser más económico concertarlas con un barco del puerto. Salen con regularidad y ofrecen *picnics* de pesca (220 HRK), excursiones "panorama" de 2 horas a Brijuni (150 HRK) y una a Rovinj, Limska Draga y Crveni Otok (250 HRK).

Dos barcos van a Brijuni, donde paran y esperan para que los pasajeros puedan hacer la visita:

Martinabela CIRCUITOS
(www.martinabela.hr; 280 HRK) Dos veces diarias en verano.

Fissa Brijuni CIRCUITOS
(www.fissa-brijuni.hr; 260 HRK) De martes a sábado en verano.

🎉 Fiestas y celebraciones

Festival de Cine de Pula CINE
(www.pulafilmfestival.hr) En julio, el evento más importante de Pula lleva 58 años celebrándose. Proyecta básicamente películas croatas y algunas internacionales en la Arena y otros lugares de la ciudad.

Jazzbina 'JAZZ'
(www.jazzbina.net) Programa durante todo el año conciertos de *jazz*, a menudo con artistas de renombre, en la plaza Portarata en verano y en teatros y clubes los restantes meses.

🛏 Dónde dormir

En Pula el apogeo de la temporada turística va de la segunda semana de julio a finales de agosto. Durante este período conviene hacer reserva con tiempo. La punta de la península de Verudela, 4 km al suroeste del centro, se ha convertido en un enorme complejo turístico repleto de hoteles y

ISTRIA AL DESNUDO

El naturismo goza en Croacia de una larga y respetable tradición que comenzó a principios del s. XX en la isla de Rab. Se puso de moda entre los austriacos influidos por el pujante movimiento alemán de la Freikörperkultur (FKK), que podría traducirse como "cultura del cuerpo libre". Más tarde, el austriaco Richard Ehrmann abrió en Rab el primer *camping* naturista, en la playa Paraíso de Lopar, aunque quienes popularizaron de verdad el nudismo adriático fueron Eduardo VIII y Wallis Simpson al bañarse en cueros en la costa de esta isla en 1936.

Ahora la costa istriana cuenta con los complejos naturistas mayores y mejores de Croacia. Los *campings* naturistas están marcados como FKK.

Se empieza desde el norte en el **Camp Kanegra** (www.istracamping.com), relativamente pequeño, en una larga playa de guijarros al norte de Umag. Siguiendo hacia el sur por la costa se llega al **Naturist Centre Ulika** (www.plavalaguna.hr) de Červar, a las afueras de Poreč; con capacidad para 559 tiendas, tiene además caravanas y casas rodantes en alquiler. Si se prefiere un apartamento, lo ideal es la **Naturist Solaris Residence** (www.valamar.hr), en la boscosa península de Lanterna, 12 km al norte de Poreč; el complejo incluye un *camping* naturista. Al sur de Poreč, junto al pueblo pesquero de Funtana, se halla el **Naturist Camping Istra** (www.valamar.hr), más grande, con capacidad para hasta tres mil personas. Siguiendo más al sur, se pasa Vrsar y se llega a **Koversada** (www.campingrovinjvrsar.com), buque nodriza de los complejos naturistas. En 1961 todo el islote se volvió nudista y la colonia pronto se esparció por la cercana costa. Ahora este gigante alberga hasta a ocho mil personas en parcelas de *camping*, villas y apartamentos. Si esto resulta demasiado abrumador, se sigue hacia el sur hasta el **Valalta Naturist Camp** (www.valalta.hr), al otro lado del canal de Lim, al norte de Rovinj; tiene una cantidad manejable de apartamentos, bungalós, caravanas, casas rodantes y parcelas de *camping*. Si se prefiere tener Pula a mano, bajando por la costa se halla Medulin y el **Camp Kažela** (www.kampkazela.com), que ofrece casas rodantes en alquiler además de parcelas de *camping* junto al mar.

---

apartamentos. No es especialmente atractiva, salvo por los umbríos bosques de pinos que la cubren, pero hay playas, restaurantes, pistas de tenis y deportes acuáticos. Cualquier agencia de viajes informará y reservará hoteles; también se puede contactar con **Arenaturist** (529 400; www.arenaturist.hr; Splitska 1a).

Las agencias de viajes buscan alojamiento en casas particulares en Pula, aunque no hay mucho disponible en el centro urbano. Las habitaciones dobles cuestan 250-490 HRK; los apartamentos para dos personas, 300-535 HRK. También se puede consultar la lista de estos alojamientos en www.pulainfo.hr.

Hotel Scaletta   HOTEL €€
(541 599; www.hotel-scaletta.com; Flavijevska 26; i/d 505/732 HRK; P✻⚐) De simpático ambiente familiar, sus lindas y recién arregladas habitaciones tienen detalles como minibar. El restaurante sirve comida correcta, con el 10% de descuento para los huéspedes del hotel. Está a un paso de la ciudad.

Hotel Galija   HOTEL €€
(383 802; www.hotelgalija.hr; Epulonova 3; i/d 505/732 HRK; ✻⚐) Pequeño y familiar, a tiro de piedra del mercado, en el centro urbano, ofrece confortables habitaciones de diferentes tamaños y colores, algunas con ducha de hidromasaje. Tiene restaurante.

Hotel Histria   HOTEL €€€
(590 000; www.arenaturist.hr; Verudela bb; i 585-685 HRK, d 950-1150 HRK; P✻@≋) Aunque es un anodino gigante de hormigón, lo compensa con una amplia gama de servicios, habitaciones con terraza y un fácil acceso a la playa. Las nuevas habitaciones de cuatro estrellas de la planta ejecutiva tienen diseño moderno, TV de pantalla plana y Wi-Fi (i 900-1180 HRK, d 1200-1575 HRK). Tiene piscina cubierta y al aire libre, canchas de tenis y un casino. Se obtienen los mejores precios reservando en la Red.

Hotel Omir   HOTEL €
(218 186; www.hotel-omir.com; Dobricheva 6; i/d 450/600 HRK; ⚐) El mejor de los alojamientos económicos, en pleno centro. Las habitaciones son modestas pero tranquilas,

con TV. Las más caras tienen aire acondicionado. No hay ascensor.

Riviera Guest House HOTEL €
(📞211 166; www.arenaturist.hr; Splitska 1; i/d 350/555 HRK) En un edificio neobarroco del s. XIX, fue antaño un grandioso hotel aunque necesita una reforma integral. Lo que lo salva es que está en el centro y las habitaciones delanteras dan al mar.

Hotel Palma HOTEL €€
(📞590 760; www.arenaturist.hr; Verudela 15; i 410-510 HRK, d 630-830 HRK; P) Nuevo y con habitaciones con terraza, es algo más barato que el contiguo Histria, con el que comparte servicios.

Hi Hostel Pula ALBERGUE €
(📞391 133; www.hfhs.hr; Valsaline 4; dc 117 HRK, caravana 137 HRK; @) Domina una playa en la bahía de Valsaline, 3 km al sur del centro de Pula. Dispone de dormitorios colectivos y caravanas divididas en dos diminutos módulos de cuatro camas, cada uno con baño y aire acondicionado si se solicita (20 HRK/día), además de parcelas de *camping* (por persona/tienda 70/15 HRK). Para llegar, se toma el autobús 2A o 3A hasta la parada "Piramida", se retrocede andando hacia la ciudad hasta la primera calle, luego se gira a la izquierda y se busca el letrero del albergue.

Camping Stoja 'CAMPING' €
(📞387 144; www.arenacamps.com; Stoja 37; 57/34 HRK por persona/tienda; ⊙abr-oct) Es el más cercano a Pula, 3 km al suroeste del centro. Tiene abundante espacio en un sombreado promontorio, con restaurante, centro de submarinismo y lugares para

PLAYAS

Pula está rodeada por una media luna de playas rocosas, cada una con sus propios seguidores. Al igual que los bares o las discotecas, se ponen de moda con la misma facilidad que decaen. Las más atestadas de turistas son sin duda las que rodean el complejo hotelero de la península de Verudela, aunque algunos lugareños también se atreven a dejarse ver en la pequeña playa Hawaii, de color turquesa, cerca del Hotel Park.

Rt Kamenjak

Quien busque un lugar apartado lo hallará en el punto más meridional de Istria, el agreste Rt Kamenjak (www.kamenjak.hr, en croata; peatones y ciclistas gratis, 25/15 HRK por automóvil/vespa; 7.00-22.00) de la península de Premantura, 10 km al sur de Pula. Este maravilloso cabo deshabitado tiene onduladas colinas, flores silvestres (incluidas 10 especies de orquídeas), bajo matorral mediterráneo, frutales, hierbas medicinales y unos 30 km de playas y calas vírgenes. Es fácil desplazarse por él gracias al dédalo de senderos y caminos de grava que lo recorren. Las vistas de la isla de Cres y de los picos de Velebit son extraordinarias. Es importante evitar dejar basura usando la bolsa de plástico que se entrega a la entrada. Atención a las fuertes corrientes al alejarse del cabo.

Se puede hacer una parada en el centro para visitantes (📞575 283; ⊙9.00-21.00 verano), situado en la antigua escuela del centro de Premantura, que cuenta con una muestra informativa bilingüe sobre los ecosistemas del parque. Cerca de allí, el Windsurf Bar (www.windsurfing.hr) alquila bicicletas y equipo de *windsurf* (tabla y vela 70 HRK/h). También ofrece cursos de *windsurf* de prueba a partir de 200 HRK/h.

Playa Kolombarica, en el extremo sur de la península, es popular entre los jóvenes aguerridos que se lanzan desde los altos acantilados y bucean por las cuevas submarinas que hay junto a la superficie. Muy cerca se encontrará un delicioso bar de playa, el Safari (tentempiés 25-50 HRK; ⊙may-sep), medio escondido entre los arbustos cerca de la playa, a unos 3,5 km de la entrada al parque. Sombreado, con exuberantes rincones, mucha madera arrastrada por el mar, objetos encontrados y ricos tentempiés, es estupendo.

El modo más fácil de llegar a Rt Kamenjak es en automóvil, aunque hay que conducir despacio para no levantar demasiado polvo, perjudicial para el entorno. Una opción más ecológica es tomar el autobús urbano nº 26 de Pula a Premantura (15 HRK) y luego alquilar una bicicleta para entrar en el parque. En verano, en las noches de luna llena, sale de Premantura una vuelta ciclista organizada de 10 km, adaptada a todas las edades.

bañarse entre las rocas. Se va en el autobús nº 1 hasta Stoja.

Camping Puntižela 'CAMPING' €
(☎517 490; www.puntizela.hr; Puntižela; por persona/tienda 43/46 HRK) Este lindo *camping* en una bahía, 7 km al noroeste del centro de Pula, abre todo el año. Cuenta con un centro de submarinismo.

🍴 Dónde comer

CENTRO DE LA CIUDAD
En el centro hay un buen número de lugares de calidad para comer, aunque muchos salen de la ciudad para encontrar mejores precios y menos turistas. Para picar algo por poco dinero, hay que acudir a los alrededores del mercado central.

Vodnjanka COCINA ISTRIANA €
(Vitezića 4; platos principales desde 40 HRK; cerrado sa cena y do) A los lugareños les entusiasma la auténtica comida casera de este local sin lujos, barato e informal, que solo acepta efectivo. La breve carta se centra en sencillos platos istrianos. Se llega caminando hacia el sur por Radićeva hasta Vitezića.

Kantina COCINA INTERNACIONAL €€
(Flanatička 16; platos principales desde 70 HRK; ⊙lu-sa) La bodega con vigas de madera de este edificio de estilo Habsburgo ha sido reformada en estilo moderno. Están buenísimos los raviolis Kantina, rellenos de *skuta* (requesón) y jamón, aunque no ayudan a mantener la línea.

Qpola COCINA INTERNACIONAL €€
(Trg Portarata 6; platos principales desde 70 HRK) En lo alto de un pequeño centro comercial, este bistró-restaurante tiene a su alrededor una terraza con vistas a la plaza y correcta comida como *carpaccio* de carne o pescado y raviolis con *ombolo*, chuleta de cerdo deshuesada a la istriana. Los jueves organiza fiestas con DJ locales.

Jupiter PIZZERÍA €
(Castropola 42; pizzas 25-84 HRK) Su *pizza* de masa fina sería el orgullo de cualquier *mamma*. La pasta es también deliciosa. Tiene una terraza arriba y descuentos del 20% los miércoles.

Markat COMEDOR AUTOSERVICIO €
(Trg I Svibnja 5; platos principales desde 20 HRK) Autoservicio frente al mercado central con comida económica como *pizza* y pasta. Se toma lo deseado y se paga al final de la barra.

AL SUR Y EL ESTE DE LA CIUDAD

👍 Milan COCINA MEDITERRÁNEA €€
(www.milan1967.hr; Stoja 4; platos principales desde 70 HRK) Su ambiente exclusivo, sus especialidades de temporada, sus cuatro sumilleres e incluso un experto en aceite de oliva crean una de las mejores experiencias gastronómicas de la ciudad. El menú de pescado de cinco platos justifica plenamente su precio. Atrás tiene un hotel (i/d 590/850 HRK) de categoría con 12 habitaciones.

Konoba Batelina PESCADO Y MARISCO €€
(Cimulje 25, Banjole; platos principales desde 70 HRK; ⊙solo cenas) La soberbia comida de esta taberna familiar justifica la excursión a este pueblo 3 km al este de Pula. El dueño, pescador y chef, David Skoko, prepara con mimo unos platos de pescado y marisco de los mejores y más creativos de Istria.

Valsabbion COCINA CROATA CREATIVA €€€
(www.valsabbion.hr; Pješčana Uvala IX/26; platos principales desde 120 HRK) La creativa cocina croata que preparan en este premiado restaurante, uno de los mejores de Croacia, es una delicia epicúrea. La decoración es llamativa pero sensacional, y la excelente comida se prepara con ingredientes locales como trufa de los bosques istrianos, gambas de la bahía de Kvarner y cangrejo de Premantura. Es también un elegante hotel (d 868 HRK) de 10 habitaciones con un *spa* en el último piso.

Gina COCINA ISTRIANA €€
(Stoja 23; platos principales desde 80 HRK) Estiloso pero discreto, cerca del *camping* de Stoja, atrae a una clientela local con sus platos típicos istrianos, bien preparados aunque algo caros. Se recomienda el *semifreddo* (postre semihelado) con salsa caliente de higo, piñones y lavanda.

🍷 Dónde beber y ocio
Vale la pena intentar asistir a un concierto en el espectacular anfiteatro; la oficina de turismo dispone del calendario y hay pósteres por toda Pula anunciando las actuaciones. Aunque casi toda la vida nocturna se halla fuera del centro, con buen tiempo, los animados cafés del foro y de las calles peatonales Kandlerova, Flanatička y Sergijevaca están bien para ver pasar gente. Para mezclarse con la juventud de Pula se pueden comprar unas cervezas y dirigirse al Lungomare, junto al mar, donde resuena la música procedente de los equipos de música de los coches aparcados.

Cabahia
BAR
(Širolina 4) Este local bohemio de Veruda presenta un acogedor pero ecléctico interior con vigas de madera, decorado con objetos antiguos y luces tenues; tiene un aire sudamericano y una gran terraza ajardinada detrás. Presenta conciertos y los fines de semana se llena a reventar. Si está demasiado abarrotado, se puede optar por el Bass (Širolina 3), más relajado y justo enfrente.

Rojc
CENTRO DE ARTE
(Gajeva 3) Si gusta el arte alternativo, este cuartel militar reconvertido que ahora alberga un centro de arte y estudios multimedia ofrece de vez en cuando conciertos, exposiciones y otros eventos.

Cvajner
CAFÉ DEL ARTE
(Forum 2) Hay que sentarse en su terraza de la animada plaza del foro y ver las exposiciones que van rotando, con obras de prometedores artistas locales.

Tinja
BAR DE VINOS
(Put od fortice 22; 17.00-24.00 ma-do) A 3 km del centro, este sitio regentado por uno de los mejores sumilleres de Istria y su esposa vale el viaje. En su acogedor interior de colores pastel y suelos de madera noble ofrece más de cien vinos acompañados de aperitivos. Se puede tomar un taxi (60 HRK ida) o un autobús con rumbo a Ližnjan.

Pietas Julia
CAFÉ-BAR
(Riva 24) Los fines de semana este bar de moda en el puerto abre hasta las 4.00, así que la cosa se anima tarde. De día sirve desayunos y tentempiés (*pizzas* 35 HRK, sándwiches desde 20 HRK). Tiene Wi-Fi gratis.

Scandal Express
CAFÉ-BAR
(Ciscuttijeva 15) Ambientado como un vagón de tren con mucho póster, es popular lugar de reunión de una variopinta clientela local. Hay que pedir *pašareta,* gaseosa istriana. Se permite fumar.

E&D
CAFÉ-BAR
(Verudela 22) Encima de la playa de Ambrela, en Verudela, tiene una exuberante terraza con varios niveles donde sentarse entre pequeños estanques y cascadas. Las puestas de sol son estupendas, aunque el servicio es lento.

Uliks
CAFÉ
(Trg Portarata 1) Hubo un tiempo en que James Joyce daba clases en este bloque de apartamentos. Ahora se puede tomar una copa en el café de la planta baja, con la mente puesta en el *Ulises* o en las playas de guijarros de Pula.

P14
CAFÉ-BAR
(Preradovićeva 14; lu-sa) Tranquilo en verano, es un sitio de lugareños que ofrece sesiones de *jazz* los viernes, noches literarias y otros eventos durante el año. Se reconoce por su fachada azul fuerte.

Aruba
CAFÉ-BAR, DISCOTECA
(Šijanska 1a) En la carretera del aeropuerto, es una relajado café de día y, llegada la noche, un marchoso local con música en directo y fiestas. La terraza suele estar llena. Los miércoles es la noche de la salsa.

Información

Acceso a Internet
MMC Luka (Istarska 30; 25 HRK/h; 8.00-24.00 lu-vi, 15.00 sa)

Lavanderías
Mika (Trinajstićeva 16; 8.00-14.00 lu-vi, 12.00 sa)

Consigna
Garderoba (2,50 HRK/h; 4.00-22.30 lu-sa, 5.00-22.30 do) Horario poco fiable.

Asistencia médica
Hospital (376 548; Zagrebačka 34)
Ambulancia turística (Flanatička 27; 8.00-21.30 lu-vi jul y ago)

Correos
Oficina principal de correos (Danteov trg 4; 7.30-19.00 lu-vi, 14.30 sa) Se puede llamar a larga distancia. Dentro tiene una elegante escalera.

Información turística
Centro de información turística (212 987; www.pulainfo.hr; Forum 3; 8.00-21.00 lu-vi, 9.00-21.00 sa y do verano, 8.00-19.00 lu-vi, 9.00-19.00 sa, 10.00-16.00 do resto del año) Su amable y entendido personal proporciona mapas, folletos y calendarios de eventos de Pula y el resto de Istria. No hay que olvidar hacerse con los prácticos folletos *Domus Bonus*, que reseña los alojamientos en casas particulares de más calidad de Istria; e *Istra Gourmet*, con una lista de todos los restaurantes.

Agencias de viajes
Active Travel Istra (215 497; www.activa-istra.com; Scalierova 1) Excursiones por Istria, viajes de aventura y entradas de conciertos.

Arenaturist (529 400; www.arenaturist.hr; Splitska 1a) En la Riviera Guest House, reserva habitaciones en la red de hoteles que gestiona y ofrece guías y excursiones.

AUTOBUSES DESDE PULA

Nacionales

DESTINO	PRECIO (HRK)	DURACIÓN (H)	SERVICIOS DIARIOS
Dubrovnik	557	15	1
Labin	38	1	16
Poreč	50-65	1-1½	14
Rovinj	35	¾	20
Split	387-392	10	3
Zadar	255	7	3
Zagreb	170-216	4-5½	15

Internacionales

DESTINO	PRECIO (HRK)	DURACIÓN (H)	SERVICIOS
Milán	424	8½	1 semanal (en verano)
Padua	214	6	1 diario
Trieste	100-130	3	4 diarios
Venecia	164	5	1 diario

IstrAction (383 369; www.istraction.com; Prilaz Monte Cappelletta 3) Ofrece divertidos circuitos de medio día a Kamenjak y a las fortificaciones de los alrededores de Pula, así como excursiones de un día por la Istria medieval.

Maremonti Travel Agency (384 000; www.maremonti-istra.hr; Flavijevska 8) Reserva alojamiento y alquila automóviles y vespas (100-180 HRK/día).

Cómo llegar y salir

Avión

El **aeropuerto de Pula** (530 105; www.airport-pula.com) está situado 6 km al noreste de la ciudad. Hay dos vuelos diarios (uno los sábados) a Zagreb (40 min). En verano hay vuelos chárter y de bajo coste desde las principales ciudades europeas. **Croatia Airlines** (218 909; www.croatiaairlines.hr; Carrarina 8) tiene una oficina en el centro urbano.

Barco

El puerto de Pula está al oeste de la estación de autobuses. **Jadroagent** (210 431; www.jadroagent.hr; Riva 14; 7.00-15.00 lu-vi) tiene los horarios y billetes para los barcos que comunican Istria con las islas y el sur de Croacia. También es el representante de Jadrolinija.

Commodore Cruises (211 631; www.commodore-travel.hr; Riva 14) vende billetes de catamarán entre Pula y Zadar (100 HRK, 5 h); hay cinco salidas semanales de julio a principios de septiembre y dos semanales en junio y el resto de septiembre. Además, entre junio y septiembre tiene una salida los miércoles a Venecia (430 HRK, 3½ h).

Autobús

La **estación de autobuses** (060 304 091; Trg 1 Istarske Brigade bb) de Pula, 500 m al noreste del centro urbano, tiene salidas a Rijeka (77-88 HRK, 2 h) casi cada hora. En verano, conviene reservar con un día de antelación y asegurarse de sentarse en el lado derecho del autobús si se quieren ver las impresionantes vistas del golfo de Kvarner.

Tren

La estación de trenes está junto al mar en Kolodvorska, apenas 1 km al norte de la ciudad. Hay un tren directo diario a Liubliana (144 HRK, 4½ h) y tres a Zagreb (140 HRK, 9 h), aunque parte del trayecto se hace en autobús, de Lupoglav a Rijeka.

También hay cinco trenes diarios a Buzet (55 HRK, 2 h).

Cómo desplazarse

De la estación de autobuses sale uno hacia el aeropuerto (29 HRK) varias veces por semana; pregúntese en la estación. Un taxi cuesta unas 120 HRK.

Los autobuses urbanos útiles al visitante son el nº 1, que va al Camping Stoja, y los nº 2A y 3ª, que se dirigen a Verudela. La frecuencia varía, de 15 a 30 minutos (de 5.00 a 23.30). Los billetes se compran en los *tisak* (quioscos de prensa) por 6 HRK o al conductor por 11 HRK.

Islas Brijuni

El archipiélago de las Brijuni (Brioni en italiano) se compone de dos islas principales y

12 islotes cubiertos de pinos al noroeste de Pula, separados de la costa de Istria por el canal de Fažana, de 3 km de anchura. Solo se pueden visitar las dos islas mayores, Veli Brijun y Mali Brijun. Las islas, cubiertas de prados, parques y bosques de roble y laurel (y algunas plantas curiosas como pepinos silvestres o amapolas marinas) fueron declaradas parque nacional en 1983.

Aunque hay vestigios de población de hace más de dos mil años, las islas en realidad deben su fama a Tito, el extravagante líder yugoslavo que las convirtió en su residencia privada.

Tito pasaba aquí seis meses todos los años, desde 1947 hasta justo antes de morir. Para crearse un grato ambiente de trabajo, introdujo plantas subtropicales e hizo un *safari park* donde albergar los animales exóticos regalo de dirigentes de otros países. Un presidente de Zambia le regaló antílopes de agua; las ovejas de Somalia vinieron de Etiopía.

En su residencia de verano, Tito recibió con todo lujo a 90 jefes de Estado y a numerosas estrellas de cine. Bijela Vila, en Veli Brijun, era la "Casa Blanca" de Tito: el lugar para emitir edictos y realizar declaraciones, así como para despachar los asuntos de Estado. Las islas aún se usan para visitas oficiales, pero son cada vez más una recurrente escala para los yates de recreo y un lugar de veraneo para la corte de oscuros reinos o para ocasionales millonarios que echan de menos el *glamour* de tiempos pasados.

Cada verano, los aficionados al teatro cruzan el canal para ver las representaciones del **Teatro Ulysses** (www.ulysses.hr, en croata), en la fortaleza menor de Mali Brijun.

Puntos de interés

Nada más llegar a Veli Brijun tras una travesía de 15 minutos desde Fažana, se desembarca frente al Hotel Istra-Neptun, donde antaño se alojaban los invitados ilustres de Tito. Un guía acompaña al visitante durante el circuito de 4 horas en un tren turístico en miniatura que recorre la isla. El trayecto empieza con una visita al **'safari park'** de 9 Ha, para en las ruinas de una **casa de campo romana** que data del s. I a.C., en un **museo arqueológico** en el interior de una ciudadela del s. XVI, y en la **iglesia de San Germán**, convertida en galería donde se exhiben copias de frescos medievales procedentes de iglesias istrianas.

Lo más interesante es la **exposición sobre Tito en Brijuni,** en un edificio tras el Hotel Karmen. Una colección de animales disecados ocupa la planta baja. En la planta superior hay fotografías de Tito con estrellas como Josephine Baker, Sophia Loren, Elizabeth Taylor o Richard Burton, y líderes mundiales como Indira Gandhi o Fidel Castro. En el exterior hay un Cadillac de 1953 que Tito usaba para enseñar la isla a sus invitados más destacados. Hoy en día se puede pagar 50 HRK por tomarse una foto en el coche o alquilarlo por media hora por 2750 HRK. Las bicicletas (35 HRK/3 h) y los *karts* eléctricos (300 HRK/h) son una opción más barata y un modo estupendo para explorar la isla.

Dónde dormir y comer

En Veli Brijun no hay habitaciones de alquiler en casas particulares, pero sí varias casas de lujo que se alquilan a través de la oficina del parque nacional. En el precio de los hoteles indicados está incluido el transporte desde la costa de Istria; ambos están en Veli Brijun. En Mali Brijun no hay oferta hotelera, y la única opción para comer son los restaurantes de los hoteles de Veli Brijun.

Hotel Karmen HOTEL €€€
(525 807; www.brijuni.hr; i/d 705/1160 HRK) A este hotel llegan diseñadores y arquitectos de Zagreb atraídos por su diseño auténticamente comunista: es crudo, real y da la sensación de seguir en la década de 1950. Ojalá no lo modernicen.

Hotel Istra-Neptun HOTEL €€€
(525 807; www.brijuni.hr; i/d 800/1360 HRK) Lo último en chic comunista. Aunque están muy cuidadas y son cómodas, las habitaciones conservan su aspecto utilitario. Todas tienen balcón y algunas, vistas al bosque. Uno se imagina perfectamente a los famosos invitados de Tito alojados aquí.

Cómo llegar y salir

Una serie de barcos de excursiones zarpan del muelle de Pula para las islas. En vez de contratarla a través de alguna de las agencias de viajes de Pula, Rovinj o Poreč, se puede tomar el autobús nº 21 de Pula a Fažana (15 HRK, 8 km) y luego apuntarse a una excursión guiada en la **oficina del parque nacional** (525 883; www.brijuni.hr; excursiones 125-210 HRK), cerca del muelle. Conviene reservar con antelación, especialmente en verano, y pedir un guía que hable inglés. En verano también se ofrecen excursiones para hacer un *picnic* y bañarse en Mali Brijun (170 HRK).

En el muelle de Pula se verán atracados los barcos de excursiones a Brijuni. Nótese que muchas de las excursiones "panorama" de 2 horas de Pula a Brijuni (150 HRK) no paran en las islas; el *Martinabela* (280 HRK) sí lo hace.

Rovinj

14 234 HAB.

Rovinj (Rovigno en italiano) es la principal atracción de la costa de Istria. Pese a que en verano puede llenarse demasiado de turistas y a que los lugareños han desarrollado un gran ingenio para sacar las máximas ganancias aumentando los hoteles y restaurantes a la categoría de cuatro estrellas, sigue siendo uno de los últimos puertos de pescadores mediterráneos auténticos que quedan. Los pescadores descargan sus capturas en el puerto a primera hora de la mañana, seguidos por una horda de escandalosas gaviotas, y reparan sus redes antes del almuerzo. Las oraciones para pedir una buena pesca se realizan en la enorme iglesia de Santa Eufemia, con su campanario que se eleva 60 m en la punta de la península. La antigua población, con su trama de escarpadas calles adoquinadas y placitas, está rodeada de colinas con bosques y hoteles bajos. Las 13 islas verdes del archipiélago de Rovinj son un buen destino para pasar una tarde agradable, y las relucientes aguas bajo el Hotel Rovinj son ideales para un baño junto a las rocas.

El casco viejo ocupa una península ovalada. Unos 1,5 km al sur se halla el Parque Forestal de Punta Corrente y el boscoso Zlatni Rt (Cabo Dorado), con añosos robles y pinos y varios hoteles grandes. Tiene enfrente un pequeño archipiélago, cuyas islas más populares son Crveni Otok (Isla Roja), Sveta Katarina y Sveti Andrija. Hay dos puertos; el abierto del norte y el más pequeño y abrigado del sur.

Historia

Rovinj en principio era una isla colonizada por los eslavos en el s. VII. Desde entonces empezó a desarrollar una importante industria pesquera y marítima. En 1199 firmó un importante pacto con Dubrovnik para proteger su comercio marítimo, pero en el s. XIII la amenaza de los piratas hizo que solicitara la protección de Venecia.

Entre los ss. XVI y XVIII su población aumentó espectacularmente con el flujo de inmigrantes que huían de la invasión turca de Bosnia y la Croacia continental. La ciudad empezó a crecer rebasando las murallas levantadas por los venecianos y en 1763 se conectó la isla con la costa y Rovinj se convirtió en una península.

Aunque la industria marítima prosperó durante el s. XVII, la decisión tomada por Austria en 1719 de convertir Trieste y Rijeka en puertos francos supuso un gran golpe para Rovinj. La decadencia de la navegación a vela dañó aún más la industria naval de Rovinj y a mediados del s. XIX los astilleros de Pula le arrebataron la supremacía. Al igual que el resto de Istria, Rovinj pasó de manos austriacas a francesas, austriacas de nuevo y luego italianas antes de convertirse en parte de la Yugoslavia de posguerra. Aún conserva una numerosa comunidad italiana.

◉ Puntos de interés

Iglesia de Santa Eufemia IGLESIA
(Sveta Eufemija; Petra Stankovića; ◉10.00-18.30 may-oct, variable nov-abr) El orgullo de Rovinj es este imponente templo que domina el casco viejo desde una altura en medio de la península. Construida en 1736, es el mayor edificio barroco de Istria, reflejo del s. XVIII, época en que Rovinj era su ciudad más poblada.

En el interior, hay que buscar la **tumba de Santa Eufemia,** de mármol, tras el altar de la derecha. La patrona de Rovinj fue torturada por el emperador Diocleciano a causa de su fe y luego lanzada a los leones en el 304. Según la leyenda, el cuerpo desapareció una noche oscura de tormenta y reapareció frente a la costa de Rovinj en un barco fantasma. Los lugareños no pudieron mover el pesado sarcófago hasta que apareció un chiquillo con dos terneros y lo trasladó hasta lo alto de la colina, donde se levanta ahora la iglesia. En el aniversario de su martirio (16 de septiembre) atrae a sus devotos. El **campanario,** a imagen del de San Marcos de Venecia, tiene 60 m y culmina en una estatua-veleta de cobre de Santa Eufemia. Se puede subir a la torre por 10 HRK.

Casa de la Batana MUSEO
(Obala Pina Budicina 2; adultos/niños 10/5 HRK, con guía 15 HRK; ◉10.00-15.00 y 19.00-23.00 jun-ago, 10.00-13.00 ma-do sep-dic y mar-may) En el puerto, es un museo dedicado a la *batana,* barca de pesca de fondo plano símbolo de la tradición marinera y pescadora de Rovinj. En el interior de una casa del s. XVII, ofrece exposiciones multimedia con instalaciones interactivas, excelentes leyendas y audio

> **MERECE LA PENA**

LA MEDIEVAL BALE

En el suroeste de Istria, entre Rovinj y Vodnjdan, la ciudad medieval de **Bale** es uno de los secretos istrianos mejor guardados. A 7 km del mar, su dédalo de callejuelas empedradas y casas antiguas se desarrolló alrededor del castillo gótico-renacentista de los Bembo, recientemente restaurado. El campanario de 36 m de la iglesia barroca de San Julián domina la ciudad, que también tiene varias iglesias antiguas y un ayuntamiento con una lonja del s. xiv. Su cercano tramo costero de 9 km es el más prístino de Istria, con deliciosas playas y aguas poco profundas.

Bale atrae a gente bohemia y con inclinaciones espirituales porque al parecer su energía es muy poderosa.

Kamene Priče (Cuentos de Piedra; Castel 57; www.kameneprice.com; comidas desde 100 HRK) es un artístico oasis entre piedras antiguas. Este restaurante-bar-espacio de actuaciones no tiene una carta: la comida varía según la temporada y el humor del chef. Con una fantasiosa decoración, una plétora de objetos curiosos y dos terrazas en la parte trasera, es ideal para dejar pasar las horas.

A principios de agosto se celebra un festival de *jazz*, pequeño pero excelente. En otros momentos hay recitales de poesía, representaciones teatrales, monólogos cómicos, talleres sobre sueños… siempre pasa algo en Kamene Priče. Tomo, el dueño, es una estupenda fuente de información sobre "la otra cara de Bale". Arriba hay cuatro apartamentos para quien desee alojarse (437-510 HRK/noche).

---

con *bitinada,* típicas canciones de pescadores. Hay que fijarse en el *spacio,* la bodega de la planta baja donde se guardaba, cataba y vendía el vino en medio de mucha charla y contacto social.

Grisia ZONA HISTÓRICA
Llena de galerías donde los artistas locales venden sus obras, esta calle empedrada sube desde detrás del arco hasta Santa Eufemia. Las serpenteantes callejuelas que rodean Grisia son una atracción por sí mismas, con ventanas, balcones, portales y plazas de estilos variados: gótico, renacentista, barroco y neoclásico.

Obsérvense las curiosas *fumaioli* (chimeneas exteriores) construidas durante el *boom* demográfico, cuando familias enteras compartían una única estancia con chimenea.

Parque Forestal de Punta Corrente
PARQUE
A pie o en bici por el borde del mar, pasado el Hotel Park, se llega a este verde lugar que los lugareños llaman Zlatni Rat, unos 1,5 km al sur. Está cubierto de bosques de robles y pinos y cuenta con 10 especies de cipreses. Fue creado en 1890 por el barón Hütterott, almirante austriaco que se quedó una villa en Crveni Otok, donde se puede tomar un baño lanzándose desde las rocas o simplemente sentarse a contemplar las islas de enfrente.

Museo Cívico MUSEO
(www.muzej-rovinj.com; Trg Maršala Tita 11; adultos/reducida 15/10 HRK; ⊙10.00-14.00 y 18.00-22.00 ma-vi, 10.00-14.00 y 19.00-22.00 sa y do med jun-sep, 10.00-13.00 ma-sa oct-med jun) En un palacio barroco, tiene una colección de arte contemporáneo y de antiguos maestros de Rovinj y el resto de Croacia, así como hallazgos arqueológicos y una sección marítima.

Acuario de Rovinj ACUARIO
(Giordano Paliaga 5; adultos/reducida 20/10 HRK; ⊙9.00-21.00 jul y ago, reducido sep-jun) Estupendo para los niños, muestra una buena colección de vida marina adriática que ilustra sobre la fauna marina local. Se fundó en 1891 como parte del centro local de investigación marítima.

Arco Balbi MONUMENTO
Se erigió en 1679 en el lugar de la antigua puerta de la ciudad. Muy elaborado, lo remata una cabeza turca por la parte de fuera y otra veneciana por la de dentro.

Mini Croatia PARQUE
(www.mini-croatia.com.hr; Turnina bb; adultos/reducida 25/10 HRK; ⊙9.00-20.00 jun-ago, 10.00-18.00 abr, may, sep y oct) En la carretera de Pazin, a 2 km del centro urbano, este parque temático, popular entre los niños, tiene maquetas de edificios, monumentos, ciudades y paisajes emblemáticos de Croacia, además de un pequeño zoo con animales autóctonos.

Rovinj

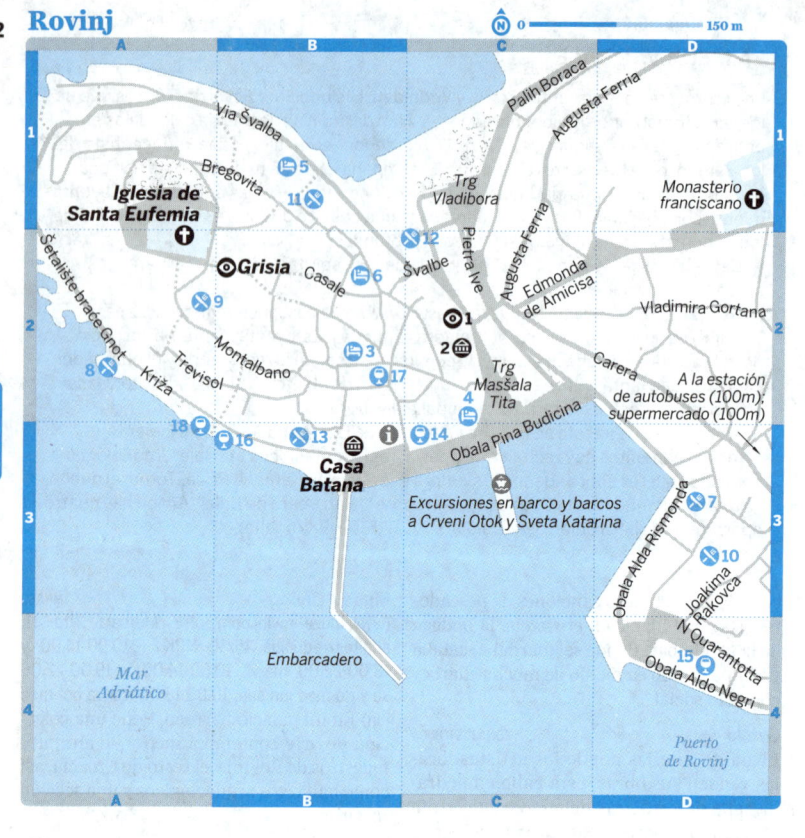

🏃 Actividades

La mayoría de la gente se sube a un barco para **nadar, bucear** o **tomar el sol**. Es fácil concertar excursiones a Crveni Otok o Sveta Katarina. **Nadi Scuba Diving Centar** (📞813 290; www.scuba.hr) y **Petra** (📞812 880; www.divingpetra.hr) ofrecen a diario inmersiones en barco. La principal atracción es el **pecio del 'Baron Gautsch'**, buque de vapor de pasajeros austriaco hundido en 1914 por una mina a 40 m de profundidad.

Hay 80 rutas de **escalada en roca** por una antigua cantera veneciana en Zlatni Rt, muchas de ellas aptas para principiantes. Los amantes de las aves también pueden ir en bici hasta la **reserva ornitológica** de las marismas Palud, 8 km al suroeste de Rovinj.

La **bicicleta** es un excelente medio para pasar una tarde por Rovinj y el Parque Forestal Punta Corrente.

👉 Circuitos

En Rovinj casi todas las agencias de viajes venden **excursiones en el día** a Venecia (400-500 HRK), Plitvice (550-600 HRK) y Brijuni (380-430 HRK). También hay **'picnics' de pesca** (250 HRK), **cruceros panorámicos** (100 HRK) y salidas en barco a la ría **Limska Draga** (150 HRK). Todo ello puede salir algo más barato contratándolo a través de alguno de los operadores independientes que hay junto al mar; **Delfin** (📞848 265) es un establecimiento de confianza.

Hay opciones más emocionantes, como **safaris en canoa** (490-510 HRK) a la pintoresca región de Gorski Kotar. Ofrecen excursiones en kayak en **Istrian Kayak Adventures** (📞095 838 3797; Carera 69); la de 8 km por el archipiélago de Rovinj cuesta 270 HRK; la de 15 km a la ría de Lim, 290 HRK. Ambas incluyen almuerzo de *picnic* y equipo para bucear.

Rovinj

Los mejores puntos de interés
Casa Batana B3
Iglesia de Santa Eufemia A2
Grisia B2

Puntos de interés
1 Arco Balbi C2
2 Museo Cívico C2

Dónde dormir
3 Casa Garzotto B2
4 Hotel Adriatic C2
5 Hotel Heritage Angelo D'Oro B1
6 Villa Valdibora B2

Dónde comer
7 Kantinon D3
8 La Puntulina A2
9 Monte A2
10 Trattoria Dream D3
11 Ulika B1
12 Mercado de verduras C2
13 Veli Jože B3

Dónde beber
14 Glamour Café C3
15 Havana D4
16 Monte Carlo B3
17 Piassa Granda B2
18 Valentino A3

Fiestas y celebraciones

Entre los eventos anuales del lugar se incluyen diversas regatas, entre finales de abril y agosto. El **Festival de Verano de Rovinj** ofrece una serie de conciertos clásicos que tienen lugar en la iglesia de Santa Eufemia y en el monasterio franciscano.

El segundo domingo de agosto se celebra el evento de más renombre del lugar, cuando Grisia se convierte en una **exposición de arte** al aire libre. Desde niños a pintores profesionales muestran sus obras en iglesias, estudios y por la calle.

Desde mediados de junio a finales de agosto, los martes y jueves hay una **procesión de 'batanas'** con faroles. Sale a las 20.30 y cuesta 50 HRK, o 140 HRK por la procesión con cena en una taberna típica. Se reserva en la Casa de la Batana.

Dónde dormir

Rovinj se ha convertido en el destino predilecto en Istria para hordas de veraneantes, de modo que se recomienda vivamente reservar con antelación. Los precios están en constante aumento y probablemente seguirán subiendo, ya que la población busca cada vez más convertirse en un destino de alta categoría.

Si se busca alojamiento en casas particulares, la oferta es reducida en el pueblo, donde tampoco se puede aparcar y los alojamientos salen más caros. Las habitaciones dobles cuestan desde 220 HRK en temporada alta, poco menos si la ocupación es individual; los apartamentos para dos personas valen desde 330 HRK. Los precios bajan considerablemente fuera de temporada.

El recargo por estancias inferiores a tres noches es de hasta el 50%, y el correspondiente a estancias de una sola noche a veces llega al 100%. Fuera de los meses de verano, debería poderse negociar para eliminar tal recargo. Se puede reservar a través de las agencias de viajes locales.

Salvo unas pocas excepciones particulares, la mayor parte de los hoteles y *campings* está gestionada por **Maistra** (www.maistra.com), que prevé abrir el lujosísimo Hotel Lone a finales del 2011.

Casa Garzotto
APARTOTEL·'BOUTIQUE' €€€

(814 255; www.casa-garzotto.com; Via Garzotto 8; i/d 758/1010 HRK; P✴@) En pleno casco viejo, esta histórica casa ofrece cuatro estudios con originales detalles como chimenea y vigas de madera, un estiloso toque antiguo y servicios a la última. Las bicicletas son cortesía de la casa. Cerca tiene dos anexos: uno con habitaciones más básicas (650 HRK) y otro con apartamentos para cuatro personas (1440 HRK).

Monte Mulini
HOTEL DE LUJO €€€

(636 000; www.montemulinihotel.com; A Smareglia bb; i/d 2013/2516 HRK; P✴@☎≋) Este hotel de atrevido diseño, inaugurado en el 2009, el más estiloso de Rovinj, desciende hacia la apacible bahía de Lone, a 10 minutos del casco viejo andando por el Lungomare. Las habitaciones tienen terraza con vistas al mar y todos los detalles de un cinco estrellas. El *spa* es de primera, como el afamado restaurante Mediterraneo. Hay tres piscinas al aire libre.

Hotel Heritage Angelo D'Oro
HOTEL·'BOUTIQUE' €€€

(840 502; www.rovinj.at; Via Švalba 38-42; i/d 916/1580 HRK; P✴☎) Ofrece 23 elegantes habitaciones y suites (más caras), con un

montón de antigüedades y todas las comodidades modernas en una casa veneciana renovada. Hay masajes (300 HRK/h), sala de bronceado, bicicletas de alquiler y una exuberante terraza interior entre las antiguas piedras.

Villa Valdibora — HOTEL €€
(845 040; www.valdibora.com; Silvana Chiurco 8; i/d 958/1368 HRK; ❄️📶) Las nueve habitaciones y suites de este edificio histórico tienen elegante suelo de piedra y detalles de categoría, como duchas-sauna con hidromasaje. Cuatro apartamentos cuentan con cocina americana. Hay sala de *fitness*, masajes (160-270 HRK) y bicicletas gratuitas.

Hotel Istra — HOTEL €€€
(802 500; www.maistra.com; Otok Sv Andrija; i/d 1109/1384 HRK; ❄️@📶) Su célebre centro de belleza y salud y *spa* es el principal activo de este complejo de cuatro estrellas de la isla Sveti Andrija, a 10 minutos en barca. También cuenta con un restaurante en un antiguo castillo.

Vila Lili — HOTEL FAMILIAR €€
(840 940; www.hotel-vilalili.hr; Mohorovičića 16; i/d 380/788 HRK; ❄️@) Pequeña pero moderna casa a un paseo del pueblo, con luminosas habitaciones que disponen de todas las comodidades propias de un tres estrellas (como aire acondicionado o minibar). Asimismo, hay un par de suites más caras.

También se recomiendan:

Hotel Park — HOTEL €€€
(808 000; www.maistra.com; IM Ronjgova bb; i/d 763/1132 HRK; P❄️@📶) Muy a mano del muelle del *ferry* de Crveni Otok, tiene grandes atracciones como dos piscinas al aire libre, sala de *fitness* y sauna.

Hotel Adriatic — HOTEL €€€
(803 510; www.maistra.com; Pina Budicina bb; i/d 676/1007 HRK; ❄️@📶) Con una excelente ubicación en el mismo puerto, ofrece impolutas habitaciones bien equipadas, aunque algo *kitsch*. Las que tienen vistas al mar son algo más caras, pero también más amplias.

Hotel Eden — HOTEL €€€
(800 400; www.maistra.com; Luja Adamovića bb; i/d 1258/1573 HRK; P❄️@📶) Aunque no sea un oasis de calma, este complejo de 325 habitaciones en un enclave boscoso tiene campos de deporte, gimnasio, sauna y piscinas. Hay mucho que hacer, haga el tiempo que haga.

Porton Biondi — 'CAMPING' €
(813 557; www.portonbiondi.hr; 41/24 HRK por persona/tienda; ⊙mar-oct) A unos 2 km del casco viejo, tiene capacidad para 1200 personas.

Polari Camping — 'CAMPING' €
(801 501; www.campingrovinjvrsar.com; 66/80 HRK por persona/tienda; @❄️📶) En la misma playa, unos 3 km al sureste del centro, dispone de múltiples instalaciones como piscinas, restaurantes y parques infantiles.

🍴 Dónde comer

Quien quiera llenar la mochila puede recurrir al supermercado junto a la estación de autobuses o a alguna de las tiendas Konzum del pueblo. Para picar algo a buen precio se puede comprar un *burek* (pasta algo pesada rellena de carne o queso) en alguno de los puestos cerca del mercado de verduras.

La mayoría de los restaurantes del puerto ofrecen platos típicos de pescado y carne a precios similares. Si se busca algo más refinado habrá que prescindir de las vistas al mar. Muchos restaurantes cierran entre el almuerzo y la cena.

Kantinon — PESCADO €
(Alda Rismonda 18; platos principales desde 53 HRK) Esta cantina de altos techos y motivos pesqueros se especializa en pescado y marisco frescos a buen precio. La bandeja de pescado Batana para dos sale muy a cuenta, al igual que los menús de la casa (desde 34 HRK).

Ulika — COCINA ISTRIANA €€
(Vladimira Švalbe 34; platos principales desde 80 HRK) Poco más abajo del Angelo D'Oro, esta tabernita es ideal para tomar un tentempié vespertino de queso, fiambre o sabrosos bocaditos de la zona. También sirve platos más sustanciosos.

La Puntulina — COCINA MEDITERRÁNEA €€€
(813 186; Svetog Križa 38; platos principales desde 100 HRK) Tiene tres terrazas donde degustar su creativa cocina mediterránea. Los platos de pasta son más asequibles (desde 80 HRK). De noche, hay que hacerse con un cojín y tomarse una copa en las rocas bajo esta casa reconvertida. Se recomienda reservar.

Monte — COCINA MEDITERRÁNEA €€€
(Montealbano 75; platos principales desde 180 HRK) Bajo la iglesia de Santa Eufe-

mia, el mejor restaurante de Rovinj tiene una elegante terraza acristalada y una decoración muy clásica. Si no se desea derrochar, pídase pasta o *risotto* (desde 99 HRK).

Veli Jože PESCADO €
(Križa 3; platos principales desde 50 HRK) Sirve platos típicos istrianos de calidad, tanto en su ecléctico interior abarrotado de cachivaches como en las mesas del exterior con vistas al mar.

Trattoria Dream COCINA MEDITERRÁNEA €
(Joakima Rakovca 18; platos principales desde 80 HRK) En un rincón del dédalo de callejuelas, esta estilosa *trattoria* con dos terrazas de tonos tierra hace sabrosos platos como lubina a la sal.

🍷 Dónde beber y ocio

Si bien hay un montón de sitios donde tomarse una copa tranquila durante el día, llegada la noche, casi toda la animación está en el **Monvi Centar** (www.monvicenter.com; Luja Adamovića bb), a un paseo del centro. En este complejo de ocio hay bares con salón, restaurantes y clubes, y a menudo conciertos al aire libre y DJ famosos. En verano es sede del célebre **Rabac Summer Festival** (www.rabacsummerfestival.com), al que acuden los fans de la música *house* y *techno* para oír a los DJ de renombre internacional.

Havana COCTELERÍA
(Obala Aldo Negri bb) Los cócteles tropicales, los puros habanos y las sombrillas de paja bajo los altos pinos hacen de esta terraza-coctelería un buen lugar para relajarse y contemplar el paso de los barcos.

Piassa Granda BAR DE VINOS
(Veli Trg 1) Pequeño y estiloso, de paredes rojas y techos con vigas de madera, tiene 150 marcas de vino, básicamente istrianas. Hay que probar la grapa de trufa y los deliciosos tentempiés y ensaladas.

Monte Carlo CAFÉ-BAR
(Križa 21) Este café-bar, más tranquilo y menos aparente que su vecino, el Valentino, tiene unas vistas espléndidas del mar y de la isla de Sveta Katarina.

Glamour Cafe CAFÉ-BAR
(Pina Budicina bb) Con madera indonesia, palmeras, butacas de mimbre y luces tenues, la enorme terraza al aire libre de esta coctelería tiene un ambiente de categoría.

Valentino COCTELERÍA Y 'CHAMPANERÍA'
(Križa 28) El elevado precio de los cócteles de este establecimiento incluye fantásticas puestas de sol al borde del agua.

ℹ️ Información

Acceso a Internet
A-mar (841 211; Carera 26; 6 HRK/10 min; 9.00-22.00 jul y ago, reducido sep-jun)

Lavanderías
Galax (Istarska bb; 70 HRK/5 kg; 7.00-20.00)

Consigna
Garderoba (6 HRK/día; 6.00-20.00 lu-vi, 7.45-19.30 sa y do) En la estación de autobuses. Cierra durante 30 minutos por descanso a las 9.15 y 16.40.

Asistencia médica
Centro médico (813 004; Istarska bb)

Dinero
Hay bancos con cajero automático por doquier. Casi todas las agencias de viaje y muchos hoteles cambian dinero.

Correo
Oficina principal de correos (Matteo Benussi 4; 7.00-20.00 lu-vi, 14.00 sa) Aquí se puede llamar por teléfono.

Información turística
Oficina de turismo (811 566; www.tzgrovinj.hr; Pina Budicina 12; 8.00-22.00 jun-sep, 15.00 lu-vi, 13.00 sa oct-may) Junto a Trg Maršala Tita, tiene muchos folletos y mapas.

Agencias de viajes
Eurostar Travel (813 144; Pina Budicina 1) Especializada en billetes de barco para Brijuni y Venecia; también reserva excursiones.

Futura Travel (817 281; www.futura-travel.hr; Matteo Benussi 2) Alojamiento en casas particulares, cambio de moneda, excursiones y traslados.

Globtour (814 130; www.globtour-turizam.hr; Alda Rismonda 2) Excursiones, alojamiento en casas particulares y alquiler de bicis (60 HRK/día).

Kompas (813 211; www.kompas-travel.com; Trg Maršala Tita 5) Excursiones diarias.

Planet (840 494; www.planetrovinj.com; Križa 1) Gangas en alojamiento en casas de particulares. Es además cibercafé (6 HRK/10 min) y tiene impresora.

ℹ️ Cómo llegar y salir

La estación de autobuses queda al sureste del casco viejo. La de trenes más cercana está en

AUTOBUSES DESDE ROVINJ

DESTINO	PRECIO (HRK)	DURACIÓN	SERVICIOS DIARIOS
Dubrovnik	589	15 h	1
Labin	80	2 h	3
Poreč	41	45 min	11
Pula	38	50 min	23
Rijeka	94	3 h	8
Split	416	11 h	1
Trieste (Italia)	88	2 h	3
Zagreb	193	5 h	10

Kanfanar, a 20 km en la línea Pula-Divača; hay autobuses entre Kanfanar y Rovinj.

Cómo desplazarse

En muchas agencias de la ciudad alquilan bicicletas por 20 HRK aprox. por hora o 60 HRK aprox. al día. Las vespas cuestan desde 200 HRK aprox. al día.

Alrededores de Rovinj

Una excursión típica desde Rovinj es la salida en barco a la preciosa **Crveni Otok** (Isla Roja). Esta isla, de solo 1900 m de longitud, comprende dos islotes, Sveti Andrija y Maškin, conectados por un paso elevado. En el s. XIX, Sveti Andrija se convirtió en propiedad del barón Hütterott, que la transformó en un exuberante parque forestal. Ahora, el Hotel Istra domina **Sveti Andrija,** cuyos parque infantil y playitas de grava atraen a las familias. Más tranquilo y boscoso, **Maškin** tiene muchas calas apartadas y gran éxito entre los naturistas. No hay que olvidar las gafas de buceo para explorar las rocas.

Al otro lado de la península está **Sveta Katarina,** islita reforestada por un conde polaco en 1905 y ahora enclave del **Hotel Katarina** (804 100; www.maistra.com; Otok Sveta Katarina; i/d 1003/1258 HRK;).

En verano zarpan barcos cada hora desde las 5.30 hasta las 24.00 hacia Sveta Katarina (i/v 30 HRK, 10 min) y Crveni Otok (i/v 40 HRK, 15 min). Zarpan frente al Hotel Adriatic y también del muelle de *ferries* Delfin, cerca del Hotel Park.

El **Limska Draga Fjord** (Limski Kanal) es, más que un fiordo, una ría de unos 10 km de largo, 600 m de ancho y empinadas laderas de hasta 100 m de altura, lo más espectacular de Istria. Se formó al hundirse la costa durante el último periodo glacial, lo que permitió la entrada del mar en el valle del Draga. La bahía, de un verde intenso, presenta una cueva sobre la ladera de la colina, donde en el s. XI vivía y celebraba ceremonias el sacerdote ermitaño Romualdo. Las únicas actividades que ofrece son la pesca, el cultivo de ostras y mejillones y las excursiones en barca.

En el fiordo se encontrarán puestos de recuerdos y dos restaurantes junto a la orilla que sirven un excelente marisco fresco. El mejor de ellos es el **Viking** (Limski Kanal 1; platos principales desde 55 HRK). Sirve ostras (10 HRK/unidad), estupendas vieiras (22 HRK/unidad) y mejillones, además de pescado (al peso) en una terraza que da a la ría. Hay también una zona de *picnic,* un café junto al agua con mesas y sillas de madera y una cala donde bañarse detrás del Fjord, el otro restaurante.

Unas pequeñas barcas ofrecen excursiones de 1 hora por 75 HRK por persona (negociables); zarpan con frecuencia en julio y agosto, y esporádicamente en junio y septiembre. Para llegar al fiordo se puede contratar una excursión desde Rovinj, Pula o Poreč o seguir las indicaciones al canal de Limski, pasado el pueblo de Sveti Lovreč.

Poreč

17 460 HAB.

La antigua Parentium romana (Parenzo en italiano) y la región circundante se dedican por entero al turismo estival. Poreč es el eje de un vasto conjunto de complejos turísticos que se extiende al norte y el sur por la costa occidental de Istria. El más grande es el Zelena Laguna, con una amplia gama de instalaciones y establecimientos.

Estos centros vacacionales y campamentos para turistas ofrecen una experiencia bastante industrializada, con mucho hormigón y plástico y demasiados autocares para el gusto de algunos. Sin embargo, casi todos los hoteles, restaurantes, oficinas de turismo y agencias de viajes disponen de personal políglota que se esfuerza en recibir bien al visitante. No será un rincón tranquilo (salvo fuera de temporada), pero tiene una basílica incluida en el Patrimonio Mundial, una mezcla de edificios barrocos, románicos y góticos, buenas infraestructuras turísticas y, al alcance, el prístino interior istriano.

Historia

La costa de Poreč abarca 37 km con islas incluidas, pero el casco antiguo queda limitado dentro de una península de 400 m de longitud y 200 m de anchura. Los romanos conquistaron la región en el s. II a.C. y convirtieron Poreč en un importante centro administrativo desde el que podían controlar un amplio territorio, desde el fiordo de Limska Draga al río Mirna. El trazado urbano de Poreč lo trazaron los romanos, que dividieron la ciudad en parcelas rectangulares a partir de una vía longitudinal y otra transversal, el Decumanus y el Cardus respectivamente.

A la caída del Imperio romano de Occidente, Poreč pasó a pertenecer a Bizancio durante los ss. VI-VIII. Esta fue la época en que se levantó la Basílica Eufrasiana, con sus magníficos frescos. En 1267, Poreč se vio obligada a someterse al dominio veneciano.

La epidemia de peste que asoló Istria azotó Poreč con especial dureza, y la población cayó hasta quedar en un centenar en el s. XVII. Con la decadencia de Venecia, la ciudad estuvo en manos de austriacos y franceses hasta la ocupación italiana que duró de 1918 a 1943. Tras la capitulación de Italia, Poreč fue ocupada por los alemanes y quedó muy dañada por los bombardeos aliados en 1944 antes de formar parte de la Yugoslavia de posguerra y, más recientemente, de Croacia.

◉ Puntos de interés

El compacto casco antiguo ocupa la península y está abarrotado de tiendas y agencias. El antiguo Decumanus romano, con sus losas pulidas, sigue siendo la calle principal, y atraviesa el centro de la península. Los hoteles, las agencias de viajes y los barcos que ofrecen excursiones se encuentran junto al muelle Obala Maršala Tita, que nace en el puerto para embarcaciones pequeñas y continúa hasta la punta de la península.

Basílica Eufrasiana IGLESIA
(Eufrazijeva bb; gratis; ◷7.00-20.00 abr-med oct) La principal razón para visitar Poreč es ver uno de los mejores ejemplos del arte bizantino en Europa, este templo del s. VI incluido en el Patrimonio Mundial. El complejo sacro, construido sobre los restos de un oratorio del s. IV, comprende una iglesia, un atrio y un baptisterio. Lo que más atrae a los visitantes son los brillantes **mosaicos** murales del ábside. Estas obras de arte del s. VI presentan escenas bíblicas, arcángeles y mártires istrianos. Obsérvese el grupo de la izquierda, que muestra al obispo Eufrasio, que encargó la basílica, con una maqueta de la iglesia en la mano. El **campanario** (entrada 10 HRK), al que se accede por el baptisterio octogonal, ofrece una tonificante vista del casco antiguo. La entrada desde mediados de octubre a marzo es con cita previa por la oficina de turismo.

También merece una visita el contiguo **Palacio Episcopal** (entrada 10 HRK; ◷10.00-19.00 abr-med oct), que alberga una muestra de escultura antigua en piedra, pintura religiosa y mosaicos del s. IV procedentes del oratorio original. Desde mediados de octubre hasta marzo se entra con cita previa por la oficina de turismo.

Trg Marafor PLAZA
En esta plaza estuvo antaño el foro romano, donde tenían lugar las reuniones públicas. Se ha conservado el pavimento original a lo largo de la hilera de casas de su flanco norte. Al oeste de esta plaza rectangular, dentro de un pequeño parque, están las ruinas del **templo de Neptuno,** del s. II, dedicado al dios del mar. Al noroeste de la plaza se encuentran los restos de un gran templo de principios del s. I.

Torres venecianas RUINAS
De las antiguas murallas venecianas de la ciudad quedan tres torres del s. XV: la gótica **Torre Pentagonal** al principio del Decumanus; la **Torre Redonda** de Narodni Trg; y la **Torre Norte** en la bahía de Peškera.

Sveti Nikola ISLA
De mayo a octubre zarpan **barcos de pasajeros** (adultos/reducida 20/10 HRK) para Sveti Nikola, pequeña isla frente al puerto de Poreč. Salen cada 30 minutos (de 6.45 a 13.00) desde el muelle de Obala Maršala Tita. Hay playas de guijarros y hormigón

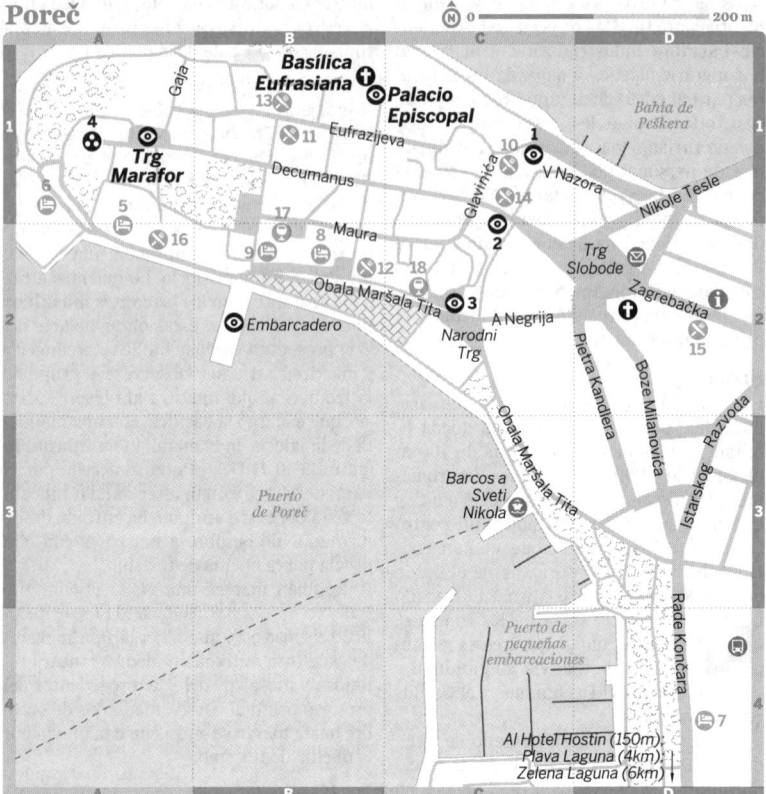

Poreč

⊙ Los mejores puntos de interés
Palacio Episcopal B1
Basílica Eufrasiana B1
Trg Marafor A1

⊙ Puntos de interés
1 Torre Norte C1
2 Torre Pentagonal C2
3 Torre Redonda C2
4 Templo de Neptuno A1

⊜ Dónde dormir
5 Jadran Residence A2
6 Hotel Palazzo A1
7 Hotel Poreč D4
8 Valamar Riviera Hotel B2
9 Valamar Riviera Residence B2

⊗ Dónde comer
10 Buffet Horizont C1
11 Cardo B1
12 Dva Ferala B2
13 Gourmet B1
14 Konoba Ulixes C1
15 Nono D2
Peterokutna Kula .... (véase 2)
16 Sveti Nikola A2

⊜ Dónde beber
Epoca .... (véase 5)
17 Lapidarium B2
18 Saint & Sinner C2
Torre Rotonda .... (véase 3)

para elegir, así como rocosos rompeolas, sombreados pinares y estupendas vistas de la ciudad justo enfrente.

Actividades

Casi cualquier actividad que se quiera realizar se puede efectuar fuera de la población, en Plava Laguna o Zelena Laguna. La mayoría de los centros deportivos o de ocio (hay 20) dependen de los hoteles y permiten practicar tenis, baloncesto, voleibol, *windsurf,* remo, *puenting, paintball,* golf, esquí acuático, parapente y alquilan barcas y *karts.* En caso de mal tiempo, siempre se puede recurrir a algún centro de *fitness* o darse un masaje en alguno de los *spas.* Para más detalles, consúltese el folleto anual *Poreč Info* disponible en la oficina de turismo, que contiene un listado de todas las instalaciones de ocio de la zona.

Las suaves colinas del interior y las pistas bien señalizadas hacen que las **excursiones a pie y en bicicleta** sean un modo estupendo de explorar la región. La oficina de turismo distribuye un mapa gratuito de carreteras y pistas desde Poreč, junto con sugerencias de rutas. Alquilan bicicletas en muchos lugares de la ciudad por unas 70 HRK al día.

Para el **submarinismo,** los mejores lugares son los bancos de arena de la zona, así como el *Coriolanus,* un barco de guerra británico hundido en las inmediaciones en 1945. Diving Centre Poreč (465 433 606; www.divingcenter-porec.com) ofrece inmersiones en barco desde 110 HRK (algo más en el caso de cuevas o pecios) o 310 HRK con alquiler de equipo completo.

Fiestas y celebraciones

Durante julio y agosto se celebra la Poreč Annale, una de las más antiguas muestras de arte contemporáneo de Croacia, centrada en un único tema. El Festival de Arte en la Calle, celebrado durante una semana en agosto, atrae a artistas internacionales que interpretan de todo, desde acrobacias hasta teatro o música, en las plazas y calles del casco antiguo. En verano hay varios conciertos de música clásica (www.concertsinbazilika.com) semanales en la basílica; los billetes se pueden comprar allí mismo 1 hora antes del concierto. También hay conciertos de 'jazz' (www.jazzinlap.com) entre finales de junio y principios de septiembre; se celebran una vez por semana en el patio del museo regional, junto al Lapidarium. En Trg Slobode se ofrecen conciertos gratuitos como parte del Poreč Summer. La oficina de turismo publica un folleto gratuito, el *Poreč Day by Day,* con listados de eventos de temporada.

Dónde dormir

En Poreč hay mucha oferta hotelera, pero también mucha demanda, así que es esencial reservar con antelación si se va a ir en julio o agosto.

El casco viejo cuenta con unos pocos hoteles; casi todos los *campings,* hoteles, complejos de apartamentos y centros vacacionales se despliegan por la costa al norte y sur de Poreč. Los principales complejos turísticos están en Brulo, 2 km al sur; Plava Laguna, 4 km al sur; y Zelena Laguna, 2 km más allá. Al norte de Poreč se encuentran los centros turísticos de Borik y Špadići. En estas zonas boscosas se encuentran unos veinte hoteles y una docena de complejos de apartamentos. Casi todos los hoteles los gestionan Valamar Hotels & Resorts (465 000; www.valamar.com) o Plava Laguna (410 101; www.plavalaguna.hr). Todos abren de abril a octubre; solo unos pocos, el resto del año. En verano suele haber un recargo del 20% en estancias inferiores a tres días.

Para alojamiento en casas particulares, consúltense las agencias de viajes reseñadas. Habrá que pagar entre 200 y 250 HRK por una habitación doble en temporada alta o de 280 a 350 HRK por un apartamento de dos plazas, más un 30% de recargo por estancias de menos de cuatro noches. En el casco antiguo el número de habitaciones es limitado, y no hay aparcamiento. En estas casas conviene buscar la señal de calidad *Domus Bonus.*

Valamar Riviera Hotel   HOTEL €€€
(408 000; www.valamar.com; Obala Maršala Tita 15; i 990-1400 HRK, d 1300-1990 HRK; P✱@) Se dejó solo el esqueleto del antiguo Hotel Neptune del puerto para hacer este elegante establecimiento de cuatro estrellas, inaugurado en el 2010. Las habitaciones son ahora más amplias, algunas con terraza con vistas al mar. Hay una playa privada en Sveti Nikola a la que se puede ir en barco (gratis) cada 30 minutos. En el paseo marítimo está la recién renovada Residence (ste 2250-2950 HRK), con ocho suites de lujo. Hay que mirar las ofertas y los paquetes.

Hotel Palazzo   HOTEL €€€
(858 800; www.hotel-palazzo.hr; Obala Maršala Tita 24; i/d 1281/1602 HRK; P✱@≋) Este nuevo hotel de Poreč ocupa un edificio de

1910 frente al mar. Tiene 70 habitaciones y cuatro suites, además de un centro de *wellness* y *spa,* restaurantes y bares. Su estilo es histórico y elegante, mezcla de diseño moderno y belleza clásica. Las habitaciones de la 120 a la 126 tienen vistas al mar y el faro, con estupendas puestas de sol; también son más caras.

Hotel Hostin — HOTEL €€€

(408 800; www.hostin.hr; Rade Končara 4; i/d 683/966 HRK; P❋@≋) Pequeño y encantador, en una zona verde a un paso de la estación de autobuses, tiene 30 habitaciones bien equipadas, todas con terraza. La piscina cubierta, sala de *fitness,* baño turco y sauna son agradables ventajas, al igual que la playa de guijarros a 70 m.

También se recomiendan:

Jadran Residence — HOTEL €€

(408 800; www.valamar.com; Obala Maršala Tita 21; d 490-713 HRK) Este hotel de la ribera se va a renovar. Ahora tiene 22 dobles con camas individuales, espaciosas pero sin muchas comodidades, algunas con terraza. Abre solo de mayo a septiembre. Desayuno no incluido.

Hotel Poreč — HOTEL €€

(451 811; www.hotelporec.com; Rade Končara 1; i/d 475/720 HRK; ❋) Aunque las habitaciones de este dado de hormigón tengan vistas poco sugerentes a la estación de autobuses y al centro comercial de enfrente, son aceptables y están a un cómodo paseo del casco viejo.

Camp Zelena Laguna — 'CAMPING' €

(410 700; www.plavalaguna.hr; Zelena Laguna; 55/77 HRK por adulto/parcela; ☺abr-sep; ≋) Este *camping,* con buenas instalaciones deportivas, está a 5 km del casco antiguo y tiene capacidad para 2700 personas. Permite acceder fácilmente a muchas playas, entre ellas una nudista.

Camp Bijela Uvala — 'CAMPING' €

(410 551; www.plavalaguna.hr; Zelena Laguna; 55/77 HRK por adulto/parcela; ☺abr-sep; ≋) Con capacidad para hasta 6000 personas, quizá haya bastante gente; por otro lado, tiene dos piscinas al aire libre y las instalaciones de Zelena Laguna a tiro de piedra.

🍴 Dónde comer

Peterokutna Kula — COCINA INTERNACIONAL €€

(Decumanus 1; platos principales desde 70 HRK) En el interior de la medieval Torre Pentagonal, este restaurante caro tiene dos patios en una bóveda de piedra y una azotea con estupendas vistas. Sirve una amplia gama de platos de pescado y carne, aunque el servicio es irregular. La lubina al horno está particularmente buena.

Dvi Murve — COCINA ISTRIANA €€

(Grožnjanska 17; platos principales desde 70 HRK) Aquí, 2 km al norte del centro urbano, vienen los lugareños cuando quieren comer bien. Hay una gran terraza, dos moreras delante y platos típicos como el *carpaccio* de *boškarin* (raza istriana poco común de vacuno) y el bisté Dvi Murve con pasta. Venir en taxi cuesta unas 50 HRK.

Konoba Ulixes — COCINA MEDITERRÁNEA €€

(Decumanus 2; platos principales desde 75 HRK) Esta taberna tiene excelente pescado y marisco. La bandeja mediterránea para dos (140 HRK) sale a cuenta; si no, se puede pedir pasta con langostinos y vino espumoso.

Dva Ferala — COCINA ISTRIANA €€

(Obala Maršala Tita 13a; platos principales desde 60 HRK) En la terraza de esta agradable *konoba* se saborean platos istrianos bien preparados, como el *istarski tris* (copioso trío de pasta casera) para dos.

Gourmet — COCINA ITALIANA €€

(Eufrazijeva 26; platos principales desde 60 HRK) Ofrece reconfortantes creaciones italianas de todo tipo: *penne, tagliatelle, fusilli, tortellini,* ñoquis etc. Tiene mesas en la plaza y un patio más tranquilo detrás. Estupendos los espaguetis con marisco (180 HRK para dos).

Sveti Nikola — COCINA CROATA CREATIVA €€

(Obala Maršala Tita 23; platos principales desde 80 HRK) La innovación culinaria es la especialidad de este elegante restaurante de la ribera. Siempre se acierta con los menús fijos del almuerzo (99 HRK) y la cena (carne 139 HRK, pescado 149 HRK). Hay que probar el *carpaccio* de pavo ahumado con rúcula.

También se recomiendan:

Cardo — COCINA INTERNACIONAL €

(Carda Maximusa 8; platos principales desde 65 HRK) Restaurante filial del Gourmet, al otro lado de la plaza, sirve decentes platos clásicos de carne, pescado e internacionales.

Nono — 'PIZZA' €

(Zagrebačka 4; *pizzas* 40-80 HRK) La mejor *pizza* del lugar, de masa hojaldrada e ingredientes como trufas. Los demás platos también están ricos.

Buffet Horizont PESCADO €
(Eufrazijeva 8; platos principales desde 30 HRK)
Esta casa amarilla con bancos de madera
fuera sirve ricos y económicos tentempiés
de pescado y marisco como sardinas,
gambas y calamares.

Dónde beber y ocio

Lapidarium BAR
(Maura 10) Detrás del museo regional, este
precioso bar tiene un gran patio y una serie
de salas interiores repletas de antigüedades.
En verano, los miércoles hay noche de *jazz*,
con música en directo al aire libre.

Byblos CLUB
(www.byblos.hr; Zelena Laguna bb) Los viernes,
famosos DJ invitados como David Morales
pinchan sonidos *house* en este enorme club
con terraza, uno de los lugares con más
marcha de Croacia. Los sábados por la noche la gente baila al ritmo de una variada
mezcla de música disco.
También se recomiendan:

Saint & Sinner CAFÉ-BAR
(Obala Maršala Tita 12) Decorado en plástico
blanco y negro, a este lugar de la ribera
viene la juventud a tomar *chococcinos* de
día y *caipiroskas* de fresa por la noche.

Epoca CAFÉ-BAR
(Jadran Residence, Obala Maršala Tita 24) Aquí
se puede contemplar la puesta de sol junto
al mar, tomar un *espresso* a toda prisa o
demorarse con una copa después de cenar.

Torre Rotonda CAFÉ-BAR
(Narodni trg 3a) Tras subir la empinada
escalera hasta lo alto de la histórica Torre
Redonda, desde las mesas de esta terraza
se puede observar la actividad del paseo
marítimo.

Información

Acceso a Internet
CyberM@c (Mire Grahalića 1; 42 HRK/h;
10.00-22.00) Centro informático con todos
los servicios.

Consigna
Garderoba (6 HRK/h; 7.00-20.30) En la
estación de autobuses.

Asistencia médica
Centro médico de Poreč (451 611; Maura
Gioseffija 2)

Dinero
Cambian moneda en las numerosas agencias
de viajes y bancos. Hay cajeros automáticos por
doquier.

Correo
Oficina principal de correos (Trg Slobode 14;
8.00-12.00 y 18.00-20.00 lu-vi, 8.00-12.00
sa) Tiene locutorio.

Información turística
Oficina de turismo (451 293; www.to-porec.
com; Zagrebačka 9; 8.00-21.00 lu-sa, 9.00-
13.00 y 18.00-21.00 do jun-sep, 8.00-20.00
lu-sa, 9.00-13.00 do oct-may)

Agencias de viajes
Atlas Travel Agency (434 933; www.atlas-croatia.com; Eufrazijeva 63) Reserva excursiones.

Di Tours (432 100; www.di-tours.hr; Prvomajska 2) Busca alojamiento en casas particulares.

Fiore Tours (431 397; www.fiore.hr; Mate
Vlašića 6) También para alojamiento en casas
particulares.

Sunny Way (452 021; sunnyway@pu.t-com.
hr; Alda Negrija 1) Se especializa en billetes de
barco y excursiones a Italia y por Croacia.

Cómo llegar y salir

Ustica Line (www.usticalines.it) opera catamaranes a Trieste todos los días menos los lunes
(160 HRK; 1½ h). Hay cuatro catamaranes rápidos
diarios a Venecia en temporada alta (2 h, ida
225-474 HRK, ida y vuelta 300-880 HRK), de las
siguientes compañías:

Astarea (451 100) La más barata.

Commodore Cruises (www.commodore-cruises.hr)

Venezia Lines (www.venezialines.com)

La **estación de autobuses** (432 153; Rade
Končara 1) está al borde del casco viejo, detrás
de Rade Končara.

AUTOBUSES DESDE POREČ

DESTINO	PRECIO (HRK)	DURACIÓN	SERVICIOS DIARIOS
Pula	54	1–1½ h	8
Rijeka	85	2 h	7
Rovinj	42	45 min	6
Zagreb	218	4 h	7

Entre Poreč y Rovinj el autobús va bordeando el Limska Draga Fjord. Para verlo bien, hay que sentarse en el lado derecho cuando se va hacia el sur y viceversa.

La estación de trenes más cercana es la de Pazin, 37 km al este. Hay unos seis autobuses diarios desde Poreč (37 HRK, 45 min).

Cómo desplazarse

Alquilan bicicletas por unas 70 HRK al día. De mayo a principios de octubre hay un tren turístico regular que va desde Šetalište Antuna Štifaniča, en el puerto deportivo, hasta Plava Laguna (15 HRK) y Zelena Laguna (15 HRK). Un barco de pasajeros (15 HRK) cubre el mismo trayecto desde el desembarcadero de *ferries* cada hora desde las 9.00 hasta justo antes de las 24.00. Los frecuentes autobuses a Vrsar efectúan parada en Plava Laguna, Zelena Laguna y los otros complejos turísticos al sur de la ciudad.

INTERIOR DE ISTRIA

Al alejarse de la costa de Istria se observará que las multitudes se disipan, que los complejos hoteleros desaparecen y que en su lugar aparece un paisaje natural de pueblos medievales, bosques de pinos, fértiles valles y colinas salpicadas de viñedos. El ritmo de vida es considerablemente más lento, al adaptarse menos a las necesidades de los turistas y más a las exigencias de la vendimia, de la recolección de trufas y de espárragos silvestres o del cultivo de los olivos. Las granjas abren sus puertas a los visitantes en busca de experiencias auténticas, las tabernas rústicas perdidas en medio de la nada sirven deliciosos platos, y los mejores vinicultores croatas ofrecen catas en sus bodegas. Los pueblecitos perdidos que en otro tiempo parecían condenados al abandono están atrayendo a colonias de artistas y artesanos, así como a extranjeros adinerados. Aunque muchos comparan esta región con la Toscana, y la influencia italiana es innegable, es un mundo diferente a todo: único, atractivo e íntegro.

Para explorar esta zona se necesitará un coche, ya que los servicios de tren y autobús son poco frecuentes. La buena noticia es que el mar nunca queda lejos.

Labin

12 426 HAB.

En lo alto de un cerro junto a la costa, esta villa es, sin duda, lo más destacado de la Istria oriental, así como su centro histórico y administrativo. Aquí la joya es el casco antiguo, encantador popurrí de empinadas calles, callejuelas empedradas y casas de color pastel con elementos decorativos en piedra.

A sus pies se alza la desangelada población nueva, que se desarrolló con la minería del carbón. Labin fue la capital de la minería istriana hasta la década de 1970, y su colina quedó tan perforada que la ciudad empezó a hundirse. En 1999 se interrumpieron las extracciones, se hicieron las reparaciones necesarias y la población emergió con una nueva vocación turística.

Labin tiene mucho que ofrecer para una visita de un día. El tortuoso casco viejo oculta un insólito museo en un palacio barroco, profusión de iglesias y palacios de inspiración veneciana y unas cuantas galerías y tiendas de artesanía. El centro turístico de Rabac, en la costa 5 km al suroeste de Labin, está sobrecargado de casas, hoteles y apartamentos abarrotados de turistas, pero las playas no están mal y puede ser un buen destino para pasar la tarde.

Puntos de interés

Deambular por las calles medievales de Labin es lo mejor de cualquier visita. Labin tiene dos partes: la villa de arriba, con casi todos los puntos de interés y atracciones; y Podlabin, la población de abajo, con la mayor parte de las tiendas, restaurantes y servicios del lugar.

Museo de la Ciudad   MUSEO
(Gradski Muzej; 1 Maja 6; adultos/reducida 15/10 HRK; ☉10.00-13.00 y 18.00-21.00 lu-sa, 10.00-13.00 do jul-sep, 8.00-15.00 lu-vi oct-jun) Ocupa el palacio Battiala-Lazzarini, barroco, del s. XVIII. La planta baja está dedicada a hallazgos arqueológicos. La primera planta presenta una colección de instrumentos musicales con algunos elementos interactivos divertidos; la superior, una galería de arte contemporáneo. El museo se encuentra sobre un pozo minero que se ha convertido en una realista recreación de una auténtica mina de carbón. Al ir avanzando por los claustrofóbicos túneles se tendrá una idea de la dura vida de los mineros.

Fortaleza   FORTALEZA
(Forica) En el borde este de Labin, es su punto más alto. Se llega caminando por Ulica 1 Maja o tomando el camino más largo que sigue las murallas por Šetalište San Marco. Abajo se despliega una panorámica de la costa, la cadena montañosa de Učka y la isla de Cres.

OTROS RINCONES DE ISTRIA

Los numerosos encantos de Istria no caben en un único capítulo de una guía. Para quienes deseen ver más cosas, he aquí un resumen.

Novigrad es una atractiva ciudad antigua apretujada en una península, 20 minutos (18 km) al norte de Poreč. Tiene uno de los mejores restaurantes de Istria, Damir i Ornella (✆758 134; Zidine 5), taberna famosa por su pescado crudo, donde la langosta a la parrilla y el *sushi* y el *sashimi* a la mediterránea son una delicia.

El pueblo pesquero de Savudrija es el punto más occidental de Croacia y tiene el faro (www.lighthouses-croatia.com) más antiguo de Istria, construido en 1818. El faro se alquila por semanas (1150 HRK/para cuatro personas).

Vrsar, más o menos entre Rovinj y Poreč, es una encantadora ciudad pesquera enclavada en un alto, con una mescolanza de edificios medievales. Más tranquila que sus vecinas, tiene un parque de esculturas al aire libre con obras del célebre escultor croata Dušan Džamonja.

En el interior, los aficionados al arte deben ver en Beram, cerca de Pazin, los impresionantes frescos del s. xv de la iglesia de Santa María de Škriljine; la oficina de turismo de Pazin tiene los datos. La *konoba* (taberna) del pueblo, llamada Vela Vrata (☉ma-do; platos principales desde 40 HRK), sirve estupenda pasta casera, buena carne y exquisitas crepes con *skuta* (requesón) y miel, acompañadas de frondosas vistas.

No lejos de Poreč está la cueva de Baredine (www.baredine.com), con salas subterráneas cuajadas de estalactitas y estalagmitas; varias agencias de viajes ofrecen excursiones.

Cerca de Labin está la ciudad más joven de Istria, Raša, ejemplo de la arquitectura funcionalista-modernista surgida bajo Mussolini en los años treinta.

Sobre un cerro al norte de Motovun se halla Oprtalj, menos urbanizada que su vecina, con cipreses y fantásticas vistas del paisaje circundante.

No hay que perderse Kotli, pueblo antiguo abandonado a orillas del río Mirna, a 1,5 km de la carretera principal entre Hum y Roč. Este conjunto rural protegido conserva sus patios, escaleras exteriores, pasadizos abovedados y pintorescas chimeneas.

Los amantes de la buena mesa deben ir a Konoba Morgan (☉ma-do; platos principales desde 60 HRK), 2 km al noreste de Brtonigla en la carretera de Buje. Tiene una linda terraza en una colina con vistas panorámicas de la campiña. La carta, que cambia a diario, se centra en la caza y en ingredientes de temporada como la trufa y el espárrago.

Los ciclistas no deben perderse la ruta ciclista Parenzana (www.istria-bike.com), que sigue la vía de ferrocarril, ahora en desuso, que de 1902 a 1935 funcionó entre Trieste y Poreč. Cruza tres países, Italia, Eslovenia y Croacia; el tramo croata tiene 80 km.

También vale la pena ir al Observatorio de Višnjan (www.astro.hr; ✆091 449 1788), en el interior de la Istria occidental, a 13 km de Poreč. Opera desde los setenta y es el tercero del mundo por el número de asteroides descubiertos. Aunque esté orientado a fines educativos, es un sitio encantador. El observatorio se reubicó hace poco en un precioso parque sobre un cerro, con un "edificio ciberromántico" que alberga el telescopio, fragantes pinares e increíbles vistas que en días claros muestran la curvatura de la tierra. Hay que llamar con antelación para reservar circuitos gratuitos (donativo recomendado) o visitarlo durante los dos días del AstroFest, festival que empieza el 21 de junio (solsticio de verano) y ofrece música New Age, percusión y mucha observación de astros.

Lonja   EDIFICIO HISTÓRICO

(Titov Trg) Esta lonja, edificada en 1550, era en el siglo xvi el centro comunal de Labin: aquí se proclamaban las noticias y los veredictos de los juicios, se celebraban las ferias y se ponía a los díscolos en la picota. Hoy alberga en verano un mercado de antigüedades más bien caro.

Iglesia de la Natividad de la Virgen

IGLESIA

(Ulica 1 Maja; ☉Solo misas) No hay que perderse esta mezcla de estilos gótico veneciano y renacentista con un león veneciano de fina talla sobre el portal. Nótese, a la derecha del templo, el renacentista palacio Scampicchio (s. xv), con un patio interior.

✨ Fiestas y celebraciones

En julio y agosto, el festival **Labin República de Arte** (Labin Art Republika) se adueña de esta población donde viven y trabajan más de treinta artistas. Durante el festival, la ciudad se llena de vida con representaciones de teatro callejero, conciertos, obras, payasos y estudios abiertos.

🛏 Dónde dormir

En el mismo Labin no hay hoteles. En Rabac la oferta es abundante, aunque se compone fundamentalmente de grandes complejos hoteleros, con unos pocos sitios más pequeños. **Valamar** (www.valamar.com) gestiona aquí 10 establecimientos, entre ellos dos de lujo (Valamar Sanfior Hotel y Valamar Bellevue Hotel & Residence); cuatro de tres estrellas, un pueblo turístico, un complejo de apartamentos y otro de villas. En plena temporada alta (agosto) la gama de precios es muy amplia, de 1250-1700 HRK por una habitación doble en un hotel de cuatro estrellas con media pensión, hasta 890-1190 HRK en uno de dos estrellas. También hay apartamentos y estudios para dos personas en complejos de villas de dos estrellas, de tres y de lujo. Las estancias de menos de tres noches tienen recargo.

Maslinica (✆884 150; www.maslinica-rabac.com) Tiene tres establecimientos de precio medio en la bahía de Maslinica: el Hotel Hedera, el Hotel Mimosa y el Hotel Narcis, este último con todo incluido. Las dobles cuestan desde 846 HRK con media pensión; las individuales, 423 HRK. También gestiona el **Camp Oliva** (✆872 258; Rabac bb; 75 HRK por parcela), en la misma playa de Rabac, frente a los grandes hoteles.

Dos hoteles independientes con más carácter son el **Hotel Amfora** (✆872 222; www.hotel-amfora.com; Rabac bb; i/d 253/810 HRK; P ❄ ☱), en la ciudad, y el pijo **Villa Annette** (✆884 222; www.villaannette.hr; Raška 24; i/d 854/1222 HRK; P ❄ @ ☱), en la ladera de una colina; este último tiene una piscina sobre la bahía. Ambos aplican un recargo para estancias de menos de tres noches.

La agencia de viajes Veritas busca habitaciones dobles y apartamentos (190 HRK/285 HRK) en el casco viejo de Labin.

🍴 Dónde comer

Labin es conocido por sus trufas cocinadas con pasta o huevos, generalmente a buen precio. Rabac cuenta con muchos restaurantes donde se sirven platos típicos de pescado y marisco, pero la mayoría de ellos están destinados a los turistas menos exigentes.

Gostiona Kvarner   COCINA ISTRIANA €
(Šetalište San Marco bb; platos principales desde 55 HRK) A un paso de Titov trg, este restaurante tiene una terraza que da al mar, buena comida y una fiel parroquia local. Los espaguetis con trufa cuestan solo 80 HRK, una ganga.

ℹ Información

Asistencia sanitaria (✆855 333; Kature Nove bb)

Oficina principal de turismo (✆855 560; www.rabac-labin.com; Aldo Negri 20; ⊙7.00-15.00 lu-vi) Bajo el casco viejo.

Oficina de correos (Titov trg bb; ⊙8.00-15.00 lu-vi) En el casco viejo.

Anexo de la oficina de turismo (✆852 399; Titov trg 10; ⊙8.00-21.00 lu-sa, 10.00-13.00 y 18.00-21.00 do may-oct) A la entrada del casco viejo.

Veritas (✆885 007; www.istra-veritas.hr; Ulica Sv Katarine 8) La única agencia de viajes del casco viejo; se especializa en alojamiento en casas particulares.

ℹ Cómo llegar y salir

Labin está bien comunicada en autobús con Pula (38 HRK, 1 h, 11 diarios). En verano, el autobús a Rabac (7 HRK), que pasa por el casco antiguo, sale cada hora de 6.00 a 24.00.

ℹ Cómo desplazarse

Los autobuses paran en Trg 2 Marta de Podlabin, desde donde se toma un autobús local al casco viejo. Este autobús sigue hasta Rabac en temporada alta.

Vodnjan

3700 HAB

Los aficionados a lo macabro no pueden perderse Vodnjan (Dignano en italiano), situado 10 km al norte de Pula. En el interior de una sobria iglesia de este pueblo aletargado yacen las momias que constituyen la principal atracción turística de la localidad. Hay quien atribuye poderes a estos restos seculares de santos, cuyos cuerpos se resisten milagrosamente a la descomposición.

No hay mucho más que ver en el resto del pueblo, que es el que alberga mayor población gitana de Istria. El centro es Narodni trg, formada por varios palacios neogóticos en distintos grados de deterioro y restauración.

Iglesia de San Blas
IGLESIA

(Crkva Svetog Blaža; Župani Trg; ⊙9.30-18.30 lu-sa, 14.00-18.30 do jun-sep). A un paso de Narodni trg, este hermoso templo neobarroco se erigió a principios del s. XIX, cuando Venecia marcaba el estilo en la costa istriana. Con su **campanario** de 63 m, tan alto como el de San Marcos en Venecia, es la mayor iglesia parroquial de Istria y merece una visita aunque solo sea por sus majestuosos altares.

Las **momias** (35 HRK) se encuentran en una zona separada por cortinas tras el **altar mayor**. Bajo una luz tenue se pueden ver los cuerpos completos de Nikolosa Bursa, Giovanni Olini y Leon Bembo, que parecen muñecas de madera en sus urnas de cristal. Una serie de restos corporales de otros tres santos completa la muestra. Mientras se examina la piel, el pelo y las uñas de estos cadáveres antiguos, una grabación en inglés cuenta la historia de sus vidas. Se dice que el cuerpo de san Nikolosa, considerado la momia mejor conservada de Europa, emite una circunferencia de bioenergía de 32 m que ha provocado 50 curaciones milagrosas.

Tras las momias se puede completar la visita viendo reliquias. En la sacristía está la **Colección de Arte Sacro** (Zbirka Sakralne Umjetnosti; adultos/reducida 50/25 HRK momias incl.), con cientos de **reliquias** pertenecientes a 150 santos diferentes, entre ellas la urna con la lengua de santa María de Egipcíaca. Entre las piezas menos truculentas se cuentan un políptico de san León Bembo, obra de Paolo Veneziano. Hay que ir correctamente vestido, pues el excéntrico cura de la parroquia tiene fama de echar a la gente ataviada de manera poco apropiada. Abre esporádicamente de octubre a mayo.

Dónde comer

Vodnjanka
COCINA ISTRIANA €

(Istarska bb; platos principales desde 60 HRK; ⊙cerrado do almuerzo) Este excelente restaurante regional ofrece varias salas rústicas, mucho estilo y un servicio personal. Tiene especialidades como *fuži* (pasta al huevo casera) con trufa, *maneštra* (sopa de verdura y judías parecida al *minestrone*), varias clases de *fritaja* (tortilla, a menudo servida con verduras de temporada) y *prosciutto*. De postre se puede probar el *kroštule* (masa frita con azúcar). La terraza ofrece bonitas vistas de los tejados del casco antiguo y de la aguja de la iglesia.

Información

La **oficina de turismo** (☎511 700; www.istra.hr/vodnjan; Narodni trg 3; ⊙8.00-14.00 y 7.00-21.00 jun-sep, 8.00-14.00 lu-vi oct-may) se halla en la plaza principal.

Cómo llegar y salir

Vodnjan está bien comunicado con Pula por autobús (20 HRK, 30 min, 18-20 diarios).

Svetvinčenat

300 HAB.

A medio camino entre Pazin y Pula, en el sur de Istria, Svetvinčenat, también llamado Savičenta (San Vicente), es un pueblo encantador. Sus primeros habitantes fueron los monjes benedictinos, y se estructura en torno a la renacentista plaza mayor. Con sus altos cipreses alrededor, sus edificios situados en perfecta armonía y su ambiente relajado, es un lugar delicioso para un paseo.

Puntos de interés

Castillo Grimani
CASTILLO

Este palacio del s. XIII, magníficamente conservado, ocupa el flanco norte de la plaza mayor. En una renovación veneciana del s. XVI se añadieron torres que sirvieron de residencia y de prisión. En el castillo se celebraban festivales, desfiles, ferias y cremaciones de brujas. Se dice que Marija Radoslović fue torturada y quemada en la hoguera aquí mismo, acusada de hechicería, pero en realidad fue asesinada por un romance inapropiado con uno de los Grimani.

Iglesia de la Anunciación
IGLESIA

En el lado este de la plaza, la iglesia parroquial tiene una fachada trilobulada renacentista de piedra local y, en el interior, cinco altares venecianos de mármol muy elaborados.

Fiestas y celebraciones

Hay que ir a Svetvinčenat a mediados de julio, durante su anual **Festival de Danza y Teatro No Verbal** (www.svetvincenatfestival.com). El festival presenta obras de danza contemporánea, teatro callejero, actuaciones circenses y de mímica, así como otras formas de expresión no verbal. Este evento internacional acoge a intérpretes de toda Croacia y del resto de Europa, y desde espectáculos finlandeses de *hip-hop* hasta *capoeira* brasileña.

🛏 Dónde dormir y comer

Stancija 1904 HOTEL RURAL €€
(📞560 022; www.stancija.com; Smoljanci 2-3; i/d 518/690 HRK) En el pueblo de Smoljanci, a 3 km de Svetvinčenat, en la carretera de Bale, este sofisticado hotel rural es uno de los mejores de Istria. Una familia suizo-croata ha reconvertido una casa típica istriana de piedra, a la sombra de altos árboles añosos y rodeada de jardines de hierbas aromáticas. Ofrecen excelentes comidas (menú "Istra Gastro Mix" por 130 HRK), elaborados desayunos hasta las 12.00 y cursos de cocina. Las estancias de un día tienen un recargo del 30%.

Kod Kaštela COCINA ISTRIANA €
(Savičenta 53; platos principales desde 50 HRK) En pleno centro del pueblo, con estupendas vistas del castillo y la plaza, este restaurante regional sirve pasta casera y sabroso *pršut* (jamón). Arriba tienen habitaciones particulares para alquilar (280 HRK); pregúntese en el restaurante.

ℹ Información

La estacional **oficina de turismo** (📞560 349; www.svetvincenat.hr; ⏲9.00-14.00 lu-vi, 14.00-18.00 sa, 10.00-13.00 do) de la plaza mayor proporciona alojamiento en casas particulares del pueblo y alrededores, folletos y un mapa de la nueva senda ciclista de 35 km que va de Svetvinčenat a Sveti Petar, con tablones informativos en inglés sobre la historia y la fauna y flora de la zona.

Pazin

9227 HAB

Famosa especialmente por la enorme sima que inspiró a Julio Verne y por su castillo medieval, esta pequeña ciudad del centro de Istria merece una visita, sobre todo por estos dos motivos, pero parte de su encanto es su ambiente rural y la ausencia de extranjeros pateando sus calles. La mayor parte del centro es peatonal y el pueblo está rodeado por típica campiña istriana.

Situada en el corazón geográfico de Istria, Pazin es la capital administrativa de la comarca y tiene muy buenas comunicaciones por carretera y ferrocarril con casi cualquier destino de la región. La oferta hotelera y de restaurantes es escasa, así que más vale visitarla en una excursión de un día, ya que está a menos de una hora de camino desde la mayoría de las localidades istrianas. No obstante, el campo que rodea Pazin ofrece la posibilidad de practicar muchas actividades, como senderismo, escalada libre, ciclismo o visitas a los fabricantes de miel artesanos.

⦿ Puntos de interés

Sima de Pazin CUEVA
(www.pazinska-jama.com; adultos/reducida 30/10 HRK; ⏲10.00-18.00 jul y ago, reducido sep-jun) Sin duda lo más famoso de Pazin es este abismo de unos 100 m donde el río Pazinčica penetra bajo tierra y forma tres lagos subterráneos. Sus umbrías profundidades espolearon la imaginación de Julio Verne y numerosos escritores croatas. Se puede entrar en el cañón natural caminando por un **sendero señalizado** de 1300 m, recorrido de unos 45 minutos con una serpenteante ascensión. Hay dos entradas, una junto al Hotel Lovac y otra junto al puente peatonal que cruza la sima a 100 m del castillo. La entrada a la sima es gratuita de oc-

---

MATÍAS SANDORF Y LA SIMA DE PAZIN

El escritor conocido por sus viajes alrededor del mundo en 80 días, al centro de la tierra y de 20 000 leguas bajo el mar, halló inspiración en el centro de Istria. Futurista y fantasioso, el francés Julio Verne (1828-1905) ambientó en el castillo y la sima de Pazin su *Matías Sandorf* (1885), uno de los 27 libros de la serie "Viajes extraordinarios".

En la novela, llevada después al cine, la policía austriaca arresta por revolucionarios al conde Matías Sandorf y a dos amigos, encerrándolos en el castillo de Pazin. Sandorf se fuga bajando por un pararrayos pero, alcanzado por un rayo, cae al rugiente río Pazinčica. Arrastrado a las tenebrosas profundidades de la sima, nuestro valeroso héroe se aferra a un tronco, y 6 horas más tarde el revuelto río lo deposita en la tranquila entrada del Limska Draga Fjord. Llega a Rovinj andando y se le ve por última vez lanzándose al mar desde un acantilado en medio de una lluvia de balas.

Aunque Verne, que se basó en fotos y relatos de viajeros para urdir la aventura de Sandorf, jamás estuvo aquí, Pazin aprovecha cualquier oportunidad para homenajearlo. Hay una calle con su nombre, jornadas dedicadas a él y una web del **Jules Verne Club** (www.ice.hr/davors/jvclub.htm), ubicado en Pazin.

TRANSPORTE DESDE PAZIN

Autobús

DESTINO	PRECIO (HRK)	DURACIÓN	SERVICIOS
Motovun	28	30 min	2 diarios lu-vi
Osijek	275	8 h	1 diario
Poreč	37	45 min	5 diarios
Pula	45	50 min	2 diarios
Rijeka	46-57	1 h	5 diarios
Rovinj	36-41	40 min	5 diarios
Trieste (Italia)	60-70	2 h	1 diario lu-sa
Zagreb	173-197	3-4 h	10 diarios

Tren

DESTINO	PRECIO (HRK)	DURACIÓN	SERVICIOS DIARIOS
Buzet	22	50 min	6
Liubliana	116	3½-4½ h	2, con transbordo en Buzet o Divača
Pula	32	1 h	7-9
Zagreb	118	5-8½ h	4

tubre a abril; no hay personal, así que el recorrido es por cuenta y riesgo del visitante. Si se reserva por adelantado a través de la oficina de turismo se puede entrar a la gruta con un espeleólogo experto (100 HRK). Si la caminata por la sima no despierta el interés del visitante, también hay un **mirador** en el exterior del castillo.

Kaštel CASTILLO
(Trg Istarskog Razvoda 1) Junto a la sima, el imponente castillo de Pazin es la construcción medieval más grande y mejor conservada de toda Istria. Mencionado por primera vez en el año 983, es una mezcla de estilos románico, gótico y renacentista. Alberga en su interior dos museos; el precio de la entrada da derecho a ver ambos. El Museo de la Ciudad (adultos/reducida 25/18 HRK; 10.00-18.00 lu-do jul y ago, reducido sep-jun) tiene una colección de campanas de iglesia istrianas medievales, una muestra sobre revueltas de esclavos y, en las mazmorras, instrumentos de tortura. El Museo Etnográfico (www.emi.hr) muestra más de cuatro mil piezas que ilustran la vida rural istriana tradicional, como prendas de vestir, herramientas y alfarería. Tiene el mismo horario que el Museo de la Ciudad.

Fiestas y celebraciones

El primer martes de cada mes tiene lugar la Feria de Pazin, con productos de toda Istria. Los Días de Julio Verne, la última semana de junio, es el modo en que honra Pazin al escritor que colocó a la ciudad en el mapa cultural. Se organizan carreras, representaciones de su novela y excursiones que siguen los pasos del héroe de Verne, Matías Sandorf.

Dónde dormir y comer

La oficina de turismo puede ser de ayuda en la búsqueda de alojamiento en casas privadas, que suele tener un precio razonable (100 HRK/persona).

Hotel Lovac HOTEL €
(624 324; Šime Kurelića 4; i/d 268/466 HRK; P) Es el único del lugar, en el borde oeste de Pazin. Su arquitectura de finales de los sesenta sería de lo más atractivo si las habitaciones estuvieran bien mantenidas. Hay que solicitar una de las renovadas, con vistas a la sima. Su restaurante sirve comida aceptable, sobre todo porque en el mismo Pazin no hay restaurantes de calidad.

Información

La mejor fuente es la **oficina de turismo** (622 460; www.tzpazin.hr; Franine i Jurine 14; 9.00-19.00 lu-vi, 10.00-13.00 sa jul y ago, 9.00-16.00 lu-vi, 10.00-13.00 sa sep-jun), que también se ocupa de toda la región central de Istria. Facilita un mapa de rutas de senderismo y colmenares (se puede visitar a los apicultores y probar su deliciosa miel de acacia) y un folleto sobre bodegas de los alrededores de Pazin. También resulta útil **Futura Travel** (621 045; www.futura-travel.hr; 25 Rujna 42), que cambia dinero y reserva excursiones a otros lugares de interés en Croacia, así como a Venecia.

Cómo llegar y salir

Estación de autobuses (624 364; Šetalište Pazinske Gimnazije) El servicio se reduce en fin de semana.

Estación de trenes (624 310; Od Stareh Kostanji 3b) El trayecto en tren a Zagreb tiene un tramo en autobús de Lupoglav a Rijeka. El servicio se reduce en fin de semana.

Cómo desplazarse

Pazin es bastante compacto, extendiéndose poco más de 1 km desde la estación de trenes en su extremo este hasta el Kaštel en el oeste. La estación de autobuses queda 200 m al oeste de la de trenes, y el casco antiguo abarca los 200 m que llevan al Kaštel.

Gračišće

Esta aletargada villa medieval rodeada de onduladas colinas, 7 km al sureste de Pazin, es uno de los secretos mejor guardados de Istria. Entre sus antiguos edificios se incluyen el **palacio de Salomón**, gótico veneciano del s. XV; la románica **iglesia de Santa Eufemia** y la **iglesia de Santa María**, de 1425.

Casi todos ellos están sin restaurar, aunque algo se está haciendo. No se tarda más de 30 minutos en recorrer la población, que tiene mucho sabor. De aquí sale una **ruta de senderismo** de 11,5 km, bien marcada con letreros.

Otro motivo para visitarla es la comida casera istriana de **Konoba Marino** (platos principales desde 55 HRK; cerrado mi). Esta acogedora taberna sirve copiosas raciones de *fuži* con carne de caza, *ombolo* (lomo de cerdo) con repollo y una serie de platos con trufa. Sus amables dueños regentan también **Poli Luce** (687 081; www.konoba-marino-gracisce.hr; h 125 HRK por persona, desayuno 25 HRK; P), linda casa del pueblo restaurada con cuatro encantadoras habitaciones rústicas.

Buzet

6059 HAB.

Aunque no sea el pueblo más fascinante del contorno, el aletargado Buzet, 39 km al noreste de Poreč, a orillas del río Mirna, permite entrever la gracia de la vieja Istria. Fundado por los romanos, adquirió verdadera importancia bajo los venecianos, que lo dotaron de murallas, puertas y varias iglesias. Con sus edificios de piedra gris en varias fases de decadencia y renovación, y con sus calles adoquinadas prácticamente desiertas (hace tiempo que la mayoría de los habitantes de Buzet se han trasladado a los pies de la colina, en la poco atractiva parte nueva del pueblo), el casco antiguo es un lugar tranquilo pero con encanto.

Es un placer deambular por las laberínticas callejuelas y plazas, cuyos puntos de interés están bien marcados con placas en inglés. La otra razón para visitarlo es la soberbia trufa. Al encontrarse en el epicentro de una región productora, ofrece diversos modos de aprovechar este hongo aromático, desde la degustación en el excelente restaurante del casco antiguo hasta diversas actividades relacionadas con la trufa. La mejor es el **Festival de Subotina,** que se celebra el segundo sábado de septiembre y abre la temporada de la trufa blanca, que dura hasta diciembre. Su punto culminante es la preparación de una gigantesca tortilla de trufas (con más de dos mil huevos y 10 kg de trufas) en una sartén de 1000 kg.

Puntos de interés y actividades

La mayor parte de los negocios se encuentra en el nuevo barrio de Fontana, por debajo del casco antiguo. Trg Fontana es la pequeña plaza central, con unos cuantos cafés y tiendas. Si se dispone de vehículo propio, hay que aparcar junto al cementerio, en la colina, y caminar 10 minutos para subir hasta el casco antiguo.

Museo Regional   MUSEO
(Zavičajni Muzej Buzet; Ulica Rašporskih Kapetana 5; adultos/reducida 15/10 HRK; 9.00-15.00 lu-vi, previa cita vía oficina de turismo sa y do) En un palacio del s. XVII, es el principal punto de interés de Buzet. El museo muestra una colección de artefactos prehistóricos y romanos, así como algunas piezas etnológicas, como herramientas para el campo y vestidos tradicionales.

También se recomiendan:

Pozo barroco   RUINA
Este exquisito pozo con un león veneciano en relieve, restaurado en 1789, está en una plaza pocos metros al norte del museo.

SETAS MÁGICAS

El comercio de la trufa no es tanto un negocio como un culto muy rentable. Gira alrededor de un caro hongo subterráneo y maloliente dotado de unos poderes casi mágicos, que se recoge en la profundidad de los bosques y se vende incluso en otros países por una pequeña fortuna. Sus incondicionales afirman que una vez se ha probado esta pequeña delicia en forma de nuez, el resto de sabores parecen insulsos.

Hay 70 tipos de trufas en el mundo, 34 de las cuales proceden de Europa. Los países donde se producen tradicionalmente las trufas son Italia, Francia y España, pero los bosques istrianos albergan tres tipos de trufas negras, así como la gran trufa blanca (una de las más valoradas del mundo, a 34 000 HRK/kg). El mayor exportador de trufas istrianas de Croacia es Zigante Tartufi, que copa el 90% de las exportaciones croatas. En 1999 el dueño de la empresa, Giancarlo Zigante, junto a su perra Diana, encontró la mayor trufa de Istria, de 1,310 kg, lo que la llevó al *Libro Guinness de los récords*.

En Istria el negocio de las trufas es relativamente reciente. En 1932, cuando estaba ocupada por Italia, un soldado italiano procedente de Alba, capital italiana de la trufa, afirmó que veía similitudes entre la vegetación de su región y la de Istria. Tras acabar el servicio volvió con perros especialmente entrenados que, tras olisquear y cavar un poco, descubrieron el precioso hongo.

Dado que por encima de la superficie no se observan señales de la trufa, los seres humanos no pueden detectarlas, de modo que la clave para la "caza" de trufas es el uso de perros (o, tradicionalmente, cerdos). Los perros rastreadores de trufas istrianos *(breks)* pueden parecer chuchos, pero están muy bien adiestrados. Los cachorros empiezan el entrenamiento a los dos meses, pero solo uno de cada cinco consigue hacerse una carrera como rastreador de trufas.

La temporada de trufas empieza en octubre y se prolonga tres meses, durante los cuales por lo menos 3000 personas y de 9000 a 12 000 perros recorren los húmedos bosques de Motovun. El epicentro de la región trufícola es el pueblo de Buzet.

Aunque algunos creen que las trufas son afrodisíacas, las investigaciones científicas no lo han demostrado. Cada cual puede llevar a cabo su propio experimento.

Circuitos

'Caza' de la trufa BÚSQUEDA DE TRUFAS
(667 304; www.karlictartufi.hr; Paladini 14) Para a ir a buscar trufas hay que contactar con la familia Karlić, que vive en el pueblo de Paladini, a 12 km de Buzet; hay que solicitar con antelación un circuito en inglés (150-200 HRK por persona), que incluye degustación de quesos y trufas, un relato sobre trufas y una batida por el bosque que dura hasta 2 horas.

Dónde dormir y comer

Varias granjas de la zona tienen habitaciones y apartamentos para alquilar (desde 100 HRK por persona). La oficina de turismo facilita los detalles e información de contacto. En el pueblo solo hay un hotel.

Hotel Fontana HOTEL €
(662 615; www.hotelfontanabuzet.com; Trg Fontana 1; i/d 330/460 HRK; P) Es un bloque de hormigón de los años setenta. Las enmoquetadas habitaciones necesitan serias reformas, aunque algunas se han acicalado y casi todas tienen terraza. La decoración en blanco y rojo anima un poco la estancia.

Stara Oštarija COCINA ISTRIANA €
(Petra Flega 5; platos principales desde 65 HRK) Es el sitio ideal donde probar las trufas en el casco antiguo. Tiene hasta helado de aceite de oliva y trufa. Para darse un gusto, hay que pedir el menú *slow-food* de trufas, con cinco platos y postre (690 HRK para dos), y disfrutar de las vistas sobre el valle.

De compras

Zigante Tartufi TIENDA
(www.zigantetartufi.com; Trg Fontana) Hay trufas en todas sus formas: enteras, cortadas en rebanadas a mano, en puré y con aceitunas o setas.

Información

La **oficina de turismo** (662 343; www.tz-buzet.hr; Trg Fontana 7/1; 8.00-15.00 lu-vi, 9.00-14.00 sa abr-oct, 8.00-15.00 lu-vi nov-mar) tiene información sobre alojamiento y profusión de mapas y folletos sobre rutas del vino, del aceite de oliva y de la trufa de toda la región, además de diversas actividades como senderismo, bicicleta (con 13 nuevas rutas por los alrededores de Buzet) y parapente. Va a trasladarse al casco viejo, así que habrá que buscar su nueva ubicación.

Istriana Travel (667 022; www.istrianatravel.hr; Vrh 28) ofrece excursiones de búsqueda de trufas, un taller de frescos, circuitos en bici, senderismo, parapente y otras cosas.

Cómo llegar y salir

Buzet está comunicado por autobús con Poreč (41-69 HRK, 1-2 h, 2 diarios), Rijeka (52 HRK, 1 h, 3-5 diarios) y Pula (60 HRK, 2 h, 1 diario excepto do). En el pueblo no hay estación de autobuses; la parada está junto al primer semáforo de Fontana, en Rijeka; en la oficina de turismo se pueden obtener los horarios.

La **estación de trenes** (662 899) queda 4 km al norte del centro; al no haber transporte público, se va a pie o en taxi. Hay un tren a Pula (47 HRK, 2 h, 5 diarios) y Liubliana (75-80 HRK, 2½-3 h, 2 diarios en verano, 1 resto del año), uno de los servicios a Liubliana con transbordo en Divača. Todos los servicios se reducen los fines de semana.

Alrededores de Buzet

Con onduladas colinas, bosques, pastos y viñedos, resultan ideales para una memorable excursión en automóvil. La verdad es que se necesita disponer de vehículo propio para recorrer la zona.

ROČ

El pequeño y aletargado Roč, 8 km al sureste de Buzet, está encajado entre murallas del s. xv. Al recorrerlo se verá la románica **iglesia de San Antonio,** una **casa renacentista** del s. xv en la plaza contigua y un **lapidario romano** en el interior de la puerta de la villa. La **oficina de turismo** (9.00-19.00 ma-do jul-sep, 10.30-17.30 sa y do oct-jun) tiene las llaves de las iglesias del lugar, así que hay que pedirlas si se quiere ver su interior; también cuenta con una réplica de la imprenta de Gutenberg e informa sobre el taller de frescos que se ofrece en Roč.

Roč se pasa la mayoría del año en letargo y solo despierta con el **Festival del Acordeón** celebrado el segundo domingo de mayo, que congrega a acordeonistas de toda Croacia, Italia y Eslovenia.

En uno de los edificios de piedra está la **Ročka Konoba** (platos principales desde 35 HRK; ma-do), restaurante típico con mesas fuera y chimenea dentro. Sirve especialidades istrianas como *fuži,* salchichas caseras y *maneštra*. En el pueblo se alquilan habitaciones en casas particulares a unas 100 HRK por noche; la oficina de turismo tiene los datos.

Roč está en la línea de tren Pula-Buzet, aunque la estación queda 1500 m al este.

HUM

A las afueras de Roč, 11 esculturas al aire libre a lo largo de la carretera forman la **Avenida de los Glagolíticos,** que conmemora la importancia de la zona como centro del alfabeto eslavo más antiguo. Cerca, un club hípico ofrece paseos a caballo, desde 120 HRK por hora; hay que informarse en la oficina de turismo de Buzet.

La ruta recorre 7 km hacia el suroeste y acaba en **Hum,** un lugar muy bien conservado que se anuncia como el pueblo más pequeño del mundo, con una población permanente de 23 personas. Cuenta la leyenda que a los gigantes que crearon Istria les sobraron solo unas cuantas piedras, y las usaron para construir Hum.

Encantador, en verano recibe un flujo constante de gente que viene a deambular por sus callejuelas y a ver el **Museo de la Ciudad** (Gradski Muzej; gratis; 10.00-19.00 mar-nov, solo fines de semana dic-feb), que muestra algunas herramientas antiguas del pueblo pero funciona más bien como tienda de recuerdos. Solo se tarda 30 minutos en visitar el pueblo siguiendo un circuito sin guía, ya que cada iglesia y edificio está señalizado con carteles informativos en varias lenguas. Si las puertas del pueblo están cerradas, no hay más que empujarlas para entrar. No hay que dejar de ver los frescos románicos del s. xii que hay en la **capilla de San Jerónimo** (Crkvica Svetog Jerolima), que representan la vida de Jesucristo con unos colores especialmente vivos. La capilla, extramuros junto al cementerio, está cerrada; la llave se pide en la taberna del pueblo.

Esa misma taberna es razón suficiente para visitar Hum. Además de servir platos típicos istrianos de primera, **Humska Konoba** (Hum 2; www.hum.hr; platos principales desde 35 HRK; cerrado lu nov-abr, solo fines de semana invierno) tiene una preciosa terraza con vistas panorámicas. Se empieza con un chupito de dulce *biska* (grapa de muérdago según la antigua receta celta), se continúa con *maneštra od bobića* (sopa de judías y maíz tierno) seguida de *fuži* con trufa por encima, y se termina con *kroštuli* (crujien-

LOS MEJORES ALOJAMIENTOS RURALES DE ISTRIA

Son cada vez más los visitantes que optan por el "agroturismo" para alojarse en la Istria interior. Estos establecimientos pueden ser granjas en activo dedicadas a la producción de vino, hortalizas y aves de corral; casas de campo de categoría que alquilan habitaciones rústicas; o elegantes villas modernas con piscina. Todos destacan por ofrecer comida saludable y ocasión de practicar el senderismo y paseos en bicicleta.

La oficina istriana de turismo publica un folleto con fotos e información sobre vacaciones rurales en Istria; también puede consultarse www.istra.com/agroturizam. Se precisa disponer de vehículo propio para ir a casi todos estos alojamientos, a menudo en lugares apartados. Suele haber un recargo para estancias de menos de tres noches.

Se estará entre caballos, ovejas, gallinas, patos y burros en el Agroturizam Ograde (693 035; www.agroturizam-ograde.hr; Katun Lindarski 60; 250 HRK/persona, desayuno incl.; P), sito en el pueblo de Katun Lindarski, 10 km al sur de Pazin. La comida, servida en una oscura y fresca *konoba*, es una maravilla: hortalizas del huerto, embutidos curados en casa y vino de su bodega. El alojamiento está en un edificio más nuevo en la parte de atrás, con dos apartamentos y piscina.

Cerca de Momjan, pueblo en lo alto de un cerro a 5 km de Buje, el Agroturizam San Mauro (779 033; Mauro 157; 165 HRK/persona), se especializa en catas de sus galardonados vinos (40 HRK), platos de trufa (como el delicioso pastel dulce *tartufone*) y mermeladas, mieles y zumos caseros para degustar en el desayuno. Algunas habitaciones tienen terraza y vistas al mar. Las estancias de una noche tienen un pequeño recargo. Los dos cerdos que rondan por ahí, *Jack* y *Gigi*, se han jubilado de la búsqueda de trufas.

En la parte alta de la escala, el San Rocco (725 000; www.san-rocco.hr; Srednja Ulica 2; d desde 1234 HRK; P@) es un hotel-*boutique* de primera en el pueblo de Brtonigla, cerca de Buje. Este rincón rural tiene 12 estilosas habitaciones, todas distintas pero con comodidades modernas y detalles originales. Hay piscina al aire libre, restaurante de categoría y un pequeño *spa*.

Otro hotel rural de nota es la Casa Romantica Parenzana (777 460; www.parenzana.com.hr; Volpia 3; i/d 281/562 HRK; P@), a 3 km de Buje, en el pueblo de Volpia. Ofrece 16 habitaciones de decoración rústica en piedra y madera y una *konoba* (cerrada los martes) famosa por platos istrianos como la *čripnja* (carne asada o pescado guisados con patatas sobre el hogar en una olla de hierro). Ofrece Wi-Fi, alquiler de bicis (70 HRK/día) y circuitos si se solicitan.

El Stancija 1904 (p. 126), cerca de Svetvinčenat, es otro retiro rural de primera.

---

te masa frita cubierta de azúcar). Se remata con otro chupito de *biska*. Si se quiere más, hay que aprovisionarse en la tienda Imela, al final del pueblo; es de los dueños del restaurante y tiene aceites de oliva, trufas, jamones, vinos, miel y recuerdos.

Hum está en la línea de tren Pula-Buzet, aunque la estación queda a 4 km.

SOVINJSKO POLJE

Esta aletargada aldea está en lo alto de las colinas, junto a la carretera que va de Buzet a Istarske Toplice; hay que seguir las indicaciones durante unos 4 km por una estrecha carretera llena de curvas.

Toklarija 'SLOW FOOD' €€€
(091 926 6769; Sovinjsko Polje 11; comida de 5 platos y postre 400-500 HRK vino incl.; ⊙cerrado ma) Los gastrónomos no pueden perderse su *slow food:* es uno de los sitios donde mejor se come de Istria y la razón para subir a esta aldea. El dueño, Nevio Sirotić, sirve deliciosa comida casera istriana en esta almazara de hace 600 años estupendamente reconvertida, comprada por su padre en los cincuenta. Una comida puede llevar hasta 4 horas, en las que los delicados platos se van sucediendo unos a otros; la carta cambia a diario y contiene jamón curado istriano, *funghi porcini*, ensalada de espárragos, trufas y jugosas carnes. Incluso el pan y la pasta son caseros, y todo ello va acompañado de vinos de la región, como el *teran* o el *malvazija*. Se puede comer fuera, a la sombra de los cedros, o en el acogedor comedor, junto a la chimenea. Hay que reservar con unos días de antelación.

Si se desea pernoctar, en el cercano pueblo de Sovinjak Karoca (☎663 039; Sovinjak bb) alquila sencillas habitaciones y tiene una taberna con comida casera.

Motovun
590 HAB.

Motovun es un seductor pueblecito en lo alto de una colina de 277 m de altitud, en el valle del río Mirna, unos 25 km al noreste de Poreč. Fueron los venecianos quienes decidieron fortificarlo en el s. xiv, construyendo dos gruesas murallas.

Hay una serie de galerías y tiendas antes de entrar al pueblo y entre las puertas de la muralla, como una tienda de cata de vinos y otra de alimentación Zigante. En el interior de las murallas queda un grupo de edificios románicos y góticos que contiene un puñado de estudios de artistas. Se han edificado casas más nuevas en las laderas que llevan al casco viejo, donde todos los veranos se celebra el famoso festival de cine.

Un león veneciano con cara de pocos amigos guarda la puerta exterior; tras él aparece una terraza con una logia barroca y las mesas de la terraza de un café, un lugar estupendo para contemplar la puesta de sol en el valle. Un león más alegre decora la puerta interior, que alberga un antiguo restaurante. Intramuros, en una plaza sombreada de árboles, se halla el único hotel del pueblo, un pozo antiguo y la iglesia de San Esteban.

◉ Puntos de interés y actividades

Iglesia de San Esteban IGLESIA
(Svetog Stjepana; Trg Andrea Antico) Este templo renacentista diseñado por el veneciano Andrea Palladio es lo más destacado del pueblo. Ahora atraviesa un largo proceso de renovación. Junto a la muralla interior del casco viejo se alza un **campanario** del s. xvi.

Murallas RUINAS
No hay que dejar de subirse a la muralla exterior y recorrerla para contemplar los viñedos, los campos y los robledales.

Motovun Ranch PASEOS A CABALLO
(☎098 411 404; www.motovun-ranch.com) Cerca del pueblo, ofrece clases de equitación (125 HRK/50 min), paseos de 2 horas por el río Mirna (100 HRK) y excursiones más largas por el interior de Istria.

✯ Fiestas y celebraciones

A finales de julio o principios de agosto, el **Festival de Cine de Motovun** (www.motovunfilmfestival.com) presenta películas independientes y de vanguardia. En los 10 años desde su creación, este pequeño evento ha adquirido cierta popularidad y actualmente atrae a un público considerable, con proyecciones continuas en salas y al aire libre, conciertos y fiestas.

🛏 Dónde dormir y comer

Hotel Kaštel HOTEL €€
(☎681 607; www.hotel-kastel-motovun.hr; Trg Andrea Antico 7; i/d 405/684 HRK; P@≋) Encantador, el único hotel del pueblo ofrece 33 sencillas habitaciones en un palacio restaurado del s. xvii. Por 1018 HRK se consigue uno de los tres cuartos con balcón a la frondosa plaza. Tiene un buen restaurante, con trufas y vinos istrianos, y un centro de *wellness*.

Mondo COCINA ISTRIANA €€
(Barbacan 1; platos principales desde 70 HRK; ⊗cerrado ma temporada baja) Antes de la puerta exterior de la muralla, esta tabernita con una pequeña terraza al lado tenía una clientela fiel cuando era la Barbacan. Desde entonces ha perdido algo de su encanto, pero los clásicos platos istrianos siguen siendo correctos. Se recomiendan los raviolis caseros con salsa de trufa negra.

Pod Voltom COCINA ISTRIANA €
(Trg Josefa Ressela 6; platos principales desde 60 HRK; ⊗cerrado mi) Ocupa un local abovedado con vigas de madera entre las puertas del pueblo, justo por debajo del hotel. Sirve sencillos platos istrianos y otros más elaborados, con trufa, como el *carpaccio* de carne con trufas frescas. De junio a septiembre hay que sentarse en el pórtico con estupendas vistas al valle.

Restaurant Zigante TRUFAS €€€
(☎664 302; www.zigantetartufi.com; Livade 7, Livade; platos principales desde 160 HRK) Este restaurante, que suele figurar entre los 10 mejores de Croacia, atrae a comensales exigentes que vienen desde lejos. Está unos kilómetros por debajo de Motovun, en el pueblo de Livade. Ofrece elaborada cocina de cinco estrellas, con las trufas como protagonistas: hígado de oca con patata y trufa negra, *carpaccio* de lubina fresca con trufas negras, incluso helado de trufa negra. El menú fijo de cuatro platos y postre cuesta 610-625 HRK. El complejo

tiene además tres **apartamentos de lujo** (i/d 740/1168 HRK desayuno de trufa incl.) y una tienda contigua.

❶ Información

Como en Motovun no hay oficina oficial, la **agencia de turismo** (🕿681 607; Trg Andrea Antico 8; ⊙8.00-16.00 lu-vi) del hotel es la fuente de información. Hay un cajero automático nada más pasar la entrada del pueblo, a la derecha.

Montona Tours (🕿681 970; www.montonatours.com; Kanal 10; ⊙16.00-19.00) Otra buena fuente de información; gestiona alojamiento en el centro de Istria, estancias rurales y apartamentos de particulares.

❶ Cómo llegar y salir

No es fácil visitar Motovun sin coche propio, pero los días laborables hay servicio de autobús desde Pazin (27 HRK, 40 min, 2 diarios) y Poreč (29 HRK, 45 min, 1 diario).

❶ Cómo desplazarse

Motovun dispone de tres zonas de aparcamiento. La primera está al pie del pueblo, y hay que subir una empinada cuesta de 1 km hasta las puertas de la muralla. Hay otra 300 m más abajo del casco viejo. La última es para residentes y huéspedes del hotel. A menos que uno se aloje en el hotel, de junio a septiembre los otros dos aparcamientos cuestan 15 HRK al día.

Istarske Toplice

Uno de los balnearios más antiguos y pintorescos de Croacia es el **Istarske Toplice** (www.istarske-toplice.hr), las "termas istrianas", que se remontan a la época romana. El complejo, rodeado de verdor bajo un risco de 85 m de alto, tiene un hotel en un bloque de hormigón, un nuevo centro de *wellness* y, como casi todas las localidades balnearias croatas, un leve toque geriátrico. El olor a huevos podridos se debe al alto contenido en azufre de la gran piscina al aire libre, cuya temperatura alcanza los 34ºC. Se dice que estas aguas termales combaten el reumatismo, las enfermedades cutáneas y las afecciones respiratorias. Ofrece acupuntura (150 HRK), saunas (70 HRK), varios tipos de masajes, como el de piedras calientes (225 HRK/h) o el mediterráneo (300 HRK/h), y tratamientos de belleza (desde 40 HRK); también se puede chapotear en la piscina (25 HRK).

El **Hotel Mirna** (🕿603 411; www.istarsketoplice.hr; Stjepana 60; i/d 305/530 HRK; 🅿🐾) ofrece un surtido de paquetes "todo incluido" que salen muy a cuenta, aunque sus reformadas habitaciones son bastante anodinas. El anexo recién añadido más abajo, **Sveti Stjepan** (i/d 425/730 HRK), tiene habitaciones mejores y más caras, algunas con balcón. Se puede hacer senderismo, escalada y bicicleta (10 HRK por la primera hora de alquiler, 5 HRK las siguientes) en el bosque circundante y diversas excursiones a pueblos cercanos. En el balneario, el verano es temporada baja y caen los precios.

No hay transporte público, pero el acceso al balneario por carretera es fácil: está 10 km al norte de Motovun y 11 km al sur de Buzet, en la carretera principal que conecta ambas poblaciones.

Grožnjan

193 HAB.

Hasta mediados de la década de 1960, Grožnjan, 27 km al noreste de Poreč, estaba cayendo en el olvido. Este pueblo de montaña, del que hay constancia desde 1102, fue una fortaleza de gran importancia estratégica para los venecianos en el s. XIV. Crearon un sistema de murallas y puertas y construyeron una logia, un granero y bonitas iglesias. Con la caída del Imperio veneciano, en el s. XVIII, Grožnjan empezó a perder importancia y población.

En 1965 el escultor Aleksandar Rukavina y un pequeño grupo de otros artistas descubrieron el decadente atractivo medieval de Grožnjan y empezaron a montar sus estudios en edificios abandonados. El renacimiento del pueblo llamó la atención de Jeunesses Musicales International, un programa internacional de formación de jóvenes músicos. En 1969 se estableció en Grožnjan una escuela de verano, la Jeunesses Musicales Croatia, y desde entonces se mantiene activa. Cada año se celebran cursos y recitales de música y *ballet*. Durante el verano se celebran conciertos y eventos musicales casi a diario. Se oyen los ensayos musicales mientras se curiosea en las numerosas galerías y tiendas de artesanía de este pueblecito de tortuosas callejas y frondosas plazas.

◉ Puntos de interés y actividades

Todos los puntos de interés tienen placas con explicaciones en varios idiomas. La **logia** renacentista está a la derecha de la puerta del pueblo, junto a la oficina de turismo.

Si se sigue adelante, se verá el **palacio Spinotti Morteani,** de estilo barroco, con el patio ocupado por las mesas de la terraza de la tienda-vinatería **Zigante Tartufi** (www.zigantetartufi.com; Umberta Gorjana 5). A la derecha aparece el **Kaštel,** donde se celebran muchos conciertos. Sobre el pueblo se eleva el campanario amarillo de arenisca de la **iglesia de San Vito, San Modesto y Santa Crescencia,** construido en el s. XIV y renovado en estilo barroco en 1770.

Por todo el pueblo hay más de treinta galerías y estudios; la mayoría abre sus puertas de mayo a septiembre. La **Galería Fonticus** (Gradska Galerija Fonticus; Trg Lođe 3; ◎10.00-13.00 y 17.00-20.00 ma-do) promociona la obra reciente de artistas croatas y de algunos internacionales. Aunque carece de colección permanente, alberga una pequeña muestra de parafernalia heráldica con yelmos, insignias y blasones.

Fiestas y celebraciones

Los conciertos de música estivales los organiza el **Centro Cultural Internacional de Jeunesses Musicales Croatia** (www.hgm.hr, en croata). Son gratuitos y no es necesario reservar. Suelen celebrarse en la iglesia, en la plaza principal, en la logia o en el Kaštel.

Dónde dormir y comer

Aunque en Grožnjan no hay hoteles, la Galería Fonticus funciona como oficina de turismo y su personal pone en contacto con particulares que alquilan habitaciones. Salen por unas 100 HRK por persona.

Kaya Energy Bar & Design   CAFÉ-BAR
(Vincenta iz Kastva 2) Este nuevo lugar regentado por una familia es muchas cosas a la vez: café, bar, tienda, salón de ventas y galería. Tiene un estiloso interior de piedra, unas pocas mesas fuera, en la plaza, y una linda terracita al lado con fantásticas vistas al valle. Sirve zumos recién exprimidos y una *malvazija* de la zona realmente buena a solo 10 HRK el vaso. El concepto de salón de ventas significa que se vende todo lo que hay dentro, desde bolsitas de lavanda de cultivo ecológico hasta caras joyas artesanas. Planea acoger diversos eventos y noches temáticas.

Bastia   COCINA ISTRIANA €€
(1 Svibnja 1; platos principales desde 70 HRK) El restaurante más antiguo del pueblo se encuentra en la arbolada plaza principal. Tiene una decoración viva y alegre, la carta es amplia y hace un buen uso de las trufas.

También se recomiendan:

Konoba Pintur   COCINA ISTRIANA €
(1 Svibnja bb; platos principales desde 40 HRK) Es una alternativa más barata, en la plaza principal, con mesas fuera y comida aceptable.

Cafe Vero   CAFÉ-BAR
(Trg Cornera 3) Las maravillosas vistas al valle de abajo son el principal atractivo de este sitio al final del pueblo, con mesas de madera en su terraza.

Cómo llegar y salir

Los autobuses a Grožnjan solo funcionan en temporada escolar, de modo que no hay servicios directos desde finales de junio a principios de septiembre, cuando la mayoría de los chavales tienen vacaciones. Si se llega en coche desde Motovun, no hay que tomar el primer desvío indicado a Grožnjan, ya que la carretera no está asfaltada y se tarda mucho más. Es mucho mejor seguir 1 km más hasta el siguiente cartel a Grožnjan.

Kvarner

♪ 051

Sumario »

Rijeka	137
Opatija	143
Volosko	146
Parque Nacional de Risnjak	148
Islas de Lošinj y Cres	155
Isla de Krk	160
Pueblo de Krk	161
Punat	163
Vrbnik	164
Baška	164
Isla de Rab	165
Pueblo de Rab	167
Lopar	171

Los mejores restaurantes

- » Tramerka (p. 146)
- » Bukaleta (p. 156)
- » Skalinada (p. 146)
- » Restaurant Nada (p. 164)
- » Astoria (p. 170)

Los mejores alojamientos

- » Hotel Marina (p. 162)
- » Grand Hotel Bonavia (p. 140)
- » Albergue juvenil de Veli Lošinj (p. 153)

Por qué ir

Escudado tras altas montañas, el golfo de Kvarner lleva mucho tiempo siendo una meca para los visitantes, que acuden atraídos por su clima suave y sus aguas azul cobalto. Los lazos históricos de la región con Austria y Hungría se dejan notar en las majestuosas fincas del litoral: las mansiones de estilo Habsburgo de Opatija y las casas venecianas de las islas. Hoy los vínculos con Europa central e Italia siguen muy presentes, con complejos turísticos llenos de centroeuropeos en temporada alta, aunque la región de Kvarner depara mucho más que playa.

Es fácil ir de Rijeka al enclave gastronómico de Volosko y a los parques nacionales de Učka y de Risnjak. Frente a la costa, las islas de Krk, Rab, Lošinj y Cres conservan evocadores puertos y tramos inmaculados de litoral salpicados con calas aisladas. Y no solo eso, la fauna también tiene un importante papel en la región: Cres acoge un importante proyecto de protección del buitre leonado y Lošinj, un centro marino de observación de delfines del Adriático.

Cuándo ir

Rijeka

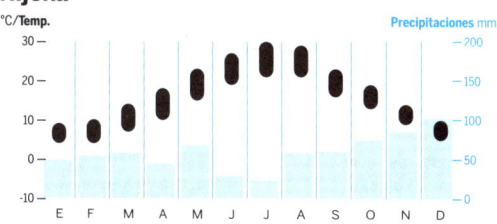

De enero a marzo Rijeka se convierte en el Río de Europa durante dos semanas de Carnaval.

Mayo y junio Frente a la costa de Lošinj se pueden ver algunos delfines.

Julio y agosto La isla de Rab se divierte con su semana de moda y su festival de *disc jockeys*.

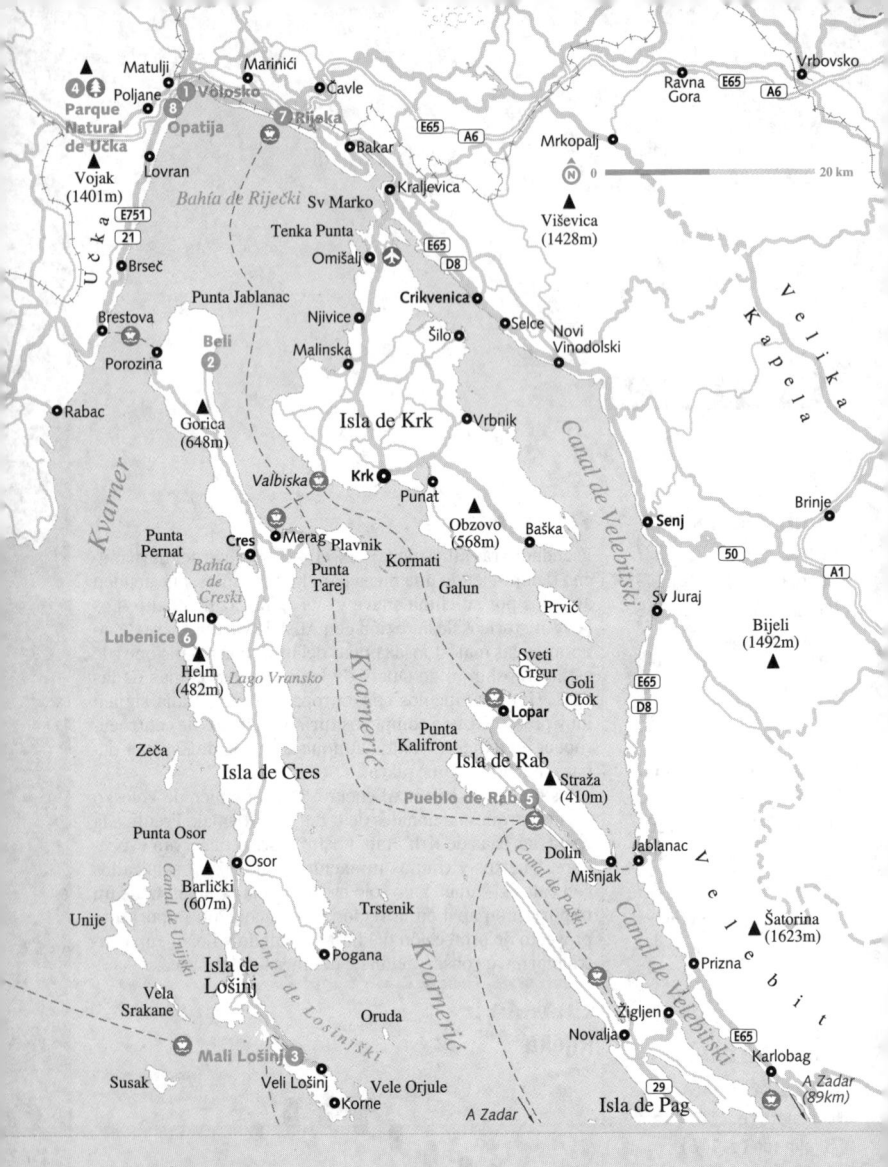

Lo más destacado

① Probar las especialidades croatas en **Volosko** (p. 146), un edén para gastrónomos.

② Saberlo todo de los **buitres leonados** (p. 158) y explorar sus dominios por los alrededores de Beli.

③ Bañarse en las numerosas **calas aisladas** (p. 149) e inmaculadas del sur de Mali Lošinj.

④ Salir de senderismo, en bicicleta o incluso en coche por el impresionante **Parque Natural de Učka** (p. 147).

⑤ Pasear por las calles empedradas del majestuoso y medieval **pueblo de Rab** (p. 167).

⑥ Sentir la soledad en **Lubenice** (p. 160) y meditar sobre su belleza y sus privaciones.

⑦ Disfrutar de las panorámicas vistas desde el **castillo de Trsat** (p. 137), en Rijeka.

⑧ Pasar por las colosales mansiones de estilo Habsburgo del **paseo** (p. 144) de Opatija.

COSTA DE KVARNER

Rijeka

137 860 HAB.

La tercera ciudad más grande de Croacia combina con armonía un gran puerto con el esplendor de los Habsburgo. La mayoría de los visitantes suelen pasarla de largo de camino a las islas o a Dalmacia, pero quien se queda se ve recompensado por su encanto y refinada cultura. Se recomienda tomar un café con los lugareños en la animada calle peatonal Korzo, visitar los museos de la ciudad y subir a la imponente fortaleza de Trsat, a horcajadas de un cerro. Rijeka también disfruta de una embriagadora vida nocturna, unos festivales interesantes y el Carnaval con más color de Croacia.

Aparte de algunos experimentos arquitectónicos deplorables en la periferia, los ornamentados edificios de estilo austrohúngaro monopolizan el centro. También es una ciudad sorprendentemente verde cuando se sale del centro urbano y cuenta con el mayor puerto de Croacia, con barcos, contenedores y grúas repartidos por una ancha franja de litoral.

Aunque Rijeka es un importante nudo de transportes, como no tiene playa y no abundan los hoteles, la mayoría de los visitantes se instala en la vecina Opatija.

Historia

Tras la aplastante conquista de los autóctonos ilirios liburnios, los romanos fundaron aquí un puerto llamado Tarsaticae. En el s. VII fueron las tribus eslavas las que emigraron a la región y levantaron un nuevo asentamiento intramuros de la antigua ciudad romana.

La ciudad fue cambiando de señores feudales (de la nobleza alemana a los duques Frankopan de Krk) para acabar en manos del Imperio austriaco a finales del s. XV. Rijeka era una importante salida al mar para los austriacos y, en 1725, se construyó una carretera que conectaba Viena con la costa de Kvarner. Esta vía activó el desarrollo económico, sobre todo en la construcción naval, aún hoy el principal sostén de la economía local.

Con el nacimiento de la monarquía austrohúngara en 1867, Rijeka fue cedida a la jurisdicción del Gobierno húngaro. Se levantaron imponentes edificios municipales y se trazó una nueva línea ferroviaria que comunicaba la ciudad con Zagreb, Budapest y Viena, con la que llegaron los primeros turistas al golfo de Kvarner.

Entre 1918, cuando las tropas italianas tomaron Rijeka e Istria, y 1942, cuando pasó a formar parte de la Yugoslavia de posguerra, cambió de manos varias veces, con períodos puntuales como ciudad libre. En 1991 Rijeka se sumó a la Croacia independiente pero aún conserva una considerable y bien organizada minoría italiana que tiene su propio periódico, *La Voce del Popolo*.

Puntos de interés

Korzo, el principal paseo peatonal, se construyó como una avenida comercial en el antiguo emplazamiento que ocupaban las murallas de la ciudad.

La maraña de calles y plazas del antiguo centro de Rijeka está espléndidamente señalizada con placas explicativas en varios idiomas. La oficina de turismo facilita mapas de esta **ruta a pie,** llamada Turistička Magistrala.

Castillo de Trsat CASTILLO

(adultos/reducida 15/5 HRK; 9.00-20.00 may-oct, 17.00 nov-abr) Esta fortaleza semiderruida del s. XIII se asienta en lo alto de una colina. A los pies de sus bastiones y murallas se extiende el valle del río Rječina hasta los muelles, el Adriático y la lejana isla de Krk; unas vistas maravillosas. La actual estructura fue construida por los duques Frankopan de Krk, pero la última remodelación en estilo clasicista Biedermeier fue llevada a cabo en 1824 cuando el conde Laval Nugent, un comandante irlandés al servicio del ejército austriaco, compró el castillo y le dio un aire romántico. El mausoleo familiar de los Nugent, de estilo griego antiguo, acoge una galería y en sus antiguas mazmorras se montan exposiciones temporales. En verano, la fortaleza presenta conciertos, obras de teatro y desfiles de moda. El café al aire libre (que en verano abre hasta medianoche) es ideal para disfrutar de las vistas.

Iglesia de Nuestra Señora de Trsat IGLESIA

(Crkva Gospe Trsatske; Frankopanski Trg; 8.00-17.00) Esta iglesia seduce a los creyentes desde hace siglos. Cuenta la leyenda que los ángeles que transportaban la casa de la Virgen María desde Nazaret hasta Loreto (Italia) descansaron en este lugar, algo que sucedió, al parecer, a finales del s. XIII. El goteo incesante de peregrinos que empezó a acudir a la capilla erigida en el lugar se aceleró cuando el papa Urbano V donó una imagen de María en 1367. El famoso cuadro

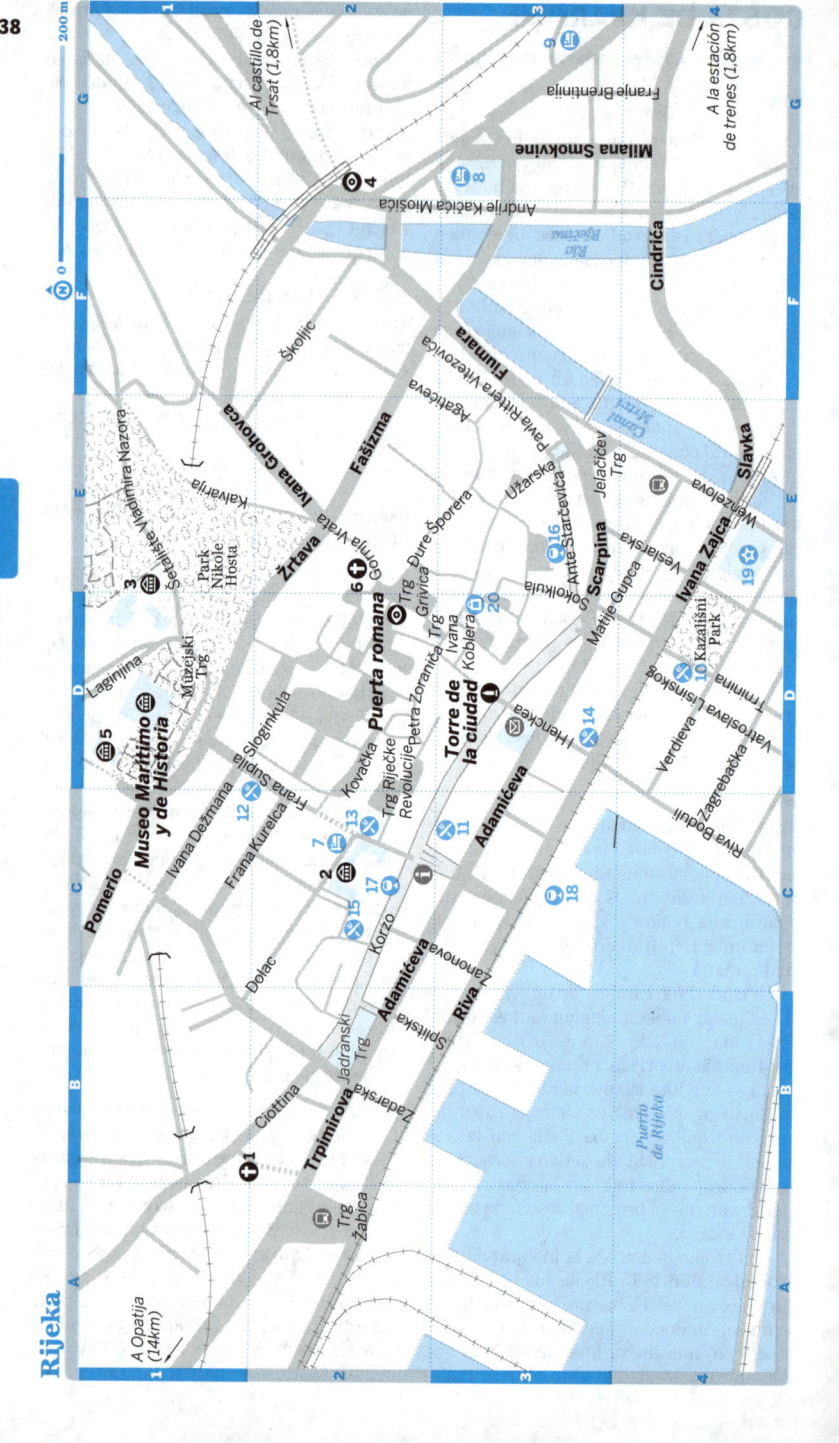

Rijeka

KVARNER COSTA DE KVARNER

138

Rijeka

◎ Los mejores puntos de interés
Torre de la ciudad........................D3
Museo Marítimo y de Historia...................D1
Puerta romana............................D2

◎ Puntos de interés
1 Iglesia capuchina de Nuestra Señora de Lourdes......................B2
2 Museo de Arte Moderno y Contemporáneo............................C2
3 Museo de Historia Natural.................E1
4 Escalera de Petar Kružić....................G2
5 Museo de la Ciudad Rijeka.................D1
6 Catedral de San Vito......................E2

Dónde dormir
7 Grand Hotel Bonavia..........................C2
8 Hotel Continental..............................G3
9 Hotel Neboder..................................G3

Dónde comer
10 Mercado municipal..........................D4
11 Food City..C3
12 Mlinar..C1
13 Municipium..C2
14 Restaurant Spagho............................D3
15 Zlatna Školja......................................C2

Dónde beber
16 Club Boa..E3
17 Hemingway...C2
18 Karolina..C3

Ocio
19 Teatro Nacional de Croacia Ivan Zajc..E4

De compras
20 Mala Galerija......................................D3

---

se conserva en el altar mayor, detrás de una magnífica verja de hierro forjado. No hay que perderse los exvotos colocados al otro lado del claustro barroco, pero también vale la pena pedir hora para ver la valiosa colección de arte sacro de su Tesoro, donde se proyecta una película de 15 minutos sobre la iglesia. Para seguir los pasos de los peregrinos, desde Totov trg se puede subir la **escalera de Petar Kružić**, construida en 1531 para que los fieles pudieran llegar a Nuestra Señora de Trsat. Las empinadas escaleras están flanqueadas por capillas dedicadas a los santos, en su día utilizados como descansillos por los peregrinos. Para facilitar las cosas, el autobús metropolitano nº 2 llega hasta el castillo de Trsat.

Monumentos de la ciudad MONUMENTOS
Una de las pocas construcciones que sobrevivió al terremoto, la **torre de la ciudad** (Gradski Toranj), de un característico color amarillo, era originariamente la puerta de la urbe que se abría al mar. Tras el cataclismo, los Habsburgo añadieron los aderezos barrocos, a destacar el pórtico con el escudo de armas y los bustos de los emperadores. El reloj se montó en 1873, pero aún funciona.

Si se pasa por debajo de la torre de la ciudad se saldrá a la **puerta romana** (Stara Vrata), un sencillo arco que señala la antigua entrada al Praetorium, un complejo militar cuyas ruinas se pueden ver en una pequeña zona de excavaciones.

Museo Marítimo y de Historia
MUSEO
(Pomorski i Povijesni Muzej Hrvatskog Primorja; www.ppmhp.hr; Muzejski trg 1; adultos/reducida 10/5 HRK; ◎9.00-20.00 lu-vi, 13.00 sa jun-sep, 16.00 ma-vi, 13.00 sa oct-may) Este espléndido ejemplo de arquitectura húngara ocupa el palacio del Gobernador. Se puede recoger un folleto en inglés para hacerse una imagen clara de la vida de los navegantes, con barcos en miniatura, cartas e instrumentos de navegación y retratos de capitanes.

Centro Astronómico OBSERVATORIO
(Astronomski Centar; www.rijekasport.hr; Sveti Križ 33; ◎8.00-23.00 ma-sa) Al este de la ciudad y en lo alto de una montaña, el primer centro astronómico de Croacia es un impresionante y moderno complejo que alberga un observatorio, un planetario y un centro de estudios. La visita al planetario es a las 21.00 (a las 22.00 los miércoles para visitantes de habla inglesa, francesa e italiana). El observatorio abre al público los jueves y sábados por la noche (si el tiempo lo permite). Para llegar, hay que tomar el autobús nº 7A desde el centro urbano.

Museo de Historia Natural MUSEO
(Prirodoslovni Muzej; www.prirodoslovni.com; Lorenzov Prolaz 1; adultos/reducida 10/5 HRK; ◎9.00-19.00 lu-sa, hasta 15.00 do) En una señorial finca del s. XIX, este museo está dedicado a la geología, la botánica y la vida marina del Adriático. Hay un pequeño acuario, muestras de tiburones y rayas, e infinidad de bichos. El maravilloso jardín botánico adjunto, con más de dos mil especies de plantas autóctonas, no tiene desperdicio.

Museo de Arte Moderno y Contemporáneo MUSEO
(Muzej Moderne i Suvremene Umjetnosti; www.mmsu.hr; Dolac 1; adultos/reducida 10/5 HRK; ◉10.00-13.00 y 18.00-21.00 lu-vi, hasta 13.00 sa) En la 2ª planta de la Biblioteca de la Universidad, este pequeño museo presenta exposiciones temporales de gran calidad, desde fotografía documental a la obra de artistas contemporáneos de Croacia.

Catedral de San Vito CATEDRAL
(Katedrala Svetog Vida; Trg Grivica 11; ◉7.00-12.00 y 16.30-19.00 lu-sa, 12.00 do jun-ago, 6.30-12.00 sep-may) Al norte de la puerta romana se halla la catedral, construida por los jesuitas en 1638 en el emplazamiento de una iglesia más antigua dedicada al patrón de Rijeka. Unas impresionantes columnas de mármol aguantan la cúpula central que guarece los altares barrocos y un crucifijo gótico del s. XIII.

Museo de la Ciudad de Rijeka MUSEO
(Muzej Grada Rijeke; Muzejski Trg 1/1; adultos/reducida 10/5 HRK, gratis lu; ◉10.00-13.00 y 17.00-20.00 lu-vi, 13.00 sa) Sito en una estructura cubista de la década de 1970, este modesto museo exhibe una pequeña pero ecléctica colección de objetos relacionados con la ciudad (entre ellos un par de torpedos, que se inventaron aquí). También acoge exposiciones temporales.

Iglesia Capuchina de Nuestra Señora de Lourdes IGLESIA
(Crkva Gospe Lurdske; Kapucinske Stube 5; ◉8.00-12.00 y 16.00-18.00) Esta iglesia, con su ornamentada fachada neogótica, data de 1904 y se halla al final de una elaborada escalinata de estilo italiano. Está justo al lado de la estación de autobuses.

Fiestas y celebraciones

Carnaval de Rijeka CARNAVAL
(www.ri-karneval.com.hr) El mayor carnaval de Croacia disfruta de dos semanas de pasacalles, bailes, conciertos, bailes de máscaras, exposiciones y una cabalgata. Los hombres enmascarados y vestidos con pieles de animales que bailan y hacen sonar campanas para ahuyentar a los malos espíritus son los *zvončari*. Las fiestas se celebran entre finales de enero y principios de marzo, según caiga la Semana Santa.

Hartera MÚSICA
(www.hartera.com) Festival anual de música electrónica con *disc jockeys* y artistas de toda Europa. A mediados de junio, se celebra durante tres días en una antigua fábrica de papel a orillas del río Rječina.

Noches de Verano de Rijeka (Riječke Ljetne Noći) TEATRO
Los conciertos se programan en el Teatro Nacional Croata en junio y julio.

Festival de Fotografía de Rijeka FOTOGRAFÍA
(www.mmsu.hr) Este festival despegó en julio del 2010 con mucho éxito, con exposiciones y conferencias en cuatro espacios de la ciudad. Podría convertirse en un evento anual; véase la página web para más información.

Dónde dormir

Los precios de los hoteles de Rijeka se mantienen igual durante todo el año, pero en Carnaval suben un poco; se recomienda hacer la reserva con antelación si se visita durante esa época. En Rijeka se pueden alquilar habitaciones en casas particulares; consúltese la página web de la oficina de turismo. En la vecina Opatija hay mucha más oferta.

Grand Hotel Bonavia HOTEL DE LUJO €€€
(☎357 100; www.bonavia.hr; Dolac 4; i/d desde 729/899 HRK; P❉@☎) En pleno centro urbano, este impresionante y moderno edificio de cristal acoge el mejor hotel de Rijeka, con un servicio impecable y una excelente atención a los detalles. La verdad es que las habitaciones tienen de todo y los niveles de comodidad son altos (aunque quizá su diseño esté un poco manido). Tiene un buen restaurante, un *spa* y un elegante café con terraza.

Best Western Hotel Jadran HOTEL CON VISTAS AL MAR €€€
(☎216 600; www.jadran-hoteli.hr; Šetalište XIII Divizije 46; i/d desde 714/840 HRK; P❉@☎) A 2 km del centro urbano, este bonito cuatro estrellas tiene una ventaja que lo diferencia del resto: las habitaciones con balcón y vistas al mar tienen el oleaje del Adriático a sus pies. El precio incluye un excelente desayuno y acceso Wi-Fi; además, cuenta con una pequeña playa.

Albergue juvenil ALBERGUE €
(☎406 420; www.hfhs.hr; Šetalište XIII Divizije 23; dc/i/d 165/192/330 HRK; @☎) En la arbolada zona residencial de Pećine, 2 km al este del centro urbano, esta remodelada finca del s. XIX propone habitaciones lim-

pias y espaciosas (aunque sencillas) y una zona comunitaria con TV. Conviene hacer la reserva con antelación porque, a veces, lo ocupan grupos de escolares. Es mejor evitar el desayuno.

Hotel Neboder HOTEL MODERNO €€
(373 538; www.jadran-hoteli.hr; Strossmayerova 1; i/d desde 464/582 HRK; P✱@) El singular diseño de este moderno bloque se adelantó a su época (se inauguró en 1939) y gustará a los estudiantes de arquitectura. Presenta habitaciones pequeñas, pulcras y actuales, casi todas con balcones y unas vistas de impresión; sin embargo, solo las habitaciones de calidad superior tienen aire acondicionado.

Hotel Continental HOTEL CÉNTRICO €€
(372 008; www.jadran-hoteli.hr; Andrije Kačića Miošića 1; i/d/ste 530/663/810 HRK; P✱@) Este hotel emblemático podría estar mejor; la recepción de la planta baja y el bar han quedado anticuados y parte del personal no demuestra mucho entusiasmo. No obstante, las habitaciones recién renovadas son muy cómodas y la ubicación es excelente.

Dónde comer

Los domingos no hay mucho donde escoger porque casi todo está cerrado. Muchos cafés de Korzo sirven comidas ligeras. Aquellos con el paladar fino deberían ir a la cercana Volosko, donde hay una calle con restaurantes de primera.

Na Kantunu PESCADO Y MARISCO €€
(Demetrova 2; platos principales desde 45 HRK) No hay que prestar atención a su desangelada ubicación junto al puerto. Una vez dentro, esta pequeña joya rebosa elegancia, con refinadas copas de vino y un servicio impecable. Sirve pescado y marisco frescos; basta con señalar lo que apetezca para que el personal lo prepare al estilo de la casa.

Kukuriku COCINA CROATA €€€
(691 519; www.kukuriku.hr; Trg Matka Laginje 1a, Kastav; comidas de 6 platos 380-550 HRK; ⊙cerrado lu nov-Semana Santa) Este opulento y moderno hotel-restaurante es propiedad del pionero del *slow food* Nenad Kukurin, cuya fama se debe a sus innovadoras versiones de recetas croatas tradicionales (véase p. 312). Ubicado en el histórico Kastav, el barrio de montaña de Rijeka, el restaurante es ideal para darse un capricho. Para llegar, se debe tomar el autobús nº 18 desde Rijeka (o los nº 33 y 37 desde Opatija).

Zlatna Školjka MARISCO €€
(Kružna 12; platos principales 65-95 HRK) Elegante restaurante de tema náutico donde se puede probar un marisco exquisito con un vino croata a elegir. Los platos especiales del día, como el *pečena hobotnica* (pulpo asado), figuran escritos en una pizarra. El vecino Bracera, de los mismos propietarios, sirve *pizzas* crujientes, incluso en domingo.

Restaurant Spagho COCINA ITALIANA €
(Ivana Zajca 24a; platos principales desde 40 HRK) Un elegante y moderno establecimiento italiano con paredes de ladrillo a la vista, objetos de arte y asientos a la última que ofrece deliciosas y saciantes raciones de pasta, *pizza,* ensaladas y platos de carne y pescado. Eso sí, la música folclórica satura un poco.

Municipium COCINA CROATA €€
(Trg Riječke Rezolucije 5; platos principales desde 70 HRK) Disfruta de una sólida reputación entre los ejecutivos de Rijeka por la calidad y la consistencia de su cocina y servicio. La carta apuesta por los clásicos croatas: estofado dálmata de carne con buñuelos de patata, y mucho marisco (calamares del Adriático) y pescado de la zona (gallo de San Pedro, mero, dorada y lenguado).

Compra de alimentos

Mlinar PANADERÍA
(Frana Supila; artículos desde 13 HRK; ⊙6.00-20.00 lu-vi, 6.30-15.00 sa, 7.00-13.00 do) La mejor panadería de la ciudad, con deliciosos bocadillos en pan de *baguette,* variedades integrales, cruasanes y *burek* (empanada de carne, espinacas o queso).

Food City COMIDA PARA LLEVAR
(Korzo; artículos desde 12 HRK; ⊙24 h) Comida rápida de calidad.

Mercado municipal MERCADO
(Entre Vatroslava Lisinskog y Trninina; ⊙7.30-14.00 lu-sa, hasta 12.00 do) Excelentes frutas y verduras.

Dónde beber

Riva y Korzo, las calles principales, son las mejores para tomar una copa; hay de todo, desde *lounge bars* a establecimientos con más solera.

Gradena CAFÉ CON VISTAS
(Trsat; www.bascinskiglasi.hr; ☎) Sito en los jardines del castillo, este bar-café con música *chill out* y unos camareros simpáticos

estaría muy valorado en cualquier sitio. Tiene fantásticas vistas.

Karolina
BAR CON ESTILO

(Gat Karoline Riječke bb) En una sorprendente estructura de cristal, este establecimiento del muelle es uno de los bares recurrentes de Rijeka. Es un buen sitio para tomar un café de día, pero más tarde se convierte en un hervidero de modernos, sobre todo durante las sesiones de DJ del verano.

Hemingway
BAR ELEGANTE

(Korzo 28) Este elegante establecimiento para disfrutar de unos cócteles, un café y ver pasar a la gente hace honor a su nombre con grandes fotos en blanco y negro del escritor barbicano.

Club Boa
'LOUNGE BAR'

(Ante Starčevića 8) Sofisticado café-bar-local nocturno con un ambiente a juego y estrambóticos asientos de color lila y blanco que reúne a una clientela joven y acomodada con ropa de marca. Tiene una terraza delantera y otra trasera y programa sesiones de DJ los fines de semana.

☆ Ocio

Teatro Nacional de Croacia Ivan Zajc
TEATRO

(355 900; www.hnk-zajc.hr; Verdieva 5a) Las primera bombillas de la ciudad iluminaron la función inaugural de este imponente teatro en 1885. Hoy en día programa obras de teatro en croata e italiano, además de ópera y *ballet*. Gustav Klimt pintó algunos frescos del techo.

Terminal
BAR-CLUB

(Lukobran bb) En el club más glamuroso de Rijeka no faltan ni los globos de luz, ni los asientos de colores pastel, ni las maravillosas vistas del puerto. Atrae a una clientela joven y a la última que desfasa con las remezclas *techno* más aceleradas.

Nina 2
CLUB

(www.nina2.com; Adamićev Gat) Esta embarcación amarrada en el muelle ha sido remodelada hace poco y sirve copas durante el día y diversión a mansalva por la noche; destacan las sesiones *house* de DJ y los conciertos de bandas.

🔒 De compras

Hay que buscar el "amuleto" tradicional de Rijeka, conocido como *morčići,* una joya de cerámica que representa a un moro con turbante. Las hay para escoger en **Mala Galerija** (www.mala-galerija.hr, en croata; Užarska 25).

ℹ Información

Erste Club (Korzo 22; 7.00-23.00 lu-sa, 8.00-22.00 do) Cuatro terminales con Internet gratis por un tiempo limitado. Hay Wi-Fi gratis en Korzo y en algunas zonas de Trsat.

Garderoba Estación de autobuses interurbanos (consigna; 15 HRK/día; 5.30-22.30); estación de trenes (taquilla 15 HRK/día; 4.30-22.30) El *garderoba* de la estación de autobuses está en el café que hay al lado de las taquillas de billetes.

Hospital (658 111; Krešimirova 42)

Oficina principal de correos (Korzo 13; 7.00-20.00 lu-vi, 14.00 sa) Tiene un locutorio y una oficina de cambio de moneda.

Dinero Hay cajeros automáticos y oficinas de cambio por Korzo y en la estación de trenes.

Centro de información turística (335 882; www.tz-rijeka.hr; Korzo 33a; 8.00-20.00 lu-sa abr-sep, 20.00 lu-vi, 14.00 sa oct-mar) Facilita buenos mapas a todo color de la ciudad, muchos folletos y una relación de alojamientos en casas particulares.

ℹ Cómo llegar y salir

Avión

El aeropuerto de Rijeka atiende básicamente a las aerolíneas de vuelos chárteres.

Air Berlin (www.airberlin.com) Vuela a ciudades alemanas como Hamburgo y Berlín, y a Viena.

Croatia Airlines (330 207; www.croatia airlines.hr; Jelačićev Trg 5) Despacha pasajes para destinos internacionales y nacionales pero actualmente no vuela desde el aeropuerto de Rijeka.

Barco

Jadroagent (211 626; www.jadroagent.hr; Trg Ivana Koblera 2) Dispensa información sobre todos los barcos de Croacia.

Jadrolinija (211 444; www.jadrolinija.hr; Riječki Llukobran bb; 8.00-20.00 lu-vi, 9.00-17.00 sa y do) Vende billetes para los grandes *ferries* que recorren la costa durante todo el año entre Rijeka y Dubrovnik con destino a Bari (Italia), pero pasando por Split, Hvar, Korčula y Mljet. Hay otras rutas de *ferry,* tales como Rijeka-Cres-Mali Lošinj y Rijeka-Rab-Pag. Consúltese la página web de Jadrolinija para información actualizada sobre horarios y precios. Todos salen de la nueva terminal de *ferries*.

Autobús

Si se va en avión hasta Zagreb, allí aguarda un minibús de Croatia Airlines que, cada día, cubre la ruta entre el aeropuerto de Zagreb y Rijeka (155 HRK, 2 h, 15.30). Regresa a Zagreb desde Rijeka a las 5.00. Hay tres autobuses diarios a Trieste (50 HRK, 2½ h) y uno a Liubliana

AUTOBUSES DESDE RIJEKA

DESTINO	PRECIO (HRK)	DURACIÓN (H)	SERVICIOS DIARIOS
Baška	77	2¼	4-8
Dubrovnik	357-496	12-13	3-4
Krk	56	1-2	14
Pula	92	2¼	8
Rab	129	3	2-3
Rovinj	86	1-2	4
Split	253-324	8	6-7
Zadar	161-203	4-5	6-7
Zagreb	137-155	2¼-3	13-15

(170 HRK, 5 h). Para llegar a Plitvice (130 HRK, 4 h), hay que cambiar en Otočac.

La **estación de autobuses interurbanos** (060 302 010; Trg Žabica 1) está en el centro urbano.

Car

AMC (338 800; www.amcrentacar.hr; Lukobran 4), ubicada en el nuevo edificio de la terminal de *ferries*, alquila automóviles a partir de 243 HRK por día. **Dollar & Thrifty Rental Car** (325 900; www.subrosa.hr), con un mostrador dentro de la estación de autobuses interurbanos, también ofrece precios competitivos.

Tren

La **estación de trenes** (213 333; Krešimirova 5) está 10 minutos a pie al este del centro urbano. Hay siete trenes diarios a Zagreb (100 HRK, 4-5 h). En dirección sur, hay uno diario a Split (170 HRK, 8 h), aunque es a las 5.45 y hay que hacer un cambio en Ogulin. Salen dos directos a Liubliana (98 HRK, 3 h) y otro diario a Viena (319-525 HRK, 9 h).

Cómo desplazarse

A/desde el aeropuerto

El **aeropuerto de Rijeka** (842 040; www.rijeka-airport.hr) está en la isla de Krk, a 30 km de la ciudad. Fuera del aeropuerto espera un autobús que emprende el viaje de 40 minutos hasta Jelačićev Trg; de esta misma plaza sale otro rumbo al aeropuerto, 2 horas y 20 minutos antes de cada vuelo. El billete (25 HRK) se puede comprar en el autobús. Los taxis que salen del aeropuerto cobran alrededor de 300 HRK hasta el centro.

Autobús

Rijeka despliega una extensa red de autobuses urbanos que salen de la estación central, en Jelačićev Trg. Los billetes de dos viajes se venden por 16 HRK en cualquier *tisak* (quiosco de prensa). Un billete sencillo comprado al conductor cuesta 10 HRK.

Rijeka también cuenta con un autobús turístico de paradas libres (1 día 70 HRK) que recorre los principales puntos de interés de Rijeka, Trsat y Opatija. Para billetes y horarios, visítese la oficina de turismo.

Taxi

Los taxis de Rijeka tienen tarifas muy razonables (si se sabe escoger la compañía). Los de **Cammeo** (313 313) son modernos y económicos, llevan taxímetro y son muy recomendables; una carrera por el centro urbano cuesta 20 HRK.

Opatija

7872 HAB.

Solo 15 km al oeste de Rijeka, este sofisticado lugar de veraneo está en un paraje espectacular. Las montañas boscosas descienden hasta el resplandeciente mar Adriático y todo el litoral está comunicado por un cautivador paseo marítimo que se extiende entre la preciosa Volosko y Lovran.

Fue esta incomparable ubicación y el clima agradable durante todo el año los que hicieron de Opatija el lugar de veraneo costero más de moda entre la élite vienesa durante el Imperio austrohúngaro. Sin embargo, durante el período de entreguerras y la época yugoslava, las fincas *belle époque* quedaron desatendidas y Opatija perdió el esplendor de antaño.

Desde entonces, las señoriales residencias de las clases acomodadas se han reformado y convertido en hoteles de categoría que se ofertan, sobre todo, como balnearios y centros de salud. Los amantes de la buena cocina también abarrotan los fantásticos restaurantes de la vecina Volosko. No hay playas de ensueño (de hecho, no hay ninguna) pero, aun así, sus bahías protegidas invitan a excelentes chapuzones.

Historia

Hasta la década de 1840, Opatija era un pueblecito de pescadores con 35 casas y una iglesia, pero con la llegada del acaudalado Iginio Scarpa desde Rijeka todo cambió. Construyó Villa Angiolina (en honor a su esposa) y plantó especies de plantas exóticas subtropicales. La finca hospedó a toda suerte de aristócratas europeos (entre ellos la reina austriaca María Ana, esposa de Fernando) y así se selló la noble reputación de Opatija.

La finalización del desvío ferroviario en la línea entre Viena y Trieste en 1873 favoreció el desarrollo de la localidad. Entonces se construyó el primer hotel de Opatija, el Quarnero (el actual Hotel Kvarner), y los visitantes adinerados llegaron en masa. Parecía como si todo aquel que fuera alguien estuviera obligado a visitar Opatija, entre ellos los reyes de Rumania y Suecia, los zares rusos y las celebridades de la época.

Hoy en día Opatija sigue siendo un lugar de veraneo refinado (hay quien diría conservador), muy popular entre los jubilados alemanes y austriacos. No es el tipo de sitio para una noche desenfrenada, y así es como gusta a los visitantes asiduos.

◉ Puntos de interés y actividades

Lungomare PASEO MARÍTIMO

Bordeado con majestuosas fincas y amplios jardines, este maravilloso paseo es un sueño para la vista y una delicia para las piernas. Recorre sinuosamente la costa, finca tras finca, durante 12 km desde Volosko a Lovran pasando por las aldeas de Ičići y Ika. De camino no hay nada como embobarse con los palacios ribereños. El camino enfila serpenteando entre exóticos matorrales, bosquecillos de bambú, un puerto deportivo y bahías rocosas donde se puede tender una toalla y zambullirse en el mar: una opción mejor que la playa de hormigón de Opatija.

Villa Angiolina FINCA HISTÓRICA

(Park Angiolina 1; ☉9.00-13.00 y 16.30-21.30 ma-do verano, reducido resto del año) Esta restaurada finca, una de las más señoriales de Opatija, es un prodigio con frescos al trampantojo, capiteles corintios, espejos de marco dorado y suelos de mosaico con motivos geométricos; lástima esas ventanas de plástico. La mansión acoge el **Museo Croata de Turismo,** un título demasiado pomposo para su modesta colección de viejas fotografías, postales, folletos y pósteres que repasan la historia de los viajes, aunque siempre hay alguna exposición conseguida de tema viajero o turístico. Los verdosos jardines de la finca no tienen desperdicio: un edén de gingkos, secuoyas, encinas, camelias japonesas (el símbolo de Opatija) e incluso un pequeño teatro al aire libre con recitales de artistas vestidos de época.

🛏 Dónde dormir

Los hoteles económicos brillan por su ausencia, pero hay muchos de precio medio y alto. **Liburnia Hotels** (☏710 444; www.liburnia.hr) gestiona 15 hoteles de la zona y ofrece una buena solución. Opatija se llena en Navidad, por lo que recomiendan reservar con antelación.

EN BICICLETA POR LA REGIÓN DE KVARNER

Kvarner propone diferentes alternativas para los amantes del ciclismo, desde paseos suaves a ascensos cardíacos por empinados caminos de las islas. Alrededor de Opatija hay varias pistas; dos más sencillas desde el monte Kastav (360 m) y otra más rigurosa (4½ h) desde Lovran al Parque Natural de Učka. Lošinj cuenta con una ruta bastante extenuante de 2½ horas que empieza y termina en Mali Lošinj. Desde el pueblo de Krk se puede realizar una plácida excursión de 2 horas atravesando prados, campos y aldeas poco visitados del interior de la isla. Desde el pueblo de Rab se puede salir a explorar los bosques vírgenes de la península de Kalifront. En Cres, hay un recorrido de 50 km que sale del puerto deportivo del pueblo de Cres, atraviesa la aldea medieval cimera de Lubenice y la joya costera de Valun.

Para más información, se puede recoger en cualquier oficina de turismo el folleto *Kvarner by Bicycle,* que traza 19 rutas por toda la región. Las páginas web www.kvarner.hr y www.pedala.hr documentan las rutas de esta región.

Hay muchas habitaciones en casas particulares pero son un poco más caras que en otras zonas: entre 170 y 240 HRK por persona. Las agencias de viajes mencionadas en este apartado se encargan de la gestión.

Villa Ariston HOTEL HABSBURGO €€
(271 379; www.villa-ariston.com; Ulica Maršala Tita 179; i/d 480/800 HRK; P✳@✆) Por este hotel sito en una fabulosa cala de roca, ha pasado un desfile inacabable de celebridades (Coco Chanel y los Kennedy, entre otros). El interior conserva su prestancia y esplendor, con una amplia escalera, arañas de luz y mucho encanto de época; la terraza del restaurante brinda buenas vistas del golfo.

Design Hotel Astoria HOTEL MODERNO €€
(706 350; www.hotel-astoria.hr; Ulica Maršala Tita 174; h 677 HRK; P✳@✆) Quien esté cansado de tanta pompa de los Habsburgo, tal vez guste de las acicaladas y sobrias habitaciones de este hotel remodelado: colores sutiles, comodidades modernas por doquier y balcones con unas vistas sublimes de la costa de Kvarner. Excelente relación calidad-precio.

Hotel Opatija HOTEL CIMERO €€
(271 388; www.hotel-opatija.hr; Trg Vladimira Gortana 2/1; h desde 486 HRK; P✳@☼) La mansión de la época de los Habsburgo es el plato fuerte de este tres estrellas. En lo alto de la colina ofrece habitaciones cómodas, una terraza impresionante, una pequeña piscina de agua de mar a cubierto y unos preciosos jardines (con laberinto propio y todo).

Hotel Kvarner-Amelia HOTEL HISTÓRICO €€€
(271 233; www.liburnia.hr; Pave Tomašića 1-4; i/d 578/1039 HRK; P✳@☼) Ideal para sentirse parte de la *jet set*. Es el más antiguo de Opatija y cuenta con piscinas al aire libre y a cubierto, jardines de ensueño y una recepción con ornamentados rincones, aunque las habitaciones son menos señoriales. El adjunto Amelia tiene tarifas más moderadas para estar en semejante ubicación.

También hay algunas zonas de acampada:

Medveja 'CAMPING' €
(291 191; medveja@liburnia.hr; adulto/tienda 44/32 HRK; ◎Semana Santa-med oct) En una preciosa playa de guijarros, 10 km al sur de Opatija; también alquila apartamentos y caravanas.

Autocamp Opatija 'CAMPING' €
(704 836; Liburnijska 46, Ičići; adulto/tienda 39/29 HRK; ◎abr-oct) En un bonito pinar, cerca de la playa de Ičići.

✕ Dónde comer

Maršala Tita está flanqueada por prácticos restaurantes que sirven *pizzas* y carnes y pescados a la parrilla. Para comer platos más elaborados y especialidades regionales hay que ir a la vecina Volosko.

Istranka COCINA ISTRIANA €
(Bože Milanovića 2; platos principales desde 55 HRK) Vale la pena desplazarse hasta esta evocadora y pequeña *konoba* (sencillo establecimiento familiar) pues borda las especialidades istrias como la *maneštra* (consomé de verduras y judías) y condimenta, por supuesto, muchos platos de su carta con trufa. Hay una terraza lateral a la sombra y conciertos de música folk tradicional algunas noches.

Kaneta COCINA CROATA €
(Nova Cesta 64; platos principales desde 50 HRK) Sencillo restaurante familiar especializado en platos suculentos y raciones generosas: pierna de ternera asada (por encargo), filete con gorgonzola, platos de caza y *risottos*. La carta de vinos es bastante buena.

Bevanda COCINA 'GOURMET' €€€
(Zert 8; platos principales desde 180 HRK) Una calzada de mármol conduce a este tentador restaurante que disfruta de una enorme terraza encarada al mar con columnas griegas y asientos monocromáticos a la última (lástima de la insulsa música de fondo). Carta moderna pero reducida, con fenomenales platos de pescado fresco y carne, como el rollito de pechuga de pato con pistachos y *risotto* con uvas pasas.

Si se quiere comprar comida, hay un **supermercado-charcutería** (Ulica Maršala Tita 80).

🍷 Dónde beber y ocio

Opatija es un lugar bastante sosegado. Las terrazas de los hoteles y las cafeterías de estilo vienés son frecuentadas por una clientela madura, aunque también hay algunos bares con estilo.

Tantra BAR 'CHILL OUT'
(Lido) El único local un poco bohemio de la localidad se adentra en el golfo de Kvarner. Ideal para pasar el día, con elegantes tumbonas al sol y una playa artificial.

Hemingway 'LOUNGE BAR'
(Zert 2) Un bar muy puesto, perfecto para tomar un cóctel en sillas *cool* y ver Rijeka a lo lejos. Fue el primer establecimiento de la cadena nacional que ahora lleva su nombre; además hay un restaurante adjunto.

Choco Bar CAFÉ
(Ulica Maršala Tita 94) Los adictos al chocolate se acercan hasta este café para darse un capricho: sirve cócteles, helados y pasteles, todo de chocolate.

Disco Seven CLUB
(www.discoseven.hr; Ulica Maršala Tita 125) Club acogedor en primera línea de mar con una programación de DJ croatas con proyección que apuestan por temas *dance* bastante comerciales.

❶ Información
En Ulica Maršala Tita hay muchos cajeros automáticos y agencias de viajes impacientes por cambiar dinero. Hay Wi-Fi gratuito en el centro de Opatija y Volosko.

Da Riva (☎272 990; www.da-riva.hr; Ulica Maršala Tita 170) Organiza excursiones por todo el país y es una buena fuente para alojamientos en casas particulares.

GI Turizam (☎273 030; www.tourgit.com; Ulica Maršala Tita 65) Gestiona alojamientos en casas particulares, reserva excursiones, alquila automóviles y cambia moneda.

Linea Verde (☎701 107; www.lineaverde-croatia.com; Andrije Štangera 42, Volosko) Agencia especializada en viajes hasta Risnjak y al Parque Natural de Učka y en circuitos para *gourmets* por Istria.

Oficina de correos (Eugena Kumičića 4; ⊘7.00-20.00 lu-vi, 14.00 sa) Detrás del mercado.

Oficina de turismo (☎271 310; www.opatija-tourism.hr; Ulica Maršala Tita 128; ⊘8.00-22.00 lu-sa, 17.00-21.00 do jul y ago, 8.00-19.00 lu-sa abr-jun y sep, hasta 16.00 lu-sa oct-mar) Cuenta con un personal entendido e infinidad de mapas, folletos y catálogos.

❶ Cómo llegar y salir
El autobús nº 32 atraviesa el centro de Rijeka por Adamićeva y recorre la Riviera de Opatija (18 HRK, 15 km) hasta Lovran. Sale cada 20 minutos durante todo el día hasta bien entrada la noche.

Volosko
Apenas 2 km al este de Opatija, este pueblecito costero (se verá a pescadores reparando redes en el minúsculo puerto) es uno de los lugares más bonitos de esta parte del litoral, y se ha convertido en una especie de edén gastronómico en los últimos años. Además, es muy pintoresco: un laberinto, tipo zoco, de casas unifamiliares de piedra, estrechos callejones y balcones repletos de flores que desciende por la ladera de una montaña hasta el mar. No es el típico destino turístico, se puede disfrutar del ambiente local y del pintoresco escenario natural tanto si se pasa a tomar una copa como si se quiere saborear una comida *gourmet*.

Un autobús comunica Rijeka con Volosko pero también se puede ir a pie por el paseo marítimo desde Opatija, un trayecto de 30 minutos entre laureles, palmeras, higueras, robles y unas fincas prodigiosas.

🛏 Dónde dormir
Apartments Komel APARTAMENTOS €
(☎701 007; kristian.komal@rit-com.hr; Put Uz Dol 8; apt 330-590 HRK; 🅿 ❄) Por encima de la carretera principal de la costa hay siete apartamentos a cinco minutos a pie del mar. Son un poco vulgares y no ganarían ningún premio al mejor interiorismo, pero ofrecen una justa relación calidad-precio y algunos son de tamaño familiar.

🍴 Dónde comer y beber
Tramerka COCINA CROATA €€
(Andrije Mohorovičića 15; platos principales desde 60 HRK; ⊘ma-do) No tiene vistas al mar pero este maravilloso lugar puntúa alto en todo lo demás. De hecho, el entorno es tremendo: un restaurante tipo cueva que ocupa el interior crepuscular y *cool* de una antigua casa unifamiliar. El dueño y chef Andrej Barbieri guía a través de su reducida carta, elaborada con el pescado y marisco más frescos disponibles (se recomienda el estofado de pescado *gregada*) y carnes de la zona.

Skalinada COCINA CROATA €€
(www.skalinada.org; Put Uz Dol 17; comidas desde 80 HRK) Íntimo y evocador establecimiento, tipo bistró, con iluminación sensual, paredes de piedra vista y una carta croata creativa (tapas o platos principales) confeccionada con ingredientes de temporada y de la zona. Sirve una amplia variedad de vinos locales, que se pueden pedir por copa. Se halla en el extremo norte de la calle mayor.

Le Mandrać COCINA MEDITERRÁNEA MODERNA €€€
(Supilova Obala 10; platos desde 60 HRK) Carta moderna e innovadora, lograda y de calidad, con platos como la lubina con aceite

PARQUE NATURAL DE UČKA

A solo 30 minutos de la Riviera de Opatija, este parque de 160 km² es uno de los secretos naturales mejor guardados de Croacia. Comprende el macizo montañoso de Učka y la vecina meseta de Ćićarija, y se reparte oficialmente entre las regiones de Kvarner y de Istria. Vojak (1401 m), su pico más elevado, brinda unas vistas inconmensurables de los Alpes italianos y de la bahía de Trieste si el día es despejado.

Gran parte de su superficie está cubierta por hayas pero también por castaños, robles y carpes. Las ovejas pastan en los prados alpinos, las águilas reales surcan los cielos, los osos pardos merodean por los bosques y las campánulas autóctonas florecen.

El informado personal de la oficina del parque (⏴293 753; www.pp-ucka.hr; Liganj 42; ◷8.00-16.30 lu-vi) de Lovran ayudará a planificar la excursión. Solo en verano abren dos puntos de información: uno en Poklon (◷9.00-18.00 med jun-med sep) y otro en Vojak (◷9.00-18.00 med jun-med sep).

El espectacular cañón de Vela Draga, en el lado oriental del parque, deja boquiabierto; en su valle se reparten los pilares de piedra caliza o "chimeneas encantadas". Se pueden ver cernícalos, halcones peregrinos, búhos reales y treparriscos surcando las corrientes de aire cálidas. Desde la carretera, hay una preciosa bajada de 15 minutos por una senda con carteles informativos que desemboca en un punto de observación a cuyos pies se extiende el cañón.

Mala Učka, una aldea semiabandonada a 955 m sobre el nivel del mar, resulta muy intrigante. Allí residen algunos pastores de mayo a octubre y se puede comprar delicioso queso de oveja en la casa de ventanas verdes junto al riachuelo que pasa al final del pueblo. Basta con preguntar por el *sir* (queso).

Entre las actividades organizadas por el parque se incluyen el **ciclismo de montaña** y el **senderismo** por 150 km de pistas. La oficina de turismo de Opatija facilita mapas (55 HRK). También se puede practicar **escalada libre** en el cañón de Vela Draga, dar **paseos a caballo** (80 HRK/h aprox.) y **observar aves**. Homo Volans Free Flying Club (www.homo-volans.hr), en Opatija, organiza salidas de **parapente** y **ala delta**.

El parque dispone de varios alojamientos, a destacar Učka Lodge (⏴091 76 22 027; www.uckalodge.com; d 360 HRK), un B&B ecológico en pleno bosque llevado por una pareja de ingleses. Estaba de reformas cuando se visitó, pero ya deberían haber terminado; este encantador alojamiento sirve comida fresca y de la zona (mermelada de frutos del bosque y queso de oveja local) y organiza excursiones y circuitos.

Para gastronomía rústica, Dopolavoro (⏴299 641; www.dopolavoro.hr; Učka 9; platos principales desde 50 HRK; ◷ma-do) prepara excelentes platos de caza: filete de ciervo con arándanos, jabalí con setas del bosque y oso. Al lado del restaurante se pueden alquilar bicicletas (20/90 HRK por h/día).

---

de oliva de Istria o el *limun buzara* (marisco con salsa de espuma de limón, trocitos de jamón local y perejil). El local, que incluye una ampliación acristalada, quizá es un pelín hortera para la discreta Volosko.

Konoba Ribarnica Volosko PESCADO €
(Štangerova 5; platos principales desde 45 HRK; ◷cerrado cena do) Esta minúscula *konoba* sirve el pescado más económico de Volosko. Basta con señalar lo que apetezca (calamares, sardinas, langostinos, gambas) y comerse el plato al punto en un pequeño comedor al doblar la esquina. Situado en la calle principal del pueblo que sube desde el muelle.

Plavi Podrum PESCADO Y MARISCO €€€
(Supilova Obala 12; platos principales 80-180 HRK) Enorme restaurante en primera línea de mar y con ambiente bastante formal (para la informal Volosko). Eso sí, la decoración *kitsch* de tema marítimo ha quedado un poco anticuada. Sin embargo, ni la comida (todo con toques de trufa) ni la carta de vinos (el dueño es un sumiller de primera) tienen pega alguna.

Caffe Bar Surf BAR
(Supilova Obala bb) Este barecito del paseo marítimo es informal pero muy agradable y dispone de una terraza a la sombra de cara

al mar y una parroquia que reúne a los modernos de Rijeka y a los pescadores.

Parque Nacional de Risnjak

Relativamente aislado, poco visitado o, mejor dicho, minusvalorado por los turistas extranjeros, este majestuoso **parque** (adultos/reducida 30/15 HRK), solo 35 km al noreste de Rijeka, se merece más atención. Forma parte de la boscosa región de Gorski Kotar, abarca una superficie de 63 km² y alcanza una altitud de 1528 m en su cota máxima, el Veliki Risnjak. Está cubierto de tupidos bosques de hayas y pinos, tapizado con prados y flores silvestres y salpicado con formaciones kársticas: simas, grietas, cuevas y abismos. Las vigorizantes brisas alpinas lo convierten en la escapada perfecta cuando el calor y las multitudes en la costa se hacen insoportables. Entre su fauna se cuentan osos pardos, linces (*ris* en croata, de ahí el nombre del parque), lobos, gatos monteses, jabalíes, ciervos, rebecos y 500 especies de mariposas.

Casi todo el parque es bosque virgen intacto, aunque hay algunas localidades, pero pocas. La **oficina de información** (836 133; 9.00-16.00 lu-vi, 18.00 sa y do) queda al oeste de la aldea de Crni Lug. También allí se halla el mejor alojamiento de la región, el **Hotel Risnjak** (508 160; www.hotel-risnjak.hr; Lujzinska 36; i/d desde 350/580 HRK; P), un lugar fantástico con habitaciones recién reformadas, un restaurante y un gimnasio y *spa*, 14 km al oeste de la entrada a la aldea de Delnice. Desde allí se pueden organizar muchas actividades: ciclismo de montaña, piragüismo, tiro con arco e incluso parapente.

La mejor manera de conocer el parque es recorrer la **pista de Leska,** una maravillosa senda de 4,5 km que sale desde la misma entrada. Se trata de una caminata sencilla y a la sombra salpicada por algunos carteles explicativos (en inglés) que documentan la historia del parque, su topografía, su geología y su fauna y flora. Se atravesarán riachuelos de agua cristalina, bosques de altos abetos, curiosas formaciones rocosas, una estación de alimentación de ciervos y un refugio de montaña con una mesa de *picnic*.

No hay transporte público hasta el parque. Para llegar en coche hay que salir de la carretera Zagreb-Rijeka en Delnice y seguir los rótulos.

ISLAS DE LOŠINJ Y CRES

Separadas por un canal de 11 m de anchura, estas dos islas poco habitadas y rabiosamente pintorescas del archipiélago de Kvarner se suelen considerar como una sola unidad. Aunque de topografía distinta, las islas se confunden por su historia compartida. En Lošinj, los preciosos puertos de Mali Lošinj y Veli Lošinj atraen a muchos turistas en verano. Cres, más silvestre y yerma, cuenta con zonas de acampada apartadas y playas intactas, sobre todo al salir de la localidad de Cres, así como con un puñado de aldeas medievales cimeras. Ambas islas presentan un sinfín de sendas de excursionismo y ciclismo.

Historia

Las excavaciones realizadas indican que una cultura prehistórica se expandió por ambas islas desde la Edad de Piedra a la del Bronce. Los antiguos griegos llamaron a estas islas Apsírtidas, y fueron conquistadas primero por los romanos, más tarde por el Imperio bizantino y, en los ss. VI y VII, por tribus eslavas.

Posteriormente, las islas pasaron primero a manos venecianas, después a los reyes croato-húngaros y finalmente devueltas a los venecianos. Cuando el poder de Venecia declinó en la zona, en 1797, Veli Lošinj y Mali Lošinj ya eran importantes centros marítimos, mientras Cres se dedicaba a la producción de vino y aceite. Durante el s. XIX proliferaron los astilleros en Lošinj, pero con la llegada de los barcos de vapor, la construcción naval se vio reemplazada por el turismo de balneario. Mientras tanto, Cres tenía sus propios problemas al sufrir una epidemia de filoxera que exterminó sus viñas. Ambas islas eran lugares deprimidos cuando, en 1920, el Tratado de Rapallo las anexionó a Italia. En 1945 pasaron a formar parte de Yugoslavia y, en 1991, de Croacia.

Hoy en día, aparte de un pequeño astillero en Nerezine, al norte de Lošinj, y de campos de aceitunas, cría de ovejas y pesca en Cres, la mayor fuente de ingresos de ambas islas es el turismo.

❶ Cómo llegar y salir

BARCO El principal puerto marítimo de entrada a las islas es Mali Lošinj, que en verano está bien comunicado con Rijeka, Pula, Zadar, Venecia y Koper. **Jadrolinija** (231 765; www.jadrolinija.hr; Riva Lošinjskih Kapetana 22) cuenta con un

> **MERECE LA PENA**
>
> ### UNA CALA ÚNICA
>
> Al sur de Mali Lošinj, la isla forma una maravillosa península casi deshabitada y en forma de dedo dotada de exquisitas bahías naturales e ideal para salir de excursión. Se recomienda recoger un ejemplar del excelente mapa *Promenades and Footpaths* en la oficina de turismo. Hay una sola carretera que desciende sinuosa el lomo de esta masa continental montañosa y boscosa hasta desembocar en Mrtvaška, donde la tierra termina en Lošinj. Se puede emplear el día en dar la vuelta a pie a toda la península parando para darse un chapuzón en las calas desiertas. Si solo se quiere ir a la playa, hay que conducir durante 5 km hasta el desvío de **Krivica,** aparcar, y bajar 30 minutos a pie hasta esta idílica y protegida bahía rodeada de pinos. El agua tiene matices esmeralda y es perfecta para dar unas brazadas.

ferry diario entre Zadar y Mali Lošinj (47 HRK, 7 h) de junio a finales de septiembre. En julio y agosto también dispone de un catamarán diario que sale de Mali Lošinj rumbo a Cres (31 HRK, 2½ h) y Rijeka (44 HRK, 4 h). También sale regularmente un *ferry* de automóviles de Jadrolinija desde Brestova (Istria) hasta Porozina, en la punta de Cres (pasajero/automóvil 18/115 HRK, 20 min).

Split Tours (www.splittours.hr) fleta un catamarán que va de Zadar a Pula vía Mali Lošinj cinco veces a la semana durante julio y agosto (50 HRK, 2 h); en junio y septiembre, dos veces por semana. En julio y agosto, los catamaranes de **Venezia Lines** (www.venezialines.com) zarpan de Venecia rumbo a Mali Lošinj vía Pula dos veces por semana (149 €, 5 h).

AUTOBÚS En las islas, casi todos los autobuses salen (o llegan) a Veli Lošinj y paran en Mali Lošinj y Cres; algunos continúan hasta el continente. Hay de seis a nueve autobuses diarios que van de Veli Lošinj a la localidad de Cres (56 HRK, 1½ h); cuatro diarios a Merag (67 HRK, 2 h) y Valbiska, en Krk (105 HRK, 2½ h); tres al día a Porozina en Cres (86 HRK, 2½ h); dos a Brestova, en Istria (116 HRK, 3 h); cuatro a Rijeka (153 HRK, 4¼ h) y de tres a cuatro a Zagreb (267-284 HRK, 5½-6 h). También hay uno diario a Liubliana (310 HRK, 6¼ h), en Eslovenia, de junio a principios de septiembre.

Isla de Lošinj

Es la más turística y habitada de las dos, tiene 31 km de longitud y cuenta con un litoral más accidentado que el de Cres, sobre todo en el sur, donde hay unas impresionantes y desiertas bahías. Es una isla muy arbolada: las poblaciones históricas de Mali Lošinj y Veli Lošinj están rodeadas de pinares. La vegetación es exuberante y variada, con 1100 especies, 230 plantas medicinales y algunas plantaciones atípicas como limoneros, plátanos, cedros y eucaliptos traídas por capitanes de barco.

Lošinj tiene fama por su población de delfines; de hecho, sus aguas son la primera zona marina protegida para delfines de todo el Mediterráneo. La ONG Blue World, con sede en Mali Lošinj, tiene un centro educativo y de investigación que ha hecho mucho por salvaguardar a estas gráciles criaturas marinas.

MALI LOŠINJ
6314 HAB.

Se halla en una ensenada en forma de V de la costa sureste de Lošinj. Las imponentes casas de marineros que flanquean el frente marítimo del precioso casco antiguo son los vestigios de la prosperidad que vivió en el s. XIX. Incluso en verano, con la invasión turística, este antiguo barrio conserva su encanto y ambiente. Todos los hoteles turísticos se hallan en las afueras de la localidad, que suben desde el puerto hasta Sunčana Uvala en el sur y Čikat en el suroeste.

Esta arbolada zona empezó a prosperar a finales del s. XIX, cuando la élite opulenta de Viena y Budapest, atraídos por el "aire puro" de Mali Lošinj, empezó a edificar fincas y hoteles de lujo por los alrededores de Čikat. Algunas de estas señoriales residencias siguen en pie, pero casi todos los hoteles que se pueden ver hoy son modernos complejos rodeados de pinares, ensenadas y bonitas playas.

Aunque sea más relajante visitarla en primavera y otoño, hasta en los caóticos meses de verano Mali Lošinj puede ser un buen punto de partida para salir de expedición por los alrededores de Lošinj y Cres o a las pequeñas y vecinas islas de Susak, Ilovik y Unije.

◉ Puntos de interés

Su principal reclamo es su marco incomparable: un impresionante puerto natural rodeado de colinas cubiertas de vegetación y de bonitas casas mediterráneas unifamiliares corroídas por la intemperie.

Colecciones de arte
GALERÍA DE ARTE

(Umjetničke Zbirke; Vladimira Gortana 35; adultos/reducida 10/5 HRK; ⊙10.00-13.00 y 19.00-21.00 ma-vi, 10.00-13.00 sa Semana Santa-oct, reducido resto del año) Esta señorial mansión presenta las colecciones de arte de las familias Mihičić y Piperata, así como exposiciones temporales. Conviene fijarse en las obras de arte moderno croata, como las estatuas de bronce de Kršinć, sin olvidarse de los viejos maestros.

'Apoxiomeno'
ESTATUA GRIEGA

La exquisita estatua antigua de *Apoxiomeno*, hallada en el fondo del mar cerca de Lošinj en 1999, se devolverá a la isla (y ocupará un espacio propio en el palacio de Kvarner) a finales del 2011 tras haber estado temporalmente en la ciudad de Zadar. Este atleta de bronce de 2000 años de antigüedad (posiblemente luchador) ha sido meticulosamente restaurado.

Jardín de las Delicadas Fragancias
JARDÍN

(Miomirisni Otočki Vrt; www.miomirisni-vrt.hr; Braće Vidulić bb; gratis; ⊙10.00-12.00 y 18.00-21.00 jul y ago, 10.00-12.00 sep-jun) Este paraíso de las fragancias, en el extremo sur de la localidad, exhibe más de doscientas cincuenta variedades de plantas autóctonas y cien especies exóticas, todas resguardadas por *gromače* (paredes de piedra secas tradicionales). También se venden fragancias, sales y licores naturales.

Iglesia de la Natividad de la Virgen
IGLESIA

Esta iglesia parroquial (Županja Crkva Male Gospe) del centro permite las visitas antes o después de la misa dominical de las 10.00. En el interior se guardan obras de arte notables, entre ellas una pintura de la Natividad de la Virgen Bendita, obra de un artista veneciano del s. XVIII, y reliquias de san Rómulo.

Actividades

Las ensenadas del sur de Mali Lošinj son tremendamente pintorescas y están rodeadas de pinares, aunque en temporada alta suelen estar muy frecuentadas por familias. **Sunčana Uvala** cuenta con protegidas playas de guijarros, excelentes para darse un baño y seguras para los niños. La ventosa y estrecha playa de piedrecitas de la vecina **Čikat** es ideal para practicar *windsurf*. **Sunbird** (095 837 7142; www.sunbird.de), cerca del Hotel Bellevue, imparte clases de *windsurf* (un curso para principiantes cuesta 515 HRK); además alquila tablas, y también bicicletas de montaña y kayaks.

El **ciclismo** y el **senderismo** son cada vez más populares en Lošinj. La oficina de turismo dispensa el excelente folleto *Promenades & Footpaths*, con mapas de los 220 km de senderos y los tiempos exactos de cada recorrido por las cinco islas del archipiélago (Lošinj, Cres, Ilovik, Susak y Unije). Se recomienda subir al pico de Televrina (588 m) para disfrutar de unas vistas fantásticas, salir de excursión hasta las apartadas ensenadas del sur de Mali Lošinj o adentrarse en las calas secretas de Susak.

En Lošinj se puede practicar buen **submarinismo**, con excelente visibilidad y una rica vida marina. Quién sabe, quizá se descubre el próximo *Apoxiomeno*. Hay un pecio de 1917, una gran cueva (relativamente poco profunda y apta para primerizos) y el magnífico arrecife Margarita frente a la isla de Susak. En Čikat, **Diver Sport Center** (233 900; www.diver.hr) imparte cursos (el SSI Open Water cuesta 2505 HRK) y submarinismo técnico en pecios a gran profundidad del Adriático, como la lancha torpedera *Audace*.

Dónde dormir

Hay pocos alojamientos pero todos con mucho carisma. Están repartidos por las ensenadas y los pinares de Čikat y Sunčana Uvala, y destinados a los viajes organizados. Suelen ser complejos vacacionales bastante anodinos enfocados a las familias en viaje de vacaciones, gestionados por **Lošinj Hotels & Villas** (www.losinj-hotels.com) y cierran entre noviembre y Semana Santa.

Las agencias de viajes encuentran habitaciones y apartamentos, y la oficina de turismo tiene un folleto detallado con una relación de los alojamientos en casas particulares.

EN EL PUEBLO

Hotel Apoksiomen
HOTEL €€

(520 820; www.apoksiomen.com; Riva Lošinjskih Kapetana 1; h 722 HRK; P❋@⏶) Al lado del puerto, este eficiente hotel dispone de 25 habitaciones modernas con vistas al mar o al parque, mullidas moquetas, arte moderno, televisión por satélite, cajas fuertes y cuartos de baño contemporáneos (casi todos con lavamanos dobles). El personal es servicial y hay un sugerente café en la planta baja. En la página web se encontrarán las mejores ofertas.

ISLAS ALREDEDOR DE LOŠINJ

Las cercanas islas sin coches de Susak, Ilovik y Unije son la opción recurrente para salir un día de excursión desde Mali Lošinj. La minúscula **Susak** (183 habitantes, superficie 3,8 km^2) es única por la gruesa capa de arena fina que cubre la piedra caliza subyacente y crea preciosas playas. Pero es la singular cultura de la isla la que la hace especial. Los isleños hablan su propio dialecto, prácticamente incomprensible para el resto de croatas. Los días de fiesta y de boda se puede ver a las isleñas ataviadas con faldas tradicionales multicolor y medias rojas. Cuando se vean las antiguas casas de madera en la isla, conviene tener en cuenta que cada piedra se trajo en carro desde Mali Lošinj. La isla ha ido perdiendo paulatinamente su población en las últimas décadas (en 1948 vivían 1600 personas), y muchos de sus habitantes se han instalado en Hoboken (Nueva Jersey, EE UU).

En contraste con la llana Susak, **Ilovik** (145 habitantes, superficie 5,8 km^2) es una isla montañosa conocida por su diversidad floral. Tomada por las adelfas, las rosas y los eucaliptos, es popular entre los barqueros y tiene algunas calas aisladas ideales para darse un chapuzón.

Unije (274 habitantes, superficie 18 km^2) es la más grande del archipiélago de Lošinj y tiene un paisaje ondulante con muchos arbustos mediterráneos, playas de guijarros y numerosas calas y ensenadas. El único pueblo de la isla es una pintoresca aldea de pescadores con casas de piedra con gabletes.

Las agencias de viajes de Lošinj ofrecen excursiones a Susak, Ilovik y Unije pero también se puede ir por cuenta propia. **Jadrolinija** (www.jadrolinija.hr) realiza un circuito diario en verano desde Rijeka a Mali Lošinj: seis días a la semana pasa por Susak; cuatro, por Unije y tres, por Ilovik. El *ferry* zarpa de Rijeka a las 6.00 y regresa a las 17.00. Los horarios y precios actualizados figuran en la página web.

Alaburić
B&B €
(233 996; www.alaburic-losinj.info; S Radića 17; 188 HRK por persona; P) Acogedora pensión familiar con habitaciones y apartamentos sencillos y bien equipados, todos con cuarto de baño (dos tienen vistas del mar al fondo). Está a un paseo de 700 m hasta el puerto.

Mare Mare Suites
HOTEL-'BOUTIQUE' €€€
(232 010; Riva Lošinjskih Kapetana 36; i/d/ste 900/1050/1500 HRK; P❋@🔊) En un lugar privilegiado, en el extremo norte del puerto, esta histórica casa señorial se ha convertido en un hotel con habitaciones y suites pequeñas: todas con un interiorismo intachable y diferente. En la Captain's Suite de la última planta, no falta ni el telescopio ni antiguas cartas navales. Está bien, pero es un poco caro, sobre todo si se tiene en cuenta el anexo más económico que hay al lado.

EN LA PLAYA

Villa Favorita
HOTEL HISTÓRICO €€€
(520 640; www.villafavorita.hr; Sunčana Uvala; d 1150 HRK; P❋@🔊) Entre pinares y cerca de una playa pequeña, esta preciosa mansión Habsburgo tiene mucho carisma, un personal servicial y una ubicación privilegiada. Dispone de ocho habitaciones de lujo, sauna, masajistas y una piscina de agua de mar en un cuidado jardín. También hay un anexo más económico (Villa Jelena) con habitaciones un poco más pequeñas y sin aire acondicionado.

Hotel Vespera
COMPLEJO TURÍSTICO €€
(231 304; www.losinj-hotels.com; Sunčana Uvala bb; i/d 462/810 HRK; P❋@🔊) Enorme hotel enfocado a las familias, con pistas de tenis, un fabuloso y nuevo club de natación con tres piscinas (una de 37 m) y un *jacuzzi*. La oferta la redondean muchas instalaciones lúdicas y actividades organizadas.

Camping Village Poljana
'CAMPING' €
(231 726; www.poljana.hr; Poljana bb; adulto/parcela 40/191 HRK) Rodeado de árboles añejos, este *camping* de categoría tiene parcelas con toma de corriente y ventajas como Wi-Fi (de pago), un restaurante y un supermercado.

Camping Čikat
'CAMPING' €
(232 125; www.camps-cres-losinj.com; Dražica 1, Čikat bb; adulto/parcela 57/22 HRK; ☾Semana Santa-oct) Es más una zona de casetas de lona y autocaravanas que un *camping*. Es enorme, con muchas parcelas a la sombra de los pinos, caravanas de alquiler e instalaciones. Hasta hay un mercado, tiendas y masajista.

Hotel Bellevue
COMPLEJO TURÍSTICO €€

(☎231 222; www.losinj-hotels.com; Čikat bb; i/d 435/798 HRK; P@≋) Entre sus ventajas destacan la ubicación en un pinar, un gimnasio, una piscina cubierta y bonitas habitaciones modernas. No obstante, su ambiente de ciudad de vacaciones no gustará a todo el mundo.

✖ Dónde comer

Los restaurantes del puerto tienen las mejores vistas, pero la comida suele ser estándar para turistas (pasta, marisco y carnes a la parrilla), con poca variedad en precio o calidad. Para una cocina más imaginativa hay que mirar en las calles que no dan al mar y en los restaurantes de fuera de la localidad.

Corrado
PESCADO Y MARISCO €

(Svete Marije 1; platos principales desde 50 HRK) Propiedad de un pescador de altura, este es uno de los restaurantes más destacados de Lošinj, con un precioso jardín tapiado. Se especializa en cordero a la *peka* (por encargo) y langosta *buzzara*, y no sirve pescado de piscifactoría.

Porto
PESCADO Y MARISCO €€

(Sveti Martin 35; platos principales desde 60 HRK) En lo alto de una colina y al este de la localidad, este buen restaurante de pescado se halla en una bonita ensenada justo al lado de una iglesia. La especialidad de la casa es el filete de pescado con erizos de mar, pero todos los platos están exquisitamente preparados y presentados.

Pizzeria Draga
COCINA ITALIANA €

(Braće Ivana i Stjepana Vidulića 77; *pizzas* desde 40 HRK) De su horno de leña salen *pizzas* perfectas sin cesar, desde el almuerzo a bien entrada la noche durante todo el verano. Su popular terraza es ideal.

Barakuda
PESCADO Y MARISCO €€

(Priko 31; platos principales desde 70 HRK) La decoración y el ambiente son de la vieja escuela. Aunque atraiga a muchos turistas, está muy bien considerado entre los lugareños por su pescado fresco y las habilidades del chef. Tiene una terraza frente al puerto y uno o dos platos especiales del día apuntados en la pizarra.

Bulaleta
COCINA ITALIANA €

(Priko 31; platos principales desde 45 HRK) Establecimiento informal, sin vistas pero con una bonita terraza en el casco antiguo, precios económicos y mucho ambiente durante las noches veraniegas.

Para comprar alimentos se puede ir al gran supermercado de Trg Zagazinjine, en el extremo norte del puerto.

🍷 Dónde beber y ocio

Mystik
'LOUNGE' BAR

(Braće Ivana i Stjepana Vidulića 40) El cuartel general de los jóvenes modernos de Lošinj, con sesiones de DJ, decoración estilosa y cócteles cargados. Musicalmente, a veces el amplio repertorio de sonidos electrónicos es bastante innovador.

Katakomba
BAR MUSICAL

(Del Conte Giovanni 1) Un garito cavernoso con un ambiente estridente durante los conciertos de folk y rock en verano.

Marina
BAR, CLUB

(Velopin bb) Coctelería-bar-club nocturno en el lado suroccidental del puerto.

ℹ️ Información

No escasean las agencias de viajes que facilitan alojamiento en casas particulares, cambian dinero y reservan excursiones.

Cappelli (☎231 582; www.cappelli-tourist.hr; Kadin bb) Reserva alojamientos en casas particulares en Cres y Lošinj, y ofrece cruceros por el Adriático y excursiones.

Erste Banka (Riva Lošinjskih Kapetana 4) Con cajero automático.

Hospital (☎231 824; Dinka Kozulića 1)

Manora Lošinj (☎520 100; Priko 29) Agradable agencia con toda la gama de servicios.

Oficina de correos (Vladimira Gortana 4; ⊕8.00-21.00 lu-vi, 12.00 sa)

Oficina de turismo (☎231 884; www.tz-mali losinj.hr; Riva Lošinjskih Kapetana 29; ⊕8.00-20.00 lu-sa, 9.00-13.00 do jun-sep, 8.00-17.00 lu-vi, 9.00-13.00 sa oct-may) Una oficina muy práctica, con personal entendido y toneladas de folletos y mapas útiles e ilustrados, más una exhaustiva relación de alojamientos con sus respectivos correos electrónicos y páginas web.

ℹ️ Cómo llegar y salir

Circulan entre seis y nueve autobuses al día entre Mali Lošinj y Veli Lošinj (15 HRK, 10 min). Para otras conexiones en autobús y barco, véase p. 161. La oficina de **Jadrolinija** (☎231 765; www.jadrolinija.hr; Riva Lošinjskih Kapetana 22) facilita información sobre los *ferries* y vende billetes.

ℹ️ Cómo desplazarse

Entre finales de abril y mediados de octubre hay un autobús lanzadera cada hora (10 HRK) que sale del centro urbano hasta la zona de hoteles de Sunčana Uvala y Čikat, hasta las 23.00.

SanMar (233 571; www.sanmar.hr; Priko 24) alquila bicicletas de montaña (100 HRK/día) y ciclomotores (250 HRK).

Para entrar al centro de Mali Lošinj en coche hay que pagar (12 HRK/2 h).

VELI LOŠINJ
920 HAB.

A pesar del nombre (en croata, *veli* significa "grande" y *mali,* "pequeño"), Veli Lošinj es mucho más pequeña, tranquila y un poco menos concurrida que Mali Lošinj, solo 4 km al noroeste. Es un lugar excepcionalmente pintoresco, en realidad solo hay algunas casas de color pastel, cafés, hoteles y tiendas que rodean una minúscula ensenada. Los delfines a veces penetran en la estrecha boca de la bahía en abril y mayo.

Al igual que su vecina, Veli Lošinj tuvo su cupo de capitanes de mar que construyeron fincas con jardines con exóticas plantas que trajeron de costas lejanas. Se pueden ver algunas si se sube a pie por las empinadas calles que salen del puerto. Los lobos de mar también decoraron las iglesias de la localidad, a destacar la de San Antonio, en el muelle.

En verano, se tendrá que aparcar el vehículo arriba y bajar a pie por las estrechas calles empedradas. Rovenska, una idílica y pequeña cala, se halla a 10 minutos a pie por la costa en dirección sureste.

Puntos de interés y actividades

Centro de Educación Marina de Lošinj
CENTRO MARINO
(www.blue-world.org; Kaštel 24; adultos/reducida 15/10 HRK; 9.00-13.00 y 18.00-22.00 jul y ago, 9.00-13.00 y 18.00-20.00 jun y sep, 10.00-16.00 resto del año) Es el punto de interés más instructivo de la localidad y se las ingenia para ser educativo y entretenido a la vez: a los críos les encantarán las exposiciones audiovisuales, aunque algunos salen decepcionados porque no hay delfines. Los objetos expuestos incluyen una vértebra de un rorcual común de 11 m (una cría), una sala acústica donde se pueden escuchar los cantos de los delfines y un mural con las 12 especies de ballenas y delfines del Mediterráneo. También se venden recuerdos. Es una iniciativa de Blue World (véase recuadro en p. 154).

Museo de la Torre MUSEO
(entrada 10 HRK; 10.00-13.00 y 16.00-22.00 ma-do med jun-med sep, 10.00-13.00 ma-sa med sep-med oct y Semana Santa-med jun) Esta impresionante torre defensiva que descolla entre un laberinto de calles apartado del puerto, fue construida por los venecianos en 1455 para defender la localidad de los piratas. Alberga un pequeño museo y galería dedicados a la historia marítima de la isla, con explicaciones en inglés. Vale la pena, especialmente los fragmentos de cerámicas romanas, los sables austriacos y turcos, las antiguas postales y un viejo *bark* (barco) en miniatura. También se puede subir a las almenas para disfrutar de unas vistas inmejorables de Veli.

Iglesia de San Antonio el Ermitaño IGLESIA
Construida en estilo barroco en 1774, esta iglesia está decorada con altares de mármol, una rica colección de cuadros italianos, un órgano de tubos y reliquias de san Gregorio. Solo abre para la misa dominical, pero se puede distinguir el interior desde la verja metálica.

Galería de arte Ultramarin GALERÍA DE ARTE
(www.ultramarin.hr; Obala Maršala Tita 7; 9.00-22.00 jun-ago) Galería regentada por un matrimonio que elabora coloristas barcos decorativos, jarrones y palmatorias con maderas arrastradas por el oleaje.

Dónde dormir

Las agencias de viajes Val y Turist facilitan alojamientos en casas particulares.

Albergue juvenil ALBERGUE €
(236 234; www.hfhs.hr; Kaciol 4; 135 HRK por persona; jun-oct; @) Es uno de los mejores albergues juveniles de Croacia, con un ambiente simpático y un personal hospitalario; se parece más a un alojamiento informal de mochileros que a un albergue institucional. En una finca remodelada, los dormitorios colectivos (todos con taquillas) son espaciosos; las habitaciones privadas, bastante elegantes, con decoración de madera de pino, y la terraza delantera, un lugar fabuloso para conocer gente y tomar una cerveza vespertina (10 HRK).

Villa Mozart PENSIÓN €€
(236 262; www.villa-mozart.hr; Kaciol 3; 295 HRK por persona; @) Bonita pensión con 18 habitaciones con personalidad; todas tienden a pequeñas pero tienen TV y baño, y algunas, vistas al mar. Se puede desayunar en la terraza con vistas a las relucientes aguas del puerto y la iglesia.

Dónde comer y beber

Los café-restaurante del puerto suelen servir comida económica pero no muy elaborada: a saber, especialidades italianas y platos de carne y pescado.

Bora Bar COCINA MEDITERRÁNEA €€
(www.borabar.com; bahía de Rovenska 3; platos principales desde 70 HRK; ☎) Este restaurante entre informal y chic, un paraíso para los amantes de las trufas, es el sueño gastronómico hecho realidad del chef de origen italiano Marko Sasso, que siente verdadera pasión por las setas mágicas. Para darse un banquete con un *carpaccio* de atún con raíz de apio y trufa, y una *panna cotta* con miel de trufa. En la carta abundan los vinos istrianos y las verduras ecológicas de la zona. Situado en la bahía de Rovenska, a 10 minutos a pie de Veli.

Ribarska Koliba COCINA CROATA €€
(Obala Maršala Tita 1; www.konoba-ribarska-koliba.com; platos principales desde 55 HRK) Al lado de la iglesia, esta vieja estructura de piedra dispone de una fabulosa terraza junto al puerto y sirve sabrosos platos de carne (cochinillo asado) y pescado.

Saturn BAR
(Obala Maršala Tita bb) El mejor bar de la localidad, pequeño y evocador, con mesas encaradas al puerto, sillas de junquillo y cojines, y una ecléctica carta musical, occidental y croata. Y por si fuera poco, alquila nueve habitaciones modernas con buena relación calidad-precio en el primer piso (a través de la agencia de viajes Val).

ⓘ Información

Erste Banka (Obala Maršala Tita) Cambia moneda. Hay otros cajeros automáticos en Veli.

Palma (☏236 179; www.losinj.com; Vladimira Nazora 22) Ofrece información turística, cambio de moneda, acceso a Internet y alojamiento en casas particulares.

Oficina de turismo (Obala Maršala Tita 33; ⏲8.00-21.00 lu-vi, 13.00 sa).

Turist (☏236 256; www.island-losinj.com; Obala Maršala Tita 17) Organiza excursiones a Susak e Ilovik (120 HRK), busca alojamientos en casas particulares, cambia moneda y alquila bicicletas (80 HRK/día) y ciclomotores (360 HRK).

Val (☏236 352; www.val-losinj.hr; Vladimira Nazora 29) Reserva alojamientos en casas particulares, organiza excursiones y ofrece acceso a Internet (30 HRK/h).

ⓘ Cómo llegar y salir

Circulan entre siete y nueve autobuses al día entre Veli Lošinj y Mali Lošinj (15 HRK, 10 min).

MUNDO AZUL

El **Instituto de Investigación y Conservación Marina Blue World** (☏236 406; www.blue-world.org; Kaštel 24) es una ONG con sede en Veli Lošinj, fundada en 1999 para promover la concienciación medioambiental en el Adriático. Ahora tiene una segunda oficina en Vis. Blue World logra llegar a la gente con conferencias, presentaciones a los medios y la organización del **Día del Delfín** en Veli Lošinj el primer sábado de agosto, durante el que se montan exposiciones de fotografía, una feria ecológica, actuaciones en la calle, competiciones de waterpolo, búsquedas de tesoros y muestras de dibujos y pinturas de niños. Es toda una celebración.

Como parte del Proyecto del Delfín Adriático, Blue World estudia a los delfines mulares que frecuentan la zona de Lošinj-Cres. Cada delfín tiene un nombre y se cataloga por fotos tomadas de las marcas naturales que presentan sus aletas dorsales.

En las décadas de 1960 y 1970 se cazaban delfines en la zona y el Gobierno local recompensaba por cada captura (a los pescadores se les pagaba por cada cola). En 1995 empezaron a protegerse, pero entre 1995 y 2003 se acusó una drástica disminución de delfines mulares. Consecuentemente, Blue World se las ingenió para fundar la **Reserva de Delfines de Lošinj.** Ahora la población de delfines se ha estabilizado en 120 ejemplares, aunque sigue muy amenazada. En agosto del 2009 se avistaron 60 delfines cerca de la isla de Trstenik, todo un logro. De vez en cuando también se ven otras especies, como delfines listados y tiburones peregrinos, entre otros.

La mayor amenaza para los delfines de Lošinj es el tráfico de embarcaciones, por el ruido y las molestias. En julio y agosto, los delfines nunca se acercan a la costa y evitan su principal zona de alimentación en el sur y este de Cres, donde abunda la merluza. La sobreexplotación pesquera también reduce el número de presas que les sirve de alimento.

También se puede colaborar **adoptando un delfín** (150 HRK) con el Proyecto del Delfín Adriático, o haciéndose voluntario: un programa de 10 días cuesta a partir de 675 € por persona, con descuentos para estudiantes.

Isla de Cres

Cres posee un encanto silvestre y natural que atrapa e inspira. La isla está poco poblada pero cubierta por unos frondosos bosques intactos, y luce una accidentada costa de altos acantilados, calas recónditas y antiguos pueblos de montaña. Los cielos inabarcables y las vistas infinitas dominan su paisaje, y parece como si las carreteras y los senderos se sumergieran en parajes sin fin (aunque es una isla).

En la mitad norte de Cres, conocida como Tramuntana, se extiende un manto de densos bosques de robles, carpes, olmos y castaños. Es uno de los territorios preferidos de los protegidos buitres leonados (véase p. 158), de ahí que se les pueda ver en un excelente centro de visitantes de Beli, en la costa oriental.

Hasta hace bien poco, una de las principales fuentes de ingresos de la isla era la cría de ovejas (el cordero local tiene fama por su sabor), pero la introducción del jabalí ha alterado el entorno y ahora se está perdiendo una tradición ancestral (véase recuadro en p. 156).

Los principales pueblos costeros se hallan en el litoral occidental, y al suroeste de Valun están las montañas que acogen la espléndida población medieval de Lubenice.

En la isla, Cres se pronuncia "Tres".

PUEBLO DE CRES
2340 HAB.

Las casas de color pastel con terrazas y las mansiones venecianas abrazan el puerto medieval de esta localidad, una preciosa bahía guarecida por colinas de pinares y matorrales del Adriático de un verde intenso.

La fuerte influencia italiana de la localidad se remonta al s. XV, cuando los venecianos se trasladaron aquí huyendo de la peste y otras plagas que se habían extendido por Osor. Junto al puerto se construyeron los edificios públicos y los palacios de los patricios y, en el s. XVI, se levantó una muralla. Al caminar por el paseo marítimo y por el laberinto de calles del casco antiguo, se advertirán vestigios de la presencia italiana, a destacar los escudos de armas de las poderosas familias venecianas y las logias renacentistas.

Puntos de interés

Trg Frane Petrića PLAZA MAYOR

Al final de Riva Creskih Kapetana se halla Trg Frane Petrića, con la elegante **logia municipal,** del s. XVI, escenario de anuncios públicos, transacciones económicas y fiestas durante la etapa veneciana. Hoy en día acoge un mercado matinal de frutas y verduras.

Iglesia de Santa María de las Nieves
IGLESIA

(Sv Marije Snježne; Pod Urom; solo durante la misa) Detrás de la logia hay una puerta del s. XVI que conduce a esta iglesia. En la fachada destaca el relieve de la Virgen y el Niño en un portal renacentista. Antes o después de la misa, se recomienda contemplar su sereno interior, donde sobresale la talla de madera de la *pietà* del s. XV (protegida por un cristal) en el altar de la izquierda.

Ruta CENTRO DE ARTESANÍA

(571 835; www.ruta-cres.hr; Zazid 4; variable o con cita previa) Esta interesante asociación local promueve la tradición cultural de la isla de elaborar tejidos y fieltros. Con la lana descartada de ovejas autóctonas, los artesanos elaboran preciosas zapatillas, sombreros, bolsos y prendas de vestir. Se puede visitar el taller, ver cómo se elaboran los fieltros o incluso intentarlo (clases de 3 h/150 HRK).

Actividades

Hay un bonito paseo en el lado occidental de la bahía con zonas para tomar el sol y darse un baño, además de buenas playas alrededor del Hotel Kimen. **Diving Cres** (571 706; www.divingcres.de, en alemán), en Autocamp Kovačine, imparte clases y ofrece inmersiones lúdicas. **Cres-Insula Activa** (091 73 89 490; www.cres-activa.hr, en croata) organiza salidas de *windsurf,* ciclismo y escalada. La oficina de turismo dispensa mapas de pistas y senderos de las inmediaciones de Cres.

Dónde dormir

Las agencias de viajes gestionan el alquiler de habitaciones en casas particulares, las más económicas. En la localidad, las individuales cuestan desde 150 HRK por persona; las dobles, a partir de 220 HRK.

Autocamp Kovačine 'CAMPING' €

(573 150; www.camp-kovacine.com; adultos/niños/tiendas 76/31/71 HRK; Semana Santa-med oct) Está en un lugar privilegiado, en la punta de una pequeña y boscosa península con generosas vistas al mar y una playa a un tiro de piedra. Dispone de tarimas para darse un chapuzón en la playa, cuartos de baño con energía solar y un restaurante, y

LOS CAZADORES Y LOS CAZADOS

La **oveja tramuntana** autóctona es característica de la isla de Cres y se ha adaptado perfectamente a los pastos kársticos que los ilirios consiguieron hace mil años. Pero hoy la cultura ovicultora de la isla está en la cuerda floja. Hace veinte años en Cres había 100 000 cabezas, ahora quedan unas 15 000. Uno de los principales factores de este declive ha sido la introducción del **jabalí** por parte del poderoso *lobby* de cazadores de Croacia. La población de jabalíes ha crecido considerablemente (ha llegado hasta los *campings* de Mali Lošinj). El jabalí captura ovejas y corderos (en invierno del 2006 el Eco-Centre Caput Insulae de Beli informó de la muerte de 2500 corderos por ataques de jabalíes, pero hoy se cree que la cifra es mucho más alta).

El descenso del número de ovejas tiene un gran impacto medioambiental. Ahora, los **buitres leonados** no tienen suficiente carroña de oveja para sobrevivir y tienen que ser alimentados por voluntarios. Como los pastos han disminuido, los enebros y espinos han reemplazado la vegetación y flora autóctonas debilitando la biodiversidad vegetal. Los muretes de piedra *(gromače)* utilizados por los ovicultores solían dividir el territorio de Cres, actuando como rompevientos y previniendo la erosión del suelo, pero no se han conservado y muchos están en ruinas.

---

organiza muchas actividades: baloncesto, voleibol y submarinismo, entre otras. Una cuarta parte del *camping* está reservado a los naturistas, con una playa nudista incluida. Está 1 km al suroeste de la localidad.

Tamaris — HABITACIONES €€
(573 150; www.camp-kovacine.com; Melin 1/20; i/d 364/641 HRK; ❄) Este pequeño edificio pertenece al Autocamp Kovačine y cuenta con 13 habitaciones modernas con cuarto de baño, teléfono y televisión por satélite; algunas con balcones y vistas al mar.

Hotel Kimen — COMPLEJO TURÍSTICO €€
(573 305; www.hotel-kimen.com; Melin 1/16; i/d 575/786 HRK; P❄@🛜) Este complejo turístico saca buen partido de su ubicación junto a la playa y de sus umbríos jardines de pinos. Todas las habitaciones están en buen estado y tienen balcones; hay un nuevo gimnasio y Wi-Fi gratis. Lo frecuentan sobre todo familias alemanas, italianas y croatas.

🍴 Dónde comer y beber

👍 **Bukaleta** — ASADOR €€
(571 606; www.bukaleta.hr; Loznati; platos principales desde 44 HRK; ⊙abr-oct) El cordero de Cres encabeza la carta de este entrañable restaurante, en manos de la misma familia durante los últimos 30 años. El cordero (desde 85 HRK) se sirve empanado, a la parrilla o asado; hay ñoquis y pasta para los vegetarianos. Es un establecimiento sin pretensiones, con bancos de madera, manteles a cuadros y *rakija* (aguardiente) casero. Se puede alquilar una de sus habitaciones económicas (desde 240 HRK). Bukaleta está en Loznati, 5 km al sur del pueblo de Cres, y señalizado desde la carretera.

Busola — COCINA MEDITERRÁNEA €€
(Kopača 2; platos principales desde 60 HRK) Detrás de la iglesia, esta pequeña *konoba* dispone de mesas bajo un antiguo pasaje abovedado y un comedor con vigas de madera y paredes de piedra vista. Su pescado fresco tiene buena fama.

Café Inn Port — CAFÉ-BAR €
(Lungomare Sveti Mikule 4/1; tentempiés desde 10 HRK) En este elegante y pequeño café del paseo, junto al puerto, se respira un ambiente informal. Es ideal tanto para empezar el día con un café o terminar la noche con una o dos cervezas.

Restaurant Riva — PESCADO €€
(Riva Creskih Kapetana 13; platos principales desde 50 HRK) Este consolidado restaurante tiene una bonita terraza en el puerto y sus langostinos, calamares del Adriático y gambas gozan de buena fama entre la gente del lugar.

Luna Rossa — COCINA ITALIANA €
(Palada 4b; *pizzas* desde 20 HRK, platos principales desde 38 HRK) Sirve los típicos platos: *pizza*, pasta, *risottos* y ñoquis.

Santa Lucia — PESCADO
(Lungomare Sveti Mikule 4; platos principales desde 45 HRK) La especialidad de este restaurante en el paseo del litoral es el pescado a la sal.

El **supermercado** (Trg Frane Petrića) se halla delante de la logia.

Información

Autotrans (572 050; www.autotrans-turizam.com; Zazid 4) Eficiente agencia que ofrece alojamientos en casas particulares, bicicletas de alquiler (20 HRK/h), excursiones y billetes de autobús.

Cresanka (750 600; www.cresanka.hr; Varozina 25) Alojamientos en casas particulares, excursiones o cambio de moneda.

Erste Banka (Cons 8) Con cajero automático.

Gonzo Bikes (571 000) Alquila bicicletas de buena calidad (90 HRK/día).

Oficina de correos (Cons 3; 7.30-19.00 lu-vi, 13.00 sa)

Tourist Agency Croatia (573 053; www.cres-travel.com; Melin 2/33) Gestiona alojamientos en casas particulares, tiene acceso a Internet (1 HRK/min) y alquila bicicletas y ciclomotores.

Oficina de turismo (571 535; www.tzg-cres.hr; Cons 10; 8.00-20.00 lu-sa, 9.00-13.00 do jul y ago, 8.00-14.00 lu-vi sep-jun) Gran surtido de mapas y folletos, y buena relación de alojamientos con fotografías.

Cómo llegar y salir

Cada día salen dos autobuses a Opatija (87 HRK, 2 h) y cuatro a Rijeka (107 HRK, 2¼ h). También hay dos diarios a Brestova, en Istria (incluido *ferry* 69 HRK, 1½ h).

Véase p. 161 para información sobre las rutas de autobuses entre Cres y Mali y Veli Lošinj.

BELI
30 HAB.

En pleno corazón de la región de Tramuntana, en la punta septentrional de la isla, con ancestrales bosques vírgenes, aldeas abandonadas, capillas solitarias y mitos de elfos buenos, Beli es uno de los pueblos más antiguos de la isla, agazapado en una colina de 130 m a cuyos pies se expande una preciosa playa de guijarros. Se respiran sus 4000 años de historia en sus tortuosas callejas y en sus austeras fincas de piedra asaltadas por la maleza. El diminuto pueblo se puede ver a pie en cinco minutos, eso sí, parando en un mirador con asombrosas vistas del Adriático con las montañas continentales al fondo.

Puntos de interés y actividades

Eco-Centre Caput Insulae ECOCENTRO
(/fax 840 525; www.supovi.hr; Beli 4; adultos/reducida 40/20 HRK; 9.00-20.00, cerrado nov-mar) Este ecocentro, fundado en 1994, en parte parque natural y en parte reserva del amenazado buitre leonado (véase recuadro en p. 158), se dedica al cuidado y mantenimiento del hábitat de estas majestuosas aves. Colabora con los granjeros de la zona para asegurar la provisión de ovejas necesaria para la supervivencia de los buitres, y con capitanes de barco locales para el rescate de aves caídas al mar. Cada verano salva una docena de ejemplares jóvenes (las crías no pueden volar más de 500 m); muchos se precipitan al agua y se ahogan si chocan con las embarcaciones que pasan demasiado cerca. La población de buitres leonados está muy amenazada por la menguante cría de ovejas en Cres debido a la importación de animales destinados a la caza (sobre todo jabalíes).

La visita a este centro, que ocupa una vieja escuela, arranca con exposiciones sobre biología y costumbres de dichos animales, pero el reclamo son los buitres en sí mismos. Normalmente hay unos quince ejemplares fijos aleteando en un gran recinto enrejado detrás del centro. También hay un buitre africano de cuello rojo (hallado en una playa de Croacia y, al parecer, conservado como mascota). Si se mira al cielo, seguramente se podrá ver a alguna de estas aves bajando en picado desde las alturas.

El ecocentro dispone de un consolidado programa de voluntarios que dura todo el año, pero también se puede adoptar un buitre (por solo 50 €). Asimismo tiene un jardín de plantas medicinales (trazado como un laberinto) y entretenimientos para los niños.

La entrada al centro incluye el acceso a siete **ecopistas** (entre 1,5 y 20 km) bien señalizadas que comunican las aldeas abandonadas de Tramuntana entre olivos, robles, higueras y granados y ancestrales muros de piedras. También hay 20 **esculturas de piedra** y laberintos dedicados a los antiguos dioses croatas y eslavos. Distribuyen un folleto informativo y mapas que explican la historia, cultura y fauna de la región.

Diving Beli SUBMARINISMO
(840 519 www.diving-beli.com) Ofrece inmersiones de submarinismo desde barco o playa; los que no quieran nadar también pueden ir.

Dónde dormir y comer

Pansion Tramontana COCINA RÚSTICA €
(840 519; www.beli-tramontana.com; comidas desde 40 HRK; P@) Junto al centro del buitre leonado, este buen restaurante prepara suculentos cortes de carne a la barbacoa. También sirve maravillosas ensaladas ecológicas y Guinness de barril. En el piso de arriba, las habitaciones recién

EL AMENAZADO BUITRE LEONADO

Con una envergadura de casi 3 m, alrededor de 1 m de cabeza a cola, y un peso de entre 7 y 9 kg, el buitre leonado parece lo bastante grande para llevar pasajeros a bordo. Planea cómodamente a 40-50 km/h pero puede alcanzar una velocidad de hasta 120 km/h. El poderoso pico y el largo cuello del buitre son ideales para rebuscar entre las entrañas de su presa, probablemente una oveja muerta.

Encontrar semejante festín exige un esfuerzo titánico a los buitres leonados. Normalmente una colonia de aves peina los cielos en formación de hasta 1 km de amplitud. Cuando uno de los buitres divisa un animal muerto, planea en círculo sobre él para indicar a sus vecinos que se sumen a la comilona. A los pastores no les importan los buitres, pues alegan que las aves impiden que cualquier enfermedad o infección que haya matado a la oveja contagie a otras reses.

En Croacia hay 230 ejemplares en total, más de la mitad habita en los acantilados de la costa de Cres y el resto vive en pequeñas colonias en las islas de Krk y de Prvić. Las preferencias alimenticias de estas aves son las ovejas, pero también se nutren de otros mamíferos muertos, lo que no está libre de riesgos: las últimas aves que quedaban en el Parque Nacional de Paklenica murieron tras la ingesta de zorros envenenados y, en el 2005, 20 buitres de Cres murieron tras comer carne también envenenada.

La población de buitres está ahora protegida legalmente como especie en peligro de extinción. Matar un ave o molestarla durante la anidación se penaliza con una multa de 5000 €. Casi nadie mata a un buitre intencionadamente, pero como las crías, cuando no hay viento, no pueden volar más de 500 m, los turistas de las lanchas motoras a menudo acaban poniendo en peligro la vida del polluelo en su intento de hacer que vuelvan a emprender el vuelo. Las aves exhaustas se precipitan al mar y se ahogan (las más afortunadas son recogidas y llevadas al Eco-Centre Caput Insulae en Beli).

Los hábitos de cría impiden que aumente la población, ya que una pareja de buitres solo concibe un polluelo al año y este tarda cinco años en alcanzar la madurez. Durante esa época, los buitres en período de crecimiento viajan mucho: uno etiquetado en el Parque Nacional de Paklenica apareció en Chad, a 4000 km de distancia. Al cumplir los 5 años, los buitres regresan a Cres (a veces a la misma roca donde se han criado) para encontrar una pareja, que será su compañera para el resto de sus días.

Se cree que los buitres viven hasta 60 años, pero lo normal son 35; la tasa de mortalidad (prematura) es del 90%. Los peligros que amenazan a los jóvenes buitres de Cres incluyen los rifles de los cazadores italianos, el veneno y el tendido eléctrico, pero el mayor problema es, con diferencia, el impresionante declive ovicultor de Cres, que reduce la fuente alimentaria de las aves día tras día (véase p. 156). Ahora los buitres de Cres se han de alimentar en los puntos repartidos por el norte de la isla donde el personal y los voluntarios dejan carne a las aves.

---

reformadas (182-378 HRK por persona) son muy agradables.

Ya en la playa, a 1 km del pueblo, hay un bar de tentempiés, y el pequeño **Camping Brajdi** (☎/fax 840 532; Beli bb; 56 HRK por persona y parcela; ☼ may-sep).

ⓘ Cómo llegar y salir

En verano, hay tres autobuses diarios del pueblo de Cres a Beli (29 HRK, 30 min), salvo los domingos.

OSOR
70 HAB.

Hoy en día este diminuto e histórico pueblo es uno de los lugares más plácidos imaginables, si bien esta situación actual oculta un pasado brillante y agitado.

La aldea se halla en un estrecho canal que divide Cres y Lošinj y que, al parecer, fue abierto por los romanos para controlar una ruta clave de navegación. En el s. VI, se fundó un Obispado, con autoridad sobre ambas islas durante toda la Edad Media. Hasta el s. XV, Osor fue un importante centro comercial, religioso y político en la región, pero la suma de la peste, la malaria y la apertura de nuevas rutas marítimas fueron minando la economía local.

Hoy en día está viviendo una segunda juventud como ciudad-museo de iglesias, esculturas al aire libre y un centro urbano del

s. xv del que salen serpenteantes callejuelas. Aunque todavía no hay oficina de turismo.

Para ir de Lošinj a Osor, hay que cruzar el puente levadizo del canal de Kavuada, que se levanta dos veces al día (9.00 y 17.00) para dejar pasar a los barcos; quizá haya que esperar un poco.

Puntos de interés

Al cruzar la puerta que hay junto al canal, se atravesarán las antiguas murallas de la ciudad y los vestigios del castillo para acabar desembocando en el centro de la localidad.

Museo Arqueológico MUSEO
(entrada 10 HRK; 10.00-13.00 y 19.00-22.00 ma-do jun-sep, 10.00-13.00 ma-sa oct-may) En el ayuntamiento del s. xv, sito en la plaza mayor, este museo atesora una colección de fragmentos y relieves de piedra romanos y paleocristianos, cerámicas y esculturas.

Iglesia de la Asunción IGLESIA
(Crkva Uznesenja; 10.00-12.00 y 19.00-21.00 jun-sep) Al lado del museo, esta iglesia se construyó a finales del s. xv, con un ornamentado pórtico renacentista. El altar barroco del interior atesora reliquias de san Gaudencio, patrón de Osor.

Daleki Akordi ESTATUA
Antes de dejar la plaza, conviene fijarse en la estatua de Ivan Meštrović, *Daleki Akordi* ("Acordes lejanos"), una de las muchas esculturas modernas del pueblo de tema musical.

Fiestas y celebraciones

Durante las Noches Musicales de Osor (Osorske Glazbene Večeri), de mediados de junio a finales de agosto, artistas croatas de primera fila ofrecen conciertos de música clásica en la catedral y en la plaza mayor. Las oficinas de turismo de Mali Lošinj y del pueblo de Cres facilitan información al respecto.

Dónde dormir y comer

Se pueden conseguir alojamientos en casas particulares y hay dos zonas de acampada. Las oficinas de turismo de Mali Lošinj y el pueblo de Cres tienen un listado de habitaciones y apartamentos de alquiler.

Osor Pansion HOTEL-RESTAURANTE €
(237 135; ossero@rit-com.hr; Osor bb; h 184-221 HRK por persona, platos principales desde 40 HRK; mar-nov; P) El fabuloso y ajardinado restaurante es el principal reclamo de este logrado establecimiento, con mesas ubicadas bajo las parras y entre matas de flores. Las carta propone cordero de Cres y pescado del Adriático. Las siete habitaciones de madera de pino del primer piso (184-221 HRK por persona) también son una buena opción.

Konoba Bonifačić COCINA CROATA €€
(Osor 64; platos principales desde 50 HRK) Restaurante ajardinado con una carta 100% casera: *risottos* fiables y carnes y pescado a la parrilla. Para terminar, nada como un chupito de grapa de saúco.

Bijar 'CAMPING' €
(/fax 237 027; www.camps-cres-losinj.com; 65 HRK por persona) En una preciosa cala de guijarros, fabulosa para darse un baño, este *camping* tiene buenas instalaciones de tenis de mesa, voleibol y baloncesto. Está a 500 m de Osor, de camino a la localidad de Nerezine.

Preko Mosta 'CAMPING' €
(237 350; www.jazon.hr; Osor bb; 55/43 HRK por persona/parcela) Con vistas al canal, este pequeño *camping* es algo básico, pero goza de sombra bajo los pinos.

Cómo llegar y salir

Todos los autobuses de Cres (37 HRK, 45 min) y Mali Lošinj (30 HRK, 30 min) circulan por la única carretera de la isla y atraviesan Osor.

VALUN
68 HAB.

Esta preciosa aldea costera, 14 km suroeste del pueblo de Cres, se extiende a los pies de los acantilados, rodeada de playas de guijarros. Se puede dejar el coche arriba y bajar las empinadas escaleras que desembocan en el casco antiguo y la ensenada. La bahía de Valun y sus restaurantes raras veces se llenan, y se agradece que no haya ni puestos de recuerdos ni horteradas turísticas.

La oficina de turismo (525 050; 8.00-21.00 jul y ago), el cajero automático y la sucursal de Cresanka (www.cresanka.hr; variable) están en una calle que sube del puerto. Hay pocos alojamientos y deben reservarse con antelación.

La principal atracción es la **tabla de Valun**, del s. xi, que se guarda en la iglesia parroquial de Santa María (cuyo horario es irregular). Esta lápida, con inscripciones en gaglolítico y latín, refleja la composición étnica de la isla, que estuvo habitada por descendientes romanos y nuevos residentes croatas.

El encanto de Valun reside en su tranquilidad y en sus **playas,** en la ensenada. A la derecha del puerto, un sendero enfila hacia

MERECE LA PENA

LUBENICE

Encaramado en lo alto de una desprotegida loma rocosa, a 378 m por encima de la costa occidental de la isla, esta aldea medieval es uno de los lugares más evocadores de Cres. Semiabandonada (tiene una población permanente de 17 habitantes), el laberinto de antiguas y austeras casas e iglesias de piedra parece haberse fundido con los cimientos de la propia isla, dándole un aire de fortaleza morisca.

Ekopark Pernat (513 010; www.ekoparkpernat.org), un centro con sede en Rijeka para el desarrollo sostenible, ha hecho mucho por mantener viva Lubenice. Gestiona un **centro cultural-educativo** (840 406; donativo recomendado 7 HRK; 9.00-22.00 Semana Santa-oct) en la antigua escuela, en la punta del pueblo, con una pequeña exposición permanente sobre la cría de ovejas, y organiza diversos talleres.

Lubenice se alza sobre una de las **playas** más remotas y bonitas de Kvarner, una cala resguardada a la que se accede por un pronunciado camino en el monte. El descenso de 45 minutos es fácil, pero subir ya es otra historia (hay quien va en taxi acuático desde Valun o Cres).

Otra razón para visitar Lubenice es el anual **Lubeničke Glazbene Večeri** (Noches Musicales de Lubenice), con conciertos de música clásica al fresco cada viernes noche de julio y agosto.

La oficina de turismo del pueblo de Cres cuenta con un listado de alojamientos en casas particulares de Lubenice, pero no hay muchos.

Para comer o beber algo, se puede escoger entre la Konoba Hibernicia (Lubenice 17; platos principales desde 45 HRK), destacable por sus platos de cordero y jamón local; y el **Bufet Loza,** junto a la entrada del pueblo, ideal para tomar una cerveza.

En verano, hay dos autobuses diarios que circulan entre Lubenice y el pueblo de Cres (29 HRK, 35 min), salvo los domingos.

---

una playa de guijarros y una zona de acampada. Al oeste de la aldea, unos 700 m más adelante, hay otra bonita playa de piedrecitas bordeada de pinos.

El idílico Camping Zdovice (101 HRK por persona; may-sep) es pequeño y cuenta con parcelas en los antiguos bancales en terraza. Está en plena playa con fabulosas oportunidades de baño, tiene un campo de voleibol y es muy popular entre las familias alemanas y austriacas. No admite reservas.

Cinco de los seis restaurantes de Valun están a orillas del mar. La Konoba Toš-Juna (Valun bb; platos principales desde 40 HRK) destaca por su pescado. Ocupa una almazara remodelada con piedra vista y una bonita terraza en el puerto.

Valun no está bien comunicada en transporte público. Solo hay un autobús diario desde el pueblo de Cres (25 HRK, 20 min); ninguno en domingo. Los autobuses de vuelta salen dos veces por semana (a las 5.31, lu y mi).

ISLA DE KRK

La isla más grande de Croacia (Veglia en italiano), conectada al continente por un puente, también es una de las más visitadas; en verano, alemanes y austriacos acuden en tropel a sus casas de veraneo, *campings* y hoteles. No es la isla más exuberante ni la más bonita (de hecho, está demasiado urbanizada) pero es un lugar de fácil acceso, con buenas conexiones de transporte e infraestructuras.

La costa noroeste de la isla es rocosa y escarpada, con pocas poblaciones debido al *bura*, viento huracanado que azota la zona en invierno. El clima es más suave en el sur, con más vegetación, playas, calas y ensenadas. Las localidades más importantes (Krk, Punat y Baška) se hallan en la boscosa costa suroccidental.

El céntrico pueblo de Krk constituye una buena base para explorar la isla. Desde la cercana Punat se puede ir a la isla de Košljun y al monasterio. Baška, en una holgada bahía de arena, a los pies de una espectacular cadena montañosa, es un gran destino de playa. En la costa este, y ya fuera del circuito turístico, Vrbnik es una aldea medieval cimera conocida por su vino *žlahtina*.

Historia

Los primeros habitantes de Krk de los que se tiene constancia son los ilirios liburnios, seguidos por los romanos que colonizaron la costa norte. Más tarde, Krk fue anexionada al Imperio bizantino, y luego, Venecia y los reyes croato-húngaros se la repartieron sucesivamente.

En el s. XI, Krk se convirtió en la cuna del lenguaje gaglolítico. El ejemplo más antiguo que se conserva de esta escritura se halló en una antigua abadía benedictina del pueblo de Krk. El gaglolítico se usó en la isla hasta el s. XIX.

En 1358, Venecia cedió el control de la isla a los duques de Krk, más tarde conocidos como los Frankopan, que se convirtieron en una de las familias más ricas y poderosas de Croacia. Aunque vasallos de Venecia, gobernaron con cierta independencia hasta 1480, cuando el último miembro del linaje puso la isla, de nuevo, bajo la protección de Venecia.

Aunque el turismo es su principal sostén económico, hay dos pequeños astilleros en Punat y Krk, y cierta actividad agrícola y pesquera.

Cómo llegar y salir

En Krk está el aeropuerto de Rijeka, el principal de la región de Kvarner, aunque se utiliza bastante poco: en verano unas pocas aerolíneas de bajo coste y de vuelos chárteres vuelan hasta aquí. El puente de peaje de Krk comunica el norte de la isla con el continente.

En verano, a diario, doce *ferries* de automóviles de Jadrolinija navegan entre Valbiska y Merag (pasajeros/automóviles 18/115 HRK, 30 min), en Cres; en invierno, hay menos servicios. Un *ferry* de Split Tours comunica Valbiska con Lopar (37/225 HRK, 1½ h), en Rab, cuatro veces al día en verano y dos el resto del año a precios más bajos.

Entre nueve y trece autobuses diarios circulan entre Rijeka y el pueblo de Krk (56 HRK, 1-2 h), algunos vía Punat. Hay dos diarios que siguen hasta Vrbnik (25 HRK, 35 min), de lunes a viernes. Del pueblo de Krk salen nueve autobuses al día rumbo a Baška (29 HRK, 45 min). Durante los fines de semana los servicios se reducen, si es que funcionan.

De Zagreb salen seis autobuses diarios al pueblo de Krk (179-194 HRK, 3-4 h). Conviene tener en cuenta que hay líneas de autobús más directas que otras, que paran en todos los pueblos del camino. **Autotrans** (www.autotrans.hr) dispone de dos autobuses diarios rápidos. Fuera del verano, se reducen todos los servicios.

Para ir de Krk a Cres y Lošinj, hay que cambiar de autobús en Malinska para tomar otro con dirección Lošinj que viene de Rijeka o Zagreb, pero hay que comprobar detenidamente las horas de salida y de llegada en la página web ya que el transbordo solo se puede hacer a ciertas horas.

Cómo desplazarse

Las conexiones en autobús son frecuentes: los muchos autobuses que van y vienen de Rijeka recogen pasajeros en las principales localidades de la isla.

Pueblo de Krk

3373 HAB.

En la costa suroccidental de la isla, esta localidad se concentra alrededor de un centro medieval amurallado y la parte moderna, que incluye un puerto, playas, zonas de acampada y hoteles, se expande hacia las calas y montañas circundantes. Durante los fines de semana de verano, el paseo del litoral se llena hasta la bandera de turistas que se dispersan por las estrechas calles empedradas que forman el bonito casco antiguo.

Pese al gentío, este laberinto de piedra es el reclamo del pueblo de Krk. El antiguo asentamiento romano aún conserva partes de las antiguas murallas y puertas de la ciudad, así como una catedral románica y un castillo de los Frankopan, del s. XII.

Todo se puede ver en un par de horas, pero si el pueblo de Krk es un práctico punto de partida para explorar el resto de la isla.

Puntos de interés

Catedral de la Asunción IGLESIA
(Katedrala Uznesenja; Trg Svetog Kvirina; ⊙misa de mañana y tarde) En el antiguo emplazamiento de unos baños romanos y de una basílica, esta imponente estructura románica data del s. XII. Conviene fijarse en la curiosa talla paleocristiana de dos aves comiendo un pez en la primera columna del ábside. La nave izquierda alberga una capilla gótica del s. XV, con los escudos de armas de los príncipes Frankopan, que la usaron como lugar de culto.

Iglesia de San Quirino IGLESIA
(Trg Svetog Kvirina; entrada 5 HRK; ⊙9.00-13.00 lu-sa) La catedral tiene un campanario del s. XVIII, coronado con la estatua de un ángel, que comparte con la adjunta iglesia de San Quirino, templo paleocristiano de piedra blanca dedicado al patrón de la localidad. El **museo de la iglesia** es un tesoro de arte sacro, con un retablo de plata de la Virgen María de 1477 y un políptico de Paolo Veneziano.

Kaštel
FORTALEZA

(Trg Kamplin) En primera línea de mar, esta antigua fortaleza en ruinas protegía el casco antiguo de los ataques piratas. Hay una torre del s. XII otrora utilizada como sala de justicia de los Frankopan y otra torre redonda defensiva construida por los venecianos. El castillo acoge conciertos y obras de teatro al aire libre en verano.

Actividades

Se recomienda recoger un mapa de la isla en la oficina de turismo y salir a explorar las callejuelas del pueblo de Krk en bicicleta: **Speed** (221 587; S Nikolića 48) y **Losko** (091 91 50 264), situadas en la estación de autobuses, las alquilan desde 80 HRK al día.

Entre los centros de submarinismo están **Diving Centre Krk** (222 563; www.fundiving.com; Braće Juras 3) y **Adria Krk** (604 248; Creska 12), que ofrecen cursos y salidas por la isla. Entre los mejores puntos de inmersión destacan el pecio del *Peltastis*, un carguero griego de 60 m, y los arrecifes de Punta Silo y Kamenjak, con una rica fauna marina como caracoles de mar y pulpos, y diferentes grutas.

El excelente **Wakeboard Club Krk** (091 27 27 302; www.wakeboarder.hr; 5 vueltas 50 HRK; abr-sep), de Krk, es un cable tendido de 650 m para practicar *wakeboarding* y esquí acuático a una velocidad de 32 km/h. No hay nada que temer: la mayoría de sus clientes son principiantes absolutos. El establecimiento también alquila *wakeboards, wakeskates* y trajes de neopreno los más expertos. Se halla entre el pueblo de Krk y Punat.

Fiestas y celebraciones

Cada año, en julio y agosto, el **Festival de Verano de Krk** acoge conciertos, obras de teatro y espectáculos de danza en un antiguo monasterio franciscano (500 m al norte del puerto), y en las plazas del casco antiguo. La oficina de turismo facilita la programación. La **Feria de Krk** es una celebración de inspiración veneciana que se adueña de la localidad durante tres días a mediados de agosto con conciertos, gente disfrazada con trajes medievales y puestos de comida tradicional.

Dónde dormir

El casco antiguo solo cuenta con un hotel; los demás están en un gran complejo al este del centro, enfocado a las familias. En las agencias de viajes pueden concertar alojamiento en casas particulares. Conviene saber que el único albergue de la localidad acusa el paso del tiempo.

Hotel Marina
HOTEL-'BOUTIQUE' €€€

(221 357; www.hotelikrk.hr; Obala Hrvatske Mornarice 6; h/ste 890/1606 HRK; P❄@🛜) Es el único hotel del casco antiguo. Disfruta de una ubicación privilegiada frente al mar y se puede contemplar el puerto y los veleros desde el balcón de algunas de las 10 habitaciones de lujo (las que tienen terraza tienen mejores vistas). Todas lucen una decoración elegante y contemporánea, y cuartos de baño a la última.

Bor
HOTEL DE PLAYA €€

(220 200; www.hotelbor.hr; Šetalište Dražica 5; i/d desde 471/825 HRK; abr-oct; P🛜) Muy cerca de una pequeña playa y del bonito litoral rocoso, este pequeño hotel tiene 22 habitaciones modestas, algunas con balcones y una bonita terraza. Está rodeado de viejos pinos y solo está a 10 minutos a pie del centro. En temporada baja los precios caen en picado.

Autocamp Ježevac
'CAMPING' €

(221 081; camping@valamar.com; Plavnička bb; 47/59 HRK por adulto/parcela; med abr-med oct) *Camping* en primera línea de playa con parcelas a la sombra en antiguos bancales para el cultivo; buena zona de baño y de barbacoa. Está 10 minutos a pie al suroeste de la localidad.

Politin FKK
'CAMPING' €

(221 351; www.camping-adriatic.com; 46/56 HRK por adulto/parcela; med abr-sep; 🛜) Bonito campamento naturista en la boscosa península de Prniba, a escasa distancia de la localidad, con vistas a las islas de Plavnik y de Cres. Dispone de Wi-Fi gratis y las duchas están recién remodeladas.

Camping Bor
'CAMPING' €

(221 581; www.camp-bor.hr; Crikvenička 10; 46/29 HRK por adulto/parcela; abr-oct) En una colina cubierta de olivares y pinares, este *camping* presenta duchas bien cuidadas y un restaurante. Está 10 minutos a pie al oeste del frente marítimo.

Hostel Krk
ALBERGUE €

(220 212; www.hostel-krk.hr; D Vitezića 32; 145 HRK por persona) Está un poco dejado; el bonito edificio histórico que ocupa necesita desesperadamente un poco de amor. Suele estar vacío pero para pasar una noche no está del todo mal.

Dónde comer

Konoba Nono   COCINA CROATA €
(Krčkih Iseljenika 8; platos principales desde 40 HRK) Un lugar de estilo rústico de renombre gracias a su cocina de Krk y a su especialidad: la *šurlice sa junećim* (pasta con *goulash*). El restaurante incluso tiene su propio aceite de oliva, y los dueños animan a probar su cerveza artesanal.

Galija   PIZZERÍA €
(www.galija-krk.com; Frankopanska 38; platos principales desde 45 HRK) Bastante apartado del frente marítimo, en las estrechas callejas del casco antiguo, este agradable y viejo edificio de piedra es un híbrido de *konoba* y pizzería. Para comer una *pizza margarita* o *vagabondo*, pasta, *risotto*, carne a la parrilla o pescado fresco bajo un techo de vigas.

Konoba Šime   COCINA CROATA €
(Antuna Mahnića 1; platos principales desde 45 HRK) El marco, en el frente marítimo es insuperable, y su cocina es quizá la mejor de esta transitada calle: pastas, *ćevapčići* (pequeñas salchichas picantes de carne picada de ternera, cordero o cerdo) y calamar fresco del Adriático.

Hay un surtido supermercado Konsum en Stjepana Radića.

Dónde beber y ocio

Casa dei Frangipane   CAFÉ-BAR
(Šetalište Svetog Bernardina bb) Este elegante establecimiento disfruta de una maravillosa ubicación en primera línea de mar y la terraza presenta una buena carta de cafés y cócteles. Imprescindibles los pasteles, a destacar la *baklava* recién hecha. Hace las veces de local nocturno, con sesiones de DJ.

Volonis   BAR-CLUB
(Vela Placa) Los cócteles y la música *lounge* se imponen en este logrado establecimiento con terraza al fresco e interior cavernoso (hasta hay una colección de reliquias arqueológicas). Los fines de semana por la noche, los DJ animan la velada.

Jungle   CLUB
(Stjepana Radića bb; ⊙may-sep) El club de Krk convoca a una clientela joven con su atronadora música y mezclas infalibles. La decoración a lo Tarzán incluye lianas de bosque lluvioso trepando por las paredes.

Información

Aurea (✆221 777; www.aurea-krk.hr; Vršanska 26l; ⊙8.00-14.00 y 15.00-20.00) Ofrece excursiones por la isla en barco y autobús. Reserva alojamientos en casas particulares.

Autotrans (✆222 661; www.autotrans-turizam.com; Šetalište Svetog Bernardina 3) Con oficina en la estación de autobuses, esta agencia encuentra alojamientos en casas particulares y vende billetes de autobús.

Erste Banka (Trg Bana Josipa Jelačića 4) Cambia dinero y tiene un cajero automático.

Hospital (✆221 224; Vinogradska bb)

Krk Sistemi (✆222 999; Šetalište Svetog Bernardina 3; acceso a Internet 10 HRK/20 min; ⊙9.00-14.00 y 17.00-22.00 lu-sa, 10.00-21.00 do) Vende vales para Wi-Fi y tiene ordenadores.

Oficina de correos (Bodulska bb; ⊙7.30-21.00 lu-vi, 14.00 sa) Efectúa reembolsos con cargo a la tarjeta de crédito.

Oficinas de turismo (✆220 226; www.tz-krk.hr, en croata) Obala Hrvatske Mornarice (Obala Hrvatske Mornarice bb; ⊙8.00-20.00 jun-sep, 14.00 do Semana Santa-may y oct); Vela Placa (Vela Placa 1; ⊙8.00-15.00 lu-vi) Esta práctica oficina de turismo de temporada distribuye folletos y material, incluidos un mapa de senderos y consejos en muchos idiomas; en invierno hay que ir a la principal oficina de turismo, que queda cerca.

Punat

1789 HAB.

Esta pequeña localidad está 8 km al sureste de Krk y tiene un puerto deportivo a rebosar de veleros y yates. Su principal reclamo es el monasterio del islote de Košljun, a solo 20 minutos en barca. La diminuta isla acoge un **monasterio franciscano** (entrada 20 HRK; ⊙9.30-18.00 lu-sa, 10.30-12.30 do), del s. XVI, construido en el antiguo emplazamiento de una abadía benedictina del s. XII. Alberga tesoros como un gran y escalofriante *Juicio Final*, pintado en 1653 y situado en la iglesia del monasterio, y un pequeño museo con una exposición de pintura religiosa, una colección etnográfica y una insólita copia del *Atlas* de Ptolomeo impresa en Venecia a finales del s. XVI. Vale la pena pasear por la arbolada isla, que alberga 400 especies de plantas.

Es fácil llegar a Košljun en autobús desde el pueblo de Krk. Los taxis acuáticos salen del puerto (25 HRK ida y vuelta). En verano se puede compartir la embarcación y repartir gastos.

Con un bonito paseo bordeado por *gelaterías* y correctas playas en las afueras, Punat podría también servir como alojamiento alternativo, aunque es un poco aburrido. Lo mejor sería dirigirse hacia la

MERECE LA PENA

PAZ EN LA PLAYA

Casi todas las mejores playas de Krk están muy urbanizadas y concurridas en verano. Para mayor tranquilidad, conviene dirigirse al sur de Punat, en la carretera solitaria que enfila hasta Stara Baška (no confundir con Baška, al sureste). Es un trayecto impresionante por accidentadas y áridas colinas y un paisaje lunar. Stara Baška es una urbanización turística normal y corriente de casas de veraneo y parques de autocaravanas pero, si se para 500 m antes del primer *camping*, se verá una serie de maravillosas calas de guijarros y arena para darse un baño inolvidable. Se debe aparcar en la carretera y después bajar a pie entre rocas durante cinco minutos por uno de los caminos hasta la costa.

---

costa donde hay un par de zonas de acampada. El **Camping Pila** (854 020; www.hoteli-punat.hr; Šetalište Ivana Brusića 2; 41/130 HRK por adulto/tienda; abr-med oct; @) es muy grande, queda al sur del centro urbano y gustará a aquellos que aprecian las comodidades: tiene cibercafé y lavabos muy elegantes; funciona de forma ecológica, energía solar incluida. También está el naturista **FKK Konobe** (854 049; www.hoteli-punat.hr; Obala 94; 51/98 HRK por adulto/parcela; med abr-sep;), unos 3 km al sur, que tiene un aire menos urbanizado y disfruta de una bonita ubicación al lado de una playa con bandera azul.

Vrbnik

947 HAB.

Encaramada en unos acantilados a 48 m del mar, Vrbnik es una cautivadora aldea medieval de empinadas calles con arcadas. No es ningún secreto (los grupos organizados la atraviesan de vez en cuando) pero durante gran parte del año es un lugar apacible y pausado.

Antaño fue la cuna del lenguaje gaglolítico y es depósito de muchos manuscritos en tal lengua. Este idioma se mantuvo vivo gracias a los sacerdotes, que siempre fueron muchos en la población porque así evitaban servir en las galeras venecianas.

Ahora la localidad es un lugar fabuloso para deleitarse con las vistas y probar el vino blanco *žlahtina,* típico de la región. Después de pasear por las atestadas calles empedradas, se puede bajar a la playa para dar unas brazadas.

La pequeña **oficina de turismo** (857 479; Placa Vrbničkog Statuta 4; 8.00-15.00 lu-vi, 9.00-13.00 sa y do jul y ago) tiene poca información. **Mare Tours** (604 400; www.mare-vrbnik.com; Pojana 4) es una fuente alternativa que ofrece circuitos guiados por el pueblo y la región, así como habitaciones en casas particulares (hay que reservar con mucha antelación).

Restaurant Nada (www.nada-vrbnik.hr; Glavača 22; platos principales desde 55 HRK) La casa de comidas más famosa a este lado de Krk, y con razón. La terraza cubierta del primer piso es un buen sitio para probar el cordero de Krk, la *šurlice* con *goulash* de carne, el *risotto* de langostinos o el pescado a la sal. También se puede bajar a la bodega (solo marzo-noviembre) y picar queso de oveja, jamón y aceite de oliva con unas copas de vino entre barricas. Los propietarios del Nada también alquilan elegantes casas de piedra en el pueblo y en las afueras.

Entre semana, cuatro autobuses diarios van del pueblo de Krk a Vrbnik (25 RK, 20-35 min), algunos vía Punat, y regreso. Los fines de semana no hay servicios.

Baška

904 HAB.

El recorrido en automóvil a través de un valle fértil flanqueado por montañas en erosión constante hasta el extremo sur de la isla de Krk no tiene desperdicio. La carretera termina en Baška, uno de los principales complejos vacacionales de Krk, donde aguarda una bonita playa en forma de media luna con yermas montañas como telón de fondo y los espectaculares picos del continente justo enfrente.

Sin embargo, y esta es una advertencia a tener en cuenta, en verano la bonita pero estrecha playa de guijarros se convierte en un campo de batalla donde los turistas luchan por extender su toalla. Además, el paseo de Baška está atestado de puestos de recuerdos.

El pequeño centro del s. XVI, con señoriales casas venecianas, es bastante agradable, pero está cercado por anodinos y modernos bloques de apartamentos turísticos y restaurantes impersonales. No obstante, hay muchas comodidades y bonitos senderos que se adentran en las montañas vecinas, y más playas apartadas al este del pueblo, a las que se puede llegar a pie o en taxi acuático.

Puntos de interés y actividades

Uno de dichos senderos conduce a la románica **iglesia de Santa Lucía** (Sveta Lucija; entrada 10 HRK; 8.00-12.00 y 14.00-20.00), en la aldea de Jurandvor, a 2 km; allí fue donde se halló la tablilla de Baška, del s. XI. En el interior se conserva una réplica, porque la original ahora se encuentra en el Museo Arqueológico de Zagreb.

Hay varias rutas de senderismo que empiezan en el Camping Zablaće; a destacar la excursión de 8 km hasta Stara Baška, una bahía rodeada de agrestes colinas de piedra caliza erosionadas por la sal.

En la zona hay además dos paredes para la **escalada en roca;** la oficina de turismo tiene mapas e información.

Dónde dormir

PDM Guliver (/fax 856 004; www.pdm-guliver.hr; Zvonimirova 98) o la vecina **Primaturist** (856 132; www.primaturist.hr; Zvonimirova 98) facilitan alojamientos en casas particulares. En verano suele exigirse una estancia mínima de cuatro noches (o se pagará un suplemento considerable) y las habitaciones se llenan con rapidez. El grupo hotelero **Hoteli Baška** (656 111; ; www.hotelibaska.hr) gestiona muchos hoteles y dos *campings* en el pueblo.

Hotel Tamaris HOTEL DE PLAYA €€€
(864 200; www.baska-tamaris.com; h desde 899 HRK;) Este pequeño tres estrellas cuenta con habitaciones correctas, aunque más bien pequeñas; en casi todas se han reformado los cuartos de baño hace poco y tienen televisión por cable. Está en plena playa, al oeste de la zona turística, y el café-restaurante ofrece unas vistas espectaculares de la bahía.

Atrium Residence Baška HOTEL DE PLAYA €€€
(656 111; www.hotelibaska.hr; h desde 878 HRK;) Ofrece elegantes y modernas habitaciones y apartamentos, muchos con bonitas vistas al mar. Pero conviene recordar que la base central del grupo hotelero está 1 km tierra adentro y si se quiere utilizar las piscinas y el gimnasio, habrá que darse un paseo.

FKK Camp Bunculuka 'CAMPING' €
(856 806; www.bunculuka.info; 47/98 HRK por adulto/tienda; abr-oct) Este campamento naturista a la sombra está en una preciosa playa, a 15 minutos a pie rebasando la colina al este del puerto. Está equipado con buenas instalaciones para los niños; a saber, un minigolf y mesas de tenis de mesa, un restaurante, mercado de frutas y verduras y una panadería.

Camping Zablaće 'CAMPING' €
(856 909; www.campzablace.info; 47/98 HRK por adulto/tienda; abr-med oct) Se extiende en una larga playa de guijarros y dispone de buenas duchas y servicio de lavandería.

Dónde comer

Abunda la comida estándar para turistas salvo contadas excepciones.

Cicibela COCINA INTERNACIONAL €€
(Emila Geistlicha bb; platos principales desde 60 HRK) Es el mejor de la zona turística, con asientos elegantes y una tentadora carta con platos de pescado, marisco y carne. Se halla en el extremo oriental del paseo de la playa.

Bistro Forza COCINA INTERNACIONAL €
(Zvonimirova 98; platos principales desde 40 HRK) Una buena y económica opción con *pizzas* y los típicos platos de carne a la parrilla, pasta y ensaladas.

Además hay muchos supermercados para comprar alimentos.

Información

La **oficina de turismo** (856 817; www.tz-baska.hr; Zvonimirova 114; 7.00-21.00 lu-sa, 8.00-13.00 do jun-med sep, 14.00 lu-vi med sep-may) está en la calle que baja de la estación de autobuses, entre la playa y el puerto. Tienen mapas de senderismo y el personal habla cuatro idiomas.

ISLA DE RAB

Rab (Arbe en italiano) es la isla más tentadora de Kvarner en lo que a diversidad paisajística se refiere. El suroeste, la parte más poblada, está llena de pinares, playas y ensenadas, mientras que la costa del noreste es una región azotada por el viento y poco

Isla de Rab

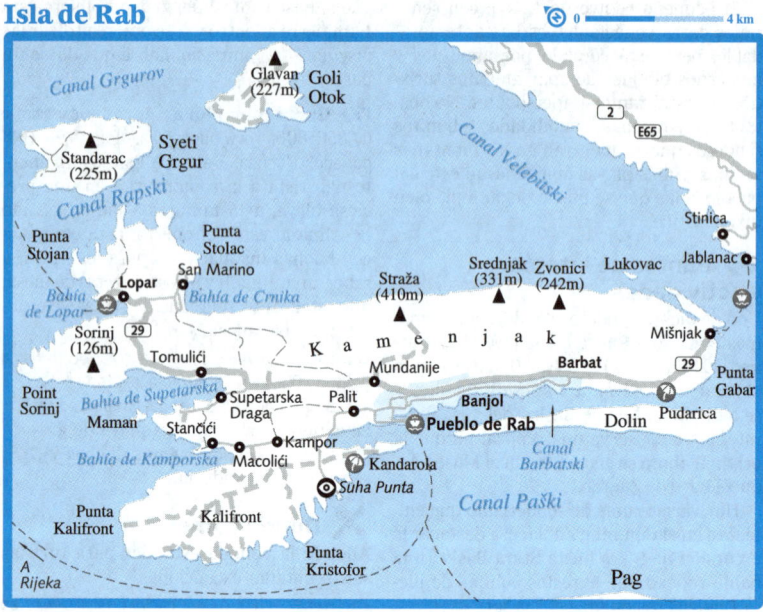

habitada, con altos acantilados y un aspecto desolado. En el interior, las montañas protegen la tierra fértil de los vientos fríos, favoreciendo el cultivo de olivas, uvas y verduras. La península de Lopar, en la misma isla, tiene las mejores playas de arena.

El cautivador pueblo de Rab es su centro cultural e histórico. Se caracteriza por los cuatro elegantes campanarios que sobresalen entre las antiguas calles de piedra. Hasta en pleno verano, cuando los visitantes toman el lugar, se puede sentir el embrujo del casco antiguo y escapar a las cercanas islas desiertas, a un corto trayecto en barca. En primavera y otoño, es un destino muy agradable gracias al clima suave y a la escasez de turistas.

Historia

Poblada originalmente por ilirios, Rab vivió períodos de dominio romano, bizantino y croata antes de ser vendida a Venecia, junto a Dalmacia, en 1409. La economía se sostenía gracias a la agricultura, la pesca, los viñedos y la producción de sal, pero casi todos los ingresos acababan en Venecia. En el s. XV, dos epidemias casi acabaron con su población y estancaron la economía.

Cuando Venecia perdió el poder sobre la zona, en 1797, hubo un corto período de gobierno austriaco hasta la llegada de los franceses en 1805. Tras la caída de Napoleón en 1813, los austriacos recuperaron el mando, favoreciendo a la élite italianizada; de hecho, se tuvo que esperar hasta 1897 para que el croata fuera declarada lengua oficial. La industria turística arrancó en los albores del s. XX. Tras la caída del Imperio autrohúngaro en 1918, Rab pasó a formar parte del Reino de Yugoslavia. Ocupada primero por los italianos y después por las tropas alemanas a principios de la década de 1940, finalmente fue liberada en 1945. Durante la época de Tito, Goli Otok ("Isla estéril"), delante de la península de Lopar, fue un campo de prisioneros tristemente célebre; estalinistas, anticomunistas y oponentes al régimen fueron transportados en secreto al islote y encerrados en condiciones infrahumanas.

Hoy en día el turismo es el sustento económico de Rab, con algunas urbanizaciones construidas para tal fin. Incluso durante la guerra de la década de 1990, Rab se las ingenió para retener a sus turistas alemanes y austriacos.

❶ Cómo llegar y salir

El *ferry* de Split Tours que navega entre Valbiska, en Krk, y Lopar (pasajeros/automóviles 37/225 HRK, 1½ h) zarpa dos veces al día (oct-may) y cuatro en temporada alta; los precios bajan en invierno.

En verano, un *ferry* de automóviles de Rapska Plovidba va y viene sin parar entre Mišnjak, en el extremo sureste de la isla, y Jablanac (pasajeros/automóviles 16/94 HRK, 20 min), en el continente; en invierno hay una docena de barcos al día. Se está construyendo un nuevo muelle en Jablanac que permitirá a los grandes *ferries* hacer esta ruta tan transitada, triplicando su capacidad a partir del 2011.

Desde el pueblo de Rab hay una conexión diaria con Lun (58 HRK, 40 min), en Pag; este *ferry* de Rapska Plovidba sale todos los días, pero los viajes diurnos solo se efectúan los martes, jueves y viernes. Entre junio y septiembre, Jadrolinija dispone de un catamarán rápido (solo pasajeros) entre Rijeka y Rab (40 HRK, 2 h); continúa hasta Novalja, en Pag.

No hay autobuses directos de Rab a Zadar, pero sí algunos diarios que enlazan en Senj con los autobuses de Rijeka que van a Zadar (210 HRK, 5 h). Entre Rab y Rijeka circulan dos autobuses diarios (129 HRK, 3 h). En temporada alta hay de tres a cuatro autobuses directos diarios desde Zagreb a Rab (197 HRK, 4-5 h); es una ruta concurrida, por lo que hay que hacer la reserva con antelación.

Cómo desplazarse

Todos los días, del pueblo de Rab a Lopar (25 HRK, 15 min) hay 11 autobuses (nueve los domingos) en cada dirección; algunos están sincronizados con el *ferry* que va de Valbiska a Lopar.

Hay un servicio de taxis acuáticos entre el pueblo de Rab y la zona turística de Suha Punta (25 HRK); salen del muelle cuatro veces al día en julio y agosto. Estos taxis van a cualquier playa de la isla, también a Frkanj y a la nudista Kandarola (25 HRK por persona; a ambas casi cada hora entre junio y septiembre).

Pueblo de Rab

556 HAB.

Este pueblo medieval es una de las joyas más resplandecientes del norte del Adriático. Constreñidos en una estrecha península, sus cuatro inconfundibles campanarios se elevan como signos de admiración sobre la marisma de tejados rojos de las casas de piedra. Un laberinto de calles desemboca en el pueblo alto, donde aguardan iglesias antiguas y espectaculares miradores. Las brillantes aguas azul celeste del diminuto muelle de Rab destacan sobre la cadena de montañas de la isla, que protegen la bahía de los fríos vientos *bura*. Visto ya el pueblo, se puede salir de excursión o en taxi acuático hasta las bonitas calas de la isla.

A 5 minutos a pie del casco antiguo están el viejo y roñoso centro comercial y la estación de autobuses.

Puntos de interés

Es una delicia pasear por las viejas y estrechas callejas de Rab y explorar los muelles, el pueblo alto y los parques.

Pueblo alto

Los principales puntos de interés de Rab son sus iglesias y torres históricas, concentradas en la estrecha calleja de Gornja Ulica (y su continuación, Ivana Rabljanina) en el pueblo alto. Las siguientes iglesias suelen abrir solo para la misa de la mañana y la tarde, y aunque estén cerradas siempre se puede ver algo de su interior a través de las rejas.

Iglesia y torre de San Juan IGLESIA EN RUINAS
(Svetog Ivana; entrada a la torre 5 HRK; ◉10.00-13.00) Quien se acerque a Gornja desde el oeste, lo primero que verá será esta iglesia en ruinas (presumiblemente del s. v). Hoy en día, la basílica románica se conserva en un evocador estado semirruinoso, si bien algunas columnas y pilares siguen en pie. Se puede subir al adyacente **campanario** restaurado del s. XII para disfrutar de unas espectaculares vistas del mar.

Iglesia de la Santa Cruz IGLESIA
(Svetog Križa) En esta iglesia del s. XIII, el Cristo crucificado supuestamente lloró por la conducta inmoral de los lugareños. Hoy día acoge los conciertos de verano durante las Noches Musicales de Rab.

Iglesia de San Justino IGLESIA
(Svete Justine) Esta iglesia (actualmente en obras) tiene un campanario de 1572 y una colección de objetos religiosos. Está junto a la bonita **Trg Slobode,** que brinda vistas al mar y en la cual se yergue un adusto roble.

Iglesia de San Andrés IGLESIA
(Svetog Andrije) Tiene el campanario más antiguo de Rab y una nave triple. Se puede ver desde las rejas. Se ha quitado el estucado para dejar ver la mampostería original.

Campanario CAMPANARIO
(Svetog Andrije; entrada 7 HRK; ◉10.00-13.00 y 19.30-22.00 may-sep) El campanario más alto de Rab, y uno de los más bonitos de la costa croata, data del s. XIII. Esta torre de 26 m

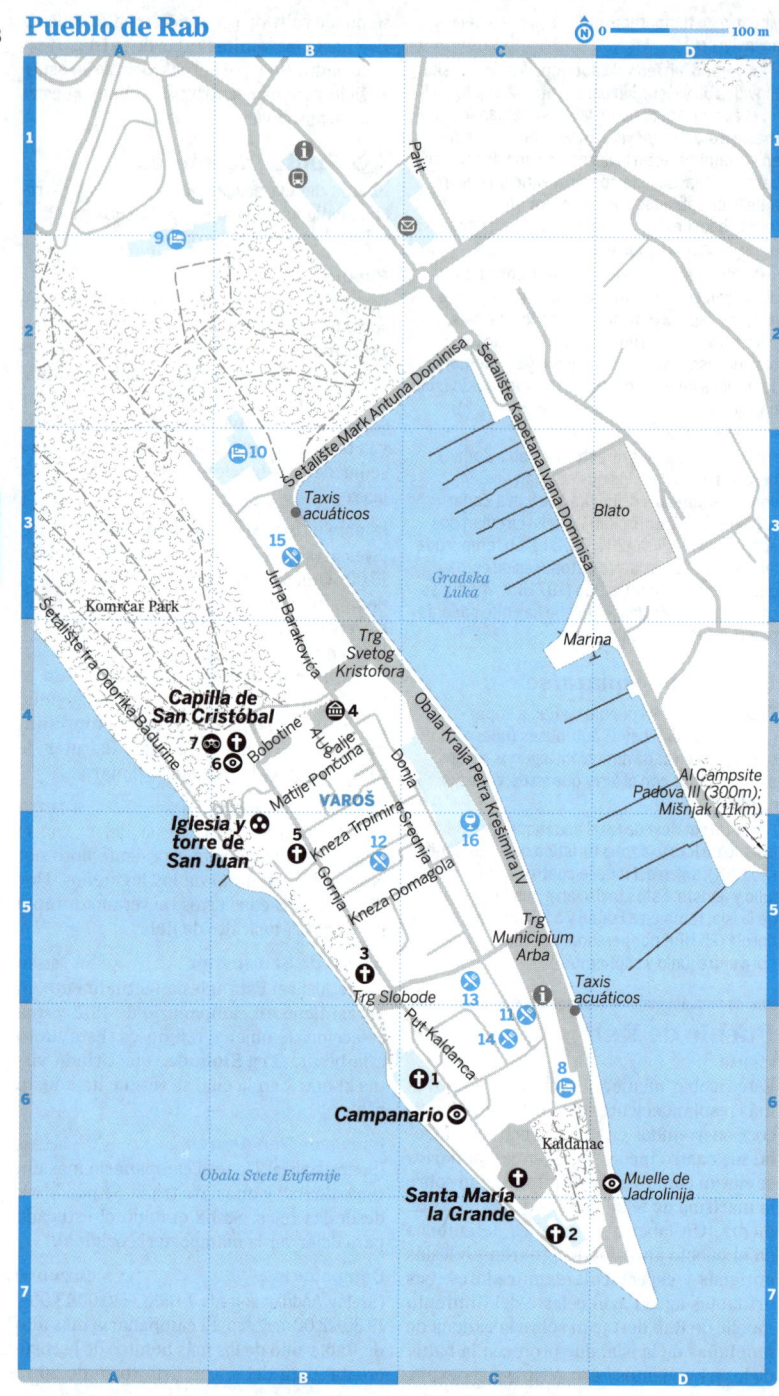

Pueblo de Rab

168

Komrčar Park

Capilla de San Cristóbal

Iglesia y torre de San Juan

VAROŠ

Campanario

Santa María la Grande

Kaldanac

Muelle de Jadrolinija

Blato

Gradska Luka

Marina

Al Campsite Padova III (300m); Mišnjak (11km)

Palit

Taxis acuáticos

Taxis acuáticos

Šetalište fra Odorika Badurine
Šetalište Mark Antuna Dominisa
Šetalište Kapetana Ivana Dominisa
Jurja Barakovića
Obala Kralja Petra Krešimira IV
Obala Svete Eufemije
Bobotine
A Galije
Matije Ponćuna
Kneza Trpimira
Kneza Domagola
Donja Srednja
Gornja
Trg Svetog Kristofora
Trg Municipium Arba
Trg Slobode
Put Kaldanca

KVARNER ISLA DE RAB

Pueblo de Rab

Los mejores puntos de interés
Campanario...................................C6
Capilla de San Cristóbal.................B4
Iglesia y torre de San Juan............B5
Santa María la Grande...................C6

Puntos de interés
1 Iglesia de San Andrés................ C6
2 Iglesia de San Antonio................C7
3 Iglesia de San Justo................... B5
4 Palacio Dominis..........................B4
5 Iglesia de la Santa Cruz............. B5
6 Lapidarium..................................B4
7 Mirador..B4

Dónde dormir
8 Hotel Arbiana..............................C6
9 Hotel Imperial..............................A2
10 Hotel Istra..................................B3

Dónde comer
11 Astoria.......................................C6
12 Konoba Rab...............................B5
13 Paradiso....................................C5
14 Santa Maria...............................C6
15 Supermercado..........................B3

Dónde beber
16 Dock 69.....................................C5

está coronada por una pirámide octogonal rodeada de una balaustrada románica, y presenta una cruz con cinco pequeños globos y relicarios de santos. La escalera de madera de subida es muy empinada, pero desemboca en el carillón desde donde se tienen unas vistas asombrosas de los tejados del casco antiguo y el mar.

Santa María la Grande IGLESIA
(Crkva svete Marije Velike) La iglesia más majestuosa del pueblo alto es conocida como la *katedrala* ("catedral"). Destaca por la sorprendente y sobria fachada, la sillería del s. xv, la nave alargada y los pilares erosionados por la intemperie. Ha sufrido muchas remodelaciones a lo largo de los años, pero los mosaicos hallados aquí indican que había sido un lugar de culto cristiano desde el s. IV o v.

Iglesia de San Antonio IGLESIA
(Svetog Antuna) En el extremo oriental del cabo, esta iglesia presenta incrustaciones de mármol y una talla sedente de san Antonio Ermitaño decorando el altar. Al lado hay un convento de monjas frasciscanas que cuidan del jardín y confeccionan manteles con hilo de pita.

Al norte de esta iglesia, hay unas escaleras que bajan hasta el precioso **parque Komrčar,** un lugar fabuloso para descansar cuando aprieta el calor.

Otros puntos de interés

Capilla de San Cristóbal CAPILLA
(Svetog Kristofora) Esta bonita capilla atesora una pequeña colección de piedras antiguas en su **'lapidarium'** (entrada previo donativo; ⊙10.00-12.30 y 19.30-21.00 lu-sa, 19.30-21.00 do may-sep). Además hay un impresionante **mirador.**

Palacio Dominis PALACIO
(Srednja) Construido a finales del s. xv por una importante familia patricia que enseñaba a la gente a leer y a escribir en este lugar, la fachada luce unos ventanales renacentistas y un asombroso pórtico con el blasón de la familia.

Actividades

Rab está atravesada por 100 km de **pistas de senderismo** señalizadas y 80 km de **pistas de ciclismo,** a algunas de las cuales se accede desde el pueblo de Rab. Se debe recoger el excelente mapa *Biking & Trekking* en la oficina de turismo. Detrás del Hotel Istra, sale un sendero rumbo noreste hasta el pico montañoso de Sveti Ilija. Solo se tardan 30 minutos a pie en llegar y las vistas son impresionantes. Varias agencias de viajes alquilan bicicletas.

Los lugares para inmersiones submarinas son muchos y variados: el pecio del *Rosa,* con sus bosques de coral rojo, congrios y langostas; las cuevas y túneles submarinos; y un campo de ánforas protegidas frente al cabo de Sorinj. **Mirko Diving Centre** (✆721 154; www.mirkodivingcenter.com; Barbat 710), situado en la cercana Barbat, imparte cursos (el Discover Diving cuesta 30 €) e inmersiones lúdicas.

Circuitos

Muchas agencias de viajes ofrecen salidas en barca de un día por la isla (a partir de 125 HRK) con paradas para darse un baño y visitas a las islas aledañas tales como Sveti Grgur y la tristemente célebre Goli Otok. Otra opción sería negociar directamente con los patrones de las embarcaciones, que por la noche amarran en el muelle principal. También se puede salir de excursión a Lošinj (170 HRK) y Krk (170 HRK), y a Plitvice (385 HRK).

★ Fiestas y celebraciones

Todo el pueblo viaja a la Edad Media durante la **Feria de Rab** (Rapska Fjera; 25-27 jul), cuando los lugareños se disfrazan de época y la localidad retumba con tambores, procesiones, fuegos artificiales, danzas medievales y competiciones de ballesta.

El plato fuerte de las **Noches Musicales de Rab** (jun-sep) son los conciertos de los jueves por la noche (a las 21.00) en escenarios de la isla, a destacar los de la iglesia de la Santa Cruz y la de Santa María.

En julio, Rab acoge una concurrida **semana de la moda** y, a principios de agosto, un gran **Festival de Verano** en la zona de Blato, en el lado norte del pueblo de Rab. Este atrae a algunos pinchadiscos de relumbrón de *trance* y *house,* así como a artistas croatas de pop.

🛏 Dónde dormir

En el pueblo de Rab e inmediaciones hay bastantes *campings* y hoteles (pero pocos de calidad), muchos gestionados por el grupo hotelero **Imperial** (www.imperial.hr). Las agencias de viajes facilitan habitaciones en casas particulares y apartamentos, aunque también se pueden buscar por cuenta propia (hay muchos en la carretera de entrada al pueblo).

Pansion Tamaris HOTEL PEQUEÑO €€
(724 925; www.tamaris-rab.com; Palit 285; d 742 HRK; P ❄ 🛜) Unos 10 minutos a pie al este del pueblo, este conseguido hotelito cuenta con un personal atento y una apacible ubicación. Las habitaciones son sencillas pero bastante elegantes, con suelos laminados y sábanas sedosas, y casi todas tienen balcones con vistas al mar. Hay un buen restaurante (la media pensión vale la pena) y desayunar en la terraza es todo un lujo.

👍 Hotel Arbiana HOTEL HISTÓRICO €€€
(775 900; www.arbianahotel.com; Obala Kralja Petra Krešimira IV 12; i 876 HRK, d 1300 HRK; P ❄ @ 🛜) Este histórico hotel de 1924 es el más elegante de Rab; conserva todo su carisma y su prestancia de antaño. Las 28 habitaciones se remodelaron hace poco y tienen TV LCD, escritorios y muebles de imitación de buena calidad. Casi todas tienen balcones (la n° 301 tiene dos). Además, cuenta con un restaurante (Santa Maria) fantástico.

Hotel Istra HOTEL €€
(724 134; www.hotel-istra.hr; Šetalište Markantuna Dominiša bb; i 458 HRK, d 509-771 HRK; P) Situado en pleno puerto, las habitaciones están un poco anticuadas y tienden a pequeñas, pero están bien para una noche o dos (no tienen aire acondicionado pero sí calefacción).

Hotel Imperial HOTEL €€
(724 522; www.imperial.hr; Palit bb; d 960 HRK; P ❄ @ 🛜) Un pelín chapado a la antigua pero con una ubicación fantástica en el sombreado parque Komrčar. Las habitaciones varían de calidad y de aspecto (reérvese una con vistas al mar o se acabará con una que da al aparcamiento). Hay pistas de tenis, un gimnasio y un *spa,* y un trayecto gratuito en barca incluido hasta la playa.

Campsite Padova III 'CAMPING' €
(724 355; www.rab-camping.com; Banjol bb; 47/32 HRK por adulto/tienda; ☉abr-oct) Unos 2 km al este del pueblo, está en una playa de arena, tiene muchas instalaciones y alquila caravanas.

🍴 Dónde comer

La cocina de Rab apuesta por el pescado fresco, el marisco y la pasta. La calidad y los precios son normales, aunque cabe destacar alguna excepción.

👍 Astoria COCINA 'GOURMET' €€
(www.astoria-rab.com; Trg Municipium Arba 7; platos principales 90-160 HRK) Este sofisticado establecimiento brinda unas vistas aéreas del puerto desde la terraza y tiene una cocina ambiciosa y muy lograda. Pruébese el rape o los maravillosos *scampi municipium arbe* (langostinos al ajillo y vino blanco). También cuenta con opciones vegetarianas, un sabroso queso de oveja de la zona y deliciosos vinos croatas e italianos.

Santa Maria COCINA CROATA €€
(Dinka Dokule 6; platos principales desde 55 HRK) Su terraza es una de las más evocadoras y románticas de Rab, con mesas a la luz de las velas junto a las antiguas murallas de la ciudad. La carta es imaginativa: pollo con salsa de miel de salvia y lima dulce, o calamares asados, por ejemplo.

Paradiso COCINA CROATA €€
(www.makek-paradiso.hr; Stjepana Radića 1; platos principales 75-140 HRK; ☉8.00-24.00 may-oct) Si se mezclan arte, vino y buena comida y se sirve todo en una antigua casa señorial de piedra, te estará a medio camino del paraíso. Se pueden probar los vinos istrios y de Peljšac en la *vinoteka* y después degustar carne, pescado o pasta en una maravillosa logia veneciana o en el patio trasero.

MERECE LA PENA

SANTA EUFEMIA

El **monasterio franciscano de Santa Eufemia** (Samostan Svete Eufemije; Kampor; entrada 10 HRK; ◉10.00-12.00 y 16.00-18.00 lu-sa) y la anexa iglesia barroca de San Bernardino bien merecen el paseo de 2,5 km desde Palit, al noroeste, hasta Kampor. Allí, los monjes franciscanos tienen un pequeño museo con antiguos libros de pergamino, piedras labradas y pinturas religiosas, pero es la placidez del monasterio la que lo hace especial. Hay que echar un vistazo al agradable claustro y, ya en el interior de la iglesia, a la intangible pintura del techo, en acusado contraste con la agonía plasmada en el crucifijo de madera tardogótico. Obsérvese también el políptico del s. xv de los hermanos Vivarini.

Konoba Rab COCINA CROATA €€
(Kneza Branimira 3; platos principales desde 65 HRK; ◉cerrado almuerzo do) Este restaurante se luce con genuina comida de campo. Conviene ceñirse a los platos clásicos de carne y pescado o encargar con antelación el cordero a la *peka*.

Hay un supermercado en el muelle.

☆ Ocio

La gente con ganas de fiesta se dirige a la playa de Zrce, en la vecina isla de Pag; toman el catamarán de última hora de la tarde y regresan en el de las 6.00.

Dock 69 BAR-CLUB
(Obala Kralja Petra Krešimira IV) Este logrado y nuevo *lounge* bar tiene una terraza con vistas al puerto y un interior de club donde los DJ pinchan su repertorio de *rhythm and blues, house* y éxitos del momento a todo volumen por la noche.

Santos Beach Club CLUB DE PLAYA
(www.sanantonio-club.com; Pudarica Beach; ◉10.00-hasta el amanecer jun-ppios sep) Este club de playa solo abre en verano y está a 10 km del pueblo de Rab, cerca de Barbat (hay transporte lanzadera por la noche). Los DJ se esmeran ante un respetable con ganas de fiesta pero también hay conciertos y desfiles de moda. Además, hace las veces de chiringuito de playa de día, con tumbonas y campo de *voleiplaya*.

❶ Información

Hay conexión Wi-Fi gratis en la zona de la oficina de turismo y en Trg Svetog Kristofora.

Digital X (✆777 010; Donja bb; 30 HRK/h; ◉10.00-14.00 y 18.00-24.00 lu-sa, 18.00-24.00 do) Acceso a Internet.

Erste Banka (Mali Palit bb) Cambia dinero y tiene un cajero automático.

Garderoba (Mali Palit bb; 1 HRK/h; ◉5.30-20.00) Consigna en la estación de autobuses.

Katurbo (✆724 495; www.katurbo.hr; Šetalište Markantuna Dominisa 5) Alojamiento en casas privadas, cambio de moneda, alquiler de bicicletas (20 HRK) y excursiones a lugares como el Parque Nacional de los Lagos de Plitvice.

Numero Uno (✆724 688; www.numero-uno.hr; Šetalište Markantuna Dominisa 5) Reserva alojamientos en casas particulares, alquila bicicletas y ofrece salidas de senderismo, en barca, kayak (320 HRK) y bicicleta (290 HRK).

Oficina de correos (Mali Palit 67; ◉7.00-20.00 lu-vi, 14.00 sa).

Oficina de turismo (✆771 111; www.tzg-rab.hr; Trg Municipium Arba 8; ◉8.00-22.00 med may-sep, 20.00 lu-vi oct-med may) Una oficina eficiente con personal servicial y muchos mapas, folletos y catálogos útiles. Viniendo de la estación de autobuses, hay otra oficina (8.00-22.00 jun-sep) al doblar la esquina.

Lopar

1194 HAB.

Aunque el complejo turístico de esta península de la punta septentrional de la isla de Rab tenga poco encanto, hay una razón de peso para ir: 22 playas de arena bordeadas por umbríos pinares. Las familias centroeuropeas acuden en tropel en verano, pues el mar es poco profundo, ideal para los críos; tal es el caso de la **playa Paraíso** (Rajska Plaža), de 1500 m de longitud, en la bahía Crnika, donde se puede cruzar (o casi) a pie hasta la pequeña isla sita enfrente. La vecina **playa Livačina** es más tranquila.

La **playa Sahara** es una popular y preciosa cala nudista situada al norte. Para llegar hay que seguir un sendero señalizado entre pinares que empieza después del complejo hotelero de San Marino (45 minutos). Otra opción naturista más próxima es la **playa Stolac,** 15 minutos al norte de la playa Paraíso.

En el centro urbano hay una **oficina de turismo** (775 508; www.lopar.hr; Lopar bb; 8.00-21.00 jul y ago, 20.00 lu-sa, 14.00 do jun y sep). **Sahara Tours** (775 444; www.sahara-tours.hr; Lopar bb) dispone de decenas de habitaciones en casas particulares, casas y apartamentos, y ofrece excursiones en barca por la isla.

La oferta turística concentrada en la bahía de Crnika comprende el inmenso Camping San Marino, cinco hoteles (todos del grupo Imperial) y una hilera de puestos de recuerdos y restaurantes cortados por el mismo patrón. El familiar **Epario Hotel** (777 500; www.epario.net; Lopar 456a; i/d 252/612 HRK; P) es mejor, con 28 habitaciones limpias y cómodas, casi todas con balcón.

Para comer algo, **Lukovac** (platos principales desde 35 HRK), en plena playa Paraíso, es económico y sirve deliciosos *picarels* (pescadito frito) y ensaladas. **Fortuna** (Lopar bb; platos principales desde 50 HRK), un poco alejado del pueblo, es más refinado y tiene una bonita terraza a la sombra.

El *ferry* que viene de Valbiska para a 1 km del centro urbano; hay un trenecito que cubre el trayecto (adultos/niños 10/5 HRK).

Norte de Dalmacia

♪ 022, 023

Sumario »

Región de Zadar 175
Zadar 175
Parque Nacional de
los Lagos de Plitvice .184
Parque Nacional
de Paklenica 186
Starigrad 188
Dugi Otok. 189
Sali 190
Bahía de Telašćica . . . 191
Božava 191
Pueblo de Pag. 192
Novalja 194
Šibenik 196
Parque Nacional
de Krka. 200
Islas Kornati 202

Los mejores restaurantes

» Pelegrini (p. 198)
» Boškinac (p. 194)
» Foša (p. 180)
» Taverna-Konoba Marasović (p. 188)
» Bistro Na Tale (p. 194)

Los mejores alojamientos

» Boškinac (p. 194)
» Hotel Bastion (p. 179)
» Hotel Adriana (p. 179)
» Pansion Eco-House (p. 185)

Por qué ir

Aislada de Europa continental por los montes Velebit, es una región templada y pintoresca. Se trata de un importante territorio turístico; debido a su magnífica costa, sus ciudades históricas, sus espléndidas islas y sus parques nacionales. Sin embargo, la región está lejos de ser invadida por los turistas: grandes zonas conservan una deslumbrante belleza natural.

Zadar es la principal puerta de entrada a la zona. Se trata de una ciudad refinada, llena de museos, ruinas romanas, restaurantes y festivales de música. La cercana Šibenik cuenta con un extraordinario barrio medieval. Entre las decenas de islas del mar Adriático, en verano, Pag goza del principal ambiente festivo, mientras que Dugi Otok y las islas Kornati son un aislado paraíso.

Aquí también se encuentran los parques nacionales más impresionantes del país: Paklenica ofrece un excepcional senderismo y escalada en roca, mientras que Krka y Plitvice cuentan con abundantes cascadas y lagos.

Cuándo ir

Zadar

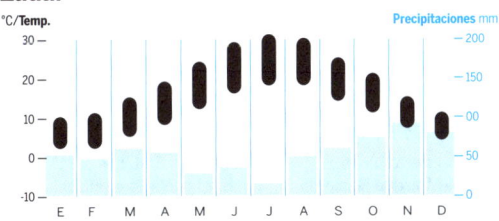

Abril y mayo Ideal para practicar excursionismo en los parques nacionales de Paklenica y Plitvice.

Junio y julio La mejor época para visitar Šibenik, debido a su famoso Festival Infantil.

Agosto y septiembre Petrčane es la sede de varios festivales de música excelentes.

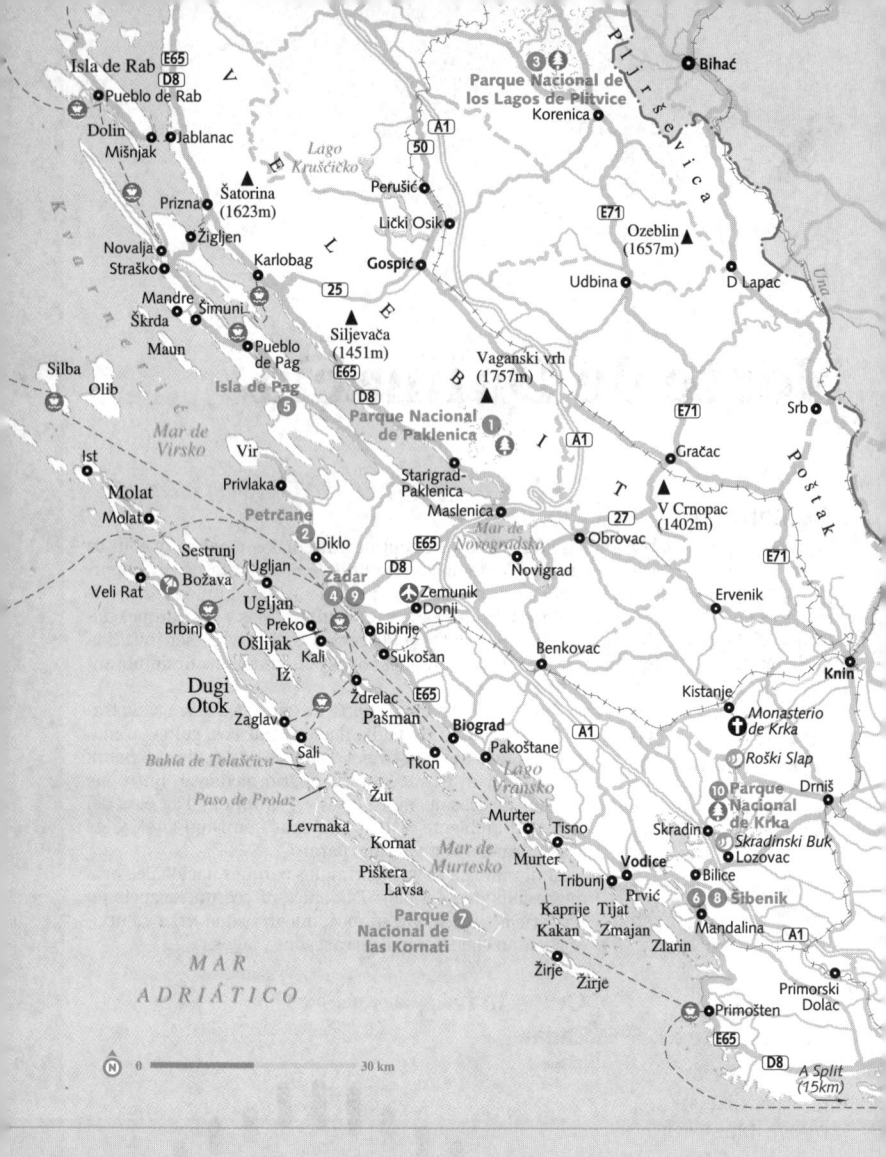

Lo más destacado

① Recorrer los cañones y senderos del **Parque Nacional de Paklenica** (p. 186).

② Salir de fiesta en **Petrčane** (p. 182), con sus innovadores festivales de música.

③ Quedarse asombrado ante los lagos y cascadas azul turquesa del **Parque Nacional de los Lagos de Plitvice** (p. 184)

④ Descubrir **Zadar** (p. 175), una de las poblaciones históricas más infravaloradas de la costa.

⑤ Disfrutar las delicias de **Pag** (p. 191): su vertiginosa vida nocturna, sus espectaculares paisajes y un queso exquisito.

⑥ Deambular por las calles medievales de **Šibenik** (p. 196).

⑦ Explorar la misteriosa belleza de las **islas Kornati** (p. 202).

⑧ Aprender sobre las aves rapaces en el **Centro Sokolarski** (p. 200).

⑨ Relajarse en el balneario de **Acquapura Thalasso** (p. 178).

⑩ Zambullirse en los inmaculados lagos del **Parque Nacional de Krka** (p. 200)

REGIÓN DE ZADAR

Esta zona está llena de atractivos, como la cosmopolita población de Zadar y los increíbles parques nacionales de Plitvice y Paklenica.

Zadar

📞 023 / 73 442 HAB.

Gracias a su casco antiguo formado por ruinas romanas e iglesias medievales, cafés cosmopolitas y excelentes museos, Zadar está empezando a dar que hablar. No hay grandes aglomeraciones, no la invaden los turistas y ofrece dos atracciones singulares: los espectáculos de luz y sonido del *Órgano del Mar* y el *Saludo al Sol*.

Zadar no es Dubrovnik. No es el típico lugar perfecto que aparecería en una postal; al pasear por el casco antiguo se verán grises bloques de oficinas junto a elegantes edificios de la época de los Habsburgo. Zadar es una población de trabajadores y un importante centro de transportes con excelentes enlaces de *ferry* para viajar a las islas croatas del Adriático, a Kvarner, sur de Dalmacia e Italia.

El centro de Zadar no dispone de muchos hoteles. La mayoría de los visitantes se alojan en la cercana zona turística de Borik.

Historia

Zadar ya estaba habitada por la tribu iliria de los liburnios en el s. IX a.C. En el s. I a.C., se había convertido en una colonia romana poco importante. Los eslavos se asentaron en la zona en los ss. VI y VII. Finalmente, cayó en manos de los reyes croato-húngaros.

El auge del poder veneciano, a mediados del s. XII, fue el inicio de un período turbulento. Durante los doscientos años siguientes, hubo una sucesión de levantamientos civiles, pero, al final, la ciudad pasó a formar parte de Venecia en 1409, junto con el resto de Dalmacia.

Debido a las frecuentes guerras entre venecianos y turcos, en el s. XVI se erigieron las famosas murallas de Zadar. Tras la caída de Venecia en 1797, la ciudad pasó a manos de gobernantes austriacos, que mantuvieron su administraron en manos de la aristocracia italianizada que ya la dirigía. La influencia italiana perduró hasta bien entrado el s. XX; de hecho, Zadar formó parte de Italia desde 1918 hasta 1947. Cuando el régimen de Mussolini capituló ante los aliados en 1943, la ciudad fue ocupada por los alemanes y luego, seriamente bombardeada por los aliados; casi el 60% del casco antiguo fue destruido. La ciudad se reconstruyó siguiendo los planos originales de las calles.

La historia se volvió a repetir en noviembre de 1991, cuando los yugoslavos asediaron la urbe durante tres meses. Sin embargo, hoy en día no se aprecian los daños de la guerra y Zadar ha resucitado como una de las localidades más dinámicas de Croacia.

⊙ Puntos de interés

'Órgano del Mar' y 'Saludo al Sol'

ARTE CONTEMPORÁNEO

El increíble *Órgano del Mar*, diseñado por el arquitecto local Nikola Bašić, es extraordinario. En el interior de unas escaleras de piedra perforadas que bajan hasta el mar, un sistema de tubos y pitos produce nostálgicos suspiros cuando la marea empuja el aire a través del mismo. El efecto es hipnótico; los dulces tonos suben de volumen cuando un barco o un *ferry* pasa cerca. El visitante puede acceder al mar desde las escaleras del paseo para bañarse mientras escucha el *Órgano del Mar*.

Al lado se encuentra el *Saludo al Sol*, otra inusitada y maravillosa obra de Bašić. Se trata de un círculo de 22 m de diámetro tallado en el pavimento y cubierto de 300 placas de vidrio que recogen la energía solar durante el día. Junto con la producida por las olas que hace sonar al *Órgano del Mar*, produce un espectáculo alucinógeno de luz que va desde la puesta a la salida del sol y, supuestamente, es una simulación del sistema solar. Gracias al clima de Croacia, recoge suficiente energía como para que funcione todo el sistema de alumbrado de la zona que hay frente al puerto.

Iglesia de San Donato y ruinas romanas

IGLESIA

(Crkva Svetog Donata; Šimuna Kožičića Benje; entrada 12 HRK; ◉9.00-21.00 may-sep, 16.00 oct-abr) Erigida a principios del s. IX, esta iglesia fue bautizada en honor al obispo Donato quien, al parecer, ordenó que se construyera en el estilo arquitectónico de principios de la era bizantina. Su inusual trazado circular se puede apreciar especialmente desde el extremo meridional. El interior es magníficamente sencillo y austero, así como fresco en los días cálidos. Ya no se usa para celebrar servicios religiosos.

La iglesia se erigió sobre el **foro romano,** construido entre los ss. I a.C. y III d.C. Todavía se conservan varios fragmentos arquitectónicos y dos columnas completas se incorporaron a la iglesia. Los suelos del templo se han levantado, dejando a la vista las losas del antiguo foro. Destacan las inscripciones en latín en los restos de los altares romanos para sacrificios.

Fuera de la iglesia, en el extremo noroccidental, hay una columna romana que se usaba en la Edad Media como **picota,** es decir, para encadenar y humillar públicamente a los malhechores. El extremo occidental de la iglesia tiene más **restos romanos,** incluidas columnas con relieves de los personajes míticos Júpiter, Amón y Medusa. Debajo se pueden ver los restos de los altares que se usaban en los sangrientos sacrificios paganos. Se cree que esta zona era un templo del s. I a.C. dedicado a Júpiter, Juno y Minerva.

Murallas de la ciudad MURALLAS DEFENSIVAS
Un circuito por las murallas de la ciudad ofrece un buen resumen de la historia de Zadar. Hay que empezar en la parte oriental, cerca de la pasarela; es lo único que se conserva de las fortificaciones romanas y medievales (casi todas las murallas se construyeron bajo el gobierno de los venecianos). Cerca hay cuatro puertas antiguas que daban acceso a la ciudad. Al noroeste se yergue la **puerta de San Roque.** Luego está la **puerta del Puerto,** construida en 1573 y que todavía ostenta el león veneciano y parte de un arco triunfal romano, así como una inscripción conmemorativa de la batalla de Lepanto (1571). Al sureste, en Trg Pet Bunara, se encuentra la elaborada **puerta de la Ciudad,** que data de 1543. Entre sus relieves renacentistas se encuentran san Krževan (Crisógono) a caballo y el león veneciano.

Museo del Vidrio Antiguo MUSEO
(www.mas-zadar.hr; Poljana Zemaljskog Odbora 1; adultos/reducida 30/10 HRK; ⊗9.00-21.00 may-sep, 19.00 lu-sa oct-abr) La atracción más

reciente de Zadar es impresionante: un museo magníficamente diseñado. Visitarlo es una delicia. Su trazado es una maravilla, con enormes fotografías iluminadas y música etérea para hacer que la experiencia sea algo especial. Explica la historia y la invención del vidrio, con ejemplos de herramientas y cañas de soplado, así como

antiguas piezas de Egipto y Mesopotamia. Expone miles de piezas: copas, jarras y frascos; joyas, anillos y amuletos; y numerosos hallazgos excepcionales de la zona de Zadar, incluidas las miniaturas romanas que usaban las mujeres para almacenar perfumes y aceites esenciales.

Hasta finales del 2011, también se expone aquí la espectacular estatua griega de **'Apoxiomeno'** (entrada incl.). Este atleta de bronce tiene su propio espacio con excelentes paneles informativos que explican su trascendencia y el minucioso proceso de restauración que le hizo renacer.

Zadar

◉ Los mejores puntos de interés
- Iglesia de San Donato B2
- Museo del Vidrio Antiguo D3
- Ruinas romanas B2
- *Órgano del Mar* A2
- *Saludo al Sol* A1

◉ Puntos de interés
1. Museo Arqueológico B2
2. Catedral de Santa Anastasia B2
3. Monasterio franciscano
   e iglesia A2
4. Puerta de San Roque D2
5. Logia C3
6. Museo de Arte Sacro B3
7. Iglesia ortodoxa B2
8. Puerta del Puerto C2
9. Iglesia de San Crisógono C2
10. Iglesia de San Simón D4
11. Puerta de la Ciudad D4
12. Atalaya municipal C3

Actividades, Cursos y circuitos
- Castell .... (véase 13)

◉ Dónde dormir
13. Hotel Bastion B1
14. Venera Guest House C4

◉ Dónde comer
15. Do ortuna C4
16. Kornat B1
17. Na po ure C4
18. Supermercado C3
19. Trattoria Canzona C4
20. Mercado D3

◉ ◉ Dónde beber
21. Arsenal B1
22. Caffe Bar Lovre C3
23. Galerija Đina C4
24. Garden B1
25. Kult Caffe C4
26. Zodiac C4

◉ Ocio
27. Teatro Nacional C3
28. Satir D3

Gradski Trgovi PLAZAS DE LA CIUDAD
Narodni trg fue tradicionalmente el centro de la vida pública. El extremo occidental de la plaza está dominado por la **atalaya municipal,** de finales del Renacimiento (1562). La torre del reloj se erigió bajo la administración austriaca, en 1798. Las proclamaciones públicas y las sentencias se anunciaban desde la **logia** de enfrente, actualmente un espacio para exposiciones de arte. Algunos cientos de metros al noroeste de Narodni trg se yergue una **iglesia ortodoxa,** detrás de la cual hay un pequeño barrio serbio.

Trg Pet Bunara (plaza de los Cinco Pozos) se construyó en 1574 en el emplazamiento de un antiguo foso; alberga una cisterna con cinco pozos que suministraron de agua a Zadar hasta 1838.

Su versión menor, **Trg Tri Bunara** (plaza de los Tres Pozos), en la otra punta de la localidad, alberga el excelente Arsenal, un antiguo almacén comercial reconvertido en centro cultural con bar, restaurante y varias tiendas. Cerca de la plaza se halla el bar-discoteca Garden, por lo que la zona está bastante animada de noche.

Iglesia de San Simón IGLESIA HISTÓRICA
(Crkva Svetog Šime; Trg Šime Budinica; ◉8.00-12.00 y 18.00-20.00 jun-sep) Reconstruida en los ss. XVI y XVII en el emplazamiento de un edificio anterior, alberga el sarcófago de san Simón, una obra maestra de la orfebrería medieval. Encargado en 1377, el féretro está hecho con madera de cedro y recubierto en su interior y exterior por minuciosos relieves de plata bañada en oro. El relieve del centro, que muestra la presentación de Cristo en el templo, es una copia del fresco del Giotto que se puede admirar en la capilla de la Arena de Padua (Italia). Otros relieves representan escenas de las vidas de los santos y la visita a Zadar del rey Ludovico. La tapa muestra a un san Simón reclinado.

Catedral de Santa Anastasia   CATEDRAL
(Katedrala Svete Stošije; Trg Svete Stošije; ⊗8.00-12.00 y 17.00-18.30 lu-vi) Esta catedral románica se construyó en los ss. XII y XIII en el emplazamiento de una iglesia anterior. Detrás de la fachada ricamente decorada ostenta un impresionante interior de tres naves caracterizado por las pinturas murales del s. XIII en los ábsides laterales. En el altar del ábside izquierdo hay un sarcófago de mármol que contiene las reliquias de santa Anastasia. El presbiterio tiene un coro magníficamente tallado. La catedral sufrió graves daños durante los bombardeos de la Segunda Guerra Mundial; desde entonces se ha reconstruido. Para disfrutar de unas vistas espectaculares del casco antiguo hay que subir al **campanario** (10 HRK).

Museo de Arte Sacro   MUSEO
(Trg Opatice Čike bb; adultos/reducida 20/10 HRK; ⊗10.00-12.45 y 18.00-20.00 lu-sa, 10.00-12.00 do) Este impresionante museo ubicado en un monasterio benedictino, se enorgullece de su excelente colección de relicarios y cuadros religiosos. Además de las obras de orfebrería, merecen la pena un retrato de la Virgen del s. XIV, las esculturas de mármol y un cuadro de Paolo Veneziani. En la segunda planta se pueden admirar escrituras y bordados de los ss. XV y XVI, así como seis cuadros del pintor veneciano del s. XV Vittore Carpaccio.

Museo Arqueológico   MUSEO
(Arheološki Muzej; Trg Opatice Čike 1; adultos/reducida 12/6 HRK; ⊗9.00-20.00 ma-vi, 9.00-13.00 sa, 10.00-13.00 do may-sep, 9.00-15.00 ma-vi, 10.00-13.00 sa y do oct-abr) Está en plenas obras de renovación. Ya se ha acabado la planta superior, con piezas prehistóricas, cerámica y herramientas de metal ilarias y liburnias. La planta central está vacía a excepción de una impresionante estela romana de Asseria y una estatua de mármol del s. I que representa a un Augusto de 2,5 m de altura. La planta baja se centra en los hallazgos arqueológicos de la zona e incluye importantes piezas croatas.

Iglesia y monasterio franciscanos
    MONASTERIO
(Samostan Svetog Frane; Zadarskog mira 1358; gratis; ⊗7.30-12.00 y 16.30-18.00) La iglesia gótica más antigua de Dalmacia: se consagró en 1280. Su interior cuenta con varios elementos renacentistas, como la preciosa capilla de San Antonio. En la sacristía, una placa conmemorativa recuerda el tratado de 1358, gracias al cual Venecia renunció a sus derechos a gestionar Dalmacia a favor del rey croato-húngaro Ludovico.

Iglesia de San Crisógono   IGLESIA
(Crkva Svetog Krševana; Brne Krnarutića; ⊗solo servicios religiosos) Otro hermoso edificio. Antiguamente formaba parte de un monasterio benedictino del s. XII. Actualmente está cerrado por obras de renovación, pero cuenta con un magnífico altar barroco y algunos frescos bizantinos.

🏃 Actividades

Zadar es perfecta para explorar en bicicleta. **Supernova** (📞311 010; Obala Kneza Branimira 2a) ofrece bicis desde 90 HRK al día.

En el paseo costero que sale de Kralja Dmitra Zvonimira hay una **zona para bañarse** con trampolines, un pequeño parque y un café. Rodeado por pinos y pequeños parques, el paseo llega hasta una playa enfrente del Hotel Kolovare y luego sigue serpenteando por la costa durante aproximadamente 1 km.

Como alternativa al puente, se puede subir a una de las barcas de remos llamadas *barkarioli* para disfrutar de un relajante trayecto entre la península del casco antiguo y la otra orilla.

'Spas'

Acquapura Thalasso   CENTRO DE BELLEZA Y SALUD
(📞206 184; www.borik.falkensteiner.com; Club Fulmination Borik, Majstora Radovana 7, Borik; ⊗8.00-22.00) Un extraordinario centro de belleza y salud elegido hace poco como "el *spa* croata del año". Se trata de un espacio enorme renovado con mucho gusto. Ofrece salas de sauna y *jacuzzi* y todo tipo de piscinas e instalaciones para sumergirse, masajes y tratamientos de belleza. Un masaje de aromaterapia de 1 hora cuesta 290 HRK y un tratamiento antiedad para los ojos sale por 200 HRK.

Castell   HOTEL 'SPA'
(📞494 950; www.hotel-bastion.hr; Hotel Bastion, Bedemi Zadarskih Pobuna 13; ⊗9.00-21.00) Ubicado en el sótano del Hotel Bastion, a este pequeño *spa* le falta luz natural, pero los masajes, las limpiezas de cutis y los tratamientos son muy profesionales. Un baño de vapor "Aura" con aceites esenciales sale por unas 240 HRK.

👉 Circuitos

Las agencias de viajes ofrecen cruceros en barco a la bahía de Telašćica y las hermosas islas Kornati que incluyen el almuerzo y un baño en el mar o en un lago de agua salada. **Aquarius Travel Agency** (📞 212 919; www.juresko.hr; Nova Vrata bb) cobra 250 HRK por persona por una excursión de 1 día; también se puede preguntar en Liburnska Obala (donde están amarrados los barcos para excursiones).

Los viajes organizados a los parques nacionales de Paklenica, Krka y los lagos de Plitvice también son muy populares.

Fiestas y celebraciones

La zona de Zadar cuenta actualmente con una programación de **festivales de música** de renombre internacional; véase p. 183.

Otros acontecimientos destacados son:

Veladas musicales — MÚSICA CLÁSICA
Conciertos de música clásica en los que actúan importantes artistas de todo el mundo. Se celebran en San Donato y otros puntos de Zadar.

Zadar Dreams — TEATRO
(Zadar Snova; www.zadarsnova.hr) Festival de teatro que invade las plazas y parques de Zadar con una mezcla de teatro, danza, música y arte contemporáneo entre el 7 y el 14 de agosto.

Festival de la Luna Llena — FESTIVAL LUNAR
Durante este festival (que se celebra en la noche de luna llena de agosto), los muelles de Zadar se iluminan con antorchas y velas, se montan puestos que venden delicias locales y los barcos de los muelles se convierten en mercados flotantes de pescado.

Festival Coral — MÚSICA CORAL
En octubre se organizan en las iglesias de Zadar conciertos con algunos de los coros más famosos de Europa.

Dónde dormir

Hay pocas opciones de alojamiento en Zadar. La mayoría de los visitantes se alojan en la población turística de Borik, que no está tan mal, pues dispone de buenos lugares para darse un baño, un agradable paseo marítimo y cantidad de zonas verdes. Casi todos los hoteles de Borik datan de la época yugoslava (o incluso de antes); también ofrece un hostal, un *camping* y *sobe* (habitaciones). Muchos hoteles son propiedad del **grupo Falkensteiner** (www.falkensteiner.com), con sede en Austria.

Para alojamiento en casas particulares hay que contactar con las agencias de viajes, aunque en el casco antiguo existen muy pocas opciones.

Zadar

Hotel Bastion — HOTEL 'BOUTIQUE' €€€
(📞 494 950; www.hotel-bastion.hr; Bedemi Zadarskih Pobuna 13; i/d/ste desde 905/1140/1290 HRK; P ❄ @ 🛜) Por fin, en el casco antiguo de Zadar hay un alojamiento de lujo y con estilo. Construido sobre los restos de una fortaleza, rezuma carácter y tiene una agradable temática *art déco*. Sus 28 habitaciones están muy bien acabadas, muchas con detalles en mármol. La suite dispone de su propia terraza con vistas al puerto. La ubicación es insuperable: está al lado del Garden Bar y el Arsenal. También tiene un restaurante de primera categoría y un *spa* en el sótano, aunque las instalaciones de *fitness* son decepcionantes. El aparcamiento cuesta 70 HRK al día.

Villa Hrešć — VILLA REFORMADA €€
(📞 337 570; www.villa-hresc.hr; Obala Kneza Trpimira 28; i/d 650/850 HRK; P ❄ 🛜 🏊) Esta villa estilo condominio está a un paseo de unos 20 minutos de los puntos de interés histórico de Zadar. Desde su jardín costero se puede disfrutar de unas espléndidas vistas del casco antiguo, situado justo enfrente. Todos los apartamentos y habitaciones tienen una buena relación calidad-precio, y se benefician de unos colores sutiles y una atractiva decoración; algunos disponen de enormes terrazas.

Venera Guest House — CASA DE HUÉSPEDES €
(📞 214 098; www.hotel-venera-zd.hr; Šime Ljubića 4a; d 450 HRK) Una modesta casa de huéspedes con dos puntos a favor: su buena ubicación en una calle tranquila del casco antiguo y la simpática familia que la regenta. Sus sencillas habitaciones están limpias, pero son pequeñas y anticuadas; cada una dispone de camas individuales, ventilador, escritorio y ducha. Existen planes para instalar aire acondicionado y construir un restaurante en la planta baja. El desayuno no está incluido.

Albergue estudiantil — HOSTAL €
(📞 224 840; Obala Kneza Branimira bb; dc 147 HRK; ☉jul y ago) Esta residencia de estudiantes se convierte en hostal en julio y agosto. Es céntrico (al otro lado del puente peatonal) y ofrece habitaciones sencillas con tres camas.

Borik

Hotel Adriana — HOTEL DE PLAYA €€€
(📞 206 636; www.falkensteiner.com; Majstora Radovana 7; i/d 1494/2286 HRK; ☉med may-oct; P ❄ @ 🛜 🏊) Alojamiento elegante

y muy relajante. Este hotel está alrededor de una hermosa villa del s. XIX y dispone de unos terrenos preciosos a la sombra que se extienden hasta el mar Adriático. Las habitaciones, en un anexo de la década de 1960, son de una excelente calidad y conservan magníficos elementos de aquella década. Muchos huéspedes prefieren alojarse con media pensión, pues el restaurante es excelente y tiene mesas diseminadas por una elegante terraza.

Hotel Niko   HOTEL DE PLAYA €€€
(337 888; www.hotel-niko.hr; Obala Kneza Trpimira 9; i/d 732/952 HRK; P❋@🛜) Pequeño y bien gestionado. Ofrece unas vistas preciosas del mar Adriático y el casco antiguo desde su recinto y la terraza del restaurante. Sus amplias habitaciones están equipadas con tupidas alfombras rojas y muebles de buena calidad; muchas tienen balcones con vistas al mar. El personal es eficiente y simpático.

Club Funimation Borik
COMPLEJO HOTELERO €€€
(206 636; www.falkensteiner.com; Majstora Radovana 7; i/d 1296/1714 HRK; P❋@🛜☰) Hotel familiar gestionado con eficiencia. Está ubicado en pleno paseo marítimo de Borik y cuenta con excelentes instalaciones, como un magnífico gimnasio y una zona de piscinas cubiertas y al aire libre. Los niños lo pasarán en grande en la zona infantil de "Falky Land". El hotel data de la década de 1960; el diseño renovado refleja fielmente esta época gracias a su estrafalaria iluminación y al *kitsch* bar estilo safari. Las habitaciones son muy amplias y las *suites* parecen recién salidas de un palacio. Su principal baza es su extraordinario *spa*.

Pansion Albin   CASA DE HUÉSPEDES €€
(331 137; www.albin.hr; Put Dikla 47; i 327 HRK, d 436-509 HRK; P❋@🛜☰) Una buena opción cálidamente gestionada. Ofrece habitaciones bien presentadas, algunas con balcones. El restaurante está bien (los desayunos son sustanciosos) y la ubicación es tranquila, con una playa cerca.

Albergue juvenil   HOSTAL €
(331 145; zadar@hfhs.hr; Obala Kneza Trpimira 76; 12-17 € por persona; P@) Este enorme hostal (300 camas) es uno de los pocos alojamientos baratos de Zadar. Tiene la típica distribución de un albergue juvenil, con habitaciones sencillas (11 dobles) y grandes dormitorios colectivos cerca de la costa de Borik. Está bien para un par de noches, pero cabe destacar que suele verse invadido por enormes grupos de niños.

Autocamp Borik   'CAMPING' €
(332 074; 56 HRK por adulto, 94-146 HRK por parcela; ⊙may-oct) Una buena opción si se quiere acceder fácilmente a Zadar. Está a pocos pasos de la costa de Borik. Las parcelas tienen sombra gracias a los altos pinos y las instalaciones son correctas.

Dónde comer

Las opciones culinarias en Zadar son eclécticas y suelen ofrecer una buena relación calidad-precio. Aquí se pueden encontrar elegantes restaurantes especializados en cocina de Dalmacia (en especial, pescados y mariscos), así como sencillos locales estilo cantina que sirven sustanciosas comidas.

Centro de Zadar

Foša   COCINA MEDITERRÁNEA €€
(www.fosa.hr; Kralja Dmitra Zvonimira 2; platos principales desde 85 HRK) Un local con mucho estilo. Posee una espléndida terraza que se adentra en el puerto y un elegante interior que combina antiguas paredes de piedra con un diseño del s. XXI. Se puede empezar con una cata de aceites de oliva y seguir con un pescado del mar Adriático, un filete de atún o unos langostinos a la parrilla (aunque los amantes de la carne tampoco quedarán decepcionados). Entre los postres destacan su delicioso pastel dálmata de almendras y su *panna cotta* con esencia de cerezas ácidas.

Kornat   COCINA CROATA €€
(Liburnska Obala 6; platos principales desde 70 HRK) Magnífica ubicación en un lugar excelente frente al puerto. Este elegante local decorado con profusión de madera pulida tiene una pequeña terraza en la acera y es uno de los mejores restaurantes de Zadar. Sus platos tienen mucho sabor, aunque son bastante tradicionales y están bañados con cantidad de salsas cremosas. Hay que probar el filete de ternera con salsa de trufas, el cordero con romero y vino tinto o el *risotto* negro.

Zalogajnica Ljepotica   COCINA DÁLMATA €
(Obala Kneza Branimira 4b; platos principales desde 35 HRK) El restaurante más barato de la ciudad sirve tres o cuatro platos al día (mucho *risotto*, pasta y carnes a la parrilla) a precios increíbles en un entorno sencillo.

Trattoria Canzona COCINA ITALIANA €
(Stomorića 8; platos principales desde 40 HRK) Sencilla y agradable, con mesas en la acera y manteles de algodón a cuadros. La mejor opción para una comida económica. Las ensaladas son muy sustanciosas y los ñoquis, grandes y jugosos.

Na po ure COCINA CROATA €
(Špire Brusine 8; platos principales desde 40 HRK) Esta *konoba* sin pretensiones y regentada por una familia es el lugar perfecto para degustar platos de Dalmacia preparados con cariño: cordero a la parrilla, hígado de ternera y pescado fresco servido con patatas y verduras.

Do ortuna TENTEMPIÉS PARA 'GOURMETS' €
(Stomorića 4; comidas 12-30 HRK) Este diminuto local con dos mesas en la calle sirve enormes sándwiches, crepes, *papaline* (diminutos pescados empanados y fritos) y ensaladas. Todo ello delicioso.

El mercado (◷6.00-15.00) de Zadar, cerca de Juria Barakovica, es uno de los mejores de Croacia, con productos locales de temporada a precios muy económicos; aquí se pueden encontrar jugosas sandías y naranjas, jamón curado y queso de Pag (100 HRK/500 gr aprox.). También hay un supermercado (Široka esq. Sabora Dalmatinske) que abre hasta tarde.

Borik

Pearl of Siam COCINA TAILANDESA €€
(Put Dikla 9; platos principales desde 60 HRK; ◷17.00-23.30 feb-nov) Ubicado en una casa de las afueras llena de recuerdos de Tailandia, este pequeño y precioso restaurante está regentado por tailandeses y alemanes. Un banquete de seis platos cuesta 230 HRK, pero también pueden preparar algo más sencillo por unas 60 HRK el plato.

Niko PESCADO €€
(www.hotel-niko.hr; Obala Kneza Domagoja 9; platos principales desde 60 HRK) Ubicado en un hotel, es tremendamente popular. Perfecto para degustar pescados y mariscos a la parrilla (aunque la carta también tiene platos de carne y vegetarianos). Se puede comer en una gran terraza con vistas al mar Adriático.

🍷 Dónde beber

Zadar dispone de todo tipo de locales, desde cafés en la calle hasta bares bohemios y *lounges*. Para disfrutar de bares de barrio pequeños, interesantes y populares entre estudiantes y bohemios, hay que dirigirse al barrio de Varoš, en el extremo suroccidental del casco antiguo.

👍 **Garden** BAR 'CHILL-OUT'
(www.thegardenzadar.com; Bedemi Zadarskih Pobuna; ◷finales may-oct) Si hay algún lugar que puede enorgullecerse de haber puesto a Zadar en el mapa, es este extraordinario bar-discoteca-jardín-restaurante encaramado en lo alto de las murallas del casco antiguo. Dispone de unas vistas sorprendentes del puerto. El ambiente es muy ibicenco, con colchones y cojines, zonas íntimas y aisladas, enormes toldos que parecen velas, decoración en blanco y morado y música electrónica. Los precios son bastante moderados a pesar del entorno. Todo el mundo acaba pasando más tiempo aquí de lo que pensaba, pues el local tiene un atractivo casi hipnótico. Véase recuadro en p. 183, para más información sobre el imperio Garden.

Arsenal BAR-RESTAURANTE
(www.arsenalzadar.com; Trg Tri Bunara 1) Un enorme almacén renovado que alberga un bar *lounge*, un restaurante, una galería de arte y un centro cultural. Rezuma un ambiente moderno y refinado. Es un lugar fascinante para pasar un rato, pues ofrece divertidas zonas *chill out*, obras de arte para curiosear, *boutiques*, conciertos, buena comida y bebida e incluso un mostrador de información turística (donde a veces no hay nadie).

Caffe Bar Lovre CAFÉ
(Narodni Trg 1) Espléndido café con una enorme terraza en Narodni Trg. Tiene mucho carácter, pues en la parte trasera alberga los restos de la iglesia de San Lorenzo, del s. XII. Está bien para un desayuno ligero: el viajero puede degustar un cruasán o un capuchino mientras se empapa del céntrico ambiente.

Kult Caffe BAR MODERNO
(Stomorića 4) Atrae a una clientela joven y moderna gracias a su elegante interior y a su música actual. Su enorme terraza constituye uno de los principales puntos de encuentro del casco antiguo.

Algunos de los mejores locales del barrio de Varoš son:

Zodiac BAR BOHEMIO
(Olica Simana Ljubavca bb) El cuartel general de los artistas, escritores, soñadores y

emprendedores de la ciudad. Sus mesas en el callejón están llenas de personajes interesantes.

Galerija Đina — BAR CÉNTRICO
(Varoška 2) Animado bar sin pretensiones que se extiende hasta un estrecho callejón en pleno centro de Varoš. Los fines de semana su magnífico ambiente resulta contagioso.

☆ Ocio

Satir — DISCOTECA
(www.satir.hr; Poljana Zemaljskog Odbora 2; ☺ju-sa) Una nueva e íntima discoteca que ofrece sesiones de famosos *disc jockeys* de *house* y *techno*, así como noches fetichistas. También organiza conciertos de grupos y espectáculos de moda.

Callegro — CINE
(www.callegro.com; Široka 18; entradas 20-25 HRK) Multicines con todo tipo de películas (desde filmes de arte y ensayo a grandes éxitos de Hollywood) proyectadas en versión original.

Teatro Nacional — TEATRO
(314 552; Široka; ☺9.00-17.00 lu-vi) Ocio de alta calidad.

❶ Información

Aquarius Travel Agency (212 919; www.juresko.hr; Nova Vrata bb) Reserva alojamiento y excursiones.

Garderoba (consigna 15 HRK/día) estación de autobuses (☺6.00-22.00 lu-vi); muelle de Jadrolinija (☺7.00-20.30 lu-vi, 15.00 sa); estación de trenes (☺24 h)

Geris.net (Federica Grisogona 81; acceso a Internet 25 HRK/h) El mejor cibercafé de la ciudad.

Hospital (315 677; Bože Peričića 5)

Miatours (/fax 212 788; www.miatours.hr; Vrata Svetog Krševana) Organiza excursiones y reserva alojamiento.

Oficina de correos (Poljana Pape Aleksandra III; ☺7.30-21.00 lu-sa, 14.00 do) Para hacer llamadas telefónicas. También tiene un cajero automático.

Oficina de turismo (316 166; www.tzzadar.hr; Mihe Klaića 5; ☺8.00-22.00 lu-vi, 21.00 sa y do jun-sep, 20.00 oct-may) Publica un buen plano a color y la guía gratuita *Zadar City Guide*.

Zagrebačka Banka (Knezova Šubića Bribirskih 4) Cajero automático e instalaciones para cambiar moneda.

❶ Cómo llegar y salir

Avión

El aeropuerto de Zadar está unos 12 km al este del centro. Un autobús de Croatia Airlines (20 HRK) recibe a todos los vuelos de llegada.

Croatia Airlines (250 101; www.croatiaairlines.hr; Poljana Natka Nodila 7) Fleta vuelos a Zagreb y Pula. **Ryanair** (www.ryanair.com) Vuela a ciudades como Londres (Stansted), Dublín y Estocolmo.

Barco

En el puerto, **Jadrolinija** (254 800; Liburnska Obala 7) Vende billetes para todos los *ferries* locales. Los billetes al extranjero se deben comprar en **Jadroagent** (211 447; jadroagent-zadar@zd.t-com.hr; Poljana Natka Nodila 4), situado intramuros.

Autobús

Croatia Express (250 502; www.croatia-express.com; Široka 14) Vende billetes a Zagreb, Split y Trieste (Italia), así como a muchas ciudades alemanas.

La **estación de autobuses** (211 035; www.liburnija-zadar.hr, en croata) está unos 2 km al este del casco antiguo. Desde aquí salen autobuses a Zagreb (95-143 HRK, 3½-7 h, cada 30 min), Rijeka (149 HRK, 5 h, 6 diarios), Split (105 HRK, 3 h, 8 diarios) y Dubrovnik (174-215 HRK, 8 h, 7 diarios).

Tren

La **estación de trenes** (212 555; www.hznet.hr; Ante Starčevića 3) está al lado de la de autobuses. Desde aquí salen seis trenes diarios a Zagreb, pero el viaje se hace muy largo; los servicios más rápidos tardan más de ocho horas.

❶ Cómo desplazarse

Hay autobuses frecuentes que realizan el trayecto entre la estación de autobuses, el puerto y Borik. Los autobuses señalizados como "Poluotok" viajan al puerto y los "Puntamika" (n° 5 y 8), a Borik cada 20 minutos (cada hora los domingos). Los billetes cuestan 8 HRK (13 HRK para dos personas si se compra en un *tisak*).

Para un taxi hay que llamar al económico y eficiente **Lulic** (494 494). Un trayecto de hasta 5 km cuesta solo 20 HRK.

Alrededores de Zadar
PETRČANE

Compuesta por una estrecha playa de guijarros y un puñado de casas de vacaciones, Petrčane (12 km al norte de Zadar) seguiría dormitando durante todo el s. XXI si el Garden de Zadar no hubiera organizado aquí su temporada veraniega de festivales (véase recuadro en p. 183).

EL GARDEN CRECE

Entre julio y septiembre, la región de Zadar es un escaparate para algunos de los artistas electrónicos, bandas y *disc jockeys* más famosos del mundo. Los estilos son diversos y la música, ecléctica: *cosmic disco, soul* y *funk*, electrónica con tintes de folk, *deep house* y *chill out* con ritmos de *jazz*. El *trance* no forma parte de este mundo. El público sabe de música y es maduro. El organizador de estos eventos es el Garden Bar, con sede en Zadar, pero los festivales se celebran en la cercana Petrčane, 10 km al norte subiendo por la costa.

El acontecimiento original, el Garden Festival (www.thegardenzadar.com), lleva celebrándose desde el 2006, pero en el 2010 cuatro festivales más (Soundwave, Suncebeat, Electric Elephant y Stop Making Sense) ya se habían unido a la fiesta en Petrčane entre julio y septiembre. Todos los festivales contratan a artistas innovadores como Carl Craig, Hercules and Love Affair, Crazy P, Andrew Weatherhall y Phil Mison (en lugar de a grandes estrellas y *disc jockeys* machacones). Ofrecen una hermosa ubicación frente a la playa, zonas de *chill out* a la sombra y tres áreas musicales diferentes (incluida una discoteca llamada Barbarella's que se ha restaurado siguiendo el glorioso estilo de la década de 1970). Si a todo esto el viajero le suma las famosas fiestas Argonaughty en barco (navegando por el brillante mar Adriático) tendrá un ambiente de auténtico lujo.

Dominando la costa, Pinija (202 500; www.hotel-pinija.hr; i/d 548/952 HRK; P✳@☎✱) es el típico complejo hotelero de cemento para viajes organizados. Ofrece 300 habitaciones, ocio organizado y bufés para las comidas. Los festivales se celebran en el amplio recinto de este hotel. Un par de kilómetros al norte, irguiéndose entre las llanuras costeras, el enorme y nuevo complejo del grupo Falkensteiner, en Punta Skala, representa una visión del turismo increíblemente organizada, eficiente y meticulosamente planificada. Se trata del Family Hotel Diadora (555 911; www.falkensteiner.com; h desde 718 HRK; P✳@☎✱), inaugurado en el 2010. Ofrece extraordinarias instalaciones de ocio, así como elegantes alojamientos y restaurantes de alta calidad. Existen planes para inaugurar un vanguardista hotel con *spa*, también de Falkensteiner, justo al lado en el 2011 o 2012. Los amantes del *camping* deben dirigirse al Camp Pineta (364 261; www.camp-pineta.com; 20 HRK por persona, tienda de campaña 30-38 HRK), donde se puede plantar la tienda a la sombra de los pinos junto al mar Adriático, o al discreto y bien gestionado Auto Camp Peros (265 830; www.camp-pineta.com; 56/124 HRK por persona/tienda de campaña; ✱), más adelante subiendo por la costa.

Petrčane cuenta con un par de restaurantes. Konobo Amore (platos principales desde 70 HRK) es un local tradicional junto al mar donde un enorme pescado y una fuente de marisco para dos personas cuestan 250 HRK.

UGLJAN
1320 HAB.

Desde Zadar se puede acceder fácilmente en barco a la isla de Ugljan, por lo que constituye un popular destino para una escapada y una especie de suburbio isleño para los que trabajan en la ciudad. Está densamente poblada: es el hogar de unas 7500 personas y puede estar abarrotada los fines de semana de verano. Tiene pocos bosques, pero cantidad de *macchia* (arbustos), algunos pinos y bastantes tierras de labranza con huertos, olivares y viñedos. La costa este es la más accidentada y la zona más urbanizada de la isla, mientras que la oeste está relativamente desierta.

El puerto de entrada es Preko, justo enfrente de Zadar. Posee dos pequeños puertos y una terminal de *ferries*. Aunque tiene una playa urbana, la mejor se encuentra en la pequeña isla de Galovac, a solo 80 m del centro de la localidad. Pequeña, preciosa y arbolada, Galovac alberga un monasterio franciscano que data del s. xv. Si se dispone de embarcación propia, se deben visitar el pueblo de Ugljan, ubicado en una accidentada bahía con una playa de arena; el pueblo pesquero de Kali; y el cercano islote de Ošljak, que está cubierto de pinos y cipreses.

Jadrolinija (www.jadrolinija.hr) fleta *ferries* desde Zadar a Preko (18 HRK, 25 min) cada hora entre las 5.30 y las 23.00, durante todo el año.

Parque Nacional de los Lagos de Plitvice

🌐 053

Este majestuoso y pintoresco parque se encuentra aproximadamente a mitad de camino entre Zagreb y Zadar. Arboladas colinas rodean magníficos lagos color azul turquesa conectados por una serie de cascadas. Varios senderos y pasarelas de madera serpentean por las orillas de los lagos y por encima de las aguas rugientes a lo largo de 18 km. En 1979, la Unesco declaró esta zona Patrimonio Mundial.

La extraordinaria belleza natural del parque se merece un par de días, pero también se puede abarcar mucho en una excursión de un día desde Zadar o Zagreb. Todo el año es ideal para visitarlo: en primavera las cascadas están en su esplendor, en verano las colinas fulgen de color verde y en otoño hay menos visitantes y se puede disfrutar del espectáculo del cambio de color de las hojas.

El sistema de lagos está dividido en una sección superior y otra inferior. Los lagos superiores, ubicados en un valle de dolomita, están rodeados por espesos bosques e interconectados mediante varias poderosas cascadas. Los lagos inferiores son menores y menos profundos. Casi toda el agua procede de los ríos Bijela y Crna (Blanco y Negro), que se unen al sur del lago Prošćansko, pero también de manantiales subterráneos. A su vez, el agua desaparece en la caliza porosa en algunos tramos y vuelve a salir en otros puntos. Todo el caudal desagua en el río Korana, cerca de las cascadas de Sastavci.

Los lagos superiores están separados mediante barreras de dolomita, que se expanden con los musgos y algas que absorben carbonato de calcio a medida que el agua

> **FAUNA**
>
> Las estrellas del parque son los osos y los lobos, aunque también hay ciervos, jabalíes, conejos, zorros y tejones. Hay que estar atento a las aves, pues abundan los halcones, búhos, cucos, martines pescadores, patos silvestres y garzas; también se pueden ver de vez en cuando cigüeñas negras y águilas pescadoras.

de los ríos cruza con fuerza el karst. Las plantas crecen las unas encima de las otras, formando barreras de travertino y creando cascadas. Los lagos inferiores se formaron gracias a cavidades creadas por el agua de los lagos superiores y sufren un proceso similar, pues el travertino se está generando constantemente y se transforma en nuevas combinaciones, por lo que el paisaje está siempre cambiando. Esta extraordinaria interacción entre agua, roca y plantas lleva casi intacta desde la última era glaciar.

Los colores de los lagos también cambian constantemente. Casi siempre tienen un surrealista color azul turquesa, pero los tonos cambian dependiendo de la cantidad de minerales u organismos que hay en el agua, las precipitaciones y el ángulo de los rayos del sol. Algunos días, los lagos pueden parecer de color verde jade o gris azulado.

La exuberante vegetación del parque es otra de sus maravillas. La sección nororiental está cubierta de hayedos, mientras que en el resto hay una mezcla de hayas, abetos, píceas y pinos blancos salpicados por zonas de mostajos, carpes y fresnos de flor, que cambian de color en otoño.

Por desgracia, está prohibido bañarse en los lagos. Los autobuses se detienen en el *camping* y en ambas entradas.

Historia

En 1893 se fundó una sociedad medioambiental para garantizar la protección de los lagos. El primer hotel de la zona se erigió en 1896. Los límites del parque nacional se fijaron en 1951. Los lagos se convirtieron en una gran atracción turística hasta la guerra civil (que estalló justamente en Plitvice el 31 de marzo de 1991, cuando los rebeldes serbios tomaron el control de la sede del parque). El agente croata de policía Josip Jović se convirtió en la primera víctima de la guerra cuando fue asesinado aquí, en el parque. Los serbios ocuparon la zona durante toda la guerra; convirtieron los hoteles en cuarteles y saquearon las propiedades del parque. El ejército croata retomó el control en agosto de 1995, iniciando así un largo programa para reparar las instalaciones. Hoy en día, Plitvice ha vuelto a recuperar su importancia anterior. Lo visitan grupos de turistas de lugares tan lejanos como Corea, Sudamérica o Rusia.

👁 Puntos de interés

Si se empieza en la entrada 2, la más meridional, hay un paseo fácil que baja hasta la orilla del **lago Kozjak** y el P1 (una cabaña con muelle), donde se pueden alquilar botes de remos (50 HRK/h). El Kozjak es el lago más grande del parque (unos 4 km de longitud) y forma una frontera entre los lagos inferiores y superiores. Rodeado por abruptas laderas arboladas, el Kozjak alberga una pequeña isla ovalada de travertino. Un buen sendero recorre la orilla oriental del lago. Hay que seguirlo para llegar a los espectaculares lagos inferiores y visitar sus bosques, cuevas, abruptos precipicios y cascadas; también se puede tomar uno de los barcos que salen con regularidad (cada 20 min). El siguiente punto de interés es el **lago Milanovac,** de color esmeralda. Más adelante, el sendero pasa por la base de varios precipicios junto al **lago Gavanovac.** Arriba se encuentra la cueva de **Šupljara,** desde donde hay unas increíbles vistas de la zona inferior de Plitvice. Una pasarela de madera cruza hasta la orilla norte, rodea el **lago Kaluđerovac** bordeado de juncos y pasa junto a dos elevadas cascadas. La segunda, llamada **Veliki Slap,** es la más alta de Croacia, con una caída de 78 m.

Para explorar la zona superior de los lagos hay que regresar al P1 y seguir los senderos hasta el **lago Gradinsko,** lleno de juncos y donde suelen anidar los patos salvajes. Una serie de cascadas une Gradinsko con el hermoso **lago Galovac,** donde el abundante agua ha formado numerosos estanques y cascadas. Unas escaleras de cemento sobre las cascadas, construidas hace bastante tiempo, han sido cubiertas por travertino, formando cascadas incluso más espectaculares. Varios lagos menores, coronados por el gran **lago Okrugljak,** son alimentados por dos poderosas cascadas. Si se sigue hacia arriba, se llegará al **lago Ciginovac** y, por último, al **Prošćansko,** rodeado de espesos bosques.

Dónde dormir

A lo largo de todas las carreteras de acceso al parque nacional hay diseminadas numerosas casas de huéspedes y *sobe*.

Casi todos los hoteles de precio medio están agrupados en Velika Poljana, muy cerca de la entrada 2 y con vistas al lago Kozjak. Todos son de estilo yugoslavo (muchos tonos marrones y beis, así como vidrios ahumados), aunque un par se han renovado; se pueden reservar habitaciones a través de la página web www.np-plitvicka-jezera.hr.

Pansion Eco-House
CASA DE HUÉSPEDES €
(774 760; www.plitviceetnohouse.com; d 436 HRK; P) Un auténtico alojamiento de montaña. Ofrece 10 cómodas habitaciones llenas de carácter con detalles de madera de pino. Todas tienen TV, escritorio, suelos de parqué, ducha y colchas de brillantes colores. Para desayunar o cenar hay un pequeño comedor abajo. El padre del dueño está construyendo un establecimiento muy parecido justo al lado, con ocho habitaciones más. También están montando una sauna y una piscina. Está 1,5 km al sur de la entrada 2.

Hotel Plitvice
HOTEL €€
(751 100; i/d 533/858 HRK; P@) Ubicación tranquila en el bosque. Ofrece tres clases de habitaciones: las más elegantes son bastante modernas, amplias y atractivas.

Hotel Jezero
GRAN HOTEL €€
(751 400; i/d 614/873 HRK; P@) Otro anticuado hotel de la época yugoslava. Ofrece cantidad de instalaciones (sauna, piscina, bolera, gimnasio y pistas de tenis). Gracias a sus 229 habitaciones, aquí se alojan todos los grupos organizados.

Hotel Bellevue
HOTEL €€
(751 700; i/d 407/548 HRK; P) Sus habitaciones con calefacción y moqueta están anticuadas pero resultan prácticas; casi todas tienen balcones con vistas al bosque. Al menos la ubicación es excelente, justo al lado de la entrada 2.

Korana Camping Ground
'CAMPING' €
(751 015; 51/65 HRK por persona/tienda de campaña; abr-oct) Alberga un restaurante, un café-bar y 40 bungalós. Está unos 6 km al norte de la entrada 1, en la carretera de Zagreb.

Hotel Grabovac
HOTEL €€
(751 999; i/d 385/518 HRK; P@) A unos 10 km por la carretera de Zagreb, se trata de un anticuado hotel de la década de 1970 que conserva su decoración original. Está bien para una noche.

Dónde comer

Todos los hoteles detallados anteriormente cuentan con restaurante. Hay una económica cafetería autoservicio junto a la oficina de turismo de la entrada 2.

Lička Kuća
COCINA RURAL €
(platos principales desde 55 HRK) Enfrente de la entrada 1, este concurrido local es perfecto

para degustar carne de cordero, salchichas locales y *duveč* (guiso de arroz, zanahorias, tomates, pimientos y cebollas).

ℹ️ Información

La **oficina de turismo** (📞751 015; www.np-plitvicka-jezera.hr; adultos/reducida abr-oct 110/80 HRK, nov-mar 80/60 HRK; ⏱7.00-20.00) tiene sucursales en la entrada 1 (Plitvička Jezera) y la entrada 2 (Velika Poljana), cerca de los hoteles. Ambas entradas disponen de taquillas y ofrecen folletos y un mapa para caminar por los lagos. La entrada incluye los trayectos en barco, autobús y tren para desplazarse por el parque. Existe una red de senderos bien señalizados; se puede elegir desde una ruta de 1 o 2 horas hasta una expedición de 10 horas. El sistema de pasarelas de madera permite apreciar mejor la belleza del paisaje sin alterar el entorno.

El Hotel Bellevue alberga un cajero automático. En el centro de información turística ubicado en la entrada principal del parque hay una consigna. El aparcamiento sale caro (7/70 HRK por h/día).

ℹ️ Cómo llegar y salir

No todos los autobuses entre Zagreb y Zadar se detienen aquí, pues los más rápidos viajan por la autopista; conviene asegurarse con antelación. Los horarios se pueden consultar en www.akz.hr. Son 3 horas desde Zadar (75-89 HRK) y 2½ horas desde Zagreb (62-70 HRK). Hay 10 servicios diarios.

Parque Nacional de Paklenica

📞023

Dominando el mar Adriático, los agrestes picos de los montes Velebit se extienden a lo largo de 145 km y forman una espectacular barrera entre la Croacia continental y el Adriático. El Parque Nacional de Paklenica abarca 36 km² de esta cadena montañosa. El parque ofrece cantidad de oportunidades para explorar y descubrir algunos de los paisajes más espectaculares del país a todo el mundo, desde domingueros hasta escaladores. El visitante podrá practicar senderismo por desfiladeros, escalar paredes de roca o deambular por senderos a la sombra junto a algún arroyo.

También alberga dos profundos desfiladeros: el Velika Paklenica (Gran Paklenica) y el Mala Paklenica (Pequeña Paklenica), que parecen hachazos en plena cordillera y cuentan con precipicios de más de 400 m de altura. El seco karst de caliza que forma los montes Velebit es muy absorbente, pero varios manantiales constituyen una fuente continua de agua que da lugar a una exuberante vegetación. Casi la mitad del parque está cubierta de bosques, sobre todo de hayas y pinos, pero también de robles blancos y algunas variedades de carpe. La vegetación cambia a medida que se asciende, al igual que el clima, que pasa de mediterráneo a continental y, por último, a subalpino. Las zonas inferiores, en especial las orientadas al sur, pueden ser sumamente calurosas en verano. El *bura* (viento frío del noreste) que azota la cordillera en invierno trae lluvia y tormentas repentinas.

La fauna es escasa, pero quizá se vean alimoches, águilas reales y halcones peregrinos, que anidan en los precipicios de ambos desfiladeros. En las zonas superiores del parque viven linces, osos y lobos, pero la posibilidad de verlos es ínfima.

Las mejores épocas para la visita son abril, mayo, junio o septiembre. A finales de primavera, el parque está más verde, los arroyos se convierten en torrentes y hay pocos visitantes. En julio y agosto, los senderos tampoco están llenos de gente, pues casi todos los viajeros que visitan esta región lo hacen para disfrutar del sol y la playa; quizá haga demasiado calor como para practicar excursionismo cómodamente.

🏃 Actividades

Excursionismo

Casi todas las caminatas en el parque son de un día y salen del "campamento base" de Starigrad o Seline, o de uno de los refugios de montaña.

Del Mala Paklenica al Velika Paklenica

EXCURSIONISMO

Espectacular caminata de 8 a 10 horas que incluye los dos desfiladeros. Empieza en el Mala Paklenica (entrada 2). La ruta sigue un magnífico y estrecho desfiladero kárstico. Las primeras 3 horas son bastante duras (hay que subir enormes rocas y usar cuerda a veces), pero la ruta está bien señalizada. El sendero puede ser resbaladizo después de llover y cruza un arroyo en varios puntos. Sube el desfiladero de Mala Paklenica y luego asciende en zigzag la ladera occidental de una colina hasta los 680 m. Por fin se allana en un hermoso y alto valle y luego serpentea por prados y cruza la aldea abandonada de Jurline (perfecta para almorzar). El viajero disfrutará de unas vistas excepcionales del Velika Paklenica, antes de que el sendero baje abruptamente por el bosque hasta el fondo del valle. La ruta sigue un río durante 1 hora aproximadamente y pasa junto a macizos de piedra gris y por **túneles** (actualmente en obras de renovación para facilitar el acceso a los visitantes) que eran un búnker secreto en la época de Tito, hasta llegar al aparcamiento del Velika Paklenica. Desde aquí, una pista rural señalizada regresa serpenteando al Mala Paklenica, ubicado a 1 hora de distancia aproximadamente.

De Starigrad a Planinarski Dom
EXCURSIONISMO

Esta caminata se inicia en la entrada 1 y sube por el desfiladero de Velika Paklenica. Cuando pase junto a una cascada entre la roca con un arroyo a mano derecha, el excursionista estará en Anića Luka, una meseta verde y semicircular. Apenas 1 km más adelante, un empinado sendero asciende hasta la cueva de Manita Peć (entrada 10 HRK; ⊙10.00-13.00 jul-sep, variable oct-jun). En la cámara principal (40 m de largo y 32 de alto) hay cantidad de estalagmitas y estalactitas realzadas por la iluminación. Esta cueva se encuentra a una caminata de aproximadamente 2 horas del aparcamiento y debe visitarse con un guía (no incluido en la entrada; hay que organizarlo en la entrada del parque).

Desde la cueva se puede seguir el sendero hasta el Vidakov Kuk; se tardan 1½ horas. El ascenso hasta la cima del pico (866 m) es bastante escarpado, pero en un día despejado el visitante disfrutará de unas vistas inolvidables del mar hasta Pag. Luego se puede seguir un fácil sendero hasta Ramići y dirigirse al este hasta el sendero principal que sube hasta el refugio de Planinarski Dom Paklenica.

Otra opción consiste en evitar el desvío de Manita Peć y seguir subiendo hasta la casita forestal de Lugarnica (a poco más de 2 h del aparcamiento), abierta a diario desde mediados de abril hasta finales de octubre. Aquí venden tentempiés y bebidas. Un sendero sigue entre hayedos y pinares hasta el refugio de Planinarski Dom Paklenica.

Parte alta de Velebit
EXCURSIONISMO

Desde Planinarski Dom Paklenica se puede llegar fácilmente a cualquiera de los picos de Velebit en un día, pero se necesita alrededor de una semana para explorarlos todos. El punto más alto es el **Vaganski vrh** (1757 m). Desde la cima llana y cubierta de hierba se pueden ver hasta 150 km hacia el interior y los picos de Velebit cuando la visibilidad es buena. Puede ser una excursión larga y dura (depende de la forma física), pero se puede llegar a la cima con suficiente tiempo para regresar al refugio por la noche.

Otro destino popular es el **Babin vrh** (pico de la Abuela; 1741 m). Hay que seguir el sendero con el arroyo Brezimenjača a mano izquierda hasta el puerto de Buljma (1394 m) y luego continuar hasta Marasova gora a través de un bosque caducifolio. Hay un pequeño lago al pie del Babin vrh que nunca se seca, pero las ovejas han contaminado el agua.

También se puede acceder a todos los picos desde el Mala Paklenica, pero hay que asegurarse de llevar equipo de supervivencia, un mapa y cerciorarse de que ambos refugios están abiertos. Pasado **Sveti Jakov,** en el Mala Paklenica hay que tomar el sendero de la derecha hasta el refugio de Ivine Vodice. Hay senderos señalizados que pasan por el **Sveto brdo** (1751 m), el **Malovan** (1709 m), el Vaganski vrh y el Babin vrh antes de bajar hasta el refugio de Planinarski Dom Paklenica.

Escalada en roca

Paklenica tiene rutas de escalada en roca aptas para todos: desde principiantes hasta suicidas. La caliza firme y a veces afilada ofrece escaladas ordenadas por el grado de dificultad, incluidas 72 rutas deportivas cortas y 250 más largas. Las indicadas para principiantes se encuentran al inicio del parque, con precipicios que alcanzan hasta 40 m, pero las mejores y las más avanzadas están en Anića Kuk, que ofrece más de cien rutas de hasta un máximo de 350 m de altura. Casi todas están bien equipadas con *spits* y clavos, a excepción de la peligrosa **Psycho Killer.**

Las rutas más populares son las de **Mosoraški** (350 m), **Velebitaški** (350 m) y **Klin** (300 m). La primavera es la mejor época para practicar escalada, pues los veranos suelen ser muy cálidos y en invierno sopla demasiado el viento. El parque también ofrece servicio de rescate.

Dónde dormir

Existen algunas opciones rústicas de alojamiento regentadas por las autoridades del parque y dirigidas a escaladores y senderistas.

GRATIS Ivine Vodice REFUGIO DE MONTAÑA
(Sklonište; ☉ diario jun-sep, sa y do oct-may) Al este del Planinarski Dom Paklenica, este refugio no tiene camas ni agua corriente, pero puede albergar a 10 personas con sacos de dormir. Es gratuito y no es necesario reservar con antelación.

Planinarski Dom Paklenica
REFUGIO DE MONTAÑA €
(☎301 636; pd.paklenica@zd.t-com.hr; dc 70 HRK; ☉ diario med jun-med sep, sa y do resto del año) No tiene agua caliente ni electricidad, pero desde aquí se puede ascender a los picos más altos de Velebit. Ofrece 45 camas en cuatro habitaciones; hay que llevar saco de dormir. También hay una cocina y un comedor. Se recomienda reservar los fines de semana de verano.

ⓘ Información

La **oficina del Parque Nacional de Paklenica** (☎/fax 369 202; www.paklenica.hr; Dr F Tuđmana 14a; adultos/reducida 40/20 HRK abr-oct, 30/20 HRK nov-mar; ☉oficina 8.00-16.00 lu-vi abr-oct, parque desde 7.00 todo el año) vende folletos y mapas. La guía *Paklenica National Park* ofrece una excelente perspectiva general del parque y detalla numerosas caminatas. Los permisos de escalada cuestan entre 60 y 80 HRK, dependiendo de la temporada; los escaladores deben pedir consejo a los guías en la oficina del parque.

La **Asociación Croata de Alpinismo** (☎01-48 24 142; www.plsavez.hr; Kozaričeva 22, Zagreb) también tiene información actualizada y publica un práctico mapa del parque. También se puede consultar la guía de escalada *Paklenica* de Boris Čulić para información más detallada.

ⓘ Cómo llegar y salir

A menos que se disponga de vehículo propio, el mejor modo de llegar a Paklenica consiste en tomar uno de los autobuses entre Rijeka y Zadar (véase www.autotrans.hr); todos se detienen en Starigrad (28 HRK, 45 min desde Zadar, 6 diarios). La mejor parada es la del Hotel Alan.

Starigrad

☎023 / 1103 HAB.

Starigrad se extiende a ambos lados de la carretera costera principal que va de Rijeka a Zadar. Constituye una buena base para explorar el Parque Nacional de Paklenica.

⊙ Puntos de interés

GRATIS Casa-Museo Marasović MUSEO
(☉13.00-20.00 may-oct) Este centro ocupa una pequeña casa renovada en el pueblo de Marasović, a 1 km de la entrada 1 hacia el interior. Ofrece modestas exposiciones de antiguas herramientas agrícolas, fotografías de la región y un añejo telar. Vende mapas y postales. Los guardas forestales del parque están a mano para cualquier consulta.

🛏 Dónde dormir

Es fácil encontrar un *camping,* un apartamento o una habitación en la zona de Starigrad, pues alberga decenas de alojamientos a lo largo de la autopista y en los alrededores de la misma. Los hoteles son más escasos.

Hotel Alan COMPLEJO HOTELERO €€
(☎209 050; www.bluesunhotels.com; Dr Franje Tuđmana 14; i/d 754/1 216 HRK; ☉med mar-med nov; P❄@🛜🏊) Una especie de monumento en la zona. Este complejo hotelero con una pequeña torre alberga modernas habitaciones e instalaciones como pistas de tenis y un *spa* (con salas de vapor y cantidad de tratamientos disponibles). También ofrece numerosas opciones de ocio.

Camping Pinus 'CAMPING' €
(☎658 652; www.camping-pinus.com; Dr Franje Tuđmana bb; 32/25 HRK por adulto/tienda de campaña; ☉abr-oct) Un *camping* muy relajante situado 3 km al norte de la localidad, en la carretera de Rijeka. Es un lugar pintoresco y sencillo en plena costa.

Camping Paklenica 'CAMPING' €
(☎209 062; www.paklenica.hr; Dr Franje Tuđmana bb; 40 HRK por adulto; ☉abr-oct) Junto a la oficina del parque, este pequeño recinto se encuentra en una playa de guijarros que está bien para bañarse. Es muy popular entre los senderistas, aunque no acepta reservas.

Hotel Vicko HOTEL €€
(☎369 304; www.hotel-vicko.hr; Jose Dokoze bb; i/d 608/805 HRK; P❄@) Un hotel moderno y bien gestionado con 18 habitaciones luminosas, algunas de ellas con balcones. Tiene un jardín frondoso y está a solo 50 m de la playa.

🍴 Dónde comer

Taverna-Konoba Marasović
COCINA DÁLMATA €
(platos principales desde 40 HRK; ☉may-oct) A 1 km de la entrada 1, hacia el interior, esta *konoba* ocupa una fantástica casa rural antigua con una terraza en la parte delan-

tera y mesas macizas en el comedor. Aquí se puede degustar jamón dálmata, *risotto* de calamares o carne de cordero/cerdo asada en una *peka* (hay que pedirlo con antelación). Está ubicada bajo una casa-museo renovada.

Buffet Dinko PESCADO Y MARISCO €
(platos principales desde 45 HRK) En el cruce entre la autopista y la carretera de acceso a la entrada 1, este popular restaurante tiene una terraza a la sombra y sirve excelentes platos de pescado y marisco.

Pizzeria Tomate PIZZERÍA €
(comidas desde 40 HRK; ☎) Sencilla pizzería en la autopista, entre el Hotel Alan y el centro de Starigrad. Wi-Fi gratuito.

ⓘ Información

La **oficina de turismo** (☏369 245; www.rivijera-paklenica.hr; ⓗ8.00-21.00 jul y ago, hasta 15.00 lu-sa sep-jun) está en el centro de la localidad, en la carretera principal enfrente del pequeño puerto. El HVB Splitska Banka (entre la oficina de turismo y el Hotel Alan) tiene un cajero automático. El Hotel Alan ofrece acceso a Internet (30 HRK/h).

ⓘ Cómo llegar y desplazarse

Starigrad está a unos 51 km de Zadar y a 165 km de Rijeka. Seis autobuses diarios pasan por aquí en ambos sentidos; para consultar los horarios, véase la página www.autotrans.hr. Los autobuses se detienen en el exterior del Hotel Alan y a lo largo de la autopista.

Por desgracia, no hay taxis en Starigrad. Algunos hoteles recogen y dejan a sus huéspedes en las entradas del parque.

DUGI OTOK

☏023 / 1800 HAB.

Ofrece una increíble belleza natural, por lo que es el lugar perfecto para pasar unas vacaciones relajantes y tranquilas en el paraíso. El grupo de pequeñas islas en el Parque Natural de la Bahía de Telašćica es imprescindible. El cercano lago Mir (paz) de agua salada y la bahía arenosa de Sakarun, así como un trayecto panorámico en coche por la accidentada costa rocosa, son auténticas maravillas.

Dugi Otok significa "isla larga" y se extiende de noroeste a sureste. Mide 43 km de largo y solo 4 km de ancho. La costa sudoriental se caracteriza por abruptas colinas y precipicios, mientras que la mitad septentrional está salpicada por viñedos, huertos y pastos para ovejas. En medio hay una serie de colinas kársticas que alcanzan los 338 m en Vela Straža, el punto más alto de la isla.

La mayoría de la gente establece su base en Sali (en la costa suroriental) o en Božava (en la costa nororiental). Sali tiene más opciones de alojamiento en casas particulares, mientras que Božava ofrece más opciones tipo complejo hotelero.

En las tres primeras semanas de agosto hay una breve temporada alta, pues los turistas italianos invaden la isla en masa.

Historia

Las ruinas revelan asentamientos ilirios, romanos y paleocristianos, pero el primer registro que se tiene de la isla es de mediados del s. X. Más tarde pasó a ser propiedad de los monasterios de Zadar. Los asentamientos se ampliaron debido a las invasiones turcas del s. XVI, que provocaron la inmigración de otras zonas costeras.

Las vicisitudes de Dugi Otok han estado muy relacionadas con las de Zadar, pues esta a menudo cambió de manos entre venecianos, austriacos y franceses. Cuando Mussolini se hizo con el norte de Dalmacia, la isla siguió formando parte de Croacia. Los ancianos aún recuerdan las dificultades que tenían que sufrir cuando el centro administrativo y médico más cercano era Šibenik, a un largo y duro trayecto en barco a lo largo de la costa.

El desarrollo económico siempre se ha visto obstaculizado por la falta de agua dulce; el agua potable hay que recolectarla de la lluvia o traerla en barco desde Zadar. La población ha ido disminuyendo en las últimas décadas; solo quedan unos cuantos irreductibles para afrontar los secos veranos y los inviernos gélidos azotados por el *bura*.

ⓘ Cómo llegar y salir

Jadrolinija (www.jadrolinija.hr) tiene *ferries* diarios durante todo el año que viajan de Zadar a Brbinj (24 HRK, 1½ h, 2-3 diarios); un *ferry* y un catamarán enlazan Zaglav con Sali (18 HRK, 45 min-1½ h, 3 diarios).

ⓘ Cómo desplazarse

Los únicos servicios de autobús en Dugi Otok están fijados para que coincidan con los servicios de barco; viajan entre Božava y Brbinj al norte y entre Sali y Zaglav al sur (antes y después de los barcos). Se pueden alquilar vespas en Sali y Božava.

Sali

1152 HAB.

Es la mayor población y puerto de la isla. Se trata de una auténtica metrópoli si se compara con el resto de las poblaciones diseminadas por Dugi Otok. El nombre de Sali tiene su origen en las antiguas salinas donde estaban empleados casi todos los aldeanos. La localidad tiene un ambiente algo anticuado pero acogedor. Su pequeño puerto es un muelle pesquero en activo, con mucho movimiento de pequeñas embarcaciones de pasajeros y yates que atracan en verano de camino a/desde la bahía de Telašćica y las islas Kornati. Aunque la localidad está muy cerca de estas maravillas naturales, hay que contratar un circuito o alquilar un barco para visitarlas.

Puntos de interés y actividades

Hay pocos puntos para visitar en la localidad, aunque se puede echar un vistazo a la interesante **iglesia de Santa María** (Crkva Svete Marije; Svete Marije; solo misa), erigida en el s. xv. Su altar de madera y varios cuadros renacentistas son impresionantes.

El parque submarino de las islas Kornati ofrece excepcionales puntos para practicar submarinismo en aguas cristalinas, con abruptos acantilados marinos y numerosas cuevas. En la vecina bahía de Zaglav hay dos escuelas de submarinismo: **Dive Kroatien** (377 079; www.dive-kroatien.de) y **Kornati Diver** (377 167; www.kornati-diver.com). Cabe destacar que hay que pagar una entrada de 20 € para poder practicar submarinismo en el interior del Parque Nacional de las Kornati.

Las **excursiones en barco** (350 HRK), incluido un circuito pausado por la bahía de Telašćica con una parada en una de las islas Kornati, salen del puerto de Sali. También hay excursiones de pesca; conviene contactar con **Tome** (377 489; www.tome.hr; desde 350 HRK).

Fiestas y celebraciones

El fin de semana anterior a la Asunción (15 ago), el **Festival de Saljske Užance** atrae a visitantes de toda la región gracias a sus carreras de burros y a una procesión de barcos por el puerto a la luz de las velas. Hombres y mujeres visten los trajes tradicionales, tocan instrumentos elaborados con cuernos de vaca y se enfrascan en bailes rurales tradicionales.

Dónde dormir

En Sali, el alojamiento en casas particulares ofrece precios muy razonables, en especial fuera de temporada. La oficina de turismo puede conectar al viajero con algunos magníficos y aislados establecimientos, incluida una casa en una pequeña isla privada. Para apartamentos conviene consultar la página www.sali-dugiotok.com (en croata).

El precio de las habitaciones y apartamentos se basa en una estancia mínima de tres noches en verano, con un 30% si la estancia es más reducida. Como la isla es muy seca, conviene evitar las duchas largas.

No hay *campings*.

Hotel Sali HOTEL €€

(377 049; www.hotel-sali.hr; h 571 HRK; abr-oct; P) A 1 km del puerto, hacia el interior, este hotel está ubicado sobre su propia cala rocosa en un recinto a la sombra de altos pinos. Sus cuatros bloques están separados y pintados de blanco y azul marino. También alberga un restaurante. Las habitaciones disponen de una decoración sencilla; todas tienen televisión por satélite, nevera y un balcón (muchos con vistas al mar). Además, alquila bicicletas.

Apart Šoštarić HOTEL €

(377 050; bsostaric@gmail.com; h/apt 219/366 HRK; P) Este bloque de color rosa oscuro situado en el extremo norte del puerto es una monstruosidad, pero rara vez está lleno, por lo que merece la pena en épocas muy concurridas. Ofrece un alojamiento algo anticuado pero práctico. Las habitaciones de la parte delantera tienen buenas vistas.

Dónde comer y beber

Alrededor del puerto se agrupan media docena de restaurantes y un supermercado bien surtido.

Maritimo BAR

El alma de Sali. Este bar siempre ofrece un ambiente vibrante y rezuma carácter. Tiene una larga barra de madera y fotografías de antaño que decoran las paredes, así como una popular terraza que resulta perfecta para disfrutar de un cóctel, un café o una cerveza de barril. Las leyes antitabaco del país se ignoran aquí.

Pizza Bruc COMIDA ITALIANA €

(*pizzas* desde 38 HRK; abr-oct) El restaurante más acogedor de la localidad ofrece una terraza junto a los yates. Hay que probar su *pizza* picante.

ⓘ Información

La **oficina de turismo** (☏/fax 377 094; www.dugiotok.hr; ⊙8.00-21.00 jun-sep, 15.00 lu-vi oct-may), frente al puerto, dispone de muy buena información sobre la isla y puede facilitar un excelente mapa a color con diferentes rutas detalladas, perfecto para practicar excursionismo y ciclismo. También tiene otros folletos y puede organizar excursiones y el alojamiento en casas particulares. Además, se puede navegar por Internet (15 HRK, 30 min).

No hay banco, pero en el puerto hay un cajero automático. También se puede cambiar dinero o conseguir un anticipo en efectivo con la tarjeta MasterCard en la **oficina de correos** (Obala Petra Lorinija; ⊙8.00-14.00 lu-sa).

Para alquilar una vespa hay que llamar a **Louvre** (☏098 650 026).

Bahía de Telašćica

El extremo suroriental de Dugi Otok está dividido en dos por la accidentada bahía de Telašćica, salpicada por cinco pequeñas islas y cinco islotes aún más diminutos. Con sus magníficas aguas protegidas de color azul celeste, se trata de uno de los puertos naturales más grandes, bonitos y menos estropeados del mar Adriático. Es muy popular entre los yates.

Las islas Kornati se extienden casi hasta el borde de la bahía de Telašćica. La topografía de los dos archipiélagos es idéntica: caliza blanca y desnuda con zonas de maleza. La punta del extremo occidental de la isla se enfrenta al mar en un lugar en que el viento y las olas han esculpido enormes acantilados de hasta 166 m de altura. No hay poblaciones, asentamientos ni carreteras en esta parte de Dugi Otok; tan solo un par de restaurantes en la **bahía de Mir,** dirigidos a los que viajan en barco.

Junto a la bahía de Mir se encuentra el **lago Mir,** de agua salada, alimentado por canales subterráneos que cruzan la caliza hasta el mar. El lago, que es cristalino pero con un fondo de barro, está rodeado de pinares y sus aguas son mucho más cálidas que las del mar. Como ocurre con el barro en los lugares inusuales, se supone que el de aquí es muy bueno para la piel.

Božava

111 HAB.

Se trata de una pequeña y tranquila localidad agrupada alrededor de un precioso puerto natural. En un par de generaciones ha pasado de ser un pueblo de pescadores a un complejo vacacional. Está lleno de exuberantes árboles en flor y tiene hermosos senderos a la sombra para pasear por la costa. El turismo domina totalmente la economía local gracias a los cuatro hoteles del "pueblo turístico" de Božava. También hay un par de restaurantes junto al puerto.

La **oficina de turismo** (☏/fax 377 607; turisticko-drustvo-bozava@zd.t-com.hr; ⊙9.00-14.00 y 18.00-20.00 lu-sa, 12.00 do jun-sep), ubicada por encima del diminuto puerto, puede organizar el alquiler de bicicletas, vespas y automóviles, así como el alojamiento en casas particulares.

El **complejo hotelero de Božava** (☏291 291; www.hoteli-bozava.hr; P ✱ @ 🛜 ☒) alberga tres hoteles de tres estrellas (564 HRK por persona); destaca el Hotel Mirta, que se acaba de renovar. El Hotel Maxim (622 HRK por persona), de cuatro estrellas, ofrece elegantes habitaciones y apartamentos familiares con televisión por satélite, nevera, acceso a Internet y balcones con vistas al mar. El huésped tiene acceso a las pistas de tenis y a los servicios de *fitness* y masajes.

Veli Rat es un pueblo precioso, con un puerto deportivo situado en una bahía muy protegida cerca de la punta noroccidental de la isla. Los autobuses viajan a/desde Brbinj para enlazar con los barcos, pero aparte de estos servicios se trata de una localidad sumamente aislada con varias decenas de habitantes y una solitaria tienda que hace las veces de bar.

ISLA DE PAG

Pag parece recién sacada de una película italiana de la década de 1950; sería perfecta como decorado para un filme en blanco y negro de Antonioni. Es árida y rocosa; predominan los tonos sepia y sus amplios y despejados paisajes se extienden hasta el horizonte. El mar Adriático es de color azul acero alrededor de la isla. Cuando el cielo anuncia tormenta, se trata del lugar más espectacular de toda Croacia: sus rocas kársticas conforman un paisaje lunar definido por dos cadenas montañosas, zonas con arbustos y aproximadamente una decena de pueblos y aldeas.

En teoría, Pag ya no es una isla (está conectada al continente por un puente), pero en cuanto a cultura y producción es muy independiente y distinta. Los isleños cultivan esta tierra casi estéril y producen

QUESO DE PAG

No existe otro queso como el característico *paški sir* o queso de Pag. Salado y fuerte, su sabor hace recordar fácilmente la isla donde se elabora. A medida que los vientos marinos azotan las bajas laderas de la isla, un fino depósito de sal impregna el suelo y la flora. Las ovejas de Pag pastan libremente las hierbas y plantas saladas, dotando a su carne y leche de su característico sabor.

La leche para el queso de Pag se recoge en mayo, cuando el sabor está en su apogeo. Se deja sin pasteurizar, por lo que durante el proceso de fermentación surge un sabor más fuerte. Cuando finalmente el queso fermenta, se frota con sal marina, se cubre con aceite de oliva y se deja curando desde seis meses a un año. El resultado es un queso fuerte y sólido que al madurar se convierte en seco, aromático y que se desmigaja fácilmente. Como entrante se sirve en pequeños pedazos con aceitunas negras, pero también se puede rallar para usarlo en lugar del parmesano.

También conviene destacar el *skuta*, parecido al requesón. Se trata de un queso blando de sabor sutil poco común que quizá se pueda encontrar en restaurantes como el Boškinac, cerca de Novalja.

---

un vino blanco local bastante correcto, el Šutica. Las duras ovejas de la zona comen hierbas saladas, lo que otorga a su carne y a su leche un sabor característico, gracias al cual se puede elaborar el *paški sir* (queso de Pag; empapado en aceite de oliva y curado en piedra; véase recuadro). Los intrincados encajes de Pag son famosos y se suelen enmarcar para colgarlos en los salones de todo el país.

Sin embargo, Pag es mucho más que tradiciones y cultura seculares. El puerto septentrional de Novalja es uno de los centros vacacionales más despreocupados y animados de Croacia, mientras que la cercana playa de Zrće es una meca de la marcha nocturna.

Historia

La isla estaba habitada por los ilirios antes de caer en manos de Roma en el s. I a.C. Los romanos construyeron fortalezas y acueductos. Los eslavos se asentaron alrededor de Novalja en el s. VII y empezaron a erigir iglesias y basílicas. En el s. XI, la producción de sal empezó a despegar, provocando conflictos entre Zadar y Rab por su comercio. En 1409, Venecia compró Pag en el mismo lote que Zadar y el resto de Dalmacia. Más tarde, la isla fue invadida por venecianos, austriacos, franceses y, de nuevo, austriacos. Durante la Segunda Guerra Mundial sufrió la ocupación germano-italiana.

Cómo llegar y salir

Barco

Un catamarán diario de **Jadrolinija** (www.jadrolinija.hr) enlaza Rijeka con Novalja (40 HRK, 2½ h) y pasa por Rab. También hay *ferries* para coches (12 HRK) que viajan con regularidad entre Žigljen, en la costa nororiental de Pag, y Prizna, en tierra firme; normalmente salen cada hora en invierno y sin parar de junio a septiembre.

Autobús

Cinco autobuses de **Antonio Tours** (www.antoniotours.hr) enlazan Novalja, el pueblo de Pag y Zadar a diario en verano. Desde Pag salen autobuses diarios a Rijeka (166 HRK, 3½ h), dos de lunes a sábado y uno los domingos; todos pasan por Novalja. Un autobús diario viaja a Split (158 HRK, 4 h) y hay tres servicios diarios a Zagreb (243 HRK, 6 h).

Cómo desplazarse

Seis autobuses diarios recorren el trayecto de 30 minutos entre el pueblo de Pag y Novalja (22 HRK).

Debido a la topografía bastante llana de Pag, la isla es perfecta para montar en bicicleta. **Jadranka** (098 306 602), en el pueblo de Pag, alquila bicicletas por 20/100 HRK hora/día. Hay unos 115 km de carril bici que recorren toda la isla.

Pueblo de Pag

023 / 2709 HAB.

El casco antiguo de Pag goza de una espectacular ubicación: al borde de una estrecha lengua de tierra entre colinas quemadas por el sol, con una bahía azul celeste al este y brillantes salinas al oeste. Está formado por una íntima colección de callejones estrechos y casas de piedra de aspecto lóbrego donde la vida se desborda por doquier: los lugareños elaboran encajes al aire libre sentados en taburetes y la hermosa plaza de mármol blanco es un popular punto para hacer vida social. Cerca hay playas de guijarros.

A principios del s. xv, el próspero negocio de la sal dio lugar a la construcción de esta localidad, cuando la adyacente Stari Grad ya no pudo satisfacer las demandas de su floreciente población. Los gobernantes venecianos contrataron a Juraj Dalmatinac, el mejor arquitecto de la época, para que diseñara una nueva ciudad; la primera piedra se colocó en 1443. Según las ideas más vanguardistas de entonces en materia de planificación urbana, las calles principales y los callejones que las cruzan forman ángulos rectos y se dirigen a las cuatro puertas de la ciudad. En el centro hay una plaza con una catedral, un palacio ducal y otro episcopal inacabado. En 1499, Dalmatinac empezó a erigir las murallas, pero solo se conserva la esquina septentrional con los restos de un castillo.

Puntos de interés y actividades

Museo del Encaje MUSEO
(Kralja Dmitra Zvonimira; Trg Kralja Krešimira IV; entrada 10 HRK; 10.00-12.00 y 18.00-22.00 jun-sep, abierto solo para grupos el resto del año) Ubicado en el espectacular palacio ducal (Kneževa Palača) restaurado, que también fue diseñado por Juraj Dalmatinac, este excelente museo expone algunos encajes especialmente intrincados. La historia de la elaboración de encajes en Pag y su importancia para la comunidad se ilustran hábilmente con espectaculares fotografías y completos paneles de información.

Iglesia de Santa María IGLESIA
(Crkva Svete Marije; Trg Kralja Krešimira IV; 9.00-12.00 y 17.00-19.00 may-sep, solo misa oct-abr) Esta iglesia gótica, también erigida por Juraj Dalmatinac, se yergue en perfecta armonía con los modestos edificios que la rodean. Encima de la entrada se muestra a la Virgen con mujeres de Pag que llevan blusas y tocados medievales. También hay dos hileras de esculturas de santos inacabadas. Completado en el s. xvi, el interior se renovó en el s. xviii con decoraciones barrocas en el techo.

Museo de la Sal MUSEO
(Stari Grad; entrada 10 HRK; 10.00-12.00 y 20.00-22.00 jun-sep, abierto solo para grupos el resto del año) Sito al otro lado del puente, en lo que queda de la antigua Stari Grad, que es muy poco. Este nuevo museo ubicado en un almacén de sal documenta la producción de este producto en Pag con fotografías y exposiciones.

Fiestas y celebraciones

El último día de julio se celebra el **Carnaval de Pag,** perfecto para admirar el *kolo* tradicional (un animado baile eslavo en círculo) y los elaborados trajes típicos locales. La plaza principal se llena de bailarines y músicos; un grupo de teatro representa la obra folclórica *Paška robinja* ("La niña esclava de Pag").

Dónde dormir

Casi todos los hoteles de Pag están diseminados alrededor de la bahía al oeste de la población y cierran entre octubre y mayo.

Las agencias de viajes pueden encontrar alojamiento en casas particulares. En la estación de autobuses suele haber mujeres esperando para ofrecer *sobe*. Muchas habitaciones y apartamentos están al otro lado del puente.

Hotel Pagus HOTEL €€€
(611 310; www.coning-turizam.hr; Starčevića 1; i/d 542/1055 HRK; P@) Recientemente renovado, este hotel tiene una magnífica ubicación en la playa, a poca distancia a pie del casco antiguo. Las habitaciones son elegantes y el centro de belleza y salud es una verdadera delicia.

Camping Šimuni 'CAMPING' €
(697 441; www.camping-simuni.hr; Šimuni; 60 HRK por adulto) En una espléndida cala con una playa de guijarros, aproximadamente a mitad de camino entre el pueblo de Pag y Novalja, cerca del puerto de Šimuni. Todos los autobuses que viajan dentro de la isla se detienen aquí. Las caravanas (desde 30 €) son elegantes y constituyen una opción económica fuera de la temporada alta.

Barcarola HABITACIONES €
(611 239; Vladimira Nazora 12; h 293 HRK; abr-nov) Al lado de la parada de autobuses, estas modernas habitaciones están encima de una *konoba*. Todas son amplias y están presentadas de un modo atractivo pero sencillo, con suelos de madera, armario y baño.

Meridijan Hotel HOTEL €€
(492 200; www.meridijan15.hr; Starčevića bb; h 674 HRK; P@) Nuevo hotel de cuatro estrellas, con habitaciones amplias y muy bien equipadas; todas tienen nevera, mobiliario moderno y grandes baños; las de la planta superior ofrecen unas vistas de la bahía y la isla. La piscina es pequeña.

Dónde comer

Si se visita la isla, hay que probar al menos un pedazo de queso de Pag.

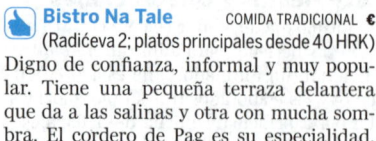

Bistro Na Tale COMIDA TRADICIONAL €
(Radićeva 2; platos principales desde 40 HRK) Digno de confianza, informal y muy popular. Tiene una pequeña terraza delantera que da a las salinas y otra con mucha sombra. El cordero de Pag es su especialidad, aunque también se puede elegir el pescado fresco del día cocinado con vino y hierbas.

Konoba Bodulo COCINA DÁLMATA €€
(Vangrada 19; platos principales desde 40 HRK) Al lado de las murallas de la ciudad, este atractivo local tradicional es popular por su pescado y sus mariscos (langostinos, mejillones o pulpo). Ofrece un agradable entorno en su patio.

Bistro Diogen COCINA CROATA €€
(K Lidija Uhl 9; platos principales desde 50 HRK) La opción que más destaca entre las de esta franja. Ofrece una amplia carta, un servicio agradable, magníficas vistas y platos de carne y pescado que nunca fallan.

Si el viajero quiere comprar sus propios alimentos, puede encontrar fruta, verdura y el queso local en el mercado diario de frutas y verduras que se monta por las mañanas; para víveres más elaborados hay que dirigirse al supermercado Konzum.

Dónde beber y ocio

Pag es una localidad aletargada, con poca vida nocturna, aunque durante la época de verano el ambiente se anima un poco más.

Cub Vanga DISCOTECA
Al otro lado del puente, esta nueva discoteca es el único local para bailar de la zona. Las noches se van alternando; todas las semanas pinchan *rhythm and blues, house* y ritmos de los años setenta, ochenta y noventa. Tiene una terraza afuera para fumadores.

De compras

Pag ofrece los productos más característicos de todo el país. Sería una pena dejar la isla sin adquirir algún **encaje,** pues los precios son relativamente económicos y comprar una pieza ayuda a mantener la tradición viva. Un pequeño círculo o una estrella de unos 10 cm de diámetro cuesta unas 125 HRK, pero se tarda aproximadamente 24 horas en completar. Si se recorren Kralja Tomislava o Kralja Dmitra Zvonimira se puede comprar directamente de los artesanos; prácticamente todos tienen precios fijos.

El **queso de Pag** no es tan fácil de encontrar, aunque se suele conseguir en el mercado matutino. Si no, también se pueden buscar carteles caseros que recen *"Paški Sir"* en el exterior de las casas en carreteras apartadas. El precio por kilo es de aproximadamente 130 HRK.

Información

Erste Banka (Vela 18) Cambia dinero.
Centro de salud (611 001; Gradska Plaža bb)
Mediteran (/fax 611 238; www.mediteran-pag.com; Vladimira Nazora 12) Agencia con una selección muy amplia de alojamientos en casas particulares.
Meridian 15 (612 162; www.meridijan15.hr; Ante Starčevića 1) Agencia de viajes que organiza excursiones por la isla y viajes a parques nacionales como el de Paklenica. También reserva alojamiento.
Oficina de correos (Antuna Šimića; 8.00-20.00 lu-vi, 14.00 sa)
Sunturist (612 040; www.sunturist-pago.hr; Vladimira Nazora bb) Alojamiento y excursiones.
Oficina de turismo (/fax 611 286; www.pagtourism.hr; Trg Kralja Krešimira IV 1; 8.00-22.00 may-oct, 16.00 lu-vi nov-abr) Una oficina muy bien informada, con un buen plano a color de la localidad que incluye las playas locales.

Novalja

023 / 2084 HAB.

En una nación de tranquilos complejos vacacionales, Novalja va a contracorriente. Sus bares y discotecas ofrecen una vida nocturna de lo más alocada. El interés cultural se limita al estrafalario mundo discotequero con sede en la cercana playa de Zrće; no hay puntos de interés histórico. El paseo marítimo es muy agradable para pasear y tiene buenas playas cerca.

Dónde dormir y comer

Para alojamiento en casas particulares hay que contactar con la oficina de turismo o con cualquier agencia de viajes.

Boškinac CASA RURAL €€€
(663 500; www.boskinac.com; i/d 1183/1343 HRK; platos principales desde 140 HRK; P❋@☎≋) Unos 5 km al este de Novalja, es uno de los hoteles más agradables de Croacia, con un magnífico restaurante y una bodega. Está ubicado en un paraíso rústico rodeado de viñedos. Sus ocho habitaciones y tres suites son elegantes y enormes; todas tienen un sofá-cama y un baño precioso. Se

DISCOTECAS DE PLAYA

A pesar de la gran tranquilidad que se respira en la isla de Pag, todos los veranos se montan en ella fiestas salvajes. Unos 3 km al sureste de Novalja, la **playa de Zrće** alberga tres grandes discotecas y unos cuantos bares. Ofrece un ambiente de *disc jockeys* bastante convencional; no hay que esperar demasiado aire *underground*. Las discotecas están en plena playa (a diferencia de lo que ocurre en Ibiza, con la que se suele comparar a Zrće).

Kalypso es el lugar más sofisticado; se trata de un local de hermoso diseño construido en una cala en el extremo norte de la playa. Ofrece cantidad de bares rodeados de palmeras. Durante el día uno puede relajarse en magníficos colchones; por la noche, los DJ pinchan mezclas de *deep house* para un público más maduro. **Aquarius** (www.aquarius.hr) es el local más ostentoso; se trata de un enorme espacio con elegantes recovecos, excelentes vistas y una zona reservada rodeada de cristales. Grandes estrellas, como Roger Sanchez y Benny Benassi, pincharon aquí en el 2010. **Papaya** (www.papaya.com.hr) es una atractiva discoteca construida en terrazas, una de las cuales constituye la principal pista de baile. Atrae a una clientela mixta. La música puede ser una lotería, aunque cantidad de grandes DJ del *trance* como Tiesto y Paul van Dyk han pinchado aquí. Todas las discotecas abren a finales de junio y cierran a mediados de septiembre. El precio de las entradas varía mucho dependiendo del tipo de fiesta; normalmente se puede entrar gratis al principio de la temporada y se pueden llegar a pagar hasta 35 € a mediados de agosto.

La playa está en una bahía muy protegida; es un tramo de guijarros de 1 km de largo sin árboles, por lo que conviene alquilar una sombrilla. Es perfecta para darse un baño, aunque hay que aguantar el ruido de las motos acuáticas (limitadas a ciertas zonas). Zrće tiene buen aspecto, con vistas a una zona árida del este de Pag y con las montañas del continente en el horizonte. El aparcamiento cuesta 5 HRK la hora.

---

pueden catar los vinos de la finca en la *vinoteka* del sótano, donde también hay una pequeña charcutería con buenos tentempiés. El restaurante (menú de degustación 220-490 HRK) es uno de los mejores de toda Dalmacia, con una maravillosa terraza y un comedor. La carta incluye productos locales: carne de cordero, quesos (hay que probar el *skuta*), aceite de oliva e incluso caracoles de Pag. Tiene planes para abrir una piscina, una sala de *fitness* y un *spa*. Para las ofertas gastronómicas conviene consultar la página del hotel.

Hotel Loža HOTEL €€
(663 381; www.turno.hr; Trg Loža; i/d 356/734 HRK; P@🛜) En pleno paseo marítimo, este atractivo hotel ofrece habitaciones arregladas pero algo pequeñas, muchas con balcones y vistas al mar. Wi-Fi gratuito.

Hotel Liburnija HOTEL DE PLAYA €€
(661 328; www.turno.hr; Šetalište Hrvatskih Mornara bb; i/d 316/750 HRK; P) En una playa de guijarros, este hotel de tamaño medio rezuma un estilo de la década de 1970. Está a poca distancia a pie del centro. Las habitaciones están amuebladas con sencillez; todas tienen nevera y TV.

Starac i More PESCADO Y MARISCO €
(Braće Radić; platos principales desde 40 HRK) Cerca del puerto. Este restaurante de pescado y marisco es popular, auténtico y sin pretensiones. Hay que pedir su surtido mixto.

ℹ️ Información

Aurora (663 493; Slatinska bb) Agencia bien organizada con cantidad de apartamentos y habitaciones en sus listados. También organiza excursiones.

Junta de Turismo de Novalja (663 570; www.tz-novalja.hr; Šetalište Hrvatskih Mornara 1; 8.00-21.00 jun-sep, hasta 15.00 lu-vi oct-may) Busca alojamiento en casas particulares y cuenta con cantidad de horarios para barcos y autobuses.

REGIÓN DE ŠIBENIK-KNIN

Una zona de Croacia subestimada, aunque la región está llena de sitios interesantes. Destacan la increíble población medieval de Šibenik, las paradisíacas islas Kornati y el Parque Nacional de Krka, que ofrece innumerables oportunidades para practicar excursionismo y natación.

Šibenik

☎ 022 / 37170 HAB.

Está empezando a popularizarse y es fácil descubrir por qué. Aunque los alrededores están sucios, la localidad cuenta con fascinantes puntos de interés, restaurantes y bares nuevos que abren cada año. Todo rezuma energía vital. Pero el verdadero atractivo de Šibenik no ha cambiado en siglos: su magnífico barrio medieval compuesto por un laberinto de piedra con empinados callejones, antiguas capillas y una espectacular catedral.

La ciudad también constituye una importante base de acceso al Parque Nacional de Krka, las islas Kornati y el centro de aves rapaces de Sokolarski.

Historia

A diferencia de muchas otras comunidades costeras de Dalmacia, Šibenik fue poblada primero por tribus croatas, no por ilirios ni romanos.

Mencionada por primera vez en el s. XI por el rey croata Krešimir IV, la ciudad fue conquistada por Venecia en 1116, pero luego cambió de manos entre Venecia, Hungría, Bizancio y el Reino de Bosnia hasta que

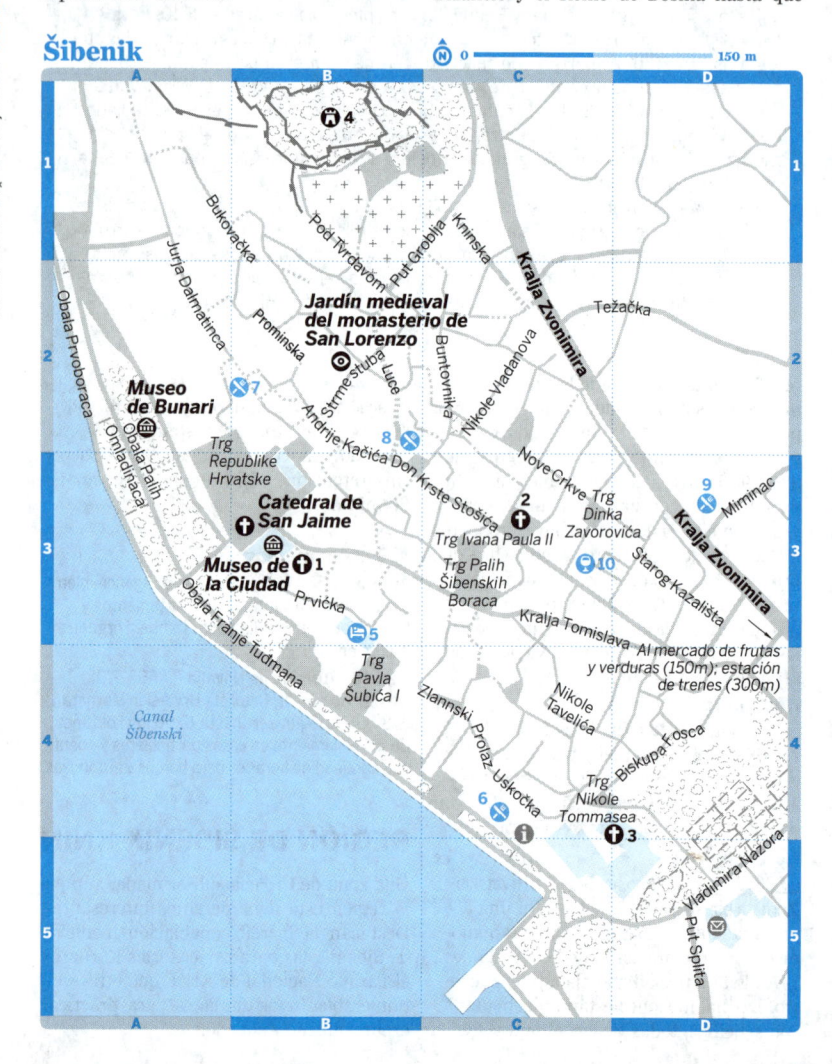

Venecia acabó por hacerse de nuevo con su control en 1412. En los ss. XVI y XVII, los otomanos atacaban la población con regularidad, lo cual afectaba al comercio y la agricultura. Las fortalezas erigidas por los venecianos todavía se pueden ver. En 1797, los austriacos le arrebataron la zona a Venecia y siguieron gobernando hasta 1918.

Las fuerzas federales yugoslavas atacaron Šibenik en 1991. La ciudad sufrió continuos bombardeos hasta que fue liberada en 1995 por el ejército croata como parte de la Operación Tormenta. Hoy en día no se pueden apreciar grandes daños físicos, pero la industria del aluminio de la ciudad quedó totalmente destruida. Aun así, en los últimos años Šibenik ha empezado a recuperarse de un modo espectacular y el turismo se está convirtiendo en una parte esencial de su economía.

Puntos de interés

Catedral de San Jacobo   CATEDRAL
(Katedrala Svetog Jakova; Trg Republike Hrvatske; 8.00-20.00 jun-sep, 19.00 oct-may) La obra maestra de Juraj Dalmatinac, joya de la corona de la costa dálmata y Patrimonio Mundial de la Unesco. Merece la pena desviarse para admirarla. Su rasgo más insólito es el friso de 71 cabezas en los muros exteriores de los ábsides. Estos retratos (plácidos, molestos, cómicos, orgullosos o temerosos) parecen caricaturas, pero en realidad son retratos de ciudadanos corrientes del s. XV. Para construir la catedral se necesitó una gran suma de dinero; según dicen, cuanto más tacaño fue el donante, más exagerado hicieron el retrato.

Dalmatinac no fue el primer arquitecto (ni el último) que trabajó en la catedral. Las obras comenzaron en 1431, pero tras 10 años con diferentes constructores venecianos, finalmente la ciudad eligió a Dalmatinac, nacido en Zadar. Este aumentó el tamaño del templo y pasó a un estilo de transición gótico-renacentista.

Además del **friso** exterior, otros ejemplos del estilo típico de Dalmatinac son las dos escaleras de las naves laterales que bajan a la sacristía por un lado y al exquisito **baptisterio** (entrada 10 HRK) por el otro, donde tres ángeles sujetan la pila bautismal, tallada por Andrija Aleši según los bocetos de Dalmatinac. Otras obras de arte del interior que destacan son la **cripta** del obispo Šižigorić (de Dalmatinac); el cuadro del altar que representa a san Fabián y san Sebastián (obra de Zaniberti); el cuadro *El regalo de los sabios* (de Ricciardi); y, al lado, las dos tallas de ángeles de mármol (de Firentinac). También llama la atención el **portal del León,** en el extremo norte, creado por Dalmatinac y Bonino da Milano: dos leones sostienen columnas que albergan las figuras de Adán y Eva, al parecer muy avergonzados por su desnudez.

La catedral se construyó totalmente con piedra sacada de las canteras de las islas de Brač, Korčula, Rab y Krk; según dicen, se trata de la mayor iglesia del mundo construida totalmente con piedra sin necesidad de ladrillo ni madera. Su inusual estructura con techo abovedado la acabó Nikola Firentinac tras la muerte de Dalmatinac. Firentinac continuó con la fachada en un estilo renacentista puro y acabó el proyecto en 1536.

Museo de Bunari   MUSEO
(www.bunari.hr; Obala Palih Omladinaca 2; adultos/reducida 15/10 HRK; 8.00-24.00) Interesante punto de interés, pues está ubicado en el interior de un pintoresco y antiguo depósito de agua con un alto techo de bóveda de cañón. Se trata de un museo interactivo con cantidad de paneles informativos y exposiciones sobre la historia y cultura de Šibenik. Ofrece demostraciones de

Šibenik

Los mejores puntos de interés
Museo de Bunari A2
Catedral de San Jacobo B3
Museo de la Ciudad B3
Jardín medieval del monasterio
   de San Lorenzo B2

Puntos de interés
1 Iglesia de Santa Bárbara B3
2 Iglesia de San Iván C3
3 Iglesia y monasterio franciscanos D4
   Museo de Arte Sacro ....(véase 1)
4 Fortaleza de San Miguel B1

Dónde dormir
5 Hotel Jadran B3

Dónde comer
6 Konoba Kanel C4
7 Pelegrini B2
8 Restoran Tinel B2
9 Supermercado D3

Dónde beber
10 No 4 Club/Četvorka C3

artesanías locales y cantidad de actividades para entretener a los niños.

Museo de la Ciudad MUSEO
(Gradski Muzej; www.muzej-sibenik.hr; Gradska Vrata 3; entrada 10 HRK; ⊙10.00-13.00 y 18.00-20.00 jun-sep, 7.30-15.30 oct-mar) Este museo renovado alberga una colección permanente muy bien diseñada de piezas históricas relacionadas con Šibenik y la región de Dalmacia. También monta exposiciones temporales de arte, cuadros, fotografía y cerámica.

Jardín medieval del monasterio de San Lorenzo JARDÍN
(Vrt Svetog Lovre; Andrije Kačića bb; adultos/reducida 15/10 HRK; ⊙8.30-19.30 may-oct, horario reducido en invierno) Diseñada por Dragutin Kiš (un galardonado paisajista), esta recreación de un jardín medieval tiene una distribución formal con hierbas y plantas medicinales en cuidados arriates entre los senderos. También tiene un agradable café (solo helados y bebidas) y vende varios aceites esenciales.

Fortaleza de San Miguel FORTALEZA
(Tvrđava Sv Mihovila; entrada 20 HRK; ⊙9.00-21.00) Esta enorme fortaleza medieval ofrece unas vistas magníficas de Šibenik, el río Krk y el mar Adriático desde sus almenas. Partes del edificio se remontan al s. XIII. Tiene cuatro torres bien conservadas y una entrada de estilo gótico.

Muchas de las hermosas iglesias de Šibenik solo están abiertas para los servicios religiosos.

Iglesia de San Iván IGLESIA
(Crkva Svetog Ivana; Trg Ivana Paula II) Un excelente ejemplo de la arquitectura gótico-renacentista de finales del s. XV.

Iglesia y monasterio franciscanos IGLESIA
(Franjevački Samostan; Ćulinoviča) Data de finales del s. XIV. Alberga excelentes frescos y una colección de pinturas barrocas venecianas.

Museo de Arte Sacro MUSEO
(Kralja Tomislava; entrada 10 HRK; ⊙9.00-13.00 lu-vi) Ubicado en la iglesia de Santa Bárbara, el museo expone cuadros, grabados y esculturas de entre los ss. XIV y XVIII.

🎉 Fiestas y celebraciones
Šibenik organiza un famoso **Festival Infantil Internacional** durante la última semana de junio y la primera de julio. Hay talleres de artesanía, música, danza, cine y teatro para niños, marionetas y desfiles.

🛏 Dónde dormir
Hay muy pocas opciones de alojamiento en Šibenik; en realidad, solo un hotel. Las localidades costeras de Primošten, Tribunj y Vodice están todas cerca. En temporada alta hay mujeres que ofrecen *sobe;* también se puede contactar con las agencias de viajes para encontrar alojamiento en casas particulares.

Camp Solaris 'CAMPING' €
(📞364 450; www.solaris.hr; Solaris; 55/143 HRK por adulto/parcela; ⊙med mar-nov; @🛜🏊) Si se desea un *camping* bien equipado, este debe ser uno de los mejores de Croacia. Ofrece una piscina de agua de mar, actividades deportivas (como pistas de tenis y minigolf), cantidad de instalaciones infantiles y un *spa*. Imposible pasar sed aquí: tiene 10 bares. Está 6 km al este del centro de la población.

Hotel Jadran HOTEL CÉNTRICO €€
(📞242 000; www.rivijera.hr; Obala Oslobođenja 52; i/d 512/835 HRK; 🅿@) Al menos, este anticuado hotel de cemento de cinco plantas tiene una ubicación muy práctica enfrente del puerto. Le falta carácter y cobra precios excesivos, pero es el único hotel de la ciudad. Las habitaciones están equipadas con televisión por satélite y minibar (aunque no tienen aire acondicionado, por lo que en verano hace un calor insoportable).

🍴 Dónde comer
Hay una popular franja de restaurantes con excelentes vistas a lo largo del puerto, pero para comer especialmente bien hay que dirigirse al casco antiguo.

👍 Pelegrini COCINA MEDITERRÁNEA MODERNA €€
(📞485 055; www.pelegrini.hr; Obala Palih Omladinaca 2; platos principales desde 60 HRK) El único responsable de haber aumentado el nivel culinario de Šibenik. Un restaurante sencillamente maravilloso. La carta incluye sabores de todo el mundo, con influencias que abarcan desde Japón hasta Francia, pero en el fondo es mediterráneo. Hay que probar su tripa asada de cerdo con higos y beicon. En cuanto al diseño, consigue mezclar el minimalismo con la decoración histórica. El personal está bien informado y es políglota. Los vinos dálmatas están ampliamente representados en la carta. Hay que llamar con antelación para

conseguir una de las mesas al aire libre con unas vistas insuperables de la catedral.

Restoran Tinel COCINA CROATA €€
(Trg Puckih Kapetana 1; platos principales desde 75 HRK) Elegante y bien considerado, este restaurante en el casco antiguo tiene una preciosa terraza elevada en una pequeña plaza y comedores diseminados por dos plantas. Sirve cantidad de platos interesantes, como el pulpo *a la tinel* (como un *gulash*), y opciones vegetarianas como la ensalada de requesón con calabacines a la parrilla.

Uzorita COCINA CROATA €€
(Bana Josipa Jelačića 50; platos principales desde 60 HRK) El restaurante más antiguo de Šibenik; data de 1899. El cliente puede degustar platos de carne, pescado o marisco (hay que probar los kebabs) en la terraza a la sombra de las parras o en el pintoresco interior con una chimenea de época.

Konoba Kanela COCINA CROATA €€
(Obala Franje Tuđmana 5; platos principales desde 65 HRK) El mejor del grupo bastante mediocre de restaurantes turísticos frente al puerto. Se pueden probar los mejillones, calamares o carne cocinados en una *peka*. Tiene un interior con paredes de piedra y vigas expuestas, perfecto si hace mal tiempo.

Penkala COCINA RÚSTICA €
(Fra Jeronima Milete 17; platos principales desde 25 HRK; lu-sa) Un local de barrio, económico e informal. Sirve cocina casera y hace especial hincapié en los sustanciosos guisos de carne.

Los que quieran comprar sus propios alimentos pueden abastecerse en el **super-mercado** (Kralja Zvonimira) o el **mercado de frutas y verduras** (entre Ante Starčevića y Stankovačka).

Dónde beber

Nº 4 Club/Četvorka BAR, RESTAURANTE
(Trg Dinka Zavorovića 4) Extravagante y pequeño local artístico que se anuncia como asador pero que funciona mejor como bar informal para disfrutar de un vaso de vino o una cerveza.

Información

Atlas Travel Agency (330 232; atlas-sibenik@si.t-com.hr; Kovačića 1a) Cambia dinero y reserva excursiones.

Hospital (334 421; Stjepana Radića 83)

NIK Travel Agency (338 540; www.nik.hr; Ante Šupuka 5) Gran agencia de viajes que ofrece excursiones a Kornati y Krka, alojamiento en casas particulares y billetes internacionales de autobús y avión.

Oficina de correos (Vladimira Nazora 51; 8.00-19.00 lu-vi, 9.00-12.00 sa) Para hacer llamadas y cambiar dinero.

Biblioteca pública (Gradska Knjižnica Jurga; 8.00-12.00 y 18.00-21.00 lu-sa;) Acceso a Internet por 10 HRK la hora; también ofrece Wi-Fi.

Centro de información turística (214 441; www.sibenik-tourism.hr; Obala Franje Tuđmana 5; 8.00-21.00 jun-oct, 16.00 nov-abr) Ofrece excelentes consejos e información en más de catorce idiomas.

Cómo llegar y salir

Jadrolinija (213 468; Obala Franje Tuđmana 8; 9.00-18.00 lu-vi) vende billetes de *ferry*.

La estación de autobuses de Šibenik está bastante abandonada; se encuentra a un corto paseo del casco antiguo.

AUTOBUSES DESDE ŠIBENIK

DESTINO	PRECIOS (HRK)	DURACIÓN	SERVICIOS DIARIOS
Dubrovnik	226	6 h	9
Murter	25	45 min	8
Osijek	338	8½ h	1
Primošten	17	30 min	7
Pula	228	8 h	3
Rijeka	181	6 h	11
Split	84	1¾ h	22
Zadar	63	1½ h	34
Zagreb	164	6½ h	16

Parque Nacional de Krka

📍 022

El río Krka, de 72,5 km, se extiende desde la parte occidental de la cordillera de Dinaric hasta el mar, cerca de Šibenik. El río y sus magníficas cascadas definen el paisaje de la región de Šibenik-Knin y constituyen el centro del Parque Nacional de Krka. Las cascadas del Krka son un fenómeno kárstico; durante milenios, el agua del río ha creado un cañón (de hasta 200 m de profundidad) tallando las colinas de caliza y transportando carbonato de calcio. Los musgos y algas retienen el carbonato de calcio en sus raíces. Este material se llama toba y está formado por millones de plantas que crecen unas encima de otras. Estas formaciones crean barreras en el río que forman espectaculares cascadas.

◉ Puntos de interés y actividades

Este paisaje de rocas, precipicios, cuevas y simas es extraordinario, pero el parque nacional también alberga algunos importantes puntos de interés cultural. Cerca de su punto más septentrional hay un monasterio ortodoxo; a veces se le llama Aranđelovac (Santo Arcángel) o simplemente el **monasterio de Krka**. Mencionado por primera vez en 1402 como dote de Jelena Šubić, hermana del emperador Dušan de Serbia, se construyó y reconstruyó hasta finales del s. XVIII. El monasterio muestra una excepcional combinación de elementos bizantinos y mediterráneos.

Debajo del monasterio y río abajo, el curso fluvial se transforma en un lago creado por la barrera de **Roški Slap,** donde el valle se estrecha hasta convertirse en un desfiladero de 150 m. Roški Slap es un tramo de 650 m de largo que empieza con escalones bajos y sigue en una serie de ramales e islotes hasta llegar a las cascadas de 27 m de altura. En el extremo oriental de las cascadas se pueden ver molinos de agua que antes se usaban para procesar trigo.

El primer kilómetro del lago está rodeado de juncos que ocultan aves. A continuación, río abajo está el **desfiladero de Međugredama**, con precipicios de 150 m de altura tallados en formas espectaculares. Luego, el desfiladero se abre al lago Visovac, donde se encuentra el hermoso monasterio de **Samostan Visovac,** ya en la isla. En el s. XIV, unos ermitaños construyeron este pequeño monasterio en una iglesia; aquí vivieron franciscanos bosnios durante toda la ocupación turca, hasta 1699. La iglesia de la isla data de finales del s. XVII y el campanario se erigió en 1728. En la orilla occidental hay un encinar y en la oriental, un bosque de robles blancos.

Unos 6 km río abajo se encuentra la cascada más grande: **Skradinski Buk,** de 800 m de longitud, que abarca 17 niveles y se eleva hasta casi 46 m. Aquí, los molinos de agua solían moler el trigo, los morteros golpeaban el fieltro y enormes cestas

---

RESCATE DE RAPACES

Centro Sokolarski CENTRO DE PROTECCIÓN DEL MEDIO AMBIENTE

(📞022-330 116; www.sokolarskicentar.com; entrada 30 HRK; ⊙9.00-17.00 abr-oct) Está dedicado a la protección de las aves rapaces en Croacia. Este centro ofrece un servicio de rescate y recuperación para rapaces heridas, unos ciento cincuenta al año en todo el país. El director del centro, Emilo Mendušić, usa búhos y halcones para demostrar la agilidad y habilidad de estas aves; a los visitantes les ofrece una presentación excepcional, educativa y muy entretenida.

Aquí se puede aprender cómo cazan los búhos reales (pueden distinguir a una paloma débil en una gran bandada), usando su visión especial que les permite ver a cámara lenta. Su oído es tan fino que pueden concentrarse en 1 m^2 de tierra y aislarse de los sonidos periféricos.

Casi todas las rapaces del centro han sufrido algún tipo de accidente en las carreteras croatas. Otras amenazas para estas magníficas aves son el envenenamiento, la caza y el uso de pesticidas. Todas las aves pueden volar libres durante una hora al día y la gran mayoría se vuelven a soltar en la naturaleza cuando están recuperadas.

El Centro Sokolarski está a unos 7 km de Šibenik y no es accesible en transporte público. Para llegar hay que tomar la carretera del Parque Nacional de Krka, girar hacia el este en Bilice y seguir las señales.

MERECE LA PENA

EXCURSIONES DESDE ŠIBENIK

Šibenik está bien conectada mediante *ferries* a varias islas pequeñas que se pueden explorar en una excursión de un día (aunque también se puede dormir en una isla, si se desea). También destaca Primošten, en tierra firme, con mucho la población más atractiva de los alrededores de Šibenik; está unos 20 km al sur del centro de Šibenik. Este pequeño y cuidado pueblo de calles medievales está dominado por un gran campanario y se extiende a lo largo de una península. Al otro lado de la bahía hay otra península con grandes pinares, rodeada de playas de guijarros. Los hoteles son discretos y no atentan contra el paisaje.

Zlarin está a solo 30 minutos en barco de Šibenik y es conocida por el coral que antes abundaba y que desapareció cuando empezaron a extraerlo para venderlo para la industria de joyería. Como no se permiten automóviles en la isla, constituye un tranquilo refugio para escapar de Šibenik. Ofrece una playa de arena, pinares y un amplio puerto.

A solo 15 minutos de Zlarin, Prvić alberga dos poblaciones, Prvić Luka y Šepurine (otros 10 min en el *ferry*), que conservan el ambiente de los típicos pueblos de pescadores.

La isla de Murter está 29 km al noroeste de Šibenik, separada del continente por un estrecho canal. Su escarpada costa suroccidental está llena de pequeñas calas, entre las que destaca Slanica, perfecta para bañarse. El pueblo de Murter está al noroeste; tiene un buen puerto y una playa regular. Para más información hay que contactar con la oficina de turismo (⌕434 995; www.tzo-murter.hr; Rudina bb; ⊙7.30-21.30 med jun-med sep, 8.00-12.00 med sep-med jun).

Aunque el pueblo de Murter no es muy interesante, constituye una excelente base para explorar las islas Kornati. Si se contrata una excursión a estas islas en Murter, se verá más del archipiélago que si se hace desde Šibenik o Zadar, pues Murter está mucho más cerca. Coronata (⌕435 933; www.coronata.hr; Žrtava Ratova 17) es una de las varias agencias que organizan excursiones de un día a las islas Kornati (adultos/reducida 250/125 HRK) desde Murter.

Si el viajero se quiere alojar en una de las islas Kornati, KornatTurist (⌕435 854; www.kornatturist.hr; Hrvatskih Vladara 2, Murter) organiza alojamiento en casas particulares; las pequeñas cuestan un mínimo de unas 4763 HRK por semana, incluido el trayecto en barco, un servicio de reparto dos veces por semana, gas para la iluminación y la entrada del Parque Nacional de las Kornati. También se puede alquilar una lancha motora por 1465 HRK por semana.

---

se usaban para almacenar alfombras y tejidos. El tramo río abajo de Skradinski Buk es menos interesante, pues en 1904 se construyó aquí la central eléctrica de Jaruga. Se necesita alrededor de 1 hora para explorar Skradinski Buk y ver las cascadas. No hay que olvidar el traje de baño, pues en el lago inferior está permitido bañarse, aunque en verano está totalmente abarrotado.

Dónde dormir y comer

A lo largo del puerto hay restaurantes y tiendas. Skradinski Buk alberga restaurantes económicos y varios lugares para tomar un tentempié. También hay un hotel en Skradin.

Hotel Skradinski Buk HOTEL €€
(⌕771 771; www.skradinskibuk.hr; Burinovac bb, Skradin; i/d 417/652 HRK; P ❄ @) Un hotel moderno con 29 habitaciones renovadas pero algo pequeñas, todas con escritorio, televisión por satélite y acceso a Internet. Hay un buen restaurante abajo, con una terraza cubierta, que sirve carnes a la parrilla y algunos platos típicos de Dalmacia.

❶ Información

La **oficina de turismo** (⌕771 306; www.skradin.hr, en croata; Trg Male Gospe 3; ⊙8.00-21.00 jul y ago, 9.00-13.00 y 16.00-18.00 sep-jun) de Skradin está frente al puerto y pone a los turistas en contacto con alojamientos en casas particulares. La **oficina del Parque Nacional de Krka** (⌕217 720; www.npkrka.hr; Trg Ivana Pavla II, Skradin; ⊙9.00-17.00 lu-vi) ofrece buenos mapas e información y puede organizar excursiones.

La **entrada al parque** (adultos/reducida jul y ago 95/70 HRK, abr-jun, sep y oct 80/60 HRK, nov-mar 30/20 HRK) se paga en Skradin. La entrada incluye el trayecto en barco o autobús a Skradinski Buk.

ⓘ Cómo llegar y desplazarse

Varias agencias organizan excursiones a las cascadas que salen de Šibenik, Zadar y otras ciudades, pero no resulta difícil visitar las cascadas por cuenta propia.

Siete autobuses diarios (menos en invierno) salen de Šibenik y realizan el trayecto de 30 minutos hasta Skradin. El autobús deja a los pasajeros en el exterior del casco antiguo de Skradin. Aquí se paga la entrada al parque, gracias a la cual se puede subir a un barco para visitar Skradinski Buk. Si se toma uno de los cinco autobuses diarios a Lozovac, allí se puede subir a otro que va a Skradinski Buk (también incluido en la entrada del parque), pero en ese caso se pierde el trayecto en barco que cruza el cañón y que se puede disfrutar si se sale desde Skradin.

Desde Skradinski Buk salen tres barcos diarios de marzo a noviembre con destino a Visovac (adultos/reducida 100/55 HRK) y Roški Slap (130/65 HRK). Desde Roški Slap zarpa un buque al monasterio de Krka (100/55 HRK), pero solo de abril a octubre.

Los grupos organizados pueden visitar el parque en otras épocas del año.

Islas Kornati

Archipiélago compuesto por 147 islas, islotes y arrecifes principalmente deshabitados, algunos de los cuales forman parte de un parque nacional. Las Kornati abarcan 69 km² y son el archipiélago más grande y compacto del mar Adriático. El terreno es típicamente kárstico, lleno de grietas, cuevas, grutas y escarpados acantilados. Como no disponen de fuentes de agua dulce, las islas son sobre todo áridas, a veces con una ligera capa de hierba. Hace tiempo que los árboles de hoja perenne y las encinas que solían encontrarse aquí quedaron reduci-

---

MERECE LA PENA

KNIN Y EL INTERIOR

El interior de la región de Šibenik-Knin abarca parte de la frontera militar (Vojna Krajina) creada por los austriacos en el s. xvi para protegerse de los turcos. En esta zona se asentaron valacos y morlacos que pertenecían a la Iglesia ortodoxa, por lo que aquí se desarrolló una gran población serbia. Cuando Croacia se declaró independiente en 1990, los serbios de Krajina, con la ayuda militar de Belgrado, fundaron su propio Estado y convirtieron a Knin en su capital. Cuando Croacia recuperó el territorio en 1995, expulsaron prácticamente a toda la población serbia, dejando atrás un paisaje desolador de edificios destruidos y pueblos en ruinas. Aunque los daños físicos ya se han reparado, la economía está destrozada y pocos serbios se han animado a regresar. Por tanto, muchas de las pequeñas poblaciones del interior, antes prósperas, siguen estando poco pobladas.

Situada en un lugar conflictivo en la frontera entre Dalmacia y Bosnia, Knin fue un importante centro comercial en la Edad Media, pues se encontraba en el cruce de los caminos que se extendían entre Eslavonia, Bosnia y la costa dálmata. Cuando Croacia fue gobernada por reyes croatas en el s. x, Knin era la capital. Conscientes de su vulnerabilidad, erigieron la impresionante fortaleza que sigue dominando la población desde la abrupta colina de Spas. Cuando los reyes croatas cayeron, Knin fue saqueado por una serie de invasores hasta que los otomanos la ocuparon en 1522. Más tarde, Venecia la tomó, seguida de Austria, Francia y, por último, de nuevo Austria.

La enorme bandera croata en lo alto de la fortaleza tiene más que ver con los últimos acontecimientos que con la historia medieval, aunque la economía de la localidad se derrumbó debido a la expulsión de los serbios en 1995. Se puede subir a la fortaleza parcialmente restaurada para disfrutar de las vistas de las montañas hacia Bosnia y Herzegovina; también hay un café.

Si el viajero visita la localidad en junio, verá la mejor cara de Knin el día 13, día del santo patrón. En esta fecha hay cantidad de acontecimientos religiosos, deportivos y musicales. Para más información sobre la localidad hay que pasarse por la **oficina de turismo** (☏022-664 822; www.tz-knin.hr; Tuđmana 24). El **Hotel Mihovil** (☏022-664 444; www.zivkovic.hr, en croata; Vrpolje bb; h 220 HRK) tiene unos dueños muy simpáticos, habitaciones sencillas y buena comida; está 3 km al norte de la población.

dos a cenizas. En lugar de despojar a las islas de su belleza natural, la deforestación ha resaltado sorprendentes formaciones rocosas cuya blancura marcada contra el azul marino del Adriático constituye una visión maravillosa y extraña.

Puntos de interés

Las islas Kornati están divididas en cuatro grupos que se extienden de noroeste a sureste. Los dos primeros grupos de islas están más cerca de tierra firme y se conocen en la zona como Gornji Kornat. La isla más grande y recortada es Žut.

Los otros dos grupos de islas, frente al mar abierto, forman parte del Parque Nacional de las Kornati y son las más espectaculares y recortadas. La isla Kornat es, con mucho, la más grande del parque, con 25 km de largo pero solo 2,5 km de ancho. Tanto la tierra como el mar están protegidos por el parque nacional. La pesca se limita estrictamente para permitir la regeneración de los bancos de peces. Los meros, lubinas, congrios, pargos, lucios, sepias, calamares y pulpos son algunos de los animales marinos que se están intentando recuperar en la región.

La isla de Piškera, también en el interior del Parque Nacional de las Kornati, estuvo habitada durante la Edad Media y se utilizó como punto de almacenamiento de pescado. Hasta el s. XIX, las islas fueron propiedad de la aristocracia de Zadar, pero hace alrededor de un siglo, unos campesinos antepasados de los actuales residentes de Murter y Dugi Otok las compraron, construyeron kilómetros de muros de piedra para dividir las propiedades y usaron la tierra para criar ovejas.

Hoy siguen siendo propiedad privada: el 90% de los terrenos son de residentes de Murter y el resto pertenece a residentes de Dugi Otok. Aunque ya no hay ningún habitante permanente, muchos propietarios tienen casitas y campos que visitan de vez en cuando para mantenerlas en buen estado; también hay casas para alquilar (véase p. 201). Los olivos ocupan aproximadamente el 80% de las tierras de cultivo, seguidos de viñedos y huertos frutales y de verduras. Hay unos trescientos edificios en las islas Kornati, principalmente agrupados en la costa suroccidental de Kornat.

Información

La **oficina del Parque Nacional de Kornati** (434 662; www.kornati.hr; Butina 2; 8.30-17.00 lu-vi), situada en Murter, está bien surtida de información. Los precios de la entrada dependen de la embarcación; una barca pequeña cuesta 150 HRK por día si se paga con antelación. Los permisos de pesca y de submarinismo cuestan 150 HRK por persona y día.

Cómo llegar y salir

No hay *ferries* entre las Kornati y otras islas o tierra firme. A menos que se disponga de embarcación propia, habrá que contratar una excursión en Zadar, Sali, Šibenik, Split u otra ciudad costera o conseguir alojamiento en casas particulares de Murter (véase p. 201).

El mayor puerto deportivo está en la isla de Piškera, en la parte meridional del estrecho, entre Piškera y Lavsa. Hay otro puerto deportivo grande en Žut y varias calas pequeñas donde se puede atracar por todas las islas.

Split y Dalmacia central

021

Sumario »

Split	205
Trogir	224
Makarska	229
Brela	231
Isla de Brač	232
Supetar	233
Bol	234
Isla de Hvar	238
Ciudad de Hvar	239
Stari Grad	243
Isla de Vis	245
Ciudad de Vis	246
Komiža	248

Los mejores restaurantes

» Pojoda (p. 247)
» Konoba Trattoria Bajamont (p. 217)
» Zlatna Školjka (p. 242)
» Konoba Jastožera (p. 249)

Los mejores alojamientos

» Hotel Vestibul Palace (p. 215)
» Hotel Peristil (p. 215)
» Bračka Perla (p. 233)
» San Giorgio (p. 247)

Por qué ir

Dalmacia Central es la zona que ofrece más variedad, puntos de interés y diversión de Croacia, con lindas islas, apacibles puertos, montes, decenas de castillos y un incipiente panorama gastronómico, por no hablar del Palacio de Diocleciano de Split y la medieval Trogir (ambos declarados Patrimonio Mundial).

Compiten por la atención del visitante ruinas romanas, una animada ciudad de sabor mediterráneo y la isla adriática más glamurosa, con sitios chic donde comer, beber vino e ir de fiesta. No hay que olvidar las seductoras playas de arena y las apartadas calas de guijarros de todas las islas, ni los estupendos rincones nudistas. Hasta el visitante más exigente se prendará de esta parte de Croacia, cuya costa tiene como telón de fondo los escarpados Alpes Dináricos de 1550 m de altura.

Lo mejor de todo: en Dalmacia siempre hace más calor que en Istria o el golfo de Kvarner. El Adriático está para bañarse desde mediados de mayo hasta finales de septiembre.

Cuándo ir

Split

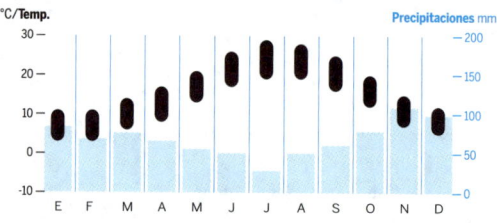

Mayo Con sol y el mar lo bastante templado para bañarse, hay que adelantarse a las masas.

Julio y agosto Profusión de festivales, mucha marcha por doquier y un tiempo fantástico.

Septiembre El gentío estival se ha ido, el mar está templado y los precios son más bajos.

SPLIT

188 694 HAB.

Spalato en italiano, es la segunda ciudad mayor de Croacia y un buen lugar para ver cómo es la vida dálmata real; tiene la proporción perfecta de tradición y modernidad. Al entrar al Palacio de Diocleciano (barrio declarado Patrimonio Mundial y uno de los monumentos romanos más impresionantes del mundo) se verán decenas de bares, restaurantes y tiendas entre las antiguas murallas donde durante milenios ha transcurrido la vida de la ciudad. Por su marco incomparable y su exuberante naturaleza, Split es una de las ciudades más deliciosas de Europa. Las espectaculares montañas costeras son el telón de fondo perfecto para el turquesa del Adriático, y su precioso paisaje urbano se aprecia mejor al llegar o zarpar en *ferry*.

Pese a ser considerada básicamente como nudo de transportes para las islas cercanas, que también lo es, Split se ha embellecido al renovar la antigua Riva (ribera) y sustituir el cemento del paseo por mármol. La nueva Riva es preciosa, aunque no todos los lugareños aprueben el cambio. Ante la creciente demanda turística, se presiona al Gobierno municipal para que amplíe la red de transportes urbanos y se dice que en breve la estación de autobuses (ahora muy a mano) se trasladará a las afueras para dejar sitio a la expansión del puerto y los hoteles de lujo.

Historia

Split entró en la historia cuando el emperador romano Diocleciano (245-313 d.C.), célebre por perseguir a los primeros cristianos, construyó aquí su palacio de retiro entre el año 295 y el 305. A su muerte, el gran palacio de piedra siguió siendo solaz de gobernantes romanos. Cuando en el s. VII se abandonó la cercana colonia de Salona (la actual Solin), muchos de sus habitantes romanizados se refugiaron entre los altos muros del complejo palaciego de Split, donde hasta hoy viven sus descendientes.

Aunque el Imperio bizantino y más tarde Croacia controlaron la zona, en los ss. XII-XIV la ciudad medieval gozó de una gran autonomía que favoreció su desarrollo. La parte oeste del casco viejo, por Narodni trg, que data de esta época, se convirtió en el centro de la vida municipal, mientras que la zona intramuros siguió siendo el centro eclesiástico.

Los venecianos conquistaron Split en 1420, y ahí empezó su lento declive. Durante el s. XVII se erigieron imponentes murallas para proteger a la ciudad de los otomanos. En 1797 llegaron los austriacos, que se quedaron hasta 1918 salvo el breve lapso de las guerras napoleónicas.

◉ Puntos de interés

En Split el mejor punto de referencia es Obala Hrvatskog Narodnog Preporoda, la llamada Riva (ribera o paseo marítimo). Casi todos los hoteles grandes y los mejores restaurantes, la vida nocturna y las playas se hallan al este del puerto, por las bahías de Bačvice, Firule, Zenta y Trstenik. Domina la punta oeste de Split el Marjan, boscoso cerro con numerosas playas a sus pies.

Palacio de Diocleciano BARRIO ANTIGUO
(plano p. 210) Frente al puerto, es una de las ruinas romanas más imponentes que existen y el lugar donde el visitante pasará la mayor parte del tiempo. Pero no se trata de un palacio ni de un museo: es el corazón palpitante de la ciudad, un laberinto lleno de gente, bares, tiendas y restaurantes. Sus estrechas calles ocultan callejones y patios, algunas desiertas e inquietantes, otras con música atronadora, bares y cafés, mientras los vecinos tienden la ropa en las ventanas, los chavales juegan al fútbol entre los antiguos muros y las abuelas se asoman al balcón para mirar qué pasa abajo.

Aunque la estructura original se modificó en la Edad Media, esas alteraciones solo aumentaron su atractivo. Se tardaron diez años en construir el complejo, de lustrosa piedra blanca de la isla de Brač. Diocleciano no reparó en gastos e importó mármol de Italia y Grecia, y columnas y esfinges de Egipto. Fortaleza militar, residencia imperial y ciudad fortificada, el palacio mide 215 m de este a oeste (incluidas las torres angulares) y 181 m de ancho en su punto más meridional. La muralla alcanza 26 m en su punto más alto, y el complejo total ocupa 31 000 m².

Cada tramo de muralla tiene una puerta con nombre de metal: al norte está la **puerta de Oro;** al sur, la **puerta de Bronce;** al este, la **puerta de Plata;** y al oeste, la **puerta de Hierro.** Entre las puertas este y oeste discurre una calle recta (Krešimirova; también llamada Decumanus) que separa la parte sur, donde está la residencia imperial con sus salones y templos, de la parte norte, antaño destinada a soldados y sirvientes.

Lo más destacado

① **Descubrir el viejo corazón de Split en el Palacio de Diocleciano** (p. 205), barrio bullicioso de día y de noche.

② **Saborear la gastronomía y las bellas playas de Vis** (p. 245), la isla más apartada de Croacia.

③ **Tumbarse en la playa más sensual del país, Zlatni Rat** (p. 235), en Bol.

④ **Disfrutar del *glamour* y la marcha en los bares del puerto de Hvar** (p. 239).

⑤ **Subir andando el espectacular monte Biokovo** (p. 230) y ver Italia desde su cumbre.

⑥ **Admirar la bien conservada arquitectura antigua del diminuto Trogir** (p. 224), perla del Patrimonio Mundial de Dalmacia central.

⑦ **Explorar el maravilloso interior de la isla de Hvar** (p. 238), con un sinfín de campos de lavanda, extensas vistas marinas y aldeas abandonadas.

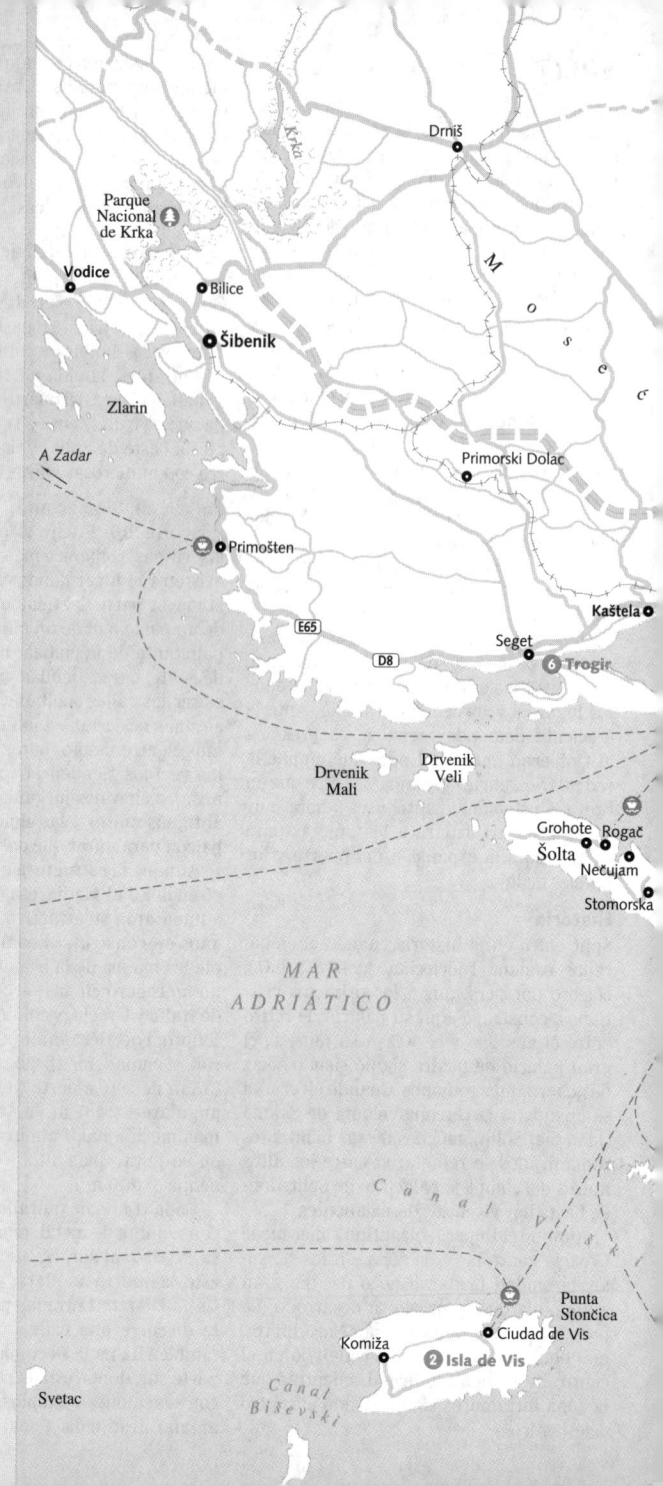

0
20 km
Vrlika
Lago Perućko
Svilaja
Dinara
E71
1
Cetina
Šuica
Livno
BOSNIA Y HERZEGOVINA
Glavice
Sinj
Otok
Brnaze
Stipanići
Buško Jezero
Trilj
Aržano
Raško Polje
Kozjak
Dugopolje
Sućurac
Solin
V Kabal (1339m)
60
SPLIT 1
Stobreč
Podstrana
Lovreć
Postranje
Jesenice
Dugi Rat
Omiš
Canal Splitski
E65
D8
Canal Brački
Zagvozd
Biokovo
5 Mt Biokovo
Brela
Baška Voda
Supetar
Postira
Škrip
Pučišća
Sv Jure (1762m)
Milna
Brač
Selca
Sumartin
Makarska
Vidova Gora (780m)
Bol 3
Canal Hvarski
Podgora
Ciudad de Hvar 4
Stari Grad
Jelsa
Islas Pakleni
Sv Nikola (628m)
7 Isla de Hvar
Zavala
Sućuraj
Šćedro
Punta Lovišće
Península de Pelješa
Canal Korčulanski
A Korčula (1km)

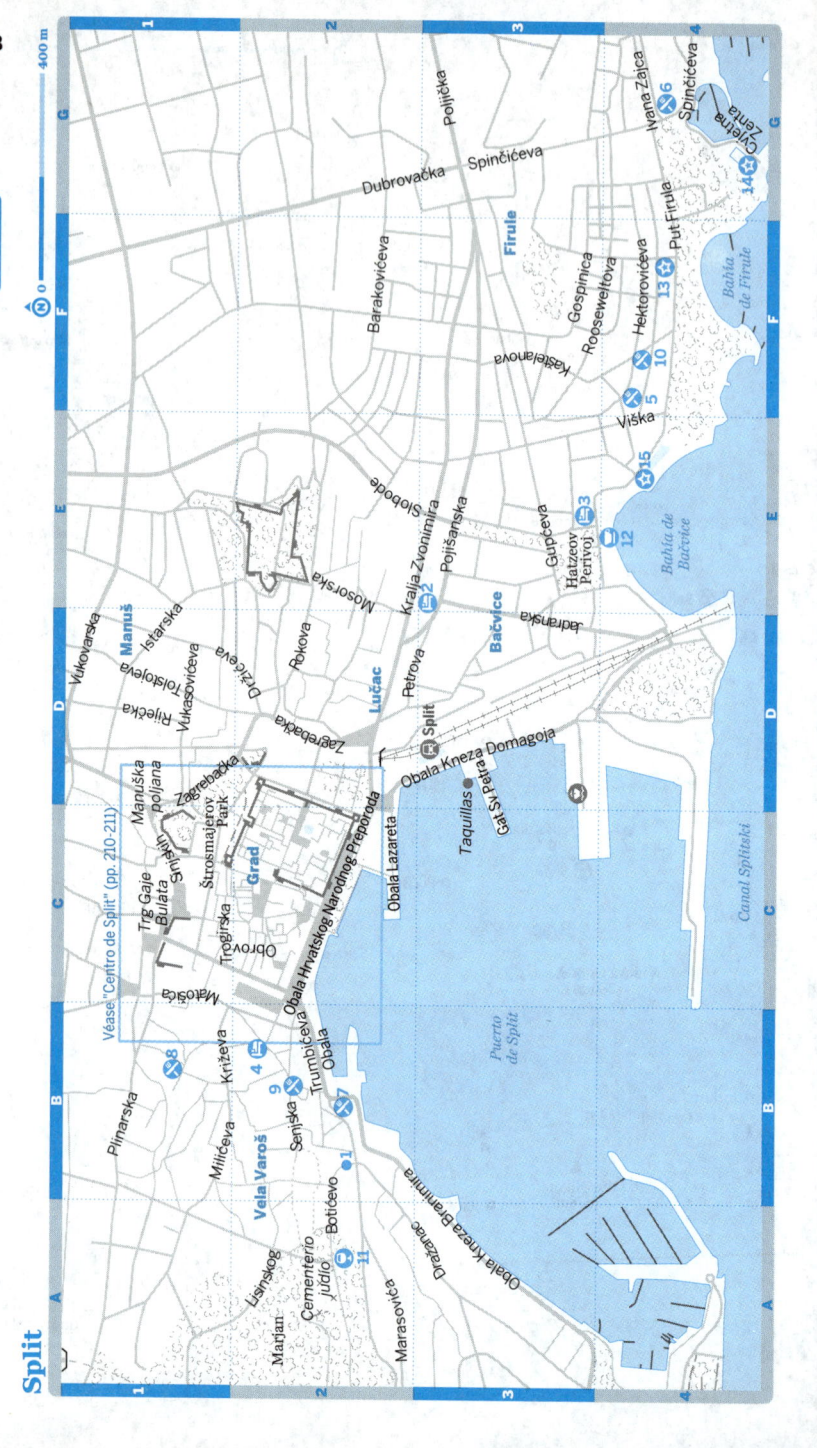

Split

SPLIT Y DALMACIA CENTRAL SPLIT

Split

Actividades, cursos y circuitos
1 Escaleras al monte Marjan B2

Dónde dormir
2 Dalmatian Villas E3
3 Hotel Park E3
4 Villa Varoš B2

Dónde comer
5 Boban F4
Bruna .... (véase 3)
6 Kadena G4
7 Kod Fife B2
8 Makrovega B1
9 Perun B2
10 Pimpinella F4

Dónde beber
11 Vidilica A2
12 Žbirac E4

Ocio
Egoist .... (véase 13)
13 Hedonist F4
Kino Bačvice .... (véase 15)
14 O'Hara G4
15 Tropic Club Equador E4

La puerta de Bronce, al sur, comunicaba la residencia con el mar. Frente a las puertas de Bronce y de Oro destacan dos emblemas de la ciudad: las **esculturas de Meštrović** del literato Marko Marulić y del arzobispo medieval Grgur Ninski.

Dentro del recinto del palacio hay unos doscientos veinte edificios donde viven unas tres mil personas. Al principio y al final de cada calle unos pequeños letreros indican qué hay en ella (bares, cafés, restaurantes, tiendas, museos), facilitando la orientación. Lo mejor que puede hacer el visitante es perderse por el barrio, lo bastante pequeño para que siempre sea fácil encontrar la salida. En cualquier caso, una vez dentro del recinto hay que olvidarse de los nombres de las calles.

Para no perderse nada lo mejor es seguir el circuito a pie de p. 214.

Museo de la Ciudad MUSEO
(Muzej Grada Splita; plano p. 210; www.mgst.net; Papalićeva 1; adultos/reducida 10/5 HRK; ☉9.00-21.00 ma-vi, 9.00-16.00 sa-lu jun-sep, 10.00-17.00 ma-vi, 10.00-13.00 sa-lu oct-may) Construido por Juraj Dalmatinac para uno de los muchos nobles que vivían en el recinto de Diocleciano en la Edad Media, el palacio Papalić es un bello ejemplo de gótico tardío, cuya puerta de elaborada talla proclamaba la importancia de sus dueños. El interior se ha renovado por completo para albergar un museo de tres pisos, con dibujos, escudos heráldicos, armas del s. XVII, bello mobiliario, monedas y documentos que se remontan al s. XIV. Aunque las leyendas están en croata, paneles en diversos idiomas explican el marco histórico de las exposiciones.

Catedral de San Domnion CATEDRAL
(Katedrala Svetog Duje; plano p. 210; Kraj Svetog Duje 5; gratis; ☉ 8.00-20.00 lu-sa, 12.30-18.30 do jun-sep) Construida como mausoleo de Diocleciano, conserva casi sin cambios la planta octogonal original, delimitada por 24 columnas. El interior circular con cúpula tiene dos filas de columnas corintias y un friso que muestra al emperador y su esposa, Prisca. Lo más antiguo de la catedral son las escenas de la vida de Cristo talladas en las puertas de madera de la entrada. Son 28 paneles (14 por cada lado) realizados en el s. XIII por Andrija Buvina, cuyo estilo recuerda las miniaturas románicas.

Hay que ver el altar derecho esculpido por Bonino da Milano en 1427 y, sobre el mismo, la bóveda decorada con murales de Dujam Vušković. A la izquierda está el altar de San Anastasio (Sveti Staš; 1448) obra de Dalmatinac, cuyo relieve de la *Flagelación de Cristo* se considera uno de los mejores trabajos escultóricos de su época en Dalmacia.

En el coro, la sillería románica del s. XIII es la más antigua de la región. Hay que pasar el altar y seguir las indicaciones para llegar al **tesoro** (entrada 10 HRK), con profusión de relicarios, iconos, paramentos sacerdotales, manuscritos miniados y documentos en escritura glagolítica.

Parte del mismo edificio, el **campanario** (entrada 10 HRK) románico se erigió en los ss. XII-XVI y tras su derrumbe se reconstruyó en 1906. Destacan los dos leones al pie del campanario y la esfinge egipcia de granito negro del s. XV en la pared derecha. Al sur del mausoleo se hallan los restos de las termas romanas, un edificio con un mosaico y los restos del comedor imperial, en distintos estados de conservación.

Téngase en cuenta que el horario es variable de octubre a mayo.

Templo de Júpiter TEMPLO
(plano p. 210; entrada 5 HRK; ☉ 8.00-20.00 jun-sep) La esfinge acéfala de granito negro que guarda la entrada se trajo de Egipto en el

Centro de Split

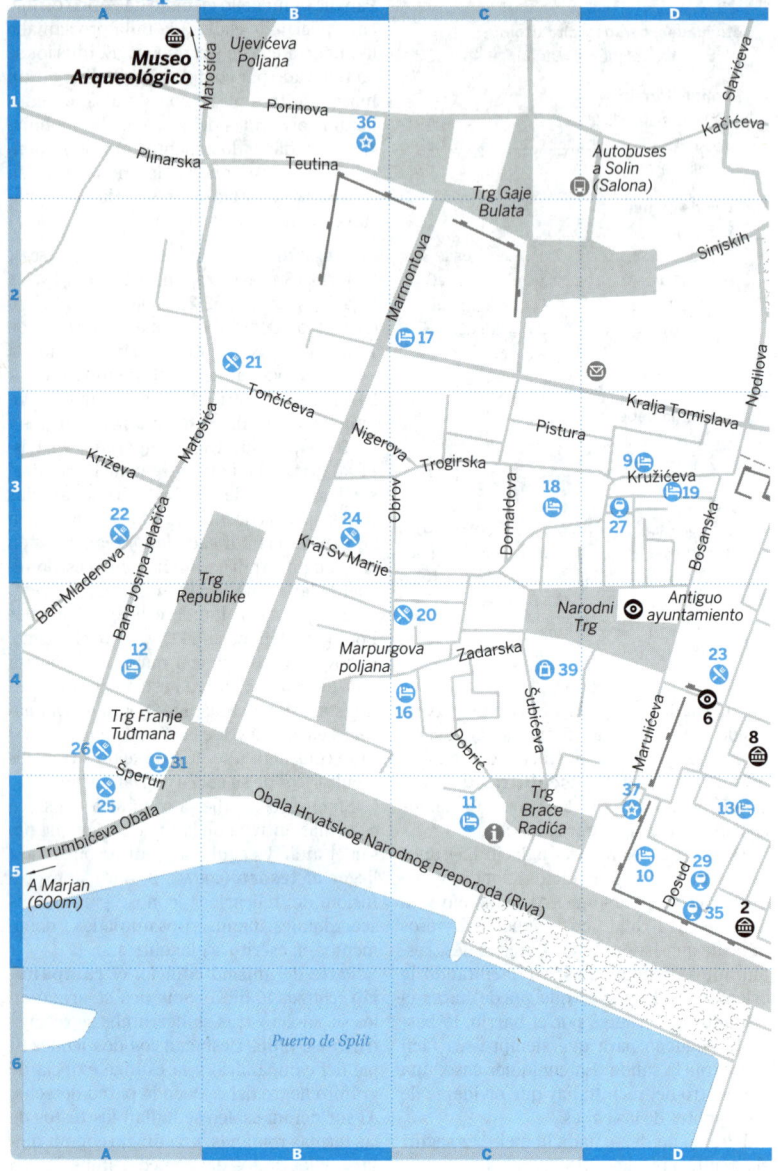

s. v, cuando se construía el templo. Este tenía un pórtico sustentado por columnas de las que solo queda una. Las paredes del templo sustentan una bóveda de cañón y están decoradas con un friso. Bajo el templo hay una cripta, antaño utilizada como iglesia.

Museo Etnográfico MUSEO
(EtnografskiMuzej; plano p. 210; www.etnografski-muzej-split.hr, en croata; Severova 1; adultos/reducida 10/5 HRK; ⊙ 9.00-21.00 lu-vi, 13.00 sa jun-med sep, 9.00-15.00 lu-vi, 13.00 sa finales sep-may) En dos plantas y un ático alberga

medieval y subir la reconstruida escalera romana que lleva a la terraza renacentista en el borde sur del vestíbulo. Las vistas desde ella son razón suficiente para visitar el museo.

Salas del sótano
EDIFICIO HISTÓRICO

(plano p. 210; adultos/reducida 25/10 HRK; ◎ 9.00-21.00 jun-sep, 20.00 lu-sa, 18.00 do oct, abr y may, 9.00-18.00 lu-sa, 14.00 resto del año) Aunque en su mayor parte vacías, salvo por alguna que otra muestra, las salas y corredores que hay bajo el Palacio de Diocleciano exudan una inquietante intemporalidad que bien vale el precio de la entrada. El sótano, con puestos de recuerdos y artesanías, se abren a la puerta sur.

Gregorio de Nin
ESTATUA

(plano p. 210; Grgur Ninski) Este arzobispo croata del s. x luchó por el derecho a usar el antiguo croata en la liturgia. Su impresionante escultura obra de Ivan Meštrović es uno de los emblemas de Split. Se verá que tiene el dedo gordo del pie izquierdo reluciente; se dice que frotarlo trae suerte y garantiza el regreso a Split.

Museo Arqueológico
MUSEO

(Arheološki Muzej; www.armus.hr; Zrinsko-Frankopanska 25; adultos/reducida 20/10 HRK; ◎ 9.00-14.00 y 16.00-20.00 lu-sa jun-sep, 9.00-14.00 y 16.00-20.00 lu-vi, 9.00-14.00 sa oct-may) Al norte del centro urbano, vale la pena darse un tranquilo paseo de 10 minutos para verlo. Se centra en el período romano y paleocristiano, con secciones dedicadas a la escultura funeraria y a las excavaciones de Salona. La escultura es de gran calidad, y hay interesantes relieves basados en figuras míticas ilirias. También tiene joyas, cerámica y monedas.

Galería de Bellas Artes
MUSEO

(Galerija Umjetnina Split; plano p. 210; www.galum.hr; Kralja Tomislava 15; adultos/reducida 20/10 HRK; ◎ 11.00-19.00 ma-sa, 10.00-13.00 do jun-sep, 11.00-19.00 ma-vi, 10.00-13.00 sa y do oct-may) Tras una larga reforma, abrió en el 2009 en el edificio que fuera el primer hospital de la ciudad. Sus cerca de cuatrocientas obras abarcan un período de casi setecientos años. Arriba se halla la colección permanente, sobre todo de pintura y algo de escultura, un recorrido cronológico desde los maestros antiguos hasta el arte moderno croata de artistas como Vlaho Bukovac e Ignjat Job. Las exposiciones temporales de la planta baja cambian cada

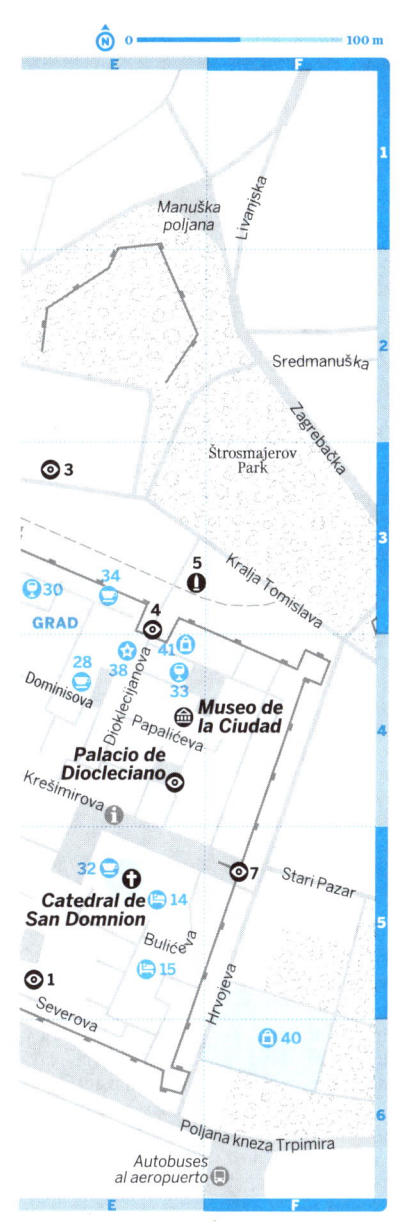

una colección de limitado interés de fotos de la antigua Split, trajes tradicionales y objetos de ciudadanos destacados. La planta baja se destina a exposiciones temporales. Los letreros están en croata. Hay que deambular por este palacio alto-

Centro de Split

Los mejores puntos de interés
Museo Arqueológico A1
Catedral de San Domnion E5
Palacio de Diocleciano E4
Museo de la Ciudad E4

Puntos de interés
1 Sótanos E5
  Puerta de Bronce .... (véase 1)
  Palacio de Diocleciano, entrada (véase 1)
2 Museo Etnográfico D5
3 Galería de Bellas Artes E3
4 Puerta de Oro E3
5 Gregorio de Nin E3
6 Puerta de Hierro D4
7 Puerta de Plata F5
8 Templo de Júpiter D4

Dónde dormir
9 Al's Place D3
10 B&B Kaštel 1700 .... D5
11 Hotel Adriana C5
12 Hotel Bellevue A4
13 Jupiter D5
14 Hotel Peristil E5
15 Hotel Vestibul Palace E5
16 Marmont Hotel C4
17 Silver Central Hostel C2
18 Split Hostel Booze & Snooze C3
19 Split Hostel Fiesta Siesta D3

Dónde comer
20 Art & Čok C4

21 Galija B2
22 Konoba Hvaranin A3
23 Konoba Trattoria Bajamont D4
24 Noštromo B3
25 Šperun A5
26 Šperun Deva A4

Dónde beber
27 Bifora D3
28 Galerija E4
29 Ghetto Club D5
30 Le Petit Paris E3
31 Libar A4
32 Luxor E5
  Mosquito .... (véase 28)
  Porta .... (véase 34)
33 Red Room E4
34 Teak E3
35 Tri Volta D5

Ocio
36 Teatro Nacional Croata B1
37 Fluid D5
38 Kinoteka Zlatna Vrata E4
  Puls .... (véase 37)

De compras
  Sótanos de Diocleciano .... (véase 1)
39 Izvorno C4
40 Mercado F6
41 Zlatna Vrata E4

pocos meses. El agradable café tiene una terraza que da al palacio.

Galería Meštrović GALERÍA DE ARTE
(Galerija Meštrović; Šetalište Ivana Meštrovića 46; adultos/reducida 30/15 HRK; ◉ 9.00-19.00 ma-do may-sep, 9.00-16.00 ma-sa, 10.00-15.00 do oct-abr). Muestra una amplia y bien dispuesta colección de obras de Ivan Meštrović, principal escultor moderno de Croacia. Construyó la galería como residencia personal entre 1931 y 1939; pensaba retirarse aquí, pero emigró a EE UU al acabar la Segunda Guerra Mundial. Hay que ver la cercana **Kaštelet** (Šetalište Ivana Meštrovića 39; misma entrada y horario que la Galería Meštrović), fortaleza que Meštrović compró y restauró para albergar sus impactantes bajorrelieves en madera de la vida de Cristo.

Actividades

Bačvice PLAYA
En verano la vida playera da un aire despreocupado a Split. **Bačvice** es la playa más concurrida, con Bandera Azul de calidad ambiental. En esta animada playa de guijarros, buena para la **natación,** se juega mucho al *picigin* (véase p. 216); tiene duchas y vestuarios en ambos extremos. En verano también se va a Bačvice de noche, pues es una zona de bares y clubes.

Marjan RESERVA NATURAL
Para pasar una tarde lejos del ajetreo urbano lo ideal es ir al monte Marjan (178 m), pulmón verde de la ciudad. Esta accidentada reserva natural ofrece **sendas** por fragantes pinares, **miradores** panorámicos y **capillas** antiguas. Hay varias maneras de ir. Una es subir andando desde la Gale-

ría Meštrović. Se toma por Tonća Petrasova Marovića en el lado oeste de la galería y se sigue recto subiendo la escalera hasta Put Meja. Se gira a la izquierda y se camina hacia el oeste hasta Put Meja 76; el sendero empieza en el flanco oeste de este edificio. Otra es empezar más cerca del centro, desde la escalera (Marjanske Skale) de Varoš, detrás de la iglesia de Sveti Frane. Es una suave subida por viejos escalones de piedra y una pintoresca caminata de 10 minutos hasta el café Vidilica en lo alto. Desde aquí, junto al viejo cementerio judío, se puede seguir el sendero marcado, parando de camino a ver las capillas, hasta la **cala de Kašjuni**, más tranquila que la animada Bačvice.

Paseo marítimo de Marjan PASEO
Otro estupenda caminata con chapuzón final consiste en seguir el paseo marítimo de Marjan. Se entra en el puerto deportivo ACI, en el barrio de Meje, se sigue hasta la península de Sustipan, en la punta suroeste del puerto de Split, se pasa el complejo de piscinas de Jadran, luego la bahía de Zvončac y se llega hasta Kaštelet. Desde la Riva se tarda unos 25 minutos en hacer este tramo. Desde aquí, se sube a Šetalište Ivana Meštrovića, se pasa la Galería Meštrović y se sigue hacia el oeste otros 20 minutos hasta Kašjuni. Se puede alquilar una bicicleta por 15 HRK la hora en Spinutska Vrata en Marjan.

Circuitos

Atlas Airtours ofrece **excursiones** a las cascadas del Parque Nacional de Krka (390 HRK), Hvar (440 HRK), Plitvice (550 HRK) y Kornati (500 HRK), además de *rafting* en el río Cetina (460 HRK). Para excursiones festivas, el **Split Hostel Booze & Snooze** (342 787; www.splithostel.com) tiene cruceros diarios. El **Silver Central Hostel** (490 805; www.silvercentralhostel.com) ofrece **excursiones en barco** a Brač y Šolta (280 HRK), así como visitas en el día a Krka (315 HRK).

En la ciudad, **Travel 49** (Dioklecijanova 5, www.diocletianpalacetour.com) ofrece un **circuito en bicicleta** (2½ h; 170 HRH) por Split, con salidas diarias de mayo a octubre. Su **circuito a pie** por la ciudad sale del Peristilo (80 HRK, 3 diarios). Las **excursiones en kayak** (220 HRK) diarias parten de la playa de Trstenik y acaban en Stobreč. También alquila bicicletas (100 HRK/12 h o 60 HRK/4 h). Otra agencia con variadas propuestas, como la **excursión del atar-** **decer** a Čiovo en un típico barco pesquero dálmata, es **Lifejacket Adventures** (www.lifejacketadventures.com), que también lleva la lavandería Modrulj.

Hay que preguntar en el hotel si organiza excursiones y actividades.

Fiestas y celebraciones

En Split casi todas tienen lugar en la Riva. La oficina de turismo dará más información sobre todas ellas. De junio a septiembre hay una serie de espectáculos nocturnos en el casco viejo, en general por el Peristilo.

Carnaval CARNAVAL
En febrero, durante 2 días muy divertidos los lugareños se disfrazan y bailan por las calles.

Fiesta de San Domnion FESTIVIDAD RELIGIOSA
También llamada Día de Split, es el 7 de mayo, con mucho canto y baile por toda la ciudad.

Campeonato Mundial de Picigin
EVENTO DEPORTIVO
Desde hace 6 años los lugareños lucen sus habilidades en el *picigin* compitiendo en este divertido evento a principios de junio en Bačvice.

Festival de Música Pop MÚSICA
Cuatro días de música a finales de junio o principios de julio.

Festival de Verano de Split ARTES ESCÉNICAS
(www.splitsko-ljeto.hr) De mediados de junio a mediados de agosto, ofrece ópera, teatro, *ballet* y conciertos al aire libre.

Festival de Jazz de Split MÚSICA
En agosto, el *jazz* suena en varios lugares de la ciudad durante una semana más o menos.

Festival de Cine de Split CINE
(www.splitfilmfestival.hr) A mediados de septiembre, se centra en nuevos filmes internacionales y proyecta muchas cintas de arte y ensayo.

Dónde dormir

Desde hace un par de años Split dispone de más alojamiento económico de calidad, aunque casi se limite a albergues. Una buena alternativa es alojarse en casas particulares; en verano la estación de autobuses se llena de mujeres que ofrecen *sobe* ("habitaciones"). Hay que aclarar dónde está exactamente la casa para no acabar a varios trayectos de autobús del centro. Lo mejor es reservar a través de una agencia

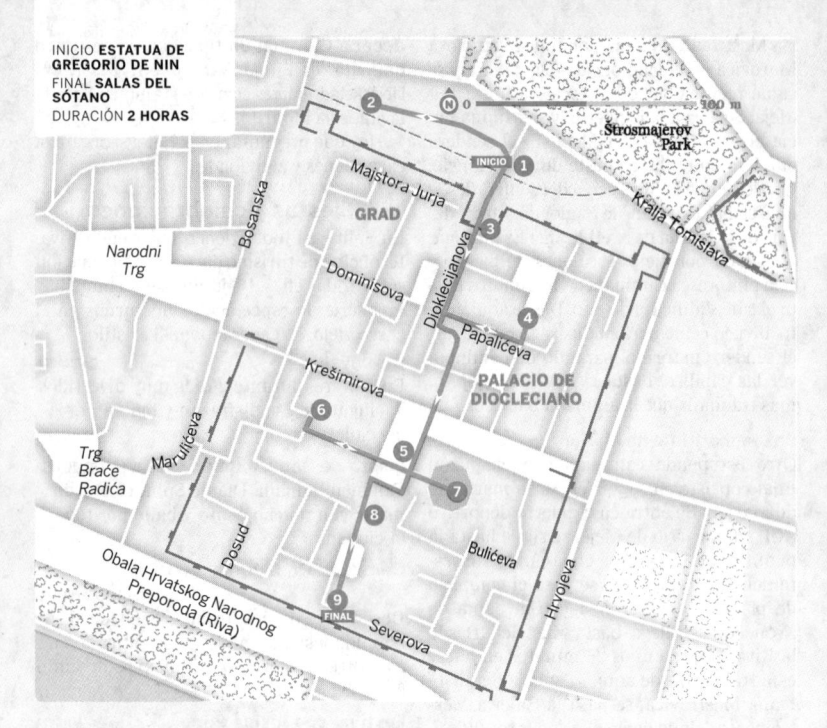

INICIO **ESTATUA DE GREGORIO DE NIN**
FINAL **SALAS DEL SÓTANO**
DURACIÓN **2 HORAS**

Circuito a pie
Palacio de Diocleciano

Se empieza fuera del complejo del palacio, en la imponente estatua de ❶ **Gregorio de Nin** (Grgur Ninski) y se le frota el pulgar para tener suerte. Entre la estatua y la bien conservada torre angular del palacio están los restos de la iglesia prerrománica de San Benito, con la ❷ **capilla de Arnir** (s. xv). A través del cristal protector se ve el altar y sarcófago obra de Juraj Dalmatinac, maestro del primer Renacimiento.

La estatua está fuera de la ❸ **puerta de Oro,** de donde partía el camino a Solin y que ahora muestra fragmentos de las estatuas, columnas y arcos que la ornaban. Se toma a la izquierda por Papalićeva y, en el número 5, se visita el ❹ **palacio Papalić,** con patio, atrio y una escalera exterior.

Se vuelve a Dioklecijanova, se gira a la izquierda y se busca el Peristilo, patio ceremonial de entrada tres escalones por debajo del nivel de la calle. El lado más largo tiene seis columnas de granito, unidas por arcos y decoradas con un friso de piedra. Ocupa el lado sur el ❺ **Protiron,** entrada a la residencia imperial. La plaza tiene un café al aire libre, y las antiguas piedras proporcionan asiento para descansar y ver gente pasar.

Se gira a la derecha (oeste) por la estrecha Kraj Sveti Ivana, que lleva a la antigua zona ceremonial y piadosa del palacio. Aún se ven partes de columnas y algunos fragmentos de los dos templos que flanqueaban estas calles. Al final de la calle se alza el ❻ **templo de Júpiter,** más tarde convertido en baptisterio.

De vuelta al Peristilo, la escalera este lleva a la ❼ **catedral de San Domnion.** Al oeste está la gran escalera que baja a través del Protiron al ❽ **vestíbulo,** parte mejor conservada de los aposentos imperiales. De planta circular, mosaicos y mármol recubrían su cúpula, aunque el centro de la bóveda ha desaparecido. La acústica es tan buena que diversos *klapas* (grupos de canto) cantan aquí a capela por la mañana. A la izquierda está la entrada a las ❾ **salas del sótano** del palacio.

de viajes, aunque la oferta es escasa en pleno casco antiguo.

Una habitación doble costará 200-400 HRK; en las más baratas seguramente se compartirá el baño con el casero. Si se dispone de vehículo propio, hay un sinfín de *pensions* en la carretera principal Split-Dubrovnik, al sur de la ciudad.

Otra opción es **Dalmatian Villas** (plano p. 208; 340 680; www.dalmatinskevile.hr; Kralja Zvonimira 8; d/apt 370/450 HRK), que alquila habitaciones o apartamentos en villas de piedra renovadas en la ciudad vieja. También tiene casitas (350-750 HRK) y villas (2000-3500 HRK) en Brač.

En Split están apareciendo hoteles lujosos. En el verano del 2010 se inauguró el elegante Radisson Blue, con un exclusivo *spa*, y se está edificando un Hilton, también frente al mar. Si se quiere haraganear en un *jacuzzi* o un aromático centro de *wellness* tras haber ganduleado todo el día a orillas del Adriático, Split es lo ideal.

Hotel Vestibul Palace HOTEL €€€
(plano p. 210; 329 329; www.vestibulpalace.com; Iza Vestibula 4; i/d 1200/1950 HRK; ✱@⚡) Este galardonado hotel-*boutique*, el mejor del palacio, tiene siete estilosas habitaciones y suites con muros antiguos vistos, cuero, madera y todas las comodidades de categoría. Hay aparcamiento por 100 HRK al día. Su cercano anexo, Villa Dobrić, ofrece cuatro habitaciones dobles.

Hotel Peristil HOTEL €€€
(plano p. 210; 329 070; www.hotelperistil.com; Poljana Kraljice Jelene 5; i/d 900/1200 HRK; ✱@⚡) En el Palacio de Diocleciano, este lindo hotel da al Peristilo. El personal es amable y las 12 habitaciones, magníficas: suelos de madera noble, detalles de anticuario y buenas vistas, aunque baños algo pequeños. La 304 tiene incluso un nicho con un trozo del antiguo muro del palacio a la vista y da al Peristilo.

Marmont Hotel HOTEL €€€
(plano p. 210; 308 060; www.marmonthotel.com; Zadarska 13; i/d 1298/1828 HRK; ✱@⚡) Estiloso hotel-*boutique* de 21 habitaciones recién abierto, con mucho mármol, piedra a la vista, claraboyas y suelos de maderas nobles. La terraza del segundo piso tiene estupendas vistas de tejados. Las habitaciones son amplias y contemporáneas, con mobiliario de nogal oscuro, suelo de roble y lujosos baños. La suite presidencial es fenomenal por solo 13 100 HRK.

Hotel Park HOTEL €€€
(plano p. 208; 406 400; www.hotelpark-split.hr; Hatzeov Perivoj 3; i/d 950/1376 HRK; P✱⚡) El más antiguo de Split (1921), muy apreciado por su ubicación (detrás de Bačvice), su magnífica terraza bordeada de palmeras y sus asombrosos desayunos de bufé. Las habitaciones no son grandes pero sí cómodas, con lindas vistas al mar. Su restaurante, Bruna, está muy cotizado para cenar a lo grande. Se habla de un cierre temporal por renovación.

Hotel Bellevue HOTEL €€€
(plano p. 210; 345 644; www.hotel-bellevue-split.hr; Bana Josipa Jelačića 2; i/d 620/850 HRK; P@) Aunque este clásico de toda la vida con recepción en el segundo piso ha visto mejores tiempos, sigue siendo uno de los hoteles con más encanto de la ciudad: lujoso papel pintado, madera marrón oscuro, vaporosas cortinas de gasa y habitaciones desvaídas pero cuidadas, algunas con vistas al mar.

Villa Varoš PENSIÓN €€
(plano p. 208; 483 469; www.villavaros.hr; Miljenka Smoje 1; d/ste 500/800 HRK; ✱⚡) Split tiene ahora buenos alojamientos de precio medio como este, propiedad de un croata neoyorquino. Céntrico, ofrece sencillas habitaciones luminosas y amplias; el apartamento es estupendo, con cocina bien equipada, *jacuzzi* y una pequeña terraza.

Hotel Adriana HOTEL €€€
(plano p. 210; 340 000; www.hotel-adriana.com; Obala Hrvatskog Narodnog Preporoda 8; i/d 700/1000 HRK; ✱⚡) Excelente ubicación y buena relación calidad-precio. Las habitaciones con cortinas azul marino y mobiliario beis no son de lo más fascinante, pero algunas tienen vistas al mar. Quien esté esperando para tomar un autobús, *ferry* o tren puede alquilar una habitación durante el día al 50% del precio normal.

Silver Central Hostel ALBERGUE €
(plano p. 210; 490 805; www.silvercentralhostel.com; Kralja Tomislava 1; dc 150-180 HRK por persona; ✱@⚡) En un primer piso, este albergue-*boutique* amarillo claro ofrece cuatro dormitorios colectivos, Internet gratis, televisión por cable en el agradable salón y servicio de lavandería, además de divertidas excursiones. Cerca tiene un apartamento para dos personas (440-510 HRK) y, junto al mercado, otro albergue con los mismos servicios, el **Silver Gate** (322 857; www.silvergatehostel.com; Hrvojeva 6; dc 165 HRK por persona).

B&B Villa Kaštel 1700 — B&B €€
(plano p. 210; 343 912; www.kastelsplit.com; Mihovilova Širina 5; i/d 560/750 HRK; ✱@☎) Uno de los alojamientos de mejor relación calidad-precio de Split, en un callejón intramuros del palacio. Está cerca de los bares, da a Radićev trg y tiene cuidadas habitaciones pequeñas, servicio amable y Wi-Fi gratuito. Dispone de habitaciones triples y de apartamentos con pequeña cocina.

Hotel Consul — HOTEL €€€
(340 130; www.hotel-consul.net; Trščanska 34; i/d 690/950 HRK; P✱@☎) A un buen paseo de 20 minutos del centro, tiene amplias habitaciones enmoquetadas con TV de pantalla plana y *jacuzzi* (en algunas). Tranquilo y con una frondosa terraza, está bien si se dispone de vehículo propio. A pie, se va por Držićev Prilaz, junto a Ulica Domovinskog Rata.

Le Meridien Grand Hotel Lav — HOTEL €€€
(500 500; www.lemeridien.com; Grljevačka 2A; i/d 1595/1813 HRK; P✱@☎≋) El mejor del lugar, un gigantesco cinco estrellas 8 km al sur de Split, en Podstrana, con 800 m de playa, cinco edificios entrelazados y 381 habitaciones de bello diseño. Hay profusión de rojo, blanco y negro, interminables vistas al mar, una larga piscina, preciosos jardines, puerto deportivo donde amarrar el velero, varios restaurantes, un centro de *wellness* y *spa*, y acceso gratuito a las colecciones de arte de Split. Véanse sus excelentes precios de fin de semana en la Red.

Hotel Globo — HOTEL €€€
(481 111; www.hotelglobo.com; Lovretska 18; i/d 1113/1298 HRK; P✱☎) Enfocado a viajeros de negocios, este elegante cuatro estrellas tiene alfombra roja a la entrada, recepción de mármol y 33 habitaciones decoradas con buen gusto, de techos altos y lujosas camas. Está a 15 minutos a pie del centro urbano, en una zona algo sosa.

Art Hotel — HOTEL €€€
(302 302; www.arthotel.hr; Ulica Slobode 41; i/d 909/1212 HRK; P✱@) Este cuatro estrellas de la cadena Best Western es un término medio entre el hotel-*boutique* y el de negocios. Tiene gimnasio, *spa* y habitaciones con lujosas camas, minibar y espacioso baño; es mejor pedir una en el lado tranquilo. El anexo de atrás ofrece habitaciones más pequeñas y sencillas con ducha (i/d 658/877 HRK).

Split Hostel Booze & Snooze — ALBERGUE €
(plano p. 210; 342 787; www.splithostel.com; Narodni trg 8; dc 150-180 HRK; ✱@☎) Un par de croato-australianas lleva este marchoso lugar en el corazón de Split, que ofrece 25 camas en cuatro dormitorios colectivos, terraza, trueque de libros, Internet gratuito y excursiones en barco. Su nueva sucursal, el **Split Hostel Fiesta Siesta** (plano p. 210; Kružićeva 5; dc 150-180 HRK, d 440-500 HRK; ✱@☎), tiene cinco flamantes dormitorios colectivos y uno doble encima del popular Charlie's Backpacker Bar.

Al's Place — ALBERGUE €
(plano p. 210; 098 91 82 923; www.hostelsplit.com; Kružićeva 10; dc 110-130 HRK; ✱@) Su simpático dueño británico, Al, ofrece en un apartamento de dos pisos dormitorios colectivos básicos, una cocina para los huéspedes y un ambiente sosegado. Lo recaudado por el uso de Internet, alquiler de toallas y lavandería se dona a un orfanato de Camboya. Hay que llamar antes si se va a llegar tarde por la noche o entre las 14.00 y las 17.00.

Hotel Dujam — HOTEL €€
(538 025; www.hoteldujam.com; Velebitska 27; i/d 490/660 HRK; P✱@) Está en una zona

---

'PICIGIN'

Es muy divertido unirse a los lugareños en la playa y jugar al *picigin*, un deporte muy dálmata. Las reglas son sencillas: de pie en el mar con el agua hasta las rodillas o la cintura, se pasa a bastante velocidad una pelota pequeña (del tamaño de una de *squash*) a otros jugadores golpeándola con la palma de la mano. El objetivo es impedir que la pelota caiga y toque la superficie del agua. Es fundamental arrojarse sobre el agua todo lo posible. También se aconseja salpicar a todos los presentes y lucirse con mucho vigor deportivo.

Se puede mirar la página del "cuartel general" del *picigin*, www.picigin.org (solo en croata aunque con fotos muy ilustrativas) o los diversos vídeos de YouTube que muestran las técnicas del *picigin*, que varían entre Split, Krk y otras partes de la costa. Quien se considere lo bastante duro, puede jugar en el partido especial de Año Nuevo.

residencial a 20 minutos andando del centro (o a un breve trayecto en el autobús nº 9 desde el puerto), en un bloque de pisos de estilo socialista. Tiene dos secciones; un albergue venido a menos (120 HRK por persona) y el hotel, cuyas enmoquetadas habitaciones cuentan con baño y TV.

Jupiter PENSIÓN €
(plano p. 210; 344 801; www.sobe-jupiter.info; Grabovčeva Širina 1; h 200-250 HRK por persona; ✱ ⓘ) Es un sitio sencillo, con todos los baños compartidos, camas bajas, iluminación débil y deprimente y un servicio a veces adormilado. Lo mejor es su ubicación. La mejor habitación es la nº 7, que tiene un balcón sobre la plaza aunque puede ser ruidosa.

Camping Stobreč 'CAMPING' €
(325 426; www.campingsplit.com; Lovre 6, Stobreč; 40/39 HRK por adulto/tienda; @) A medio camino entre Split y Solin, este lugar bien equipado tiene dos playas (una de arena estupenda para niños), tres bares, un restaurante, una tienda y un montón de actividades como equitación y *rafting*. Se llega en el autobús nº 25.

🍴 Dónde comer

👍 **Konoba Trattoria Bajamont**
COCINA DÁLMATA €
(Plano p. 210; Bajamontijeva 3; platos principales desde 60 HRK; ⓘcerrado do cena) En el recinto del palacio, este diminuto local es de lo más auténtico. Parece la salita de la abuela, con unas cuantas mesas con pie de viejas máquinas de coser a un lado y una barra muy sobada al otro. No hay letrero en la puerta, y junto a la entrada está clavada discretamente la carta escrita a rotulador. Su comida es excelente, con platos como fritura de pescado, *risotto* con tinta de calamar, ensalada de pulpo y *brujet* (pescado o marisco guisado con vino, cebolla y hierbas y servido con *polenta*).

Šperun PESCADO Y MARISCO €€
(plano p. 210; Šperun 3; platos principales desde 70 HRK) A los extranjeros les encanta este lindo restaurante con detalles rústicos y paredes de piedra vista, quizá porque sus camareros con camiseta de marinero hablan todas las lenguas del mundo. La comida es dálmata clásica, con *bruje,* mejillones frescos en salsa de tomate y perejil o atún a la plancha con alcaparras. Aún mejor es el **Šperun Deva** (plano p. 210), un encantador bistró en la esquina de enfrente, con algunas mesas fuera, que ofrece desayunos, platos veraniegos más ligeros y una estupenda carta diaria (desde 50 HRK).

Kod Fife COCINA DÁLMATA €
(plano p. 208; Trumbićeva Obala 11; platos principales desde 40 HRK) Dragan preside la reunión de marineros, artistas e inadaptados atraídos por su cocina casera dálmata, sobre todo la *pašticada* (estofado de carne con vino y especias) y los calabacines rellenos de carne, y por su hospitalidad, algo gruñona y lenta, aunque cariñosa.

Perun COCINA DÁLMATA €€
(plano p. 208; Senjska 9; platos principales desde 70 HRK) Adorable sitio nuevo en Varoš, con manteles a cuadros azules en la frondosa terraza entre antiguas piedras, rústico ambiente sosegado y pescado, marisco y carne *na gradele* (a la parrilla), según lo que haya fresco ese día. Se agasaja al cliente con *rakija* (grapa) casera. El servicio, aunque amable, puede ser lento e irregular.

Konoba Hvaranin COCINA DÁLMATA €€
(plano p. 210; Ban Mladenova 9; platos principales desde 70 HRK) Esta minúscula taberna con unas pocas mesas, llevada por madre, padre e hijo, alimenta a periodistas y escritores de Split; es un clásico de los creativos de la ciudad. Hacen un pescado y marisco estupendo, su propio pan y su propia salsa de tomate. Es un buen sitio para probar la *rožata* (una suerte de crema catalana croata).

Pimpinella COCINA DÁLMATA €
(plano p. 208; Spinčićeva 2A; platos principales desde 50 HRK; ⓘlu-sa) Lo más típico que se puede encontrar en Split, este local en la planta baja de una casa familiar contigua al Boban, sirve comida sencilla pero sabrosa en una terracita y en su comedor sin lujos. La *pašticada* de atún de los viernes es espectacular. Se recomienda el calamar relleno de sus tentáculos, gamba y jamón dálmata.

Makrovega COCINA VEGETARIANA €
(plano p. 208; Leština 2; platos principales desde 40 HRK; ⓘ9.00-20.00 lu-vi, 17.00 sa) Este refugio sin carne tiene un amplio y estiloso interior y deliciosos bufés (55-70 HRK). La comida a la carta incluye platos macrobióticos y vegetarianos. Mucho *seitán,* tofu y *tempeh,* un gran surtido de tés y excelentes tartas.

Galija 'PIZZA' €
(plano p. 210; Tončićeva 12; *pizzas* desde 20 HRK) Es la pizzería más popular de Split desde hace décadas, donde los lugareños llevan al

visitante a comer algo rico y sencillo y donde todo el mundo se relaja en los bancos de madera ante los restos de una *quattro stagioni* o una *margherita*.

Black Cat
COCINA INTERNACIONAL €

(Šegvićeva 1; platos principales desde 45 HRK; ☉lu-sa) Si se está harto de la comida croata y apetece una quesadilla, un *curry* tailandés, una ensalada de pescado *cajun,* un desayuno inglés o cualquier otro plato del planeta, este pequeño establecimiento está a cinco minutos andando de la Riva y la estación de autobuses. En invierno cubren la terraza y la climatizan.

Bruna
COCINA INTERNACIONAL €€

(plano p. 208; Hatzevoj Perivoj 3; platos principales desde 90 HRK) La excelente reputación del restaurante del Hotel Park y su jefe de cocina se mantienen desde hace treinta años. Todo son productos de temporada; según la época, habrá trufas o espárragos silvestres. Es célebre por su *steak tartare* y sus crepes de chocolate negro adornadas con oro de 24 quilates.

Kod Joze
COCINA DÁLMATA €

(Sredmanuška 4; platos principales desde 60 HRK) Una incondicional clientela autóctona mantiene viva y coleando esta informal *konoba* en un oscuro sótano y una terraza arriba. Todo es dálmata: jamón, queso, *risotto* de sepia y *tagliatelle* verdes con marisco.

Boban
PESCADO Y MARISCO €€

(plano p. 208; Hektorovićeva 49; platos principales desde 70 HRK) Es el restaurante preferido de los ejecutivos desde 1975, lo que se comprende al probar el jugoso pescado dorado a fuego vivo y servido con imaginativas salsas, muchas de ellas con trufa. En la zona de Firule, lo lleva una familia a la que le gusta innovar y mantener su reputación.

Kadena
COCINA MEDITERRÁNEA CREATIVA €€€

(plano p. 208; Ivana Zajca 4; platos principales desde 120 HRK) Es restaurante, bar de vinos y salón, con diseño contemporáneo, todo en blanco, y una amplia terraza encarada al mar en Zenta. Ofrece una carta de *slow food,* más de trescientos treinta vinos e interesantes platos como el hígado de oca en salsa de naranja, obra de un célebre chef que trabajó en el Valsabbion de Pula.

Noštromo
PESCADO Y MARISCO €€

(plano p. 210; Kraj Sv Marije 10; platos principales desde 80 HRK) De varias plantas, es uno de los restaurantes de categoría favoritos de los lugareños, que adoran su pescado, comprado a diario en el *ribarnica* (mercado de pescado) de enfrente. No ofrece sorpresas culinarias, solo comida fresca bien preparada y deliciosos vinos.

Art & Čok
BAR DE SÁNDWICHES €

(plano p. 210; Obrov 2; sándwiches desde 14 HRK; ☉lu-sa) Excelentes sándwiches de pan artesano. Se recomienda el de *porchetta* (aromático cerdo, pimientos rojos y pepinillos).

🍷 Dónde beber

Split tiene mucha vida nocturna, sobre todo en primavera y verano. El viernes y el sábado por la noche la música suele retumbar en el recinto del palacio, y se puede pasar la velada deambulando por sus callejuelas y descubriendo sitios nuevos. Los bares del palacio cierran hacia la 1.00, pues es una zona residencial. En el complejo de ocio de Bačvice hay multitud de clubes y bares al aire libre abiertos hasta la madrugada. Para tomar café durante el día lo mejor es la Riva o las plazas del palacio.

Žbirac
CAFÉ

(plano p. 208; Bačvice bb) Frente a la playa, para los lugareños es como el salón de casa al aire libre, un sitio de culto con vistas al mar, chapuzones de día y de noche, partidos de *picigin* y algún que otro concierto.

Bifora
CAFÉ-BAR

(plano p. 210; Bernardinova 5) Bohemio, en una linda placita, apreciado por su sosegado e íntimo ambiente y con una extravagante clientela local.

Ghetto Club
BAR

(plano p. 210; Dosud 10) El bar más bohemio de Split está en un recoleto patio con arriates de flores y una fuente cantarina, buena música y ambiente simpático.

Luxor
CAFÉ-BAR

(plano p. 210; Kraj Sv Ivana 11) Será muy turístico, pero es genial tomar café en el patio de la catedral: hay cojines en los escalones y se puede observar el ir y venir de los lugareños.

Tri Volta
BAR

(plano p. 210; Dosud 9) Una variopinta parroquia de descentrados, pescadores y bohemios se reúne en este mítico bar bajo tres bóvedas antiguas, con bebidas a bajo precio y *sir i pršut* (queso y jamón).

Vidilica
CAFÉ-BAR

(plano p. 208; Nazorov Prilaz 1) Vale la pena subir las escaleras de piedra hasta lo alto del viejo barrio de Varoš para tomarse una co-

MÚSICA CORAL 'KLAPA' VESNA MARIĆ

Todo aquel que haya estado en Croacia habrá oído el dulce son de una canción de *klapa:* un coro circular que canta dramas de amor, traición, patriotismo, muerte, belleza y otros temas vitales en melosas armonías multitonales (para más información, véase p. 327).

El primer tenor Branko Tomić, cuya voz de altos tonos complementa la de los bajos y barítonos que le acompañan, dice de esta música: "Llevo 35 años cantando con la *klapa* de Filip Devič. Es una pasión. Empecé a cantar en el instituto y me encantó. Cantamos cosas muy variadas: serenatas, canciones tradicionales, sentimentales canciones de añoranza de la familia o de la tierra natal. Es una experiencia más basada en el compañerismo, delicada, aunque las nuevas generaciones empiezan a preferir nuestras versiones de canciones pop. Es algo muy importante en la actual Croacia".

Para ver una *klapa* en directo, en el vestíbulo del palacio hay actuaciones matutinas en temporada alta.

pa al atardecer en este bar, con magníficas vistas de la ciudad y el puerto.

Galerija CAFÉ-BAR
(plano p. 210; Vuškovićeva bb) Para tortolitos o grupos de amigos que quieran charlar sin que el volumen de la música lo impida. El interior es chic estilo abuela, con lindos sofás y butacas de flores, cuadros y lamparitas por doquier.

Libar CAFÉ-BAR
(plano p. 210; Trg Franje Tuđmana 3) Tiene una preciosa terraza arriba, estupendos desayunos y tapas durante todo el día y una gran pantalla de TV para ver deporte. Es divertido y relajado, fuera del bullicio del palacio.

Mosquito CAFÉ-BAR
(plano p. 210; Vuškovićeva 4) Contiguo al Galerija. Hay que sentarse en la gran terraza, pedir un cóctel, oír música y codearse con los lugareños.

Le Petit Paris CAFÉ-BAR
(plano p. 210; Majstora Jurja 5) Diminuto, llevado por un francés, de día hace *smoothies*, batidos y granizados de café para llevar. Hay mesas fuera y hora feliz de 18.00 a 20.00.

Teak CAFÉ-BAR
(plano p. 210; Majstora Jurja 11) En una transitada plaza, de día su terraza está muy concurrida para tomar café y charlar; de noche también está animada.

Porta CAFÉ-BAR
(plano p. 210; Majstora Jurja 4) Aquí se viene a tomar copas. En la misma plaza hay un par de bares más; todos acaban fundiéndose en uno cuando la noche se anima, así que hay que recordar al camarero.

Red Room CAFÉ-BAR
(plano p. 210; Carrarina Poljana 4) Colores tropicales, barra con estampado de leopardo y música *house-techno*. La de los viernes es la noche que más se llena.

☆ Ocio
Clubes nocturnos y bares

Tras enmudecer los bares a la 1.00, queda Bačvice, con sus clubes bajo las estrellas. También se pueden mirar los folletos en cualquier bar de los que cierran más tarde.

Fluid BAR-CLUB
(plano p. 210; Dosud 1) Es un bar chic con marcha de *jazz*. En el piso de arriba, el estiloso **Puls** es más de música electrónica, aunque cuesta distinguir uno de otro a altas horas del viernes o el sábado, cuando la docena de escalones que los separan se atascan de jóvenes. Estupendos para ver gente.

O'Hara Music Club CLUB
(plano p. 208; Uvala Zenta 3) Para marcha al aire libre, este divertido sitio de Zenta tiene terraza frente al mar. Se baila al son de distintas músicas, según la noche, desde éxitos dálmatas hasta *house* y *reggae*.

También se recomiendan:

Jungla BAR-CLUB
(Šetalište Ivana Meštrovića bb) Terraza en la playa, junto al puerto deportivo ACI, con buena música *rock, house* y electrónica para gente joven en busca de fiestas tipo *rave*.

Obojena Svjetlost BAR-CLUB
(Šetalište Ivana Meštrovića 35) Con música en directo y de DJ, terraza frente al mar y un enorme interior, es un sitio divertido debajo de Kaštelet.

Tropic Club Equador
BAR-CLUB
(plano p. 208; Bačvice bb) Discoteca terraza en la playa, con palmeras y cócteles de fruta, música croata, pop o *house* (según la noche) y el rumor del mar.

Quasimodo
CLUB
(Gundulićeva 26) Desde hace décadas los *splićani* van de marcha a este miniclub en un primer piso. Hay música alternativa en directo o del DJ: *rock, indie rock, jazz, blues*... Cierra en verano.

Kocka
CLUB
(Savska bb) *Rock* gótico, *drum and bass*, *punk* y *hip hop* animan este sótano del Youth Centre, lo más *underground* de Split.

Hedonist
CLUB
(plano p. 208; Put Firula bb) La gente de bien (imprescindible llevar iPhones y ropa exclusiva) se divierte en este glamuroso club de Zenta y en su hermano mayor, el contiguo **Egoist.**

Cines

Kino Bačvice
CINE
(plano p. 208; Put Firula 2) La zona de ocio nocturno de Bačvice es ideal para el cine al aire libre, que abre todas las noches en verano.

Kinoteka Zlatna Vrata
CINE
(plano p. 210; Dioklecijanova 7) Filmoteca afiliada a la universidad, programa cintas clásicas, artísticas y retrospectivas. Cierra en julio y agosto.

Teatro

Teatro Nacional Croata
TEATRO
(plano p. 210; ☎306 908; www.hnk-split.hr; Trg Gaje Bulata 1) Ofrece ópera, *ballet* y música durante todo el año. Las entradas cuestan desde 80 HRK y se compran en la taquilla o en la Red. Erigido en 1891, se restauró en su estilo original en 1979; solo por su arquitectura merece la pena asistir a un espectáculo.

De compras

Los compradores compulsivos tendrán difícil dejar el vicio en Split; es el sitio con más zapaterías de Croacia. Las murallas del Palacio de Diocleciano rebosan de tiendas, tanto pequeñas *boutiques* como cadenas internacionales. Los lugareños también van a Marmontova de compras.

El sótano de Diocleciano, parte de las salas subterráneas del palacio, forman un mercado de joyería artesana, reproducciones de bustos romanos, pitilleras de plata, candelabros, veleros de madera, artículos de piel y otros cachivaches. Los precios no son exagerados, y quizá se encuentre el regalo liviano ideal para cumplir con los compromisos de regreso a casa.

Hay un mercado diario encima de Obala Lazareta donde venden fruta, verdura, zapatos, dulces, ropa, flores, recuerdos y otras cosas. Lo que no se encuentre aquí es que no lo hay en Split.

Zlatna Vrata
ANTIGÜEDADES
(plano p. 210; Carrarina Poljana 1) A los amantes de las antigüedades y los cachivaches les encantará. Rebuscando se hallarán viejos relojes yugoslavos, cerámica antigua y teléfonos socialistas.

Izvorno
COMIDA, RECUERDOS
(plano p. 210; Šubićeva 6) Productos naturales y auténticos hechos en Croacia, desde hierbas para infusiones y miel hasta jabón y bolsitas de lavanda de cultivo ecológico.

ⓘ Información

Acceso a Internet

Varios cafés ofrecen Wi-Fi gratuito, como el Luxor y Twins, en la Riva.

Backpackers Cafe (☎338 548; Obala Kneza Domagoja 3; 30 HRK/h; ⊗7.00-21.00) También vende libros usados, tiene consigna y proporciona información para mochileros. Conectarse a Internet cuesta un 50% menos en la hora feliz, de 15.00 a 17.00.

Lavanderías

Modrulj (☎315 888; www.modrulj.com; Šperun 1; ⊗8.00-20.00 abr-oct, 9.00-17.00 lu-sa nov-mar) Flamante lavandería automática con máquinas de moneda (lavado/secado 25/20 HRK), que también ofrece acceso a Internet (5 HRK/15 min) y consigna (10 HRK/día).

Consigna

Backpackers Cafe (☎338 548; Obala Kneza Domagoja 3; 4 HRK/h por bulto; ⊗7.00-21.00)

Garderoba estación de autobuses (5 HRK la primera hora, 1,50 HRK/h las siguientes; ⊗6.00-22.00); estación de trenes (15 HRK/día; ⊗6.00-23.30)

Asistencia médica

KBC Firule (☎556 111; Spinčićeva 1) Hospital de Split.

Dinero

Cambian dinero en las agencias de viaje o en cualquier oficina de correos. Hay cajeros automáticos por las estaciones de autobuses y trenes, y por toda la ciudad.

SERVICIOS DE JADROLINIJA DESDE SPLIT

Téngase presente que los servicios reseñados se refieren a junio-septiembre. Fuera de estos meses el servicio se reduce.

'Ferries' de automóviles

DESTINO	PRECIO POR PERSONA/ AUTOMÓVIL (HRK)	DURACIÓN (H)	SERVICIOS DIARIOS
Supetar (Brač)	33/160	1	12-14
Stari Grad (Hvar)	47/318	2	6-7
Šolta	33/160	1	6
Vis	54/370	2½	2-3
Vela Luka (Korčula)	60/530	2¾	2

Catamaranes

DESTINO	PRECIO (HRK)	DURACIÓN (H)	SERVICIOS DIARIOS
Bol (Brač)	22	1	1
Jelsa (Hvar)	22	1½	1
Ciudad de Hvar	22	1	2
Vis	26	1¼	1
Vela Luka (Korčula)	27	1¾	1

Correos
Oficina principal de correos (Kralja Tomislava 9; ☉7.30-19.00 lu-vi, 14.30 sa)

Teléfono
Hay un locutorio en la oficina principal de correos.

Información turística
Backpackers Cafe (☎338 548; Obala Kneza Domagoja 3) Información para mochileros, además de libros usados, acceso a Internet y consigna.

Asociación Croata de Albergues Juveniles (☎396 031; www.hfhs.hr; Domilijina 8; ☉8.00-16.00 lu-vi) Vende carnés de HI e informa sobre albergues juveniles de todo el país.

Oficina de turismo (☎345 606; www.visit split.com; Peristil; ☉8.00-20.30 jul y ago, 8.00-20.30 lu-sa, 13.30 do jun y sep, 9.00-17.00 lu-vi oct-may) Tiene información sobre Split y vende la Split Card (35 HRK), tarjeta que ofrece entrada gratis y descuentos para atracciones de Split y en alquiler de automóviles, restaurantes, tiendas y hoteles.

Agencias de viajes
Atlas Airtours (☎343 055; www.atlasairtours.com; Bosanska 11) Excursiones, alojamiento en casas particulares y cambio de moneda.

Daluma Travel (☎338 484; www.daluma-travel.hr; Obala Kneza Domagoja 1) Alojamiento en casas particulares.

Maestral (☎470 944; www.maestral.hr; Boškovića 13/15) Estancias en monasterios, excursiones a caballo, vacaciones en faros, senderismo, kayak por mar y otros.

Split Tours (☎352 553; www.splittours.hr; Gat Sv Duje bb; ☉cerrado sa y do tarde) En la terminal de *ferry,* vende billetes para Ancona (Italia) de Blue Line y busca alojamiento en casas particulares.

Touring (☎338 503; Obala Kneza Domagoja 10) Cerca de la estación de autobuses, representa a Deutsche Touring y vende billetes a ciudades alemanas.

Turist Biro (☎347 100; www.turistbiro-split.hr; Obala Hrvatskog Narodnog Preporoda 12) Alojamiento en casas particulares.

❶ Cómo llegar y salir

Avión
El **aeropuerto de Split** (www.split-airport.hr) está 20 km al oeste del centro, 6 km antes de Trogir.

Entre otras, operan estas aerolíneas:

Croatia Airlines (☎362 997; www.croatiaairlines.hr; Obala Hrvatskog Narodnog Preporoda 9; ☉8.00-20.00 lu-vi, 9.00-12.00 sa) Tiene varios vuelos diarios de 1 hora a/desde Zagreb y uno semanal a Dubrovnik.

Easyjet (www.easyjet.com)

Germanwings (www.germanwings.com)

Barco
Los *ferries* de automóviles zarpan de Gat Sv Duje; las líneas de pasajeros salen de otro muelle,

AUTOBUSES DESDE SPLIT

DESTINO	PRECIO (HRK)	DURACIÓN (H)	SERVICIOS DIARIOS
Dubrovnik	105-157	4½	20
Makarska	45	1½	30
Međugorje (Bosnia y Herzegovina)	100	3-4	4
Mostar (Bosnia y Herzegovina)	114	3½-4½	8
Pula	397	10-11	3
Rijeka	305	8-8½	11
Sarajevo (Bosnia y Herzegovina)	190	6½-8	4
Zadar	120	3-4	27
Zagreb	185	5-8	29

Obala Lazareta. Los billetes para ambos se compran en la oficina principal de la compañía de ferries de automóviles Jadrolinija en la gran terminal de ferries (frente a la estación de autobuses) o en uno de los dos puestos cercanos a los muelles. En verano lo habitual es reservar con un día de antelación en los ferries de automóviles y hay que presentarse varias horas antes de la salida. Aunque en temporada baja no suele haber problema de billetes, en julio y agosto hay que reservar lo antes posible.

En la gran terminal de ferries frente a la estación de autobuses, **Jadrolinija** (338 333; Gat Sv Duje bb) opera casi todas las líneas de ferries costeros y los catamaranes entre Split y las islas. Hay además un ferry bisemanal entre Rijeka y Split (164 HRK, 20.00 lunes y viernes, llegada a las 6.00). Este mismo ferry sigue hasta Bari (406 HRK), en Italia, vía Stari Grad (Hvar), Korčula y Dubrovnik. Hay un ferry de automóviles de Split a Ancona (361 HRK, 9-11 h, 4 semanales), Italia. Véase más información sobre los servicios en el recuadro de p. 221.

Otras opciones:

BlueLine (www.blueline-ferries.com) Ferries de automóviles a Ancona (Italia), algunos días vía la ciudad de Hvar y Vis (por persona/automóvil desde 333 HRK/450 HRK, 10-12 h).

Krilo (www.krilo.hr) Barco rápido de pasajeros a la ciudad de Hvar (22 HRK, 1 h, 1 diario) y de ahí a Korčula (55 HRK, 2¾ h). Los billetes se compran en Jadrolinija.

LNP (www.lnp.hr) Catamaranes a Šolta (16,50 HRK, 2 diarios) y a Milna en Brač (18 HRK, 4 semanales).

SNAV (322 252; www.snav.it) Ferries diarios a Ancona (660 HRK, 4½ h) de mediados de junio hasta septiembre, y a Pescara (698 HRK, 6½ h), Italia, desde finales de julio hasta agosto. En la terminal de ferries.

Autobús

Se recomienda comprar los billetes con antelación y reservar asiento. De la principal **estación de autobuses** (060 327 777; www.ak-split.hr), junto al puerto, salen autobuses para diversos destinos; véase recuadro.

El autobús nº 37 va al aeropuerto de Split y a Trogir (20 HRK, cada 20 min), parando en Solin; sale de la estación de autobuses urbanos de Domovinskog Rata, 1 km al noreste del centro urbano, aunque es más rápido y cómodo tomar un autobús interurbano con rumbo norte a Zadar o Rijeka.

Recuérdese que los autobuses Split-Dubrovnik atraviesan un trecho de territorio bosnio, por lo que hay que tener a mano el pasaporte para los pasos fronterizos.

Automóvil

En Split se pueden alquilar en:

Budget Rent-a-Car (399 214; www.budget.hr) Sucursales en Obala Lazareta 3 y en el aeropuerto de Split.

Dollar Thrifty (399 000; www.thrifty.com.hr) Sucursales en Trumbićeva Obala 5 y en el aeropuerto de Split.

Tren

Hay cinco trenes diarios entre la **estación de trenes** de Split (338 525; www.hznet.hr; Obala Kneza Domagoja 9) y Zagreb (179-189 HRK, 5½-8 h), dos de ellos nocturnos. Hay tres diarios entre Šibenik y Split (40 HRK, 2 h), con transbordo en Perković. Otros dos diarios de Split a Zadar (88 HRK, 5 h) vía Knin.

Cómo desplazarse

Las terminales de *ferries*, trenes y autobuses se agrupan en el lado este del puerto, a un breve paseo del casco viejo.

Alquilan vespas, bicicletas, motoras y automóviles en **Split Rent Agency** (095 887 5626; www.split-rent.com).

A/desde el aeropuerto

Autobús 37 Desde la estación de autobuses urbanos de Domovinskog Rata (20 HRK, 50 min).

Pleso Prijevoz (www.plesoprijevoz.hr) Autobuses desde Obala Lazareta (30 HRK, 3-6 diarios).

Promet Žele (www.split-airport.com.hr) Autobuses más frecuentes desde Obala Lazareta (18 diarios aprox.).

Taxis Cuestan 200-260 HRK.

Autobús

Los autobuses urbanos de Promet Split comunican el centro y el puerto con barrios de la periferia; la ciudad se divide en cuatro zonas de transporte. El billete de un viaje de la zona 1 por el centro de Split cuesta 10 HRK; a los barrios circundantes, 20 HRK. El de dos viajes, 16 HRK para la zona 1, 31 HRK para la zona 4. Los autobuses pasan cada 15 minutos de 5.30 a 23.30.

ALREDEDORES DE SPLIT

Šolta

Los habitantes de Split huyen del sofocante calor estival en esta preciosa isla boscosa de apenas 59 km². Su único punto de entrada es **Rogač**, donde los *ferries* de Split atracan frente a la **oficina de turismo** (654 491; www.solta.hr; 7.30-14.30 y 15.30-21.30 jun-sep), al borde de una amplia bahía. Un sombreado sendero bordea la bahía y lleva a calas más pequeñas con playas de roca, y una carreterita sube a un mercado. A 7 km de Rogač, en una playa en forma de concha, **Nečujam** tiene un hotel, un bar de tentempiés y duchas al aire libre. En la isla solo hay dos cajeros automáticos, en **Stomorska** y en **Grohote,** donde también está la principal **oficina de turismo** (654 657; www.solta.hr; 7.30-14.30 y 15.30-21.30 jun-sep, 8.00-13.00 lu-vi oct-may).

En temporada alta hay seis *ferries* de automóviles diarios entre Split y Rogač (33 HRK, 1 h) y dos catamaranes diarios (16,50 HRK).

Solin (Salona)

Entre viñas, al pie de los montes, al noreste de Split, las ruinas de la antigua ciudad de Solin (la Salona romana) se cuentan entre las de mayor importancia arqueológica de Croacia.

Ruidosas carreteras e industrias rodean la ciudad actual. Su primera mención como asentamiento de la tribu iliria data del 119 a.C. En el 78 a.C los romanos conquistaron el lugar, que bajo Augusto se convirtió en centro administrativo de la provincia romana de Dalmacia.

El emperador Diocleciano construyó su palacio en Split a finales del s. III atraído por la cercanía de Solin. Incorporada al Imperio romano de Oriente en el s. VI, fue arrasada por eslavos y ávaros en el 614. Sus habitantes huyeron a Split e islas circundantes, dejándola en el abandono.

Puntos de interés

Se puede iniciar la visita de la ciudad en la entrada principal cercana al Caffe Bar Salona, donde se verá un plano informativo del complejo. La entrada para todo el conjunto arqueológico se paga en el pequeño **Museo de Tusculum** (entrada 20 HRK; 9.00-19.00 lu-sa, 13.00 do jun-sep, 9.00-15.00 lu-vi, 13.00 sa oct-may), incluido en la misma, que tiene interesantes esculturas en sus muros y en el jardín. Funciona además como centro de información y distribuye un folleto sobre Salona. **Manastirine,** zona vallada detrás del aparcamiento, fue una necrópolis de mártires paleocristianos antes de legalizarse el cristianismo. Se hallaba fuera de la antigua ciudad; destacan los restos excavados de la **basílica de Kapljuč,** erigida sobre uno de los cementerios paleocristianos, y la **basílica de Kapjinc** (s. v).

Un sendero bordeado de cipreses pasa al sur hacia la muralla norte de Solin. Al sur de la muralla se verá un **acueducto cubierto:** construido probablemente hacia el s. I a.C., llevaba agua del río Jadro a Solin y el Palacio de Diocleciano. Las ruinas que se ven enfrente según se observa desde la muralla son un enclave paleocristiano; incluyen una **catedral** del s. v, con tres naves y **baptisterio** octogonal, y los restos de la **basílica del obispo Honorio,** de planta de cruz griega. Al este colindan con la catedral unos **baños públicos.**

Al suroeste de la catedral está la **Porta Caesarea,** puerta oriental de la ciudad del

s. I luego rodeada por la expansión urbana; junto a ella aún se notan las roderas de los antiguos carros en la calzada de piedra. Al sur de la puerta estaba el foro, centro de la ciudad, donde ya no se ven los templos de Júpiter, Juno y Minerva.

En el extremo oeste de Solin se halla el enorme **anfiteatro** del s. II, que los venecianos destruyeron en el s. XVII para evitar que se refugiaran los asaltantes turcos. Tenía capacidad para 18 000 espectadores, lo que da idea del tamaño e importancia de la ciudad.

En el ángulo sureste del complejo está la **Gradina,** ciudadela medieval que encierra los restos de una iglesia paleocristiana rectangular.

Cómo llegar y salir

Desde Split es fácil llegar a las ruinas en el autobús urbano nº 1 (12 HRK), que sale cada 30 minutos de Trg Gaje Bulata y lleva al Caffe Bar Salona; hay que sentarse en el lado derecho del autobús y fijarse en la indicación azul y blanco de Salona.

Desde el anfiteatro de Solin es fácil seguir hasta Trogir tomando en dirección oeste el autobús nº 37 en la cercana parada de la carretera colindante. Para ello hay que comprar antes en Split un billete de la zona 4 (20 HRK); también se puede adquirir en el autobús

Si se desea regresar a Split, hay que cruzar la carretera por el paso subterráneo y tomar el autobús nº 37 hacia el este.

TROGIR Y ALREDEDORES

Trogir

12 995 HAB.

La diminuta Trogir (antes Trau) es una preciosidad de tortuosas calles rodeadas de murallas medievales. Tiene delante un ancho paseo marítimo bordeado de bares y cafés, y de yates de lujo en verano. Destaca entre las ciudades dálmatas por la profusión de edificios románicos y renacentistas de su época veneciana; por ello y por su magnífica catedral se declaró Patrimonio Mundial en 1997.

Fácil de visitar en el día desde Split, es también ideal para pasar unas jornadas de descanso y hacer un par de excursiones a las islas cercanas.

Historia

Bordeada de altos cerros al norte, con el mar al sur y ceñida de murallas, Trogir (la Tragurion romana) resultaba muy atrayente. Los primeros croatas colonizaron la antigua ciudad iliria en el s. VII. Su posición defensiva le permitió mantener la autonomía bajo el dominio croata y bizantino, mientras que el comercio y las cercanas minas garantizaban su viabilidad económica. En el s. XIII florecieron la escultura y la arquitectura, reflejo de una dinámica cultura. Cuando Venecia compró Dalmacia en 1409, tuvo que bombardear a la rebelde Trogir para someterla. Mientras el resto de Dalmacia se estancó bajo los venecianos, Trogir siguió produciendo grandes artistas que realzaron la belleza de la ciudad.

Puntos de interés

Son numerosos en la diminuta Trogir, que mantiene intactos muchos bellos edificios de su época dorada (ss. XIII-XV); se pueden ver casi todos dando un paseo de 15 minutos por la ciudad vieja. Esta ocupaba una pequeña isla en el estrecho canal que separa la isla de Čiovo de tierra firme, frente a la carretera costera.

Catedral de San Lorenzo CATEDRAL
(Katedrala Svetog Lovre; Trg Ivana Pavla II; entrada 20 HRK; 8.00-20.00 lu-sa, 14.00-20.00 do jun-sep, 8.00-18.00 lu-sa, 14.00-18.00 do abr y may, 8.00-12.00 lu-sa oct-mar) La perla de Trogir es esta catedral veneciana de tres naves erigida en los ss. XIII-XV, una de las más bellas obras arquitectónicas de Croacia. Hay que fijarse primero en la **portada románica** (1240) del maestro Radovan. Tiene en sus jambas el león alado de san Marcos, símbolo de Venecia y está rematada por Adán y Eva, primer desnudo en la escultura dálmata. En el lado norte del pórtico destaca el **baptisterio,** finamente esculpido por Andrija Aleši en 1464. Se entra en el edificio por una oscura puerta trasera para ver la elaborada **capilla renacentista de San Iván,** realizada por los maestros Nikola Firentinac e Ivan Duknović entre 1461 y 1497. La **sacristía** tiene cuadros de san Jerónimo y san Juan Bautista. Hay que echar una ojeada al **tesoro,** que guarda un tríptico de marfil y varios manuscritos miniados de época medieval. Hasta se puede subir a la **torre** de 47 m para admirar las preciosas vistas.

Un cartel informa que solo se entra al templo "decentemente vestidos"; los hombres (y las mujeres, claro) deben llevar el torso cubierto, y no se admiten pantalones cortos. Los horarios de la catedral pueden variar.

Fortaleza de Kamerlengo FORTALEZA
(Tvrdava Kamerlengo; entrada 15 HRK; ⊙9.00-21.00 may-oct) Construida hacia el s. xv y antaño unida a las murallas de la ciudad, es sede de conciertos durante el **Festival de Verano de Trogir.** En el extremo más alejado se ve el elegante cenador erigido durante la ocupación napoleónica por el mariscal francés Marmont, que jugaba allí a las cartas. En aquel entonces la punta oeste del islote era una laguna; las marismas, fuentes endémicas de paludismo, se desecaron en el s. xx.

Museo de la Ciudad MUSEO
(Gradski Muzej; Kohl-Genscher 49; entrada 15 HRK; ⊙10.00-17.00 jul-sep, 9.00-14.00 lu-vi, 12.00 sa oct-may) Ubicado en el antiguo palacio Garagnin-Fanfogna, exhibe en cinco salas libros, documentos, dibujos y trajes de época de la larga historia de Trogir.

Convento de San Nicolás CONVENTO
(Samostan Sv Nikole; entrada 20 HRK; ⊙10.00-12.00 y 16.00-18.00 jun-sep) Benedictino, muestra en su tesoro un impresionante relieve del s. III del dios griego Kairós esculpido en mármol naranja. La entrada es previa cita de octubre a mayo.

Ayuntamiento EDIFICIO HISTÓRICO
(Gradska Vijecnica) Frente a la catedral, este edificio del s. xv tiene un patio gótico decorado con escudos de armas y una escalera monumental. Su pozo muestra un león alado de san Marcos, emblema de la República Veneciana.

Palacio Ćipiko PALACIO
(Palaca Cipiko) Fue en origen un conjunto de edificios románicos y, en el s. xv, residencia de una prominente familia. Su impresionante triforio gótico es obra de Andrija Aleši.

Fiestas y celebraciones
Todos los años, desde el 21 de junio hasta principios de septiembre, se celebra el **Festival de Verano de Trogir,** con música clásica y folclórica en la fortaleza, iglesias y plazas de la ciudad. Por toda ella se ven los carteles que anuncian los conciertos.

Dónde dormir
Atlas Trogir (p. 227) gestiona alojamiento en casas particulares desde 200 HRK la habitación doble. Portal también busca habitaciones (desde 300 HRK la doble) y apartamentos (desde 450 HRK para dos personas). Consúltese también la oferta de www.trogir-online.com.

Hotel Tragos HOTEL €€
(✆884 729; www.tragos.hr; Budislavićeva 3; i/d 600/800 HRK; P✱@) Es una casa familiar medieval exquisitamente restaurada, con mucha piedra a la vista y detalles originales. Sus 12 habitaciones bien decoradas tienen televisión por satélite, minibar y acceso a Internet. Aunque uno no se aloje aquí, hay que probar la maravillosa comida casera de su restaurante (platos principales desde 60 HRK), como la *trogirska pašticada* (estofado de carne al estilo de Trogir).

Hotel Pašike HOTEL €€
(✆885 185; www.hotelpasike.com; Sinjska bb; i/d 650/800 HRK; ✱@✆) Encantador, es un edificio del s. xv con mobiliario del s. xix, madera de nogal y camas de hierro forjado. Sus 14 habitaciones con paredes de vivos colores tienen zona de estar separada y ducha de hidromasaje. Hay una azotea-terraza con dos mesas, el amable personal viste traje típico y se recibe al cliente con *rafioli,* tarta de almendras de Trogir.

Vila Sikaa HOTEL €€
(✆881 223; www.vila-sikaa-r.com; Obala Kralja Zvonimira 13; i/d 672/728 HRK; P✱@✆) En Čiovo, ofrece 10 habitaciones correctas con fabulosas vistas de la ciudad vieja. Algunas tienen sauna, duchas de masaje y *jacuzzi,* y la nº 14, balcón. Nótese que las habitaciones de la buhardilla son algo claustrofóbicas y que el servicio puede ser descuidado. En la recepción alquilan vespas, embarcaciones y automóviles.

Hotel Palace HOTEL €€€
(✆685 555; www.hotel-palace.net; Put Gradine 8; i/d 930/1206 HRK; P✱@) Nuevo hotel de categoría en la isla de Čiovo, un edificio blanco y rosado con mucho mármol, suelos de madera noble y restaurante. Las 36 habitaciones en tonos beis tienen bañera y balcón y la nº 305, estupendas vistas de la ciudad vieja.

Concordia HOTEL €€
(✆885 400; www.concordia-hotel.net; Obala Bana Berislavića 22; i/d 450/600 HRK; P✱) En el paseo marítimo, ofrece habitaciones algo desvaídas, limpias pero bastante básicas, aunque el servicio y la ubicación son encantadores. Hay que pedir una recién renovada, con vistas al mar. Los barcos para las playas zarpan justo delante.

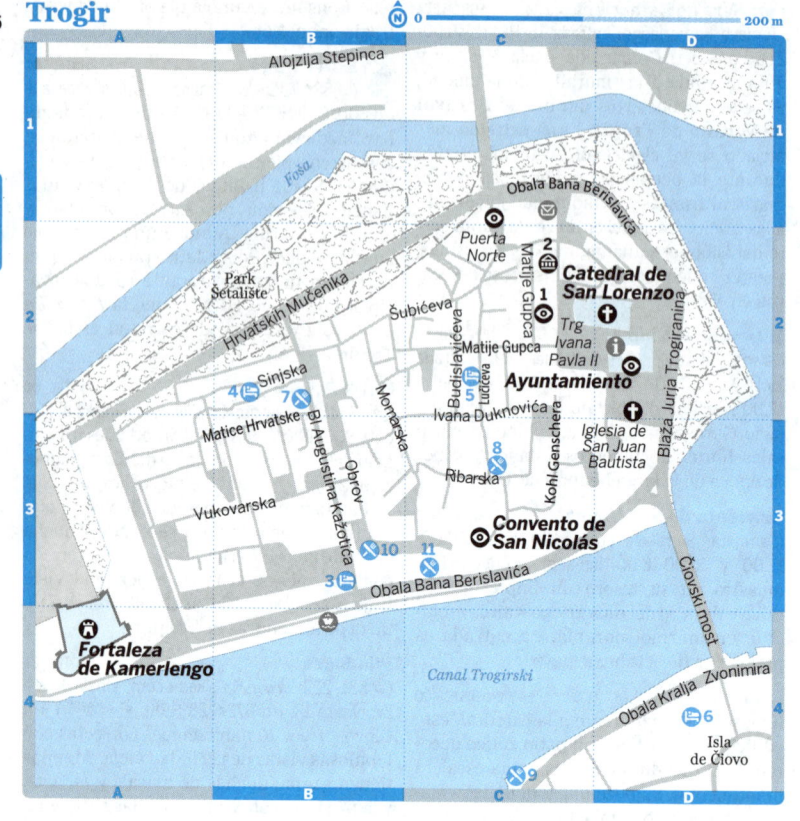

Trogir

Villa Tina
HOTEL FAMILIAR €€

(☎888 305; www.vila-tina.hr; Arbanija; i/d 413 HRK/665 HRK; P ❄) Decorada con gusto, de habitaciones amplias y luminosas, es ideal para descansar y nadar. Está unos 5 km al este de Trogir, cerca de la playa. En la tranquila terraza se disfruta de las vistas.

Seget
'CAMPING' €

(☎880 394; www.kamp-seget.hr; Hrvatskih Žrtava 121, Seget Donji; 35 HRK por adulto, 90 HRK por plaza de acampada; ⊙abr-oct) A 2 km de Trogir, este recoleto *camping* tiene una playita de guijarros y un espigón de hormigón para tirarse al mar. Ofrece numerosas actividades, como tenis, bicicleta o *windsurf*.

🍴 Dónde comer

Capo
PESCADO Y MARISCO €

(Ribarska 11; platos principales desde 45 HRK) En un callejón de la ciudad vieja, esta taberna familiar con sabor tiene una zona al aire libre y un interior de decoración pesquera. Se centra en el pescado, con especialidades como sardinas, *gavuni* (pejerrey) y anchoas, todos servidos con verduras. La misma familia también lleva una pizzería en la Riva.

Fontana
PESCADO Y MARISCO €€

(Obrov 1; platos principales desde 80 HRK) La amplia terraza frente al agua es el principal encanto de este establecimiento de siempre. Su especialidad es el pescado (300 HRK/kg), pero sirve de todo, desde económicos *risottos* y espaguetis hasta carnes a la brasa, más caras.

Alka
COCINA INTERNACIONAL €€

(☎881 856; Augustina Kažotića 15; platos principales desde 80 HRK) Tiene terraza y una carta amplísima, con numerosas especialidades de carne (como higaditos de pollo envueltos en bacón) y langosta.

Trogir

Los mejores puntos de interés
Catedral de San Lorenzo D2
Convento de San Nicolás C3
Fortaleza de Kamerlengo A4
Ayuntamiento D2

Puntos de interés
1 Palacio Ćipiko C2
2 Museo de la Ciudad C2

Dónde dormir
3 Concordia B3
4 Hotel Pašike B2
5 Hotel Tragos C2
6 Vila Sikaa D4

Dónde comer
7 Alka B2
8 Capo C3
9 Ćelica C4
10 Fontana B3
11 Pizzeria Mirkec C3

Pizzeria Mirkec 'PIZZA' €
(Obala Bana Berislavićeva 15; *pizzas* desde 30 HRK) Frente al mar, sirve una riquísima *pizza* al horno de leña, además de desayunos.

Ćelica BARCO RESTAURANTE €
(Obala Kralja Zvonimira; platos principales desde 60 HRK) Lo mejor de este barco restaurante de Čiovo es el balanceo del mar y las estupendas vistas de la ciudad vieja. Sirve una comida correcta, básicamente pescados.

Información

Atlas Trogir (881 374; www.atlas-trogir.hr; Obala Kralja Zvonimira 10) Esta agencia de viajes ofrece alojamiento en casas particulares y excursiones.

Garderoba (13 HRK/día; 6.00-19.30) Consigna en la estación de autobuses.

Oficina principal de correos (Kralja Tomislava 9; 7.30-19.00 lu-vi, 14.30 sa) Tiene locutorio.

Portal Trogir (885 016; www.portal-trogir.com; Obala Bana Berislavića 3) Alojamiento en casas particulares; alquiler de bicis, vespas y kayaks; excursiones (desde safaris en *quad* y *rafting* hasta kayak por mar y descenso de cañones); y un rincón de Internet.

Oficina de turismo (885 628; Trg Ivana Pavla II 1; 8.00-21.00 lu-sa, 14.00 do junago, reducido sep-may) Planos básicos de la ciudad.

Cómo llegar y salir

Los autobuses interurbanos rumbo al sur desde Zadar (130 km) y los que van hacia el norte desde Split (28 km) dejarán al viajero en Trogir. Cuesta más tomar los autobuses de Trogir a Zadar, pues suelen venir llenos desde Split.

Desde Split, durante todo el día, el autobús urbano nº 37 sale cada 30 minutos, con parada en el aeropuerto de Split camino de Trogir. Sale de la estación local de autobuses y tarda más que el interurbano. Se puede comprar el billete de la zona 4 (20 HRK) al conductor en ambos sentidos.

Hay cuatro barcos diarios a/desde Split (20 HRK), que salen de Čiovo (150 m a la izquierda del puente). Un barco de pasajeros zarpa frente al Hotel Concordia para Okrug Gornji (10 HRK) cada hora de 8.30 a 23.30 así como para Medena (10 HRK, 10 diarios). Hay un *ferry* para Drvenik Veli (17 HRK, 3 diarios).

Cómo desplazarse

La agencia de viajes Portal organiza un circuito a pie de 90 minutos por la ciudad vieja dos veces al día (mañana y tarde) de mayo a octubre, con salida delante de la agencia.

La ciudad vieja está a pocos minutos andando de la estación de autobuses. Tras cruzar el puentecito cercano a la estación se atraviesa la puerta Norte. Se gira a la izquierda (este) al final de la plaza y se llega a la calle mayor de Trogir, Gradska. Los principales puntos de interés se hallan por Trg Ivana Pavla II, de frente. El paseo marítimo, Obala Bana Berislavića, está bordeado de bares, restaurantes y cafés con vistas a la isla de Čiovo. Al sur un puente levadizo une la ciudad vieja con la isla de Čiovo.

Alrededores de Trogir

La zona está bordeada de playas. La más cercana es **Pantan,** 1,5 km al este de la ciudad vieja, playa de grava y arena en el estuario del río Pantan rodeada por una reserva natural protegida. Para ir a la playa se sigue el sendero que va de la ciudad vieja a Pantan. La playa más concurrida, **Okrug Gornji,** está 5 km al sur de Čiovo. Llamada Copacabana, son 2 km de guijarros bordeados de café-bares; se llega por carretera o en barco. Las instalaciones playeras de mayor envergadura se hallan 4 km al suroeste en la playa de **Medena** de la Seget Riviera, sede del megacomplejo **Hotel Medena** (www.hotelmedena.com).

Si se buscan playas más recoletas es mejor ir a Drvenik Mali y Drvenik Veli, islas idílicas y poco habitadas a un cómodo trayecto en barco desde la ciudad. Los barcos

ALQUILAR UN VELERO O UN YATE

Los amantes de la vela o la navegación pueden fletar su propia embarcación, sin patrón si son expertos o pagando los servicios de uno si necesitan que alguien la gobierne. El precio depende del tamaño del barco, el número de camarotes y la temporada.

Cosmos Yachting (www.cosmosyachting.com) Esta empresa británica ofrece fletes en Dubrovnik, Pula, Rovinj, Split, Trogir, Lošinj, Punat y otros destinos.

Nautilus Yachting (www.nautilus-yachting.com) También británica, alquila desde Pula, Split, Dubrovnik y las islas Kornati.

Sunsail (www.sunsail.com) Empresa internacional que alquila con y sin patrón desde Dubrovnik, las islas Kornati y Kremik, al sur de Šibenik.

---

salen de la terminal de *ferry* frente al Hotel Concordia.

Además, está la bella zona de Kaštela, con siete puertos y varios castillos construidos por la nobleza dálmata hace cinco siglos.

DRVENIK MALI Y DRVENIK VELI

La isla más pequeña, Drvenik Mali, tiene olivos, 56 habitantes y una playa de arena que da la vuelta a la ensenada de Vela Rina. Drvenik Veli tiene calas apartadas, olivos y además algunas atracciones culturales: la **iglesia de San Jorge** data del s. XVI y alberga mobiliario barroco y un altar veneciano. Fuera del pueblo de Drvenik Veli se halla la inacabada y dieciochesca **iglesia de San Nicolás**, cuyo constructor no pasó de la monumental fachada.

Para ir a las islas desde Trogir, se toma un **'ferry' de Jadrolinija** (www.jadrolinija.hr). De junio a septiembre salen tres diarios (dos los viernes). El horario de regreso permite visitar en el día Drvenik Veli; Drvenik Mali resulta más difícil. El trayecto a Drvenik Veli (16 HRK) dura 1 hora; son 20 minutos más hasta Drvenik Mali.

Si se desea pasar más tiempo en las islas, en Trogir la agencia Portal busca alojamiento en casas particulares.

KAŠTELA

Nada como tener los montes detrás y el mar delante para sentirse cómodos y seguros. Al menos eso pensaban los nobles dálmatas cuando avistaron a los invasores otomanos en los ss. XV y XVI. El tramo de 20 km de costa entre Trogir y Split, con el largo y bajo monte Kozjak a sus espaldas, parecía perfecto para descansar en un castillo bien fortificado. Las familias acaudaladas de Split fueron desfilando por la bahía de Kaštela para construir sus mansiones, que ahí siguen, pues los turcos nunca atacaron.

Kaštela ("Castillos") es el nombre dado a los siete puertecitos cercanos a estos fuertes costeros, una deliciosa excursión en el día desde Split o Trogir. Empezando por el oeste desde Trogir, se llega primero a **Kaštel Štafilić**, en un islote unido a tierra firme por un puente levadizo; el pueblo tiene una iglesia renacentista. El siguiente es **Kaštel Novi**, construido en 1512, y luego está **Kaštel Stari**, el más viejo de la bahía (1476). En el medio se alza un claustro porticado. Más adelante está **Kaštel Lukšić**, el más impresionante de todos. Erigido en 1487 en un estilo de transición del Renacimiento al barroco, alberga las oficinas municipales, un pequeño museo y la oficina regional de turismo. Es también el lugar de un enrevesado cuento de amantes desgraciados que se casaron y están aquí enterrados. Siguiendo hacia el este aparece el cilíndrico **Kaštel Kambelovac**, erigido en 1517 por nobles y terratenientes de la zona, y después el **Kaštel Gomilica**, construido por monjas benedictinas y rodeado de playas poco profundas de arena. Se acaba en **Kaštel Sućurac** y allí se toma el sendero que bordea el cementerio y sube al refugio de Putalj (480 m), donde se puede subir a la cresta del Kozjak.

Para información sobre alojamiento en Kaštela, contáctese con la **oficina de turismo** (227 933; www.dalmacija.net/kastela.htm; Kaštel Lukšić; 8.00-21.00 lu-sa, 12.00 do jun-sep, 8.00-15.00 lu-sa oct-may).

Para ir a Kaštela se toma el autobús nº 37 que va de Split a Trogir (20 HRK, cada 30 min); para en todas las poblaciones de la bahía. Lo mejor es apearse en Kaštel Štafilić y andar hacia el este por el paseo costero que bordea las poblaciones, hasta que se esté harto. Para regresar se toma un autobús en la carretera principal.

RIVIERA DE MAKARSKA

Es un tramo de 58 km de costa al pie de la sierra de Biokovo, donde acantilados y crestas hacen de espectacular telón de fondo al rosario de bellas playas de guijarros. Al abrigo de los vientos fuertes, las estribaciones tienen una exuberante vegetación mediterránea con pinares, olivares y frutales. Las localidades de esta zona, una de las más urbanizadas de la costa dálmata, están enfocadas a los viajes organizados. Es un lugar estupendo para familias debido a sus amplísimos servicios, y ofrece algunas posibilidades de turismo activo. Téngase presente que en julio y sobre todo agosto toda la Riviera está atestada de veraneantes, y muchos hoteles imponen una estancia mínima de siete noches. Para evitar el barullo, hay que visitarla antes o después de la locura veraniega.

Makarska

13716 HAB.

Esta linda ciudad-puerto tiene un centro de piedra caliza que se vuelve color melocotón al atardecer. Ofrece múltiples actividades, como senderismo, escalada, parapente, bicicleta de montaña, *windsurf* y natación, con el espléndido monte Biokovo detrás. Es el lugar del turismo organizado de Croacia, centrado en su larga playa de guijarros llena de un sinfín actividades, desde *voleiplaya* hasta concurso de gritos infantiles.

Makarska recibe turistas de la vecina Bosnia y Herzegovina, que acuden en masa en verano. Por su estupendo clima y servicios también es un popular destino de turismo balneario para jubilados. En temporada alta hay bastante alboroto, con mucha marcha nocturna aunque también mucha diversión para quienes vayan con niños. Gustará si apetece andar por bares y clubes de playa, jugar al *voleiplaya* y, en general, holgazanear entre cuerpos musculosos. Fuera de la temporada alta todo está bastante tranquilo.

Al ser la mayor población de la zona, Makarska está bien comunicada; desde aquí se puede visitar la costa y la vecina Bosnia y Herzegovina. No hay que olvidar subir al monte Biokovo.

◉ Puntos de interés y actividades

Monasterio franciscano MONASTERIO
(Franjevački Samostan; Franjevački Put 1; ◉solo misas) Al este del centro, su iglesia tiene en el ábside un enorme mosaico contemporáneo y, en el claustro, un bien presentado **Museo Malacológico** (entrada 10 HRK; ◉9.00-13.00 y 17.00-21.00), cuya colección de conchas y caracolas es, al parecer, la mayor del mundo.

Playas PLAYA
Makarska está en la amplia ensenada delimitada por el cabo Osejava al sureste y la península de Sveti Petar al noroeste. Los hoteles bordean la larga **playa urbana,** de guijarros y bordeada de hoteles, que se extiende desde el parque de Sveti Petar al inicio de Obala Kralja Tomislava al noroeste por la bahía. Al sureste hay playas más rocosas y lindas, como **Nugal,** frecuentada por nudistas; se va por el sendero marcado desde el extremo este de la Riva.

Jardín botánico de Biokovo JARDÍN BOTÁNICO
Está más arriba del pueblo de Kotišina, en Biokovo. Aunque antaño fuera una gran atracción regional, no tiene mucho que ofrecer aparte de algo de flora autóctona e impresionantes vistas de las islas de Brač y Hvar. Merece la pena dar el panorámico paseo: se sigue la senda marcada al noroeste de la ciudad que pasa bajo varios picos imponentes.

Museo de la Ciudad MUSEO
(Gradski Muzej; Obala Kralja Tomislava 17/1; ◉9.00-13.00 y 7.00-21.00 lu-vi, 7-21.00 sa) Si llueve y apetece estar a cubierto, se puede

---

RUMBO A MOSTAR A TODO TREN

Una buena manera de huir de las multitudes y hacer algo diferente es tomar un tren de Ploče a Mostar (Bosnia y Herzegovina). El lento y resoplante tren sale de Ploče (30 HRK, 1½ h, 2 diarios) y avanza entre los magníficos paisajes dálmatas y herzegovinos, a menudo siguiendo a contracorriente el curso del río Neretva. Todos los autobuses con rumbo a Dubrovnik que paran en Makarska pasan por Ploče (50 HRK aprox.). Los ciudadanos de la CE y EE UU no necesitan visado para entrar en Bosnia y Herzegovina; los de otras nacionalidades deben preguntar en su embajada.

conocer la historia de la ciudad a través de su no muy apasionante colección de fotos, piedras antiguas y reliquias náuticas.

Dónde dormir

Los hoteles de Makarska, enfocados a viajes organizados, son tremendamente anodinos, aunque los de más categoría tendrán camas cómodas y buenas vistas. Como siempre, el mejor alojamiento económico es en casas particulares.

Biokovo HOTEL €€€
(615 244; www.hotelbiokovo.hr; Obala Kralja Tomislava bb; i/d 495/850 HRK; P✻☼) Uno de los mejores del lugar, en la misma Riva. Las habitaciones con balcón al mar tienen también excelentes vistas de la ciudad.

Makarska HOTEL €€
(616 622; www.makarska-hotel.com; Potok 17; i/d 400/640 HRK; P✻) A unos 200 m de la playa, tiene habitaciones bien equipadas aunque algo cursis y un servicio amable.

Meteor HOTEL €€€
(602 686; www.hoteli-makarska.hr; Kralja Petra Krešimira IV bb; i/d 478/870 HRK; P✻☼) En una playa de guijarros 400 m al oeste del centro, este gigante de 270 habitaciones tiene de todo: piscinas, tienda, pistas de tenis y centro de *wellness*.

Dónde comer y beber

Decima COCINA DÁLMATA €
(Trg Tina Ujevića bb; platos principales desde 50 HRK) Detrás del Riva, esta *konoba* familiar ofrece platos dálmatas bien preparados y, a veces, coros de *klapa* en directo.

Riva PESCADO Y MARISCO €€
(Obala Kralja Tomislava 6; platos principales desde 80 HRK) Restaurante con clase junto al paseo, en un tranquilo y frondoso patio. La comida es correcta, sobre todo el pescado y el marisco frescos. Buena carta de vinos.

Jež PESCADO Y MARISCO €€
(Kralja Petra Krešimira IV 90; platos principales desde 75 HRK) Aunque la carta ofrezca diversos platos dálmatas, el pescado y el marisco son una delicia en este restaurante formal cerca de la playa, con mesas al aire libre.

Bookcafe CAFÉ
(Kačićev trg bb) Es un acogedor café-librería de la plaza mayor, muy apreciado para tomar café y hojear libros. Con una clientela local bohemio-intelectual, organiza diversos eventos, desde lecturas hasta noches de música y exposiciones. También es sede del **MaFest,** festival internacional de cómics que se celebra cada mes de mayo.

Ocio

Grota CLUB NOCTURNO
(Šetalište Svetog Petra bb) En la península de Sveti Petar, pasado el puerto, esta popular discoteca en una cueva recibe a DJ locales además de grupos de *jazz*, *blues* y *rock*.

Deep CLUB NOCTURNO
(Fra Jure Radića 21) Otro local en una cueva, en la otra punta de la ciudad, en Osejava. Este tiene una clientela a la última que toma copas mientras un DJ pincha lo último en música.

AVENTURA EN EL MONTE BIOKOVO

El macizo calizo del monte Biokovo, administrado y protegido por el **Parque Nacional de Biokovo** (www.biokovo.com; entrada 35 HRK; 8.00-16.00 abr-med may y oct-med nov, 7.00-20.00 med may-sep), es ideal para el excursionismo. Si se va por cuenta propia, hay que entrar al parque al principio de la "carretera de Biokovo", inconfundible pues es la única que sube al monte, y comprar allí la entrada.

La meta más cercana para los excursionistas es el **pico Vošac** (1422 m), a 2, 5 km de Makarska. Desde la iglesia de San Marcos en Kačićev trg, se va a pie o en automóvil hasta Put Makra siguiendo las indicaciones al pueblo de Makar, donde un sendero lleva a Vošac. Desde Vošac, un buen camino señalizado va a **Sveti Jure** (4 h); con sus 1762 m, es el pico más alto y brinda espectaculares vistas de la costa croata y, en los días claros, de la italiana al otro lado del mar. Hay que llevar mucha agua, sombrero y ropa impermeable; en la cumbre siempre hace mucho más frío que junto al mar.

Biokovo Active Holidays (www.biokovo.net) ofrece paseos guiados a pie y en microbús al monte Biokovo para cualquier nivel de esfuerzo físico. Se puede realizar parte de la subida en microbús y luego andar un breve trecho hasta el pico de Sveti Jure; optar por una caminata de 5½ horas a través de pinares *(pinus nigra dalmatica)* y exuberantes campos; o subir en microbús de madrugada para ver salir el sol sobre Makarska.

'RAFTING' EN EL RÍO CETINA

Con sus 105 km, el Cetina es el río más largo de Dalmacia central. Nace en el pueblo homónimo, atraviesa los montes Dinara, los campos que rodean Sinj y toma fuerza antes de verterse en una planta hidroeléctrica por Omiš. El recorrido es realmente pintoresco pues las cristalinas aguas azules discurren entre altas paredes rocosas de densa vegetación. Se puede hacer *rafting* desde primavera hasta otoño, aunque los rápidos pueden serlo mucho tras fuertes lluvias. Para los inexpertos el verano es lo mejor. Un descenso por el Cetina suele durar de 3 a 4 horas. Se puede probar con **Biokovo Active Holidays** (www.biokovo.net) en Makarska, que organiza un día de *rafting*, descenso de cañones o piragüismo en el Cetina por 395 HRK.

Rockatansky BAR DE MÚSICA
(Fra Filipa Grabovca bb) El local más alternativo de Makarska. En su pequeño escenario ofrece *rock, grunge, metal* y *jazz* en directo a su variopinta clientela.

Petar Pan CLUB NOCTURNO
(Fra Jure Radića bb; www.petarpan-makarska.com) Es un sitio al aire libre para 1500 personas. Tiene DJ invitados y de la casa pinchando *electro-house*, además de noches de *hip hop* y música en directo.

ⓘ Información

Hay muchos bancos y cajeros automáticos por Obala Kralja Tomislava, donde las agencias de viajes también cambian dinero.
Atlas Travel Agency (☏617 038; www.atlas-croatia.com; Kačićev trg 9) En el extremo de la ciudad; busca alojamiento en casas particulares.
Biokovo Active Holidays (☏679 655; www.biokovo.net; Kralja Petra Krešimira IV 7b) Fuente de información sobre el monte Biokovo, organiza excursiones de senderismo, bicicleta, kayak y *rafting*.
Marivaturist (☏616 010; www.marivaturist.hr; Obala Kralja Tomislava 15a) Cambia dinero y reserva excursiones y alojamiento en casas particulares por toda la costa de Makarska, Brela incluido.
Oficina de turismo (☏612 002; www.makarska-info.hr; Obala Kralja Tomislava 16; ◌7.00-21.00 jun-sep, 7.00-14.00 lu-vi oct-may) Publica una útil guía de la ciudad con plano; se consigue aquí o en cualquier agencia de viajes.

ⓘ Cómo llegar y salir

En julio y agosto hay cinco *ferries* diarios entre Makarska y Sumartin en Brač (33 HRK, 1 h), que se reducen a cuatro en junio y septiembre.
El **puesto de Jadrolinija** (Obala Kralja Tomislava bb) está cerca del Hotel Biokovo.
De la **estación de autobuses** (☏612 333; Ante Starčevića 30), 300 m más arriba del centro del casco viejo, salen autobuses para Dubrovnik (116 HRK, 3 h, 12 diarios), Split (47 HRK, 1¼ h, 34 diarios), Rijeka (313-363 HRK, 7 h, 4 diarios) y Zagreb (205 HRK, 6 h, 10 diarios). También hay autobuses a Mostar (100 HRK, 2¼ h, 5 diarios) y Sarajevo (176 HRK, 4 h, 2 diarios) en Bosnia y Herzegovina.

Brela

El litoral quizá más lindo de Dalmacia se extiende ante el pueblo de Brela, más chic que la vecina Makarska, 14 km al sureste. Son 6 km de playas de guijarros en calas con densos pinares, preciosas aguas cristalinas y atardeceres fantásticos. Un sombreado paseo con bares y cafés bordea las calas, situadas a ambos lados del pueblo. La mejor es **Punta Rata,** magnífica playa de guijarros unos 300 m al suroeste del centro.

🛏 Dónde dormir y comer

En Brela no hay hoteles baratos, aunque gran parte de los alojamientos en casas particulares que ofrecen la oficina de turismo o agencias de viajes son en realidad pequeñas *pensions*, donde en temporada alta una habitación doble cuesta desde 200 HRK.
Blue Sun Hotels & Resorts (www.bluesunhotels.com) gestiona los cuatro hoteles grandes. El más tranquilo de ellos es el **Hotel Berulia** (☏603 599; Frankopanska bb; i/d 837/1164 HRK; P❄☘), gigante de cuatro estrellas 300 m al este del centro urbano. El **Hotel Marina** (☏608 608; i/d 662/1022 HRK; P❄) es el más asequible y el mejor para familias, separado por un seto de pinos de la playa de Brela.

Para comer bien hay que ir a la **Konoba Feral** (Obala Domagoja 30; platos principales desde 50 HRK), simpática taberna de mesas de madera y buen pescado y marisco. El calamar de anzuelo a la parrilla con ajo y perejil está exquisito.

Información

Berulia Travel (618 519; www.beruliatravel-brela.hr; Frankopanska 111) Para alojamiento en casas particulares, cambio de dinero y excursiones.

Oficina de turismo (618 455; www.brela.hr; Trg Alojzija Stepinca bb; 8.00-21.00 med jun-med sep, 8.00-15.00 lu-vi med sep-med jun) Facilita un plano del pueblo y un mapa ciclista de la zona. Fuera hay un cajero automático.

Cómo llegar y salir

Todos los autobuses entre Makarska y Split paran en Brela, por lo que es fácil ir y volver en el día desde ambas. La parada de autobús (sin consigna) está detrás del Hotel Soline; hay un breve paseo cuesta abajo hasta Obala Kneza Domagoja, la calle del puerto y el centro urbano.

ISLA DE BRAČ

13 500 HAB.

Es famosa por dos cosas: su resplandeciente piedra blanca con la que se hicieron el Palacio de Diocleciano de Split y la Casa Blanca de Washington D. C.; y Zlatni Rat, la playa de guijarros de Bol que se adentra en el mar reproducida en el 90% de los pósteres turísticos de Croacia. Es la mayor isla de Dalmacia central, con dos ciudades, varios pueblos aletargados y un espectacular paisaje mediterráneo de abruptas escolleras, oscuras aguas y pinares. El interior está lleno de pilas de piedras, amontonadas con esfuerzo por las mujeres a lo largo de siglos a fin de dejar la tierra lista para el cultivo de la vid, el olivo, la higuera, el almendro y el guindo.

Debido a las duras condiciones de vida muchos habitantes emigraron al continente en busca de trabajo, dejando el interior casi desierto. Uno de los mayores atractivos es alquilar un automóvil y ver los pueblos de piedra de Brač. Las dos poblaciones principales son muy distintas entre sí; Supetar parece un lugar de paso, mientras que Bol tiene un encanto más peculiar.

Historia

Aunque hay restos de asentamiento neolítico en la cueva de Kopačina, cerca de Supetar, los primeros habitantes documentados fueron los ilirios, que construyeron un fuerte en Škrip para protegerse de la invasión griega. Los romanos llegaron en el 167 a.C. y no tardaron en explotar las canteras cercanas a Škrip y edificar mansiones de verano por la isla. Durante los cuatro siglos de dominación veneciana (1420-1797), la peste devastó los pueblos del interior y sus habitantes se mudaron a lugares "más saludables" de la costa, revitalizando las localidades de Supetar, Bol, Sumartin y Milna. Tras un breve período napoleónico, Brač pasó a manos de Austria. El cultivo de la vid se expandió hasta que la filoxera acabó con las viñas a principios del s. XX y la gente empezó a emigrar a las Américas, sobre todo a Chile. La isla sufrió el terror en la Segunda Guerra Mundial, cuando tropas alemanas e italianas saquearon y quemaron los pueblos, apresando y matando a sus habitantes.

El turismo se ha recuperado tras la crisis de los noventa, y Brač vuelve a estar atestada en verano.

Cómo llegar y salir

Avión

El **aeropuerto** de Brač (559 710; www.airport-brac.hr) está 14 km al noreste de Bol y 30 km al sureste de Supetar. Hay un vuelo semanal desde Zagreb en temporada alta, pero al no haber transporte público a Supetar hay que tomar un **taxi** (098 781 377), que cuesta unas 340 HRK (150 HRK a Bol).

Barco

Entre Split y Supetar hay 14 *ferries* de automóviles diarios en julio y agosto (33/160 HRK por persona/automóvil, 50 min); 12 diarios en junio y septiembre; y menos en invierno. El *ferry* deja en el centro de la ciudad, a un paso de la estación de autobuses. Se hacen las reservas en **Jadrolinija** (631 357; www.jadrolinija.hr; Hrvatskih Velikana bb, Supetar), unos 50 m al este del puerto.

En verano un catamarán de Jadrolinija une Split y Bol (22 HRK, 1 h) y sigue hasta Jelsa en Hvar; hay que comprar los billetes con antelación en Bol, pues se agotan rápido en temporada alta. En verano hay también cinco *ferries* de automóviles al día entre Makarska y Sumartin (33 HRK, 1 h), que se reducen a cuatro diarios en junio y septiembre y a dos en invierno; nótese que a veces en Sumartin toca esperar un par de horas la conexión de autobús a Supetar. Los lunes, miércoles, viernes y domingos un barco rápido de pasajeros de **LNP** (www.lnp.hr) une Split y Milna (18 HRK, 30 min).

Cómo desplazarse

Como el transporte público a lo más destacado de la isla es escaso, para ver unos cuantos lugares en poco tiempo se precisará vehículo propio. El viajero puede alquilar un automóvil en las agencias de viajes de la isla o traerlo de tierra firme (bastante caro).

Supetar es el nudo del transporte en autobús por la isla. Hay varios autobuses diarios entre Supetar y Bol (40 min), así como entre Sumartin y Supetar (1½ h). Los servicios se reducen los domingos.

Supetar

3900 HAB.

No es una gran maravilla y da la impresión de ser más que nada un lugar de tránsito. Así y todo, es un estupendo nudo de transportes, y dando un breve paseo se descubrirá que tiene bonitas calles de piedra y una linda plaza con iglesia. Las playas de guijarros quedan a poca distancia a pie del centro, por lo que es un destino popular para familias.

Es fácil orientarse: casi todas las oficinas, tiendas y agencias de viajes se hallan en la calle principal que va de este a oeste desde el puerto. Esta, llamada Porat en el puerto, se convierte en Hrvatskih Velikana al este y en Vlačica hasta Put Vele Luke al ir hacia el oeste. La estación de autobuses (sin consigna) está junto a la oficina de Jadrolinija.

Puntos de interés y actividades

Iglesia de la Anunciación　　IGLESIA

(☉solo misas) Este templo barroco, al oeste del puerto, se construyó en 1833. Aunque el exterior es soso salvo por la escalera semicircular de la entrada, el interior de flamantes colores pastel alberga una interesante serie de pinturas del altar.

Cementerio　　CEMENTERIO

Salpicado de cipreses, está en la punta del cabo San Nikolaus. Destaca el monumental **mausoleo de la familia Petrinović,** obra con elementos bizantinos del escultor de Split Toma Rosandić que domina la punta del cabo.

Fun Dive Club　　SUBMARINISMO

(☏098 13 07 384; www.fundiveclub.com) La mejor zona de submarinismo de la isla está entre Bol y Milna, por lo que Bol es mejor punto de partida. Así y todo, este club ofrece inmersiones, cursos de submarinismo y alquiler de equipos. Está en el elegante **Waterman Supetrus Resort Hotel** (www.watermanresorts.com), más conocido como Hotel Kaktus.

Playas　　PLAYA

Hay cinco playas de guijarros. La de **Vrilo** está unos 100 m al este del centro urbano. Andando hacia el este, se llega primero a la de **Vlačica** y luego a la de **Banj,** bordeada de pinos. La siguiente es **Bili Rat,** sede del centro de deportes acuáticos y, después, atajando a través del cabo de San Nikolaus, se llega a la de **Vela Luka,** tranquila ensenada de lisos guijarros.

Fiestas y celebraciones

De mediados de junio a mediados de septiembre, el festival **Verano de Supetar** ofrece, varias veces a la semana, música folclórica, bailes y conciertos clásicos en espacios públicos e iglesias. Las entradas suelen ser gratuitas o costar muy poco. También hay exposiciones de arte por la ciudad.

Dónde dormir

Casi todos los hoteles grandes están en el complejo turístico, pocos kilómetros al oeste del puerto, en la ensenada de Vela Luka. Ajardinado con pinos y macizos de arbustos y con una playa cerca, resulta inusitadamente agradable para ser una urbanización de este tipo.

Las agencias de viajes encuentran habitaciones de calidad. Para información sobre habitaciones y villas disponibles, consúltese www.supetar.hr.

Bračka Perla　　HOTEL €€€

(☏755 530; www.brackaperla.com; Put Vele Luke; d/ste 2016/2459 HRK; [P][❄][@][≋]) Lo más nuevo de Supetar es este pequeño y exclusivo "hotel de arte" de ocho suites y tres habitaciones, todas pintadas por el célebre artista Srećko Žitnik. La terraza del jardín es estupenda, al igual que las vistas al mar y las instalaciones, que incluyen una piscina al aire libre, un magnífico restaurante y un pequeño centro de *wellness*.

Hotel Amor　　HOTEL €€

(☏606 606; www.velaris.hr; Put Vele Luke 10; i/d 797/1062 HRK; [P][❄][@][≋]) De categoría, tiene 50 habitaciones en amarillos, aceitunas y verdes vivos, todas con balcón. Cercano a la playa, entre pinares y olivares, el complejo dispone de *spa* y centro de submarinismo.

Villa Adriatica　　HOTEL €€€

(☏343 806; www.villaadriatica.com; Put Vele Luke 31; i/d 915/1220 HRK; [P][❄][≋]) Es un lindo hotel con jardín y palmeras a 100 m de la playa. Todas sus habitaciones, decoradas con ingenio, tienen balcón. El restaurante sirve buenos platos vegetarianos.

Pansion Palute　　PENSIÓN €

(☏631 541; palute@st.t-com.hr; Put Pašike 16; i/d 210/380 HRK; [❄][P]) Llevada por una familia, tiene habitaciones limpias y cuidadas (casi todas con balcón), suelos de madera, TV y un dueño locuaz. El jamón casero del desayuno es extraordinario.

Funky Donkey ALBERGUE €
(630 937; Ive Jakšića 55; 150-170 HRK por persona; may-oct;) Este marchoso albergue del casco viejo ofrece dormitorios colectivos y dobles, Wi-Fi gratis, servicio de lavandería, dos cocinas, una terraza con vistas al mar y excursiones en furgoneta por la isla.

Camping Supetar 'CAMPING' €
(630 088; 21/30 HRK adulto/parcela; junsep) De tamaño mediano, para autocaravanas, está unos 300 m al este del centro, con acceso a una playita de rocas.

Dónde comer

Vinotoka PESCADO Y MARISCO €
(Jobova 6; platos principales desde 60 HRK) Uno de los mejores del lugar, tiene dos espacios: la *konoba* en una típica casa de piedra de sencilla decoración marina; y una terraza acristalada al otro lado del callejón. Su excelente pescado y marisco sabe aún mejor regado con vino blanco de la tierra.

Punta PESCADO €
(Punta 1; platos principales desde 60 HRK) Fabulosa ubicación, con una terraza playera frente al mar. Se puede comer pescado y marisco, carne o una simple *pizza* contemplando las olas y a los del *windsurf*.

Dónde beber y ocio

Maximus (Put Vele Luke 7) Es un bar de siempre que acaba de cambiar de dueño, en la playa y cerca del centro. También son populares los cercanos **Benny's Bar** (Put Vela Luke bb) y **Havana Club** (Put Vela Luke bb).

Información

Atlas (631 105; Porat bb) Para excursiones y alojamiento en casas particulares. Cerca del puerto.

Maestral (631 258; www.travel.maestral.hr; IG Kovačića 3) Fuente de alojamiento en casas particulares.

Radeško (756 694; Bračka 5) Alojamiento en casas particulares, hoteles y cambio de dinero.

Oficina de turismo (630 551; www.supetar.hr; Porat 1; 8.00-22.00 jul y ago, 8.00-16.00 lu-vi sep-jun) Unos pasos al este del puerto, ofrece multitud de folletos sobre actividades y puntos de interés de Supetar, además de horarios actualizados de autobús y *ferry*.

Alrededores de Supetar

Uno de los sitios más interesantes es **Škrip**, población más antigua de la isla, unos 8 km al sureste de Supetar. El fuerte de los antiguos ilirios fue tomado en el s. II a.C. por los romanos; en el s. VII llegaron los habitantes de Solin huyendo de los bárbaros; y, finalmente, los primeros eslavos. Se ven restos de la antigua **muralla iliria** por la ciudadela en la esquina sureste. El monumento romano mejor conservado de la isla es el mausoleo de la base de la **torre de Radojković**, erigida durante las guerras entre venecianos y turcos; la torre es ahora un museo. Hay sarcófagos paleocristianos junto a la **ciudadela de Cerinics**, con una cantera cercana que tiene un relieve de Hércules del s. III o IV. Desde Supetar se puede tomar un autobús por la mañana temprano y regresar en otro hasta las 14.00 o las 15.00.

El puerto de **Milna**, 20 km al suroeste de Supetar, es el típico pueblo de pescadores ideal que en cualquier otra parte del mundo sería presa del turismo masivo. Del s. XVII, se alza al borde de un profundo puerto natural utilizado por el emperador Diocleciano rumbo a Split. Senderos y caminos recorren el puerto, salpicado de calas y playas de roca por lo general desiertas. Además del marco incomparable, tiene la dieciochesca **iglesia de la Anunciación**, de fachada barroca y con pinturas de principios del s. XVIII en el altar.

En la misma playa de Milna, el **Illyrian Resort** (636 566; www.illyrian-resort.hr; apt 745-905 HRK;) ofrece estilo y confort en sus apartamentos, todos con terraza o balcón. Hay una amplia oferta de deportes acuáticos por si uno se harta de holgazanear junto a la piscina.

Es fácil visitar Milna en el día desde Supetar, tomando un autobús por la mañana y otro de regreso por la tarde. En verano, el hidroplano de Bol para en Milna antes de seguir hasta Split.

Bol

1921 HAB.

Su bonito casco viejo tiene casitas de piedra y tortuosas calles salpicadas de geranios rosas y morados. Pero el verdadero atractivo de Bol es la cautivadora playa de guijarros de Zlatni Rat, "Punta Dorada", que se mete en el Adriático y en verano se

IMPRESCINDIBLE

LAS MEJORES PLAYAS DE DALMACIA CENTRAL

» **Zlatni Rat** (véase p. 235) La famosa punta de playa que aparece en casi toda la publicidad de Croacia.

» **Brela** (p. 231) Un rosario de calas de lisos guijarros bordeadas de palmeras.

» **Islas Pakleni** (p. 240) Rocosas, cerca de Hvar, con calas donde el bañador es opcional.

» **Šolta** (p. 273) Tranquilas calas rocosas no lejos de la animada Split.

» **Stiniva** (p. 248) Impresionante cala apartada, entre altas rocas, en la isla de Vis.

---

llena de bañistas y *windsurfistas*. La une a la ciudad un largo paseo costero donde se alinean casi todos los hoteles. En verano, Bol es un lugar estupendo y animado, uno de los favoritos de Croacia y siempre popular.

El centro urbano es una zona peatonal que se extiende hacia el este de la estación de autobuses. Los puntos de interés del casco viejo tienen paneles interpretativos que explican el patrimonio cultural e histórico. Zlatni Rat queda 2 km al oeste del centro, con las playas de Borak y Potočine entre ambos. Detrás de ellas hay varios complejos hoteleros, como el Hotel Borak, Elaphusa y Bretanide.

Puntos de interés

Zlatni Rat PLAYA
La mayoría de la gente acude a Bol para bañarse o hacer *windsurf* en la playa, que se adentra unos 500 m en el mar como una lengua al oeste de la ciudad. Es preciosa, de lisos guijarros blancos, y su punta cambia de forma al capricho de las corrientes y el viento. Con pinos que le dan sombra y rocosos acantilados detrás, este paraje incomparable es uno de los más lindos de Dalmacia. Se llega siguiendo el paseo marítimo de mármol, flanqueado de jardines subtropicales. Por otra parte, no hay que olvidar que la playa se llena hasta los topes en temporada alta.

Monasterio dominico y museo
MONASTERIO Y MUSEO
(Dominikanski Samostan; Anđelka Rabadana 4; entrada 10 HRK; ☺10.00-12.00 y 17.00-20.00 abr-oct) Al este del centro, en la península de Glavica se alza este monasterio con la contigua **iglesia de la Virgen de la Piedad.** Este templo gótico tardío destaca por un retablo de finales del s. XVI y por las pinturas del techo obra del pintor barroco croata Tripo Kikolija. En el suelo se ven lápidas, algunas en escritura glagolítica. El pequeño museo presenta piezas prehistóricas excavadas en la cueva de Kopačina, una colección de monedas antiguas, ánforas y paramentos sacerdotales. Su joya es la *Virgen con Niño y Santos,* cuadro de altar atribuido a Tintoretto, cuya factura original de 270 ducados venecianos guarda el museo.

Galerija Branislav Dešković GALERÍA DE ARTE
(entrada 10 HRK; ☺10.00-12.00 y 6.00-22.00 ma-do may-nov) En una casa barroco-renacentista, esta galería recién renovada expone arte croata del s. XX, con unos trescientos cuadros y esculturas. Ideal para un día de mal tiempo.

Cueva del Dragón CUEVA
Se puede ir a pie a esta cueva con relieves muy poco corrientes, esculpidos al parecer por un imaginativo fraile del s. XV. Ángeles, animales y un enorme dragón decoran las paredes con una mezcla de símbolos cristianos y croatas paganos. Hay que andar 6 km hasta Murvica, y desde allí andar otra hora más. La cueva solo se visita previa cita y con un guía que tiene la llave; la oficina de turismo contacta con él. Ir a la cueva desde Murvica cuesta unas 50 HRK por persona.

Actividades

Bol es sin duda la capital del **'windsurf'** de Croacia, practicado sobre todo en la playa de Potočine, al oeste del centro. Aunque el *maestral* (mistral; viento fuerte y continuo del oeste) sopla de abril a octubre, la mejor época para el *windsurf* es a finales de mayo y principios de junio y a finales de julio y principios de agosto. El viento suele alcanzar su máximo después de mediodía y amainar al final del día. **Big Blue** (☎635 614; www.big-blue-sport.hr) es un establecimiento grande que alquila tablas de *windsurf* (250 HRK/medio día) y ofrece cursos para principiantes (1090 HRK). Está junto a la oficina de turismo frente al mar. También alquila **bicicletas de montaña** (30/110 HRK por h/día) y **kayaks** (30/120 HRK por h/día).

Ofrece inmersiones de submarinismo (desde 180 HRK) otra compañía que, para mayor confusión, se llama también **Big Blue** (306 222; www.big-blue-diving.hr; Hotel Borak, Zlatni Rat). Aunque no hay pecios, se puede bucear en unos arrecifes de coral a 40 m y en una cueva grande; los barcos salen con regularidad en temporada alta.

Alquilan embarcaciones en el **puesto del Nautic Center Bol** (635 367; www.nautic-center-bol.com; playa de Potočine; desde 435 HRK/día), que durante el día se pone frente al Hotel Bretanide. De noche se traslada al puerto para captar más clientes.

Hay pistas de tenis de tierra batida de calidad profesional en el **Tennis Centre Potočine** (635 222; Zlatni Rat; 75 HRK/h), en la carretera de Murvica. Alquilan raquetas y pelotas.

Los amantes del excursionismo pueden hacer el ascenso de 2 horas al **Vidova Gora** (778 m), monte más alto de la zona. También hay rutas de bicicleta de montaña para subir allí y parapente desde la cumbre. La oficina de turismo local facilita información y mapas básicos.

Fiestas y celebraciones

El **Festival de Verano de Bol** se celebra desde mediados de junio hasta finales de septiembre todos los años, con actuaciones de bailarines y músicos de todo el país en iglesias y espacios al aire libre. A finales de junio un nuevo evento anual, el **Festival Cultural Imena,** ofrece durante unos pocos días exposiciones, conciertos, lecturas y *happenings*.

La Virgen del Carmen es la patrona de Bol. Su **festividad** (5 de agosto) se celebra con una procesión donde los lugareños visten trajes típicos, así como con música y festejos en la calle.

Dónde dormir

Los *campings* están cerca de la ciudad y son relativamente pequeños. Escasean los hoteles pequeños pero hay varios complejos turísticos grandes que, cosa rara, se integran bien en el paisaje; algunos son de "todo incluido". **Blue Sun Hotels** (www.bluesunhotels.com) gestiona las reservas de casi todos los hoteles.

Las agencias de viajes proporcionan alojamiento en casas particulares con baño privado por unas 150-200 HRK por persona. Los apartamentos-estudio para dos personas valen unas 350-400 HRK en temporada alta; los hay de otros tamaños.

Los *campings* de Bol son pequeños y familiares. Al oeste de la ciudad y cerca de los grandes hoteles, en un rincón pintoresco se halla el bien mantenido **Camp Kito** (635 551; www.camping-brac.com; Bračke Ceste bb; 50/8 HRK por adulto/tienda; med abr-med sep).

Otro *camping* es el **Dominikanski Samostan** (635 132; Anđelka Rabadana; 50/20 HRK por persona/tienda; jun-oct) llevado por los monjes del cercano monasterio dominico, al este del Bol. La oficina de turismo puede indicar algunos otros.

Villa Giardino — HOTEL €€
(635 286; www.bol.hr/online/VillaGiardino.htm; Novi Put 2; d 770 HRK; P ❄ 🛜) La verja de hierro se abre a un exuberante jardín en cuyo fondo se halla esta elegante villa blanca, un oasis de paz con un recoleto jardín trasero. Sus diez amplias habitaciones restauradas con gusto están decoradas con antigüedades; algunas dan al jardín y otras tienen vistas al mar.

Hotel Borak — HOTEL €€€
(306 202; www.bluesunhotels.com; Zlatni Rat; i/d 938/1230 HRK; P ❄ ≋) Junto a Zlatni Rat y las actividades deportivas, es un hotel de categoría algo impersonal debido a su tamaño y su arquitectura de estilo socialista. Es de todas formas un lugar confortable donde reponerse tras el *windsurf,* submarinismo, bicicleta de montaña, kayak, natación...

Hotel Kaštil — HOTEL €€
(635 995; www.kastil.hr; Frane Radića 1; i/d 540/800 HRK; P ❄ ≋) Céntrico, en una casa antigua barroca, tiene 32 habitaciones enmoquetadas, todas con vistas al mar y algunas con balcón. La decoración es rala y los baños, color granito. Hay una estupenda terraza restaurante donde los huéspedes tienen un descuento del 10% en sus comidas.

Elaphusa — HOTEL €€€
(306 200; www.hotelelaphusabrac.com; Put Zlatnog Rata bb; i/d 1155/1540 HRK; P ❄ @ ≋) Enorme y reluciente, este cuatro estrellas parece un crucero de lujo: interiores suaves, mamparas de cristal, piscinas de agua salada, elegantes habitaciones y todos los servicios posibles, centro de *wellness* in-

> **MERECE LA PENA**
>
> ## TRANQUILAS ESCAPADAS EN BRAČ
>
> **Sumartin** es un tranquilo y lindo puerto con unas pocas playas de roca y poco que hacer, ideal para huir de los concurridos centros turísticos de Bol y Supetar. La estación de autobuses está en el centro, junto al *ferry*, y en el pueblecito se ven unos cuantos carteles de *sobe* para quien decida quedarse. Sumartin es el punto de entrada a Brač si se viene de Makarska.
>
> En el interior, el bonito pueblo de **Dol** es una de las poblaciones más antiguas de Brač, una colección de casas de piedra bien conservadas en una peña desnuda. Alejado del follón turístico, es una rara ocasión de ver cómo era Brač antes. Dan fantásticas comidas caseras en la rústica **Konoba Toni** (www.toni-dol.info), regentada por una familia en una casa de piedra de tres siglos de antigüedad.
>
> Para un retiro costero, en la costa norte, la histórica ciudad de **Pučišća** mira a la Riviera de Makarska y tiene uno de los mejores hoteles de la isla, el lujoso **Dešković Palace** (www.palaca-deskovic.com) de 15 habitaciones en un palacio del s. xv.
>
> Aunque cerrada cuando se elaboraba esta obra, la **ermita de Blaca**, a 12 km, de Bol es una excursión estupenda. A 3 o 4 horas andando de la ciudad (o a un trayecto en barco desde Bol), en esta abrupta peña se refugiaron los monjes glagolíticos para huir de los turcos en el s. xvi; se halla en uno de los parajes más pintorescos y accidentados de la isla, que los lugareños llaman *pustinja* ("desierto"). Si está abierta, se puede deambular por los aposentos y ver la colección de relojes, litografías e instrumentos astronómicos. Más información en la oficina de turismo de Bol.

cluido. Todo *glamour* y oropel, aunque bastante impersonal.

Bretanide   HOTEL €€€
(740 140; www.bretanide.com; Zlatni Rat; i/d 927/1217 HRK; P✲≋) Enclavado en la colina, este gran hotel es el más cercano a Zlatni Rat y ofrece un programa completo de deportes y *wellness*. Algunas habitaciones (más caras) tienen vistas al mar y balcón o terraza.

✗ Dónde comer

La oferta de restaurantes es correcta mas no apasionante. Hay mucho pescado y marisco fresco y algún intento de cocina creativa.

Konoba Gušt   COCINA DÁLMATA €€
(Frane Radića 14; platos principales desde 70 HRK) Taberna informal de buena comida en un marco de madera barnizada, fotos antiguas y cachivaches. Los sencillos platos de pescado, marisco y carne están bien preparados; se recomienda el estofado de pescado *gregada*. Algunas noches se cantan canciones dálmatas en directo.

Taverna Riva   COCINA DÁLMATA €€
(Frane Radića 5; platos principales desde 80 HRK) A esta terraza encima de la Riva vienen los lugareños a comer bien. Quien se atreva puede pedir *vitalac* (pinchos de asadura de cordero envuelta en carne de cordero) o si-

no, el delicioso cordero o pulpo bajo *peka* (tapas abombadas de asar).

Nº. 1 Finger Food   BAR DE TENTEMPIÉS €
(Rudina 32; tentempiés desde 25 HRK) Sitio nuevo especializado en tapas, con estupendos sándwiches, calamar frito, desayunos americanos, pollo frito y otros tentempiés. Con un diminuto interior y mesas en la acera, de noche se vuelve un divertido bar.

Ribarska Kućica   PESCADO Y MARISCO €€
(Ante Starčevića bb; platos principales desde 80 HRK; ⊙jun-nov) La langosta es la especialidad de este sitio frente al mar, donde también se come buen marisco y pescado en las mesas de la terraza o bajo sombrillas de paja en una pequeña playa de guijarros.

Vagabundo   PESCADO Y MARISCO €€
(Ante Radića 36; platos principales desde 90 HRK) El célebre chef Vinko prepara platos fabulosos en esta elegante terraza-restaurante toda blanca y frente al mar. La langosta sale de la pecera del restaurante. La especialidad de la casa es la "paella vagabundo", de marisco, pollo y chorizo.

Konoba Mlin   COCINA DÁLMATA €
(Ante Starčevića 11; platos principales desde 65 HRK; ⊙17.00-24.00) Restaurante de verano junto a un molino del s. xviii, con una linda y frondosa terraza sobre el mar, que sirve pescado y carne a la plancha al estilo dálmata.

⭐ Ocio

Varadero Cocktail Bar CAFÉ-BAR
(Frane Radića bb; cócteles 45-60 HRK; ⊙may-nov) En este bar al aire libre frente al mar de día se puede tomar café y zumo de naranja; si se vuelve de noche, tiene cócteles estupendos, música de DJ y sofás y butacas de mimbre donde repanchingarse.

Marinero CAFÉ-BAR
(Rudina 46) Lugar de culto de los lugareños, subiendo unas escaleras desde el mar; está indicado. Tiene una frondosa terraza en una plaza, programa música en directo algunas noches y cuenta con una animada y variopinta clientela.

ℹ️ Información

Hay varios cajeros en la ciudad y muchos cambistas en la zona del puerto.

Bol Tours (☎635 693; www.boltours.com; Obala Vladimira Nazora 18) Para excursiones, alquiler de automóviles, cambio de dinero y alojamiento en casas particulares.

Interactiv (☎092 134 327; Rudina 6; 30 HRK/h; ⊙may-oct) Tiene una docena de ordenadores rápidos y locutorio. La oficina de turismo vende vales de Wi-Fi, pues por todo Bol hay acceso a la Red.

More (☎642 050; www.more-bol.com; Obala Vladimira Nazora 28) Alojamiento en casas particulares, alquiler de vespas, circuitos por la isla y excursiones.

Oficina de turismo (☎635 638; www.bol.hr; Porat Bolskih Pomoraca; ⊙8.30-22.00 jul y ago, 8.30-14.00 y 16.30-21.00 lu-sa, 9.00-12.00 do sep-jun) En una casa gótica del s. xv, facilita excelente información sobre eventos en Bol y un sinfín de folletos.

ISLA DE HVAR

11 500 HAB.

Es la isla más lujosa de Croacia, el lugar más soleado (2724 horas de sol al año) y, junto con Dubrovnik, el destino turístico más visitado. En la ciudad de Hvar, capital de la isla, todo son hoteles lujosos, restaurantes elegantes, bares y clubes de moda, y yates despampanantes; aquí es donde hay que estar si se quiere formar parte de la sociedad más exclusiva. Son lugares más sobrios y tranquilos Stari Grad y Jelsa, centros culturales e históricos de la isla, en la costa.

Hvar es también famosa por los azulados campos de lavanda que salpican su interior y por otras plantas aromáticas como el romero y el brezo. Algunos de los hoteles de alto lujo usan cosméticos hechos con estas perfumadas plantas.

El interior, en gran parte ignoto para el turismo, tiene aldeas antiguas abandonadas, altas cumbres y verdes paisajes. Merece la pena verlo en una excursión de un día, al igual que el extremo sur de la isla cuyas calas son de las más bellas y apartadas de Hvar.

ℹ️ Cómo llegar y salir

El *ferry* de automóviles local de Jadrolinija procedente de Split hace escala en Stari Grad (47 HRK, 2 h) seis veces diarias en verano. Jadrolinija también tiene un catamarán diario a la ciudad de Hvar (22 HRK, 1 h) y Jelsa (22 HRK, 1½ h). **'Krilo'** (www.krilo.hr), barco rápido de pasajeros, navega una vez al día entre Split y la ciudad de Hvar (22 HRK, 1 h) en verano; también va a Korčula (55 HRK, 2¾ h). Los billetes se pueden comprar en **Pelegrini Tours** (☎742 743; www.pelegrini-hvar.hr; Riva bb) en Hvar.

Hay al menos diez *ferries* de automóviles (menos en temporada baja) desde Drvenik, en el continente, a Sućuraj (16 HRK, 35 min), en la punta de la isla de Hvar. La **agencia de Jadrolinija** (☎741 132; www.jadrolinija.hr) está junto al desembarcadero, en Stari Grad.

Hay conexiones con Italia en verano. Los *ferries* de Jadrolinija que unen Rijeka y Dubrovnik hacen escala en Hvar dos veces a la semana, parando en Stari Grad antes de seguir hacia Korčula, Dubrovnik y finalmente Bari (Italia). Dos *ferries* semanales de Jadrolinija van de Stari Grad a Ancona (Italia). SNAV y Blue Line también tienen barcos regulares a Ancona desde la ciudad de Hvar. Pelegrini Tours vende estos billetes en Hvar.

ℹ️ Cómo desplazarse

Los autobuses esperan a casi todos los *ferries* que atracan en Stari Grad y van a la ciudad de Hvar (25 HRK, 50 min) y Jelsa (30 HRK). Hay siete autobuses diarios entre Stari Grad y la ciudad de Hvar en verano, aunque los servicios se reducen los domingos y en temporada baja. Un taxi cuesta 150-350 HRK. **Radio Taxi Tihi** (☎098 338 824) sale más barato si el número de pasajeros llena la furgoneta. Es fácil de reconocer, pues lleva una imagen de Hvar pintada en el lateral.

Si se va en automóvil de Stari Grad a la ciudad de Hvar, hay dos rutas: la panorámica, una carretera estrecha que serpentea por los montes del interior; y la directa, más moderna (2960) por la que se llega en seguida.

Ciudad de Hvar

4200 HAB.

Centro y destino más concurrido de la isla, se estima que acoge a unas treinta mil personas al día en temporada alta. Cuesta creer que puedan caber todos en la pequeña ciudad de la bahía, cuyas murallas del s. XIII encierran hermosos palacios góticos y calles peatonales de mármol, pero así es. Los visitantes deambulan por la plaza mayor, ven los puntos de interés en las tortuosas calles de piedra, nadan en las numerosas playas o saltan a las islas Pakleni a bañarse en cueros pero, sobre todo, salen de marcha por la noche.

Aquí hay varios restaurantes buenos y una serie de estupendos hoteles, aunque gracias al éxito que tiene la isla entre la gente adinerada los precios pueden ser astronómicos. Esto no debe desanimar a quien tenga un presupuesto económico, pues hay alojamiento en casas particulares y un par de albergues dirigidos a una clientela más joven y variopinta.

◉ Puntos de interés

No debe organizarse la estancia en función de los horarios de museos e iglesias, que tienden a variar. Los horarios reseñados son para la temporada veraniega, que va más o menos de junio a septiembre. En temporada baja suelen abrir solo por la mañana, si es que abren.

Hvar es tan pequeña y manejable que ni siquiera se emplean nombres para las calles. Se rumorea que por fin todas ellas tendrán nombre, pero eso no había ocurrido cuando se elaboraba esta obra.

La calle principal es el largo paseo marítimo, salpicado de playitas rocosas, puntos de interés, hoteles, bares y algunos restaurantes. La plaza mayor se llama Trg Svetog, y la parada de autobús está a unos minutos de ella. En la cuesta norte encima de la plaza e intramuros se hallan los restos de algunos palacios que pertenecieron a la aristocracia de Hvar. La ciudad es peatonal desde la estación de autobuses hasta el puerto, lo que preserva su tranquilidad medieval.

Plaza de San Esteban PLAZA

(Trg Svetog Stjepana) Centro de la ciudad, es rectangular y se creó desecando un brazo de mar; con sus 4500 m², es una de las mayores plazas antiguas de Dalmacia. La ciudad creció primero al norte de ella en el s. XIII y más tarde, en el s. XV, se expandió hacia el sur. En el extremo norte de la plaza destaca un **pozo** de 1520 con una reja de hierro forjado de 1780.

Museo y monasterio franciscano MONASTERIO

(entrada 20 HRK; ◉9.00-13.00 y 17.00-19.00 lu-sa) Este monasterio del s. XV domina una sombreada cala. En el s. XVI una conocida familia de canteros de Korčula construyó su elegante **campanario**. El **claustro renacentista** da paso al refectorio, que muestra encajes, monedas, cartas náuticas y valiosos documentos como un *Atlas* de Ptolomeo impreso en 1524. Llama la atención *La última cena,* obra de 8 por 2,5 m pintada por el veneciano Matteo Ingoli a finales del s. XVI. Se dice que el ciprés del **jardín del claustro** tiene más de tres siglos. La contigua iglesia de la **Virgen de la Caridad** alberga otras bellas pinturas, como los tres polípticos realizados por Francesco da Santacroce en 1583, obra cumbre del pintor.

Arsenal EDIFICIO HISTÓRICO

(Trg Svetog Stjepana; arsenal y teatro 20 HRK; ◉9.00-21.00) En el flanco este de la plaza, el Arsenal se erigió en 1611 para sustituir el edificio destruido por los otomanos. Citado en documentos venecianos como "el edificio más bello y útil de toda Dalmacia", se utilizó como centro de reparación de galeones de guerra.

Teatro renacentista TEATRO HISTÓRICO

(Trg Svetog Stjepana; arsenal y teatro 20 HRK; ◉9.00-21.00) Construido en 1612 en la primera planta del Arsenal, se dice que fue el primer teatro de Europa abierto tanto a nobles como a plebeyos. Siguió siendo un centro cultural regional a lo largo de los siglos y en él se representaron obras hasta el 2008. Tras unos años de reformas, se reabrió en el verano del 2010. Aunque gran parte del teatro está aún en obras, se puede deambular por el sugerente espacio y apreciar los desvaídos frescos y los palcos barrocos.

Catedral de San Esteban IGLESIA

(Katedrala Svetog Stjepana; Trg Svetog Stjepana; ◉30 min antes de las dos misas diarias) Es el imponente telón de fondo de la plaza. El campanario tiene cuatro pisos, cada cual más elaborado que el anterior. La catedral se erigió en los ss. XVI y XVII, el apogeo del Renacimiento dálmata, en el emplazamiento de otra destruida por los turcos. Se ven partes de la catedral anterior en la nave y en la sillería del coro del s. XV.

Tesoro del Obispo MUSEO SACRO
(Riznica; entrada 10 HRK; ◎9.00-12.00 y 17.00-19.00) Contiguo a la catedral, guarda copas de plata, paramentos sacerdotales, vírgenes, un par de iconos del s. XIII y un sarcófago de rica talla.

Monasterio benedictino MONASTERIO
(entrada 10 HRK; ◎9.30-12.00 y 17.00-19.00 lu-sa) Situado al noroeste de la plaza, tiene una recreación de una casa renacentista y una colección de minuciosos encajes hechos por las monjas con hojas de agave seco.

Fortica FORTALEZA
(entrada 20 HRK; ◎8.00-21.00 jun-sep) La puerta principal de la ciudad, al noroeste de la plaza, lleva a una red de callejuelas con pequeños palacios, iglesias y casas antiguas. Desde aquí se puede subir por un parque a la ciudadela erigida en el emplazamiento de un castillo medieval para defender la ciudad de los turcos. Los venecianos la reforzaron en 1557, y en el s. XIX los austriacos la renovaron añadiendo cuarteles. En el interior hay una diminuta colección de ánforas antiguas sacadas del fondo del mar. Tiene magníficas vistas del puerto y un precioso café en lo alto.

Actividades
Hay varias empresas de submarinismo, como **Marinesa Dive Centre** (☎091 515 7229) y **Diving Centre Viking** (☎742 529; www.viking-diving.com). Ambas ofrecen cursos de certificado PADI e inmersiones (desde 250 HRK aprox.).

Alquilan vespas en **Navigare** (☎718 721; www.renthvar.com; Trg Svetog Stjepana) por 200-1000 HRK al día.

Para bañarse hay calas entre los hoteles Amfora y Dalmacija, además de la lujosa **playa Bonj Les Bains**, que regenta Sunčani Hvar Hotels, con cabañas de piedra, masajes al aire libre, clases de yoga y caras tumbonas (350 HRK/día por 2 tumbonas).

Casi todo el mundo va a las **islas Pakleni** (Pakleni Otoci; "islas del Diablo"), que deben su nombre a la resina con la que antaño se calafateaban los barcos. Este espléndido rosario de 21 islas boscosas tiene un mar cristalino, playas escondidas y lagunas desiertas. En temporada alta, desde frente al Arsenal salen barcos-taxi (15 HRK, 30 min) frecuentes que van a **Jerolim** y **Stipanska**, conocidas islas nudistas (no obligatorio), y siguen a las islas de **Ždrilca** y **Palmižana**, que tiene una playa de arena y el **Meneghello Place** (www.palmizana.hr), precioso complejo *boutique* de villas y bungalós diseminados entre exuberantes jardines tropicales. Llevado por la artística familia Meneghello, el complejo acoge recitales de música y tiene dos excelentes restaurantes y una galería de arte.

Hvar Adventure (☎717 813; Obala bb; www.hvar-adventure.com) ofrece deportes de aventura como vela (420 HRK medio día), kayak de mar (350 HRK medio día), senderismo y escalada.

Circuitos
No hay que perderse el estupendo circuito en todoterreno de **Secret Hvar** (☎717 615; www.secrethvar.com), que incluye bellezas ocultas del interior como pueblos abandonados, pintorescos cañones, antiguas cabañas de piedra, interminables campos de lavanda y el pico más alto de la isla, el **Sveti Nikola** (626 m). Vale cada lipa de sus 500 HRK, que incluye almuerzo en una taberna típica.

Fiestas y celebraciones
El **Festival de Verano** de Hvar, desde finales de junio a principios de septiembre, incluye conciertos de música clásica en el monasterio franciscano. El **Festival de la Lavanda** se celebra cada año en el pueblo de Velo Grablje el último fin de semana de junio, con exposiciones, conciertos, catas de vino y una feria de la lavanda, divertido festejo local.

Dónde dormir
Hvar es una de las localidades turísticas más célebres del Adriático, así que no se esperen gangas. Casi todos los hoteles los gestiona **Sunčani Hvar Hotels** (www.suncanihvar.com), y muchos han sido totalmente transformados.

En Hvar es muy difícil hallar alojamiento en julio y agosto, pese a que se han renovado o construido muchas casas para absorber la demanda turística. Se puede pedir ayuda a las agencias de viaje. Si se llega sin reserva, en el muelle del *ferry* ofrecen habitaciones; también se ven muchos carteles de *sobe* en la ciudad. En caso de alquilar una habitación o apartamento a alguien en el muelle, hay que comprobar que la casa tenga el cartel azul de *sobe;* si no, el alquiler es ilegal y si hay problemas el cliente estará indefenso. También hay que pedir una tarjeta de visita, si es posible; es facilísimo perderse en el laberinto de calles sin nombre del casco viejo, y así se podrá llamar a los dueños. En el centro, una habitación con baño privado costará 150-300 HRK por persona. Fuera de temporada alta se consiguen precios mucho mejores.

Hotel Adriana HOTEL €€€
(750 200; www.suncanihvar.com; Fabrika bb; i/d 2343/2785 HRK; ✻@☎☸) Este hotel-*spa* de lujo pertenece al grupo Leading Small Hotels of the World, lo que da una idea del confort que brinda. Todas sus luminosas y espléndidas habitaciones dan al mar y al casco medieval. Cuenta con el completo Sensori Spa, una espléndida piscina junto al bar en la azotea, un elegante restaurante, servicio de habitaciones 24 horas, excursiones y todo lo imaginable.

Hotel Riva HOTEL €€€
(750 100; www.suncanihvar.com; Riva bb; i/d 1390/1492 HRK; ✻@) El veterano de lujo de Hvar, con sus cien años de antigüedad, tiene 54 habitaciones algo pequeñas en negros, rojos y blancos, con pósteres de estrellas de cine en blanco y negro y paredes de cristal entre el dormitorio y el baño. Las habitaciones nº 115 y 215 son muy amplias. Su ubicación en el puerto es ideal para ver el ir y venir de los veleros, por lo que se le denomina "hotel de puerto de yates".

Hotel Croatia HOTEL €€€
(742 400; www.hotelcroatia.net; Majerovica bb; i/d 810/1080 HRK; P✻☎@) A un paso del mar, es un edificio de mediano tamaño de los años treinta entre espléndidos y apacibles jardines. Las habitaciones, en una paleta de amarillo, naranja y lavanda, son sencillas y frescas. Muchas tienen balcón a los jardines y al mar.

Aparthotel Pharia HOTEL €€
(778 080; www.orvas-hotels.com; Put Podstina 1; i/d/apt 467/675/895 HRK; P✻) Este reluciente complejo está a 50 m del mar en un tranquilo barrio al oeste del centro, detrás del Hotel Croatia. Todas las habitaciones y apartamentos tienen balcón, algunos encarados al mar. Hay también cuatro villas para ocho personas, cada una con su piscina, por 3330 HRK la noche.

Luka's Lodge HOSTAL €
(742 118; www.lukalodgehvar.hostel.com; Lučica bb; dc 140 HRK, d 120-175 HRK por persona; ✻@☎) El amable Luka cuida de verdad a los huéspedes en su acogedor hostal, a cinco minutos andando de la ciudad. Todas las habitaciones tienen nevera y algunas, balcón. Hay una sala de estar, dos terrazas, una cocina y servicio de lavandería. Si se solicita, Luka recoge al huésped en el muelle del *ferry* y hasta lo lleva a su pueblo natal de Brusje en el interior de la isla para presumir de sus propios campos de lavanda y enseñar cómo se hace el aceite de lavanda.

Villa Skansi ALBERGUE €
(741 426; hostelvillaskansi1@gmail.com; Lučica bb; dc 150-200 HRK, d 200-250 HRK por persona; ✻@☎) Nuevo albergue a un corto paseo cuesta arriba del muelle, con impolutos dormitorios colectivos y habitaciones dobles, baños de primera, Internet gratuito y una estupenda terraza con vistas al mar, bar y barbacoa. Hay trueque de libros, servicio de lavandería y alquiler de vespas, embarcaciones y bicicletas. Lo lleva una simpática pareja.

Hotel Podstine HOTEL €€€
(740 400; www.podstine.com; Podstine bb; 1271/1424 HRK; ✻P☎) De gestión familiar, 2 km al suroeste del centro, ofrece playa privada y centro de *wellness* y *spa* en la apartada cala de Podstine. Su jardín y decoración son alegres. Tiene enlaces frecuentes a/desde la ciudad; otra opción es alquilar una bicicleta, vespa o motora. Las habitaciones más baratas no tienen vistas al mar.

Green Lizard ALBERGUE €
(742 560; www.greenlizard.hr; Ulica Domovinskog Rata 13; dc 140 HRK, d 120-175 HRK por persona; ☼abr-oct; @☎) Dos hermanas regentan este albergue privado, simpática y alegre opción económica a un breve paseo del *ferry*. Tiene limpias habitaciones sencillas, una cocina común y servicio de lavandería, además de unas pocas habitaciones dobles (con servicios privados o compartidos).

Camping Vira 'CAMPING' €
(741 803; www.campingvira.com; 50/87 HRK por adulto/parcela; ☼may-med oct; ☎) De cuatro estrellas, en una hermosa bahía boscosa a 4 km de la ciudad, es uno de los mejores de Dalmacia. Tiene una playa espléndida, un lindo café-restaurante y una cancha de voleibol. Las cuidadas instalaciones son de buena calidad.

Dónde comer

La oferta es buena y relativamente variada, aunque los restaurantes, al igual que los hoteles, suelen ser para gente acaudalada. Es imprescindible probar la *hvarska gregada*, guiso de pescado típico de la isla que sirven en muchos sitios, aunque en casi todos solo por encargo. Muchos restaurantes cierran entre el almuerzo y la cena.

Se pueden comprar alimentos en el supermercado aledaño a la estación de autobuses o productos frescos en el mercado de hortalizas de al lado.

Konoba Menego
COCINA DÁLMATA €€

(Put Grode bb; platos tipo y tapas 45-70 HRK) Esta rústica casa vieja en las escaleras que llevan a la Fortica es de lo más sencilla y auténtica: ni parrilla ni *pizza* ni Coca-Cola. Decorada con antigüedades de Hvar, el personal viste traje tradicional, se informa a los clientes sobre los pormenores de lo que va a degustar y las carnes marinadas, quesos y verdura se preparan a la antigua usanza dálmata. Hay que probar el "higo borracho" y el vino *prošek* de la tierra.

Zlatna Školjka
'SLOW FOOD' €€€

(Petra Hektorovića 8; www.zlatna.skoljka.com; platos principales desde 120 HRK) En una callejuela atestada de restaurantes, este rincón de *slow food* destaca por la cocina creativa de su célebre chef. Es un negocio familiar, con interior de piedra y terraza detrás. Sirve platos innovadores como calamar en salsa de naranja silvestre, pavo con higos secos y una imbatible *gregada* (guiso de pescado) con langosta, caracoles de mar y cualquier pescado de primera capturado ese día.

Konoba Luviji
COCINA DÁLMATA €€

(platos principales desde 70 HRK) La comida de la cocina de leña de esta taberna de vinos es sencilla y siempre sabrosa. En el piso de abajo está la *konoba* donde sirven tapas dálmatas; y arriba, el restaurante, en la terracita de una casa particular con vistas al casco viejo y el puerto.

Luna
COCINA INTERNACIONAL €€

(Petra Hektorovića 1; platos principales desde 70 HRK) Con paredes de vivos colores y una escalera a la azotea, es un sitio algo estrambótico, cosa de agradecer tras tanto restaurante tradicional y de lujo. La carta es buena, con platos como ñoquis con trufa.

Giaxa
PESCADO Y MARISCO €€

(Petra Hektorovića 3; www.giaxa.com; platos principales desde 100 HRK) Aunque acaba de cambiar de dueños, este caro restaurante en un palacio del s. xv con un lindo jardín detrás tiene mucha fama en Hvar. La comida es excelente, en especial la langosta.

Pirate Sushi Bar
'SUSHI' €€

(Groda bb; www.piratehvar.com; rollos desde 30 HRK; ⊙solo cenas jun-sep) El carismático dueño franco-croata prepara comida japonesa con pescado fresco del Adriático en su diminuto local. En la cinta transportadora se sucede estupendo *sushi, sashimi, maki* y *chirashi*. Hay que pedir ensalada de lichis de postre y regarlo todo con sake frío.

Paradise Garden
COCINA INTERNACIONAL €€

(Put Grode bb; platos principales desde 70 HRK) Subiendo unos escalones en el lado norte de la catedral, sirve aceptables espaguetis con marisco, además del habitual surtido de pescado (300 HRK/kg) frito o a la plancha. Las mesas están al aire libre, en un patio.

🍷 Dónde beber y ocio

La vida nocturna de Hvar, casi toda ella en el puerto, es de las mejores de la costa adriática. La gente viene aquí a divertirse; hay mucha marcha al caer la noche.

Falko Bar
BAR DE PLAYA

(⊙10.00-22.00 med may-med sep) A un paseo de 20 minutos del centro, pasado el Hula Hula y el Hotel Amfora, este adorable rincón está en un pinar sobre la playa; nada pretencioso, es una buena alternativa a los llamativos sitios más cercanos a la ciudad. Sirve deliciosos sándwiches y ensaladas (30-40 HRK) desde una cabaña, así como sus propios *limoncello* y *rakija* (muy rica y *danderica*, elaborada con bayas locales). El ambiente es tranquilo y bohemio, con hamacas y, a veces, música en directo, exposiciones y otros interesantes eventos.

Carpe Diem
BAR-CLUB

(www.carpe-diem-hvar.com; Riva) El club costero por excelencia de Croacia. Desde un desayuno hasta caras copas a altas horas, no hay un momento del día en que el local esté aburrido. Sofisticadas bebidas, buena música *house* del DJ residente y una parroquia estilo *jet set*. El nuevo **Carpe Diem Beach,** en la isla de Stipanska, es lo más para ir de marcha (de junio a septiembre), con diversión playera de día, restaurantes, *spa* y fiestas de la luna llena.

Hula-Hula
BAR DE PLAYA

(www.hulahulahvar.com) Es el lugar donde ver la puesta de sol al son de música *techno* e *house*. Es célebre por su fiesta posplaya (de 16.00 a 21.00); toda la juventud moderna de Hvar acude a tomarse una copa al caer la tarde.

V-528
CLUB

(www.v-528.com; ⊙desde 21.30) Antigua fortaleza en la ladera que hay detrás del muelle, este club recién abierto (antes llamado Veneranda) es el nuevo proyecto del dueño original del Carpe Diem. Concebido como un centro mediático multicultural basado en 528 (la frecuencia del amor), este local al aire libre tiene un aspecto impresionante, un fabuloso sistema de sonido, fiestas animadas por DJ y una sala de oxígeno en una antigua capilla, con gongs y campanas tibetanas para masajes de sonido.

Kiva Bar BAR-CLUB
(Fabrika bb; www.kivabarhvar.com) Sitio marchoso en una callejuela detrás del Nautika, se llena a tope casi todas las noches, con un DJ pinchando viejos éxitos de *dance*, pop y *rock*. Hay que probar el "tequila *dumdum*": el camarero golpea el vaso contra el casco que le ha puesto antes al cliente.

Nautika BAR-CLUB
(Fabrika bb) Con lo último en cócteles y música para bailar, desde *techno* hasta *hip hop*, este bar-discoteca es una escala imprescindible en la ruta nocturna de Hvar.

De compras

Lavanda, lavanda y más lavanda, en frasquitos, botellas grandes o metida en bolsitas. Según el momento del año, en el puerto habrá desde un puesto hasta 50 vendiéndola y llenando el aire con su aroma; también ofrecen aceites, pócimas, cremas para la piel y bálsamos, todo de hierbas. **Coral Shop** (www.coral-shop-hvar.com; Burak bb) es una tienda-estudio que elabora impresionantes joyas de plata, piedras semipreciosas y coral.

Información

Atlas Hvar (741 911; www.atlas-croatia.com) En el lado oeste del puerto, esta agencia de viajes busca alojamiento en casas particulares, alquila bicis y embarcaciones y reserva excursiones a Vis, Bol y Dubrovnik.

Clinic (741 300; Sv Katarine) Clínica médica a 700 m del centro, lo mejor para emergencias.

Del Primi (095 99 81 235; www.delprimi-hvar.com; Burak 23) Agencia de viajes especializada en alojamiento en casas particulares. También alquila motos de agua.

Fontana Tours (742 133; www.happyhvar. com; Obala 16) Busca alojamiento en casas particulares, organiza excursiones, reserva taxis-barco para la isla y gestiona alquileres. Tiene un romántico y apartado apartamento para dos en Palmižana (500 HRK/noche).

Garderoba (10 HRK/h; 7.00-22.00) Hay una consigna en el baño público junto a la estación de autobuses.

Francesco (Burak bb; 30 HRK/h; 8.00-24.00) Cibercafé y locutorio detrás de la oficina de correos; también con consigna (35 HRK/día).

Pelegrini Tours (742 743; www.pelegrini-hvar.hr; Riva bb) Alojamiento en casas particulares, billetes de barco a Italia con SNAV y Blue Line, excursiones (muy populares las diarias a las Pakleni Otoci) y alquiler de bicicletas, vespas y embarcaciones.

Oficina de correos (Riva; 7.30-21.00 lu-vi, 14.30 sa) Con locutorio.

Oficina de turismo (742 977; www.tzhvar.hr; 8.00-14.00 y 15.00-21.00 jun y sep, 8.00-14.00 y 15.00-22.00 jul y ago, 8.00-14.00 lu-sa oct-may) En Trg Svetog Stjepana.

Stari Grad

2800 HAB.

En la costa norte de la isla, la "Ciudad Vieja" es más tranquila, culta y, en general, sobria que su estilosa y extravagante hermana. Si no se ansía una desenfrenada vida nocturna y masas apretujándose en la calle en temporada alta, hay que ir a Stari Grad a disfrutar de Hvar con más calma.

Aunque figura como escala de casi todos los *ferries* entre la isla y el continente, en realidad la ciudad está a un par de kilómetros al noreste del muelle del *ferry*. Stari Grad se halla en una bahía en forma de herradura con el casco viejo en el lado sur. La estación de autobuses (sin consigna) está al pie de la bahía. El lado norte lo ocupan residencias, un pequeño pinar y el enorme complejo hotelero Helios.

Puntos de interés

Tvrdalj FORTALEZA
(Trg Tvrdalj; entrada 10 HRK; 10.00-13.00 y 6.00-21.00 jun-sep) El antiguo castillo de Petar Hektorović, del s. XVI, cuyo frondoso estanque de peces refleja el amor del poeta por la pesca y los pescadores, que retrató con encanto en su poema "La pesca y las conversaciones entre pescadores". El castillo también tiene citas de sus obras en latín y croata inscritas en las paredes.

Monasterio dominicano MONASTERIO
(Dominikanski Samostan; entrada 10 HRK; 10.00-13.00 y 6.00-21.00 jun-sep) Fue fundado en 1482, dañado por los turcos y más tarde fortificado con una torre. Además de la biblioteca y los hallazgos arqueológicos de su museo, hay una iglesia del s. XIX con *El entierro de Cristo*, atribuido a Tintoretto, y dos lienzos de Gianbattista Crespi.

Stari Grad tiene una pequeña pero creciente oferta de galerías en el casco viejo:

Fantazam (Ivana Gundulića 6) Originales joyas.

Maya Con Dios (Škvor 5) Cuadros de tema marino.

🛏 Dónde dormir y comer

Una de las agencias para alojarse en casas particulares es **Hvar Touristik** (✆717 580; www.hvar-touristik.com; Jurja Škarpe 13), que dispone de individuales y dobles con baño por unas 120 HRK en julio y agosto.

Kamp Jurjevac 'CAMPING' €
(✆765 843; www.heliosfaros.hr; Predraga Bogdanića; 33/33 HRK por adulto/de acampada; ⊙finales jun-ppios sep) Cerca de calas para bañarse, junto al puerto, al este del casco viejo.

Helios COMPLEJO HOTELERO €€
(✆765 865; www.heliosfaros.hr; P) Grande y más bien impersonal, domina el ala norte de la ciudad. Sus hoteles incluyen el **Lavanda** (✆306 330; i/d 450/720 HRK) de tres estrellas, el **Arkada** (✆306 305; i/d 500/680 HRK) de dos y el **Roko** (✆306 306; i/d 350/520 HRK).

Antika COCINA DÁLMATA €€
(Donja Kola 24; platos principales desde 70 HRK) Uno de los restaurantes y bares más lindos de Hvar. Tiene tres espacios en una destartalada casa antigua, mesas en la callejuela y, en el piso de arriba, una terraza con bar. El sitio obligado para ir de noche.

Eremitaž COCINA DÁLMATA €€
(Obala Hrvatskih Braniteja; platos principales desde 70 HRK) A 10 minutos de la ciudad andando por la Riva hacia el Hotel Helios, esta ermita del s. XV alberga un magnífico restaurante con buenos platos dálmatas y otros más creativos (como el jabalí con arándanos) en su interior de piedra vista o en la terraza de la ribera.

ℹ Información

Oficina de turismo (✆765 763; www.stari-grad-faros.hr; Obala dr Franje Tuđmana bb; ⊙8.00-14.00 y 15.00-22.00 lu-sa, 9.00-12.00 y 17.30-20.30 jun-sep, 9.00-14.00 lu-vi med sep-med jun) Facilita un buen plano local y tiene un cajero automático.

Jelsa

1700 HAB.

Pequeño puerto y localidad turística entre espesos pinares y altos álamos, 27 km al este de la ciudad de Hvar. Aunque sin los edificios renacentistas de esta, posee calles recoletas y agradables plazas, y está cerca de calas y playas de arena. Al ser sus hoteles más baratos que los de la ciudad de Hvar, se ha convertido en la segunda localidad más concurrida de la isla.

Jelsa está en medio de una bahía con varios hoteles grandes a ambos lados; el casco viejo se halla al pie del puerto. Un paseo parte del extremo oeste de la bahía y sube por la parte este hasta una cala de arena. La estación de autobuses está al borde de la carretera principal que lleva al centro; las calles no tienen nombres.

◉ Puntos de interés y actividades

La **iglesia de San Fabián y San Sebastián** (Crkva Sv Fabijana i Sebastijana; ⊙solo misas) tiene un altar barroco del s. XVII del tallista Antonio Porri y una talla de la Virgen traída por los refugiados del pueblo de Čitluk, cerca de Sinj, al huir de los turcos en el s. XVI. Se visita 30 minutos antes de las misas.

Hay una **playa de arena** cerca del Hotel Mina; se puede ir en barco-taxi (caro) a las playas nudistas de **Zečevo** y **Glavica**. Si se alquila un vehículo y se atraviesa la colina se podrá acceder a las apartadas calas que rodean el pueblo de **Zavala**. La carretera, aunque espantosa, es tremendamente pintoresca y pasa por el pueblecito de **Pitve**.

Atlanta Co (✆761 953) alquila vespas por 120-150 HRK al día.

Para submarinismo, está el **Dive Center Jelsa** (✆761 822; www.tauchinjelsa.de; Hotel Jadran).

🛏 Dónde dormir y comer

Pansion Murvica PENSIÓN €
(✆761 405; www.murvica.net; i/d 180/365 HRK; P) Linda pensión en una calle paralela a la carretera principal que lleva a la ciudad. Ofrece confortables estudios bien decorados y una sombreada terraza-restaurante con buena comida.

Hotel Hvar HOTEL €€€
(✆761 024; www.hotelhvar-adriatiq.com; i/d 691/1136 HRK; P🛜≋) Parte de un complejo de tres hoteles, tiene un sinfín de servicios y 205 agradables habitaciones con balcón, algunos de ellos con vistas al mar. Además, la playa está cerca.

Grebišće 'CAMPING' €
(✆761 191; www.grebisce.hr; por adulto 34 HRK; ⊙may-sep) Sito 5 km al este del Hotel Mina, tiene acceso a la playa. Alquila unos pocos bungalós para cuatro personas (650 HRK).

Konoba Nono COCINA DÁLMATA €€
(platos principales desde 80 HRK) En una callejuela detrás de la iglesia, esta encantadora taberna sirve comida típica de la isla. Su especialidad son los espetos de pescado y la caza (jabalí, conejo, etc.). Las hortalizas, el aceite de oliva y el vino son de la casa.

Información

Las agencias de viaje cambian dinero. Hay un cajero automático en el Privredna Banka de la plaza mayor.

Atlas Travel Agency (761 038; www.atlas-croatia.com; Riva bb) En el puerto, para alojamiento en casas particulares (120-150 HRK por persona) y excursiones.

Oficina de turismo (761 017; www.jelsa-online.com; Riva bb; 8.00-22.00 lu-sa, 10.30-12.30 y 7.00-21.00 do jun-sep, 8.00-14.00 lu-vi oct-may) En la acera de enfrente de Atlas y por el muelle. También busca alojamiento en casas particulares.

ISLA DE VIS

5000 HAB.

Es la más remota de las principales islas de Dalmacia central y la más misteriosa de las croatas, incluso para los lugareños. Estuvo cerrada a los extranjeros desde los años cincuenta hasta 1989, pues servía de base militar al Ejército Nacional Yugoslavo. El aislamiento impidió su desarrollo y gran parte de sus habitantes emigró en busca de trabajo, dejándola semiabandonada durante muchos años.

Como en otras islas empobrecidas del Mediterráneo, la falta de desarrollo de Vis se ha convertido en su principal baza turística. Viajeros nacionales y extranjeros llegan ahora en bandada buscando autenticidad, naturaleza, delicias gastronómicas y paz y tranquilidad. Los vinos de Vis son de los más famosos de Croacia, tanto el *vugava* (blanco) como el *plavac* (tinto); hay grandes extensiones de viñas por toda la isla. Aquí se come también marisco fresco gracias a la aún floreciente tradición pesquera.

La isla está dividida entre dos preciosas y pequeñas poblaciones al pie de sendas bahías: la ciudad de Vis, en el noreste; y Komiža, en el suroeste. Entre ambas hay una cordial rivalidad: Vis se asocia históricamente a la clase noble, mientras que Komiža se enorgullece de su tradición pesquera de clase trabajadora y sus historias de piratas. Calas, cuevas y alguna que otra playa de arena salpican la accidentada costa. Los restos antiguos, que se pueden ver en el Museo Arqueológico y otros sitios cercanos a la ciudad de Vis, dan una idea del complejo carácter de esta pequeña isla.

Historia

Ya habitada en el Neolítico, en el I milenio a.C. los antiguos ilirios llevaron la Edad de Hierro a Vis. En el 390 se fundó en la isla una colonia griega, Issa, desde la cual su gobernante, Dionisio el Viejo, controlaba otras posesiones del Adriático. Más tarde la isla se convirtió en una potente ciudad-Estado y estableció sus propias colonias en la isla de Korčula y en Trogir y Stobreč. A pesar de haberse aliado con Roma en las guerras ilirias, perdió su autonomía y pasó a pertenecer al Imperio romano en el 47 a.C. En el s. X la poblaron tribus eslavas y en 1492 se vendió a Venecia junto con otras ciudades dálmatas. Para huir de los piratas, la población dejó la costa y se trasladó al interior.

Tras la caída del Imperio veneciano en 1797, pasó a estar bajo el control de Austria, Francia, Gran Bretaña, de nuevo Austria y más tarde Italia durante la Segunda Guerra Mundial, ya que las grandes potencias se disputaban este punto estratégico del Adriático. A lo largo de su historia perteneció a nueve naciones. Eso quizá explique que un lugar tan pequeño tenga nada menos que cuatro dialectos diferenciados.

Vis fue una importante base militar de los partisanos de Tito. Este estableció su cuartel general supremo en una cueva del monte Hum, desde donde coordinó las acciones diplomáticas y militares con los aliados y, al parecer, pronunció su famosa frase: "No queremos lo que pertenece a otros, pero no renunciaremos a lo que nos pertenece".

Cómo llegar y desplazarse

Lo mejor para ir a la ciudad de Vis es el *ferry* de automóviles desde Split (54 HRK, 2½ h, 2-3 diarios) o el barco rápido de pasajeros (26 HRK, 1¼ h, 1 diario). Nótese que en temporada alta se puede visitar Vis en el día, cosa imposible en temporada baja dado el horario irregular de los barcos.

La **oficina de Jadrolinija** (711 032; www.jadrolinija.hr; Šetalište Stare Isse; 8.30-19.00 lu-vi, 9.00-12.00 sa) está en la ciudad de Vis.

La única línea de autobús de la isla une la ciudad de Vis con Komiža. El autobús va al encuentro de los *ferries* de Jadrolinija en la ciudad de Vis. Las conexiones son puntuales en julio y agosto, pero a veces hay que esperar en temporada baja.

Ciudad de Vis

1960 HAB.

En la costa norte de la isla, al pie de una ancha bahía en forma de herradura, la antigua ciudad de Vis fue el primer asentamiento de la isla. En un breve paseo se ven los restos de un cementerio griego, las termas romanas y la fortaleza inglesa. La llegada del *ferry* provoca ráfagas de actividad en el sosiego de esta localidad de paseos costeros, casas del s. XVII que se desmoronan y callejuelas que suben serpenteando la suave cuesta desde el mar.

Ubicada en la ladera sur de la colina de Gradina, Vis es la fusión de dos poblaciones: la Luka del s. XIX en el noroeste de la bahía y la medieval Kut, en el sureste. El *ferry* atraca en Luka, desde donde un pintoresco paseo portuario lleva hasta Kut. Pequeñas playas bordean este paseo, aunque la playa urbana más concurrida está al oeste del puerto, frente al Hotel Issa. Detrás de ella están las calas nudistas y una serie de lugares salvajes donde bañarse. Al otro lado, pasado Kut y el cementerio naval británico, se halla la popular playa de Grandovac, que tiene un bar, un pequeño tramo de guijarros y una serie de playas rocosas a ambos lados.

Puntos de interés y actividades

Museo Arqueológico MUSEO

(Arheološki Muzej; Šetalište Viški Boj 12; entrada 20 HRK; 10.00-13.00 y 17.00-21.00 lu-vi, 13.00 sa jun-sep) Además de completas exposiciones arqueológicas, tiene una buena colección etnográfica que, entre otras cosas, pone al tanto de la pesca, elaboración de vino, construcción de barcos e historia reciente de la isla. El segundo piso muestra la mayor colección helenística de Croacia, con escultura, joyas y cerámica griega como la exquisita cabeza de bronce (s. IV) de una diosa griega, tal vez Afrodita o Artemisa. Un folleto resume la colección y la historia de Vis, e incluye un práctico plano con la ubicación de las ruinas de los alrededores de Vis. La entrada es previa cita en la oficina de turismo de octubre a mayo.

Explorar la isla BICICLETA

Las pintorescas **carreteras costeras** de Vis, con espectaculares acantilados y cerradas curvas, hacen que valga la pena alquilar un vehículo por un día. Alquilan bicicletas de montaña (20/100 HRK por h/día) o vespas (120/200 HRK por 3 h/día) en Ionios Travel Agency (véase p. 248). La agencia Navigator también alquila automóviles desde 250 HRK por 6 horas.

Submarinismo SUBMARINISMO

Excelente en Vis: hay profusión de peces y un **pecio** de un barco italiano hundido en una batalla de 1866 entre Austria e Italia. **Dodoro Diving Centre** (711 913; www.dodoro-diving.com; Trg Klapavica 1, ciudad de Vis) tiene diversos programas de submarinismo; las inmersiones con una bombona cuestan desde 185 HRK.

Circuitos

VisIt (www.visit.hr) ofrece originales circuitos de aventura. Es imprescindible hacer el de los **lugares militares de alto secreto** (350 HRK, 4 h) abandonados por el Ejército Nacional Yugoslavo en 1992. La excursión, disponible en versiones de medio día y día completo, abarca refugios anticohetes, búnkeres, almacenes de armamento, puertos de submarinos, la cueva de Tito (que albergó al ex presidente yugoslavo durante la Segunda Guerra Mundial) y refugios nucleares que sirvieron de cuartel general de comunicaciones al servicio secreto yugoslavo. Están en algunos de los parajes más bellos de la isla, abiertos al público solo desde hace poco.

VisIt también ofrece espeleología en las grutas (desde 350 HRK), excursionismo (desde 200 HRK), un circuito para descubrir la isla con degustación de comida y vino (400 HRK) y excursiones en barco a islas más alejadas (1000 HRK). Lo excepcional de estas excursiones es el sabor local que transmiten los guías nacidos y criados en Vis.

Las agencias de viajes Ionios y Navigator también ofrecen excursiones en barco a la Gruta Azul, la Gruta Verde y estupendos lugares más alejados.

Dónde dormir

La ciudad de Vis tiene pocos hoteles y ningún *camping*. Es fácil encontrar **alojamiento en casas particulares,** aunque en verano hay que reservar con antelación pues la oferta es limitada; **Navigator** (717 786; www.navigator.hr; Šetalište Stare Isse 1) lo busca. Se pagan unas 220 HRK por una doble con baño compartido y 370 HRK por una doble con baño privado y terraza; por los apartamentos, 370-470 HRK. La agencia también tiene tres **villas de lujo**

Hotel San Giorgio HOTEL €€€
(☎711 362; www.hotelsangiorgiovis.com; Petra Hektorovića 2; i/d 780/1180 HRK; P✻🕾) De propiedad italiana, este precioso hotel de Kut ofrece 10 estilosas y coloridas habitaciones y suites en dos edificios. Tienen suelos de madera, estupendas camas y un sinfín de detalles de categoría como minibar; algunas disponen de *jacuzzi* y terraza al mar. El restaurante de creativa cocina mediterránea sirve vinos de la propia bodega del hotel en la isla. Alquila por semanas un faro en el vecino islote de Host (1875 HRK/noche).

Hotel Tamaris HOTEL €€€
(☎711 350; www.vis-hoteli.hr; Svetog Jurja 30; i/d 540/820 HRK; P✻) Lo mejor es su ubicación, en un bonito edificio antiguo de la ribera, unos 100 m al sureste del muelle del *ferry*. Sus 25 habitaciones algo pequeñas son confortables, con aire acondicionado, teléfono y TV; vale la pena pagar 30 HRK por persona por una con vistas al mar. La misma empresa hotelera tiene el Hotel Issa al otro lado de la bahía, que ofrece 128 habitaciones con balcón recién acicaladas.

Dionis B&B €€
(☎711 963; www.dionis.hr; Matije Gubca 1; i/d 430/504 HRK; ✻) Encima de la pizzería del mismo nombre, junto a la ribera, este simpático B&B familiar en una vieja casa de piedra dispone de ocho habitaciones. Todas con TV, camas grandes y nevera; algunas, con balcón. La habitación triple del ático tiene una preciosa terraza con vistas.

✕ Dónde comer

Vis posee algunos de los mejores restaurantes de Dalmacia, en las dos villas y en el interior de la isla. Hay unas pocas especialidades que probar: *viška pogača,* pan plano relleno se pescado salado y cebolla; *viški hib,* higos secos rallados mezclados con hierbas aromáticas; y la excelente mojama.

Kantun COCINA DÁLMATA €€
(Biskupa Mihe Pušića 17; platos principales desde 70 HRK; ◷solo cenas) Esta linda taberna de escueta pero bien pensada carta ofrece comida típica con ingredientes de primera calidad. Tiene una exuberante zona de jardín, emparrada e íntima, y un bonito interior rústico con piedra vista. Se recomiendan la mojama y las alcachofas con guisantes. Hay una *rakija* estupenda, 40 vinos y una rica limonada natural.

Pojoda PESCADO Y MARISCO €€
(☎711 575; Don Cvjetka Marasovića 8; platos principales desde 70 HRK) Los croatas entendidos adoran este restaurante con frondoso patio salpicado de naranjos, limoneros y bambúes. Desde luego hace maravillas con el pescado (desde 240 HRK/kg), los moluscos (260 HRK/kg) y los crustáceos (desde 230 HRK/kg). Se recomienda el *orbiko,* plato especial con *orzo,* guisantes y gambas. En agosto hay que reservar.

Karijola 'PIZZA' €
(Šetalište Viškog Boja 4; *pizzas* desde 45 HRK) Del equipo que lleva la pizzería del mismo nombre en Zagreb, hace la mejor *pizza* de la isla, de masa fina y con ingredientes de primera. Se recomienda la Karijola, con tomate, ajo, mozarela y jamón, o la blanca, sin salsa de tomate, sorprendentemente rica.

Villa Kaliopa COCINA MEDITERRÁNEA €€€
(Vladimira Nazora 32; platos principales desde 120 HRK) En los exóticos jardines de la mansión Garibaldi (s. xvi), este restaurante de categoría está lleno de turistas de yates. En un marco de altas palmeras, bambúes y estatuaria clásica, sirve especialidades dálmatas que cambian a diario. A veces hay conciertos y exposiciones.

Val COCINA DÁLMATA €€
(Don Cvjetka Marasovića 1; platos principales desde 70 HRK) La "Ola" ocupa una vieja casa de piedra con frondosa terraza sobre el mar. La carta de temporada tiene un toque italiano; espárragos silvestres en primavera, jabalí con setas en invierno y mucho pescado y verdura fresca en verano. No hay que perderse la tarta de algarroba.

Buffet Vis PESCADO Y MARISCO €
(Obala Svetog Jurja 35; platos principales desde 40 HRK) El más barato y con más lugareños, al lado del muelle del *ferry* junto a la Ionis Agency. Pequeño y sin adornos, con unas pocas mesas fuera, sin lujos aunque sale muy a cuenta, con ambiente local y delicioso pescado y marisco.

🍷 Dónde beber y ocio

Lambik BAR
(Pod Ložu 2) El mejor bar de Kut tiene mesas al aire libre en un lindo pasaje emparrado bajo una antigua columnata y mesas fuera, en una placita a un paso de la ribera. Algunas noches actúan cantantes y grupos acústicos.

MERECE LA PENA

NADAR Y COMER EN VIS

Aunque en los alrededores de la ciudad de Vis y Komiža hay **playas,** hasta algunas de las mejores de la isla es preciso ir en barco o vespa. Varias requieren bajar empinadas cuestas, así que no hay que olvidar un calzado cómodo. Las oficinas de turismo y agencias de viajes proporcionan mapas; muchas también organizan el transporte.

Las playas más intactas están en la parte sur. **Stiniva** es la cala más espectacular de Vis; su estrechísima entrada rocosa se abre a una playa de guijarros flanqueada por peñas de 35 m de alto. También merecen el viaje **Srebrna** y **Milna,** al igual que la ensenada de arena de **Stončica,** al este de Vis, donde una taberna a pie de playa sirve excelente cordero a la barbacoa.

El interior de la isla y sus calas apartadas se están convirtiendo en una maravilla gastronómica. En los últimos años una serie de casas rurales han empezado a ofrecer comida casera del lugar, lo que justifica el viaje por sí solo. Una de ellas es **Golub** (098 96 50 327; platos principales desde 70 HRK) en Podselje, aldea a 5 km de la ciudad de Vis. Entre sus especialidades están el cordero y el pulpo bajo *peka* (tapas abombadas para asar) y todo tipo de pescado ahumado y marinado, como el *carpaccio* de atún. No hay que perderse su *rakija* casera; la hacen de muchos sabores, desde cactus hasta ortiga y salvia. **Konoba Pol Murvu** (091 56 71 990), en el pueblo de Žena Glava, es célebre por su fabulosa *pašticada* de atún, guiso a fuego lento con vino y especias. **Konoba Roki's** (098 303 483) en Plisko Polje es propiedad de un viticultor local, así que la deliciosa anguila ahumada y los platos bajo *peka* se riegan con *plavac* (vino tinto) o *vugava* (blanco) de los mejores de la isla. Muchos de estos sitios recogen al cliente, a menudo gratis, y lo llevan de vuelta a la ciudad después de haber comido.

Bejbi
CAFÉ-BAR

(Šetalište Stare Isse 9) En Luka, frente al muelle del *ferry*, es "el sitio" de Vis. De día se toma algo entre idas y venidas a la playa. De noche se vuelve para disfrutar de la música y el gentío entre murales tropicales y cortinas blancas. De vez en cuando hay música en directo.

Cine de verano
CINE AL AIRE LIBRE

Hay que fijarse en los carteles que anuncian la programación del cine de verano, sito en una terraza más o menos a medio camino entre Kut y Luka y con un variopinto público local. Las entradas cuestan 25 HRK.

❶ Información

Cambian dinero en el banco, la oficina de correos y las agencias de viajes.

Vis tiene varios puntos Wi-Fi, para los que se precisa comprar una tarjeta (desde 39 HRK) en las agencias de viajes.

Biliba (Korzo 13; 30 HRK/h; 8.00-22.00 lu-sa) Terminales de Internet.

Ionios Travel Agency (711 532; Obala Svetog Jurja 37) Busca alojamiento en casas particulares, cambia dinero, alquila automóviles, bicis y vespas y ofrece excursiones. También vende billetes de los barcos rápidos de **Termoli Jet** (www.termolijet.it) a Termoli (Italia).

Oficina de correos (Obala Svetog Jurja 25; 8.00-20.00 lu-vi, 14.00 sa)

Oficina de turismo (717 017; www.tz-vis.hr; Šetalište Stare Isse 2; 8.30-16.00 y 18.00-20.00 lu-vi, 8.30-14.30 y 18.00-20.00 sa, 10.30-12.30 do med jun-med sep, 8.30-14.30 lu-vi finales sep-ppios jun) Junto al muelle del *ferry* de Jadrolinija.

Komiža

En la costa occidental, al pie del monte Hum, esta cautivadora y pequeña villa se alza en una bahía, con playas de arena y guijarros en el extremo este. Muchos croatas adoran su ambiente poco sofisticado y algo bohemio.

Estrechas callejas de pardas casas de los ss. XVII y XVIII suben serpenteando desde el puerto, utilizado por los pescadores desde el s. XII. Al este de la población hay una iglesia del s. XVII en el emplazamiento de un monasterio benedictino, y en la punta del muelle principal se alza una ciudadela renacentista de 1585, el **Kaštel**. Dentro está el **Museo de la Pesca** (lu-sa 9.00-12.00 y 18.00-21.00; entrada 15 HRK), que tiene un par de salas con polvorientos equipos de pesca y una linda azotea con estupendas vistas de la villa y el mar.

El autobús de la ciudad de Vis para al borde de Komiža junto a la oficina de correos y a pocas manzanas de la ciudadela. Si se recorre a pie todo el puerto, pasado el Kaštel se llega a la **oficina de turismo** (713 455; www.tz-komiza.hr; Riva Svetog Mikule 2; 8.00-21.00 jul y ago, 9.00-12.00 lu-vi sep-jun) municipal, con información muy básica.

Actividades

Darlić & Darlić Travel Agency (713 760; www.darlic-travel.hr; Riva Svetog Mikule 13), junto a la Riva según se entra en la villa desde la parada de autobús, busca alojamiento privado desde 250 HRK por una doble. Alquila vespas (300 HRK/día), bicicletas de montaña (100 HRK/día), descapotables (450 HRK/día) y *quads* (400 HRK/día). Tiene además terminales de Internet (30 HRK/h) y Wi-Fi. Su servicio de taxi cuesta 20 HRK/km (120 HRK aprox. a la ciudad de Vis).

Circuitos

Darlić & Darlić Travel Agency (713 760; www.darlic-travel.hr; Riva Svetog Mikule 13) organiza una divertida excursión de 2 horas al atardecer a Hum, punto más alto de la isla (75 HRK).

Alter Natura (717 239; www.alternatura.hr; Hrvatskih Mučenika 2) se especializa en turismo de aventura, como parapente, excursionismo, kayak y *rápel*. También tiene excursiones a la Gruta Azul, las islas de Brusnik, Sveti Andrija, Jabuka, Sušac e incluso la remota Palagruža. Ofrece conexiones en barco a las playas de la isla, como Stiniva y Porat.

Dónde dormir y comer

Casi toda la actividad está en la Riva y por Škor, placita situada a la derecha según se llega a la ribera.

Villa Nonna APARTAMENTOS €€
(713 500; www.villa-nonna.com; Ribarska 50; apt 600-800 HRK; ❄🛜) Esta preciosa casa antigua tiene siete apartamentos renovados, con suelo de madera y cocina; algunos con balcón o patio. Al lado hay otra magnífica casa antigua, Casa Nono, con capacidad para entre seis y nueve personas (1700-2000 HRK/día), con un lindo jardín, tres baños, sala de estar con piedra vista y cocina.

Hotel Biševo HOTEL €€
(713 279; www.hotel-bisevo.com.hr; Ribarska 72; i/d desde 440/660 HRK; ❄@) Aunque no tenga muchas comodidades y la decoración evoque la época socialista, está muy cerca de la playa. Hay que pedir una habitación renovada (con nevera y TV) con vistas al mar (60 HRK extra).

Konoba Jastožera PESCADO Y MARISCO €€
(713 859; Gundulićeva 6; platos principales desde 90 HRK) Todo un clásico, se come un pescado de maravilla, sentados sobre tablones de madera encima del agua, entre muebles antiguos y parafernalia de pesca. Las langostas, vivas en una pecera, son la especialidad (desde 700 HRK/kg), a la parrilla, cocidas, al gratén... Hay que reservar.

Bako PESCADO Y MARISCO €€
(Gundulićeva 1; platos principales desde 85 HRK; solo cenas) Terraza junto al mar y excelente comida; se recomienda el *brodet* de langosta (guiso de marisco con polenta) o el *komiška pogača* (pan casero relleno de pescado) típico de aquí. El fresco interior de piedra tiene un estanque de peces y una colección de ánforas griegas y romanas.

Alrededores de Komiža

BIŠEVO

Esta islita tiene poco más que viñas, pinos y la espectacular **Gruta Azul** (Modra Špilja). Entre las 11.00 y las 12.00 los rayos del sol se cuelan por una abertura bajo el agua en esta cueva costera, bañando el interior con una luz azul sobrenatural. Bajo el agua cristalina los reflejos plata y rosa cabrillean en las rocas hasta una profundidad de 16 m. El único fallo es que el mar está demasiado picado para entrar en la cueva cuando no es verano o sopla el *jugo* (viento sur). En julio y agosto la cueva puede llenarse de gente y tener delante una larga cola de embarcaciones a la espera de entrar. Fuera de temporada alta se puede nadar tranquilamente.

Hay un barco regular de Komiža a Biševo (25 HRK por persona) que en julio y agosto zarpa a las 8.00 y regresa a las 16.30 todos los días excepto los viernes, cuando sale después de mediodía para regresar de inmediato; también se puede reservar una excursión en las agencias de viajes. Otra opción es alquilar una embarcación en una agencia y visitarla por cuenta propia (entrada 30 HRK). Muchos circuitos también ofrecen excursiones a la **Gruta Verde** (Zelena Špilja), menos concurrida, en la isla de Ravnik.

Dubrovnik y el sur de Dalmacia

020

Sumario »

Dubrovnik	244
Isla de Lokrum	260
Islas Elafiti	261
Isla de Mljet	261
Cavtat	264
Jardines de Trsteno	265
Isla de Korčula	265
Ciudad de Korčula	266
Lumbarda	272
Vela Luka	272
Península de Pelješac	273
Orebić	274
Ston y Mali Ston	275

Los mejores restaurantes

» LD (p. 279)
» Lucín Kantun (p. 264)
» Stermasi (p. 270)
» Konoba Komin (p. 279)
» Konoba Šiloko (p. 281)

Los mejores alojamientos

» Karmen Apartments (p. 261)
» Hotel Bellevue (p. 261)
» Hotel Korkyra (p. 281)
» Lešić Dimitri Palace (p. 278)
» Ostrea (p. 284)

Por qué ir

Dubrovnik es, en una palabra, única. Para lord Byron era la "joya del Adriático" y para George Bernard Shaw, el "paraíso en la Tierra". La ciudad deja a muchos sin habla: su belleza es cautivadora y su marco, sublime. Es un secreto a voces: todos los días del año miles de visitantes pasean por sus calles de mármol, hipnotizados, boquiabiertos y haciendo fotos sin parar. Pero también hay rincones para huir del gentío.

El memorable casco antiguo, cercado por unas sólidas murallas defensivas, es la verdadera joya de la ciudad, una especie de cápsula que protege a sus impresionantes edificios barrocos.

Dubrovnik también es un magnífico punto de partida para explorar las exuberantes islas de la región y su espectacular litoral: la idílica y pequeña Lokrum, la preciosa Korčula (célebre por sus excelentes vinos blancos y su ciudadela), el Parque Nacional de Mljet, la montañosa península de Pelješac y los hermosos jardines de Trsteno.

Cuándo ir

Dubrovnik

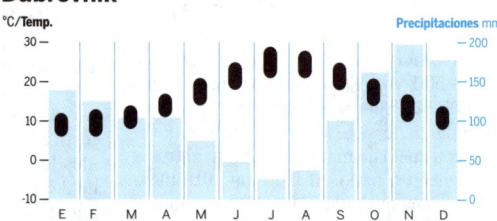

Marzo o abril Para gozar las procesiones de Semana Santa por las calles medievales de Korčula.

Julio y agosto Cuando se puede saciar el apetito cultural durante el Festival de Verano de Dubrovnik.

Octubre La temperatura del agua del mar sigue lo bastante cálida para dar unas brazadas.

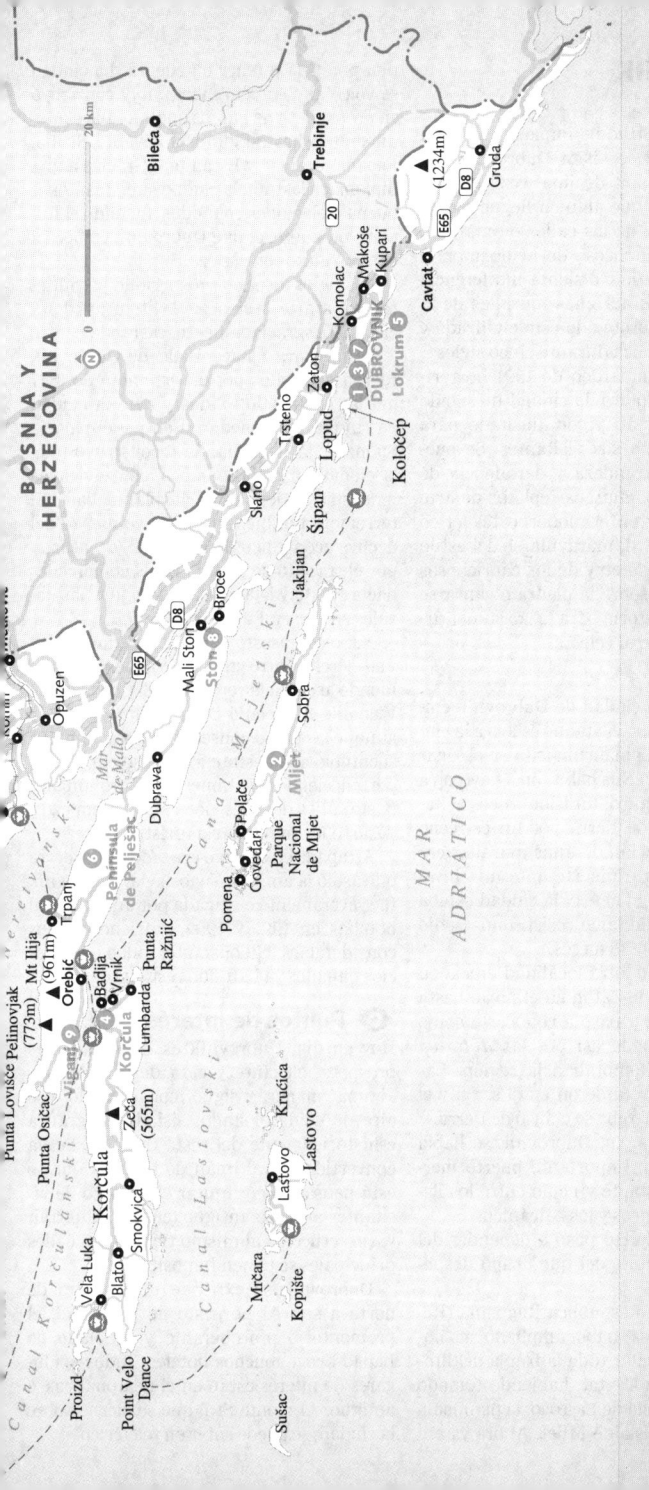

Lo más destacado

① Una de las actividades más bonitas y turísticas: contemplar **Dubrovnik** (p. 253) desde las murallas de la ciudad.

② Pasar unos días en la prísina y bucólica **Mljet** (p. 259), la versión croata de una isla paradisíaca.

③ Visitar la excelente galería **War Photo Limited** (p. 253) y saber más de la historia de Croacia.

④ Empaparse del ambiente medieval de la ciudad amurallada de **Korčula** (p. 271).

⑤ Escapar de las multitudes y explorar la intrigante isla de **Lokrum** (p. 268).

⑥ Subir por los senderos montañosos hasta la cresta de la **península de Pelješac** (p. 281).

⑦ Disfrutar de una copa al atardecer en uno de los bares **Buža** (p. 265) de Dubrovnik.

⑧ Degustar ostras en el fascinante y antiguo puerto de **Ston** (p. 283).

⑨ Deslizarse sobre las aguas del Adriático en **Viganj** (p. 282), el edén del *windsurf*.

DUBROVNIK

29 995 HAB.

La belleza del Stradun impacta de igual manera tanto si se visita Dubrovnik por primera como por décima vez. Incluso cuesta imaginar que alguien llegue a cansarse alguna vez de las calles de mármol, de los edificios barrocos y del brillo imperecedero del Adriático, o sienta indiferencia al pasear por las antiguas murallas de la ciudad que han protegido esta civilizada y sofisticada república durante cinco siglos.

Aunque el bombardeo de 1991 horrorizara al mundo entero, la ciudad ha sabido recuperarse con un vigor inusitado para volver a seducir a sus visitantes. Se puede analizar la grandeza y decadencia de Dubrovnik en los museos repletos de arte e historia, subir en el moderno teleférico hasta el monte Srđ, maravillarse del estilo de vida mediterráneo y de los caprichosos juegos de la luz sobre la piedra o cansarse de repasar su historia para luego sumergirse en sus aguas azul celeste.

Historia

La historia de la ciudad de Dubrovnik empieza en el s. VII con el ataque eslavo a la ciudad romana de Epidaurum (sita en el lugar del actual Cavtat). Sus habitantes huyeron a un lugar más seguro: un islote rocoso (Ragusa) separado de tierra por un estrecho canal. La edificación de unas murallas era cuestión de vida o muerte ante una invasión inminente; en el s. IX la ciudad estaba tan bien fortificada que resistió un asedio sarraceno durante 15 meses.

Mientras tanto, otra localidad crecía en tierra firme, desde Zaton en el norte hasta Cavtat en el sur, y pasó a conocerse como Dubrovnik, llamada así por las *dubrava* (encinas) que alfombraban la región. Las dos localidades se unieron en el s. XII, y el canal que las separaba se cubrió de tierra.

A finales del s. XII, Dubrovnik se había convertido en un importante puerto mercantil, un importante vínculo entre los Estados mediterráneos y los balcánicos.

En 1205, la ciudad pasó a depender del gobierno veneciano, del que acabó despegándose en 1358.

En el s. XV, la Respublica Ragusina (República de Ragusa) había ampliado sus horizontes para incluir toda la franja del litoral desde Ston a Cavtat, habiendo tomado previamente la isla de Lastovo, la península de Pelješac y la isla de Mljet. Ahora ya era una potencia a tener en cuenta. La ciudad se volcó al comercio marítimo y construyó su propia flota de barcos que surcaba el Mediterráneo hasta Egipto, el Levante, Sicilia, España, Francia y Estambul. Gracias a una diplomacia astuta, la ciudad supo mantener buenas relaciones con todos, incluido el Imperio otomano, al que Dubrovnik empezó a pagar tributos en el s. XVI.

Los siglos de paz y prosperidad permitieron que el arte, la ciencia y la literatura florecieran. Desgraciadamente, casi todo el arte y arquitectura renacentistas de Dubrovnik fueron arrasados por el terremoto de 1667 que se cobró 5000 vidas y dejó la ciudad en ruinas; solo quedaron en pie el palacio Sponza y la Rectoría. Se reconstruyó toda la ciudad en estilo barroco, con viviendas modestas y tiendas en la planta baja. El terremoto también marcó el comienzo del declive económico de la ciudad, acentuado por el trazado de nuevas rutas comerciales hacia el este y la aparición de potencias navales rivales en Europa occidental.

Napoleón asestó el golpe de gracia final, y su ejército entró en Dubrovnik en 1808 poniendo así fin a la república. El Congreso de Viena de 1815 cedió Dubrovnik a Austria y aunque la ciudad conservó su flota, también sucumbió a la desintegración social. Siguió perteneciendo al Imperio austrohúngaro hasta 1918 y después, poco a poco, empezó a desarrollar su industria turística.

Atrapada en el fuego cruzado de la guerra que asoló la antigua Yugoslavia, Dubrovnik fue severamente castigada por unas dos mil bombas en 1991 y 1992, sufriendo daños considerables. No obstante, todos los edificios dañados ya han sido restaurados.

◉ Puntos de interés

Hoy en día, Dubrovnik es la ciudad más próspera, elegante y cara de Croacia. De alguna manera, sigue conservando ese aire de ciudad-Estado, aislada geográfica e históricamente del resto del país. Se ha convertido en tal imán de turistas que se está pensando en limitar el número de visitantes al casco antiguo (cuando amarran varios cruceros al mismo tiempo, las calles principales se ponen imposibles).

Dubrovnik se extiende unos 6 km de norte a sur. Al noroeste de la ciudad, el promontorio protuberante y arbolado de Lapad acoge muchos hoteles. Todos los lugares de interés están en el peatonal casco antiguo. Al monte Srđ, que se cierne sobre la ciudad, se puede subir en teleférico.

La puerta Pile es la entrada principal al casco antiguo y la última parada de los autobuses locales que vienen de Lapad y el puerto de Gruž.

CASCO ANTIGUO

Murallas y fuertes de la ciudad

MURALLAS DEFENSIVAS

(Gradske Zidine; plano p. 256; 9.00-18.30 abr-oct, 10.00-15.00 nov-mar) No hay visita a Dubrovnik que se precie sin un paseo relajado por sus espectaculares murallas, las más bonitas del mundo y el mayor reclamo turístico de la ciudad. Levantadas entre los ss. XIII y XVI, siguen intactas a día de hoy.

Las primeras murallas se construyeron en el s. XIII. A mediados del s. XIV, las defensas de 1,5 m de grosor se fortificaron con 15 bastiones cuadrados. Ante la amenaza turca en el s. XV, la ciudad robusteció los bastiones ya existentes y construyó otros nuevos, para que todo el casco antiguo quedara protegido por una barrera de piedra de 2 km de longitud y hasta 25 m de altura. Las murallas son más gruesas en la parte interior (hasta 6 m); en la parte de mar miden de 1,5 a 3 m. La redonda torre Minčeta protege el vértice norte de la ciudad de cualquier invasión terrestre, mientras que el apartado fuerte Lovrjenac previene cualquier invasión por tierra o por mar. La puerta Pile está protegida por la torre Bokar, y el fuerte Revelin custodia la entrada oriental.

El punto culminante de cualquier visita es dar la vuelta completa a las murallas (adultos/reducida 70/30 HRK), con vistas sublimes de la ciudad y del mar. La entrada principal y la taquilla están junto a la puerta Pile. También se puede entrar por la puerta Ploče, al este (una buena idea si se va a las horas más concurridas del día). El recorrido por las murallas solo es posible en sentido horario.

Puerta Pile
PUERTA MONUMENTAL

(plano p. 256) Toda visita a Dubrovnik empieza en este punto de partida natural: la fabulosa puerta de la ciudad que se construyó en 1537. Al cruzar el puente levadizo, uno puede imaginarse cómo este, en su día, se alzaba todas las noches, se cerraba la puerta y se entregaba la llave al príncipe. Conviene fijarse en la estatua de San Blas, el patrón de la ciudad, ubicada en una hornacina sobre el arco renacentista. Cuando se atraviese la puerta exterior se saldrá a otra interior, de 1460, y acto seguido uno se quedará boquiabierto con la aplastante visión de la calle principal, **Placa,** o más comúnmente conocida como Stradun, el paseo peatonal de Dubrovnik. Se extiende hasta el final del casco antiguo y en su extremo oriental se abre hacia la **plaza Luža,** la antigua plaza del mercado.

War Photo Limited
GALERÍA FOTOGRÁFICA

(plano p. 256; 326 166; www.warphotoltd.com; Antuninska 6; entrada 30 HRK; 9.00-21.00 jun-sep, 9.00-15.00 ma-sa, hasta 13.00 do may y oct) Visitarla no deja a nadie indiferente. Esta puntera galería fotográfica programa logradísimas exposiciones a cargo del comisario y fotógrafo de prensa Wade Goddard, quien trabajó en los Balcanes en la década de 1990.

War Photo declara su intención de "desenmascarar el mito de la guerra... para que la gente compruebe lo cruda, traicionera, espantosa que es, centrándose en cómo trata injustamente a inocentes y combatientes por igual". Y lo consigue con creces con esas desgarradoras y convincentes imágenes que muestran las cicatrices del conflicto.

Entre las exposiciones más recientes se han podido ver *Islam revuelto* de Zijah Gafić y *Regiones tribales* de Emilio Morenatti. Hay una colección permanente en el piso superior dedicada a la guerra en Yugoslavia, con imágenes de Ron Haviv y audiovisuales. War Photo cierra de noviembre a abril.

Museo y monasterio franciscano
MONASTERIO

(Muzej Franjevačkog Samostana; plano p. 256; Placa 2; adultos/reducida 30/15 HRK; 9.00-18.00) Sobre la entrada de este monasterio destaca una extraordinaria *pietà* esculpida por los maestros locales Petar y Leonard Andrijić en 1498. Desgraciadamente, el portal es lo único que queda de la iglesia, generosamente ornamentada, que destruyó el terremoto de 1667. El monasterio atesora en su interior un **claustro** de mitad del s. XIV, una de las construcciones románicas más bonitas de Dalmacia. Conviene fijarse en los capiteles que rematan las estilizadas y dobles columnas, pues cada uno está coronado por una figura diferente (cabezas humanas, animales y adornos florales). Igual de bonito es el pequeño jardín a la sombra de los naranjos y las palmeras.

Más adentro se encontrará la tercera farmacia más antigua de Europa, en funcionamiento desde 1391, presumiblemente la primera que abriera al pueblo llano. El pequeño museo del monasterio custodia una

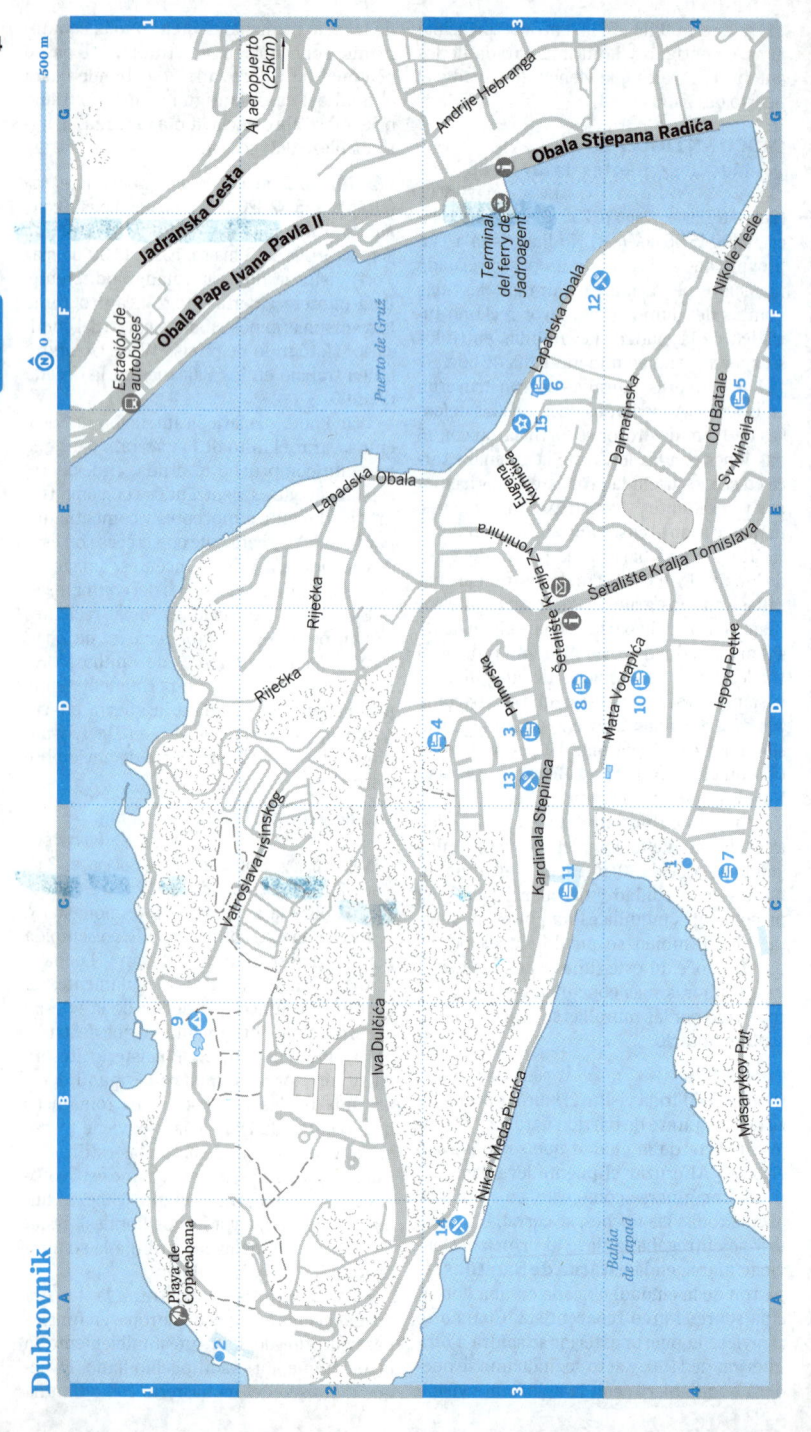

Dubrovnik

Jadranska Cesta
Obala Pape Ivana Pavla II
Obala Stjepana Radića

Al aeropuerto (25km)
Andrije Hebranga
Estación de autobuses
Terminal del ferry de Jadroagent
Puerto de Gruž
Lapadska Obala
Nikole Tesle
Od Batale
Sv Mihajla
Dalmatinska
Kumičića
Eugena
Šetalište Kralja Zvonimira
Mata Vodopića
Ispod Petke
Lapadska Obala
Riječka
Riječka
Primorske
Kardinala Stepinca
Vatroslava Lisinskog
Iva Dulčića
Nika i Meda Pucića
Masarykov Put
Bahía de Lapad
Playa de Copacabana

Dubrovnik

Actividades, cursos y circuitos
1 Blue Planet Diving C4
2 Navis Underwater
 Explorers A1

Dónde dormir
3 Begović Boarding House D3
4 Dubrovnik Backpackers
 Club D3
5 Hotel Ivka F4
6 Hotel Lapad F3
7 Hotel Uvala C4
8 Hotel Zagreb D3
9 Solitudo B1
10 Vila Micika D4
11 Villa Wolff C3

Dónde comer
12 Blidinje F3
13 Konoba Atlantic D3
14 Levenat A3

Ocio
15 Cine al aire libre E3

colección de reliquias, objetos litúrgicos tales como cálices, cuadros, joyas de oro y material farmacéutico como accesorios de laboratorio y libros de medicina. Los restos de munición que agujerearon los muros del monasterio durante la guerra de la década de 1990 también se conservan.

Suele haber buenas exposiciones de fotografía o arte.

Museo y monasterio dominico
MONASTERIO

(Muzej Dominikanskog Samostana; plano p. 256; junto a Ulica Svetog Dominika 4; adultos/reducida 20/10 HRK; ◉9.00-18.00 may-oct, hasta 17.00 nov-abr) Esta maravilla arquitectónica, construida en un estilo gótico-renacentista de transición, cuenta con una suculenta pinacoteca. Levantado en el s. XIV, igual que las murallas de la ciudad, el austero exterior es más propio de una fortaleza que de un complejo religioso. El interior acoge un elegante claustro del s. XV construido por artesanos locales según el proyecto del arquitecto florentino Massa di Bartolomeo, y una gran iglesia de nave única con un retablo de Vlaho Bukovac. El ala oriental conserva la impresionante colección de arte del monasterio, a destacar las obras de Nikola Božidarević, Dobrić Dobričević y Mihajlo Hamzić.

Rectoría
PALACIO

(plano p. 256; Pred Dvorom 3; adultos/reducida 35/15 HRK, audioguía 30 HRK; hasta ◉9.00-18.00 may-oct, hasta 16.00 nov-abr) Este palacio gótico-renacentista se construyó a finales del s. XV y está decorado con una sobresaliente ornamentación escultórica. Conserva una sorprendente unidad compositiva pese a haber sido reconstruido muchas veces. Conviene fijarse en los capiteles escrupulosamente labrados y en la trabajada escalera del atrio, que suele utilizarse para conciertos durante el Festival de Verano. También en el atrio hay una **estatua** de Miho Pracat, quien legó su riqueza al Estado y fue el único plebeyo en mil años de República en ser homenajeado con una estatua (1638). Cabe decir que su legado fue considerable. El palacio se construyó para el rector de Dubrovnik, y alberga su gabinete, sus aposentos, sus salas públicas y sus oficinas administrativas. Como curiosidad, el rector electo no podía abandonar el edificio durante su mes de mandato sin el permiso del Senado. Hoy en día el palacio es un **museo** con estancias exquisitamente restauradas, retratos, escudos de armas y monedas, que evocan la gloriosa historia de Dubrovnik.

Catedral de la Asunción de la Virgen
CATEDRAL

(Stolna Crkva Velike Gospe; plano p. 256; Poljana M Držića; misa matinal y vespertina) Construida en el lugar de una antigua basílica del s. VII, ampliada en el s. XII, la primera catedral de la Asunción de la Virgen, al parecer, fue regalo del rey Ricardo I Corazón de León de Inglaterra en agradecimiento por ser rescatado en un naufragio en la cercana isla de Lokrum. Tras el devastador terremoto de 1667, se empezó a trabajar en esta nueva construcción de estilo barroco que se terminó en 1713. El templo destaca por sus delicados altares, sobre todo el de San Juan Nepomuceno, elaborado con mármol violeta. El **sagrario** de la catedral (Riznica; adultos/reducida 10/5 HRK; ◉8.00-17.30 lu-sa, 11.00-17.30 do may-oct, 10.00-12.00 y 15.00-17.00 nov-abr) atesora reliquias de san Blas pero también 138 relicarios de oro y plata elaborados básicamente en los talleres de orfebrería de Dubrovnik entre los ss. XI y XVII. De las diferentes pinturas religiosas destaca el políptico de la Asunción de la Virgen, elaborado en el taller de Tiziano.

Palacio Sponza
PALACIO

(plano p. 256; Stradun) Este palacio del s. XVI fue inicialmente una aduana; después, una casa de la moneda, la tesorería del Estado y

Casco antiguo de Dubrovnik

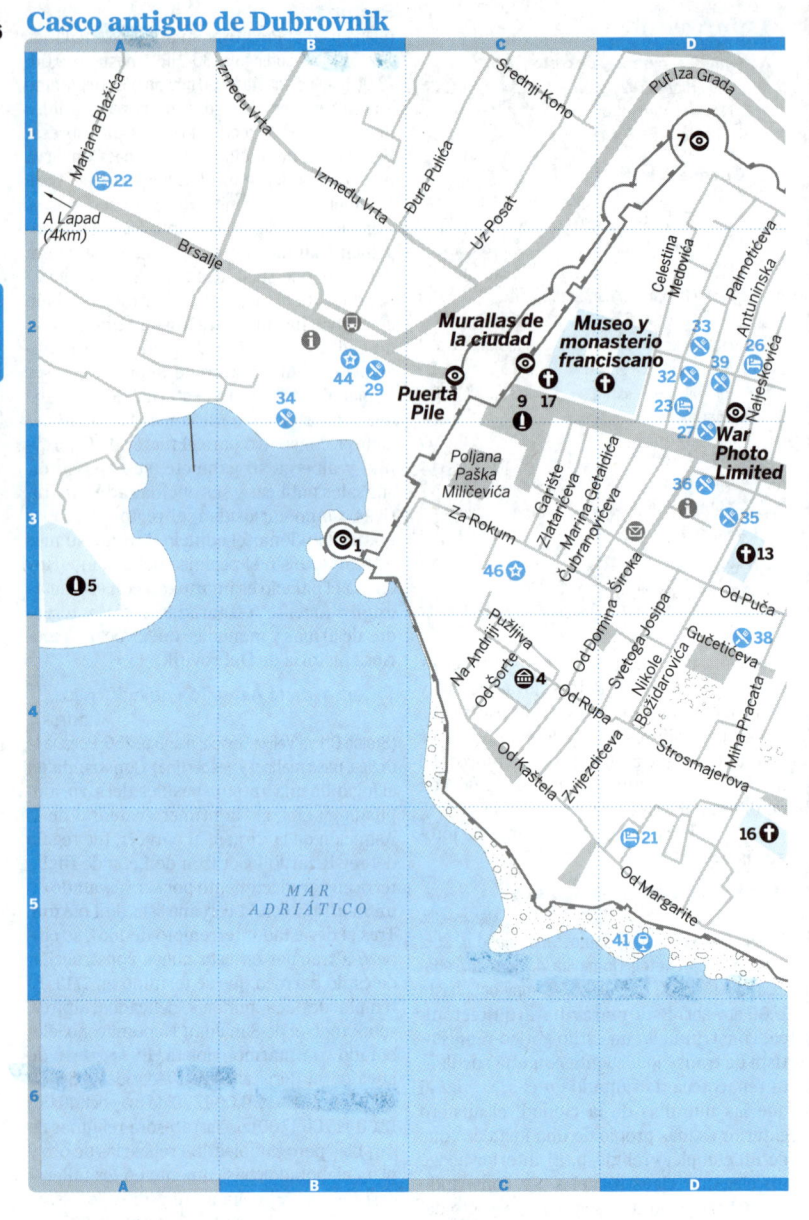

un banco. Actualmente alberga los **Archivos del Estado** (Državni Arhiv u Dubrovniku; entrada 15 HRK; 8.00-15.00 lu-vi, hasta 13.00 sa), una colección inestimable de manuscritos casi milenarios. Esta espléndida construcción aúna diversos estilos, empezando por un exquisito pórtico sobre seis columnas. El primer piso presenta ventanales de estilo gótico tardío y el segundo, ventanas renacentistas, con una hornacina que resguarda una estatua de san Vlaho. En su interior también se halla la **Sala Conmemorativa de los De-**

fensores de Dubrovnik (◉10.00-22.00 lu-vi, 8.00-13.00 sa), una turbadora colección de retratos de jóvenes caídos entre 1991 y 1995.

Iglesia de San Ignacio IGLESIA
(Crkva Svetog Ignacija; plano p. 256; Uz Jezuite; ◉misa vespertina) Construida en el mismo estilo que la catedral y terminada en 1725, esta iglesia presenta frescos con pasajes de la vida de san Ignacio, fundador de la orden jesuita. Al lado está la **escuela universitaria jesuita** de la que descienden unas escaleras hasta la plaza Gundulićeva Poljana,

Casco antiguo de Dubrovnik

⦿ Los mejores puntos de interés
Teleférico	F1
Murallas de la ciudad	C2
Monasterio dominico y museo	F3
Monasterio franciscano y museo	D2
Puerta Pile	C2
Rectoría	F4
War Photo Limited	D2

⦿ Puntos de interés
1	Torre Bokar	B3
2	Catedral de la Asunción de la Virgen	E4
3	Torre del reloj	F3
4	Museo Etnográfico	C4
	Escuela universitaria jesuita	(véase 16)
5	Fuerte Lovrjenac	A3
6	Museo Marítimo	G4
	Sala Conmemorativa de los Defensores de Dubrovnik	(véase 14)
7	Torre Minčeta	D1
8	Mercado matinal	E4
9	Fuente de Onofrio	C2
10	Columna de Orlando	E3
11	Puerta Ploče	G2
12	Fuerte Revelin	G2
13	Museo e iglesia ortodoxa serbia	D3
14	Palacio Sponza	F3
15	Iglesia de San Blas	E3
16	Iglesia de San Ignacio	D5
17	Iglesia de San Salvador	C2
	Archivos del estado	(véase 14)
18	Sinagoga	E2
	Tesoro	(véase 2)

Actividades, cursos y circuitos
19	Adriatic Explore	F5

⦿ Dónde dormir
20	Apartments Amoret	E4
21	Fresh Sheets	D5
22	Hotel Hilton Imperial	A1
23	Hotel Stari Grad	D2
24	Karmen Apartments	F4
25	Pucić Palace	E4
26	Rooms Viceliić	D2

⦿ Dónde comer
27	Buffet Skola	D3
28	Defne	E4
29	Dubravka 1836	B2
30	Gil's	F3
31	Kamenice	E4
	Konzum	(véase 8)
32	Lucín Kantun	D2
	Mercado	(véase 16)
33	Nishta	D2
34	Orhan	B2
35	Pizzeria Baracuda	D3
36	Proto	D3
37	Revelin	G2
38	Taj Mahal	D4
39	Wanda	D2

⦿ Dónde beber
40	Buža	E5
41	Buža II	D5
42	Gaffe	E3
43	Troubadur	E4

⦿ Ocio
44	Latino Club Fuego	B2
45	Lazareti	H2
46	Cine al aire libre	C3
	Sloboda Cinema	(véase 3)
	Iglesia de San Blas	(véase 15)
	Iglesia de San Salvador	(véase 17)

⦿ De compras
47	Green Room	E5
48	Gulliver	E4
49	Maria	F3
	Mercado	(véase 8)
50	Photo Gallery Carmel	E2

---

donde se monta un bullicioso **mercado matinal.** En el centro hay un monumento dedicado al famoso poeta de Dubrovnik, Ivan Gundulić. Los relieves del pedestal ilustran pasajes de su poema épico *Osman*.

Iglesia de San Blas   IGLESIA
(Crkva Svetog Vlahe; plano p. 256; Luža; ⊙misa matutina y vespertina lu-sa) Imponente iglesia construida en 1715 en un estilo barroco cuyo ornamentado exterior contrasta mucho con las sobrias residencias vecinas. El interior destaca por sus altares de mármol y una imagen dorada de plata del patrón de la ciudad, san Blas, que sostiene una maqueta de Dubrovnik previa al terremoto.

Fuente de Onofrio   FUENTE
(plano p. 256) Es uno de los lugares emblemáticos más famosos de Dubrovnik y se construyó en 1438 como parte del sistema de suministro de agua, procedía de un pozo

que estaba a 12 km de distancia. Al principio, la fuente estaba adornada con estatuas pero fue muy dañada durante el terremoto de 1667 y solo se conservan las 16 máscaras labradas de cuyas bocas salen chorros de agua que caen en un pilón de drenaje.

Museo e iglesia ortodoxa serbia
MUSEO IGLESIA

(Muzej Pravoslavne Crkve; plano p. 256; Od Puča 8; adultos/reducida 10/5 HRK; ◎9.00-14.00 lu-sa) Esta iglesia y museo data de 1877 y presenta una interesante colección de iconos de los ss. XV-XIX. Además de retratos de la sagrada familia procedentes de Creta, Italia, Rusia y Eslovenia, hay varios retratos del ilustre pintor croata Vlaho Bukovac.

Sinagoga
SINAGOGA

(plano p. 256; Žudioska 5; entrada 10 HRK; ◎10.00-20.00 lu-vi may-oct, hasta 15.00 nov-abr) Esta sinagoga es la más antigua de las sefardíes y la segunda de los Balcanes: data del s. XV. En el interior se exponen reliquias religiosas, documentación sobre la población judía de la zona y vestigios de la Segunda Guerra Mundial.

Iglesia de San Salvador
IGLESIA

(Crkva Svetog Spasa; plano p. 256; Placa) Construida entre 1520 y 1528, esta iglesia fue uno de los pocos edificios que sobrevivieron al terremoto de 1667. Abre para exposiciones temporales y conciertos a la luz de las velas.

Museo Etnográfico
MUSEO

(Etnografski Muzej; plano p. 256; Od Rupa; adultos/reducida 40/20 HRK; ◎9.00-16.00 do-vi) Sito en el granero de Rupe, del s. XVI, este museo presenta objetos relacionados con la agricultura y costumbres de la zona.

Columna de Orlando
COLUMNA

(plano p. 256) Esta columna es un recurrente lugar de encuentro, desde donde se solían anunciar los edictos, las festividades y las sentencias. Tallada en 1417, el antebrazo de este caballero medieval fue la medida oficial de longitud de la República (el codo de Dubrovnik, de 51,1 cm).

Museo Marítimo
MUSEO

(adultos/reducida 35/15 HRK; ◎9.00-18.00 may-sep, hasta 16.00 oct-abr) Documenta la historia de la navegación en Dubrovnik con barcos en miniatura, objetos marítimos y cuadros. Está en el interior del fuerte de San Juan.

AL ESTE DEL CASCO ANTIGUO

Teleférico
TELEFÉRICO

(plano p. 256; www.dubrovnikcablecar.com; Petra Krešimira IV; adultos/reducida 40/20 HRK; ◎9.00-22.00 ma-do may-oct, reducido resto del año) Tras 19 años cerrado, el teleférico de Dubrovnik vuelve a transportar a los visitantes desde el norte de las murallas hasta el monte Srđ en menos de 4 minutos. Al final del recorrido, a 405 m de altitud, aguardan unas maravillosas vistas de los tejados de terracota del casco antiguo y de la isla de Lokrum, con el Adriático y las lejanas islas Elafiti en el horizonte. Los telescopios permiten observar con detalle. Hay un bar que sirve tentempiés y un restaurante, y el **Museo de la Guerra Nacional** (actualmente en obras) queda cerca.

GRATIS Museo de Arte Moderno
MUSEO

(Frana Supila 23; ◎10.00-19.00 ma-do) Expone la obra de artistas contemporáneos de Croacia, sobre todo del pintor local Vlaho Bukovac.

Actividades
Natación

Hay varias playas en la ciudad, pero muchos visitantes prefieren mayor privacidad y se embarcan rumbo a la isla de Lokrum o a las islas Elafitis.

La **playa de Banje**, cerca de la puerta Ploče, solía ser la más concurrida, pero ahora el exclusivo EastWest Club ha acordonado una zona y ha perdido popularidad. Al sureste está **Sveti Jakov**, una buena playa local que no es bulliciosa y tiene duchas, un bar y un restaurante. Para llegar, se debe tomar el autobús nº 5 o el nº 8.

En el lado oeste de la ciudad, las playas una vez pasada la puerta Pile incluyen **Šulići**, de guijarros, y **Dančе**, de rocas. La más bonita para ir a pie desde el casco antiguo está debajo del Hotel Bellevue, donde hay una bonita cala resguardada por altos acantilados (que ensombrecen su litoral pedregoso a última hora de la tarde). Es divertido ver a los niños saltando al mar desde las rocas.

En la **bahía de Lapad** (plano p. 254) hay muchas playas de hotel de libre acceso; pruébese en la bahía que hay junto al Hotel Kompas. Un poco más adelante está la **playa de Copacabana**, en la península de Babin Kuk, poco profunda y con un tobogán ideal para los críos. Los naturistas deberían enfilar hacia **Cava**, cerca de la playa de Copacabana y señalizada.

En el casco antiguo, también se puede nadar a los pies de los dos bares Buža, en la parte exterior de las murallas de la ciudad. Hay una escalerilla para facilitar la entrada y salida del agua, y unas pequeñas estructuras

DUBROVNIK: DESTRUCCIÓN Y RECONSTRUCCIÓN

Muchos recuerdan el seguimiento televisivo que se hizo del bombardeo de Dubrovnik. Aunque ahora pertenezca al pasado, la guerra aún se mantiene fresca en la memoria de los habitantes de la ciudad (en el casco antiguo hay placas que la recuerdan).

Los proyectiles impactaron en el 68% de los 824 edificios del casco antiguo, dejando boquetes en dos de cada tres tejados. Las fachadas de los edificios y las piedras que pavimentaban las calles y plazas sufrieron 314 impactos directos y en las maravillosas murallas explotaron 111 proyectiles. Nueve palacios históricos fueron pasto de las llamas, mientras que el palacio Sponza, la Rectoría, la iglesia de San Blas, el monasterio franciscano y las fuentes de piedra labrada de Amerling y Onofrio sufrieron severos destrozos. En total se estimaron daños por valor de 10 millones de dólares. Enseguida se decidió que la reparación y reconstrucción debían hacerse siguiendo técnicas tradicionales, utilizando los materiales originales allí donde fuera posible.

Desde entonces Dubrovnik ha recuperado parte de su esplendor original. Las magníficas murallas de la ciudad vuelven a estar intactas, las relucientes calles de mármol se han pavimentado con sumo cuidado y los monumentos famosos, tales como la fuente de Onofrio, del s. xv, y la torre del reloj, se han restaurado de forma impecable. Los daños al palacio Sponza, la Rectoría, la iglesia de San Blas, la catedral y las diferentes residencias del s. xvii han sido reparados con la ayuda de una brigada internacional de mamposteros especialmente preparados.

---

de hormigón entre las rocas para tomar el sol.

Submarinismo, kayak y 'rafting'

En las inmediaciones de Dubrovnik hay lugares fabulosos para sumergirse.

Navis Underwater Explorers (plano p. 254; 099 35 02 773; www.navisdubrovnik.com; playa de Copacabana) ofrece inmersiones lúdicas (entre ellas al pecio del *Taranto*) y cursos. **Blue Planet Diving** (plano p. 254; 091 89 90 973; www.blueplanet-diving.com; Hotel Dubrovnik Palace, Masarykov Put 20) propone los mismos servicios.

Contáctese con **Adriatic Kayak Tours** (091 72 20 413; www.adriatickayaktours.com; Zrinsko Frankopanska 6) para excursiones en kayak (desde salidas de 12 horas a viajes de 1 semana); también facilita salidas de *rafting* en aguas bravas por el río Tara en Montenegro.

Circuitos

Dubrovnik Walks CIRCUITO HISTÓRICO
(095 80 64 526; www.dubrovnikwalks.com) Excelentes paseos en inglés. Los hay de 1 hora por el casco antiguo (70 HRK) y salen cada día a las 10.00 y a las 18.00 (may, jun, sep y oct) o a las 19.00 (jul y ago). También ofrece paseos de 1½ horas por las murallas y fuertes de Dubrovnik (140 HRK) todos los días a las 9.30 y 15.30 (17.30 jul y ago). El lugar de encuentro es Latino Club Fuego, al oeste de la puerta Pile. No hay que reservar.

Adriatic Explore EXCURSIONES
(plano p. 256; 323 400; www.adriatic-explore.com; Bandureva 4) Las salidas de 1 día a Mostar y Montenegro (ambas 380 HRK) son muy populares. También se ofrecen excursiones a Mljet, Korčula y las islas Elafiti (250 HRK).

Fiestas y celebraciones

El **Festival de Verano de Dubrovnik** (326 100; www.dubrovnik-festival.hr) es la celebración estival más prestigiosa de Croacia. Durante 5 semanas en julio y agosto, se presenta una programación de teatro, conciertos y danza en escenarios al aire libre repartidos por la ciudad donde actúan artistas nacionales e internacionales y conjuntos folclóricos regionales. Además de obras de Shakespeare y tragedias griegas también hay conciertos de orquestas de cámara y sinfónicas. Las entradas (50-300 HRK) se venden en la oficina del festival en Placa o en el escenario pertinente 1 hora antes de la función. También se pueden reservar o comprar por Internet.

Libertas Film Festival (www.libertasfilmfestival.com) se celebra entre el 29 de junio y el 4 de julio y proyecta películas, documentales y cortos al aire libre en el casco antiguo.

La **Fiesta de San Blas** (3 feb) también se celebra a bombo y platillo con toda suerte de desfiles y procesiones. En febrero, el **Carnaval** anuncia la llegada de la Cuaresma.

🛏 Dónde dormir

Dubrovnik no es grande, pero por su condición de gran reclamo turístico, hay alojamientos por todas partes. Es la ciudad más cara del país, de ahí que las habitaciones también lo sean. Muchos hoteles de precio medio están en Lapad, 4 km al oeste del centro; hay poquísimos alojamientos en el casco antiguo. Como la red de autobuses está bien, tampoco es problema alojarse fuera del centro. Se debe hacer la reserva con antelación, sobre todo en verano.

Los viajeros con poco dinero deberían inclinarse por los alojamientos en casas particulares y contactar antes con las agencias de viajes recomendadas o la oficina de turismo. Cuidado con los propietarios de casas particulares que esperan en la estación de autobuses y en la terminal del *ferry*; algunos ofrecen lo que prometen; otros, no; antes que nada conviene averiguar dónde está la casa para no acabar en las afueras. Conviene saber que aquellos que se hospeden en un alojamiento sin licencia estarán desprotegidos en caso de problemas; todos los alojamientos registrados deberían tener un cartel azul donde reza *sobe* ("habitaciones"). En temporada alta una habitación doble cuesta 300 HRK, y un apartamento, 500 HRK.

CASCO ANTIGUO Y ALREDEDORES

Hotel Bellevue HOTEL DE LUJO €€€
(☎330 000; www.hotel-bellevue.hr; Petra Čingrije 7; d desde 1835 HRK; 🅿❄@🛜☕) La fachada de cristal coloreado, algo anticuada, no tiene nada que ver con su interior, un hotel con mucha clase. Ubicado en un acantilado encarado al Adriático, todas las habitaciones tienen balcón con vistas muy inspiradoras. El interiorismo es moderno, las instalaciones son excelentes, el personal está muy en la onda y el restaurante, Vapor, es de primera. Pero lo mejor se extiende a sus pies: una cala preciosa de acceso directo en el ascensor del hotel. El gimnasio no es espectacular pero el *spa* es bonito. Se halla unos 15 minutos a pie al oeste de la puerta Pile.

Fresh Sheets ALBERGUE €
(plano p. 256; ☎091 79 92 086; www.igotfresh.com; Sv Šimuna 15; dc/d 210/554 HRK; @🛜) El único albergue del casco antiguo es un clásico mochilero: cálido y acogedor con un espíritu verdaderamente jovial. Está en un rincón tranquilo, junto a las murallas y cerca del bar Buža. Todas las habitaciones y la recepción están pintadas con colores divertidos. En la parte de abajo hay un espacio para hacer amigos y una nevera con cervezas frías. En la parte de arriba, dos dormitorios colectivos y funcionales de ocho camas con taquillas y ventiladores (aunque los colchones son de espuma) y una habitación doble. Lo dirige un equipo muy hospitalario que organiza fiestas legendarias.

Hotel Excelsior HOTEL DE LUJO €€€
(☎353 353; www.hotel-excelsior.hr; Frana Supila 12; i/d desde 1640/1960 HRK; 🅿❄@🛜☕) La mejor dirección de Dubrovnik ha vuelto a abrir sus puertas tras unas reformas valoradas en 22 millones de euros. En un hotel donde se refugian la realeza y las estrellas de Hollywood, pueden pasar de todo. Las habitaciones y las suites son preciosas, con muebles a la moda y muchas con vistas destacables de la ciudad amurallada. Sus cuatro restaurantes sirven de todo, desde estofados de páprika de Eslavonia a *sushi*. Las instalaciones lúdicas son de primera (piscinas cubiertas y al fresco) y el servicio es impecable. Está a tiro de piedra del casco antiguo.

Karmen Apartments APARTAMENTOS €€
(plano p. 256; ☎323 433, 098 619 282; www.karmendu.com; Bandureva 1; apt 437-1165 HRK; ❄🛜) Marc Van Bloemen, un inglés que reside en Dubrovnik desde hace décadas, regenta estos cuatro apartamentos sugerentes y acogedores que, además, disfrutan de una ubicación fabulosa, próxima al puerto de Ploče. Todos tienen mucho duende y un estilo personalizado, con piezas de arte, toques de color, muebles con mucho gusto y libros. Si bien el apartamento nº 2 tiene un pequeño balcón, el nº 1 brinda unas vistas sublimes del puerto. Además, Marc y su madre miman a sus huéspedes. Se ha de reservar con antelación.

Apartments Amoret APARTAMENTOS €€
(plano p. 256; ☎091 53 04 910; www.dubrovnik-amoret.com; Dinke Ranjine 5; apt 655-874 HRK; ❄🛜) Once apartamentos-estudio, renovados y de primera calidad, repartidos por tres edificios históricos del corazón del casco antiguo, todos con cuarto de baño y Wi-Fi. La elegante decoración (con toques artísticos), el exquisito mobiliario y los suelos de parqué están por doquier. Las cocinas son básicas. Amoret 1 dispone de una agradable terraza para huéspedes. No sirve desayunos.

Apartments & Rooms Biličić   HABITACIONES €

(📞417 152; www.geocities.com/apartments_bi licic; Priveżna 2; h/apt 437/874 HRK; ✱) A un paso del casco antiguo (por unas escaleras de vértigo), este alojamiento es muy evocador: habitaciones luminosas, alegres y limpias con un toque hogareño y TV (pero con baño en el pasillo). Hay un jardín fabuloso con plantas subtropicales y curiosas sillas, y una cocina para los huéspedes. Marija, la simpática y hospitalaria propietaria, recoge a los huéspedes en las terminales de transporte de la zona y ofrece consejos sobre qué hacer en Dubrovnik.

Villa Klaić   ALOJAMIENTO PRIVADO €€

(📞411 144; Šumetska 11; i/d 288/492 HRK; P✱@✽) En cuanto a servicio, los hoteles de cinco estrellas deberían aprender mucho del propietario, Milo Klaić, un personaje hospitalario y con mucho mundo que se desvive por sus huéspedes. Las habitaciones son sencillas pero cómodas, todas con ducha y dos con aire acondicionado. Se ofrecen recogidas gratuitas y hay una piscina privada al aire libre. Desemboca en la carretera principal de la costa, por encima de la ciudad, pero facilita billetes gratuitos de autobús (pero si se puede subir a pie, mucho mejor).

Hotel Stari Grad   HOTEL-'BOUTIQUE' €€€

(plano p. 256; 📞322 244; www.hotelstarigrad. com; Od Sigurate 4; i/d 1180/1580 HRK; ✱✽) Este hotel del casco antiguo se lo debe todo a la ubicación: queda muy cerca de la puerta Pile y desemboca en el Stradun. Sus ocho habitaciones están arregladas, son bonitas y tienden a pequeñas, pero son resultonas y no les falta de nada. El personal es muy amable y la terraza de la azotea brinda unas vistas espectaculares de la ciudad. Eso sí, hay muchas escaleras (sin ascensor).

Pucić Palace   HOTEL HISTÓRICO €€€

(plano p. 256; 📞326 222; www.thepucicpalace. com; Od Puča 1; i/d 2294/3751 HRK; ✱@✽) Es el único hotel de lujo intramuros. Situado en la remodelada mansión de un aristócrata, disfruta de una ubicación privilegiada junto a la plaza Luža. Las habitaciones están bien amuebladas y presentan comodidades por todo lo alto (sábanas de algodón egipcio y antigüedades), aunque el interiorismo tampoco es para tirar cohetes. Es elegante y muy práctico, pero la ubicación exige precios estratosféricos (que, al menos, incluyen el acceso a la playa privada cercana). El servicio se podría mejorar.

Grand Villa Argentina   ALOJAMIENTO DE LUJO €€€

(📞440 555; www.gva.hr; Frana Supila 14; d desde 1457 HRK; P✱@✽✽) Este cinco estrellas es una especie de ciudad-Estado de lujo y ha ensanchado su imperio a cuatro señoriales fincas, todas agrupadas 10 minutos a pie al este de la puerta Ploče del casco antiguo. El interiorismo es un poco barroco, con cubrecamas recargados y moquetas llamativas, pero todas las habitaciones brindan unas vistas envidiables de las murallas de la ciudad y el confort es indiscutible. Hay piscinas cubiertas y al aire libre, y un centro de salud.

Hotel Hilton Imperial   HOTEL DE LUJO €€€

(plano p. 256; 📞320 320; www.hilton.com; Blažića 2; d desde 1821 HRK; P✱@✽✽) No es un insulso hotel corporativo sino una mansión de estilo Habsburgo del s. XIX renovada con exquisitez, y situada a escasos pasos de la puerta Pile. La majestuosa recepción luce esplendor de época, pero las habitaciones son más contemporáneas (muchas con vistas al fuerte Lovrjenac). Hay un gimnasio que está bien pero sin piscina al aire libre.

Apartments Darrer   APARTAMENTOS €€

(📞098 92 43 105; www.villadarrer.hr; Bosanka; apt 437-815 HRK; P✱✽✽) En la aldea de Bosanka, más arriba de la ciudad y no muy lejos del monte Srđ, este apacible lugar está bastante aislado y dispone de una bonita piscina (solo en verano), un jardín y cinco impecables y modernos apartamentos que tienen de todo. Está en la ruta del autobús nº 17, a unos 7 km del centro.

Rooms Vicelić   HABITACIONES €€

(plano p. 256; 📞098 97 90 843; www.roomsvi celic.hostel.com; Antuninska 9 y 10; h 585 HRK; ✱@✽) Curioso alojamiento del casco antiguo, llevado por una simpática familia, con habitaciones ligeramente destartaladas o estudiadamente modernas (a elegir). Todas tienen cuarto de baño privado (no siempre en la habitación) y hay cocina. No acepta tarjetas.

YHA Hostel   ALBERGUE €

(📞423 241; dubrovnik@hfhs.hr; Vinka Sagrestana 3; dc 148 HRK; @) Este albergue de tamaño medio está bastante bien situado, en una zona tranquila 1 km al oeste del casco antiguo, y propone dormitorios colectivos aceptables, espaciosos aunque sencillos, así como una habitación doble. De poder escoger (sería raro), los mejores dormitorios son el nº 31 y 32, pues comparten la terraza de la azotea. Los precios incluyen el desayuno. Resérvese con tiempo.

LAPAD

Unos 4 km al oeste del casco antiguo, esta arbolada península mezcla barrios residenciales con turísticos y algunos hoteles de viajes organizados, pero es un lugar plácido. Si se va por la costa, más allá del Hotel Kompas, hay muchos lugares para tomar el sol y dar unas brazadas. El autobús nº 6 circula entre la puerta Pile y Lapad.

Begović Boarding House
ALOJAMIENTO EN CASAS PARTICULARES €

(plano p. 254; 435 191; www.begovic-boarding-house.com; Primorska 17; dc/h/apt 146/292/364 HRK; P@) Del muelle de Lapad sube una pronunciada pendiente hasta este alojamiento familiar, tremendamente popular y acogedor, donde los propietarios, que hablan inglés, se desviven por sus huéspedes. Las habitaciones, decoradas con madera de pino, tienden a pequeñas pero están muy limpias, con sábanas impecables, y algunas dan a un maravilloso jardín con unas vistas asombrosas. Se ofrecen recogidas gratuitas en la estación de autobuses o a la terminal del *ferry*. El desayuno no está incluido en el precio, pero el acceso a Internet es gratuito y hay cocina. También organiza excursiones.

Hotel Ivka
HOTEL €€

(362 600; www.hotel-ivka.com; Put Sv Mihajla 21; i/d 585/760 HRK; P@) Moderno tres estrellas con habitaciones agradables y espaciosas con suelos de madera (y balcón en casi todas) y Wi-Fi gratuito. A este precio la comodidad es elevada. Queda más cerca de Lapad y de la terminal del *ferry* que del casco antiguo, pero está muy bien comunicado en autobús.

Dubrovnik Backpackers Club
ALBERGUE €

(plano p. 254; 435 375; www.dubackpackers.com; Mostarska 2d; dc 120-170 HRK; P@) Jovial y popular albergue de mochileros llevado por una familia muy hospitalaria que ofrece, gratis, Internet, llamadas de teléfono locales y té/café (y, a veces, chupitos de *rakija*). Las habitaciones con cuarto de baño son más caras. Hay una cocina comunitaria y un balcón con vistas a la bahía; también se ofrecen excursiones a Mostar.

Vila Micika
ALOJAMIENTO ECONÓMICO €€

(plano p. 254; 437 332; www.vilamicika.hr; Mata Vodapića; dc 290 HRK; P@) Bonita casa de piedra de dos pisos con dos dormitorios colectivos de tres camas y cinco habitaciones individuales, todas impecables y con cuarto de baño. Está a 300 m de la costa y dispone de una agradable terraza. Buena relación calidad-precio, aunque no incluye el desayuno ni el aire acondicionado.

Dubrovnik Palace
HOTEL DE LUJO €€€

(430 000; www.dubrovnikpalace.hr; Masarykov Put 20; d desde 1780 HRK; P@) En una montaña de Lapad, este gran hotel moderno presenta una habitaciones con vistas asombrosas del Adriático. El servicio está bien y las instalaciones son excelentes: *spa*, piscinas cubiertas y exterior, y un centro de submarinismo. Está justo al lado de la terminal del autobús nº 6 que va y viene del casco antiguo hasta tarde.

Hotel Uvala
HOTEL €€€

(plano p. 254; 433 580; www.hotelimaestral.com; Masarykov Put 6; d desde 979 HRK; P@) Remodelado cuatro estrellas con piscinas cubiertas y al aire libre y un impresionante centro de salud, con *jacuzzis*, baños de vapor y sauna. Las habitaciones son algo sosas, pero cómodas y espaciosas; las vistas al mar y el acceso a Internet se pagan aparte. Hospeda a bastantes huéspedes en viaje organizado.

Solitudo
'CAMPING' €

(plano p. 254; 448 200; www.camping-adriatic.com; 52/80 HRK por persona/parcela; ⊙abr-nov) Al oeste del puerto de Lapad, este *camping* está a unos 5 km del casco antiguo pero bastante cerca de la playa. Las duchas comunitarias son luminosas y modernas, y tiene un café-bar.

También se recomiendan:

Hotel Zagreb
HOTEL €€€

(plano p. 254; 430 930; www.hotels-sumratin.com; Šetalište Kralja Zvonimira 27; d 1110 HRK; P@) Bonito hotel en un edificio del s. XIX con 23 habitaciones cómodas pero un algo anticuadas y de tamaño variable, eso sí todas con aire acondicionado. El Wi-Fi se paga aparte.

Hotel Lapad
HOTEL DE LUJO €€€

(plano p. 254; 432 922; www.hotel-lapad.hr; Lapadska Obala 37; d desde 1455 HRK; ⊙may-oct; P@) Logrado hotel histórico con un interiorismo elegante y muebles modernos (lástima de las actividades lúdicas tan horteras).

Villa Wolff
HOTEL PEQUEÑO €€€

(plano p. 254; 438 710; www.villa-wolff.hr; Nika i Meda Pucića 1; d/ste 1356/1569 HRK;

P❋@📶) En un precioso paseo marítimo, este hotel presenta seis habitaciones exquisitas, un verdoso jardín y un servicio de alto nivel. Aunque los precios son un poco abusivos.

Dónde comer

En Dubrovnik hay bastantes restaurantes de calidad media; hay que saber escoger, pues son los más caros de Croacia.

CASCO ANTIGUO Y ALREDEDORES

En el casco antiguo hay que mirar bien dónde se come. Muchos establecimientos dan por sentado que el viajero se quedará solo un día en la ciudad (tal y como hacen muchos pasajeros de crucero) y que no regresará. Las dos calles donde reina la comida en serie para turistas son Stradun y Prijeko; conviene alejarse a vías laterales para encontrar restaurantes más interesantes.

Lucín Kantun COCINA CROATA €€
(plano p. 256; ☎321 003; Od Sigurate bb; comidas 140 HRK aprox.) A primera vista parece un restaurante modesto, con una decoración entre elegante y roñosa y algunas mesas en la terraza, pero las apariencias engañan: sirve algunos de los platos más imaginativos de Dubrovnik. Presenta una carta de platos excelentes, tipo tapa, a destacar el exquisito calamar (relleno de jamón ahumado y servido con salsa de limón y mantequilla), una creación de lentejas y gambas, los quesos (entre ellos el *paški sir*) y los jamones dálmatas. Todo se hace al momento, por lo que conviene tener un poco de paciencia en las horas punta.

Wanda COCINA ITALIANA €€
(plano p. 256; ☎098 94 49 317; www.wandarestaurant.com; Prijeko 8; platos principales desde 70 HRK) Este elegantísimo establecimiento italiano es el único que se salva de la mala fama de los restaurantes de Prijeko. Entre sus platos destacan el *ossobuco* con *risotto* de azafrán y la imaginativa y exquisita pasta. Se recomiendan los menús degustación a precio fijo (150-580 HRK). También se pueden probar algunos vinos croatas.

Defne COCINA MEDITERRÁNEA €€
(plano p. 256; ☎326 200; www.thepucicpalace.com; Od Puča 1; platos principales desde 85 HRK) Para disfrutar del ambiente único del casco antiguo se recomienda este buen restaurante, que cuenta con una enorme terraza al fresco y sirve cocina mediterránea, principalmente oriental: muchos platos turcos, griegos y balcánicos. Sin ser una maravilla, la cocina cumple con su cometido y el marco es precioso.

Gil's COCINA MEDITERRÁNEA €€€
(plano p. 256; ☎322 222; www.gilsdubrovnik.com; Ulica Svetog Dominika bb; platos principales desde 170 HRK) Para algunos, el Gil's es gloriosamente glamuroso; para otros es ridículamente pretencioso. Lo indiscutible es que la cocina alcanza cotas elevadas (ternera rellena de langostinos, rodaballo a la parrilla con limón confitado y piñones) y cuenta con una bodega con 6000 botellas. El marco no tiene parangón: vistas del puerto a través de las murallas y una fabulosa terraza en la parte de arriba.

Dubravka 1836 CAFÉ RESTAURANTE €
(plano p. 256; www.dubravka1836.hr; Brsalje 1; platos principales desde 49 HRK) Se podría decir que este establecimiento cuenta con la mejor terraza-comedor de Dubrovnik, al lado de la puerta Pile con vistas asombrosas de las murallas y el Adriático. Aunque congregue a bastantes turistas y tenga una carta internacional, los lugareños siguen apreciando su pescado fresco, su *risotto* y sus ensaladas, sus *pizzas* y su pasta. Los precios no están mal para estar en semejante ubicación.

Taj Mahal COCINA INTERNACIONAL BOSNIA €
(plano p. 256; www.tajmahaldubrovnik.com; Nikole Gučetićeva 2; platos principales desde 40 HRK) Es como una cueva de Aladino, con un interior atiborrado de parafernalia turca e iluminación tenue. Se pueden pedir los *džingis kan* y probar un combinado bosnio con un poco de todo o darse un festín con una *sudžukice* (salchicha de ternera) picante. Los vegetarianos encontrarán muchos platos a su gusto como las *aubergines alla edina* (berenjena rellena de queso). Tiene también tres mesas en la acera.

Nishta COCINA VEGETARIANA €
(plano p. 256; www.nishtarestaurant.com; Prijeko bb; platos principales desde 59 HRK; ⊘cerrado lu) Un restaurante vegetariano informal y agradable. Todo un repaso al globo terráqueo con platos tales como los *leće u šumia* (pastelitos de lentejas y setas), sopa de *miso*, nachos, comida india, *curries* tailandeses y *chow mien*.

Buffet Skola CAFÉ €
(plano p. 256; Antuninska 1; tentempiés desde 17 HRK) Para un bocado rápido entre visitas turísticas, no hay mejor opción. Se reco-

mienda el sándwich de *prosciutto (pršut)* curado de la zona y queso macerado en aceite, hecho con un pan casero divino. Para chuparse los dedos.

Revelin COCINA MEDITERRÁNEA €€
(plano p. 256; www.revelinclub-dubrovnik.com; Ulica Svetog Dominika bb; platos principales desde 65 HRK) Este establecimiento es un bar-restaurante en verano o un bar-club en invierno. Hay una fabulosa terraza con vistas al puerto y una carta moderna que incluye buenos platos de pasta y ensaladas, pescado fresco del Adriático y creaciones más complejas como el bistec de ternera con salsa de nata y trufas de Istria.

También a tener en cuenta:

Orhan COCINA INTERNACIONAL €€€
(plano p. 256; 414 183; Od Tabakarije 1; platos principales 50-170 HRK) Bonito restaurante espléndidamente ubicado junto a la puerta Pile. Sirve buen pescado y marisco, pero la ubicación se hace pagar.

Proto PESCADO Y MARISCO €€
(plano p. 256; 323 234; www.esculap-teo.hr; Široka 1; platos principales desde 80 HRK) Establecimiento elegante y caro, pero recomendable por su pescado y marisco frescos, con salsas ligeras y auténtico ambiente del casco antiguo.

Kamenice PESCADO ECONÓMICO €
(plano p. 256; Gundulićeva Poljana 8; platos principales desde 40 HRK) Recuerda un poco a una cantina socialista, con precios a juego. Se pueden pedir calamares, anchoas o *kamenice* (ostras).

Pizzeria Baracuda 'PIZZA' €
(plano p. 256; Nikole Božidarevića 10; platos principales desde 35 HRK) Pizzería económica y agradable con mesas en un patio apacible.

En la zona hay un **mercado matutino** (plano p. 256; Gundulićeva Poljana; 7.00-13.00) que vende pescado fresco (y caro) capturado cada mañana; hay un pequeño supermercado Konzum en la misma plaza.

LAPAD
La calle principal de Lapad, Šetalište Kralja Tomislava, está llena de cafés, bares y restaurantes.

Levanat COCINA CROATA €€
(plano p. 254; 435 352; Nika i Meda Pucića 15; platos principales desde 50 HRK) Levanat ofrece vistas al mar desde la arbolada montaña que hay entre la bahía de Lapad y Babin Kuk. La cocina es innovadora, con mucho marisco y algunas salsas peculiares (tales como las gambas con salsa de miel y salvia) y deliciosas opciones vegetarianas. En la carretera principal y en el sendero costero está señalizado.

Konoba Atlantic COCINA MEDITERRÁNEA €
(plano p. 254; Kardinala Stepinca 42; platos principales desde 45 HRK) Una casa de comidas, informal, acogedora, económica y famosa por su pasta casera (raviolis rellenos de espinacas y ricotta, por ejemplo), aunque el pescado fresco y los ñoquis con salsa de conejo están igual de ricos.

Blidinje CARNE A LA PARRILLA €€
(plano p. 254; 358 794; Lapadska Obala 21; platos principales desde 70 HRK) Establecimiento de sabor local para darse un atracón de carne. Hay que llamar con 2 horas de antelación para encargar cordero o ternera a fuego lento; para chuparse los dedos.

Dónde beber

En Dubrovnik la oferta es amplia: desde refinados bares *lounge* a *pubs* irlandeses, bares bohemios con paredes de piedra y muchísimos café-bares al estilo croata.

Buža BAR BOHEMIO
(plano p. 256; Ilije Sarake) Encontrar este bar aislado en los acantilados ya es en sí toda una aventura: para acceder al túnel de entrada hay que agacharse y adentrarse en las murallas. Aflorando junto al mar, es todo un espectáculo, con música exquisita *(soul, funk)* y una clientela tranquila que se empapa de las vistas, magníficas al atardecer.

Buža II BAR BOHEMIO
(plano p. 256; Crijevićeva 9) Algo más refinado que el original, está más abajo, en las rocas y cuenta con una terraza a la sombra donde se pueden picotear patatas fritas, cacahuetes o un sándwich y pasar tranquilamente todo el día, hipnotizados por las vistas del Adriático.

Gaffe 'PUB' IRLANDÉS
(plano p. 256; Miha Pracata bb) El lugar más concurrido de la ciudad (sobre todo cuando hay partidos de fútbol), este enorme *pub* tiene un interior hogareño y una terraza a cubierto. El personal es simpático y la comida llena, pero peca de caro.

> **MERECE LA PENA**
>
> ## EXCURSIONES TRANSFRONTERIZAS
>
> Dubrovnik está a un corto trayecto en autobús de **Montenegro** y de las extraordinarias localidades de Kotor, Herceg Novi y Budva. Las tres cuentan con preciosos centros históricos, con sinuosas calles de mármol y preciosos edificios, mientras que Kotor está en una de las rías más grandes de Europa, la bahía de Kotor. Quien quiera explorar la región debería alquilar un automóvil, pero también se puede ir en transporte público. Hay tres autobuses diarios a Montenegro, que pasan por Herceg Novi y Kotor, y desde allí siguen hasta Budva (3 h). Los ciudadanos de la UE y EE UU no necesitan visado para entrar a Montenegro; el resto de nacionalidades deberá consultarlo con sus respectivas embajadas.
>
> Los autobuses también van a **Mostar** (véase p. 267), una buena ocasión para ver su emblemático puente y pisar suelo bosnio y herzegovino. Hacerlo en un día en transporte público es bastante complicado, pero algunas agencias de viajes, tales como Adriatic Explore y Atlas Travel Agency, organizan excursiones de 1 día (380 HRK aprox.) en microbuses privados. Salen a las 8.00, pasan por Počitelj (una preciosa aldea fortificada) y llegan a Mostar a las 11.30 aproximadamente. Tras un circuito guiado (que suele ser muy breve) se deja tiempo libre hasta las 15.00 (poco tiempo para comer y explorar la ciudad). Mostar sigue estando muy dividida por líneas croatas/bosnias (con el río que sirve de frontera), pero casi todos los lugares de interés histórico están en suelo bosnio.

Troubadur BAR MUSICAL
(plano p. 256; ☎412 154; Bunićeva Poljana 2) De día este bar esquinero cuesta de definir, pero las noches de verano se anima mucho cuando hay conciertos de *jazz*: a menudo (aunque no siempre) presenta a Marko, el propietario, y a su banda.

EastWest Club BAR-CLUB
(www.ew-dubrovnik.com; Frana Supila bb) De día, este establecimiento de categoría de la playa Banje alquila tumbonas y sombrillas y sirve bebidas a los bañistas que acuden a relajarse. Más tarde, la coctelería y el restaurante se llenan de gente en la onda.

Ocio

Lazareti CENTRO CULTURAL
(plano p. 256; ☎324 633; www.lazareti.com; Frana Supila 8) Es el mejor centro cultural de la ciudad, con noches de cine, sesiones de club, música en directo, actuaciones diversas y casi toda la mejor oferta de la ciudad.

Cine al aire libre CINE
(plano p. 254; Kumičića, Lapad) En dos localizaciones, abre todas las noches de julio y agosto con proyecciones que empiezan al anochecer. También en Za Rokom, en el casco antiguo (plano p. 256).

Iglesia de San Blas FOLCLORE
(plano p. 256; Luža; gratis) Delante de la iglesia se organizan espectáculos folclóricos al aire libre los domingos a las 11.00 durante los meses de mayo, junio y septiembre.

Iglesia de San Salvador CONCIERTOS
(plano p. 256; iglesia de San Salvador, Placa) El Dubrovnik String Quartet ofrece aquí conciertos durante todo el otoño los lunes por la noche.

Sloboda Cinema CINE
(plano p. 256) Se trata del cine más céntrico de Dubrovnik.

De compras

Stradun está bordeada por tiendas horteras de recuerdos; las mejores *boutiques* se hallan más abajo, en las calles laterales.

Green Room JARDÍN JOYERÍA
(plano p. 256; www.dubrovnikgreenroom.com; Buićeva Poljana; ⊙may-oct) Este precioso jardín presenta las piezas de seis diseñadores de joyas, todas de primera calidad (desde 200 HRK) y muchas, fuera de serie.

Photo Gallery Carmel GALERÍA
(plano p. 256; www.photogallerycarmel.com; Zamanjina 10; ⊙lu-sa) Galería de fotografía que exhibe imágenes de artistas locales e internacionales. Se venden reproducciones.

Maria 'BOUTIQUE'
(plano p. 256; www.maria-dubrovnik.hr; Ulica Svetog Dominika bb) Vende bolsos Miu Miu,

diseños de Stella McCartney y Givenchy, y maravillosos vestidos de Celine.

Gulliver 'BOUTIQUE'
(plano p.256; Gundulićeva Poljana 4) *Boutique* de categoría llena de fabulosos bolsos, zapatos, cinturones y accesorios.

En el **mercado matutino** (plano p. 256; Gundulićeva Poljana; ☉7.00-13.00) venden artesanía y productos de la zona.

ℹ Información

Librerías
Algebra (Placa 9) Recuerdos y libros (también guías en inglés).
Algoritam (Placa 8) Libros en inglés.

Acceso a Internet
Netcafé (www.netcafe.hr; Prijeko 21; 30 HRK/h) Un lugar para relajarse aunque no se navegue; conexiones rápidas, copias de CD, Wi-Fi, impresión de fotografías, escáneres, bebidas y café.

Consigna
Garderoba (primera h 5 HRK, después 1,50 HRK/h; ☉4.30-22.00) En la estación de autobuses.

Asistencia médica
Hospital (✆431 777; Dr Roka Mišetića) Apenas 1 km al sur de la bahía de Lapad.

Dinero
Hay muchos cajeros automáticos en la ciudad, en Lapad y en la terminal del *ferry* y en la estación de autobuses. Las agencias de viajes y la oficina de correos también cambian dinero.

Correos
Oficina de correos y locutorio de Lapad (Šetalište Kralja Zvonimira 21)

Oficina central de correos (Široka esq. Od Puča)

Información turística
Oficina de turismo (www.tzdubrovnik.hr; ☉8.00-20.00 jun-sep, 8.00-15.00 lu-vi, 9.00-14.00 sa oct-may) estación de autobuses (✆417 581; Obala Pape Ivana Pavla II 44a); puerto de Gruž (✆417 983; Obala Stjepana Radića 27); Lapad (✆437 460; Šetalište Kralja Zvonimira 25); casco antiguo (✆323 587; Široka 1); casco antiguo 2 (✆323 887; Ulica Svetog Dominika 7) Mapas, información y la indispensable guía *Dubrovnik Riviera*. La elegante y nueva oficina central que se está construyendo al oeste de la puerta Pile seguramente se inaugurará en el 2011.

Agencias de viajes
Atlas Travel Agency (www.atlas-croatia.com) puerto de Gruž (✆418 001; Obala Papa Ivana Pavla II 1); puerta Pile (✆442 574; Sv Đurđa 1) Organiza excursiones por Croacia y hasta Mostar y Montenegro. También busca alojamientos en casas particulares.

OK Travel & Trade (✆418 950; okt-t@du.t-com.hr; Obala Stjepana Radića 32) Cerca de la terminal del *ferry* de Jadrolinija.

ℹ Cómo llegar y salir

Avión
Croatia Airlines (✆01 66 76 555; www.croatiaairlines.hr) gestiona vuelos (3 diarios) entre Dubrovnik y Zagreb. Los precios varían entre las tarifas promocionales de 270 HRK y los precios flexibles en torno a 760 HRK. Croatia Airlines también ofrece vuelos directos a Frankfurt y rutas temporales a ciudades como Roma, París y Amsterdam.

Otras 20 aerolíneas europeas utilizan el aeropuerto de Dubrovnik. Entre ellas están British Airways (desde London Gatwick) y EasyJet

AUTOBUSES DESDE DUBROVNIK

DESTINO	PRECIO (HRK)	DURACIÓN (H)	SERVICIOS DIARIOS
Korčula	95	3	2
Kotor	96	2½	2-3
Mostar	105	3	3
Orebić	84	2½	2
Plitvice	330	10	1
Rijeka	357-496	13	4-5
Sarajevo (Bosnia y Herzegovina)	210	5	2
Split	122	4½	19
Zadar	174-210	8	8
Zagreb	250	11	7-8

(desde London Stansted), que tienen vuelos durante todo el año. FlyBe, BmiBaby, Jet2, Palmair, Wizz Air y Thompson Airways disponen de vuelos estacionales desde el Reino Unido.

Barco

Dos veces por semana, el *ferry* costero de **Jadrolinija** (418 000; www.jadrolinija.hr; puerto de Gruž) se dirige al norte hacia Korčula, Hvar, Split, Zadar y Rijeka. Hay un *ferry* local que zarpa de Dubrovnik rumbo a Sobra y Polače, en Mljet (60 HRK, 2½ h), durante todo el año; en verano hay dos *ferries* al día. Durante todo el año salen varios *ferries* diarios a la islas Elafiti de Koločep, Lopud y Šipan.

Los *ferries* también navegan entre Dubrovnik y Bari, en el sur de Italia; hay seis semanales en verano (291-401 HRK, 9 h) y dos en invierno.

Jadroagent (419 000; Obala Stjepana Radića 32) vende pasajes de *ferry* y tiene información.

Autobús

Para rutas internacionales, véase p. 342. Los que salen de la **estación de autobuses** de Dubrovnik (060 305 070; Obala Pape Ivana Pavla II 44a) se llenan con rapidez, por lo que conviene comprar los billetes con antelación en verano.

Los que circulan entre Split y Dubrovnik atraviesan territorio bosnio, por lo que conviene tener a mano el pasaporte.

Los horarios de todos los autobuses figuran en www.libertasdubrovnik.hr.

Cómo desplazarse

A/desde el aeropuerto

El aeropuerto internacional de Čilipi (www.airport-dubrovnik.hr) está 24 km al sureste de Dubrovnik. Los autobuses de Atlas (35 HRK) salen de la principal estación de autobuses 2 horas antes de los vuelos nacionales de Croatia Airlines, pero se recomienda consultar los horarios actualizados en la oficina de Atlas que hay junto a la puerta Pile. Estos autobuses del aeropuerto paran en Dubrovnik en Zagrebačka cesta, al norte del casco antiguo, a la salida de la ciudad (pero no en la puerta Pile). Los autobuses salen del aeropuerto rumbo a la estación de autobuses de Dubrovnik (pasando por la puerta Pile en esta dirección) varias veces al día y están programados para coincidir con las llegadas; siempre hay uno esperando aunque el vuelo vaya con retraso.

Un taxi al casco antiguo cuesta unas 240 HRK.

Autobús

Dubrovnik dispone de un maravilloso servicio de autobuses, frecuentes y, normalmente, puntuales. Las principales rutas turísticas funcionan hasta después de las 2.00 en verano, por lo que si alguien se aloja en Lapad no hay necesidad de volver deprisa al hotel. El billete cuesta 10 HRK si se compra al conductor, pero solo 8 HRK si se compra en un *tisak* (quiosco de prensa). Se pueden consultar los horarios en www.libertasdubrovnik.hr.

Para ir al casco antiguo desde la estación de autobuses hay que tomar los autobuses n° 1a, 1b, 3 u 8. Para ir a Lapad, el n° 7.

Desde la puerta Pile, hay que tomar el n° 6 hasta Lapad, o el n° 4 al Hotel Dubrovnik Palace.

Automóvil

El casco antiguo es peatonal. Durante todo el año el tráfico es denso, sobre todo en verano. El **aparcamiento** mejor situado (70 HRK/día; 24 h) para ir al centro está en Ilijina glavica, a 10 minutos a pie de la puerta Pile. Entre las compañías de alquiler de automóviles se incluyen:

Budget Rent-a-Car (418 998; www.budget.hr; Obala Stjepana Radića 24)

Gulliver (313 313; www.gulliver.hr; Obala Stjepana Radića 31)

OK Travel & Trade (418 950; okt-t@du.t-com.hr; Obala Stjepana Radića 32) Cerca de la terminal de *ferries* de Jadrolinija.

ALREDEDORES DE DUBROVNIK

Dubrovnik es un excelente punto de partida para salidas de un día por la región. Se puede pasar un día tranquilo tomando el sol en la islas Elafiti, comiendo bien y bebiendo buen vino en las preciosas islas de Korčula y Mljet, y descubriendo las embriagadoras fragancias de los jardines de Trsteno. Cavtat es una alternativa más tranquila a Dubrovnik, ideal para un día agradable de turismo, chapuzones y pescado.

Isla de Lokrum

En verano sale un *ferry*, prácticamente cada hora, hacia esta exuberante isla (40 HRK ida y vuelta, el último regresa a las 18.00), parque nacional protegido por la Unesco. Es un lugar precioso y frondoso con encinas y fresnos negros, pinos y olivos, y una escapada ideal de la urbana Dubrovnik. Es excelente para darse un baño, aunque las playas son de rocas. La **playa nudista** (señalizada como FKK) es un edén para los naturistas y muy popular entre la comunidad gay. Hay que echar un vistazo al bonito **jardín botánico,** que cuenta con una sección de cactus con algunos agaves gigantes y palmeras autóctonas procedentes de Brasil y Sudáfrica.

Las ruinas del **monasterio benedictino** medieval, están actualmente en proceso de restauración.

El bonito café-restaurante **Lacroma** (comidas desde 80 HRK) sirve tentempiés, comidas y helados; queda justo encima del puerto. Además, ofrece recitales de guitarra de vez en cuando.

Conviene tener en cuenta que no se puede pernoctar ni fumar en toda la isla.

Islas Elafiti

Para escapar de las aglomeraciones veraniegas de Dubrovnik no hay nada como una salida de un día a una de estas islas de este archipiélago del noroeste: las más populares son **Koločep, Lopud** y **Šipan**. Para ver las tres en un solo día se recomiendan los **circuitos** "Three Islands & Fish Picnic" (250 HRK con bebidas y almuerzo incluidos); hay varios operadores en el muelle de la puerta Ploče que ofrecen este servicio. Sin embargo, como salen a las 10.00, más o menos, y regresan antes de las 18.00, solo se podrá ver un poquito de cada isla.

Koločep es la más cercana y está habitada por solo 150 personas. Hay algunas playas de arena y guijarros, escarpados acantilados y cuevas marinas, pero también pinares centenarios, olivares, naranjales y limonares.

Lopud es peatonal y cuenta con algunos monasterios e iglesias interesantes del s. XVI, cuando las hazañas marineras de sus habitantes eran legendarias. El pueblo de Lopud está formado por casas de piedra rodeadas por exóticos jardines. Se puede ir a pie hacia la preciosa y arenosa **playa de Šunj,** en la otra punta de la isla; allí hay un bar pequeño que sirve sardinas y otros pescados a la plancha.

Šipan es la isla más grande y fue una de las escogidas por la aristocracia de Dubrovnik para fijar sus residencias en el s. XV. La embarcación amarra en **Šipanska Luka,** que conserva los vestigios de una villa romana y un palacio ducal gótico del s. XV. Se puede comer en **Kod Marka** (✆758 007; Šipanska Luka; platos principales desde 50 HRK), donde se probará un pescado exquisitamente preparado, por ejemplo, el estofado de pescado al estilo de Korčula.

❶ Cómo llegar y desplazarse

A las islas se puede ir en el *ferry* de automóviles de **Jadrolinija** (www.jadrolinija.hr), que zarpa tres veces al día durante todo el año, parando en Koločep (15 HRK, 30 min), Lopud (18 HRK, 50 min) y Šipan (23 HRK, 1 h). Los precios bajan un poco en invierno.

Isla de Mljet

1232 HAB.

De todas las islas del Adriático, tal vez Mljet sea la más seductora. Gran parte de ella es boscosa y el resto está salpicado por campos, viñedos y pequeñas aldeas. La mitad noroeste forma el **Parque Nacional de Mljet,** donde la frondosa vegetación, los pinares y los espectaculares lagos de agua salada son de un bucolismo extremo. Es un oasis intacto de tranquilidad que, según cuenta la leyenda, tuvo hechizado a Odiseo durante siete años, de los que, seguramente, no se arrepintió ni un segundo.

Historia

Los antiguos griegos llamaron "Melita" ("miel") a la isla por las muchas abejas que revoloteaban por los bosques. Al parecer, los marineros griegos la visitaban para refugiarse de las tormentas y recoger agua potable en los manantiales. En esa época, los ilirios habitaban la isla, donde levantaron fortalezas en las montañas y comerciaban con el continente. En el año 35 a.C. fueron conquistados por los romanos, quienes ampliaron la colonia alrededor de Polače y construyeron un palacio, unos baños y casas para los sirvientes.

En el s. VI la isla pasó a manos del Imperio bizantino y, más tarde, en el s. VII fue hostigada por los eslavos y ávaros. Tras varios siglos de gobierno regional desde el continente, en el s. XIII, Mljet fue cedida a la orden benedictina, que construyó un monasterio en medio de Veliko Jezero. Dubrovnik se anexionó formalmente la isla en 1410.

---

❶ MLJET: PORMENORES

Las embarcaciones turísticas de Korčula y los catamaranes de Dubrovnik llegan al muelle de Polače en temporada alta; los *ferries* de Jadrolinija utilizan el puerto de Sobra, cerca del centro de la isla. La entrada al **Parque Nacional de Mljet** (www.np-mljet.hr; adultos/reducida 90/40 HRK) está entre Pomena y Polače. La entrada incluye el traslado al monasterio benedictino. Si se pernocta en la isla, se paga la entrada al parque una sola vez.

Aunque a partir de entonces las arcas de Mljet estuvieran vinculadas a las de Dubrovnik, los isleños conservaron sus quehaceres tradicionales: agricultura, viticultura, ganadería y navegación. Todas salvo la última siguen siendo la base de su economía. En 1960 se declaró parque nacional y Mljet ocupó su puesto en el mapa del turismo, pero sin aglomeraciones, ya que la mayoría de los visitantes se dirige al enclave turístico de Pomena. Quien vaya en busca de tranquilidad, no tardará en encontrarla.

Puntos de interés

Los mayores reclamos de la isla son **Malo Jezero** y **Veliko Jezero**, los dos lagos del extremo occidental de la isla comunicados por un canal. Veliko Jezero está conectado con el mar por el canal Soline, por lo que ambos lagos están sujetos a las corrientes de las mareas.

En medio de Veliko Jezero hay un islote con un **monasterio benedictino** construido en el s. XII pero reconstruido en varias ocasiones, con añadidos renacentistas y barrocos a su estructura románica original. Alberga la **iglesia de Santa María** (Crkva Svete Marije). Aparte del monasterio, los monjes benedictinos profundizaron y ensancharon el pasaje entre ambos lagos para levantar un **molino** en la entrada a Veliko Jezero y así aprovechar el torrente de agua marina que entraba al valle. El monasterio quedó abandonado en 1869 y los guardabosques de la isla instalaron allí sus oficinas hasta 1941. Después se convirtió en un hotel, pero fue destrozado durante la guerra de la década de 1990. Ahora acoge un restaurante, caro pero evocador, el Melita.

Desde Mali Most (a 1,5 km aprox. de Pomena), en Malo Jezero, sale una embarcación rumbo al monasterio cada hora y 10 minutos. No se puede dar la vuelta entera a pie al lago mayor porque no hay ningún puente sobre el canal que conecte los lagos con el mar. Quien opte por cruzar a nado, no debe olvidar que las corrientes pueden ser fuertes.

Polače cuenta con muchas ruinas de los ss. I-VI. Las más impresionantes son las del **palacio romano,** presuntamente del s. V. La planta era rectangular y en las esquinas delanteras hay dos torres poligonales separadas por un embarcadero. En una montaña que se yergue encima de la población se pueden ver los vestigios de una **fortificación** de la Antigüedad tardía y, al noroeste de la aldea, se hallan las ruinas de una **basílica cristiana** temprana y una **iglesia** del s. V.

Actividades

Para explorar el parque nacional no hay nada como alquilar una bicicleta (20/100 HRK por h/día). Algunos lugares, como el Hotel Odisej en Pomena, las alquilan pero conviene tener en cuenta que Pomena y Polače están separadas por una accidentada montaña. El carril bici que rodea el lago es más fácil y muy panorámico, pero no comunica los dos pueblos. En Polače, **Radulj Tours** (091 88 06 543) alquila cochecitos descapotables (260 HRK/5 h) y ciclomotores (180 HRK/5 h); también lo hace **Mini Brum** (745 084), que además tiene otra tienda en Sobra.

Se puede alquilar un **bote de remos** y acercarse al monasterio, pero hay que estar en forma.

La isla cuenta con rincones extraordinarios para practicar **submarinismo.** Hay un pecio romano del s. III en aguas relativamente poco profundas. El paso de los siglos ha calcificado los restos del barco, entre ellos las ánforas, protegiéndolos del pillaje. También hay un torpedero alemán de la Segunda Guerra Mundial y varias barreras en las que sumergirse. Hay que contactar con **Kronmar Diving** (744 022; Hotel Odisej).

Circuitos

Las agencias de Dubrovnik y Korčula ofrecen excursiones a Mljet. Los circuitos (390 HRK y 245 HRK aprox. respectivamente) salen a las 8.30 y regresan a las 18.00 e incluyen la entrada al parque.

Dónde dormir

La oficina de turismo de Polače facilita alojamientos en casas particulares (desde 260 HRK por una doble), pero es imprescindible hacer la reserva antes de la temporada alta. Se verán más rótulos de *sobe* por Pomena que por Polače, pero casi no hay ninguno en Sobra. Los restaurantes también alquilan habitaciones.

Stermasi APARTAMENTOS €€€
(098 93 90 362; Saplunara; apt 401-546 HRK; P ❄) Al "otro" lado de Mljet, estos apartamentos son ideales para aquellos que deseen disfrutar de la vida sencilla y de la belleza natural de la isla. Nueve apartamentos luminosos, modernos y cuidados,

con capacidad para dos-cuatro personas y con terraza o balcón privados. Las playas de arena están nada más cruzar la puerta y la familia anfitriona no puede ser más hospitalaria. Se puede pedir el transporte. Los huéspedes se benefician de un 20% de descuento en el fantástico restaurante anexo.

Soline 6   HOTEL ECOLÓGICO €€
(744 024; www.soline6.com; Soline; d 546 HRK) Este hotel ecológico es el único alojamiento que hay dentro del parque nacional. Todo está hecho con material reciclado, el agua de lluvia se reutiliza y la basura orgánica se transforma en compost. Los lavabos funcionan sin agua y no hay electricidad (hasta la fecha). Y no es que sea una comuna *hippy*: los cuatro estudios son modernos y están limpios, y cada uno tiene su propio cuarto de baño, balcón y cocina.

Hotel Odisej   HOTEL DE COMPLEJO TURÍSTICO €€
(744 022; www.hotelodisej.hr; Pomena; d desde 580 HRK; P❄@🛜) Se trata del único hotel convencional de Mljet, y no es nada del otro mundo. Con un aire insípido de la antigua Yugoslavia, el servicio peca de frío y la decoración ha cambiado poco desde la década de 1970. Dicho esto, los precios son aceptables y casi siempre hay camas libres.

También se recomiendan:

Camping Mungos   'CAMPING' €
(745 300; www.mungos-mljet.com; Babino Polje; 52 HRK por persona; ⊙may-sep) Cerca de la playa y de la bonita cueva de Odiseo, cuenta con un restaurante, oficina de cambio de moneda y un supermercado.

Marina   'CAMPING' €
(745 071; Ropa; 25/47 HRK por persona/parcela; ⊙jun-sep) En Ropa, a 1 km del parque, más o menos.

✕ Dónde comer

Pomena tiene la mayor oferta culinaria, con una atractiva oferta de establecimientos junto al mar. El pescado y el marisco son fresquísimos y se sirven al momento, pero no son económicos. También descuella su cabrito y su cordero, cocinados "bajo la campana" (se asan a la brasa, pero de arriba abajo). Quienes vayan en barca podrán atracar gratis en el restaurante donde coman.

Stermasi   COCINA DÁLMATA €€€
(098 93 90 362; Saplunara; platos principales 90-360 HRK) Es uno de los mejores restaurantes de Dalmacia: comida sabrosa, genuina y preparada con amor y maestría. Las especialidades de la casa incluyen verduras, pulpo o cabrito hechos "bajo la campana" (200/260/300 HRK respectivamente) y el jabalí con ñoquis (360 HRK) casi puede saciar a cuatro personas. También se puede optar por el pescado guisado al estilo de Mljet. Las vistas de las minúsculas islas de Saplunara desde la terraza son impresionantes.

Melita   COCINA CROATA €€
(www.mljet-restoranmelita.com; isla de Santa María, Veliko Jezero; platos principales desde 60 HRK) No hay un lugar más romántico (y turístico) en la isla: un restaurante anexo a la iglesia en el islote del medio del lago. Para ponerse las botas con platos de pescado, marisco y carne, langosta de Mljet, pulpo, *risotto* negro y quesos de la zona.

Konoba Ankora   COCINA CROATA €€
(Polače; platos principales desde 70 HRK) El mejor de Polače de los situados junto al mar. La reducida carta, escrita con tiza en una pizarra, suele incluir especialidades a la parrilla como cordero de Mljet, caza y cabrito, o cualquier criatura del mar. Se recomienda el *brodetto* (guiso de marisco variado).

Triton Grilled   CARNES €€
(745 131; Srśenovići 43, Babino Polje; platos principales desde 70 HRK) Se especializa en carnes: la ternera y el cabrito se hacen "bajo la campana" (conviene reservar con tiempo). Se puede rematar la comida con un chupito de licor casero.

ℹ️ Información

La **oficina de turismo** (744 186; www.mljet.hr; ⊙8.00-13.00 y 17.00-19.00 lu-sa, 9.00-12.00 do jun-sep, 8.00-13.00 lu-vi oct-may) está en Polače y hay un cajero automático al lado. Facilita folletos y vende un buen mapa con rutas para ir a pie. Hay otro cajero automático en el Hotel Odisej en Pomena.

Babino Polje, 18 km al este de Polače, es la capital de la isla. Alberga otra **oficina de turismo** (745 125; www.mljet.hr; ⊙9.00-17.00 lu-vi) y una de correos.

ℹ️ Cómo llegar y desplazarse

Los *ferries* de Jadrolinija solo paran en Sobra (32 HRK, 2 h), pero el **catamarán 'Melita'** (313 119; www.gv-line.hr; Vukovarska 34, Dubrovnik) va hasta Sobra (22 HRK, 1 h) y Polače (50 HRK, 1½ h) en verano: zarpa del puerto de Gruž, en Dubrovnik, dos veces al día (9.15 y 18.15) y regresa a diario desde Polače a las 16.00; hay otros dos servicios diarios desde

Sobra (6.15 y 16.40). Para este trayecto no se puede comprar el billete por adelantado; hay que ir a la taquilla del puerto con bastante antelación en temporada alta para asegurarse un asiento (tampoco permite embarcar bicicletas). En invierno solo hay un catamarán al día. Desde Korčula también salen circuitos en barco que van al puerto de Polače en temporada alta.

Sobra y Polače están comunicadas por un servicio poco frecuente de autobuses.

Cavtat

2021 HAB.

Sin Cavtat, Dubrovnik no existiría. Bueno, al menos, la bonita ciudad que hoy se conoce. Los habitantes de esta colonia (inicialmente griega) huyeron de los eslavos y establecieron factorías comerciales en Dubrovnik, fundando la ciudad en el año 614. Pero Cavtat tiene interés por sí misma. Mucho más "local" que Dubrovnik (es decir, sin el flujo de turistas que lo invaden a diario), tiene encanto y chispa. El entorno es impagable: la localidad abraza un puerto precioso ribeteado por playas con imponentes montañas de fondo.

Historia

Originariamente Cavtat era un pueblo griego llamado Epidaurus, pero allá por el año 228 a.C. se convirtió en una colonia romana que más tarde, durante el s. VII, fue destruida por los eslavos. Durante gran parte de la Edad Media formó parte de la República de Dubrovnik y compartió la vida cultural y económica de la capital. La personalidad más famosa de Cavtat fue el pintor Vlaho Bukovac (1855-1922), uno de los exponentes más destacados del modernismo croata.

◉ Puntos de interés

Cavtat cuenta con fascinantes lugares de interés. La renacentista **rectoría** (Obala Ante Starčevića 18; adultos/reducida 10/5 HRK; ⊙9.30-13.00 lu-sa) atesora una nutrida biblioteca (que perteneció al abogado e historiador del s. XIX Baltazar Bogišić), pero también litografías y una pequeña colección arqueológica. Al lado se halla la barroca **iglesia de San Nicolás** (Crkva Svetog Nikole; entrada 10 HRK; ⊙10.00-13.00) con impresionantes altares de madera.

La **casa natal de Vlaho Bukovac** (Rodna Kuća Vlahe Bukovca; Bukovca 5; entrada 20 HRK; ⊙10.00-13.00 y 16.00-20.00 ma-sa, 16.00-20.00 do), el hijo más famoso de Cavtat, está en el extremo norte de Obala Ante Starčevića.

La arquitectura de principios del s. XIX es el mejor escenario para los recuerdos y lienzos del pintor más renombrado de Croacia. Al lado se halla el **monasterio de Nuestra Señora de las Nieves** (Samostan Snježne Gospe; Bukovca), que merece un vistazo por sus notables pinturas del Renacimiento temprano.

Desde el monasterio sube un sendero hasta el cementerio, donde aguarda el **mausoleo** (entrada 5 HRK; ⊙10.00-12.00 y 17.00-19.00 jul y ago) de la familia Račić, construido por Ivan Meštrović. El elaborado monumento refleja la preocupación del escultor por los asuntos religiosos y espirituales.

🛏 Dónde dormir y comer

Para alojamientos en casas particulares, se puede preguntar en Atlas o en otras agencias de viajes del centro urbano.

👍 Castelletto   B&B €€

(☎478 246; www.dubrovnikexperience.com; Tiha bb; i/d 640/910 HRK; P❋@☎⛱) Este logradísimo alojamiento familiar luce 13 habitaciones espaciosas e inmaculadas con muebles modernos de un gusto intachable en una finca remodelada. Todas tienen aire acondicionado y televisión por satélite y muchas brindan unas vistas asombrosas de la bahía. Está en un lugar apacible, bastante apartado del puerto, al que se llega en 10 minutos a paso ligero por un bonito camino. Conviene tener en cuenta que la piscina es para refrescarse y no para nadar. El personal es maravilloso y el Wi-Fi y los traslados al aeropuerto, gratuitos.

Hotel Major   HOTEL RURAL €€€

(☎773 600; www.hrmajor.hr; Uskoplje bb; ste 893 HRK, platos principales desde 75 HRK; P❋@☎⛱) A 5 minutos en coche hacia el interior desde Cavtat, este hotelito rústico cuenta con cinco habitaciones muy espaciosas (del tamaño de una suite) y una buena relación calidad-precio; todas tienen aire acondicionado, calefacción, y vistas al mar o a la montaña. El personal no puede ser más amable y el restaurante es digno de mención: cuenta con una enorme terraza y una carta de intenso sabor dálmata (que incluye jarrete de ternera a fuego lento) y muchos vinos por copa.

Galija   MARISCO €€

(www.galija.hr; Vuličelićeva 1; platos principales desde 70 HRK) Restaurante veterano y muy bien considerado, con una fabulosa terraza encarada al mar a la sombra de los pinos y un evocador interior de paredes de piedra vista. Se puede empezar por los entrantes dálmatas (entre ellos, sopa de erizo de mar). La carta principal apuesta por el pescado y el marisco (como el mixto de ostras, mejillones, gambas y langostinos). Aunque es caro, vale la pena.

El frente marítimo está bordeado con cafés y restaurantes para una comida informal y económica.

Información

Antares (479 707; www.antarestravel.hr; Vlaha Paljetka 2) Reserva excursiones y ofrece alojamientos en casas particulares.

Atlas Travel Agency (479 031; www.atlas-croatia.hr; Trumbićev Put 2) Excursiones y alojamientos en casas particulares.

Oficina de correos (Kneza Domagoja 4; 9.00-18.30 lu-sa) Cerca de la estación de autobuses.

Oficina de turismo (479 025; www.tzcavtat-konavle.hr; Tiha 3; 8.00-19.00 jul y ago, 8.00-15.30 lu-vi, 9.00-12.00 sa sep-jun) Facilita un buen mapa a todo color y folletos de todo tipo.

Cómo llegar y salir

El autobús nº 10 sale, más o menos, cada hora rumbo a Cavtat (18 HRK, 45 min) desde la estación de autobuses de Dubrovnik; los últimos autobuses regresan sobre la medianoche. También se puede tomar un barco (ida y vuelta 80 HRK, 12 diarios jun-sep, 3-5 diarios resto del año) desde el muelle de Lokrum, cerca de la puerta Ploče.

Jardines de Trsteno

Unos 15 km al noroeste de Dubrovnik, estos maravillosos jardines bien merecen una visita. Trsteno vivió su mejor momento en el s. XVI, cuando la nobleza de Dubrovnik prestaba una atención especial a la apariencia de sus jardines: Ivan Gučetić plantó las primeras semillas y así empezó la tendencia.

Los descendientes de Ivan Gučetić conservaron los jardines durante siglos, hasta que el terreno fue requisado por la Academia de las Ciencias (de la antigua Yugoslavia y ahora de Croacia), que los convirtió en un **arboreto** (751 019; adultos/reducida 30/15 HRK; 8.00-19.00 jun-sep, hasta 16.00 oct-may). Los jardines presentan un fabuloso trazado renacentista con un juego de formas geométricas hechas con plantas y arbustos mediterráneos (lavanda, romero, fucsia, buganvilla), mientras los naranjos y limoneros perfuman el aire. Solo está parcialmente ajardinado, el resto luce un esplendor silvestre. Hay un **laberinto** para el deleite de los niños, un buen conjunto de palmeras (entre ellas la palma china de abanico) y un maravilloso **estanque** custodiado por una estatua de Neptuno y muchos nenúfares blancos y ranas toro. Los dos **plataneros** que flanquean la entrada al pueblo de Trsteno (cada uno de más de 400 años y unos 50 m de altura) no tienen desperdicio.

El *camping* de la zona, **Autocamp Trsteno** (751 060; www.trsteno.hr/camping.htm; por persona/tienda 26/20 HRK), está bien equipado y cuenta con un bonito bar. Está a cinco minutos a pie de bajada hacia la costa, donde hay calas de roca.

Para ir a Trsteno, en la estación de autobuses de Dubrovnik se puede tomar cualquier autobús (30 min, 19 diarios) en dirección a Split.

ISLA DE KORČULA

16 438 HAB.

En Korčula hay muchos viñedos, olivos, pequeños pueblos y aldeas. Los primeros moradores griegos de la isla la llamaron Korkyra Melaina (Korčula negra) por sus frondosos bosques. Su principal población, la ciudad de Korčula, luce una maravillosa red de calles marmóreas y edificios preciosos. La accidentada costa meridional está salpicada por tranquilas calas y pequeñas playas, mientras el litoral del norte, más plano, cuenta con muchos puertos naturales. La tradición sigue viva y coleando en Korčula, con ceremonias religiosas ancestrales, música y bailes folclóricos que se representan ante un flujo creciente de turistas. A los enólogos les encantará probar sus vinos, sobre todo el dulce, elaborado con la uva *grk* cultivada en la zona de Lumbarda.

Un estrecho canal separa Korčula de la península de Pelješac. Es la sexta isla más grande del Adriático, con casi 47 km de longitud.

Historia

Una cueva neolítica (Vela Špilja) situada cerca de Vela Luka, en el extremo occidental de la isla, demuestra la existencia de un asentamiento prehistórico, pero fueron los griegos los primeros en expandirse por toda la isla allá por el s. VI a.C. Su colonia más importante estaba en la zona de la actual

Lumbarda, aproximadamente en el s. III a.C. Los romanos conquistaron Korčula en el s. I, seguidos por los eslavos en el s. VII. En el año 1000 la conquistó Venecia y, más tarde, pasó a manos de Hungría. Formó parte de la República de Dubrovnik durante un corto período antes de volver a estar gobernada por los venecianos en 1420, en cuyas manos estuvo hasta 1797. Durante el gobierno veneciano la isla empezó a conocerse por su piedra, que se extraía y cortaba para su exportación. También floreció la industria naval.

Tras la conquista napoleónica de Dalmacia en 1797, el destino de Korčula siguió al de la región, que cambió de manos (francesas, austrohúngaras e inglesas) antes de formar parte de Yugoslavia en 1921. Hoy en día Korčula se está convirtiendo a toda marcha en una de las islas más prósperas de Croacia y su histórica capital atrae a un número creciente de visitantes.

ⓘ Cómo llegar y desplazarse

Barco

La isla tiene dos importantes puertos de entrada: la ciudad de Korčula y Vela Luka. Todos los *ferries* de Jadrolinija que navegan entre Split y Dubrovnik atracan en la ciudad de Korčula.

Para viajar entre Split y Korčula hay varias opciones. Hay una embarcación rápida diaria, la **'Krilo'** (www.krilo.hr), que comunica Split con Korčula (55 HRK, 2¾ h) durante todo el año, y de camino para en Hvar. Entre junio y septiembre, Jadrolinija cuenta con un catamarán diario de pasajeros que zarpa de Split rumbo a Vela Luka (60 HRK, 2 h), hace escala en Hvar y sigue hasta Lastavo. Por la tarde, también hay un *ferry* regular de automóviles entre Split y Vela Luka (45 HRK, 3 h) que para en Hvar casi a diario (aunque los automóviles no pueden desembarcar en Hvar).

Desde la península de Pelješac hay muchas embarcaciones que con regularidad cubren el trayecto entre Orebić y Korčula. Las lanchas de pasajeros (15 HRK, 10 min, 13 diarios jun-sep, como mínimo 5 diarios el resto del año) salen rumbo al corazón del pueblo de Korčula. Los *ferries* de automóviles (17 HRK, 15 min, como mínimo 14 diarios todo el año) también cubren esta ruta, pero amarran en el puerto más profundo de Dominče, a 3 km del pueblo de Korčula. Como las conexiones en autobús son escasas y los precios de los taxis abusivos (80 HRK por 3 km), se puede intentar utilizar las lanchas de pasajeros si se va a pie.

Autobús

Hay autobuses a Dubrovnik (85 HRK, 3 h, 1-3 diarios) y Zagreb (239 HRK, 11 h, 1 diario). En verano conviene reservar.

Ciudad de Korčula
3135 HAB.

La ciudad de Korčula es preciosa. Rodeada por imponentes almenas defensivas, esta ciudadela costera emana historia, con sus calles de mármol y muchas construcciones renacentistas y góticas. Su fascinante trazado urbano en forma de espina fue inteligentemente pensado para la comodidad y seguridad de sus habitantes: las calles occidentales se construyeron para abrir la ciudad al refrescante *maestral* (viento fuerte y constante que viene del oeste) del verano, mientras que las orientales se planificaron curvas para minimizar la fuerza del *bura* (viento frío que viene del este) del invierno. La ciudad acuna un puerto, custodiado por unas torres defensivas redondas y un compacto conjunto de casas de tejado rojo.

Hay palmeras susurrantes por doquier y playas a escasa distancia. Al ser un popular destino familiar, se puede salir de la ciudad en busca de playas más remotas y tranquilas. Korčula es el mejor punto de partida para salir a pasar el día a Lumbarda, la isleta de Badija, el pueblo de Orebić en la península de Pelješac, y la isla de Mljet.

Historia

Aunque hay documentos que certifican la existencia de una localidad amurallada en el s. XIII, la ciudad actual no se construyó hasta el s. XV, coincidiendo con el apogeo del tallado de piedra en la isla, que ha dado ese estilo característico a sus edificios y calles. En el s. XVI los mamposteros decoraron las fachadas de los edificios con ornamentales columnas y escudos de armas que dieron un aire renacentista a las estructuras góticas originales. En los ss. XVII y XVIII, al disminuir la amenaza de invasión, la gente empezó a construir casas extramuros, al sur del casco antiguo. Las callejas y casas de piedra del "nuevo" barrio residencial atrajeron a mercaderes y artesanos, y allí es donde sigue concentrándose la mayor actividad comercial.

⊙ Puntos de interés

Defensas de la ciudad

ESTRUCTURAS DEFENSIVAS

Cuando se llega por mar, las torres de Korčula y los restos de las murallas resultan impresionantes; su sola presencia disuadía a los piratas de acercarse a la ciudad. Originariamente estas defensas fueron aún más robustas: una infranqueable barrera

DANZA 'MOREŠKA' DE LA ESPADA

Una de las tradiciones más vistosas de la isla es la danza *moreška* de la espada, que se viene celebrando en Korčula desde el s. xv. Aunque sea presumiblemente de origen español, Korčula es, a día de hoy, el único sitio donde se baila. Explica la historia de dos reyes: el rey blanco (que viste de rojo) y el rey negro, que ha secuestrado a una princesa por la que ambos disputan. En la presentación, la princesa declara su amor al rey blanco, pero el rey negro se niega a cedérsela. Los dos ejércitos desenvainan sus espadas y se enfrascan en una lucha compleja acompañados por la música de una banda. Los espectadores más entusiastas se suman a la danza. Aunque tradicionalmente solo se ejecutaba el día de Korčula, el 29 de julio, ahora el espectáculo se presenta todos los lunes y jueves por la noche de junio a septiembre.

Los bailes *kumpanija* también se presentan por toda la isla, en Pupnat, Smokvica, Blato y Čara. Esta coreografía implica la "lucha" entre dos ejércitos rivales y culmina con el despliegue de una enorme bandera. Se acompaña con música de *mišnice* (un instrumento local similar a la gaita) y tambores.

---

de piedra con 12 torres y murallas de 20 m de altura.

Desde el muelle occidental, la cónica **gran torre del Gobernador** (1483) y la **torre pequeña del Gobernador** (1449) protegían el puerto y el palacio del Gobernador, que solía estar al lado del ayuntamiento. Si se continúa en sentido horario bordeando la península del casco antiguo, la **torre de la puerta occidental al mar** tiene una inscripción en latín de 1592 que informa de que Korčula se fundó tras la caída de Troya. Al lado se encontrará la renovada **torre Kula Kanovelić**, con fachada semicircular rematada por almenas, y después, una torre más pequeña que ahora se ha convertido en el Cocktail Bar Massimo.

Al casco antiguo se entra por la **torre Veliki Revelin**, la puerta sur encarada a tierra. Construida en el s. xiv y ampliada posteriormente, esta fortificación está adornada con escudos de armas de los duques de Venecia y de los gobernadores de Korčula. Inicialmente había un puente levadizo de madera pero, en el s. xviii, fue reemplazado por una amplia escalinata de piedra para dotar al lugar de mayor suntuosidad. El mayor tramo de las murallas defensivas que sobrevive queda al oeste de esta torre. La parte superior de la torre acoge un pequeño **museo** (entrada 15 HRK; ☉9.00-21.00 jun-sep, 10.00-16.00 may y oct, cerrado el resto del año) dedicado a las danzas tradicionales *moreška*; expone indumentaria y fotografías antiguas.

Catedral de San Marcos   CATEDRAL
(Katedrala Svetog Marka; Statuta 1214; ☉9.00-21.00 jul y ago, misa solo sep-jun) En Trg Svetog Marka (plaza de San Marcos), esta magnífica catedral del s. xv fue construida en piedra caliza de Korčula en un estilo gótico-renacentista por artesanos italianos y locales. El solemne portal está rematado por una cornisa triangular a dos aguas y decorado con una sirena de dos colas, un elefante y otras esculturas. En el horizonte urbano sobresale el **campanario** de la catedral, coronado por una balaustrada y cúpula ornamentada, exquisitamente trabajada por Marko Andrijić, artista de Korčula.

Su interior desprende un aire entrañable y evocador, la nave se eleva a 30 m de altura y está bordeada por dos columnatas idénticas de pilares de piedra caliza a la vista. Conviene fijarse en el ciborio, también tallado por Andrijić, detrás del cual se halla el retablo *Los tres santos*, de Tintoretto. Hay otra pintura atribuida a Tintoretto o a su taller, *La Anunciación,* que está en el altar barroco de San Antonio. Otras obras destacables incluyen una estatua de bronce de San Blas, obra de Meštrović, cerca del altar de la nave lateral del norte, y un cuadro del artista veneciano Jacopo Bassano en el ábside de la nave lateral del sur. No hay que olvidar las esculturas modernas del **baptisterio**, entre ellas una *pietà* de Ivan Meštrović.

Museo de la Ciudad   MUSEO
(Gradski Muzej; Statuta 1214; entrada 15 HRK; ☉9.00-21.00 jun-ago, 9.00-13.00 lu-sa sep-may) Sito en el palacio Gabriellis, del s. xvi, este museo documenta la historia y cultura de Korčula a lo largo de los años. Muy bien organizado no está, pero hay algunas curiosidades interesantes repartidas en sus cuatro

Ciudad de Korčula

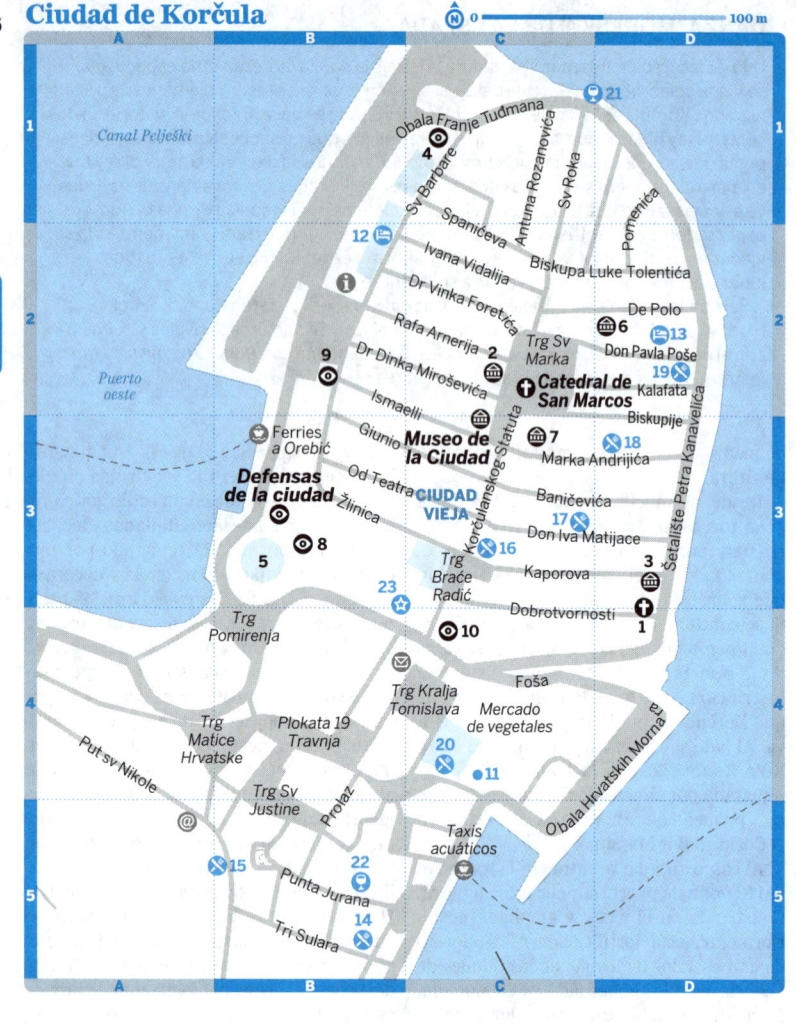

pisos, incluida una lápida que confirma la presencia griega en la isla en el s. III a.C. La colección de tallas de piedra repasa la evolución de este arte con esculturas y herramientas de cantero, y las exposiciones sobre construcción naval muestran embarcaciones locales en miniatura. También hay una colección arqueológica con objetos prehistóricos y algunos ejemplos de indumentaria tradicional de Korčula, de arte, mobiliario, tejidos y retratos. Tiene explicaciones en inglés.

Antes de dejar la plaza, conviene fijarse en el elegante y ornamentado **palacio Ar-neri,** vecino al museo, que se extiende hacia el oeste por la calleja del mismo nombre.

Museo Marco Polo   MUSEO DE LA TORRE
(De Polo; entrada 15 HRK; ⊙9.00-19.00 jun-sep, 10.00-16.00 may y oct) Se dice que Marco Polo nació en Korčula en 1254, y aunque muchas ciudades se atribuyan tal honor, hay pruebas más que suficientes para corroborarlo. Este pequeño y claustrofóbico lugar está situado en la torre más escuálida de la casa, supuestamente la suya. El interior atesora mapas y cartas de navegación relacionados con sus viajes, y retratos y bustos del intré-

Ciudad de Korčula

◉ Los mejores puntos de interés
- Defensas de la ciudad B3
- Catedral de San Marcos C2
- Museo de la Ciudad C3

◉ Puntos de interés
- 1 Iglesia de Todos los Santos D3
- 2 Palacio Arneri C2
- 3 Museo de Iconos D3
- 4 Torre Kula Kanovelić C1
- 5 Gran torre del Gobernador B3
- 6 Museo Marco Polo D2
- Museo Moreška .... (véase 10)
- 7 Museo Riznica C3
- 8 Torre pequeña del Gobernador B3
- 9 Torre de la puerta occidental
  al mar B2
- 10 Torre Veliki Revelin C4

Actividades, cursos y circuitos
- 11 Rent a Đir C4

◉ Dónde dormir
- 12 Hotel Korčula B2
- 13 Palacio Lešic Dimitri D2

◉ Dónde comer
- 14 Buffet-Pizzeria Doris B5
- 15 Cukarin B5
- 16 Gradski Podrum C3
- 17 Konoba Komin C3
- 18 Konoba Marinero D3
- 19 LD D2
- 20 Supermercado C4

◉ Dónde beber
- 21 Cocktail Bar Massimo C1
- 22 Vinum Bonum B5

◉ Ocio
- 23 Moreška Sword Dance B3

pido aventurero. Aunque quizá su mayor aliciente sean las vistas. Se pueden subir sus empinadas escaleras para disfrutar de una panorámica de pájaro de la península de Korčula y del Adriático. Conviene tener en cuenta que la escalera de acceso no es segura para los niños pequeños.

Museo Riznica MUSEO
(Statuta 1214; entrada 15 HRK; ◉9.00-19.30 lu-sa may-nov) Situado en el palacio de la Abadía, del s. XIV, este museo cuenta con una antesala repleta de iconos y un salón con una excelente colección de pinturas dálmatas de los ss. XV y XVI. La obra más destacada es el políptico de *La Virgen* de Blaž Trogiranin. También hay objetos litúrgicos, joyas, muebles y antiguos documentos relacionados con la historia de Korčula.

Museo de Iconos e iglesia MUSEO
(Trg Svih Svetih; entrada 10 HRK; ◉10.00-12.00 y 17.00-19.00 lu-sa) Este modesto museo cuenta con una pequeña colección de interesantes iconos bizantinos pintados sobre madera, sobre fondos dorados, y objetos rituales de los ss. XVII y XVIII. Se permite a los visitantes entrar a la preciosa y antigua **iglesia de Todos los Santos** (Crkva Svih Svetih) que hay al lado. Esta iglesia barroca del s. XVIII presenta un panel de madera tallada y pintada del s. XV y una *pietà* del s. XVIII, con profusión de pinturas religiosas locales.

✈ Actividades

Hay excelentes senderos para salir de excursión a pie o en bicicleta por toda Korčula; se puede recoger un mapa de la isla en la oficina de turismo o en Kantun Tours (que alquila bicis por 100 HRK al día). **Rent a Đir** (📞711 908; www.korcula-rent.com; Biline 5) alquila ciclomotores (291 HRK/24 h) y barcas (580 HRK/día). No hay que perderse la bonita localidad de Orebić, al otro lado del agua, pues cuenta con una preciosa playa y buenos senderos para salir de excursión.

En verano, los taxis acuáticos ofrecen trayectos a la **isla de Badija,** que tiene un monasterio franciscano del s. XV y una playa naturista.

☞ Circuitos

Las agencias de viajes facilitan circuitos por la isla o un viaje a Mljet y ofrecen salidas en bicicleta de montaña (195 HRK), kayak marino y de buceo (220 HRK).

✦ Fiestas y celebraciones

En Korčula se celebra la **Semana Santa** a bombo y platillo. A partir del Domingo de Ramos toda la semana está dedicada a las ceremonias y procesiones organizadas por las cofradías locales, ataviadas con trajes tradicionales. Los vecinos entonan canciones e himnos medievales, se representan pasajes de la Pasión y se bendicen las puertas de la ciudad. Claro está, las procesiones más solemnes son las del Viernes Santo cuando los miembros de todas las hermandades recorren las calles. La oficina de turismo facilita la programación.

Dónde dormir

La oferta hotelera de Korčula apuesta por los complejos turísticos y los grandes hoteles, pero todos los que figuran a continuación son recomendables. Quien no quiera alojarse en un gran hotel puede optar por una casa de huéspedes. Atlas Travel Agency y Marko Polo Tours facilitan habitaciones en casas particulares (desde 250 HRK en temporada alta).

Lešić Dimitri Palace
ALOJAMIENTO 'BOUTIQUE' €€€

(715 560; www.lesic-dimitri.com; Don Pavla Poše 1-6; apt 2731-8741 HRK; ❄️🛜) Este extraordinario alojamiento es excepcional, pura clase, se mire por donde se mire (hasta sus precios). Las seis "residencias" están repartidas en varias casas señoriales, con acabados impecables. Cada una recibe el nombre de algún viaje de Marco Polo, de este modo la residencia china tiene un (ligero) aire asiático y la india refleja tímidamente el subcontinente. No falta ni un detalle moderno, por pequeño que sea (iPods, acabados de mármol en el cuarto de baño, máquinas de café exprés), mientras las vigas a la vista, los antiguos muros de piedra y las losas subrayan lo especial del lugar. Además, el restaurante es el mejor de la ciudad.

Hotel Bon Repos
COMPLEJO TURÍSTICO €€

(726 800; www.korcula-hotels.com; d 524 HRK; P@❄️🛜) En la carretera a Lumbarda, este enorme hotel cuenta con cuidados jardines y una gran piscina con vistas a una playa pequeña. Las habitaciones tienen la medida justa y una relación calidad-precio aceptable, y las instalaciones están bien, hasta con pistas de tenis. Hay un servicio de taxi acuático a la ciudad de Korčula, pero también se puede ir a pie (30 min).

Hotel Liburna
COMPLEJO TURÍSTICO €€€

(726 006; www.korcula-hotels.com; Put Od Luke 17; d desde 815 HRK; P@❄️🛜) Hotel grande, con muchas habitaciones con vistas fabulosas al mar. Hay una piscina, pistas de tenis y la posibilidad de practicar *windsurf* desde la playa de hormigón, aunque las habitaciones son un poco anodinas.

Hotel Korčula
HOTEL HISTÓRICO €€€

(711 078; www.hotelkorcula.com; Obala Franje Tuđmana 5; i/d 720/960 HRK; P) Está en una ubicación privilegiada en el muelle occidental, pero necesita unas reformas urgentes. Si se puede, conviene escoger la habitación con cuidado ya que algunas tienen pequeñas ventanas con vistas muy limitadas de la bahía. El interiorismo es de los años sesenta y no hay aire acondicionado (ni ascensor).

Villa DePolo
MÓDULOS €

(711 621; tereza.depolo@du.t-com.hr; Svetog Nikole bb; d 330 HRK; ❄️🛜) Fabulosa opción económica con sencillas, pequeñas pero bonitas habitaciones modernas (y apartamento) que lucen colores apagados y camas confortables; una tiene terraza y vistas impagables. La ubicación es excelente, a un corto paseo del casco antiguo y de la estación de autobuses. Los módulos pueden acoger a dos, cuatro o seis personas. En verano se cobra un suplemento para las estancias cortas.

Pansion Hajduk
PENSIÓN €

(711 267; olga.zec@du.t-com.hr; d desde 430 HRK; ❄️🛜🍴) Está a un par de kilómetros de la ciudad, en la carretera que va a Lumbarda, pero el viajero recibirá una cálida bienvenida con habitaciones con aire acondicionado y TV, e incluso una piscina. El restaurante de la casa también está bien y hay unos cuantos columpios para los críos.

Ojdanić
CASA DE HUÉSPEDES €

(091 51 52 555; www.korcula-roko.com; apt desde 420 HRK; ❄️) A tres minutos de paseo por el puerto, al oeste del casco antiguo, se encontrarán dos apartamentos limpios y muy sencillos a buen precio. El "Ela" es como un estudio; el "Roko" puede acoger a una familia con dos niños pequeños y tiene una terraza con esplédidas vistas del continente. Ratko, el propietario, tiene un taxi acuático y ofrece salidas de pesca.

Hay un *camping* grande y otros más pequeños. **Autocamp Kalac** (711 182; www.korculahotels.com; 54/48 HRK por persona/parcela; ⊙may-oct) es el que queda más cerca del casco antiguo (30 min a pie), y cuenta con un bonito y frondoso pinar. Tiene pistas de tenis y desemboca en una estrecha playa muy concurrida en verano.

Unos 10 km al oeste de la ciudad, cerca de Račišće, hay tres pequeños *campings* con mayor privacidad y acceso a playas menos populares. Todos abren de junio a mediados de septiembre y cuestan unas 90 HRK por persona, incluida la tienda y el coche: **Kamp Oskorušica** (710 747); **Kamp Tri Žala** (721 244; trizala@vip.hr); **Kamp Vrbovica** (721 311).

✘ Dónde comer

Se puede comprar comida para salir de *picnic* y otros artículos básicos en el supermercado.

LD COCINA MEDITERRÁNEA MODERNA €
(☎715 560; www.lesic-dimitri.com; Don Pavla Poše 1-6; platos principales desde 45 HRK) El mejor restaurante de Korčula es diferente del resto de la ciudad y ofrece una carta moderna y lograda. Para empezar se pueden picar unos *crostini* con deliciosos ingredientes mediterráneos (solo 8 HRK la unidad) y pasar luego al guiso de salchichas eslavonias picantes, róbalo, cordero de Pag o *carpaccio* de atún ahumado. El sumiller escogerá el mejor vino por copa para cada plato; la oferta croata es maravillosa. El entorno también es fantástico, con mesas justo encima del agua. Dada la calidad de los ingredientes y del marco, la relación calidad-precio es excepcional.

Konoba Komin COCINA DÁLMATA €
(☎716 508; Don Iva Matijace; platos principales desde 45 HRK) Esta bonita *konoba*, tremendamente evocadora, parece casi medieval, con su *komin* (fuego crepitante), sus asados de carne, sus antiguas paredes de piedra y sus recias mesas de madera. La lograda carta es sencilla y deliciosa: cordero, pescado, mejillones (en temporada), caza y vinos locales. Familiar y muy acogedora pero pequeña (resérvese con antelación).

Konoba Maslina COCINA DÁLMATA €
(Lumbarajska cesta bb; platos principales desde 50 HRK) Como *konoba* rural lo tiene todo: encanto rústico y cocina casera tradicional. El dueño y chef, Ivan, ayuda en cada elección y hace sugerencias: pescado fresco, cordero y ternera, y mucho jamón y quesos locales. Está a unos 3 km al salir de la ciudad, en la carretera a Lumbarda.

Konoba Marinero PESCADO €€
(Marka Andrijića; platos principales desde 50 HRK) Esta agradable *konoba* familiar de tema marinero es muy acogedora. Los hijos salen a pescar y los padres preparan el pescado con diferentes recetas tradicionales.

Cukarin CHARCUTERÍA €
(Hrvatske Bratske Zajednice; pasteles desde 10 HRK) Charcutería que hornea impresionantes creaciones de Korčula tales como *klajun* (pastelito de nueces) y *amareta* (delicioso pastel redondo con almendras). También vende vino, mermelada y aceite de oliva de la isla.

Gradski Podrum COCINA CROATA €€
(Kaporova; platos principales desde 70 HRK) Evocadora casa de comidas del casco antiguo que elabora un estofado de pescado estilo Korčula para chuparse los dedos.

Buffet-Pizzeria Doris RESTAURANTE €
(Tri Sulara; platos principales desde 40 HRK) Sencillo establecimiento con un poco de todo: pasta, *pizzas,* marisco, filetes y sabrosos platos de verduras a la parrilla.

🍷 Dónde beber

Vinum Bonum BAR DE VINOS
(Punta Jurana 66; ⊙11.00-14.00 y 18.00-24.00) Escondido en una pequeña calle peatonal que desemboca en el puerto, este informal establecimiento permite probar algunos de los mejores vinos de la isla (por copa, si se quiere). Disponen de tentempiés dálmatas tales como queso de oveja y jamón de la zona.

Dos Locos BAR
(Šetalište Frana Kršinića 14) Refugio para los jóvenes de Korčula en el que no faltan ni el *R&B* ni los vídeos musicales proyectados en un rincón del edificio. Está detrás de la estación de autobuses.

Cocktail Bar Massimo BAR EN LA TORRE
(Šetalište Petra Kanavelića) Esta ubicado en una torrecilla con una escalerilla como único acceso; las copas se suben con una polea. Destaca por las vistas de la costa y la catedral, no por su desafortunada carta de cócteles. No admite niños.

☆ Ocio

Nadie que visite Korčula en verano se librará de la **danza 'moreška' de la espada** (p. 275), celebrada a las 21.00 (lu-ju, jun-sep) junto a la puerta del casco antiguo. Las entradas cuestan 100 HRK y se pueden comprar in situ o en cualquier agencia de viajes. Las danzas *kumpanija* en los pueblos de Pupnat, Smokvica, Blato y Čara constituyen una divertida salida nocturna, pero se necesita transporte privado para llegar.

ℹ Información

Hay varios cajeros automáticos en la ciudad, entre ellos uno en el HVB Splitska Banka. También se puede cambiar dinero en la oficina de correos o en cualquier agencia de viajes.

Atlas Travel Agency (☎711 231; atlas-korcula @du.htnet.hr; Trg 19 Travnja bb) Representa a American Express, organiza excursiones y encuentra alojamientos en casas particulares.

Hospital (711 137; Kalac bb) Apenas 1 km pasado el Hotel Marko Polo.

Kantun Tours (715 622; www.kantun-tours.com; Plokata 19 Travnja bb) Es la agencia más grande, quizá la mejor organizada y ofrece alojamientos en casas particulares, muchas excursiones, alquiler de automóviles y pasajes de barco. También tiene acceso a Internet (25 HRK/h) y consigna.

PC Centrar Doom (Obvjeknik Vladimir DePolo) Acceso a Internet (25 HRK/h) y llamadas internacionales de teléfono bastante económicas.

Oficina de correos (Trg Kralja Tomislava)

Oficina de turismo (715 701; www.korcula.net; Obala Franje Tuđmana 4; 8.00-15.00 y 17.00-20.00 lu-sa, 9.00-13.00 do jul y ago, 8.00-14.00 lu-sa sep-jun) En el puerto occidental; una excelente fuente de información.

Cómo llegar y salir

Para información sobre cómo ir y salir de la ciudad de Korčula, véase p. 273. Hay una **oficina de Jadrolinija** (715 410) unos 25 m más abajo del puerto occidental.

Lumbarda

Rodeada de viñedos y calas, esta plácida aldea se despliega alrededor de un puerto sito en el extremo suroriental de la isla de Korčula. El terreno arenoso favorece el cultivo de viñedos, de ahí que el vino de uva *grk* sea el producto más famoso de Lumbarda. En el s. XVI, los aristócratas de Korčula construyeron casas de verano alrededor de Lumbarda, que aún conserva ese aire de bucólico remanso de paz alejado del mundanal ruido. Las playas de la localidad son pequeñas pero de arena. Hay una buena playa (Plaza Pržina) al otro lado de los viñedos, pasado el supermercado.

Dónde dormir y comer

Hay algunos *campings* pequeños y económicos al subir la cuesta desde la estación de autobuses.

Zure HOTEL RURAL €€
(712 008; www.zure.hr; apt desde 590 HRK; may-nov; P ✱ @ ♥) Un maravilloso y apacible *agroturizam* llevado por una hospitalaria pareja croato-alemana y su familia. Los alojamientos consisten en dos modernos apartamentos bien equipados y una pequeña casa, todos con terraza. En esta tierra se elaboran vinos de *grk* y *plavac mali*, queso y jamón curado; el restaurante sirve pescado y marisco (pruébese el *buzara*); platos principales desde 70 HRK.

Pansion Marinka HOTEL RURAL €
(712 007; marinka.milina-bire@du.t-com.hr; d 380 HRK; may-nov) Granja y bodega con bonitos alojamientos recién reformados (habitaciones dobles y tres apartamentos). El marco rural es precioso, además está a un paso de la playa. Los dueños elaboran excelentes vinos, aceite de oliva y queso, y capturan y ahuman su propio pescado.

Hotel Borik HOTEL €€
(712 215; www.hotelborik.hr; d 720KN; P ✱ @ ♥) Este hotel dispone de 23 habitaciones modernas, renovadas y elegantes, todas con líneas limpias, aire acondicionado y televisión por satélite (y un gran anexo con muchas cosas más). Queda apartado de la carretera, en una pequeña loma del centro de la localidad y tiene una terraza preciosa. Alquila bicicletas.

Información

La **oficina de turismo** (/fax 712 005; www.lumbarda.hr; 8.00-12.00 y 16.00-20.00 med jun-ago, reducido resto del año) reserva alojamiento.

Cómo llegar y salir

En la ciudad de Korčula los taxis acuáticos aguardan en el puerto oriental a los pasajeros que quieran ir a Lumbarda. Los autobuses a Lumbarda (10 HRK, 15 min) circulan más o menos cada hora hasta media tarde; los domingos no hay servicio.

Vela Luka

Bonito y pequeño puerto natural cerca de la punta occidental de Korčula. Hay calas para darse un baño pero no playas en la localidad. Pequeñas embarcaciones vienen y van hasta las idílicas islas del litoral de Proizd y Osjak (p. 281).

Rodeada de colinas sembradas de olivos, la producción y comercialización del célebre aceite de oliva de Korčula es vital para la economía local. El turismo y la pesca son otras importantes fuentes de ingresos.

Puntos de interés y actividades

El frente marítimo de Vela Luka permite dar agradables paseos, pero las atracciones turísticas son más bien escasas. Se puede echar un vistazo a la cueva neolítica de **Vela Špilja**, bastante espaciosa. En el pueblo hay señalizaciones que conducen a ella, que también ofrece vistas de la localidad y el puerto. La entrada permanece cerrada durante casi todo el año pero se puede pedir la llave en la oficina de turismo. En el interior hay paneles informativos (en inglés y croata).

También hay un nuevo **Museo del Aceite de Oliva** (entrada 20 HRK; ☼jun-sep), 2 km al este de Vela Luka, en la carretera principal, que cuenta con algunas prensas restauradas y rastrillos de mimbre para recoger olivas, y también aceite de primera.

Gradina, 5 km al noroeste de Vela Luka, es una bonita y sosegada bahía, muy popular entre los yates y veleros. Aunque no hay playas, uno puede darse un buen baño en sus aguas poco profundas, además hay un restaurante fabuloso. Para llegar, se necesita transporte propio.

Dónde dormir y comer

El grupo hotelero **Hum Hotels** (www.humhotels.hr) cuenta con varias opciones en la zona.

Hotel Korkyra HOTEL DE LUJO €€
(☎601 000; www.hotel-korkyra.com; Obala 3; d/ste 626/918 HRK; P❄🛜🏊) Este hotel totalmente renovado ha subido considerablemente el listón hostelero de Vela Luka. Las 58 habitaciones rozan la perfección y tienen una decoración moderna y contemporánea, y cuartos de baño a la última. Lo mismo puede decirse de la recepción, donde los sillones y la iluminación son chic a más no poder. Hay un bonito gimnasio con vistas a la bahía, una piscina en la parte trasera y un buen restaurante. Excepcional relación calidad-precio.

Hotel Dalmacija HOTEL €€
(☎812 022; www.humhotels.hr; Obala bb; h 526 HRK) Pequeño dos estrellas en primera línea de mar, con 14 habitaciones modernas que lucen resultones colores mediterráneos y balcones encarados al mar.

Camp Mindel 'CAMPING' €
(☎813 600; www.mindel.hr; por adulto/tienda 28/25 HRK; ☼may-sep) Un *camping* compacto y económico ubicado 5 km al oeste de la localidad, ideal para pasear por el campo. No hay autobuses que lleguen hasta él.

Konoba Šiloko MARISCO €€
(Gradina; platos principales desde 50 HRK) En plena bahía de Gradina, 5 km al oeste de la localidad, esta soberbia marisquería, llevada por una simpática familia, es muy popular entre los barqueros. El pescado a la parrilla, la langosta fresca recién sacada

---

MERECE LA PENA

ISLAS IDÍLICAS

Para abandonarse al *dolce far niente*, no hay nada como las islas costeras de **Proizd** y **Osjak.** Las aguas cristalinas y azules y las piedras blancas de Proizd encandilan, mientras Osjak, la isla más grande, tiene fama por su bosque. Conviene llevar mucha protección solar porque apenas hay rincones a la sombra. En ambas islas hay opciones económicas para comer. En julio y agosto algunas pequeñas embarcaciones salen de Vela Luka cada mañana y pasan a recoger por la tarde.

---

del agua, el *risotto* negro con sepia y los mejillones son solo algunos de sus tentadores platos. También hay queso de Pag y cordero de Korčula. Las mesas dan al mar y a las islas frente a la costa.

Nautica COCINA INTERNACIONAL €
(Obala 2; platos principales desde 35 HRK; @🛜) Un informal y bonito café-restaurante con una fabulosa terraza en el muelle. La carta está bien de precio e incluye burritos, pescado, ensaladas, y las mejores *pizzas* del lugar.

Información

Atlas Travel Agency (☎812 078; www.atlas-velaluka.com; Obala 3) En el muelle; reserva alojamientos y ofrece acceso a Internet (25 HRK/h).

Oficina de turismo (☎/fax 813 619; www.tzvelaluka.hr; Ulica 41; ☼8.00-14.00 y 17.00-20.00 lu-vi, 9.00-12.00 sa jun-sep, 8.00-14.00 lu-vi oct-may) En pleno frente marítimo, con personal diligente.

Cómo llegar y salir

Para información sobre cómo llegar y salir de Vela Luka, véase p. 273.

PENÍNSULA DE PELJEŠAC

Esta estilizada península en forma de dedo es la más relajada de la costa croata. Es un espléndido lugar que disfruta de una espina de escarpadas montañas, espectaculares valles e idílicas calas. Solo cuenta con un minúsculo complejo turístico.

Orebić

1954 HAB.

En la costa sur de la península, cuenta con las mejores playas del sur de Dalmacia: calas de arena bordeadas por pinares y bosques de tamarisco. A solo 2,5 km en barco desde la ciudad de Korčula, Orebić es una alternativa perfecta para instalarse o para ir un día de excursión desde Korčula. Tras remolonear en la playa, se puede aprovechar para subir al monte Ilija (961 m) y alrededores o curiosear en un par de iglesias y museos. El monte Ilija protege la localidad de los rigurosos vientos del norte, permitiendo que crezca la vegetación. La temperatura suele ser unos grados más cálida que en Korčula; la primavera llega antes y el verano se va más tarde.

Historia

Orebić y la península de Pelješac pasaron a formar parte de Dubrovnik en 1333, cuando fue adquirida a los serbios. Hasta el s. XVI la localidad se conocía como Trstenica (el nombre de su bahía oriental) y era un importante centro marítimo. El nombre de Orebić procede de una adinerada familia de marineros, que, en 1658, construyó una ciudadela para defenderse de los turcos. Muchas de las casas y de los exóticos jardines levantados por prósperos lobos de mar siguen embelleciendo la zona. Orebić alcanzó su esplendor naviero en los ss. XVIII y XIX, cuando era la sede de una de las mayores compañías del momento, la Associazione Marittima di Sabioncello. Con el declive de la industria naval, la localidad empezó a apostar por el turismo.

Puntos de interés y actividades

Las lanchas de pasajeros y los *ferries* que vienen de Korčula amarran a escasos pasos de la oficina de turismo y de la parada de autobuses. La principal calle comercial, Bana Josipa Jelačića, discurre paralela al puerto.

Trstenica — PLAYA

Hay una playa estrecha al oeste del muelle, pero la mejor es la larga franja de Trstenica, unos 700 m al este del muelle, una preciosa y ancha medialuna de arena y bonitas piedrecitas, bordeada por árboles adultos. Sus protegidas aguas tienen un color turquesa que recuerdan al Caribe.

Museo Marítimo — MUSEO

(Obala Pomoraca; entrada 10 HRK; ◎10.00-12.00 y 17.00-20.00 lu-sa may-oct, reducido en invierno) Junto a la oficina de turismo, este museo se merece una visita. Hay cuadros de barcos, recuerdos navieros, instrumentos de navegación y objetos prehistóricos hallados en las excavaciones arqueológicas de la cercana Majsan. Explicaciones en inglés.

Paseos — EXCURSIONISMO

Orebić es un destino que invita a salir de excursión, por lo que se recomienda pasar por la oficina de turismo a recoger un mapa gratuito con los senderos de la zona. Del Hotel Bellevue parte una senda entre pinares que desemboca en un **monasterio franciscano** (entrada 10 HRK; ◎15.00-20.00 lu-vi), del s. XV, en una cresta 152 m por encima del mar. Desde este privilegiado punto, las patrullas de Dubrovnik podían vigilar los barcos venecianos amarrados en Korčula e informar a las autoridades de cualquier movimiento sospechoso. Cerca del monasterio, la aldea de **Karmen** es un punto de partida para excursiones por las pintorescas aldeas de montaña y para subidas más atrevidas al **monte Ilija,** el macizo gris y pelado que se cierne sobre Orebić. La ascensión queda recompensada con unas impagables vistas de toda la costa. Al este del monasterio hay una colina donde se alza la **iglesia de nuestra Señora de Karmen** (Gospa od Karmena) junto a algunos vertiginosos cipreses, así como una **logia** barroca y las **ruinas** de un castillo ducal.

EL TIPO DE VIENTO CORRECTO

Los *windsurfistas* deberían dirigirse a Viganj, una aldea que se halla cerca del extremo suroriental de Pelješac y que cuenta con tres escuelas y vientos inmejorables en Croacia. La aldea se expande a lo largo de la costa, con pocos visitantes salvo aquellos aquejados de fiebre *windsurfista*. **Antony-Boy** (☎719 077; www.antony-boy.com; 39/39 HRK por persona/tienda; @☎), detrás de una playa de guijarros, es un buen *camping* y dispone de una escuela de *windsurf*. Viganj es un lugar discreto, pero hay un par de restaurantes y un animado chiringuito de playa, **Karmela 2** (☎719 097; @☎), que también sirve comida (solo jul y ago), y tiene un futbolín, un billar y mucho ambiente en verano.

Dónde dormir y comer

La oficina de turismo y Orebić Tours facilitan habitaciones en casas particulares (desde 170 HRK por persona), estudios y apartamentos.

Al oeste de la localidad hay un puñado de modernos complejos turísticos gestionados por **HTP Orebić** (www.orebic-htp.hr).

Hotel Indijan HOTEL €€€
(713 555; www.hotelindijan.hr; Škvar 2; i/d 735/1245 HRK; P✱@☐☰) Hotel de nuevo cuño, bien diseñado, con un aire contemporáneo que lo impregna todo. Todas las habitaciones son nuevas y no falta de nada; las hay con balcones y fabulosas vistas al Adriático con Korčula al fondo. La piscina climatizada es diminuta, pero tiene una cubierta retráctil de cristal que permite su uso durante todo el año. El servicio es más que eficiente y el hotel ofrece visitas a bodegas de la península.

Glavna Plaža 'CAMPING', APARTAMENTOS €
(713 399; www.glavnaplaza.com; Trstenica; *camping* 29/22 HRK por adulto/parcela, apt 375-885 HRK; ✹abr-sep) Este pequeño *camping* familiar desemboca en la larga y arenosa playa de Trstenica y además cuenta con cuatro apartamentos sencillos (dos estudios y uno con capacidad para seis personas) y de colores neutros. Queda cerca de las tiendas y los cafés.

Hotel Bellevue COMPLEJO TURÍSTICO €€
(713 148; www.orebic-htp.hr; Svetog Križa 104; h desde 400 HRK por persona; P✱@☐☰☀) Un gran hotel a pie de playa, con 140 habitaciones modernas y funcionales, con balcones encarados a las relucientes aguas del Adriático. Presenta pistas de tenis e instalaciones para la práctica de deportes acuáticos. Es el complejo más próximo a la localidad.

Dalmatino COCINA CROATA €
(Jelačića 47; platos principales desde 40 HRK; ☀) Al oeste del muelle, en pleno paseo marítimo, este popular establecimiento disfruta de un ambiente agradable y de mesas bajo los pinos. Es un buen sitio para pasar el rato mientras se espera la salida del barco, además tiene un parque infantil. La carta incluye platos como calamares (75 HRK), pescado (290 HRK/kg), gambas, filete y pasta.

Información

Orebić Tours (713 367; www.orebic-tours.hr; Bana Josipa Jelačića 84a) Encuentra alojamientos en casas particulares, cambia moneda y hace reservas para excursiones, entre ellas visitas a bodegas y cruceros en barco.

Oficina de correos (Trg Mimbeli bb) Al lado de la oficina de turismo.

Oficina de turismo (713 718; www.tz-orebic.com; Trg Mimbeli bb; ✹8.00-20.00 jul-ago, 8.00-14.00 lu-vi sep-jun) Dispone de un buen mapa de la península para excursionistas y ciclistas, y de un montón de folletos. También facilita alojamientos en casas particulares.

Cómo llegar y salir

Cada día tres o cuatro *ferries* (7 en verano) salen de Ploče rumbo a Trpanj, donde se puede esperar un autobús que lleve a Orebić. Los autobuses de Korčula con destino a Dubrovnik, Zagreb y Sarajevo paran en Orebić (en el frente marítimo, junto al muelle de *ferries*). Para más información sobre autobuses y *ferries*, véase p. 274.

Ston y Mali Ston

722 HAB.

Ambos pueblos se hallan 59 km al noroeste de Dubrovnik, en un istmo que conecta la península de Pelješac con el continente. Antiguamente, Ston formaba parte de la República de Dubrovnik y era, y sigue siendo, un importante productor de sal. Su importancia económica para la república obligó a levantar, en 1333, una muralla de 5,5 km, una de las fortificaciones más largas de Europa. El arquitecto Juraj Dalmatinac participó en su diseño y construcción, que incluía 40 torres y cinco fuertes. Las murallas siguen en pie, abrazando un conjunto de céntricos edificios medievales. Mali Ston, una pequeña aldea y puerto situado 1 km al noreste de Ston, se construyó junto a la muralla como parte del sistema defensivo. Ambas localidades son importantes destinos gastronómicos y sirven uno de los mejores mariscos de Croacia (sus ostras y mejillones tienen una merecida fama), de hecho, se crían desde la época romana.

Puntos de interés y actividades

La atracción más destacada de Ston son las **murallas** (entrada 30 HRK; ✹10.00-atardecer), del s. XIV, que se extienden desde ambas localidades montaña arriba. Ahora totalmente restauradas, se puede pasear por largos tramos y disfrutar de bonitas vistas de la península.

También se pueden visitar las **salinas** (www.solanaston.hr; entrada 10 HRK; ✹10.00-18.00 may-oct), en Ston, que generaron mucha riqueza en su momento y que siguen en funcionamiento. La sal se recoge entre finales de julio y septiembre y se necesitan voluntarios; consúltese la página web para más información.

No hay playas en el pueblo, pero a unos 4 km en dirección a Prapratno, al suroeste de la localidad, hay una preciosa cala, un *camping* y una bonita **playa de guijarros.** Conviene ir con mucho ojo porque la playa cubre poco y hay erizos.

Dónde dormir y comer

Ostrea HOTEL HISTÓRICO €€€
(754 555; www.ostrea.hr; Mali Ston; i/d desde 690/890 HRK; P✻@) Una sugerente e histórica estructura de piedra con bonitas contraventanas verdes, a escasos pasos del precioso puerto de Mali Ston. El personal es cordial y eficiente. Hay tres tipos de habitaciones, todas elegantes; las nueve tienen suelos de madera pulida y modernos cuartos de baño, y el restaurante es uno de los mejores del pueblo (la media pensión es una buena opción).

Camping Prapratno 'CAMPING' €
(754 000; www.duprimorje.hr; 45/37 HRK por adulto/parcela; ≋) Este gran *camping* está 4 km al suroeste de Ston, en plena bahía de Prapratno. Presenta buenas instalaciones, a destacar las pistas de tenis y las canchas de baloncesto, un supermercado y un restaurante.

Stagnum COCINA INTERNACIONAL €
(Imena Isusova 23, Ston; platos principales desde 45 HRK; ⊙abr-oct) Restaurante con patio interior que sirve generosas raciones y suculentos platos de mejillones frescos, filetes, pescado a la barbacoa y *risotto*.

Kapetanova Kuća MARISCO €€
(754 452; Mali Ston; platos principales desde 75 HRK) Una de las marisquerías más veneradas de la región, para probar las ostras y mejillones de Ston en una umbría terraza.

Información

La parada de autobuses está en el centro de Ston, cerca de la de turismo y la de correos. La **oficina de turismo** (754 452; www.ston.hr; Peljestki put 1; ⊙8.00-20.00 jun-sep, 8.00-14.00 y 16.00-19.00 may y oct, 8.00-14.00 lu-vi nov-abr) dispone de folletos y horarios de autobuses; además, reserva alojamiento en casas particulares.

Cómo llegar y salir

Desde Ston salen cinco autobuses diarios a Dubrovnik (56 HRK, 1½ h) y uno a Zagreb (219 HRK, 9 h).

Comprender Croacia

CROACIA HOY .... **P. 286**
Últimamente no han faltado tensiones en la política croata. Y como es posible que Croacia entre a formar parte de la UE en un futuro inmediato, parece que pronto habrá más.

HISTORIA .... **P. 289**
Croacia es producto de su larga y compleja historia. En este capítulo se puede ver lo lejos que ha llegado desde que los neandertales deambulaban por Eslavonia.

CULTURA Y SOCIEDAD .... **P. 306**
Los croatas son un pueblo religioso que sigue la moda y se vuelve loco con el deporte.

COCINA .... **P. 311**
Croacia es un paraíso para los *gourmets* gracias a sus trufas, sus espárragos silvestres, su *slow food* y sus vinos.

ARQUITECTURA .... **P. 318**
Dominko Blažević explica los diversos puntos de interés arquitectónico de Croacia, desde el palacio romano de Diocleciano hasta el vanguardista *Órgano del Mar* de Nikola Bašić.

MEDIO AMBIENTE .... **P. 321**
El visitante puede disfrutar de la naturaleza virgen del país o apuntarse a un circuito para visitar la colección de animales salvajes de Tito.

ARTE .... **P. 325**
El arte desempeña un papel fundamental en la vida de Croacia. En este capítulo se pueden explorar las artes tradicionales y modernas.

población por km²

CROACIA   EE UU   ESPAÑA

≈ 30 personas

Croacia hoy

Actualidad

Situada entre los Balcanes y Europa central, Croacia ha vivido una especie de relación amor-odio con la UE y con sus propios políticos.

El mayor drama de la política croata contemporánea tuvo lugar en julio del 2009, con la sorprendente dimisión del entonces primer ministro Ivo Sanader. Según los rumores, tras anunciar su retirada se marchó navegando en su yate. El Parlamento votó a favor de su viceprimer ministra, la antigua periodista Jadranka Kosor, que se convirtió así en la primera mujer en ocupar el cargo de primer ministro de Croacia. Kosor llevó a cabo una medida muy poco popular entre la oposición: formar Gobierno con casi los mismos ministros que Sanader.

La elección de Ivo Josipović en enero del 2010 constituyó otro cambio importante. El candidato del Partido Socialdemócrata de Croacia (SDP) derrotó al independiente Milan Bandić (el alcalde de Zagreb, con cuatro legislaturas a sus espaldas en el consistorio) con un 60,26% de los votos en la segunda vuelta electoral. Fue investido como tercer presidente de Croacia en febrero del 2010. Josipović es famoso por usar el Facebook para debatir diversos temas políticos. Además, es compositor; durante su campaña anunció que escribiría una ópera basada en el asesinato de John Lennon. Muchos croatas le consideran un incompetente y una mera marioneta de un régimen corrupto. Otros le tienen por proeuropeo, pues intenta fomentar las inversiones extranjeras y emplear una política de tolerancia cero en materia de corrupción.

Las conversaciones para entrar en la Unión Europea siguen adelante, mientras Croacia se enfrenta a las repercusiones de la recesión global. Tiene como objetivo ingresar en la UE en el 2012, aunque eso depende de las negociaciones y de que el tratado de adhesión sea ratificado por los 27 Estados miembros. Las posturas de los croatas al respecto están

Literatura

» **'Cordero negro, halcón gris'** (Rebecca West) Relata los viajes de la escritora por los Balcanes en 1941.

» **'Another Fool in the Balkans'** (Tony White) White sigue los pasos de Rebecca West en su viaje, pero mezcla la vida moderna de la región con su historia política.

» **'No matarían ni una mosca'** (Slavenka Drakulić) Analiza cómo los ciudadanos de a pie de Yugoslavia terminaron convirtiéndose en criminales de guerra.

Sobre Yugoslavia

» **Si un árbol cae. Conversaciones en torno a la guerra de los Balcanes** (Isabel Muñoz)
» **La desintegración de Yugoslavia** (Carlos Taibo Arias)
» **La muerte de Yugoslavia** (Laura Silber y Alan Little)
» **Balkan in memoriam** (Sandra Balsells)

grupos religiosos
(% de población)

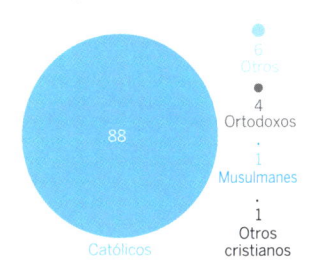

- 88 Católicos
- 6 Otros
- 4 Ortodoxos
- 1 Musulmanes
- 1 Otros cristianos

si Croacia tuviera 100 habitantes

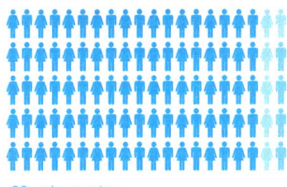

90 serían croatas
6 serían de otros
4 serían serbios

divididas. Muchos están desencantados debido a "la interminable lista de normas" que le han exigido al país. Como era de esperar, las generaciones más jóvenes están más abiertas al ingreso, mientras que la gente más mayor lamenta la inevitable pérdida de la independencia industrial y agrícola que tendrá lugar cuando el país pase a ser miembro de la UE. Todavía queda por ver si Croacia conseguirá mejorar su rendimiento.

Economía

Hace una década, Croacia acababa de salir de un período inestable que alcanzó su apogeo a finales de los años noventa con una serie de escándalos de corrupción y privatización. Del 2000 al 2007 todo tenía mejor aspecto, con un crecimiento continuo del PIB y una moneda estable, gracias en gran parte a la recuperación del turismo. Entonces salieron a la luz otra vez casos de corrupción y de sobornos a políticos que el Gobierno no ha hecho mucho por investigar ni procesar. El posible ingreso de Croacia a la UE ha significado un aumento en las inversiones extranjeras, en especial de Austria e Italia en la banca, Alemania en las telecomunicaciones y Hungría en la industria petrolífera, aunque todos con cautela. Naturalmente, también hay que contar con el turismo, que representa el 15% del PIB.

Desde el punto de vista de un croata medio, la vida es dura y la crisis financiera global se ha sentido con fuerza. El desempleo es alto, las pensiones para los jubilados son ridículamente bajas, los subsidios de desempleo no son mucho mejores y el coste de la vida sigue subiendo. El 17% de la población, ubicada sobre todo en zonas rurales, vive por debajo del umbral de pobreza. También cabe destacar la elevada deuda externa, los insuficientes presupuestos estatales y la dependencia excesiva de los ingresos derivados del turismo. Todos esto frena la entrada en la UE

» Población: 4 489 409 hab.

» PIB per cápita: 17 500 US$ (2009)

» Inflación anual: 2,4% (2009)

» Tasa de desempleo: 16,1% (2009)

» Índice de alfabetización: 98,1%

» Salario mensual medio: 5277 HRK

» **Fantasmas balcánicos: Viaje a los orígenes del conflicto de Bosnia y Kosovo** (Robert D Kaplan)

» **Balcanes, la herida abierta de Europa: conflicto y reconstrucción de la convivencia** (José Ángel Ruiz Jiménez)

Las mejores películas

» **La ocupación en 26 imágenes** (Okupacija u 26 slika; 1978) Lordan Zafranović

» **Solo se ama una vez** (Samo jednom se ljubi; 1981) Rajko Grlić

» **Cyclops** (Kiklop; 1982) Antun Vrdoljak

» **Cómo empezó la guerra en mi isla** (Kako je počeo rat na mom otoku; 1997) Vinko Brešan

» **Una noche maravillosa en Split** (Ta divna splitska noć; 2004) Arsen A Ostojić

» **Armin** (2006) Ognjen Sviličić

Población

Según el censo más reciente (2001), Croacia tenía una población de aproximadamente 4,5 millones de habitantes, una notable disminución si se tienen en cuenta los casi cinco millones de antes de la guerra. Alrededor del 59% de los croatas viven en zonas urbanas. Unos 280 000 serbios (el 50% de la población serbia) se marchó a principios de la década de 1990; se calcula que solo 110 000 han regresado. Durante la crisis económica posterior a la independencia, entre 120 000 y 130 000 croatas emigraron, pero llegó un número casi igual de refugiados croatas procedentes de Bosnia y Herzegovina y otros 30 000 aproximadamente de la región serbia de Vojvodina. La población serbia es más numerosa en Eslavonia oriental, que también alberga un número significativo de húngaros y checos. Los italianos están concentrados en Istria, mientras que los albanos, bosnios y gitanos se pueden encontrar en Zagreb, Istria y algunas poblaciones dálmatas.

La guerra y las desalentadoras perspectivas económicas son las responsables del descenso continuo de la población en Croacia, pues la gente joven con formación emigra al extranjero en busca de mejores oportunidades. No existen soluciones fáciles, pero el Gobierno espera poder animar a los hijos de los emigrantes para que vuelvan a Croacia.

Alrededor de un millón de croatas viven en otros estados de la antigua Yugoslavia, en especial en Bosnia y Herzegovina, el norte de Vojvodina y alrededor de la bahía de Kotor, en Montenegro. Unos 2,7 millones residen en el extranjero, principalmente en EE UU, Alemania, Australia, Canadá y Argentina. Pittsburgh y Buenos Aires albergan las mayores comunidades croatas fuera de Europa. Los emigrantes conservan el derecho a votar en las elecciones nacionales y bastantes lo hacen. Muchos de estos expatriados son nacionalistas radicales y de derechas.

Para noticias actualizadas sobre todo tipo de temas croatas, en Croacia y el extranjero, conviene consultar la web www.croatiantimes.com.

Medios de comunicación

» Cadenas de televisión: HRT (propiedad del Gobierno), Nova y RTL

» Periódicos: *Vjesnik, Večernji List, Jutarnji List*

» Revistas: *Globus, Nacional, Gloria*

Para no ofender a un croata

» No hay que referirse a Croacia como a Europa del Este; los croatas se consideran centroeuropeos.

» Hay que vestir con decoro para visitar las iglesias.

» Conviene tratar con delicadeza el tema de la reciente guerra.

» Para llamar a alguien por su nombre de pila, hay que esperar a ser invitado a hacerlo.

» Se debe permitir al anfitrión que pague si se ha sido invitado a un restaurante o bar.

Historia

Croacia tiene una larga y tempestuosa historia que ha ayudado a definir a los croatas y ha contribuido en gran parte a crear la estructura del país. Desde tiempos inmemoriales, los pueblos han llegado y desaparecido, invadiendo, comerciando y asentándose aquí. Durante largos períodos, los croatas han sido gobernados por otros pueblos y luchado contra ellos: venecianos, otomanos, húngaros, austriacos, franceses, alemanes... La fundación de Yugoslavia después de la Segunda Guerra Mundial mantuvo cierta apariencia de unión entre las naciones eslavas del sur. Sin embargo, no duró mucho. Tras la muerte del líder yugoslavo Tito en 1980, el país se fue desintegrando lentamente y se desató una cruel guerra civil. Croacia declaró su independencia en 1991, pero hasta los Acuerdos de Paz de Dayton en diciembre de 1995 no empezó a curar sus heridas. Hoy en día, es un país en transición, una joven democracia con un presidente recién elegido. A pesar de enfrentarse a numerosos obstáculos (como la corrupción generalizada del Gobierno, algunos elementos de nacionalismo furibundo y una disputa fronteriza con la vecina Eslovenia), Croacia está avanzando, lenta pero segura, hacia una posible integración en la UE, que posiblemente tendrá lugar en el 2012. Hasta entonces, Croacia sigue estando en los límites de Europa, lo cual forma parte de su atractivo y de su maldición.

El nombre del mar Adriático procede de la antigua tribu iliria de los ardieos.

Croacia antes del cristianismo

Primeros habitantes

Hace unos treinta mil años Croacia era refugio de neandertales llegados de Eslavonia. El Museo Croata de Historia Natural, en Zagreb, expone piezas de esta época y el nuevo Museo de los Neandertal de Krapina ofrece una imagen fiel de lo que era la vida en aquél tiempo.

Aproximadamente en el año 1000 a.C., los ilirios lograron dominar una zona que abarcaba las actuales Croacia, Serbia y Albania. Los ilirios

CRONOLOGÍA

300 a.C.
Tribus ilirias alcanzan la supremacía en los Balcanes tras fundar varias ciudades-Estado, como Histri (antiguo nombre de Istria) y Liburnia, y establecerse como potencias marítimas en el Adriático.

11 a.C.
La provincia romana de Illyricum, que abarca la actual Dalmacia, se extiende hasta el Danubio tras la derrota de las tribus panonias. La nueva provincia comprende la mayor parte de la actual Croacia.

257 d.C.
Salona, la capital romana, se convierte en la primera diócesis de la Dalmacia romana, creando así un baluarte del catolicismo en la región; 30 años más tarde, el obispo de Salona es nombrado papa.

Mejores ruinas romanas
» Palacio de Diocleciano en Split, Dalmacia central
» Salona en Solin, sur de Dalmacia
» Coliseo en Pula, Istria

tuvieron que lidiar con los griegos, quienes, hacia el s. IV a.C. establecieron colonias comerciales en Vis y en otros puntos de la costa adriática, así como con los celtas, que presionaban desde el norte.

En el año 231 a.C. una iliria engreída, la reina Teuta, cometió un nefasto error táctico al intentar conquistar varias colonias griegas. Los helenos deshonrados pidieron ayuda militar a los romanos, quienes invadieron la región y, en el 168 a.C., derrotaron a Gencio, el último rey de Iliria. Así, gradualmente, los ilirios se fueron latinizando.

Roma y Bizancio

Los romanos fundaron rápidamente la provincia de Ilírico y luego reforzaron el control de la costa dálmata. En el año 11 a.C., Roma ya había conquistado a las tribus panonias, que habitaban en el interior, y así ampliaron su imperio hasta el Danubio. La zona se reestructuró posteriormente en las provincias de Dalmacia, la antigua Illyricum, y la Alta y Baja Panonia, ocupando así la mayor parte del interior de Croacia.

El dominio romano tenía su sede administrativa en Salona, la actual Solin. Otras poblaciones importantes eran Jadera (Zadar), Parentium (Poreč) y Polensium (Pula). El anfiteatro de Pula es un recordatorio de la gloria de la era romana.

Los romanos construyeron una serie de calzadas que llegaban hasta los mares Egeo y Negro y al Danubio, lo cual facilitó el comercio y la expansión de su cultura. Las calzadas también aceleraron la posterior expansión del cristianismo.

Como el imperio era difícil de manejar, Diocleciano, que se convirtió en emperador en el 285, intentó simplificarlo dividiéndolo en dos mitades administrativas. Con ello sembró la semilla de la futura división de los Imperios romanos de Oriente y Occidente. En el 305, Diocleciano se retiró a su palacio de Spalato (Split; véase p. 205), actualmente el más importante vestigio romano de Europa oriental.

El ultimo dirigente romano que gobernó un imperio unido fue Teodosio el Grande, quien hábilmente consiguió frenar la amenaza de los visigodos del norte. Al morir Teodosio en el 395, el imperio se dividió formalmente en un reino oriental y otro occidental. La mitad oriental se convirtió en el Imperio bizantino, que perduró hasta 1435. El Imperio romano de Occidente cayó en el s. V, precedido por invasiones de los visigodos, los hunos y los longobardos.

Aunque los croatas están claramente relacionados con otras naciones eslavas, el nombre con el que se denominan a sí mismos, *hrvat*, no es una palabra eslava. Una teoría apunta a que, de hecho, es una palabra persa, y que los croatas son una tribu eslava que fue brevemente gobernada, y bautizada por una casta dominante de alanos de Asia central que hablaban persa.

La llegada de los eslavos

Tras la llegada de estas tribus bárbaras y la caída del Imperio romano, los croatas y otros pueblos eslavos se dirigieron al sur desde su territorio original al norte de los Cárpatos. Por esa misma época los ávaros, unos nómadas euroasiáticos, atacaron el extremo balcánico del Imperio

305	351	395	614
El emperador Diocleciano se retira a su palacio de Split.	Batalla de Mursa. El emperador romano Constancio II vence al usurpador Masnencio.	Tras la muerte de Teodosio el Grande, el Imperio romano se divide en dos. Eslovenia, Croacia y Bosnia pasan al Imperio romano de Occidente, mientras que Serbia, Kosovo y Macedonia quedan en el Imperio bizantino.	Los ávaros, procedentes de Asia central, saquean Salona y Epidaurus. Algunos sostienen que los croatas siguieron su estela; otros que fueron invitados por el emperador Heraclio para expulsar a los ávaros.

bizantino y saquearon las antiguas poblaciones romanas de Salona y Epidauro, cuyos habitantes se refugiaron en Spalato y Ragusa (Dubrovnik), respectivamente.

A mediados del s. VII, los eslavos del oeste de los Balcanes se dividieron en dos grupos. Los croatas se asentaron en Panonia y Dalmacia, y fundaron comunidades alrededor de las ciudades dálmatas de Jadera, Aeona (Nin) y Tragurium (Trogir), mientras que los serbios se asentaron en la zona central de los Balcanes. En el s. VIII, los croatas de Panonia y Dalmacia ya habían formado dos poderosas entidades tribales dirigidas por un *knez* (duque).

El cristianismo y los reyes croatas

Los francos de Carlomagno fueron invadiendo gradualmente toda Europa central y en el año 800 ocuparon Dalmacia. Los croatas paganos fueron bautizados en masa. Tras la muerte de Carlomagno en el 814, los croatas panonios fracasaron en su rebelión contra el mandato franco al no contar con la ayuda de los croatas dálmatas, y sus principales ciudades costeras continuaron bajo la influencia del Imperio bizantino.

Trpimir, *knez* desde el 845 hasta el 864, es considerado el fundador de la primera dinastía croata. Sus sucesores mantuvieron su territorio entre las grandes potencias del Adriático de la época. El mayor avance de los croatas se dio cuando Branimir se rebeló contra el control bizantino y se ganó el reconocimiento del papa Juan VIII. Los croatas se acercaron más al Vaticano y el catolicismo se convirtió en un rasgo característico de su identidad nacional.

Tomislav fue el primer gobernante que consiguió unir Panonia y Dalmacia, y el primero que se autoproclamó rey en el 925. El reino de Tomislav abarcaba prácticamente toda la Croacia actual, así como partes de Bosnia y la costa de Montenegro.

Durante el s. XI, los bizantinos y los venecianos se volvieron a imponer en la costa dálmata. En el norte surgieron nuevos adversarios: los húngaros, que invadieron Panonia. Krešimir IV [1058-1074] dio la vuelta a la tortilla y retomó el control de Dalmacia, pero la recuperación solo fue temporal. Krešimir fue sucedido en el trono por Zvonimir y Stjepan, ninguno de los cuales tuvo herederos. Los húngaros, mediante movimientos furtivos y una invasión en toda regla, acabaron con la época de los reyes croatas a finales del s. XI.

Vecinos codiciosos: Hungría y Venecia

En 1102, el rey húngaro Colomán impuso el *Pacta conventa*. Este acuerdo estipulaba que Hungría y Croacia eran entidades independientes gobernadas por una única monarquía, la húngara). Pero en la práctica,

Mejores edificios góticos
» Catedral de San Domnius en Split, Dalmacia central
» Catedral de Santa Anastasia en Zadar, norte de Dalmacia
» Catedral de la Asunción de la Santísima Virgen María en Zagreb
» Catedral de San Jacobo en Šibenik, norte de Dalmacia

La raza de perros dálmatas es considerada una de las más antiguas, pero no hay pruebas concluyentes que demuestren que son originarios de Dalmacia. Algunos expertos opinan que quizá fueron introducidos allí por los romanos.

845-864
Trpimir establece la primera dinastía real de Croacia. Derrota al poderoso Estado búlgaro e inflige importantes derrotas a los bizantinos. El territorio croata se extiende por gran parte de la actual Bosnia.

S. VIII
Los coratas de Panonia y Dalmacia formaron poderosos grupos dirigidos por un duque.

» Anfiteatro romano, Solin.

Pueblos y naciones en los Balcanes, de Francesc Bonamusa, es un repaso a la evolución y relación política y social de las comunidades balcánicas a lo largo de los dos últimos siglos.

aunque Croacia mantuvo un *ban* (virrey o gobernador) y un *sabor* (parlamento), los húngaros fueron marginando a la nobleza croata.

Bajo gobierno húngaro, Panonia pasó a ser conocida como Eslavonia y las poblaciones interiores de Zagreb, Vukovar y Varaždin se convirtieron en prósperos centros del comercio y la cultura. En 1107, Colomán convenció a la nobleza dálmata para que anexionara la costa a su reino; hacía tiempo que los reyes húngaros la codiciaban, ya que no disponían de salida al mar. Los venecianos aprovechaban cualquier oportunidad al momento. Al morir Colomán en 1116, Venecia lanzó nuevos ataques sobre Biograd y las islas de Lošinj, Pag, Rab y Krk.

Mientras tanto, Zadar había crecido hasta convertirse en la ciudad dálmata más grande y próspera. En la década de 1190 consiguió rechazar con éxito dos expediciones navales venecianas. En 1202 un vengativo *duce* veneciano pagó a los soldados de la Cuarta Cruzada para que atacaran y saquearan Zadar, lo cual hicieron antes de dirigirse al asalto de Constantinopla.

Pronto llegarían épocas más difíciles. En 1242, las hordas mongolas que asolaban Europa central invadieron Hungría. El rey húngaro Bela IV huyó y se refugió en Trogir, pero el interior de Croacia fue devastado. Los oportunistas venecianos se aprovecharon de la confusión para afianzar su control en Zadar. La muerte del rey Bela en 1270 provocó una nueva lucha de poder entre la nobleza croata, lo que permitió a Venecia añadir Šibenik y Trogir a sus territorios.

El rey Ludovico (Luis) I de Hungría [1342-1382] restableció el control sobre el país y convenció a Venecia de que renunciara a Dalmacia. Sin embargo, la victoria húngara fue efímera y nuevos conflictos surgieron

EL YUGO VENECIANO

Durante cerca de ochocientos años los *duces* de Venecia intentaron controlar, colonizar y explotar la costa croata. Las poblaciones costeras y de las islas, desde Rovinj al norte hasta Korčula al sur, aún muestran una marcada influencia veneciana en su arquitectura, cocina y cultura aunque, igual que en otros feudos venecianos, no fue una época feliz.

El dominio veneciano en Dalmacia e Istria se caracterizó por una explotación económica ininterrumpida. Los venecianos destrozaron sistemáticamente el paisaje para obtener madera para construir sus barcos. Monopolios estatales fijaron precios artificialmente bajos para el aceite de oliva, los higos, el vino, el pescado y la sal, asegurando así productos baratos para los venecianos, mientras que los comerciantes y los productores locales se iban empobreciendo. Se prohibió la construcción de naves, ya que Venecia no toleraba la competencia. No se construyeron carreteras ni escuelas, ni se invirtió en la industria local.

869
A instancias de Bizancio, los monjes macedonios Metodio y Cirilo crean el alfabeto cirílico, como vehículo para acelerar la expansión de la cristiandad entre los pueblos eslavos.

910-928
Tomislav se autoproclama rey mientras amplía el territorio a expensas de los húngaros y derrota al zar búlgaro Simeón en la actual Bosnia. Tomislav une a los croatas dálmatas y panonios.

1000
Venecia se aprovecha de la inestabilidad en Croacia para empezar a invadir sus costas. Así comienzan las luchas entre Venecia y otros poderes por el control de Dalmacia.

1058-1074
Poco después de 1054, cuando la Iglesia se divide en ortodoxa y católica, el papa reconoce a Krešimir IV como rey de Dalmacia y Croacia. Así, Croacia queda en el ámbito católico.

al morir el monarca. La nobleza croata se unió alrededor de Ladislao de Nápoles, que fue coronado rey en Zadar en 1403. Como andaba falto de dinero, Ladislao vendió Zadar a Venecia en 1409 por unos míseros 100 000 ducados y renunció a sus derechos sobre Dalmacia. A principios del s. xv, Venecia reforzó su control sobre la costa dálmata al sur de Zadar y siguió al mando hasta la invasión napoleónica de 1797. Solo los astutos habitantes de Ragusa consiguieron conservar su independencia.

Otomanos al acecho

Croacia tenía que lidiar con bastantes asuntos, pues los venecianos, húngaros y otros pueblos intentaban apoderarse de los vestigios del antiguo Estado croata a la mínima oportunidad. Sin embargo, en el s. xiv otra amenaza se cernía desde el este. Los turcos otomanos salieron de Anatolia a principios del s. xiv y rápidamente conquistaron los Balcanes.

Los serbios fueron derrotados en Kosovo Polje en 1389, una cruzada antiturca organizada a toda prisa fue sofocada en Hungría en 1396 y Bosnia fue invadida en 1463. Cuando los nobles croatas por fin se enfrentaron a los otomanos en 1493 en Krbavsko Polje, también fueron arrasados.

A pesar de la repentina unidad mostrada por las familias nobles que aún quedaban, las ciudades cayeron una tras otra en manos de los sultanes otomanos. La importante diócesis de Zagreb convirtió la catedral de Kaptol en una fortaleza, que permaneció intacta, pero la estratégica población de Knin cayó en 1521. Cinco años después los otomanos se enfrentaron a los húngaros en Mohács, saliendo de nuevo victoriosos. Una vez más, ganaron y neutralizaron el poderío del ejército húngaro. Así acabó la época de dominación húngara en Croacia.

La llegada de los Habsburgo

Con los húngaros fuera, los croatas recurrieron a los austriacos para que les protegieran. El Imperio de los Habsburgo, gobernado desde Viena, se anexionó una estrecha franja de territorio alrededor de Zagreb, Karlovac y Varaždin. Los turcos amenazaban la costa del Adriático, pero nunca llegaron a invadirla. Ragusa mantuvo su independencia durante todo este conflictivo período.

Los ataques turcos en los Balcanes causaron enormes estragos. Destruyeron ciudades y poblaciones, esclavizaron y reclutaron a numerosos ciudadanos para la maquinaria bélica otomana e innumerables refugiados se dispersaron por la región. Los Habsburgo quisieron crear una barrera contra los otomanos y establecieron la Vojna Krajina (frontera militar). En esta región al sur de Zagreb, compuesta por una serie de fortalezas, un ejército permanente formado sobre todo por serbios y valacos hacía frente a los otomanos.

> La corbata procede de la *cravat*, cuyos orígenes se encuentran en Croacia como parte del atuendo militar. Los franceses adoptaron esta prenda en el s. xvii. El nombre *cravat* es una fusión de las palabras "croata" y *hrvat*.

1091-1102
El rey húngaro Ladislao, emparentado con el fallecido rey Zvonimir, reclama el trono de Eslavonia. Su sucesor, Colomán, derrota al último rey croata y refuerza el control húngaro de Croacia con el *Pacta conventa*.

1190-1200
Zadar rechaza dos intentos de invasión veneciana.

1242
Los mongoles aplastan a las casas reales de Hungría y Croacia. Las familias nobles Šubić y Frankopan intervienen para asumir un poder político y económico que abarca varios siglos.

1300-1309
La dinastía húngara de los Anjou, con Carlos y Luis (Ludovico), vuelve a consolidar la autoridad real en Croacia e intenta expulsar a los venecianos que habían ocupado territorios en Dalmacia.

LA REPÚBLICA DE RAGUSA

Mientras la mayor parte de la costa dálmata se debatió durante años bajo el dominio veneciano, Ragusa (la actual Dubrovnik) gozó de una vida tranquila como república por derecho propio. Una clase dirigente con visión para los negocios y habilidad diplomática se aseguró de que esta minúscula ciudad-Estado prosperara de un modo espectacular y tuviera un papel importante incluso más allá de su región.

En 1371 los ragusanos pidieron autorización al papa para comerciar con los turcos, estableciendo centros comerciales por todo el Imperio otomano. Un comercio pujante propició el florecimiento de las artes y las ciencias. Los ragusanos, descritos en su tiempo como "nobles y afables", eran extremadamente liberales para la época; abolieron el comercio de esclavos en el s. XV. También estaban muy avanzados en ciencia y establecieron un sistema de cuarentena en 1377.

Sin embargo, tuvieron que mantener una posición peligrosa, encajonados entre los intereses otomanos y venecianos. En 1667 un terremoto causó graves daños y en 1808 Napoleón terminó absorbiendo la república.

Exactamente un siglo después de su derrota, los croatas consiguieron ajustar cuentas con los otomanos. En 1593, en Sisak, el ejército de los Habsburgo, formado también por soldados croatas, finalmente consiguió derrotar a los turcos. En 1699, en Sremski Karlovci, los otomanos pidieron la paz por primera vez, finalizando así el dominio otomano en Europa central.

Poco después los Habsburgo recuperaron Eslavonia, ampliando Krajina. En este período se volvió a la estabilidad y se realizaron importantes avances en la producción agrícola, pero la cultura y el idioma croatas languidecieron. Mientras, los venecianos, libres de la amenaza de la marina otomana, volvieron a hostigar la costa dálmata.

Dubrovnik: A History de Robin Harris ofrece una visión seria y concienzuda de la magnífica ciudad. Investiga acontecimientos, personajes y movimientos que han contribuido a la estructura cultural y arquitectónica de la "perla del Adriático".

Napoleón y las provincias ilirias

El apoyo de los Habsburgo en la restauración de la monarquía francesa provocó que Napoleón invadiera los Estados italianos de Austria en 1796. Una vez conquistada Venecia en 1797, Napoleón acordó ceder Dalmacia a Austria mediante el tratado de Campo Formio a cambio de otras concesiones. Los croatas esperaban que Dalmacia se uniera a Eslavonia, pero pronto quedaron defraudados, pues los Habsburgo dejaron bien claro que los dos territorios conservarían administraciones separadas.

El control austriaco de Dalmacia perduró hasta que la victoria de Napoleón en 1805 sobre las fuerzas austriacas y prusianas en Austerlitz obligó a Austria a ceder la costa dálmata a Francia. Rápidamente Ragusa se rindió a las fuerzas francesas, que también ocuparon Kotor,

---

1358
Ragusa (actual Dubrovnik) se libera de Venecia y se convierte en una ciudad-república independiente. Es una sociedad avanzada y liberal, que mantiene a distancia, astutamente, a venecianos y otomanos.

1409
Ladislao de Nápoles sube al trono croata, pero elude las luchas dinásticas y vende Dalmacia a Venecia por 100 000 ducados. El área de control de los venecianos pronto se extiende desde Zadar a Ragusa.

1493
En Krbavsko Polje un ejército croato-húngaro se enfrenta a los turcos, pero es aniquilado. El avance turco en la zona crea confusión, la población huye y le sigue una época de hambruna.

1526-1527
En la batalla de Mohács, los turcos aniquilan a la nobleza magiar, acabando con el control húngaro en Croacia. El rey Luis muere sin descendencia y los Habsburgo austriacos toman el poder.

en Montenegro. Napoleón bautizó las nuevas zonas conquistadas como "provincias ilirias" y se puso rápidamente a reformar este territorio abandonado. Entre otras cosas, implementó un programa de reforestación de las colinas desnudas, construyó carreteras y hospitales e introdujo nuevos cultivos. Como casi toda la población era analfabeta, el nuevo Gobierno creó escuelas primarias, secundarias y una universidad en Zadar. Aun así, el régimen francés nunca fue popular.

Tras la campaña rusa de Napoleón y la caída de su imperio, el Congreso de Viena de 1815 reconoció el derecho de Austria de anexionarse Dalmacia y puso al resto de Croacia bajo la jurisdicción de la provincia húngara de Austria. Para los dálmatas, el nuevo régimen significaba un regreso al *statu quo,* pues los austriacos reinstauraron en el poder a la élite italiana de antaño, mientras que los húngaros impusieron su lengua y su cultura a la población croata del norte.

Movimiento hacia la autonomía

Lleno de fervor por los ideales de la Ilustración, Napoleón había intentado crear una conciencia de identidad eslava meridional. Esta conciencia de identidad compartida se manifestó con el tiempo en el Movimiento Ilirio de la década de 1830, que se centraba en la recuperación del idioma croata. El gran plan de Napoleón consistía en fomentar también la cultura serbia, pero Serbia permaneció bajo ocupación otomana.

Tradicionalmente, los dálmatas de clase alta hablaban italiano y los croatas del norte alemán o húngaro. La creación del primer periódico en ilirio en 1834, escrito en el dialecto de Zagreb, empujó al Sabor (Parlamento) croata a reclamar la enseñanza de las lenguas eslavas en las escuelas.

Tras la revolución de 1848 en París, los húngaros empezaron a presionar para lograr cambios en el Imperio de los Habsburgo. Los croatas lo consideraron una oportunidad para recuperar algo de control y unificar Dalmacia, la Krajina y Eslavonia. Los Habsburgo simularon apoyar el sentimiento croata nombrando a Josip Jelačić *ban* de Croacia. Jelačić convocó elecciones de inmediato, reclamó un mandato y declaró la guerra a los agitadores húngaros para conseguir el favor de los Habsburgo. Sin embargo, estos ignoraron sus demandas de autonomía. Jelačić quedó inmortalizado en una postura marcial en el centro de Zagreb.

La Yugoslavia soñada

Después de 1848, el desencanto se apoderó de la población y aumentó en 1867 tras el nacimiento de la monarquía austrohúngara. Este régimen monárquico integró a Croacia y Eslavonia bajo la administración húngara, mientras que Dalmacia quedaba en manos austriacas. Los

Ivan Vučetić (1858–1925), que desarrolló la dactiloscopia (identificación por las impresiones digitales), nació en la isla de Hvar, en el Adriático.

Faust Vrančić (1551-1617), nacido en Šibenik, inventó el paracaídas.

1537-1540
Los turcos toman Klis, el último bastión croata en Dalmacia. El avance turco prosigue hasta Sisak, justo al sur de Zagreb. Por razones desconocidas los turcos nunca llegaron hasta Zagreb.

1593
En Sisak, anterior frontera con los otomanos, los Habsburgo infligen la primera derrota importante a los turcos, inaugurando su larga y lenta retirada de Europa central.

» Fortaleza de Klis, cerca de Split.

Habsburgo aniquilaron cualquier estructura limitada de autogobierno en Croacia.

El clima de malestar se materializó en dos corrientes que dominaron la escena política del siglo posterior. El antiguo Movimiento Ilirio se convirtió en el Partido Nacional, dominado por el obispo Josif Juraf Strossmayer. Strossmayer creía que los Habsburgo y los húngaros pretendían profundizar en las diferencias entre serbios y croatas; solo a través de la Jugoslavenstvo (unidad de los eslavos del sur) se podrían satisfacer las aspiraciones de ambos pueblos. Strossmayer apoyó la lucha por la independencia de los serbios en Serbia, pero fue más bien partidario de una entidad yugoslava (es decir, de eslavos del sur) en el seno del Imperio austrohúngaro y no de su total independencia.

A diferencia de la anterior tendencia, el Partido de los Derechos, liderado por Ante Starčević, un antiserbio militante, soñaba con la idea de una Croacia independiente integrada por Eslavonia, Dalmacia, la Krajina, Eslovenia, Istria y parte de Bosnia y Herzegovina. En aquella época, la Iglesia ortodoxa oriental alentaba a los serbios a que formaran un Estado nacional fundamentado en su religión. Hasta el s. XIX, los habitantes ortodoxos de Croacia se reconocían como valacos, morlacos, serbios, ortodoxos o incluso griegos, pero debido a los ataques de Starčević, se desarrolló el sentimiento de una identidad serbia ortodoxa independiente en el seno de Croacia.

Guiado por el lema del "divide y vencerás", el *ban* de Croacia designado por Hungría se mostró a favor de los serbios y de la Iglesia ortodoxa, pero su estrategia no surtió efecto. La primera resistencia organizada se formó en Dalmacia. Los croatas de Rijeka y los serbios de Zadar se unieron en 1905 para exigir la unificación de Dalmacia y Eslavonia, con una garantía formal de la igualdad serbia como nación. El espíritu de unidad creció y alrededor de 1906 las coaliciones serbo-croatas, que se habían forjado con los gobiernos locales de Dalmacia y Eslavonia, amenazaban la estructura de poder húngara.

El Reino de los Serbios, Croatas y Eslovenos

Con el estallido de la Primera Guerra Mundial, Croacia parecía volver a ser un títere en manos de las grandes potencias. Una delegación croata, llamada el Comité Yugoslavo, convenció al Gobierno serbio para que fundara una monarquía parlamentaria que gobernara ambos países. El Comité Yugoslavo se convirtió en el Consejo Nacional de los Eslovenos, Croatas y Serbios tras la caída del Imperio austrohúngaro en 1918. El consejo negoció rápidamente la instauración del Reino de los Serbios, Croatas y Eslovenos con base en Belgrado. Aunque muchos croatas no estaban seguros de las intenciones serbias, sabían a ciencia cierta cuáles eran las de Italia, país que se apresuró a apoderarse de

Los Balcanes, del célebre historiador Mark Mazower, es una corta y amena introducción a la región. Ofrece perspectivas generales claramente explicadas sobre la geografía, la cultura y un amplio barrido histórico de los Balcanes.

1671
Aplastan a una avanzada dirigida por Franjo Frankopan y Petar Zrinski que tenía como objetivo liberar a Croacia de la dominación húngara. Ambos son ahorcados; los Habsburgo confiscan sus tierras.

1699
Por el Tratado de Karlovci, los otomanos renuncian a todos los derechos a reivindicar Croacia como propia. Venecia y Hungría recuperan todas las tierras liberadas en los siguientes veinte años.

1780-1789
Los Habsburgo inician un proceso de germanización: ordenan que toda la administración se lleve a cabo en alemán. Este proceso provoca una escalada de sentimientos nacionalistas entre los súbditos no alemanes.

1797-1815
Napoleón acaba con la República de Venecia; en un principio se otorgan los dominios venecianos a los Habsburgo, pero en 1806 el corso se hace con la costa adriática, que bautiza como "provincias ilirias".

Pula, Rijeka y Zadar en noviembre de 1918. De esa forma, los croatas eligieron unirse a la suerte de Serbia y no a la de Italia.

Los problemas internos empezaron casi inmediatamente. Igual que bajo los Habsburgo, los croatas gozaban de escasa autonomía. Las reformas monetarias beneficiaron a los serbios a expensas de los croatas. A raíz de un acuerdo entre yugoslavos e italianos, los primeros cedieron a los segundos Istria, Zadar y varias islas. La nueva constitución abolió el Sabor croata, centralizó el poder en Belgrado y en los nuevos distritos electorales el número de representantes croatas era sensiblemente inferior.

La oposición contra el nuevo régimen fue capitaneada por el croata Stjepan Radić, que respaldaba la idea de Yugoslavia pero deseaba transformarla en una democracia federal. Su alianza con el serbio Svetozar Pribićević demostró ser una seria amenaza contra el régimen y murió asesinado en 1928. Explotando el miedo a una guerra civil, el 6 de enero de 1929, el rey Alejandro acabó en Belgrado con cualquier esperanza de cambio democrático, pues proclamó una dictadura monárquica, abolió los partidos políticos y suspendió el Gobierno parlamentario. Mientras tanto, en la década de 1920, surgió el Partido Comunista Yugoslavo; Josip Broz Tito se convertiría en su líder en 1937.

El ascenso de la Ustaša y la Segunda Guerra Mundial

Un día después de la proclamación, un croata bosnio, Ante Pavelić, fundó, inspirado por Mussolini, el movimiento de liberación croata, Ustaša, en Zagreb. Su objetivo consistía en fundar un Estado independiente, incluso por la fuerza si era necesario. Como tenía miedo de que lo arrestaran, primero huyó a Sofía, en Bulgaria, donde se puso en contacto con revolucionarios macedonios antiserbios. Luego se mudó a Italia, donde estableció campos de entrenamiento para su organización bajo la mirada benevolente de Mussolini. En 1934, él y los macedonios asesinaron al rey Alejandro en Marsella. Italia respondió con el cierre de los campos y el encarcelamiento de Pavelić y de muchos de sus seguidores.

Cuando Alemania invadió Yugoslavia el 6 de abril de 1941, los alemanes y los italianos instalaron rápidamente en el poder a los miembros de la Ustaša en el exilio, pues esperaban que así sus propios objetivos territoriales en Dalmacia se vieran cumplidos. A los pocos días, el Estado Independiente de Croacia (NDH; Nezavisna Država Hrvatska), liderado por Pavelić, promulgó una serie de decretos destinados a perseguir y eliminar a los "enemigos" del régimen, una referencia velada a los judíos, gitanos y serbios. Entre 1941 y 1945 la mayoría de la población judía fue retenida y enviada a campos de exterminio.

La web www.titoville.com ofrece una visión extravagante o quizá irreverente de la imagen de Tito, con fotografías suyas posando como estadista, transcripciones de sus discursos, un listado de sus mujeres y chistes sobre él.

1830-1850	**1856**	**1867**	**1892**
Despierta la conciencia de los eslavos del sur, que pretenden invertir el proceso de hungarización y germanización de los Habsburgo. De aquí surgirá posteriormente el Movimiento Ilirio.	Nace en Similjan Nikolai Tesla, descubridor de la corriente alterna.	El trono de los Habsburgo se convierte en la monarquía dual de Austria y Hungría. El territorio croata se reparte entre los dos: Dalmacia pasa a manos de Austria y Eslavonia, de Hungría.	Nace en Kumrovec Josip Broz "Tito".

A los serbios no les fue mucho mejor. El programa de la Ustaša estipulaba "el exterminio de un tercio de los serbios, la expulsión de otro tercio y la conversión del tercio restante al catolicismo", lo cual se llevó a cabo con una brutalidad atroz. Cada pueblo organizaba su propio pogromo contra los serbios y se crearon campos de exterminio, entre los que destaca el de Jasenovac (al sur de Zagreb), donde fueron asesinados judíos, gitanos y croatas antifascistas. El número exacto de víctimas serbias no se conoce y desata auténticas polémicas. En total, se estima que fueron asesinados uno de cada seis serbios.

Tito y los partisanos

No todos los croatas apoyaron estas políticas, algunos incluso las denunciaron. El régimen de la Ustaša obtenía la mayor parte de su apoyo de la región de Lika, al suroeste de Zagreb, y del oeste de Herzegovina, pero el acuerdo de Pavelić de ceder buena parte de Dalmacia a Italia resultó muy impopular y la Ustaša casi no obtuvo apoyo en dicha región.

Aparecieron los *chetniks,* formaciones serbias de resistencia armada encabezadas por el general Draža Mihailović. Los *chetniks* nacieron como una forma de rebelión antifascista, pero pronto empezaron los ataques contra la Ustaša y las represalias, con masacres de croatas en el este de Croacia y Bosnia.

La lucha antifascista más eficaz fue la dirigida por las unidades partisanas de liberación nacional y por su líder Josip Broz, más conocido como Tito. Los partisanos, que hundían sus raíces en el ilegalizado Partido Comunista Yugoslavo, atrajeron a sufridos intelectuales croatas indignados por las masacres de los *chetniks,* serbios indignados por las masacres de la Ustaša y antifascistas de todo tipo. Obtuvieron un amplio apoyo popular gracias a su primer manifiesto, que preconizaba una Yugoslavia de la posguerra basada en una amplia federación.

Aunque en un principio los aliados respaldaban a los *chetniks* serbios, pronto resultó obvio que los partisanos encaminaban todos sus esfuerzos a luchar con determinación contra los nazis. Alrededor de 1943, la ayuda militar y diplomática de Churchill y de otras potencias aliadas contribuyó a que los partisanos controlaran gran parte de Croacia. A medida que conquistaban territorios, constituían gobiernos locales operativos que posteriormente les facilitaron su transición al poder. El 20 de octubre de 1944, los partisanos entraron en Belgrado junto al Ejército Rojo. En 1945, con la rendición de Alemania, Pavelić y el Ustaša huyeron y los partisanos entraron en Zagreb.

Los miembros del ejército del NDH que quedaban, en un último intento por evitar caer en manos de los partisanos, trataron de cruzar a Austria. Un pequeño contingente británico esperaba a los 50 000 soldados y les prometieron recluirlos fuera de Yugoslavia. Era una trampa.

Luka Brajnovic describe en *Despedidas y encuentros, memorias de la guerra y el exilio* su agitada existencia, atrapado entre dos frentes en la Yugoslavia de la Segunda Guerra Mundial y su exilio final en España.

1905
La creciente conciencia nacional croata se hace visible en la Resolución de Rijeka, que exige más democracia y la reunificación de Dalmacia y Eslavonia.

1908
El Imperio austrohúngaro se hace con Bosnia y Herzegovina; los musulmanes eslavos de los Balcanes se encuentran bajo su responsabilidad, creando el núcleo de la futura federación yugoslava.

1918
Se funda el Reino de los Serbios, Croatas y Eslovenos tras la escisión del Imperio austrohúngaro. El príncipe serbio Alejandro Karađorđević sube al trono.

1920
Stjepan Radić funda el Partido Campesino Republicano Croata, que se convierte en el principal portavoz de los intereses croatas ante la dominación serbia.

TITO

Josip Broz nació en Kumrovec en 1892 de padre croata y madre eslovena. Al estallar la Primera Guerra Mundial fue reclutado por el ejército austrohúngaro y fue hecho prisionero por los rusos. Escapó justo antes de la revolución de 1917, se hizo comunista y se unió al Ejército Rojo. En 1920 regresó a Croacia y se convirtió en organizador sindical mientras trabajaba como obrero metalúrgico.

Como secretario del comité del ilegalizado Partido Comunista en Zagreb, trabajó para unificar el partido y aumentar su militancia. En 1941, tras la invasión nazi, adoptó el nombre de Tito y organizó pequeñas bandas de guerrillas que formaron el núcleo del movimiento partisano. El éxito de sus campañas le granjeó el apoyo militar de británicos y norteamericanos, pero la Unión Soviética, a pesar de compartir su ideología comunista, rechazó repetidamente sus peticiones de ayuda.

En 1945 se convirtió en primer ministro de una Yugoslavia reconstituida. Aunque conservó una ideología comunista y en teoría se mantuvo leal a Rusia, Tito tenía una vena independiente. En 1948 se enemistó con Stalin y adoptó una política conciliadora con Occidente.

Las rivalidades entre nacionalidades fueron la mayor preocupación de Tito, que se enfrentó a ellas suprimiendo toda disensión, intentando garantizar un equilibrio de representación en las altas esferas políticas. Como comunista comprometido, consideraba las disputas étnicas una inoportuna desviación del camino en pos del bien común.

Aun así Tito era muy consciente de las tensiones étnicas que se agitaban bajo la superficie de Yugoslavia. A principios de la década de 1970 inició los preparativos para su sucesión, intentando crear un equilibrio de poder entre los diferentes grupos étnicos del país. Instauró una presidencia colectiva que debía rotar anualmente, pero que en la práctica no funcionó. Los acontecimientos posteriores revelaron hasta qué punto Yugoslavia dependía de su astuto y carismático líder.

En mayo de 1980, al morir Tito, su cuerpo fue llevado desde Liubliana (Eslovenia) hasta Belgrado (Serbia). Miles de personas salieron a la calle para rendir homenaje al hombre que durante 35 años había unido un país tan difícil. Fue la última muestra de emoción que las contumaces nacionalidades de Yugoslavia fueron capaces de compartir.

Obligaron a las tropas a montar en trenes que les llevaron de vuelta a Yugoslavia, donde los partisanos les aguardaban. La consiguiente matanza acabó con la vida de al menos treinta mil hombres (aunque el número exacto no se sabe a ciencia cierta) y dejó una mancha imborrable en la reputación del Gobierno yugoslavo.

El nacimiento de Yugoslavia

El intento de Tito por mantener el control de la ciudad italiana de Trieste y partes del sur de Austria se quebró ante la oposición aliada. Dalmacia

1941	1941-1945	1943	1945-1948
Ante Pavelić proclama el Estado Independiente de Croacia (NDH), títere de los nazis. La Ustaša empieza a procesar a serbios, gitanos y judíos; los serbios responden creando a los *chetniks*, que acosan a los croatas.	La mayoría de la población judía croata es enviada a campos de exterminio.	Los partisanos de Tito consiguen victorias militares y constituyen un frente popular antifascista; también recuperan los territorios que abandonan las brigadas italianas. Los aliados les prestan ayuda.	Nace la República Federal Popular de Yugoslavia. Tito se separa de Stalin y gobierna con cautela entre los bloques oriental y occidental. Además, funda el movimiento de países no alineados.

y casi toda Istria pasaron a formar parte integrante de la Yugoslavia de la posguerra. Al fundar la República Federal Popular de Yugoslavia, Tito estaba decidido a crear un Estado en el que ningún grupo étnico dominara el panorama político. Croacia, junto con Macedonia, Serbia, Montenegro, Bosnia y Herzegovina y Eslovenia, se convirtió en una de las seis repúblicas que constituían esta compacta federación. Sin embargo, Tito logró este delicado equilibrio creando un Estado de partido único y eliminando rigurosamente toda oposición.

Durante la década de 1960, la concentración de poder de Belgrado se convirtió en un asunto que causaba cada vez más irritación, ya que resultó evidente que el dinero recaudado en Eslovenia y Croacia, las repúblicas más prósperas, se distribuía entre las más pobres, la provincia autónoma de Kosovo y la república de Bosnia y Herzegovina. La situación era aún más flagrante en Croacia, que veía cómo la riqueza que le reportaba su boyante industria turística de la costa adriática se desviaba hacia Belgrado. Además, los serbios de Croacia tenían mayor representación en el Gobierno, en el ejército y el cuerpo de policía.

En Croacia el malestar alcanzó su punto álgido en la denominada Primavera Croata de 1971. Dirigidos por reformistas del Partido Comunista de Croacia, los intelectuales y estudiantes exigieron que se aflojaran los lazos de Croacia con Yugoslavia. Además de exigir una mayor autonomía económica y una reforma constitucional, también esgrimieron sentimientos nacionalistas. Tito se defendió restringiendo drásticamente la liberalización que gradualmente había ido ganando terreno. Los serbios vieron en este cambio el resurgimiento de la Ustaša; a su vez los reformistas encarcelados culparon a los serbios de su situación. Era el marco perfecto para el posterior ascenso del nacionalismo y la guerra de la década de 1990.

La muerte de Yugoslavia

Tito dejó una Yugoslavia inestable al morir en mayo de 1980. Con la economía en un estado lamentable, una presidencia que se alternaba entre las seis repúblicas no podía compensar la pérdida del equilibrado Tito al mando. La autoridad del Gobierno central se hundió con la economía y volvió a aflorar la desconfianza entre las etnias de Yugoslavia, tanto tiempo reprimida.

En 1989 la represión de la mayoría albanesa en la provincia serbia de Kosovo provocó nuevos temores hacia una hegemonía serbia y precipitó el fin de la Federación Yugoslava. Siguiendo los cambios políticos que se extendían por Europa del Este, Eslovenia se embarcó en una carrera hacia la independencia; muchos croatas pensaron que había llegado el momento de que ellos también lograran la plena autonomía. En las elecciones croatas celebradas en abril de 1990, Franjo Tuđman, de la

La Europa Balcánica: Yugoslavia, desde la Segunda Guerra Mundial a nuestros días, de Ricardo Martín de la Guardia y Guillermo Pérez Sánchez, analiza las causas del fracaso de la construcción de Yugoslavia.

1960-1969
Aumenta el malestar croata por la centralización de poder en Belgrado. Además, les molesta el uso del dinero de Croacia para apoyar a las provincias más pobres, así como el control serbio del Gobierno.

1971
En la Primavera Croata intelectuales, estudiantes, nacionalistas y reformistas del Partido Comunista exigen una mayor autonomía económica y constitucional para Croacia.

1980
Muere el presidente Tito. Hay un verdadero sentimiento generalizado de dolor y le rinden homenajes en todo el mundo. Yugoslavia queda amenazada por la inflación, el desempleo y la deuda externa.

1989
El sistema comunista empieza a derrumbarse en el este de Europa; Franjo Tuđman funda el primer partido no comunista de Yugoslavia: la Unión Democrática Croata (HDZ). Ocupa el cargo de presidente en 1990.

Unión Democrática Croata (HDZ, Hrvatska Demokratska Zajednica), se hizo con el 40% de los votos, frente al 30% que consiguió el Partido Comunista, el cual contaba con la lealtad de la comunidad serbia y de los votantes de Istria y Rijeka. El 22 de diciembre de 1990, una nueva Constitución croata cambió el estatus de los serbios en Croacia: pasaron de ser una "nación constituyente" a una minoría nacional.

La Constitución no garantizaba los derechos de las minorías y provocó despidos en masa de funcionarios serbios. Por tanto, la comunidad serbia en Croacia, formada por unos seiscientos mil individuos, empezó a exigir su autonomía. A principios de 1991, unos extremistas serbios orquestaron varios actos de provocación para que el ejército federal interviniera. En el referéndum que se celebró en mayo de 1991 (boicoteado por los serbios) se obtuvo un 93% de votos a favor de la independencia croata, pero cuando Croacia se declaró Estado el 25 de junio del mismo año, el enclave serbio de Krajina proclamó su independencia de Croacia.

La guerra

Bajo presión de la UE, Croacia declaró una moratoria de tres meses sobre su independencia, pero estallaron violentos enfrentamientos en Krajina, Baranja y Eslavonia. Se inicia lo que los croatas denominan la Guerra de la Patria. El Ejército Popular Yugoslavo, dominado por los serbios, empezó a intervenir para apoyar a los irregulares serbios bajo el pretexto de detener la violencia étnica. Cuando el Gobierno croata ordenó el cierre de las instalaciones militares de los federales en Croacia, la marina yugoslava bloqueó la costa del Adriático y sitió la estratégica población de Vukovar en el Danubio. Durante el verano de 1991, una cuarta parte del territorio croata cayó en manos de las milicias serbias y del Ejército Popular Yugoslavo, que dirigían los serbios.

A finales de 1991, el ejército federal y la milicia montenegrina atacaron Dubrovnik (para más información, véase recuadro en p. 260) y el palacio presidencial en Zagreb fue bombardeado por cazas yugoslavos, al parecer para intentar asesinar al presidente Tuđman. Cuando la moratoria de tres meses acabó, Croacia declaró su independencia total. Poco después, Vukovar cayó finalmente ante el ejército yugoslavo en uno de los ataques más sangrientos que ha habido nunca en la antigua Yugoslavia (véase p. 96). A lo largo de seis meses de enfrentamientos, murieron 10 000 personas, cientos de miles huyeron y decenas de miles de hogares fueron destruidos.

Españoles en los Balcanes, de Miguel Ángel Villena, describe la presencia española en el conflicto balcánico: desde las misiones militares a los relatos de periodistas o testimonios de diplomáticos.

La ONU se implica

El alto el fuego del 3 de enero de 1992, negociado por la ONU, fue ampliamente respetado. Se permitió al ejército federal retirarse de sus bases en el interior de Croacia y las tensiones disminuyeron. Al mismo

1991
El Sabor (Parlamento croata) proclama la independencia de Croacia; los serbios de Krajina declaran su independencia de Croacia con el apoyo de Slobodan Milošević. Estalla la guerra entre croatas y serbios.

1992
Tiene lugar un primer alto el fuego temporal negociado por la ONU. La UE reconoce la independencia croata. Croacia ingresa en la ONU. Estalla la guerra en la vecina Bosnia.

» Estatua de Tito, Kumrovec.

tiempo la UE, cediendo a las presiones de Alemania, reconoció a Croacia, hecho que fue seguido por el reconocimiento de EE UU. En mayo de 1992 Croacia fue admitida en la ONU.

El plan de paz de la UE en Krajina pretendía promover el desarme de las formaciones paramilitares serbias, la repatriación de refugiados y la devolución de la región a Croacia. En cambio, solo afianzó la situación existente sin ofrecer ninguna solución permanente. En enero de 1993 el ejército croata lanzó una repentina ofensiva en el sur de Krajina, haciendo retroceder a los serbios en algunas zonas y recuperando puntos estratégicos. Los serbios de Krajina juraron que nunca más volverían a aceptar el dominio de Zagreb y en junio de 1993 una abrumadora mayoría votó a favor de unirse a los serbios bosnios (y finalmente a la Gran Serbia). La limpieza étnica dejó solo a unos novecientos croatas en Krajina, de los 44 000 originales. A principios del 2004, un alto el fuego absoluto redujo notablemente la violencia en la región. Se establecieron "zonas de separación" desmilitarizadas entre ambas partes.

Problemas en Bosnia

Mientras tanto, la vecina Bosnia y Herzegovina había sido sometida a un trato similar por parte del ejército yugoslavo y de los paramilitares serbios. Al principio, los croatas y los musulmanes de Bosnia se habían unido ante los avances serbios, pero en 1993 los dos grupos se enemistaron y empezaron a luchar entre ellos. Los croatas de Bosnia, con el apoyo tácito de Zagreb, fueron responsables de varios actos espantosos, entre ellos la destrucción del antiguo puente de Mostar. Las hostilidades llegaron a su fin cuando en 1994 EE UU promovió la creación de la federación croato-musulmana, mientras el mundo contemplaba horrorizado el asedio serbio a Sarajevo.

Mientras tenían lugar estos tristes acontecimientos en Bosnia y Herzegovina, el Gobierno croata empezó discretamente a adquirir armas en el extranjero. El 1 de mayo de 1995, el ejército y la policía croatas entraron en la ocupada Eslavonia occidental, al este de Zagreb, y en pocos días se hicieron con el control de la región. Los serbios de Krajina respondieron con el bombardeo de Zagreb en un ataque que se cobró siete muertos y 130 heridos. A medida que el ejército croata afianzaba sus posiciones en Eslavonia occidental, unos quince mil serbios escapaban de la región pese a que el Gobierno croata les garantizaba que no sufrirían ningún castigo.

El mutismo de Belgrado durante esta campaña evidenció que los serbios de Krajina habían perdido el apoyo de sus patrocinadores serbios, hecho que alentó a los croatas a avanzar a pasos agigantados. El 4 de agosto, el ejército croata lanzó un ataque contra la capital serbia rebelde de Knin. El ejército serbio huyó hacia el norte de Bosnia junto con

1995
En la campaña militar de Oluja, las fuerzas croatas recuperan territorios y expulsan a los serbios de Krajina. Así se llega hasta los Acuerdos de Dayton, que traen la paz y establecen las fronteras de Croacia.

1999
Muere el primer presidente de Croacia, Franjo Tuđman; se convocan elecciones, que gana una coalición centrista de partidos anti-Tuđman, dirigida por Ivica Račan y Stipe Mesić (presidente).

» Homenaje escultórico a la reconstrucción de Vukovar.

150 000 civiles cuyas raíces en Krajina se remontaban a varios siglos. La operación militar acabó en varios días, pero fue seguida de varios meses de terror, en los que se dieron saqueos generalizados y se incendiaron pueblos serbios.

En los Acuerdos de Paz de Dayton firmados en París en diciembre de 1995 se reconocían las fronteras tradicionales de Croacia y se estipulaba la devolución de Eslavonia oriental. La transición se produjo de un modo relativamente tranquilo, pero las dos poblaciones aún se contemplan con suspicacia y hostilidad.

Croacia en la posguerra

Tras el fin de las hostilidades, Croacia recuperó cierto nivel de estabilidad. Una de las disposiciones claves del acuerdo era la garantía del Gobierno croata de facilitar la vuelta de los refugiados serbios, un compromiso que dista mucho de alcanzarse. Si bien el Gobierno central de Zagreb estableció ese punto como prioritario en su agenda, respondiendo así a las peticiones de la comunidad internacional, sus esfuerzos se vieron debilitados por el intento de las autoridades locales por mantener la pureza étnica en sus regiones.

En muchos casos, los refugiados croatas de Bosnia y Herzegovina ocuparon casas abandonadas de propiedad serbia. Los serbios que pretendían reivindicar los derechos sobre sus bienes se enfrentaban a un intimidante abanico de obstáculos legales para formular una reclamación sobre sus antiguas viviendas, así como a importantes obstáculos para encontrar trabajo en lo que ahora son regiones económicamente precarias. Quince años después del cese de las hostilidades menos de la mitad de la población ha regresado a su hogar.

En el ámbito político, Franjo Tuđman, el hombre fuerte durante la guerra, vio cómo su popularidad decayó rápidamente cuando el país dejó de estar amenazado. Su combinación entre autoritarismo y control de los medios de comunicación, su recuperación del antiguo simbolismo del NDH y sus inclinaciones hacia la extrema derecha ya no atraían al cansado pueblo croata. En 1999 los partidos de la oposición se unieron para actuar contra Tuđman y la HDZ. Tuđman fue hospitalizado y murió repentinamente a finales de 1999. Los votantes se inclinaron por una coalición de centroizquierda, desbancando a la HDZ y llevando al centrista Stipe Mesić a la presidencia.

Pasos hacia Europa

Los resultados electorales del 2000 demostraron que Croacia estaba realizando un claro giro hacia Occidente para integrarse en la Europa moderna. El país empezó a acoger nuevamente a turistas foráneos y la economía se abrió a la competencia extranjera. Esta tendencia

Para acabar una guerra de Richard Holbrooke narra los hechos sucedidos en torno a los Acuerdos de Dayton. Holbrooke, un diplomático norteamericano que empujó a las facciones enfrentadas hasta la mesa de negociaciones para llegar a un acuerdo de paz, gozó de una posición privilegiada para evaluar las personalidades y la política de la zona.

2000
Croacia reabre sus fronteras al turismo y a las inversiones extranjeras.

2003
La HDZ regresa al poder tras abandonar el bagaje nacionalista que acarreaba con Tuđman. Cuenta con un programa de reformas económicas y el objetivo de ingresar como miembro en la ONU y la OTAN.

2005
El sospechoso de crímenes de guerra Ante Gotovina es detenido y entregado al Tribunal Internacional para Crímenes de Guerra. El arresto de Gotovina es un asunto polémico en Croacia, pero la UE lo considera positivo.

2006
La Comisión Europea publica un informe que exige a Croacia más esfuerzos en la lucha contra la corrupción y discriminación e intolerancia hacia ciudadanos no croatas.

occidentalizadora perdió algo de fuerza cuando el Tribunal Internacional por Crímenes contra la Humanidad acusó a dos generales croatas de crímenes contra la población serbia de Krajina. La entrega en el 2001 del general Norac al Tribunal de La Haya resultó ser un tema polémico entre los croatas y quizá explica el regreso al poder de la HDZ en las elecciones de finales del 2003, cuando Ivo Sanader asumió el cargo de primer ministro. Sin embargo por entonces la HDZ había realizado un giro pragmático, abandonando la postura radical de la era Tuđman y haciendo hincapié, igual que los partidos de centro, en las reformas económicas y en conseguir el ingreso en la UE y la OTAN.

La pacífica transición de poder fue interpretada por Europa como una prueba de madurez de la democracia croata. La entrega del general Ante Gotovina al Tribunal de La Haya en el 2005 fue la principal condición para empezar las negociaciones para ingresar en la UE. Cuando el fugitivo fue arrestado en España, parecía que Croacia ya estaba encaminada para ser miembro de la UE. Sin embargo, ese mismo año trajo consigo el primero de los obstáculos que frustraría su entrada en dicha organización. El Gobierno de Eslovenia declaró una zona ecológica en el mar Adriático, obligando a Croacia a exigir una intervención internacional para resolver esta disputa fronteriza. En el 2006, la Comisión Europea publicó un informe en el que se planteaba que Croacia debía enfrentarse al problema de la corrupción y la discriminación contra los ciudadanos no croatas. El proceso para ingresar en la UE se vio gravemente ralentizado.

En las elecciones parlamentarias de noviembre del 2007, la HDZ en el poder ganó la mayor parte de los escaños, pero aun así necesitó socios de coalición para asegurarse la mayoría. Tras un par de meses polémicos y reñidos, el Parlamento aprobó el gabinete de Ivo Sanader en enero del 2008. En marzo del mismo año, los ex generales croatas Ante Gotovina, Ivan Čermak y Mladen Markač fueron juzgados en el Tribunal Penal Internacional para la Ex Yugoslavia, en La Haya, y se declararon inocentes de los cargos de asesinato de serbios croatas en la década de 1990. Muchos veneran y consideran a Gotovina como un héroe en su región natal de Zadar. Su juicio sacó a la luz algunos elementos polémicos de la guerra en Croacia.

En la primavera del 2008, Croacia fue invitada oficialmente a unirse a la OTAN en la cumbre de Bucarest; exactamente un año después, entró a formar parte de la alianza. Mientras tanto, el 2008 estuvo marcado por una serie de asesinatos en Croacia relacionados con la mafia, que obligaron al Gobierno a intensificar su lucha contra la corrupción y el crimen organizado. Así lo hizo, al menos oficialmente, pues las medidas más duras constituían un requisito para que la UE aceptara la solicitud de Croacia para ser miembro de la organización. El conflicto fronterizo

2007
En las elecciones parlamentarias de noviembre, la HDZ gana la mayor parte de los escaños, aunque necesita socios de coalición para conseguir la mayoría.

2008
En enero, el Parlamento aprueba el nuevo Gobierno de coalición dirigido por el primer ministro Ivo Sanader. En abril, la OTAN invita a Croacia a que se una a la organización en la cumbre de Bucarest.

» Muro conmemorativo de las víctimas de la guerra en Zagreb.

con Eslovenia tampoco ayudó mucho; a principios del 2009, Eslovenia amenazó con impedir que su vecino entrase a formar parte de la UE. La Unión Europea reprendió a Croacia por no resolver esta disputa con Eslovenia y canceló las conversaciones para la admisión en la UE. Las negociaciones se reanudaron en octubre del 2009, cuando los dos países permitieron a mediadores internacionales que resolvieran el tema. Todavía se está avanzando en los asuntos de las reformas judiciales, la lucha contra la corrupción generalizada y la mejora de las condiciones para el establecimiento de empresas privadas en el país; todos ellos se tienen que cumplir para que Croacia pueda llegar a formar parte del apetecible club europeo.

2009

Eslovenia amenaza a Croacia con impedirle que se una a la UE, debido a una disputa fronteriza por la pequeña bahía de Piran, en el Adriático, que ya dura 18 años. En abril, Croacia pasa a formar parte de la OTAN.

Julio del 2009

Ivo Sanader dimite repentinamente como primer ministro. Su viceprimer ministra, la antigua periodista Jadranka Kosor, se convierte en la primera mujer en ocupar el cargo de primer ministro en Croacia.

2010

Ivo Josipović, del Partido Socialdemócrata de Croacia (SDP), en la oposición, asume el cargo de presidente del país.

Junio del 2010

Eslovenia vota en un referéndum sobre la disputa fronteriza con Croacia. Por un escaso margen, los eslovenos apoyan la resolución de acuerdo, dejando el camino libre para que Croacia pase a ser miembro de la UE.

Cultura y sociedad

La doble personalidad de Croacia

Con su capital en el interior y la mayor parte de las grandes ciudades en la costa, Croacia está dividida entre un modo de pensar más serio y centroeuropeo en Zagreb y el norte del país (con comida sustanciosa, arquitectura austriaca y una fuerte preferencia por el esfuerzo personal en lugar del placer) y el carácter mediterráneo de la costa, que es más relajado y abierto. La población de Istria, bilingüe en italiano y croata, cuenta con una fuerte influencia italiana, mientras que los dálmatas suelen ser gente relajada y tranquila: muchas oficinas cierran a las 15.00, lo que permite a sus empleados disfrutar de los largos días de sol en la playa o en algún café al aire libre.

La mayoría de la gente que trabaja en la industria turística habla alemán, inglés e italiano, aunque el inglés es el idioma más conocido por los jóvenes. Los croatas pueden parecer indiferentes y maleducados, incluso los que trabajan en el sector turístico, y demasiado francos para algunos gustos. Se trata simplemente del modo en que funcionan, pero una vez el viajero se acostumbre, podrá hacer amigos para toda la vida.

> Para una lista detallada de los acontecimientos culturales en Croacia, hay que consultar la informativa web www.culturenet.hr.

Croacia, ¿oriente u occidente?

La amplia mayoría de los croatas se identifican culturalmente con Europa occidental y les gusta considerarse más occidentales que sus vecinos "orientales" de Bosnia y Serbia. Si el viajero describe a Croacia como parte de Europa del Este, no hará muchos amigos. La idea de que Croacia constituye la última parada antes de internarse en el oriente otomano es frecuente en todos los sectores de la población, aunque esta idea es cuestionable si se tiene en cuenta la reciente y abrumadora popularidad del *turbo*-folk serbio en Croacia, un estilo musical muy mal

---

LOS CROATAS: GENTE NORMAL

Las actitudes hacia la guerra de la década de 1990 varían según la región. La destrucción de Vukovar, el bombardeo de Dubrovnik y Osijek y la limpieza étnica de los serbios de Krajina han traumatizado a las regiones circundantes. Probablemente, los comentarios que cuestionen el razonamiento de que los croatas tenían toda la razón y los serbios estaban totalmente equivocados no serán muy apreciados. En otras partes del país, los croatas están más abiertos a discutir claramente sobre los acontecimientos de las últimas décadas.

Cuando los croatas hablan de sí mismos, a menudo usan la palabra "normal"; en frases como: "Queremos ser un país normal", los lugareños distinguen entre los nacionalistas y la "gente normal" que solo desea vivir en paz. El aislamiento internacional es lacerante para la mayoría, motivo por el que el país cedió a regañadientes a la presión que ejercía la comunidad internacional para que entregara a sus criminales de guerra.

> **¿FRATERNIDAD Y UNIDAD O VAYA TONTERÍA?**
>
> Es muy difícil clasificar el *turbo*-folk, una versión *techno* intensa de la música popular serbia, ya que ocupa una categoría propia. Muy escuchado en Croacia, Serbia, Montenegro, Macedonia y Bosnia y Herzegovina, actualmente constituye un importante factor unificador para la antigua Yugoslavia. La reina indiscutible del *turbo*-folk es Svetlana "Ceca" Ražnatović, viuda del serbio Arkan que fue acusado por la ONU de crímenes contra la humanidad. Ceca ha producido numerosos álbumes y ha actuado en conciertos en los estadios más grandes de la región, donde se agotaron las localidades.
>
> El *turbo*-folk empezó y floreció bajo el régimen de Milošević y se le relaciona comúnmente con la mafia. Ceca fue arrestada (aunque luego le absolvieron de todos los cargos) en relación con sus vínculos con miembros del clan Zemun, responsable del asesinato del primer ministro serbio Zoran Đinđić en el 2003. Algunos *folkotekas* (los locales donde se toca *turbo*-folk) cuentan con detector de metales en su entrada y, sobre todo en Bosnia y Herzegovina, son objetivo ocasional de ataques con bombas relacionados con asuntos pendientes entre miembros de la mafia local. La élite intelectual ve el *turbo*-folk como un modo de atontar a los jóvenes, pero su creciente popularidad es un hecho innegable.

visto que se evitaba durante la guerra de la década de 1990. Parece que con la disminución de las tensiones nacionales de los años noventa, en algunos sectores de la sociedad croata se están empezando a adoptar de nuevo los elementos balcánicos que unen a los diferentes países de la antigua Yugoslavia.

Un país deportivo

El fútbol, el tenis y el esquí son muy populares y Croacia, como aficionada al deporte, ha contribuido en estas áreas con un desmesurado número de jugadores de primera categoría.

Fútbol

Con diferencia, se trata del deporte espectáculo más popular del país. A menudo es una válvula de escape del patriotismo nacional y, de vez en cuando, se usa como medio para expresar una oposición política. Cuando Franjo Tuđman llegó al poder, consideró que el nombre del equipo de Zagreb, Dinamo, era demasiado comunista, así que lo cambió por el de Croacia. Esta decisión desencadenó oleadas de indignación de jóvenes aficionados que se valieron de la polémica para manifestar su oposición al régimen. Pese a que el siguiente Gobierno restableció el nombre original, aún es posible ver por las calles de Zagreb grafitos de *Dinamo volim te* ("Dinamo te quiero"). El principal rival del Dinamo es el Hajduk Split, cuyo nombre procede de quienes antiguamente se resistieron al dominio romano. Los hinchas del Hajduk y del Dinamo son grandes rivales; a menudo provocan reyertas cuando los dos equipos se enfrentan.

Al equipo nacional le suele ir bien en los campeonatos, aunque no se clasificó para la Copa del Mundo del 2010 en Sudáfrica. Al final de su carrera, el ex jugador del Sevilla y del Real Madrid Davor Šuker había marcado 46 goles con la selección, 45 de ellos en Croacia; es el mayor goleador de todos los tiempos del equipo nacional croata. En el 2004, la leyenda del balompié Pelé le incluyó en la lista de los mejores 125 futbolistas vivos.

Si se quiere estar al tanto del fútbol croata se puede seguir la trayectoria del Dinamo Zagreb en www.nk-dinamo.hr.

Baloncesto

Es el deporte más popular después del fútbol, seguido con auténtica veneración. Los equipos de Split, de Zadar y la Cibona de Zagreb, son famosos en toda Europa, aunque hasta ahora ninguno ha podido emular a la estelar Cibona de la década de 1980, cuando jugadores como

> **UN PEDAZO DE CROACIA PARA LLEVARSE A CASA**
>
> El mejor producto artesanal de Croacia es el intrincado encaje de la isla de Pag. Forma parte de una tradición secular que sigue bien viva en la actualidad. Se pueden comprar las piezas de encaje directamente a las mujeres que las elaboran.
>
> Los tejidos bordados se pueden encontrar en numerosas tiendas de recuerdos. Los bordados croatas se distinguen por sus alegres diseños geométricos rojos contra un fondo blanco, y se usan para manteles, fundas de almohada y blusas.
>
> La lavanda y otras hierbas se convierten en saquitos aromáticos o aceites que constituyen regalos populares y económicos. Se pueden encontrar en casi todas las islas de Dalmacia central, pero en especial en la de Hvar, conocida por sus campos de lavanda.
>
> La isla de Brač es famosa por su brillante piedra. Ceniceros, jarrones, candelabros y otros artículos pequeños pero pesados tallados en piedra de Brač se venden por toda la isla.

Dražen Petrović, Dino Rađa y Toni Kukoč se convirtieron en campeones de Europa. Para más información detallada sobre el baloncesto croata, hay que consultar la página www.kosarka.hr.

Tenis

Andy Roddick dijo una vez: "No sé qué tiene Croacia pero todos sus jugadores miden más de dos metros". Aunque se trate de una exageración, de Croacia han salido algunos de los jugadores más grandes, en todos los sentidos.

Cuando en el 2001 Goran Ivanišević, de 1,93 m, ganó el torneo de Wimbledon se desencadenaron celebraciones por todo el país, sobre todo en Split, su ciudad natal. El carismático jugador, conocido por su servicio y su volea, era muy querido por su atractiva personalidad y sus payasadas en la cancha, y durante gran parte de la década de 1990 se mantuvo entre los primeros puestos de las listas de los 10 mejores jugadores del mundo. Las lesiones le obligaran a retirarse en el 2004, pero Croacia siguió fuerte en las canchas gracias a la victoria de Ivan Ljubičić (actual nº 15 mundial) en la Copa Davis del 2005 y a Mario Ančić. Ivanišević ha apodado a Mario Ančić, nacido en Split, "el bebé Goran". Marin Čilić es la nueva estrella del tenis croata.

En el tenis femenino destaca Iva Majoli, nacida en Zagreb, que ganó el torneo de Roland Garros en 1997 con un agresivo juego desde la línea de fondo, si bien no consiguió sumar más victorias del Grand Slam.

En Croacia, el tenis es más que un deporte espectáculo. En la costa hay cantidad de pistas de tierra batida. El mayor torneo de Croacia es el Open de Umag en Istria, que se celebra en julio.

La célebre saltadora croata Blanka Vlašić ganó su cuarta medalla de oro consecutiva en los Campeonatos del Mundo de Doha en marzo del 2010.

Esquí

Si Croacia tuviera una diosa nacional sería Janica Kostelić, la mejor esquiadora que ha surgido en el país. Tras ganar la Copa del Mundo de esquí alpino en el 2001, ha sumado a su lista de victorias tres medallas de oro y una de plata en los Juegos Olímpicos de invierno del 2002, las primeras conseguidas por un deportista croata en esta competición. A los 20 años se convirtió en la primera esquiadora en ganar tres medallas en la misma Olimpiada. A partir del 2002 Kostelić se vio mermada por una lesión de rodilla y la extirpación del tiroides, pero eso no le impidió ganar una medalla de oro en la prueba femenina de descenso combinado y una de plata en el supergigante de los Juegos Olímpicos de invierno del 2006 disputados en Turín.

Su hermano Ivica Kostelić se hizo con el título de la Copa del Mundo de eslalon masculino del 2002 y ganó una medalla de plata en la prueba masculina de descenso combinado en los juegos de Turín 2006; tal vez sea cuestión de genes.

Religión

Según el censo más reciente, el 87,8% de la población se confiesa católica; el 4,4%, ortodoxa; el 1,3%, musulmana; el 0,3%, protestante y el 6,2% profesa otras religiones. La inmensa mayoría de los croatas es católica romana, mientras que los serbios pertenecen a la Iglesia ortodoxa oriental, una división que se remonta a la caída del Imperio romano. De hecho, la religión es la única variable que separa a estas poblaciones étnicamente iguales. Aparte de varias diferencias doctrinales, los cristianos ortodoxos adoran las imágenes, permiten que los sacerdotes se casen y no aceptan la autoridad del papa.

Sería difícil exagerar hasta qué punto el catolicismo moldea la identidad nacional croata. En la temprana época del s. IX, los croatas prometieron lealtad a la fe católica romana y se les concedió el derecho de celebrar la misa y redactar los documentos religiosos en su lengua vernácula. Los papas dieron su apoyo a los primeros reyes croatas quienes, a cambio, levantaron monasterios e iglesias para difundir el catolicismo. Durante los largos siglos de dominio de potencias extranjeras, la Iglesia católica fue el elemento unificador que forjó un sentimiento de nación.

Desgraciadamente, la profunda fe que estimulaba el nacionalismo croata se corrompió y derivó en una intolerancia asesina bajo el mandato de la Ustaša en tiempos de la Guerra Mundial. La implicación de las parroquias locales en la limpieza de la población judía y serbia dio lugar a que, al llegar al Gobierno, Tito suprimiera la religión (y con ello el nacionalismo, tal como esperaba). Aunque no se prohibió de manera oficial, se consideraba que para los ambiciosos croatas era políticamente incorrecto ir a misa. Parece asombroso que la primera entidad que reconociera a Croacia como Estado independiente en 1991 fuera el Vaticano.

La Iglesia goza de una respetada posición en la vida cultural y política del país y Croacia es objeto de especial atención por parte del Vaticano. Casi el 76% de los croatas católicos que participaron en una encuesta se confesaron practicantes y alrededor del 30% acudía a misa semanalmente. Además, la Iglesia es la institución que más confianza inspira del país, con el ejército como único rival.

Son muchos los croatas del país y del extranjero que dedican su vida a la Iglesia, aportando nuevos curas y monjas a las filas del clero católico. Las celebraciones religiosas se festejan con fervor y los domingos son muchos los feligreses que acuden a misa.

Nikola Tesla (1856-1943), el padre de la radio y de la tecnología de la corriente eléctrica alterna, nació en el pueblo de Smiljan en Croacia. La unidad tesla para la inducción magnética se bautizó en su honor.

VIDA COTIDIANA

A los croatas les gusta la buena vida y se enorgullecen de mostrar la ropa más vanguardista y los teléfonos móviles más nuevos. Las calles están bien cuidadas y la ropa es elegante, normalmente de marca; cuanto más famosa, mejor. Incluso con una economía ajustada, la gente dejará de comer fuera o de ir al cine para poder permitirse un viaje para comprar ropa en Italia o Austria.

Relajarse en los cafés y bares constituye una parte importante de la vida; el viajero se preguntará a menudo cómo puede funcionar el país si todo el mundo está disfrutando del ocio en lugar de trabajar. Sin embargo, quizá sea todo ese café el que les haga trabajar dos veces más rápido una vez regresan a la oficina.

El culto a los famosos es muy poderoso en Croacia; los tabloides están llenos de personajes que desean ser populares y de sus últimos cotilleos. Incluso los intelectuales del país, que nunca lo admitirían en público, están involucrados a fondo en las vidas privadas de los personajes más o menos famosos.

ASUNTOS DE FAMILIA

Casi toda la gente es propietaria de su hogar, comprado en los años posteriores al comunismo cuando las casas, antes propiedad del Estado, se vendían a sus inquilinos por poco dinero. Estas propiedades se heredan de abuelos, tías abuelas y otros parientes.

Es tradición y totalmente normal que los hijos vivan con sus padres hasta bien entrada su vida adulta. La costumbre se amplía especialmente con los hijos, que suelen llevar a sus esposas a vivir en la casa familiar; sin embargo, normalmente este solo es el caso en zonas rurales y pequeñas poblaciones.

La familia es muy importante para los croatas y los vínculos con la familia extensa son fuertes y valorados.

La igualdad en Croacia

Las mujeres se enfrentan a algunos obstáculos en Croacia, aunque la situación está mejorando. Bajo el peculiar socialismo de Tito, se las animó a entrar en la vida política y su representación en el Sabor croata (el Parlamento) aumentó hasta un 18%. Desde que el país se independizó, sin embargo, este porcentaje ha disminuido hasta el 8%. Actualmente, el 25% del Parlamento está formado por mujeres, entre las que también se encuentra la primera ministra, Jadranka Kosor.

Cada vez más esposas y madres deben trabajar fuera de casa para llegar a fin de mes, pero aun así siguen realizando casi todas las tareas domésticas. Las mujeres están poco representadas en el ámbito ejecutivo.

En las zonas rurales la situación es peor que en las ciudades y tras la guerra el azote económico fue mayor para ellas que para los hombres. Muchas de las fábricas que cerraron, sobre todo en Eslavonia oriental, contaban con un elevado número de trabajadoras. Los maltratos físicos y el acoso sexual en el entorno laboral son moneda común, y el sistema jurídico aún no contempla la posibilidad de que las mujeres reciban una indemnización.

Aunque las actitudes hacia la homosexualidad están cambiando lentamente, Croacia es un país abrumadoramente católico con opiniones muy conservadoras sobre la sexualidad. En un reciente estudio, solo el 58% de los encuestados afirmaba que consideraba a los gays como "gente normal con una orientación sexual diferente". El resto les considera unos pervertidos. Casi todos los homosexuales están muy metidos en el armario, pues temen hostilidades si se descubre su orientación sexual.

Cocina

Quien al pensar en comida croata se imagine filetes grasientos acompañados de patatas y chucrut está muy equivocado. Si bien cuenta con fuertes raíces de Europa oriental y satisface a los carnívoros paladares balcánicos, la comida croata es una sabrosa mezcla de sabores que refleja la variedad de culturas que han influenciado este país a lo largo de la historia. Hay una clara separación entre las viandas de estilo italiano de la costa y los sabores húngaros, austriacos y turcos de las zonas continentales. Desde la lubina a la plancha con aceite de oliva de Dalmacia hasta un consistente estofado de carne con páprika (pimentón) en Eslavonia, todo paladar puede encontrar algo a su gusto. Cada zona ofrece orgullosa sus propias especialidades, aunque en todas partes la comida suele ser sorprendentemente buena y elaborada con ingredientes frescos de temporada.

Istria y Kvarner han subido rápidamente a lo alto de la cima gastronómica, pero hay otros lugares que no van a la zaga. Ha surgido una nueva generación de chefs que actualizan los platos tradicionales croatas y que se está uniendo al grupo de cocineros célebres de todo el mundo. La producción de vino y aceite de oliva se ha reactivado y actualmente hay multitud de indicadores por las carreteras cantando las alabanzas de estos preciosos néctares.

Cultura gastronómica

Aunque los croatas no son demasiado experimentales en lo relativo a la cocina, sí que son muy apasionados al respecto. Pueden pasarse horas hablando sobre la calidad del cordero o del pescado y sobre las razones por las que la comida croata es mejor que otras del mundo. La cultura gastronómica está creciendo aquí, inspirada sobre todo en el movimiento *slow food* ("comida lenta"), que hace hincapié en los ingredientes frescos de temporada y en el placer de comer pausadamente.

El precio y la calidad de las comidas varían poco en la categoría de precio medio, pero si el viajero quiere darse un lujo puede pasar horas degustando manjares de *slow food* o descubriendo las innovadoras

> La sal que se extrae en las salinas de Pag y Ston se considera la más limpia de toda la región mediterránea.

TENTEMPIÉS RÁPIDOS

La *pizza* suele ser una buena opción en Croacia si se desea un tentempié rápido y económico. Abarcan desde las finas y crujientes hasta las de masa gruesa. Los ingredientes suelen ser frescos. Para comida rápida local, se pueden probar las *ćevapčići* (pequeñas albóndigas especiadas de carne de ternera picada, cordero o cerdo), la *pljeskavica* (versión yugoslava de una hamburguesa), los *ražnjići* (pequeños pedazos de carne de cerdo asados a la parrilla en una brocheta) o los *burek* (masa rellena de carne picada, espinacas o queso). Todos se pueden adquirir en diversos quioscos de comida rápida.

creaciones de prometedores chefs jóvenes. Hay un límite en lo que los lugareños se pueden permitir pagar, por lo que casi todos los restaurantes siguen agrupados en la categoría de precio medio; pocos son muy baratos y solo unos pocos cobran precios desorbitados. Independientemente del presupuesto, resulta difícil encontrar una mala comida en Croacia. Otra ventaja es que suele disfrutarse al aire libre en un clima agradable.

Productos típicos y especialidades regionales

Zagreb y noroeste de Croacia

> El secreto tras el sabor característico del *paški sir* (queso de Pag) es la dieta de hierbas silvestres que siguen las ovejas.

En Zagreb y en el noroeste de Crocia prefieren los abundantes platos de carne, similares a los que se pueden encontrar en Viena. Jugosa *pečenje* (carne asada) de *janjetina* (cordero), *svinjetina* (cerdo) o *patka* (pato), a menudo acompañada de *mlinci* (fideos al horno) o *pečeni krumpir* (patatas asadas). La carne hecha despacio bajo una *peka* (tapa de asar abovedada) es especialmente deliciosa, pero en muchos restaurantes hay que pedirla con antelación. El *purica* (pavo) con *mlinci* es prácticamente una institución en las cartas de Zagreb y Zagorje, junto con el *zagrebački odrezak* (filete de ternera relleno de jamón y queso, empanado y frito), otra especialidad llena de calorías. También destaca el *sir i vrhnje* (requesón y nata frescos) que se puede comprar en los mercados locales. Para los golosos, los *palačinke* (panqueques finos) con diversos rellenos e ingredientes son un postre muy común.

Eslavonia

Más especiada que la de otras regiones, la cocina de Eslavonia utiliza generosas cantidades de páprika y ajo. Aquí es más clara la influencia húngara, ya que muchos platos típicos como el *čobanac* (estofado de

---

'SLOW FOOD'

Tarde o temprano tenía que aparecer un enemigo de la comida rápida, con su enfoque plástico e industrializado de la experiencia culinaria. La *slow food* ("comida lenta") fue la que hizo frente a la tendencia por la comida rápida que estaba tomando el mundo. Este movimiento, que nació en Italia en la década de 1980, se ha extendido a más de ciento veinte países; su objetivo es conservar la cultura de las diferentes cocinas, haciendo hincapié en los vegetales, las semillas y los animales autóctonos, criados de un modo tradicional.

Aunque existen innumerables interpretaciones de la *slow food,* Croacia posee su propia versión que se centra en fomentar los ingredientes locales, frescos y de temporada. Presta mucha atención al ritual, así como a la presentación de los platos. Estos se sirven en porciones pequeñas y se sacan en un orden determinado. Entre platos hay pausas bastante largas. Todos los platos se riegan con vinos adecuados. Se trata de disfrutar de la comida y de entender de dónde procede lo que se come.

Cuando Nenad Kukurin, propietario del restaurante Kukuriku (p. 141) de Rijeka, introdujo el concepto hace más de una década, le tildaron de "terrorista gastronómico". Hoy en día, Kukuriku es un destino en sí mismo y razón suficiente para visitar el golfo de Kvarner. El pan y la pasta son caseros, las hierbas aromáticas se recogen del jardín del restaurante y los ingredientes son frescos. El dueño acude al mercado de Rijeka todos los días, llama al chef por teléfono y juntos crean el menú del día al momento según lo que se ofrezca en los puestos. Tanto si se trata de espárragos silvestres de Učka, trufas del bosque de Motovun o cordero de un pueblo cercano, el cliente tiene garantizados ingredientes puros sin mucha elaboración. Como dice Nenad Kukurin: "El objetivo de una buena comida es que cuando te vas te sientas ligero y feliz".

CURSOS DE COCINA

Los cursos de cocina en Croacia se están volviendo cada vez más populares, pero principalmente entre la gente acomodada, pues no salen muy baratos. **Culinary Croatia** (www.culinary-croatia.com) es una excelente fuente de información que ofrece una gran selección de clases de cocina, así como circuitos culinarios y vinícolas, sobre todo en Dalmacia. **Delicija 1001** (www.1001delicija.com), con sede en Zagreb, organiza varios cursos de cocina y acontecimientos para *gourmets*. Las opciones y los precios varían considerablemente, dependiendo del lugar en Croacia donde se quiera disfrutar de la aventura culinaria.

carne), son de hecho versiones del *gulaš (gulash)*. El cercano río Drava proporciona pescado fresco, como carpa, lucio y perca, que se cuecen estofados en una salsa con páprika y se sirven con fideos en un plato conocido como *fiš paprikaš*. Otra especialidad es la *šaran u rašljama* (carpa ensartada en una rama), asada en su propio jugo sobre el fuego. Las salchichas de la región son especialmente célebres, sobre todo la *kulen*, sazonada con páprika, curada durante nueve meses y que se suele servir con requesón, pimientos, tomates y, a menudo, *turšija* (encurtidos).

Kvarner y Dalmacia

La cocina de la costa es típicamente mediterránea. Utiliza mucho aceite de oliva, ajo, pescado y crustáceos frescos, y hierbas aromáticas. Por la costa se pueden encontrar *lignje* (calamares) ligeramente empanados y fritos como plato principal; el calamar del Adriático suele ser más caro que el de otros lugares más lejanos. Las comidas a menudo empiezan con un primer plato de pasta como espaguetis o *rižoto (risotto)* con marisco. Un entrante especial es el *paški sir* (queso de Pag), un queso duro y fuerte de la isla de Pag. El *brodet* dálmata (pescado variado estofado servido con polenta, también conocido como *brodetto*) es otra delicia regional, pero a menudo solo se puede pedir para dos personas. La *pašticada* dálmata (estofado de buey con vino y especias servido con ñoquis) aparece tanto en cartas de la costa como del interior. El cordero de Cres y de Pag, de carne deliciosa, es considerado el mejor de Croacia, ya que se alimenta de hierba fresca.

Istria

La cocina de Istria ha atraído a *gourmets* de todo el mundo en los últimos años debido a su larga tradición gastronómica, sus ingredientes frescos y sus especialidades únicas. Entre los platos típicos destaca la *maneštra*, una espesa sopa de verduras y alubias; los *fuži*, pasta hecha a mano a menudo servida con *tartufi* (trufas) o *divljač* (carne de caza), y la *fritaja* (tortilla, a menudo servida con verduras de temporada, como espárragos verdes). El *pršut* (jamón) de Istria, o también de Dalmacia, curado y cortado en finas lonchas, suele aparecer en la carta de aperitivos; es caro debido al tiempo que se tarda en ahumar la carne y al trabajo que ello requiere. El aceite de oliva de Istria es muy apreciado y ha ganado bastantes premios. La junta de turismo ha trazado una ruta del aceite en la cual se puede visitar a varios productores locales y catar los aceites en su lugar de producción. Los mejores ingredientes de temporada incluyen la trufa blanca (véase recuadro en p. 129), que se encuentran en otoño, y los espárragos silvestres, que se recogen en primavera.

Recientes investigaciones han demostrado que las preciadas ostras de la zona de Ston, en la península de Pelješac, llevan cultivándose desde la época romana.

Bebidas

Croacia es famosa por su *rakija* (licor), que puede tener diferentes sabores. Los más habituales se denominan *loza* (licor de uva), *šljivovica*

EL 'BOOM' DEL ACEITE DE OLIVA EN ISTRIA

Hay un olivo en Veli Briján, en las islas Brijuni, que tiene 1600 años. Antiguos manuscritos griegos y romanos ya alababan la calidad del aceite de oliva de Istria. Actualmente hay un renacimiento de esta antigua actividad agrícola, con 94 cultivadores registrados en la península de Istria y una red de rutas marcadas del aceite de oliva. En Istria el olivo se cultiva con especial atención y cada árbol se cuida con cariño. Varios cultivadores han obtenido prestigiosos premios internacionales y elevadas puntuaciones por sus néctares afrutados, lo cual no es poco en el competitivo mundo del aceite de oliva.

Duilio Belić es relativamente nuevo en el mercado. Hijo de un minero, creció en Raša y se convirtió en un hombre de negocios de éxito en Zagreb antes de que surgiese la nueva tendencia gastronómica croata: las catas de aceite de oliva. Con su esposa Bosiljka, especialista en agricultura, hace siete años compró un viejo olivar cerca de Fažana y empezó lo que se ha convertido en todo un éxito entre los *gourmets*. En la actualidad tiene cinco olivares en tres localidades diferentes de Istria, con un total de 5500 olivos. Bajo la marca Oleum Viride, producen 10 aceites de oliva extra virgen de una sola variedad, cuatro de los cuales se elaboran con variedades locales (Buža, Istarska Bjelica, Rosulja y Vodnjanska Crnica). Su aceite más famoso es el Selekcija Belić, una mezcla de seis variedades con sabor a vainilla y achicoria.

Tomando un café en Fažana, Duilio me recuerda un hecho que la mayoría de la gente tiende a olvidar: la aceituna es un fruto, y el aceite de oliva es el zumo de ese fruto. Igual que con el vino, algunos aceites se pueden combinar con determinados platos para realzar sus sabores. Por ejemplo, el Selekcija Belić, combina muy bien con cordero y ternera hecho bajo la *peka* (tapa abovedada), o con una tortilla de espárragos silvestres. El muy valorado aceite Buža combina maravillosamente con pescado crudo y carne, además de con setas y verduras a la plancha. El Istarska Bjelica, de color verde dorado, con aroma a

---

(licor de ciruela) y *travarica* (licor de hierbas). La grapa de Istria es especialmente buena, y se elabora en varios sabores, desde *medica* (miel) hasta *biska* (muérdago) y diversas bayas. La isla de Vis es famosa por su delicioso *rogačica* (licor de algarrobo). Es costumbre tomar una copita de licor antes de comer. Otras bebidas populares son el *vinjak* (coñac), el marrasquino (licor de cerezas elaborado en Zadar), el *prosecco* (vino dulce para postres) y el *pelinkovac* (licor de hierbas).

Las dos clases de *pivo* (cerveza) croata más populares son la Ožujsko, de Zagreb, y la Karlovačko, de Karlovac. La cerveza Velebitsko tiene seguidores leales entre los entendidos, pero solo se distribuye en unos pocos bares y tiendas, la mayoría en la Croacia continental. Vale la pena practicar el brindis croata: *živjeli!*

El *kava* (café fuerte estilo exprés) se sirve en tazas diminutas y es muy popular en toda Croacia. Se puede tomar diluido en leche *(macchiato)* o pedir un capuchino. Aunque algunos locales ofrecen cafés descafeinados, se considera una especie de sacrilegio, pues los croatas adoran el café. Los tés de hierbas son fáciles de conseguir, pero el té corriente *(čaj)* suele ser demasiado flojo. El agua de grifo es potable.

Vinos

El vino es una parte importante de las comidas, pero los aficionados se desesperarán cuando vean que los croatas lo diluyen con agua. Lo denominan *bevanda* (vino tinto con agua) en Dalmacia, y *gemišt* (vino blanco con agua mineral) en la Croacia continental, sobre todo en Zagorje.

Aunque el vino croata no sea de primera clase, suele ser más que bebible, e incluso en ocasiones resulta fino y elegante, por lo que no haría falta aguarlo. Prácticamente cada región produce su propio vino, si bien los más celebrados son los de Istria, elaborados principalmente con las variedades de uva blanca *malvazija,* negra *teran* y la dulce *muškat.*

> Todos los años, el 1 de abril, en la población de Ludbreg, en el norte de Croacia, brota vino en lugar de agua de la fuente de la ciudad.

hierba cortada y un toque de achicoria, va bien con helado de chocolate o con un pastel de chocolate amargo y nueces.

Todo me suena demasiado abstracto hasta que nos trasladamos al Vodnjanka (p. 106), un restaurante en Vodnjan donde Duilio saca una caja con una selección de sus aceites y pide unos entremeses variados. Allí aprendo a catar aceite de oliva. Se vierte una pequeña muestra en una copa de vino que se calienta con las manos para que el aceite alcance la temperatura del cuerpo. A continuación se tapa la copa con la mano para liberar el aroma natural del aceite. Después se toma un pequeño sorbo y se deja en la parte anterior de la boca, se mezcla suavemente y se traga de golpe.

Catas como estas se han puesto de moda entre los croatas aficionados a la gastronomía. Duilio organiza reuniones para amigos y conocidos y espera, en el futuro, poder ofrecerlas en su olivar. Hasta entonces, sus aceites se pueden degustar en los mejores restaurantes de Croacia: el Bevanda (p. 145) en Opatija, el Valsabbion (p. 106) y el Milan (p. 106) en Pula, el Kukuriku (p. 141) en Rijeka, el Foša (p. 180) en Zadar y el Damir i Ornella (p. 123) en Novigrad.

Planteo mis últimas preguntas a Dulio mientras catamos el Vodnjanska Crnica en una *maneštra* (sopa espesa de verduras y alubias). Me pregunto qué es lo que hace que Istria sea tan buen lugar para el cultivo de la aceituna. Duilio responde: "Es la ubicación. Además cosechamos las aceitunas temprano, al contrario que en Dalmacia, para conservar los antioxidantes y los nutrientes naturales. Los aceites quizá resultan algo más amargos, pero también son más sanos".

Al despedirnos, fascinada por la pasión de este hombre por el aceite de oliva, le pregunto qué le hizo adentrarse en este mundo totalmente nuevo. "Muy sencillo", responde, "adoro la comida, adoro las cosas buenas de la vida, y el aceite de oliva es una de ellas".

La oficina de turismo ha trazado rutas vinícolas por toda la península, de modo que se puede visitar a los viticultores en sus bodegas. Entre las principales bodegas se encuentran Coronica, Kozlović, Matošević, Markežić, Degrassi y Sinković.

La región de Kvarner es conocida por su *žlahtina* de Vrbnik, en la isla de Krk; Katunar es su productor más conocido. Dalmacia tiene una larga tradición vinícola; conviene probar el *pošip, rukatac* y *grk* en Korčula, el *dingač* y *postup* en la península de Pelješac, el *mali plavac* en Hvar (la bodega Plenković es la mejor) y el *brač* y *vugava* en Vis. Eslavonia produce excelentes vinos blancos, como el *graševina,* el *riesling* del Rin y el *traminac* (véase p. 93).

Fiestas al estilo croata

A los croatas les encanta comer y son capaces de inventar cualquier excusa para montar un banquete, por lo que las fiestas y las celebraciones especiales como las bodas y las comuniones constituyen magníficas oportunidades para los amantes de la buena comida.

Igual que en otros países católicos, la mayoría de los croatas no comen carne en *Badnjak* (Nochebuena), sino pescado. En Dalmacia, el plato tradicional de Nochebuena es el *bakalar* (bacalao salado seco). La comida de Navidad puede consistir en cochinillo asado, pavo con *mlinci* u otra carne. También en Navidad son populares los *sarma* (rollitos de col rellenos de carne picada). El recién hecho pan de Nochebuena, llamado *badnji kruh,* ocupa el centro de la mesa; contiene nuez moscada, pasas y almendras, y tiene forma de trenza. Suele decorarse con trigo y velas y se deja en la mesa hasta el Día de Reyes (6 de enero) en que se corta y se come. El *orahnjača* (pastel de nueces), los *fritule* (buñuelos) y el *makovnjača* (pastel de semillas de amapola) son postres populares en las celebraciones.

El *maraschino* (licor de cerezas amargas) de Zadar fue creado a principios del s. XVI por farmacéuticos que trabajaban en el monasterio dominico de Zadar.

VEGETARIANOS Y 'VEGANOS'

Una frase útil es *Ja ne jedem meso* ("Yo no como carne"), pero aun así pueden servir al viajero una sopa con pedazos de panceta flotando, aunque las cosas están cambiando y los vegetarianos empiezan a ser tenidos en cuenta en Croacia, principalmente en las grandes ciudades. Zagreb, Rijeka, Split y Dubrovnik cuentan con restaurantes vegetarianos; incluso los establecimientos normales de las grandes ciudades están empezando a ofrecer opciones vegetarianas en sus cartas. Los vegetarianos pueden pasarlo peor en el norte (Zagorje) y el este (Eslavonia), pues la comida tradicional allí se centra principalmente en la carne. Entre las especialidades que no tienen carne están la *maneštra od bobića* (sopa de judías y maíz) y la *juha od krumpira na zagorski način* (sopa de patatas de Zagorje). Entre otras opciones destacan los *štrukli* (una especie de buñuelos de queso al horno) y la *blitva* (acelga hervida, que se suele servir con patatas, aceite de oliva y ajo). En la costa se pueden degustar numerosos platos de pasta y *risottos* con varios tipos de verduras y delicioso queso. Quienes incluyen el pescado y el marisco en su dieta comerán a cuerpo de rey en casi todas partes.

El plato más típico de Pascua es el jamón con huevos hervidos servido con verduras frescas. El *pinca,* un tipo de pan duro, es otra tradición pascual, especialmente en Dalmacia.

Dónde comer y beber

Existen 17 000 productores vinícolas en Croacia con 2500 vinos de origen controlado y 200 variedades de vid.

Los *restauracija* o *restoran* (restaurante) se hallan en lo más alto del escalafón culinario. Suelen ofrecer una experiencia gastronómica más formal y una lista de vinos más elaborada que otros locales. Las *gostionica* o *konoba* suelen ser tabernas tradicionales gestionadas por una familia; es posible que las verduras que ofrecen provengan del huerto familiar. Un *pivnica* es parecido a un *pub,* con una amplia oferta de cerveza; en ocasiones sirven bocadillos o algún plato caliente. Una *kavana* es una cafetería donde se pueden pasar horas con un café en la mano y, con algo de suerte, tomar un pedazo de pastel o un helado. En los *slastičarna* se pueden tomar helados, tartas, *strudel* y a veces café, pero normalmente se deben comer de pie o se piden para llevar. Aunque la calidad varía, las *samoposluživanje* (cafeterías) autoservicio suelen estar bien para una comida rápida. Solo hay que señalar lo que se desea.

Si el viajero se aloja en hostales o en casas particulares, quizá sea difícil disfrutar de un desayuno elaborado; lo más fácil es conseguir café en una cafetería y comprar pasteles en una panadería. También se puede comprar pan, queso y leche en el supermercado y hacer un *picnic*. Quien se aloje en un hotel podrá desayunar en su bufé, que incluye cereales, pan, yogur, una selección de embutidos, zumos en polvo y queso. En los hoteles de más categoría ofrecen bufés más completos, con huevos, salchichas y bollería casera.

Se puede comprar fruta y verdura en el mercado y algunos quesos y embutidos en una tienda de comestibles y realizar una comida saludable al aire libre. Si se pide con amabilidad, el dependiente del supermercado o de la tienda puede confeccionar un bocadillo de *sir* (queso) o de *pršut* (jamón curado) cobrando solo el precio de los ingredientes.

Costumbres

En la antigua Yugoslavia, el *doručak* (desayuno) del pueblo era el *burek*. Los croatas actuales han optado por empezar el día con algo más ligero, generalmente un café y un bollo con yogur y fruta fresca.

Los restaurantes abren para el *ručak* (almuerzo) hacia el mediodía y no suelen cerrar hasta medianoche, lo cual resulta muy práctico si se llega a una hora algo intempestiva o si se ha decidido pasar más rato en la playa. Los croatas tienden a realizar o bien una *marenda* o *gablec* (almuerzo barato) temprano o un gran almuerzo algo tarde. La *večera* (cena) suele ser mucho más ligera, pero la mayoría de los restaurantes ha adaptado sus horarios a las necesidades de los turistas, que tienden a llenar los locales de noche. Pocos croatas pueden permitirse comer fuera regularmente, cuando lo hacen lo más probable es que sea una salida familiar un sábado por la noche o un domingo al mediodía.

Los croatas se sienten orgullosos de su cocina y la prefieren a cualquier otra (excepto a la italiana). Fuera de las principales ciudades pocos restaurantes sirven cocina internacional, que suele ser china o mexicana, y hay escasas variaciones más allá de los platos croatas básicos.

Arquitectura

Dominko Blažević
Escritor croata especializado en arquitectura

Gracias a su doble posición geográfica, a horcajadas del continente europeo y la costa mediterránea, el territorio de la actual Croacia ha estado habitado permanentemente y ha sido codiciado por diversos conquistadores desde época prehistórica. Sus monumentos arquitectónicos son numerosos y variados, aunque de los ejemplos anteriores a los romanos solo se han conservado fragmentos. No hay que perderse las ciudades de Dubrovnik, Korčula, Rovinj, Trogir, Zadar y Šibenik, así como las poblaciones de las colinas de Istria, todas ellas famosas por su belleza arquitectónica.

> La catedral de Split (ss. III y IV) es la más antigua y pequeña del mundo: está ubicada en el que fuera mausoleo de Diocleciano.

Época romana

El ejemplo más asombroso de arquitectura romana es el Palacio de Diocleciano en Split, erigido por el emperador a finales del s. III. Incluido en la lista de monumentos culturales de la Unesco, se trata del palacio imperial romano mejor conservado del mundo; lleva habitado desde la muerte del emperador en el año 316 hasta la actualidad. El acueducto que traía agua al palacio, ubicado a las afueras de la ciudad, aún sigue funcionando.

Cerca se encuentra Salona (actual Solin), una ciudad romana que era el centro administrativo y comercial de la provincia, pero también la villa natal del emperador (por eso erigió aquí su palacio). Entre sus ruinas se encuentran los restos de un anfiteatro.

También merece la pena visitar otros dos ejemplos arquitectónicos anteriores a la llegada de los eslavos, ambos en Istria: el gran anfiteatro romano de Pula (el coliseo croata), del s. I, y la paleocristiana Basílica Eufrasiana de Poreč, del s. VI, que tiene estratos de edificios más antiguos en sus muros y un precioso mosaico en el ábside.

Iglesias prerrománicas

Las llegada de los eslavos significó el inicio del llamado Período Antiguo Croata, una suerte de prerrománico. Los mejores ejemplos de esta

---

'PLETER' CROATA

El primer diseño distintivo y único de Croacia es el *pleter* (una suerte de ornamentación trenzada), que surgió por primera vez alrededor del año 800 en la pila bautismal del duque Višeslav de Nin, en la iglesia de la Santa Cruz, en Nin. El *pleter* aparece con frecuencia en las entradas de las iglesias y en los muebles de principios del período medieval (Período Antiguo Croata). Aproximadamente a finales del s. X, los diseños trenzados empezaron a añadir hojas y zarcillos. El diseño está tan vinculado a la cultura del país que el antiguo presidente Franjo Tuđman lo utilizó en los carteles de su primera campaña electoral para señalar el regreso a la cultura croata tradicional.

arquitectura se encuentran en la costa dálmata. Destaca la impresionante iglesia de San Donato, del s. IX, construida en Zadar sobre ruinas romanas. Tiene una estructura circular en el centro, única en los albores de la Edad Media, y tres ábsides semicirculares. Entre otras joyas de esta época se encuentran varias iglesias pequeñas de la zona: la iglesia de la Santa Cruz del s. XI, construida en Nin en forma de cruz con dos ábsides y una cúpula sobre el punto central, y la preciosa iglesia de San Nicolás (Sv Nikola), en las afueras de Nin. También hay restos de templos prerrománicos circulares en Split (iglesia de la Santa Trinidad) y Trogir. Unas iglesias más pequeñas en Šipan y Lopud, cerca de Dubrovnik, se erigieron con un trazado en forma de cruz, lo cual indica la creciente influencia de la cultura bizantina en la época.

Croacia gótica

La tradición románica de la Edad Media continuó en la costa hasta mucho después de que el estilo gótico se hubiera impuesto en el resto de Europa. Los primeros ejemplos góticos, del s. XIII, suelen aparecer todavía entreverados con elementos románicos. La obra más deslumbrante de este período es quizá el portal de la catedral de San Lorenzo (Lovro) en Trogir, tallado por el maestro artesano Radovan en 1240. La representación de figuras humanas que realizan sus tareas cotidianas constituyó una ruptura definitiva con los relieves tradicionales bizantinos de santos y apóstoles. Otra obra maestra del gótico es el inusual portal de la catedral de Split, compuesto por 28 relieves cuadrados de Andrija Buvina. Zadar tiene la catedral de Santa Anastasia, erigida en los ss. XII y XIII sobre los cimientos de una antigua basílica paleocristiana, y la iglesia de San Crisógono de 1175.

La catedral de la Asunción de la Santísima Virgen María (antigua catedral de San Esteban) en Zagreb fue la primera incursión del gótico en el norte de Croacia. Aunque se reconstruyó varias veces, la sacristía aún conserva restos de murales del s. XIII.

La arquitectura de finales del período gótico estuvo dominada por el arquitecto y escultor Juraj Dalmatinac, que nació en Zadar en el s. XV. Su obra más impresionante fue la catedral de San Jacobo de Šibenik, que marca una transición del gótico al Renacimiento. Dalmatinac construyó la iglesia totalmente de piedra y adornó los ábsides con una espiral de figuras realistas talladas que representaban a personajes locales. Otra joya de este período es la catedral de San Marcos, del s. XV, ubicada en Korčula.

Renacimiento

El Renacimiento floreció en Croacia, en especial en la independiente Ragusa (Dubrovnik). En la segunda mitad del s. XV, las influencias renacentistas ya aparecían en los edificios de finales del gótico. El palacio Sponza, antigua aduana, es un excelente ejemplo de este estilo mixto. A mediados del s. XVI, los rasgos renacentistas

ARQUITECTURA

390 a.C.-c. 400 d.C.
Llegan a la costa del Adriático oriental los griegos y luego, los romanos, que dejan extraordinarios edificios, poblaciones e infraestructuras.

Principios del s. IV
Se acaba el Palacio de Diocleciano, que sigue formando el núcleo de la actual Split.

S. IX
Se construye la iglesia de San Donato en la actual Zadar, en estilo bizantino primitivo.

SS. XI-XV
La monumental arquitectura románica seguida del elegante estilo gótico marcan el desarrollo urbano, las innovaciones estructurales y los detalles cada vez más elaborados.

1431-1535
Juraj Dalmatinac erige la catedral de San Jacobo en Šibenik en estilo góticorenacentista.

SS. XVII Y XVIII
La edad de oro del barroco en Varaždin, así como el principal período de reconstrucción de Dubrovnik, destruido por un terremoto.

S. XIX
El clasicismo y el historicismo dejan algunos de los edificios públicos más destacados de la Croacia moderna.

Décadas de 1930-1970
Durante el período modernista, la arquitectura croata sigue los cánones internacionales. La época socialista ofrece ejemplos muy sofisticados de arquitectura civil y residencial.

empezaron a suplantar al estilo gótico en los palacios y residencias veraniegas que la acaudalada nobleza construía en Ragusa y alrededores. Por desgracia, gran parte de ellos fueron destruidos en el terremoto de 1667 y hoy en día Dubrovnik es más famoso por su monasterio franciscano, medio gótico medio románico; su columna de Orlando, del s. XV; la fuente de Onofrio; la iglesia barroca de San Blas; la jesuita de San Ignacio y la catedral de la Asunción de la Virgen.

Barroco

El norte de Croacia es famoso por su estilo barroco, introducido por los jesuitas en el s. XVII. La ciudad de Varaždin fue la capital regional en los ss. XVII y XVIII; debido a su ubicación, gozó de un intercambio constante de artistas, artesanos y arquitectos con el norte de Europa. La combinación de riqueza y un entorno fértil para la creatividad provocó que Varaždin se convirtiera en la principal ciudad barroca de Croacia. Este estilo se puede admirar en las casas e iglesias elaboradamente restauradas y en especial en su impresionante castillo.

En Zagreb, se encuentran buenos ejemplos barrocos en la parte alta de la ciudad. Destacan la iglesia jesuita de Santa Catalina y las mansiones restauradas que albergan el Museo de Historia Croata y el Museo Croata de Arte Naif. Ricas familias construyeron mansiones barrocas alrededor de Zagreb, como las de Brezovica, Miljana, Lobor y Bistra.

Arquitectura contemporánea

Con sus dos escuelas de arquitectura (una en Zagreb y otra, más moderna, en Split), Croacia ostenta un vibrante ambiente arquitectónico reconocido internacionalmente y premiado en numerosas ocasiones. Tras la guerra de la década de 1990, tanto el Estado como los inversores privados organizaron cantidad de concursos. De repente, jóvenes arquitectos se vieron ante la oportunidad de mostrar su talento y aportar un nuevo espíritu.

Algunos de los ejemplos más importantes de esta época son el *Órgano del Mar* en Zadar, obra de Nikola Bašić, y el nuevo Museo de Arte Contemporáneo de Zagreb, de Igor Franić.

> La catedral de San Jacobo en Šibenik (1431-1535) es el único edificio renacentista en Europa que se construyó utilizando la técnica de montar elementos de piedra prefabricados.

Medio ambiente

El país

Croacia tiene forma de bumerán: se extiende desde las llanuras panonias de Eslavonia, entre los ríos Sava, Drava y Danubio, por la montañosa Croacia central, hasta la península de Istria, y luego, al sur por Dalmacia a lo largo de la escarpada costa adriática. Debido a su inusual geografía, resulta difícil rodear el país. Si se va a recorrer Croacia desde Zagreb, se puede volar desde Dubrovnik de vuelta a la capital para tomar un vuelo, recorrer el mismo camino de vuelta por tierra pasando por Split o subir por Bosnia y Herzegovina para entrar a Croacia por el este.

La estrecha franja costera croata al pie de los Alpes Dinaricos tan solo mide unos 600 km de largo en línea recta, pero es tan recortada que su longitud real es de 1778 km. Si se añaden los 4012 km del litoral de las islas, la longitud total de la costa asciende a 5790 km. Casi todas las playas de esta accidentada costa están formadas por rocas salpicadas de nudistas. No hay que esperar playas de arena, pero el agua está impoluta, incluso alrededor de las grandes poblaciones.

Las islas de Croacia son tan bonitas como las griegas. Hay 1244 islas e islotes a lo largo de la costa tectónicamente sumergida del Adriático; 50 de ellas están habitadas. Las más grandes son Cres, Krk, Mali Lošinj, Pag y Rab, en el norte; Dugi Otok, en el centro; y Brač, Hvar, Korčula, Mljet y Vis, en el sur. Casi todas son áridas y alargadas y se extienden de noroeste a sureste, con altas montañas que se internan directamente en el mar.

> La moneda croata, la kuna, se llama así por las pieles de garduña que constituían el principal medio de pago en época veneciana.

Fauna y flora

Fauna

Los ciervos abundan en los densos bosques del Parque Nacional de Risnjak, al igual que los osos pardos, los gatos monteses y los *ris* (linces), en honor a los cuales se bautizó al parque. Rara vez se puede ver algún lobo o jabalí. Sin embargo, el Parque Nacional de los Lagos de Plitvice es una

---

OBSERVACIÓN DE AVES

En Cres hay una colonia permanente de buitres leonados, con una envergadura de ala a ala de 2,6 m. En el Parque Nacional de Paklenica abundan los halcones peregrinos, azores, gavilanes, águilas ratoneras y búhos. El Parque Nacional de Krka está situado en una importante ruta migratoria y constituye un hábitat invernal para aves acuáticas como garzas, patos silvestres, gansos y grullas, así como para las excepcionales águilas reales y culebreras. El Parque Natural de Kopački Rit, ubicado cerca de Osijek en Croacia oriental, es un refugio de aves sumamente importante.

> **REFUGIO PARA OSEZNOS**
>
> En el pueblo de Kuterevo, al norte de los montes Velebit, se encuentra el **refugio de Kuterevo** (www.kuterevo-medvjedi.hr, en croata) para oseznos. Fundado en el 2002, protege a oseznos huérfanos en peligro de extinción debido al tráfico y la caza furtiva. La Asociación de Velebit Kuterevo (VUK) se encarga de los animales y trabaja con los habitantes de Kuterevo. Ha construido un centro para crías de entre dos y seis meses, así como una sección para oseznos mayores a las afueras del pueblo.
>
> Todos los veranos acuden aquí voluntarios a trabajar entre 2 y 3 semanas (unas 6 h diarias). Las condiciones de vida son muy básicas (retrete de compost, duchas solares, cocina al aire libre), pero el alojamiento solo cuesta 40 HRK al día (80 HRK con baño privado), incluida la comida.
>
> Desde primavera a finales de otoño se puede visitar a los oseznos en el refugio, que ahora atrae a unos diez mil visitantes al año. La página web está en croata, pero contestan los correos electrónicos en inglés.

importante reserva de lobos. Una nutria marina poco común también está protegida en dicho parque, así como en el de Krka.

Dos serpientes venenosas son endémicas de Paklenica: la víbora cornuda y la víbora común europea. En los parques nacionales de Paklenica y Krka se pueden encontrar especies no venenosas como la serpiente leopardo, la culebra de Esculapio y la culebra de collar.

Flora

La mayor variedad de flora del país se encuentra en los montes Velebit, que forma parte de los Alpes Dinàricos y constituye el telón de fondo de la costa central de Dalmacia. Los botánicos han registrado unas 2700 especies de flora y 78 plantas endémicas aquí, incluido el *edelweiss*, cada vez más amenazado. El Parque Nacional de Risnjak es otro buen lugar para encontrar *edelweiss*, así como orquídeas de vainilla, lirios y rosas de los Alpes. El clima seco mediterráneo de la costa es perfecto para el maquis, una maleza baja que se da por toda la costa, pero en especial en la isla de Mljet. En la costa también se pueden encontrar adelfas, jazmines y enebros; la lavanda se cultiva en la isla de Hvar. Los olivos y las higueras del Mediterráneo también abundan.

> La temperatura del mar Adriático varía considerablemente: puede pasar de 7°C en diciembre a 23°C en septiembre.

Parques nacionales

Cuando la federación yugoslava se desmoronó, ocho de sus mejores parques nacionales pasaron a formar parte de Croacia. Abarcan el 1,097% del país: una superficie total de 961 km² (742 de tierra y 219 de agua). Aproximadamente el 8% de Croacia está formado por diversas zonas protegidas.

En el continente

El Parque Nacional de Risnjak, al suroeste de Zagreb, es el parque arbolado más virgen, en parte debido a que el clima en sus zonas más altas es bastante inhóspito, con una temperatura media de 12,6°C en julio. Los inviernos son largos y con bastante nieve, pero cuando llega la primavera a finales de mayo o principios de junio todo florece de repente. En el parque no se han construido instalaciones turísticas a propósito, pues la idea es que solo los verdaderos montañeros se aventuren por él. La entrada principal se encuentra en el motel y centro de información de Crni Lug.

Los desfiladeros y precipicios kársticos de espectaculares formaciones hacen del Parque Nacional de Paklenica, ubicado a lo largo de la costa adriática, cerca de Zadar, uno de los lugares más populares entre los aficionados a la escalada; aquí se celebra una competición europea de escalada todos los años, a principios de mayo. Gracias a sus grandes cuevas llenas de estalactitas y estalagmitas también constituye un parque interesante para los espeleólogos. Asimismo, ofrece cantidad de senderos para practicar excursionismo. Las instalaciones turísticas están bien desarrolladas.

Más accidentado, el montañoso Parque Nacional de Velebit Septentrional es un impresionante mosaico de bosques, picos, barrancos y cordilleras que bordean el norte de Dalmacia y la región de Šibenik-Knin.

Las cascadas del Parque Nacional de los Lagos de Plitvice se formaron gracias a musgos que retienen el carbonato de calcio a medida que el agua del río atraviesa el karst. El travertino o toba se va acumulando y germinan plantas que crecen unas encima de otras, creando barreras para el río. El parque ha sido designado Patrimonio Mundial de la Unesco y se puede acceder fácilmente desde Zagreb o Zadar. Las cascadas tienen más agua en primavera.

El Parque Nacional de Krka está formado por una serie aún más extensa de lagos y cascadas. Los ríos Zrmanja, Krka, Cetina y Neretva forman cataratas, pero la central eléctrica de Manojlovac, ubicada río arriba, puede interferir un tanto en el caudal, que suele ser bastante menos abundante en julio y agosto. La entrada principal está en Skradinski Buk, donde se halla la cascada más grande, de 800 m.

La página web del Ministerio de Protección Medioambiental (www.mzopu.hr) es perfecta para consultar las últimas noticias sobre el medio ambiente en Croacia.

En las islas

Las islas Kornati están formadas por 140 islas, islotes y arrecifes con poca vegetación diseminados por 300 km². Su litoral recortado y sus extraordinarias formaciones rocosas las convierten en uno de los principales puntos de interés del Adriático. Sin embargo, a menos que el viajero disponga de embarcación propia, tendrá que contratar un circuito organizado que salga de Zadar.

La mitad noroccidental de la isla de Mljet se ha designado parque nacional gracias a sus dos lagos de agua salada sumamente recortados y rodeados por una exuberante vegetación. El maquis (arbusto típicamente mediterráneo) es más denso y alto en Mljet que en cualquier otro punto del Mediterráneo, por lo que constituye un refugio natural para numerosos animales. Las serpientes casi invadieron la isla hasta que se introdujeron mangostas indias en 1909. A este idílico paraje se puede acceder en barco desde Dubrovnik.

CUEVAS Y CASCADAS KÁRSTICAS

El rasgo geológico más destacado de Croacia es la roca dolomítica y caliza sumamente porosa llamada karst. El karst se extiende desde Istria a Montenegro y abarca grandes partes del interior. Se forma por la absorción del agua por parte de la caliza de la superficie, que se corroe y permite que el agua se filtre hasta la capa más dura de debajo. Con el tiempo, forma arroyos subterráneos que tallan fisuras y cuevas antes de volver a salir a la superficie, desaparecer en otra cueva y por último desembocar en el mar. Las cuevas y los manantiales constituyen rasgos comunes en los paisajes kársticos interiores, lo cual explica la existencia de la sima de Pazin, los lagos de Plitvice y las cascadas de Krka, así como la cueva de Manita Peć en Paklenica. El paisaje exterior, accidentado y con poca vegetación, es espectacular, pero la deforestación, el viento y la erosión han hecho que la tierra sea poco idónea para la agricultura. Cuando la caliza se desmorona, se forma una especie de depresión llamada *polje*. Estas depresiones se cultivan, aunque este tipo de terreno drena muy mal el agua y puede convertirse fácilmente en lagos estacionarios.

Las islas Brijuni forman parte del parque nacional más desarrollado, pues ya se concibieron como centro turístico a finales del s. xix. Eran el paraíso donde se retiraba Tito y actualmente atraen a los famosos con sus yates. Casi todos los animales y plantas se introdujeron (en el Adriático no suele haber elefantes), pero las islas son una maravilla. Sin embargo, el acceso es limitado y solo se pueden visitar con un circuito organizado.

Cuestiones medioambientales

Como en Croacia no existe la industria pesada, los bosques, costas, ríos y aire suelen ser limpios y no contaminados. Sin embargo, el aumento de las inversiones y el desarrollo traen consigo problemas y amenazas para el medio ambiente.

Debido al *boom* turístico, la demanda de pescado y marisco frescos ha aumentado brutalmente. Como los croatas ya no pueden pescar todo lo que necesitan, la única alternativa consiste en criar el marisco y el pescado. La cría de lubinas, doradas y atún (para la exportación) está aumentando notablemente, lo cual provoca un aumento de la presión medioambiental en la costa. En concreto, las piscifactorías croatas de atún capturan peces jóvenes para engordarlos antes de que tengan la posibilidad de reproducirse y reponer la población de atunes en libertad.

Los bosques costeros y de las islas se enfrentan a problemas especiales. Primero los explotaron los venecianos para conseguir madera para sus embarcaciones y luego, los lugareños desesperados en busca de combustible; estos bosques han sufrido siglos de negligencia, por lo que muchas de las montañas en la costa y las islas están desnudas. Los veranos secos y los fuertes *maestrals* (vientos constantes del oeste) también representan importantes amenazas de incendio a lo largo de la costa. En los últimos 20 años, los incendios han destruido el 7% de los bosques croatas.

Arte

El arte es muy importante para los croatas, desde sus formas más tradicionales (música clásica, teatro, danza y bellas artes), hasta los estilos modernos como el pop, el *rock,* la música electrónica, el teatro vanguardista, la danza experimental, la moda y la tradición oral. La música folclórica y las artesanías también son muy populares.

> La premiada autora Dubravka Ugrešić y otras cuatros mujeres escritoras fueron acusadas de "brujas" por una revista croata, ya que no apoyaron incondicionalmente la guerra croata de independencia.

Literatura

El idioma croata se desarrolló en los siglos posteriores a la gran migración a Eslavonia y Dalmacia. Para convertir a los eslavos al cristianismo, los misioneros griegos Cirilo y Metodio aprendieron el croata y Cirilo sentó las bases de su escritura, conocida como alfabeto glagolítico. El ejemplo más antiguo conocido es una inscripción del s. XI en una abadía benedictina situada en la isla de Krk.

Poetas y autores teatrales

El primer florecimiento literario en Croacia tuvo lugar en Dalmacia, que estaba fuertemente influenciada por el Renacimiento italiano. Las obras del erudito poeta Marko Marulić (1450-1524), originario de Split, siguen venerándose en Croacia. Su poema *Judita* fue la primera obra escrita por un croata en su lengua natal. El poema épico *Osman* de Ivan Gundulić (1589-1638) celebraba la victoria polaca contra los turcos en 1621, que el autor consideraba un presagio de la destrucción del dominio otomano. Las obras de Marin Držić (1508-1567), en especial *Dundo Maroje,* expresan los ideales humanistas del Renacimiento y todavía se representan, sobre todo en Dubrovnik.

La figura más destacada en el período posterior a la guerra de la década de 1990 ha sido la lírica y a veces satírica Vesna Parun. Aunque el Gobierno la acosó a menudo por su poesía "decadente y burguesa", su obra *Collected Poems* ha llegado a una nueva generación que encuentra consuelo en su visión del conflicto bélico.

Novelistas

La principal figura literaria croata es el novelista y dramaturgo Miroslav Krleža (1893-1981). Siempre políticamente activo, Krleža se alejó de Tito en 1967 cuando se sumó a la campaña por la igualdad entre los idiomas serbio y croata. Sus novelas más populares presentan las inquietudes de una Yugoslavia en constante cambio; entre ellas destacan *El retorno de Filip Latinovicz* (1932) y *Banners* (1963-1965), una saga de varios tomos sobre la vida de la clase media croata a finales del s. XX.

> Ivan Gundulić (1589-1638), de Ragusa (Dubrovnik) se suele considerar el mejor poeta croata.

También cabe destacar a Ivo Andrić (1892-1975), que ganó el Premio Nobel de Literatura en 1961 por su trilogía histórica sobre Bosnia: *Un puente sobre el Drina, La crónica de Travnik* y *La señorita*. Nacido como croata católico en Bosnia, el escritor usó el dialecto serbio, vivió en Belgrado y se identificaba como yugoslavo.

Gold, Frankincense and Myrrh de Slobodan Novak se publicó por primera vez en Yugoslavia en 1968 y se ha traducido al inglés. El libro está ambientado en la isla de Rab; allí se está muriendo una anciana llamada Madonna; su cuidador (el narrador) profundiza en la vida, el amor, el Estado, la religión y los recuerdos. Se considera una de las obras fundamentales de la literatura del s. xx.

Escritores contemporáneos

Algunos han quedado muy marcados por las consecuencias de la independencia croata. Alenka Mirković es una periodista que escribió unas impactantes memorias sobre el asedio a Vukovar. Goran Tribuson utiliza la novela de suspense para examinar los cambios ocurridos en la sociedad croata a raíz de la guerra. En *Oblivion,* Pavao Pavličić utiliza el género policiaco para explorar los problemas de la memoria colectiva. La obra de Josip Novakovich, que vive en EE UU, es producto de la nostalgia que siente por su Croacia natal. Su novela más popular, *El día de los inocentes* (2005), es una descripción absurda y descarnada de las recientes guerras que han asolado la región. Slavenka Drakulić es otra figura literaria que merece la pena destacar, con obras que suelen ser política y sociológicamente provocadoras y que siempre resultan inteligentes e ingeniosas. Conviene buscar su excelente novela *Cafe Europa. Life After Communism* (1999).

La escritora expatriada Dubravka Ugrešić ha sido un personaje polémico en Croacia, aunque elogiado en el resto del mundo. Actualmente vive en Holanda en un exilio voluntario y es conocida por sus novelas *The Culture of Lies* (1998) y *El ministerio del dolor* (2006). Ugrešić también publicó *No hay nadie en casa* en el 2007, una colección de historias y ensayos sobre sus viajes por Europa y EE UU y sobre la relación entre Oriente y Occidente.

Miljenko Jergović, nacido en Sarajevo pero residente en Croacia, es un escritor ingenioso y conmovedor; sus obras *El jardinero de Sarajevo* (1994) y *Mamá Leone* (1999) evocan convincentemente el ambiente de la Yugoslavia anterior a la guerra.

Cine

El cine yugoslavo estaba dominado por directores serbios, pero Croacia contó con dos importantes figuras cinematográficas: Krešo Golik (1922-1998), que dirigió populares comedias como *Plavi 9* (Azul 9; 1950) y *Tko pjeva zlo ne misli* (El que canta nunca quiere hacer daño; 1970); y Branko Bauer (1921-2002), director de películas de suspense, dramas bélicos y filmes de aventuras. Croacia sobresalía en películas más experimentales e "intelectuales" (aunque no siempre muy populares); entre los directores más destacados se encuentran Branko Babaja, Zvonimir Berković, Lordan Zafranović y Vatroslav Mimica.

El régimen de Franjo Tuđman trajo consigo una crisis del cine croata; la década de 1990 se considera el punto más bajo de la cinematografía croata desde la Segunda Guerra Mundial.

Algunas figuras destacadas del cine croata más reciente son Vinko Brešan (1964) y Goran Rušinović (1968). *Kako je počeo rat na mom otoku* (Cómo empezó la guerra en mi pequeña isla; 1996) y *Maršal* (El espíritu del mariscal Tito; 1999) de Brešan fueron sumamente populares en Croacia. *Mondo Bobo* (1997), de Rušinović, es un elegante drama policiaco en blanco y negro inspirado en las películas de Jim Jarmusch y Shinya Tsukamoto y fue la primera película independiente producida en Croacia.

Fine mrtve djevojke (Bonitas muchachas muertas; 2002) de Dalibor Matanić fue una popular película de suspense, mientras que *Ka-*

La novela *Night* (2004), de Vedrana Rudan, ilustra a la perfección el lenguaje agresivo y los polémicos temas antipatriarcales que suelen irritar a las figuras consagradas del mundo literario croata.

Una excelente introducción a los escritores croatas contemporáneos es la colección de relatos breves *Croatian Nights* (2005), editada por Tony White, Borivoj Radaković y Matt Thorne. En esta magnífica antología de 19 relatos figuran destacados escritores croatas y británicos.

raula (2006), de Rajko Grlić, rememora la época yugoslava con mucho humor.

Música

Folclórica

Aunque en Croacia se han dado numerosos músicos y compositores clásicos excelentes, su contribución musical más original se encuentra en su rica tradición de música folclórica. Esta música refleja diversas influencias, muchas de las cuales se remontan a la Edad Media, cuando los húngaros y los venecianos se disputaban el control del país. Franz Joseph Haydn (1732-1809) nació cerca de un enclave croata en Austria; sus piezas de música clásica están muy influenciadas por las canciones folclóricas croatas.

El instrumento más usado en la música folclórica croata es la *tamburica,* una mandolina de tres o cinco cuerdas que se puntea o rasguea. Introducida por los turcos en el s. XVII, se popularizó rápidamente en Eslavonia oriental y llegó a identificarse estrechamente con las aspiraciones nacionales croatas. La música de *tamburica* también se siguió tocando en las bodas y fiestas locales durante el período yugoslavo.

La música vocal siguió la tradición del *klapa*. Traducido como "grupo de gente", el *klapa* se desarrolló a partir de los cantos corales de iglesia. Es especialmente popular en Dalmacia, sobre todo en Split, y puede incluir hasta diez voces cantando en armonía sobre amor, tragedias y pérdidas. Tradicionalmente los coros eran solo masculinos; hoy en día cada vez más mujeres están empezando a participar, aunque existen muy pocos coros mixtos. Para más información sobre el *klapa,* véase p. 219.

Otra popular variedad de la música folclórica, muy influenciada por la música de la vecina Hungría, procede de la región de Međimurje, en el noreste de Croacia. El instrumento predominante es la *citura* (cítara). Las melodías son lentas y melancólicas y suelen girar en torno a la temática del amor perdido. Algunos artistas contemporáneos han infundido nueva vida a este género tradicional, incluidas Lidija Bajuk y Dunja Knebl, unas cantantes que han hecho mucho para resucitar esta música y han conseguido multitud de seguidores.

> Para más información sobre la música folclórica croata, incluidos los artistas contemporáneos más famosos, hay que consultar la página www.croatian rootsmusic.com.

Pop, 'rock' y otros estilos

En Croacia hay cantidad de artistas con talento en el ámbito musical del pop y el *rock*. Una de las bandas más destacadas es Hladno Pivo ("Cerveza fría"), que toca una enérgica música *punk* con letras ingeniosas y de fuerte contenido político. También merece la pena el grupo de *rock* independiente Pips, Chips & Videoclips, cuyo famoso sencillo *Dinamo ja volim* ("Amo al Dinamo") hace referencia al intento de Tuđman de rebautizar al equipo de fútbol de Zagreb; desde entonces, sus letras

---

LOS MEJORES CD DE MÚSICA FOLCLÓRICA

» *Croatie: Music of Long Ago* es un buen punto de partida, pues abarca todo el espectro de la música croata.

» *Lijepa naša tamburaša* es una selección de cantos de Eslavonia acompañados de *tamburica* (una mandolina de tres o cinco cuerdas).

» *Omiš 1967-75* constituye una perspectiva general de la música *klapa*, que se desarrolló a partir de los cantos corales de iglesia.

» *Pripovid O Dalmaciji* es una excelente selección de *klapa* en que la influencia de los cantos corales de iglesia queda especialmente clara.

DANZAS FOLCLÓRICAS

Destaca el *drmeš*, una especie de polca acelerada que se baila en pareja en pequeños grupos. El *kolo* es un animado baile eslavo acompañado por violinistas de estilo gitano en que los hombres y las mujeres se van alternando en un círculo. En Dalmacia, la *poskočica* también se baila en pareja creando diferentes figuras.

Como ocurre con la música, los bailes croatas tradicionales se mantienen vivos gracias a las fiestas y festivales locales y nacionales. El mejor es el Festival Internacional de Folclore de Zagreb que se celebra en julio. Si el viajero no coincide con el festival, no debe preocuparse; numerosos grupos musicales y folclóricos recorren casi todas las poblaciones costeras y de las islas en un circuito veraniego. Se puede pedir una programación actualizada en las oficinas locales de turismo.

FUSIÓN

Conviene echar un vistazo a la música de Miroslav Evačić (www.miroslavevacic.com), que combina el *blues* con elementos tradicionales húngaros en una fusión que él mismo califica como *blues czarda*.

---

han sido apolíticas. Vještice ("Las brujas") es una banda de Zagreb que mezcla *jive* sudafricano, música folclórica de Međimurje y *punk-rock*.

La banda Gustafi canta en el dialecto de Istria y mezcla música estadounidense con ritmos folclóricos locales. La estrambótica Let 3 de Rijeka es famosa por sus chifladas canciones y actuaciones en directo en que los miembros del grupo suelen tocar desnudos, solo con un trozo de corcho en el trasero (no es broma). TBF (The Beat Fleet) es la banda *hip hopera* de Split por excelencia; utiliza la jerga local para hablar de temas actuales, problemas familiares, corazones rotos y épocas felices. El cantante de *hip hop* Edo Maajka es bosnio pero vive en Croacia y constituye otra voz ingeniosa.

La fusión de *jazz* y pop con ritmos folclóricos es popular en Croacia desde hace tiempo. Dos de los artistas más destacados de este género son la talentosa Tamara Obrovac, que canta en un dialecto antiguo de Istria que ya no se habla, y Mojmir Novaković, antiguo cantante de la popular banda Legen.

La reina croata del pop es Severina, famosa por su belleza y su ajetreada vida personal, ampliamente comentada en las revistas locales del corazón. Gibonni es otro cantante sumamente popular; su principal influencia es Oliver Dragojević, un legendario cantante de música sentimental. Los tres (Severina, Gibonni y Dragojević) son originarios de Split.

Afion es un grupo de folk progresivo de Zagreb que mezcla canciones tradicionales de Croacia, Macedonia y Bosnia (aunque también explora los ritmos de Kosovo y Armenia) con cadencias *jazzísticas*, influencias de la música étnica y fuertes ritmos vocales en sus actuaciones acústicas.

Si hay algo que unifica a las antiguas repúblicas de Yugoslavia es la música. El bosnio Goran Bregović se asoció al director serbio de cine Emir Kusturica para producir algunas piezas increíbles; su música sigue siendo muy popular en toda la región.

Pintura y escultura

Vincent de Kastav pintó hermosos frescos en iglesias de Istria durante el s. XV. La pequeña iglesia de Santa María, cerca de Beram, alberga obras suyas, entre las que destaca *La danza de la muerte*. Otro importante pintor del s. XV fue Ivan de Kastav, que dejó sus frescos por toda Istria, sobre todo en la parte de Eslovenia.

Muchos artistas nacidos en Dalmacia adoptaron influencias del Renacimiento italiano e influyeron en el mismo. Los escultores Lucijan Vranjanin y Frano Laurana, el miniaturista Julije Klović y el pintor Andrija Medulić abandonaron Dalmacia cuando la región estaba amenazada por los otomanos en el s. XV y se mudaron a Italia. Varios museos de Londres, París y Florencia albergan ejemplos de sus obras, pero pocas se exponen en Croacia.

Vlaho Bukovac (1855-1922) fue el pintor croata más destacado de finales del s. XIX. Tras trabajar en Londres y París, regresó a Zagreb en 1892, donde pintó retratos y cuadros sobre temas históricos con un vívido estilo. Entre los pintores más importantes de principios del s. XX se encuentran Miroslav Kraljević (1885-1913) y Josip Račić (1885-1908), aunque el artista más reconocido en el extranjero fue el escultor Ivan Meštrović (1883-1962), que produjo numerosas obras maestras de temática croata. Antun Augustinčić (1900-1979) fue otro escultor famoso en el extranjero; su *Monumento a la paz* está situado en el exterior del edificio de la ONU en Nueva York. En la población de Klanjec, al norte de Zagreb, se puede visitar un pequeño museo con algunas de sus obras.

Arte naif

Después de la Primera Guerra Mundial, los artistas experimentaron con el expresionismo abstracto, pero este período es más conocido por el arte naif, que se inició en 1931 con la exposición *Zemlja* ("Tierra") en Zagreb, donde se presentaron al público varias obras de Ivan Generalić (1914-1992) y otros pintores campesinos comprometidos con la producción de un arte que la gente común pudiera entender y apreciar fácilmente. A Generalić se le unieron los pintores Franjo Mraz (1910-1981) y Mirko Virius (1889-1943), así como el escultor Petar Smajić (1910-1985), en una campaña para ganar la aceptación y el reconocimiento del público para el arte naif.

Arte abstracto

Este arte surgió en la época de la posguerra. El pintor moderno croata más famoso es Edo Murtić (1921-2005), que se inspiró en los campos de Dalmacia e Istria. En 1959, un grupo de artistas –Marijan Jevšovar (1922-1988), Ivan Kožarić (1921) y Julije Knifer (1921-2004)– creó el colectivo Gorgona, que amplió los límites del arte abstracto. Đuro Pulitika (1922-2006), conocido por sus coloridos paisajes, fue un respetado pintor de Dubrovnik, al igual que Antun Masle (1919-1967) e Ivo Dulčić (1916-1975).

Arte contemporáneo

Tras la Segunda Guerra Mundial, la tendencia hacia un arte vanguardista ha evolucionado hasta llegar a los géneros de la instalación artística, el minimalismo, el conceptualismo y el videoarte. Entre los artistas croatas contemporáneos que merecen la pena se encuentran Lovro Artuković (1959), cuyo estilo pictórico sumamente realista contrasta con sus composiciones surrealistas, y los videoartistas Sanja Iveković (1949) y Dalibor Martinis (1947). Las obras multimedia de Andreja Kulunčić (1968), las instalaciones de Sandra Sterle (1965) y el videoarte de Renata Poljak (1974), que vive en París, están llamando la atención de los medios internacionales. Las actuaciones del artista multimedia de Dubrovnik Slaven Tolj (1964), incluidas sus instalaciones y su videoarte, han recibido numerosos elogios en el extranjero. Lana Šlezić (1973) es una fotógrafa con sede en Toronto cuyos excelentes trabajos suelen producirse en Croacia.

La Galería de Arte Moderno de Zagreb ofrece una excelente perspectiva general de los últimos 200 años del arte croata. También hay varias galerías independientes en Zagreb con exposiciones de artistas locales; véase p. 49.

Guía de supervivencia

DATOS PRÁCTICOS........332

Alojamiento............ 332
Actividades 335
Horario comercial 335
Aduanas............... 335
Descuentos............ 335
Electricidad............ 336
Embajadas y consulados en Zagreb.............. 336
Comunidad homosexual. 336
Salud 336
Seguro de viaje..........337
Acceso a Internet 337
Cuestiones legales.......337
Mapas..................337
Dinero................. 338
Fotografía 338
Fiestas oficiales 339
Seguridad 339
Teléfono............... 339
Hora local 340
Información turística ... 340
Viajeros con discapacidades......... 340
Visados................ 340
Voluntariado 340
Mujeres viajeras........ 340

TRANSPORTE......341

CÓMO LLEGAR Y SALIR ..341
Entrada al país..........341
Avión...................341
Barco 342
Por tierra.............. 342
CÓMO DESPLAZARSE....343
Avión.................. 343
Bicicleta............... 343
Barco 344
Autobús 344
Automóvil y motocicleta. 345
Transporte local 345
Circuitos 346
Tren................... 346

IDIOMA............347

Datos prácticos

Alojamiento

En esta guía, el alojamiento económico incluye *campings*, hostales y algunas casas de huéspedes, y cuesta hasta 450 HRK por habitación doble. El de precio medio cuesta entre 450 y 800 HRK, también por habitación doble, mientras que el de precio alto parte de 800 HRK y puede ascender hasta 4000 HRK por una doble. Las reseñas se detallan en orden de preferencia. Para los hoteles, se detalla el precio inicial en la temporada alta, con desayuno incluido.

Cabe destacar que el alojamiento en casas particulares es mucho más asequible en Croacia y suele ofrecer una excelente relación calidad-precio. Si al viajero no le importa renunciar a las instalaciones hoteleras, constituye una excelente manera de disfrutar de unas vacaciones.

En la costa, el precio del alojamiento se basa en cuatro temporadas que varían dependiendo del lugar.

Los alojamientos se encargan de registrar al viajero en la policía local, tal y como lo exigen las autoridades croatas. Para ello, necesitan quedarse con el pasaporte durante una noche.

» La temporada que abarca los meses de noviembre a marzo es la más asequible. Aunque puede que solo haya uno o dos hoteles abiertos durante esa época, en una zona turística costera se pueden conseguir tarifas estupendas: a menudo no superan las 350 HRK por una habitación doble en un buen hotel de tres estrellas y 250 HRK en uno de menor categoría.

» En general, abril, mayo y octubre son los siguientes meses más económicos. Junio y septiembre constituyen la temporada media. En julio y agosto se pagan los precios más elevados. La temporada más alta abarca desde finales de julio a mediados o finales de agosto. En estos meses conviene hacer los preparativos con antelación.

» Cabe destacar que muchos establecimientos cobran un suplemento del 30% por estancias de menos de tres noches e incluyen el "impuesto de residencia", que asciende a unas 7 HRK por persona y día. Los precios en esta guía no incluyen dicho impuesto.

» El alojamiento suele ser más barato en Dalmacia (excepto en Dubrovnik y Hvar) que en Kvarner o Istria.

LO BÁSICO

» **Periódicos y revistas** Entre los periódicos más leídos están *Večernji List, Jutarnji List, Slobodna Dalmacija* y el *Feral Tribune*. El diario más respetado es el estatal *Vjesnik*. Los semanarios más populares son *Nacional* y *Globus*. La edición croata de *Metro* se publicó por primera vez en el 2006.

» **Radio** La emisora de radio más popular es Narodni Radio, que solo emite música croata, seguida de Antena Zagreb y Otvoreni Radio. La radio croata emite noticias en inglés a diario a las 20.05 en las frecuencias de FM 88.9, 91.3 y 99.3.

» **Propinas** Las cuentas incluyen el servicio, pero normalmente se suelen redondear.

» **Electricidad** El suministro eléctrico es de 220 voltios, 50 Hz CA. Croacia utiliza los enchufes estándar europeos de clavijas redondeadas.

» **Pesos y medidas** Croacia utiliza el sistema métrico.

» **Televisión y vídeo** El sistema de vídeo es el PAL.

Reserva de alojamiento

» En este libro se facilitan los números de teléfono de la mayor parte de los establecimientos. Una vez decidido el itinerario que se va a seguir, es buena idea adquirir una tarjeta telefónica y comenzar a llamar para informarse sobre las tarifas y la disponibilidad. Casi todo el personal de recepción habla inglés.

» Cada vez es más difícil lograr una confirmación de reserva sin dar un depósito, sobre todo en temporada alta. Los hoteles están equipados para hacer reservas mediante un número de tarjeta de crédito. Algunas pensiones pueden exigir una transferencia SWIFT (de banco a banco). Los bancos cobran por la transacción, en general, entre 15 y 30 US$. La única solución es reservar en línea a través de una agencia.

Acampada

Existen casi cien *campings* repartidos a lo largo de la costa croata. En su mayor parte operan solo desde mediados de abril a mediados de septiembre, aunque unos cuantos abren de marzo a octubre. En primavera y otoño, conviene llamar con antelación para asegurarse de que está abierto. No hay que fiarse de las fechas de apertura y cierre que dan las oficinas locales de turismo, los folletos o incluso esta guía, pues siempre pueden cambiar.

PRECIOS DE 'CAMPINGS'

Muchos *campings* en Istria son enormes *autocampings* con restaurantes, tiendas e hileras de caravanas, pero en Dalmacia son más pequeños y suelen estar regentados por familias.

» Los precios en esta guía son por adulto y parcela.

» En los establecimientos más grandes se suele pagar hasta 100 HRK por la plaza de acampada. Casi todos los *campings* cobran entre 40 y 60 HRK por persona y noche. En ocasiones se incluye la tienda de campaña en el precio, aunque de vez en cuando se cobra un recargo de 10 a 15 HRK por ella y un suplemento por el automóvil, que puede suponer entre 10 y 50 HRK.

» Las parcelas para caravanas cuestan aproximadamente un 30% más; la electricidad no siempre está incluida en el precio y puede costar 15 HRK más por noche.

» El impuesto de residencia asciende aproximadamente a 7 HRK más por persona y noche, dependiendo de la temporada y la región.

TIPOS DE 'CAMPING'

» Aunque comienzan a surgir pequeños *campings* de propiedad familiar, la mayoría aún son *autocampings*. Si el viajero desea un entorno más íntimo, la oficina turística de la localidad podrá facilitar información sobre otras zonas de acampada más pequeñas, aunque habrá que insistir sobre ello.

» Los *campings* nudistas (señalizados con las iniciales FKK) están entre los mejores, puesto que su ubicación en lugares apartados asegura paz y tranquilidad. La acampada libre está oficialmente prohibida.

» Véase www.camping.hr para más información y enlaces sobre *campings*.

Hostales

La Croatian YHA (📞01 48 29 291; www.hfhs.hr; Savska 5/1, Zagreb) regenta los albergues juveniles de Rijeka, Dubrovnik, Pula, Punat, Zadar y Zagreb. Los no miembros deben pagar un suplemento de 10 HRK por persona al día para obtener un sello de bienvenida en un carné de alberguista; seis sellos dan derecho a ser socio. La Croatian YHA también proporciona información sobre albergues juveniles privados en Krk, Dubrovnik, Zadar y Zagreb.

» Casi todos los albergues abren en invierno, aunque puede que el personal no esté todo el día. Se recomienda telefonear con antelación.

» Los precios detallados en esta guía son para la temporada alta, julio y agosto; los precios disminuyen el resto del año.

Hoteles

» Los complejos hoteleros de las décadas de 1970 y 1980, anteriormente propiedad del Estado, son todos muy parecidos.

» Las *pensions* (pensiones) regentadas por familias ofrecen una excelente relación calidad-precio y una experiencia mucho más personal. Algunas se incluyen en esta guía, pero conviene preguntar en la oficina local de turismo, pues cada temporada surgen muchas nuevas.

» Las habitaciones dobles de hotel tiene buen tamaño. Casi todas disponen de baño privado.

» La mayor parte de los hoteles en Croacia son de precio medio: unas 800 HRK por habitación doble en temporada alta en la costa y unas 450 HRK a finales de primavera o principios de otoño. Por esos precios se puede conseguir baño privado, teléfono y, a veces, televisión por satélite.

» Normalmente cobran un suplemento para las estancias cortas (menos de 3 o 4 noches) durante la temporada de verano en la costa y las islas.

» Los apartamentos disponen de todo lo necesario, como cocina equipada, una o más camas y baño.

» Casi todos los hoteles ofrecen la posibilidad de contratar media pensión. En un "complejo turístico" situado lejos de la ciudad, esta puede ser la única posibilidad

A EVITAR EN LOS ALOJAMIENTOS PARTICULARES

» Si el viajero decide irse con los propietarios (normalmente mujeres) que se lo ofrezcan en la estación de autobuses o *ferries*, hay que enterarse antes de la ubicación exacta para no acabar lejos del centro.

» Aclarar si el precio es por persona o por habitación.

» Evitar un recargo especificando el número exacto de días que el viajero se va a quedar y a qué hora del día va a dejar el alojamiento.

» Si al llegar al destino no hay colgado un cartel azul de *sobe* o *apartmani*, el alquiler es ilegal (p. ej. no se paga impuesto de estancia). En este caso, seguramente el propietario no dará ni el nombre completo ni el número de teléfono, y si hay algún problema el viajero estará desprotegido.

---

para almorzar al alcance del viajero. Las comidas suelen centrarse en los cortes más baratos de carne, aunque algunos hoteles ya empiezan a ofrecer menú vegetariano.

» El sistema de clasificación por estrellas de los hoteles croatas es incoherente y no resulta muy práctico.

Habitaciones en casas particulares

En Croacia la mejor calidad-precio la ofrecen las habitaciones o apartamentos de particulares, a menudo dentro de una casa o contiguos a ella, el equivalente de las pequeñas pensiones en otros países. En ellos la estancia es más barata que en un hotel, el servicio suele ser más amable y eficiente y la comida, mejor.

Se puede reservar el alojamiento en casas particulares a través de agencias de viajes, tratando directamente con los propietarios en las estaciones locales de autobuses o *ferries* o llamando a las puertas de las casas que tienen carteles de *sobe* o *zimmer* ("habitaciones disponibles").

RESERVAS A TRAVÉS DE AGENCIAS

» El alojamiento que se reserva en las agencias ha sido examinado por profesionales.

» Las agencias pueden encargarse de las quejas (a menudo en inglés) si las cosas no salen bien.

» Las estancias de menos de cuatro noches suponen un suplemento de al menos un 30% más; algunas agencias insisten en una estancia mínima de siete noches en la temporada alta.

ALQUILER DIRECTO

» Las casas con carteles de *sobe* o *zimmer* ("habitaciones disponibles") ofrecen alojamiento.

» Conviene empezar temprano, pues puede que los propietarios estén fuera por la tarde haciendo recados.

» Se puede dejar el equipaje en una *garderoba* ("consigna") antes de dirigirse a la población; así, el viajero estará más cómodo y en una mejor posición para negociar el precio.

REGATEO

» No hay que dudar en regatear, sobre todo si el viajero se va a quedar al menos una semana.

» Durante la temporada alta en la costa puede resultar imposible encontrar a alguien que alquile una habitación por una sola noche. Las habitaciones individuales son escasas. Las duchas están siempre incluidas pero a menudo el desayuno no, así que es importante preguntar cuánto cuesta este.

MEDIA PENSIÓN

Si es posible, vale la pena elegir media pensión y alojarse con una familia. La mayoría de las que poseen casas en la costa disponen de jardín, viñedos y acceso al mar. El viajero podrá comenzar la tarde con un delicioso aperitivo casero antes de continuar con una ensalada fresca del huerto familiar, patatas y pescado fresco a la parrilla, todo ello regado con el propio vino del anfitrión.

TIPOS DE ALOJAMIENTO EN CASAS PARTICULARES

Las agencias de viajes suelen clasificar las habitaciones particulares por estrellas:

Tres estrellas Las más caras; incluyen baño privado.

Dos estrellas El baño se comparte con otra habitación.

Una estrella Baño compartido con dos habitaciones más o con el propietario.

Los estudios con cocina cuestan un poco más que las habitaciones dobles, pero hay que recordar que cocinar por cuenta propia en Croacia no sale barato. Si se viaja en un pequeño grupo, puede ser buena idea alquilar un apartamento. En ningún caso el alojamiento privado incluye teléfono, aunque la televisión por satélite es cada vez más común.

TARIFAS Y PRECIOS

La asociación local de turismo suele fijar las tarifas, que no varían de agencia en agencia, aunque algunas de ellas no disponen de habitaciones en la categoría más económica y otras solo alquilan apartamentos. En los alojamientos que se alquilan legalmente suele haber un "impuesto de inscripción" para registrar al cliente en la policía.

Los precios detallados en esta guía presuponen una estancia de cuatro noches en temporada alta. Disminuyen considerablemente fuera de julio y agosto.

Actividades

Adriatic Croatia International Club (www.aci-club.hr) Administra 21 puertos deportivos.

Asociación de Turismo Náutico (Udruženje Nautičkog Turizma; ☎051 209 147; Bulevar Oslobođenja 23, Rijeka) Representa a todos los puertos deportivos de Croacia.

Cro Challenge (www.cro challenge.com) Asociación de deportes extremos.

Federación Aeronáutica de Croacia (www.caf.hr) Club de paracaidismo.

Asociación Croata de Turismo Submarino (www.croprodive.info)

Federación Croata de Submarinismo (www.diving-hrs.hr, en croata)

Asociación Croata de Alpinismo (www.plsavez.hr, departamento de espeleología www.speleologija.hr) Información sobre escalada en roca, espeleología y excursionismo.

Asociación Croata de Windsurf (www.hukjd.hr) Información sobre *windsurf*.

Huck Finn (www.huck-finn.hr) Empresa ubicada en Zagreb que ofrece circuitos de piragüismo, kayak, *rafting* y excursionismo.

Pedala (www.pedala.com.hr) Información sobre ciclismo.

NGO Bicikl (www.bicikl.hr) Información sobre ciclismo.

Outdoor (www.outdoor.hr) Viajes de aventuras y de empresa como incentivo.

Pro Diving Croatia (www.diving.hr) Información sobre submarinismo.

Riverfree (www.riverfree.hr, en croata) Club de *rafting* y piragüismo.

Horario comercial

Los croatas se levantan temprano: a las 7.00 ya hay cantidad de gente en la calle y muchos establecimientos ya están abiertos. A lo largo de la costa la vida es más tranquila; los comercios y las oficinas suelen cerrar alrededor del mediodía y vuelven a abrir hacia las 16.00.

Las reseñas de esta guía solo detallan el horario comercial cuando difiere del estándar detallado a continuación.

» El horario oficial de oficina es de 8.00 a 16.00 o de 9.00 a 17.00 de lunes a viernes y de 8.00 a 13.00 o de 9.00 a 14.00 los sábados.

» El horario de los bancos suele ser más largo, de 8.00 o 9.00 a 19.00 entre semana y el mismo que el de oficina los sábados.

» Las oficinas de correos están abiertas de 7.30 a 19.00 entre semana y de 8.00 a 12.00 los sábados. Abren más tiempo en las poblaciones costeras durante la temporada de verano.

» Muchas tiendas abren de 8.00 a 20.00 entre semana y hasta las 14.00 o 15.00 los sábados. Los centros comerciales tienen un horario más prolongado.

» Los supermercados abren de 8.00 a 20.00 de lunes a viernes. Los sábados algunos cierran a las 14.00 y otros abren hasta las 20.00. Solo unos pocos supermercados abren los domingos durante la temporada de verano.

» Los restaurantes tienen horarios prolongados, a menudo de 12.00 a 23.00 o 24.00 y suelen cerrar los domingos fuera de la temporada alta.

» Los cafés suelen abrir de 8.00 a 24.00 y los bares, de 9.00 a 24.00.

» En Zagreb y Split las discotecas y los locales nocturnos abren durante todo el año, pero muchos locales de la costa solo abren en verano.

Los cibercafés también tienen horarios prolongados, normalmente 7 días a la semana.

» Las agencias de viajes en la costa abren a diario de 8.00 o 9.00 hasta las 21.00 o 22.00 en la temporada alta y reducen su horario a medida que la temporada turística va declinando. En la Croacia continental, casi todas las agencias de viajes tienen el mismo horario que las oficinas.

Aduana

» Los viajeros pueden entrar con sus efectos personales al país, junto con 1 l de licor, 1 l de vino, 500 g de café, 200 cigarrillos y 50 ml de perfume. El límite para la importación y exportación de moneda es de 15 000 HRK por persona. El material de *camping*, barcos y equipos electrónicos deben declararse al entrar.

» No existe período de cuarentena para los animales, aunque habrá que presentar un certificado reciente de vacunación. De lo contrario, el animal deberá ser examinado por un veterinario local que, por supuesto, no se encontrará disponible de inmediato.

Descuentos

» La mayor parte de los museos, galerías, teatros y festivales de Croacia ofrecen descuentos a los estudiantes de hasta el 50%. Conviene disponer del International Student Identity Card (ISIC, Carné Internacional de Estudiante). Las personas menores de 26 años que no sean estudiantes pueden solicitar el International Youth Travel Card (IYTC, carné internacional de viaje para jóvenes).

» Croacia es miembro de la **European Youth Card Association** (Asociación Europea de Carné Joven; www.euro26.hr), que ofrece descuentos en tiendas, restaurantes y bibliotecas de los países participantes. La tarjeta se puede usar en unos mil cuatrocientos lugares de interés en Croacia.

» Para información sobre viajes juveniles y todas las tarjetas aquí detalladas hay que contactar con la sección de viajes de la **Croatian YHA** (www.hfhs.hr).

Electricidad

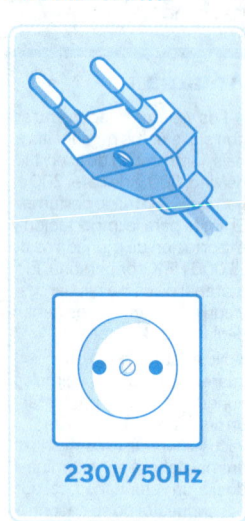

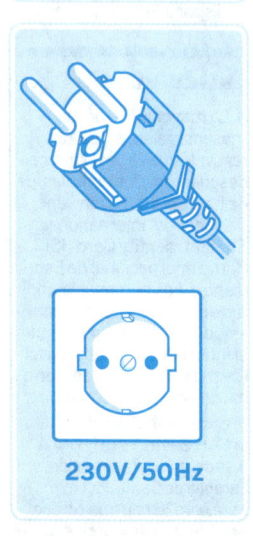

230V/50Hz

230V/50Hz

Embajadas y consulados en Zagreb

Albania (☏01 48 10 679; Jurišićeva 2a)
Bosnia y Herzegovina (☏01 45 01 070; Torbarova 9)
Bulgaria (☏01 46 46 609; Nike Grškovića 31)
Chile (☏01 46 11 958; Smiciklasova 23, 2)
España (☏01 48 48 950; Tuskanac 21 a)
Hungría (☏01 48 90 900; Pantovčak 257)
Perú (☏01 4677 325; Ksaverska Cesta 19, 2)
República Checa (☏01 61 77 246; Radnička Cesta 47/6)
Rumanía (☏01 46 77 550; Mlinarska 43)
Serbia (☏01 45 79 067; Pantovčak 245)
Eslovaquia (☏01 48 77 070; Prilaz Gjure Deželića 10)
Eslovenia (☏01 63 11 000; Alagovićeva 30/anexo)
EE UU (☏01 66 12 200; Thomasa Jeffersona 2)

Comunidad homosexual

La homosexualidad es legal en Croacia desde 1977 y se tolera, aunque no se acepta abiertamente. Las muestras públicas de afecto entre parejas homosexuales pueden ser recibidas con hostilidad, en especial fuera de las principales ciudades.

» Las discotecas exclusivamente gays no abundan fuera de Zagreb, pero las *raves* y muchas de las discotecas grandes atraen a una clientela mixta.

» En la costa, Rovinj, Hvar, Split y Dubrovnik son populares entre los viajeros gays, que suelen frecuentar las playas nudistas.

» En Zagreb, la última semana de abril se celebra el **Queer Zagreb Festival** (www.queerzagreb.org) y, el último sábado de junio, el Día del Orgullo Gay. A lo largo de esta guía se detallan los locales de ambiente.

» La mayor parte de las páginas web croatas dedicadas a la escena gay solo aparecen en croata, aunque un buen punto de partida es http://travel.gay.hr. **LORI** (www.lori.hr, en croata) es una organización de lesbianas con sede en Rijeka.

Salud

» En Croacia se puede acceder a una buena asistencia sanitaria.

» Los farmacéuticos pueden ofrecer buenos consejos y vender medicinas sin receta para dolencias de poca gravedad.

» Los dentistas suelen ser buenos, pero siempre conviene hacerse una revisión dental antes de un viaje largo.

» La encefalitis es una grave infección cerebral transmitida por la picadura de las garrapatas. Se recomienda vacunarse a todos aquellos que vayan a estar en zonas de riesgo y que no puedan evitar las picaduras de garrapata (como los campistas y excursionistas). Con dos dosis de vacuna se tiene un año de protección; tres dosis dan para hasta tres años.

» El golpe de calor es provocado por la pérdida excesiva de fluidos y la reposición inadecuada de líquidos y sal. Entre los síntomas se encuentran dolor de cabeza, mareos y cansancio. La deshidratación ya está en marcha cuando el paciente siente sed; hay que beber suficiente agua, hasta producir una orina diluida y transparente. Para tratar los golpes de calor hay que reponer los fluidos perdidos bebiendo agua y zumos de fruta y enfriar el cuerpo con agua fría y ventiladores. La pérdida de sales se puede tratar con líquidos salados como sopa o Bovril, aunque también se puede añadir un poco más de sal de lo normal a la comida.

» La insolación es mucho más grave; provoca un comportamiento irracional e hiperactivo y por último la pérdida del conocimiento y la muerte. Lo ideal es enfriar rápidamente el cuerpo pulverizándolo con agua fría y abanicándolo. Se recomienda usar una reposición urgente de fluidos y electrolitos por vía intravenosa.

» Hay que tener cuidado con los erizos de mar en las playas rocosas. Si al viajero se le incrustan sus púas en la piel, el aceite de oliva puede ayudar a sacarlas. Si no salen, se pueden infectar. Como precaución conviene llevar zapatillas de goma para caminar por las rocas o bañarse.

» Para evitar las mordeduras de serpiente no hay que caminar descalzo ni meter la mano en agujeros o rendijas. La mitad de las mordeduras de serpientes venenosas no inyectan veneno. Si al viajero le muerde una serpiente, no debe dejarse llevar por el pánico. Debe inmovilizar la extremidad mordida con una tablilla (por ejemplo, un palo) y poner una venda con firmeza, de manera similar a como vendaría un esguince. No hay que hacer un torniquete ni cortar para chupar la herida. Conviene buscar asistencia médica lo más rápido posible para administrar el antídoto si fuera necesario.

Seguro de viaje

En www.lonelyplanet.com/travel_services se pueden conseguir seguros de viaje para todo el mundo. Se puede adquirir, ampliar y reclamar en Internet en cualquier momento, incluso ya una vez de viaje.

Para más información sobre seguros, véase el capítulo Transporte (p. 345).

NOMBRES DE LAS CALLES

Especialmente en Zagreb y Split, el viajero observará cierta discrepancia entre los nombres que aparecen en esta guía y los que se ven en las calles. En croata, el nombre de una calle puede escribirse en caso nominativo o posesivo. La diferencia se aprecia en la terminación del nombre. Así, Ulica Ljudevita Gaja (calle de Ljudevita Gaja) se convierte en Gajeva Ulica (la calle de Gaja). Esta última versión es la que más se ve en los letreros y la más utilizada en la conversación diaria. Lo mismo ocurre con las *trg* (plaza), que se pueden nombrar como Trg Petra Preradovića o Preradovićev trg. Algunos de los nombres más comunes son Trg Svetog Marka (Markov trg), Trg Josipa Jurja Strossmayera (Strossmayerov trg), Ulica Andrije Hebranga (Hebrangova), Ulica Pavla Radića (Radićeva), Ulica Augusta Šenoe (Šenoina), Ulica Nikole Tesle (Teslina) y Ulica Ivana Tkalčića (Tkalčićeva). Conviene tener en cuenta que Trg Nikole Šubića Zrinskog casi siempre se llama Zrinjevac.

En las direcciones, las letras "bb" a continuación del nombre de una calle (como Placa bb) son la abreviatura de *bez broja* (sin número), lo que indica que el edificio no tiene número de calle.

Acceso a Internet

» Los cibercafés aparecen detallados en los capítulos regionales de esta guía; el acceso a Internet cuesta unas 30 HRK por hora.

» La oficina local de turismo suele tener la mejor información para el acceso a Internet en la zona.

» En las ciudades más pequeñas, la oficina turística puede ofrecer la posibilidad de consultar el correo electrónico. Las bibliotecas públicas suelen disponer de acceso a Internet, aunque sus horarios pueden ser limitados.

» Los hoteles de categoría están casi siempre equipados con Wi-Fi, al igual que los orientados a los negocios. Algunas pensiones privadas también tienen Wi-Fi, pero es algo con lo que no hay que contar.

Cuestiones legales

Aunque es bastante improbable que el visitante se vea importunado por las autoridades, deberá siempre llevar consigo su documentación, puesto que la policía tiene autorización para solicitarla. Según un tratado internacional, en caso de arresto, el viajero tiene derecho a notificar a los funcionarios consulares su situación. Los consulados suelen enviar abogados, aunque no se encargarán de sufragar los gastos.

Mapas

Freytag & Berndt publica una serie de mapas nacionales, regionales y urbanos. El de Croacia, Eslovenia y Bosnia y Herzegovina a escala 1:600 000 es especialmente útil si se desea recorrer una región. Otros destacados incluyen *Croatia, Slovenia* (1:800 000) de GeoCenter y *Hrvatska, Slovenija, Bosna i Hercegovina* (1:600 000) publicado por Naklada Naprijed en Zagreb. Las oficinas regionales de turismo suelen publicar buenos mapas regionales de carreteras. Para ciudades que no sean Zagreb, Split, Zadar, Rijeka y Dubrovnik, existen pocos mapas de buena calidad. Las oficinas turísticas locales normalmente publican planos prácticos.

Dinero

En Croacia se usa la kuna (HRK). Los billetes de mayor circulación son de 500, 200, 100, 50, 20, 10 y 5 kunas, donde aparecen las figuras de héroes nacionales como Stjepan Radić y Ban Josip Jelačić. Cada kuna se divide en 100 lipas. Estas se acuñan en monedas plateadas de 50 y de 20; las de color bronce son de 10 lipas.

La kuna posee un tipo de cambio fijo vinculado al euro. Para acumular divisa fuerte, el Gobierno sube su valor durante el verano, la época en la que aumenta el turismo. Los mejores tipos de cambio se obtienen desde mediados de septiembre hasta mediados de junio. Por lo demás, la tasa varía poco de un año a otro. Las tarifas internacionales de barcos se fijan en euros, no en kunas, aunque se paga con estas últimas. En esta guía se detallan los precios de los hoteles, *campings* y el alojamiento en casas particulares en kunas. Para más información sobre los gastos y los tipos de cambio, véase p. 14.

Cajeros automáticos

» Se pueden encontrar casi en toda Croacia, además de ser una manera práctica de cambiar moneda. Casi todos están vinculados a Cirrus, Plus, Diners Club y Maestro.

» Privredna Banka normalmente dispone de cajeros automáticos para retirar dinero mediante tarjeta American Express.

» En casi todos los cajeros automáticos se puede sacar dinero con una tarjeta de crédito; cabe destacar que se paga inmediatamente un interés sobre la cantidad que se saca y que cobran una comisión.

» En todas las oficinas de correos también es posible conseguir dinero con MasterCard o Cirrus, y cada vez hay más que trabajan también con Diners Club.

Efectivo

Hay numerosos lugares donde se puede cambiar moneda y todos ellos ofrecen tipos similares; se recomienda preguntar a cualquier agencia de viajes para informarse sobre la ubicación del más cercano.

» Las oficinas de correos cambian dinero y permanecen abiertas durante bastante tiempo.

» La mayoría de los establecimientos descuentan una comisión del 1 al 1,5% al cambiar, aunque no es el caso de algunos bancos.

» Los cheques de viaje solo pueden cambiarse en los bancos.

» Las kunas solo se pueden convertir en moneda extranjera en efectivo en los bancos y únicamente si se presenta el recibo de cambio previo.

» La moneda húngara (el forint) es difícil de cambiar en Croacia.

» Se pueden pagar en euros las comidas, los servicios menores y casi todos los alojamientos en casas particulares, pero el tipo de cambio será peor.

Tarjetas de crédito

Las más conocidas (Visa, Diners Club, MasterCard, American Express) se aceptan en los hoteles, aunque raramente en cualquier tipo de alojamiento privado. Muchos restaurantes y tiendas pequeñas no aceptan tarjetas de crédito.

Los titulares de una tarjeta Amex pueden contactar con las agencias de viajes Atlas en Dubrovnik, Opatija, Poreč, Pula, Split, Zadar y Zagreb para acceder a toda la selección de servicios de Amex, incluidos el cobro de cheques personales y el almacenamiento de correo. Privredna Banka es una cadena de bancos que se ocupa de muchos de los servicios para los clientes de Amex.

A continuación se detallan las páginas web de las sucursales en Croacia de las principales empresas de tarjetas de crédito:
American Express (www.americanexpress.hr)
Diners Club (www.diners.com.hr)
Eurocard/MasterCard (www.zaba.hr)
Visa (www.splitskabanka.hr)

Impuestos y devoluciones

Los viajeros que gasten más de 740 HRK en una tienda tienen derecho a un reembolso del impuesto sobre el valor añadido (IVA), equivalente al 22% del precio de la compra. Para poder solicitar el reembolso, el viajero debe rellenar el formulario necesario *Tax Cheque*, que hay que presentar en la aduana antes de salir del país. En un período máximo de seis meses hay que enviar por correo una copia sellada a la tienda, que luego abonará la suma apropiada en la tarjeta de crédito.

Existe también un servicio llamado Global Refund System, que reembolsará al visitante su dinero en efectivo en el aeropuerto o en las oficinas de correos participantes. Las oficinas postales de Zagreb, Osijek, Dubrovnik, Split, Rijeka, Pula y una docena de ciudades forman parte de este sistema. Para obtener una lista completa, visítese www.posta.hr.

Fotografía

» Todavía se pueden encontrar carretes fotográficos en color de Kodak y Fuji en tiendas turísticas y de fotografía. Son bastante caros en Croacia, por lo que conviene surtirse bien con antelación.

» El tamaño estándar para las fotos reveladas en Croacia es de 9 x 13 cm.

» Los productos y servicios digitales también se pueden conseguir en Zagreb y en otras ciudades grandes, aunque hay pocos establecimientos que revelen carretes APS.

» No es fácil encontrar establecimientos de revelado rápido.

» En las ciudades principales y centros turísticos se pueden adquirir carretes para diapositivas, aunque pueden no encontrarse en lugares más apartados.

» Puede que no esté permitido fotografiar instalaciones militares y no conviene hacer fotos en una zona nudista si no se desea tener problemas con los presentes.

Fiestas oficiales

Los croatas se toman muy en serio sus festividades. Las tiendas y los museos cierran y los servicios de barco se reducen. En las fiestas religiosas, las iglesias están llenas; puede ser una buena época para echar un vistazo a las obras de arte en las que normalmente están cerradas. Véase p. 18 para más información sobre fiestas y celebraciones.

Fiestas oficiales croatas:

Día de Año Nuevo 1 enero
Epifanía 6 enero
Lunes de Pascua marzo/abril
Día del Trabajo 1 mayo
Corpus Christi 10 junio
Día de la Resistencia Antifascista 22 junio; marca el inicio de la resistencia en 1941
Día de la Nación Croata 25 junio
Día de la Gratitud Nacional 5 agosto
Fiesta de la Asunción 15 agosto
Día de la Independencia 8 octubre
Día de Todos los Santos 1 noviembre
Navidad 25 y 26 diciembre

Seguridad
Minas antipersonales

La antigua línea de confrontación entre las fuerzas croatas y las yugoslavas federales se sembró con multitud de minas a principios de la década de 1990. Más de un millón de minas se colocaron en Eslavonia oriental alrededor de Osijek y en el interior, al norte de Zadar. Aunque el Gobierno ha invertido mucho dinero en programas de desactivación, se trata de una tarea lenta. En general, las áreas minadas están bien señalizadas con calaveras pintadas y cintas amarillas, pero no conviene deambular solo por regiones peligrosas sin haber preguntado antes a algún lugareño. Nunca hay que curiosear en una casa abandonada o en ruinas.

Teléfono
Prefijos de zona

» Para llamar a Croacia desde el extranjero, hay que marcar el código de acceso internacional, después ⌥385 (el prefijo telefónico de Croacia), luego el territorial (sin el cero inicial) y el número local.

» Para realizar llamadas desde Croacia, se deberá comenzar con el prefijo territorial (con el cero inicial).

» Los números de teléfono con el prefijo ⌥060 son gratuitos o cobran tarifas muy elevadas, por lo que conviene leer antes la letra pequeña.

» Los números de teléfono que empiezan por ⌥09 son números de teléfono móvil, que se cobran a precios mucho más elevados que los fijos.

Teléfono móvil

» Si se tiene un teléfono liberado de tercera generación, se puede comprar una tarjeta SIM por unas 50 HRK, que incluye 20 minutos en llamadas. Se puede elegir entre cuatro compañías: **VIP** (www.vip.hr), **T-Mobile** (www.t-mobile.hr), **Tomato** (www.tomato.com.hr) y **Tele2** (www.tele2.hr).

» También se puede adquirir un paquete con teléfono móvil y tarjeta telefónica en cualquier tienda de telecomunicaciones desde unas 150 HRK, que incluye tiempo en llamadas.

» En Croacia no se pueden alquilar teléfonos móviles.

Tarjetas telefónicas

» Para usar teléfonos públicos se necesita una tarjeta telefónica.

» Las tarjetas telefónicas se venden por *impulsa* (unidades); hay tarjetas de 25 (15 HRK), 50 (30 HRK), 100 (50 HRK) y 200 (100 HRK) unidades.

• Se pueden conseguir en cualquier oficina de correos y en casi todos los estancos y quioscos.

• Una llamada de tres minutos con tarjeta telefónica desde Croacia cuesta unas 12 HRK a Europa y 15 HRK a EE UU.

• Las llamadas locales cuestan 0,80 HRK independientemente de la hora del día.

» Muchas cabinas telefónicas tienen un botón en la esquina superior izquierda con el símbolo de una bandera. Hay que apretarlo para recibir instrucciones en inglés.

» Sin tarjeta telefónica se puede llamar desde cualquier oficina de correos.

• Para las llamadas locales o nacionales, la diferencia de precio es insignificante desde los hoteles más baratos pero mucho más elevada desde los hoteles de cuatro estrellas.

• El alojamiento en casas particulares casi nunca incluye teléfono, pero a veces se puede usar el del dueño para las llamadas locales.

Hora local

Croacia tiene la hora centroeuropea (GMT/UTC + 1). El cambio de hora para ahorro energético se pone en práctica a finales de marzo, cuando los relojes se adelantan 1 hora. A finales de septiembre se retrasan otra. Croacia utiliza el reloj de 24 horas.

Información turística

La **Junta Nacional Croata de Turismo** (www.croatia.hr) constituye una buena fuente de información. Las oficinas regionales de turismo supervisan el desarrollo turístico:

Condado de Dubrovnik-Neretva (www.visitdubrovnik.hr)

Condado de Istria (www.istra.com)

Condado de Krapina-Zagorje (www.tz-zagorje.hr)

Condado de Osijek-Baranja (www.tzosbarzup.hr)

Condado de Primorje-Gorski Kotar (Kvarner) (www.kvarner.hr)

Condado de Šibenik-Knin (www.sibenikregion.com)

Condado de Split-Dalmacia (www.dalmatia.hr)

Condado de Zadar (www.zadar.hr)

Condado de Zagreb (www.tzzz.hr)

Las oficinas municipales de turismo ofrecen folletos gratuitos y buena información sobre eventos locales. La información de contacto de las oficinas locales de turismo aparece detallada en los capítulos regionales.

Se puede consultar con la **oficina nacional de turismo de Croacia en España** (☎34 91 781 55 14; www.visitacroacia.es; Claudio Coello 22, esc B 1-C, Madrid 28001).

En las agencias de viajes como **Atlas** (www.atlas-croatia.com) y **Generalturist** (www.generalturist.com) también se puede conseguir información turística.

Viajeros con discapacidades

En Croacia, cada vez se presta más atención a las necesidades de la gente con discapacidades debido al gran número de veteranos de guerra heridos.

» Los aseos públicos en las estaciones de autobuses y ferrocarril, aeropuertos y grandes establecimientos permiten generalmente el acceso con silla de ruedas.

» También en los grandes hoteles, aunque en muy pocos establecimientos de alojamiento privado.

» Las estaciones de autobuses y ferrocarril de Zagreb, Zadar, Rijeka, Split y Dubrovnik tampoco ofrecen problemas aunque sí en el caso de los *ferries* locales de Jadrolinija.

Para más información hay que contactar con la **Hrvatski Savez Udruga Tjelesnih Invalida** (☎01 48 12 004; www.hsuti.hr; Šoštarićeva 8, Zagreb).

Visados

Los ciudadanos de la UE, EE UU, Andorra, Argentina, Bolivia, Brasil, Chile, Ecuador, El Salvador, Guatemala, Honduras, México, Nicaragua, Paraguay, Uruguay y Venezuela no necesitan visado para estancias de hasta 90 días, mientras que los pertenecientes a Colombia y Perú sí que precisan de visado para entrar en Croacia. Para más información se aconseja contactar con cualquier embajada o consulado croata, alguna agencia de viajes en el extranjero o con el Ministerio de Asuntos Exteriores croata (www.mvpei.hr).

Si el viajero desea permanecer en Croacia durante más de 3 meses, la opción más sencilla es cruzar la frontera hacia Italia o Austria y volver.

Las autoridades croatas obligan a todos los extranjeros a registrarse en la policía local al llegar a una nueva zona del país, aunque esto es una mera cuestión rutinaria de la que se encargará el hotel, albergue, *camping* o agencia correspondiente por cuestiones de seguridad.

Si el viajero se va a alojar en otro lugar (con parientes o amigos), el anfitrión debe encargarse de ello.

Véase p. 341 para información sobre la llegada al país.

Voluntariado

Para programas de voluntariado durante períodos cortos hay que considerar el centro de buitres leonados (p. 157) de Beli, en la isla de Cres; el refugio de Kuterevo para oseznos (p. 322), en los montes Velebit; el Centro Sokolarski (p. 200), cerca de Šibenik, y Blue World (p. 154), en la isla de Lošinj.

Mujeres viajeras

Las mujeres no se enfrentan a peligros especiales en Croacia. En las grandes ciudades costeras se han dado casos de acoso y seguimiento a mujeres solas, aunque no suele ser común.

La policía no siempre se toma las denuncias de violación durante una cita muy en serio. Hay que tener cuidado al estar sola con un hombre desconocido.

Tomar el sol en toples está tolerado, aunque es mejor hacerlo en alguna de las numerosas playas nudistas.

Transporte

CÓMO LLEGAR Y SALIR

Llegar a Croacia resulta cada vez más fácil, sobre todo si se hace en verano. Las compañías aéreas de bajo coste por fin están estableciendo rutas al país y hay un montón de líneas de autobús y *ferry* que conducen a los veraneantes a la costa. Se pueden reservar billetes de vuelos, circuitos y tren por Internet en www.lonelyplanet.com/bookings.

Entrada al país

Con una economía que depende tanto del turismo, Croacia exige sabiamente un papeleo mínimo a los visitantes extranjeros. Probablemente el problema más serio sean las largas colas en los controles de inmigración.

Avión

Desde varias ciudades europeas salen vuelos directos a Croacia; sin embargo, no los hay desde Norteamérica.

Los aeropuertos más importantes son:

Dubrovnik (www.airport-dubrovnik.hr) Vuelos directos desde Bruselas, Colonia, Frankfurt, Hanover, Londres (Gatwick), Manchester, Múnich y Stuttgart.

Pula (www.airport-pula.com) Vuelos directos desde Londres (Gatwick) y Manchester.

Rijeka (www.rijeka-airport.hr) Vuelos directos desde Colonia y Stuttgart.

Split (www.split-airport.hr) Vuelos directos desde Colonia, Frankfurt, Londres, Múnich, Praga y Roma.

Zadar (www.zadar-airport.hr) Vuelos directos desde Bari, Bruselas, Dublín, Londres, Múnich y otros destinos.

Zagreb (www.zagreb-airport.hr) Vuelos directos desde todas las capitales europeas, así como desde Colonia, Hamburgo y Stuttgart.

Barco

Las siguientes empresas ofrecen servicios regulares que enlazan Croacia con Italia:

Blue Line (www.blueline-ferries.com)

Commodore Cruises (www.commodore-cruises.hr)

Emilia Romagna Lines (www.emiliaromagnalines.it)

Jadrolinija (www.jadrolinija.hr)

SNAV (www.snav.com)

Split Tours (www.splittours.hr)

Termoli Jet (www.termolijet.it)

Ustica Lines (www.usticalines.it)

Venezia Lines (www.venezialines.com)

EL CAMBIO CLIMÁTICO Y LOS VIAJES

Todos los viajes con motor generan una cierta cantidad de CO_2, la principal causa del cambio climático provocado por el hombre. En la actualidad, el principal medio de transporte para los viajes son los aviones, que emplean menos cantidad de combustible por kilómetro y persona que la mayoría de los automóviles, pero también recorren distancias mucho mayores. La altura a la que los aviones emiten gases (incluido el CO_2) y partículas también contribuye a su impacto en el cambio climático. Muchas páginas web ofrecen "calculadoras de carbono" que permiten al viajero hacer un cálculo estimado de las emisiones de carbono que genera en su viaje y, si lo desea, compensar el impacto de los gases invernadero emitidos participando en iniciativas de carácter ecológico por todo el mundo. Lonely Planet compensa todos los viajes de su personal y de los autores de sus guías.

Por tierra

Croacia tiene pasos fronterizos con Hungría, Eslovenia, Bosnia y Herzegovina, Serbia y Montenegro.

Desde España
AUTOBÚS

No hay autobuses directos desde España a Croacia; el trayecto se puede hacer con transbordos en Francia o Italia; en la web de Eurolines (www.eurolines.es) hay información sobre horarios y precios.

TREN

Viajar en tren desde España hasta Croacia obliga a realizar numerosos transbordos en Francia e Italia. El trayecto entre Madrid y Zagreb puede completarse en unas 32 horas. La página www.bahn.com es la mejor forma de informarse sobre horarios y conexiones de trenes.

Desde Austria
AUTOBÚS

Eurolines (www.eurolines.com) fleta autobuses desde Viena a varios destinos en Croacia.

Osijek 40 €, 9 h, 2 semanales.

Rijeka 43 €, 9 h, 2 semanales.

Split 51 €, 11½ h, 2 semanales.

Zadar 43 €, 8¼ h, 2 semanales.

Zagreb 32 €, 5-7 h, 2 diarios (1 directo, otro vía Varaždin).

TREN

Hay dos trenes diarios y dos nocturnos entre Viena y Zagreb, que pasan por Eslovenia y Hungría. El servicio cuesta entre 47 y 57 € y el viaje dura entre 5¾ y 6½ horas. En Zagreb se puede enlazar con servicios a otras ciudades croatas.

Desde Bosnia y Herzegovina

Hay decenas de pasos fronterizos entre Bosnia y Herzegovina y Croacia. Desde las principales ciudades, como Sarajevo, Mostar y Medugorje, se puede acceder a Zagreb, Split, Osijek y Dubrovnik.

AUTOBÚS

Hay autobuses que viajan a Croacia desde varios destinos en Bosnia y Herzegovina.

Existen trenes desde Sarajevo que viajan a los siguientes destinos:

Osijek 21 €, 6 h, diario.

Ploče (vía Mostar y Banja Luka) 13 €, 4 h, 2 diarios.

Zagreb 30 €, 9½ h, 2 diarios.

Desde Alemania
AUTOBÚS

Los servicios de autobús entre los dos países son buenos y los precios, más bajos que los de los trenes.

Todos los autobuses los fleta la empresa Deutsche Touring GmbH (www.deutsche-touring.de). Aunque Deutsche Touring no tiene oficina en Croacia, sus billetes se venden en numerosas agencias de viajes y estaciones de autobuses.

Salidas a/desde Alemania:

Istria A/desde Frankfurt 1 semanal; desde Múnich 2 semanales.

Split A/desde Colonia, Dortmund, Frankfurt, Mannheim, Múnich, Núremberg y Stuttgart 1 diario; desde Berlín (vía Rijeka) 1 semanales.

Rijeka A/desde Berlín 2 semanales.

Zagreb A/desde Colonia, Dortmund, Frankfurt Mannheim, Munich, Núremberg y Stuttgart 1 diario; desde Berlín 4 semanales.

TREN

Hay tres trenes diarios que viajan desde Múnich a Zagreb (39-91 €, 8½-9 h) vía Salzburgo y Liubliana. Hay que reservar en los trenes que van al sur, pero no en los que se dirigen al norte.

Desde Hungría

Los principales puntos de entrada y salida por carretera entre Hungría y Croacia:

Donji Miholjac Situado 7 km al sur de Harkány.

Gola Situado 23 km al este de Koprivnica.

Goričan Entre Nagykanizsa y Varaždin.

Terezino Polje Frente a Barcs.

Donji Miholjac y Goričan son los más importantes.

AUTOBUSES DESDE BOSNIA Y HERZEGOVINA

DESDE	HASTA	PRECIO APROX. (€)	DURACIÓN (H)	SERVICIOS
Medugorje	Dubrovnik	18	3	1 diario
Mostar	Dubrovnik	15	3	4 diarios
Sarajevo	Dubrovnik	20	5	1 diario
Sarajevo	Rijeka	40	10	2 semanales
Sarajevo	Split (vía Mostar)	25	7	2 diarios
Sarajevo	Zagreb	26	8	3 diarios

TREN
Hay tres trenes diarios que viajan entre Zagreb y Budapest (30 € ida y vuelta, 6-7 h).

Desde Italia
AUTOBÚS
Trieste está bien comunicada con la costa de Istria. Cabe destacar que hay menos autobuses los domingos.
Dubrovnik 410 HRK, 15 h, 1 diario.
Poreč 69 HRK, 2 h, 3 diarios.
Pula 105 HRK, 2½-3¾ h, 6 diarios.
Rijeka 65 HRK, 2 h, 5 diarios.
Rovinj 88 HRK, 3 h, 2 diarios.
Split 279 HRK, 10½ h, 2 diarios.
Zadar 188 HRK, 7½ h, 1 diario.

También hay un autobús que sale de Padua, pasa por Venecia, Trieste y Rovinj y acaba en Pula (235 HRK, 6 h). Viaja de lunes a sábado.

AUTOMÓVIL Y MOTOCICLETA
Muchas agencias de seguros no cubren a los automóviles italianos de alquiler para viajar por Croacia. Los guardias fronterizos lo saben y pueden negar la entrada al viajero a menos que aparezca claramente detallado en sus documentos del seguro que dispone de un permiso para entrar a Croacia.

Casi todas las empresas de alquiler de automóviles de Trieste y Venecia están familiarizadas con este requisito y suelen proporcionar el sello correcto. Si no es así, el viajero debe solicitarlo.

TREN
Entre Venecia y Zagreb (25-40 €, 7½ h) hay un tren nocturno directo y varios más que pasan por Liubliana.

Desde Montenegro
Hay tres autobuses diarios desde Kotor a Dubrovnik (100 HRK, 2½ h), que salen de Bar y realizan una parada en Herceg Novi.

Desde Serbia
Los pasos fronterizos abundan, muchos de ellos a un lado de la carretera principal entre Zagreb y Belgrado.

AUTOBÚS
Hay seis autobuses diarios entre Zagreb y Belgrado (199-204 HRK, 6 h). En la localidad fronteriza de Bajakovo un autobús serbio lleva a los viajeros hasta Belgrado.

TREN
Cuatro trenes diarios enlazan Zagreb con Belgrado (159 HRK, 6½ h).

Desde Eslovenia
Hay 26 puestos fronterizos entre Eslovenia y Croacia.

AUTOBÚS
Eslovenia está bien conectada con la costa de Istria. Desde Liubliana hay servicios de autobús a los siguientes destinos:
Rijeka 180 HRK, 2½ h, 2 diarios.
Rovinj 173 HRK, 4 h, 3 diarios.
Split 310 HRK, 10 h, 1 diario.

También hay un autobús diario entre semana que enlaza Rovinj con Koper (87 HRK, 2¾ h) y realiza paradas en Poreč, Portorož y Piran.

TREN
Desde Liubliana salen trenes en dirección a los siguientes destinos croatas:
Rijeka 100 HRK, 2½ h, 2 diarios.
Zagreb 100-160 HRK, 2½ h, 7 diarios.

CÓMO DESPLAZARSE

Avión
Croatia Airlines (01 66 76 555; www.croatiaairlines.hr) es la única línea aérea con vuelos dentro de Croacia. Tiene salidas diarias entre Zagreb y Dubrovnik, Pula, Split y Zadar.

Téngase en cuenta que hay que retirar todas las baterías del equipaje facturado al salir de cualquier aeropuerto de Croacia.

Bicicleta
La bicicleta puede ser un modo excelente de explorar las islas. Las relativamente llanas como Pag y Mali Lošinj ofrecen las opciones más relajadas para practicar ciclismo, pero las carreteras serpenteantes y empinadas de otras ofrecen unas vistas espectaculares.

» Es fácil alquilar bicicletas en la costa y las islas.

» En algunas oficinas de turismo, sobre todo en las regiones de Kvarner e Istria, proporcionan mapas de rutas y remiten a las agencias de alquiler de bicicletas del lugar.

» Si el viajero opta por recorrer en bicicleta la costa insular o el continente, debe circular con mucha precaución ya que la mayor parte de las carreteras son de doble sentido, están muy transitadas y no disponen de carril para ciclistas.

» Aunque todavía no está totalmente traducida al inglés, www.pedala.hr constituye una excelente referencia para rutas de ciclismo por Croacia.

Barco
'Ferries' de Jadrolinija
Jadrolinija cuenta con una amplia red de catamaranes y *ferries* para automóviles que recorren la costa del Adriático. Los *ferries* son mucho más cómodos que los autobuses, aunque salen algo más caros.

Frecuencia Todo el año. Los servicios son mucho menos frecuentes en invierno.

Reservas Los camarotes deben reservarse con una semana de antelación. En todos los servicios normalmente hay espacio en cubierta.

Billetes Hay que comprar los billetes con antelación en una agencia o una oficina de Jadrolinija. Los billetes no se venden a bordo.

Automóviles Hay que llegar con 2 horas de antelación en los meses de verano.

Comida Los menús bastante mediocres de precio fijo que se sirven en los restaurantes a bordo cuestan unas 100 HRK; la cafetería solo ofrece sándwiches de jamón y queso (30 HRK). Hay que hacer como los croatas: llevar comida y bebida para el viaje.

'Ferries' locales

Aunque comunican las islas más grandes cercanas a la costa entre sí y con el continente, como se verá hay más *ferries* entre el continente y las islas que entre una isla y otra.

Frecuencia En casi todas las líneas, los servicios son mucho menos frecuentes entre octubre y abril. En verano se fletan más barcos de pasajeros; suelen ser más rápidos, más cómodos y más caros.

Reservas En algunas rutas cortas (por ejemplo, entre Jablanac y Mišnjak), los *ferries* viajan sin parar en verano y no hace falta reservar con antelación.

Billetes Se pueden adquirir en una oficina de Jadrolinija o en un puesto cerca del *ferry* (normalmente abre 30 minutos antes de la salida). A bordo no se venden. En verano hay que llegar 1 o 2 horas antes de la salida, incluso si ya se ha comprado el billete.

Automóviles Hay que pagar un suplemento, a menudo muy elevado, que se calcula según el tamaño del vehículo. Se recomienda reservar con la máxima antelación posible. Conviene llegar con varias horas de antelación.

Bicicletas Hay que pagar un pequeño suplemento.

Comida No hay servicios de comidas, pero se pueden comprar bebidas y tentempiés a bordo. Casi todos los lugareños llevan su propia comida.

Autobús

» El servicio de autobuses es excelente y relativamente barato.

» A menudo hay varias empresas diferentes que se encargan de una sola ruta, por lo que los precios pueden variar considerablemente.

» Guardar el equipaje en el maletero inferior tiene un coste adicional (7 HRK, con seguro incluido).

Empresas de autobuses

Las empresas aquí detalladas son algunas de las más grandes:

Autotrans (051 660 300; www.autotrans.hr) Con sede en Rijeka. Ofrece servicios a Istria, Kvarner, Varaždin y Zagreb.

Brioni Pula (052 535 155; www.brioni.hr) Con sede en Pula. Ofrece servicios a Istria, Padua, Split, Trieste y Zagreb.

Contus (023-315 315; www.contus.hr) Con sede en Zadar. Enlaces con Split y Zagreb.

Croatiabus (01 61 13 213; www.croatiabus.hr) Enlaza Zagreb con poblaciones de Zagorje e Istria.

Samoborček (01 48 19 180; www.samoborcek.hr) Enlaza Zagreb con poblaciones de Dalmacia.

Billetes y horarios

» En las grandes estaciones, los billetes de autobús se deben adquirir en la oficina; los conductores no los venden.

» Hay que intentar reservar con antelación para asegurarse de conseguir un asiento, en especial en verano.

» En los paneles que hay encima de las ventanillas de las estaciones de autobuses se indica en cuál se tiene que comprar el billete.

» En los horarios puede aparecer la siguiente información en croata: *vozi svaki dan,* que significa "a diario", y *ne vozi nedjeljom i blagdanom,* que significa "no circula domingos ni festivos".

» Algunos autobuses viajan de noche, por lo que el viajero se puede ahorrar el alojamiento. Aun así, no hay que hacerse ilusiones, pues resulta difícil dormir, ya que las luces interiores están encendidas y la música a tope durante toda la noche.

» Cuando se realicen paradas para comer o descansar, habitualmente cada dos horas, hay que estar atento para no quedarse en tierra.

Automóvil y motocicleta

Recientemente, Croacia ha realizado importantes inversiones en proyectos de infraestructura, entre los que destaca la nueva autopista que enlaza Zagreb con Split. Todavía no se sabe cuándo llegará a Dubrovnik. A día de hoy una autopista ya comunica Zagreb con Rijeka y con la existente entre Istria e Italia se ha logrado reducir el tiempo de viaje entre ambos puntos.

Aunque las nuevas carreteras se encuentran en un estado excelente, hay tramos en que escasean las gasolineras y las instalaciones.

Alquiler de automóvil

Para alquilar un automóvil:

» Ser mayor de 21 años.

» Tener un permiso de conducir válido.

» Presentar una tarjeta de crédito.

DISTANCIAS POR CARRETERA (KM)

	Dubrovnik	Osijek	Rijeka	Split	Zadar	Zagreb
Dubrovnik	---					
Osijek	495	---				
Rijeka	601	459	---			
Split	216	494	345	---		
Zadar	340	566	224	139	---	
Zagreb	572	280	182	365	288	---

Las empresas locales independientes suelen ser mucho más baratas que las cadenas internacionales, pero estas ofrecen la opción de devolver el vehículo en otra ciudad. A veces se puede conseguir una tarifa más baja si se reserva desde el extranjero o se adquiere un paquete con vuelo y alquiler de automóvil.

Seguro del automóvil

La cobertura de responsabilidad civil frente a terceros se incluye obligatoriamente por ley en los alquileres de coche, pero conviene confirmar que en el precio total del alquiler también se contrata el seguro contra daños materiales, conocido como seguro a todo riesgo con franquicia (CDW en sus siglas en inglés). En caso de no ser así, la responsabilidad del conductor por los daños ocasionados al vehículo se determina mediante un porcentaje sobre el valor del automóvil calculado a partir de las 2000 HRK.

Permisos de conducir

Cualquier permiso de conducir válido es suficiente para conducir legalmente y alquilar un automóvil; no es necesario tramitar un permiso de conducir internacional.

El **Hrvatski Autoklub** (HAK; Club Automovilístico Croata; 01 46 40 800; www.hak.hr; Avenija Dubrovnik 44, Zagreb) ofrece ayuda y da consejos. Para ayuda en carretera se puede contactar con la **asistencia nacional en carretera del HAK** (Vučna Služba; 987).

En ruta

» Las gasolineras suelen abrir de 7.00 a 19.00 y, a menudo, hasta las 22.00 en verano. La gasolina es Eurosúper 95, Súper 98, normal o diésel. Véase la página www.ina.hr para consultar los precios actualizados del combustible.

» Hay que pagar peaje en todas las autopistas, para usar el túnel de Učka entre Rijeka e Istria, para usar el puente a la isla de Krk y para la carretera entre Rijeka y Delnice.

» Para información general sobre las autopistas y los peajes de Croacia, véase la página www.hak.hr.

» La emisora de radio HR2 emite reportajes sobre el tráfico en inglés cada hora a en punto desde julio hasta principios de septiembre.

Normas de circulación

» En Croacia se circula por la derecha y es obligatorio ponerse el cinturón de seguridad.

» A menos que se indique lo contrario, los límites de velocidad para automóviles y motocicletas son los siguientes:
- 50 km/h en zonas urbanas.
- 100 km/h en carreteras principales.
- 130 km/h en autopistas.

» En las carreteras de dos carriles es ilegal adelantar a los convoyes militares largos o a una fila de coches bloqueados detrás de un camión que avanza lentamente.

» Es ilegal conducir con un porcentaje de alcohol en sangre superior al 0,5%.

» Es obligatorio circular con las luces de cruce encendidas incluso de día.

Transporte local

El principal medio de transporte local son los autobuses (aunque Zagreb y Osijek también cuentan con sistemas de tranvías bien desarrollados).

» Los autobuses en las principales ciudades como Dubrovnik, Rijeka, Split y Zadar salen cada 20 minutos, con menos frecuencia los domingos.

» El precio de un viaje ronda las 8 HRK, o incluso menos si el billete se compra en un *tisak* (quiosco).

» Las pequeñas ciudades medievales de la costa suelen estar cerradas al tráfico y cuentan con enlaces de transporte poco regulares hacia los barrios de las afueras.

» El transporte en autobús por las islas es menos frecuente, ya que la mayoría de la gente tiene su propio automóvil.

Circuitos

Agencia de viajes Atlas (www.atlas-croatia.com) Ofrece una amplia variedad de circuitos en autobús, paquetes con vuelo y alquiler de automóvil, así como excursiones por toda Croacia.

Huck Finn (www.huck-finn.hr) Especializada en viajes de aventura. Organiza una amplia gama de circuitos cargados de adrenalina por toda Croacia: kayak en río y mar, *rafting*, piragüismo, espeleología, ciclismo, pesca, excursionismo y navegación a vela.

Inselhüpfen (www.island-hopping.de) Esta empresa alemana combina barcos y bicicletas. Lleva a grupos de extranjeros por el sur de Dalmacia, Istria o las islas Kvarner, parando todos los días para montar en bicicleta.

Katarina Line (www.katarina-line.hr) Ofrece cruceros de una semana desde Opatija a Split, Mljet, Dubrovnik, Hvar, Brač, Korčula, Zadar y las islas Kornati en un atractivo barco de madera.

Southern Sea Ventures (www.southernseaventures.com) Esta empresa australiana ofrece viajes de kayak en mar de entre 9 y 16 días. También tiene un circuito en kayak para *gourmets*.

Tren

Los trenes son menos frecuentes que los autobuses, pero resultan más cómodos. Para información sobre los horarios, precios y servicios, hay que contactar con **Ferrocarriles Croatas** (Hrvatske Željeznice; 060 333 444; www.hznet.hr).

Zagreb es el centro de la reducida red ferroviaria de Croacia. No hay trenes que recorran la costa y solo unas pocas ciudades costeras están conectadas con Zagreb. Para los viajeros, las principales líneas de interés son las siguientes:
» Zagreb-Osijek
» Zagreb-Rijeka-Pula (vía Lupoglava, donde los pasajeros cambian a un autobús)
» Zagreb-Varaždin-Koprivnica
» Zagreb-Zadar-Šibenik-Split

Clases y tarifas:
» Los nacionales se dividen en expresos y de pasajeros (en trayectos locales).

- Los trenes expresos tienen vagones de 1ª y 2ª clase, así como zonas de fumadores y de no fumadores.
- Se recomienda realizar reservas para los trenes expresos.
- Los trenes expresos son más caros que los de pasajeros.

» Los precios que se indican en esta guía corresponden a un billete de 2ª clase.
» No hay literas en los servicios nacionales.
» Hay coches-cama en los trenes nocturnos entre Zagreb y Split.
» El equipaje es gratuito en los trenes; casi todas las estaciones tienen servicio de consigna que cobra unas 15 HRK por bulto y día.
» Los viajeros con un bono europeo InterRail pueden usarlo en Croacia. Si solo se va a viajar por Croacia no merece la pena adquirir uno, pues no es probable que se use tanto el tren como para justificar el gasto.

TÉRMINOS FERROVIARIOS ÚTILES

Algunos términos que el viajero puede encontrar en los horarios de las estaciones de trenes son los siguientes:

brzi tren rápido
dolazak llegadas
polazak salidas
ne vozi nedjeljom i blagdanom no hay servicio los domingos ni festivos
poslovni tren de clase ejecutiva
presjedanje transbordo de trenes
putnički clase turista/tren local
rezerviranje mjesta obvezatno reserva obligatoria de plaza
vozi svaki dan servicios diarios

PARA SABER MÁS

Para información a fondo sobre el idioma y frases útiles, conviene echar un vistazo al *Croatian Phrasebook* de Lonely Planet.

Idioma

El croata pertenece al grupo occidental de la familia lingüística de idiomas eslavos meridionales. Es muy parecido a otros idiomas de este grupo, como el serbio, el bosnio y el montenegrino (juntos se suelen definir como "serbocroata"); entre ellos, solo existen leves variaciones en pronunciación y vocabulario.

En el sistema de escritura croata el fonema no varía de palabra a palabra. Cabe destacar que en esta guía de pronunciación n' se pronuncia como la "ñ" y zh como la "s" en *pleasure*. Si el viajero tiene todo esto en cuenta y lee pronunciando como en inglés, todo el mundo le entenderá.

En la mayor parte de los casos, el acento se pone en la primera vocal de la palabra. En croata, la última sílaba de la palabra nunca se acentúa. La sílaba acentuada se indica en cursiva en las guías de pronunciación.

Algunas palabras croatas tienen género masculino y femenino, indicados en este capítulo tras los términos pertinentes como "m" y "f". En algunos casos también se dan las variantes formal ("for") e informal ("inf").

CONVERSACIÓN

Hola.	*Bog.*
Adiós.	*Zbogom.*
Sí/No.	*Da/Ne.*
Por favor.	*Molim.*
Gracias.	*Hvala.*
De nada.	*Nema na čemu.*
Disculpe.	*Oprostite.*
Perdón.	*Žao mi je.*

¿Cómo está/estás?
Kako ste/si? (for/inf)

Bien. ¿Y usted/tú?
Dobro. A vi/ti? (for/inf)

Me llamo ...
Zovem se ...

¿Cómo se llama/te llamas?
Kako se zovete/zoveš? (for/inf)

¿Habla/hablas inglés?
Govorite/Govorišli (engleski)? (for/inf)

No entiendo.
Ja (ne) razumijem.

ALOJAMIENTO

¿Tiene habitaciones libres?
Imate li slobodnih soba?

¿Está incluido el desayuno?
Da li je doručak uključen?

¿Cuánto cuesta (por noche/persona)?
Koliko stoji (za noć/po osobi)?

¿Tiene una habitación...?	*Imate li ... sobu?*
individual	*jednokrevetnu*
doble	*dvokrevetnu*
'camping'	*kamp*
casa de huéspedes	*privatni smještaj*
hotel	*hotel*
habitación	*soba*
albergue juvenil	*prenoćište za mladež*

ESTRUCTURAS CLAVE

Para arreglárselas en croata se pueden utilizar estas sencillas estructuras lingüísticas con palabras diferentes:

¿Cuándo es (la próxima excursión de un día)?
Kada je (idući dnevni izlet)?

¿Dónde hay (un mercado)?
Gdje je (tržnica)?

¿Dónde puedo (comprar un billete)?
Gdje mogu (kupiti kartu)?

¿Tiene (otros)?
Imate li (kakve druge)?

¿Tiene (una manta)?
Imate li (deku)?

Quisiera (ese plato).
Želim (ono jelo).

Quiero (alquilar un automóvil).
Želio/Željela bih (iznajmiti automobil). (m/f)

¿Puedo (sacarle una fotografía)?
Mogu li (vas/te slikati)? (for/inf)

Por favor, ¿me puede (ayudar)?
Molim vas, možete li (mi pomoći)?

¿Tengo que (pagar)?
Trebam li (platiti)?

aire acondicionado	klimauređaj
baño	kupaonica
cama	krevet
cuna	dječji krevet
Wi-Fi	bežični internet
ventana	prozor

DIRECCIONES

¿Dónde está...?
Gdje je...?

¿Cuál es la dirección?
Koja je adresa?

¿Puede enseñármelo (en el mapa)?
Možete li mi to pokazati (na karti)?

en la esquina	na uglu
en el semáforo	na semaforu
detrás	Iza
delante	ispred
lejos (de)	daleko (od)
izquierda	lijevo
cerca	blizu
al lado de	pored
enfrente	nasuprot
derecha	desno
todo recto	ravno naprijed

GASTRONOMÍA

¿Qué me recomendaría?
Što biste nam preporučili?

¿Qué lleva ese plato?
Od čega se sastoji ovo jelo?

¡Estaba delicioso!
To je bilo izvrsno!

Por favor, traiga la cuenta.
Molim vas donesite račun.

Quisiera reservar una mesa para...
Želim rezervirati stol za...

las (ocho) en punto	(osam) sati
(dos) personas	(dvoje) ljudi
No como...	Ja ne jedem...
pescado	ribu
frutos secos	razne orahe
carne de ave	meso od peradi
carne roja	crveno meso

Palabras clave

aperitivo	predjelo
comida para bebés	hrana za bebe
bar	bar
botella	boca
bol	zdjela
desayuno	doručak
café	kafić/kavana
(demasiado) frío	(pre)hladno
cena	večera
plato (de comida)	jelo
comida	hrana
tenedor	viljuška
vaso	čaša
cuchillo	nož
almuerzo	ručak
plato principal	glavno jelo
mercado	tržnica
carta	jelovnik
plato	tanjur
restaurante	restoran
picante	pikantno
cuchara	žlica
con/sin	sa/bez
comida vegetariana	vegetarijanski obrok

Carne y pescado

carne de vaca	govedina
pollo	piletina
pescado	riba
cordero	janjetina
cerdo	svinjetina
ternera	teletina

Fruta y verduras

manzana	jabuka
albaricoque	marelica
judías verdes	mahuna
repollo	kupus
zanahoria	mrkva
maíz	kukuruz
cereza	trešnja
pepino	krastavac
fruta	voće
uva	grožđe
lentejas	leća
lechuga/ensalada	zelena salata
champiñón	gljiva
nuez	orah
cebolla	luk
naranja	naranča
melocotón	breskva
pera	kruška
guisantes	grašak
ciruela	šljiva
patata	krumpir
calabaza	bundeva
fresa	jagoda
tomate	rajčica
verdura	povrće
sandía	lubenica

Otros

pan	kruh
mantequilla	maslac
queso	sir
huevo	jaje
miel	med
mermelada	džem
aceite	ulje
pasta	tjestenina
pimienta	papar
arroz	riža
sal	sol
azúcar	šećer
vinagre	ocat

Bebidas

cerveza	pivo
café	kava
zumo	sok
leche	mlijeko
agua (mineral)	(mineralna) voda
té	čaj
vino (tinto/blanco)	(crno/bijelo) vino

URGENCIAS

¡Ayuda!
Upomoć!

Me he perdido.
Izgubio/Izgubila sam se. (m/f)

¡Déjame en paz!
Ostavite me na miru!

¡Ha habido un accidente!
Desila se nezgoda!

¡Llame a un médico!
Zovite liječnika!

¡Llame a la policía!
Zovite policiju!

Estoy enfermo/a.
Ja sam bolestan/bolesna. (m/f)

Me duele aquí.
Boli me ovdje.

Soy alérgico/a...
Ja sam alergičan/alergična na... (m/f)

COMPRAS Y SERVICIOS

Quisiera comprar...
Želim kupiti ...

Señalización

Izlaz	Salida
Muškarci	Caballeros
Otvoreno	Abierto
Ulaz	Entrada
Zabranjeno	Prohibido
Zahodi	Aseos
Zatvoreno	Cerrado
Žene	Damas

Preguntas	
¿Cómo?	Kako?
¿Qué?	Što?
¿Cuándo?	Kada?
¿Dónde?	Gdje?
¿Quién?	Tko?
¿Por qué?	Zašto?

Solo estoy mirando.
Ja samo razgledam.

¿Puedo echarle un vistazo?
Mogu li to pogledati?

¿Cuánto cuesta?
Koliko stoji?

Es demasiado caro.
To je preskupo.

¿Tiene algo más barato?
Imate li nešto jeftinije?

Hay un error en la factura.
Ima jedna greška na računu.

cajero automático	bankovni automat
tarjeta de crédito	kreditna kartica
cibercafé	internet kafić
oficina de correos	poštanski ured
oficina de turismo	turistička agencija

HORAS Y FECHAS

¿Qué hora es?
Koliko je sati?

Son las (10).
(Deset) je sati.

Las (10) y media.
(Deset) i po.

mañana	jutro
tarde	poslijepodne
noche	večer
ayer	jučer
hoy	danas
mañana	sutra

lunes	ponedjeljak
martes	utorak
miércoles	srijeda
jueves	četvrtak
viernes	petak
sábado	subota
domingo	nedjelja

enero	siječanj
febrero	veljača
marzo	ožujak
abril	travanj
mayo	svibanj
junio	lipanj
julio	srpanj
agosto	kolovoz
septiembre	rujanj
octubre	listopad
noviembre	studeni
diciembre	prosinac

TRANSPORTE

Transporte público

barco	brod
autobús	autobus
avión	avion
tren	vlak
tranvía	tramvaj

Quiero ir a...
Želim da idem u ...

Números	
1	jedan
2	dva
3	tri
4	četiri
5	pet
6	šest
7	sedam
8	osam
9	devet
10	deset
20	dvadeset
30	trideset
40	četrdeset
50	pedeset
60	šezdeset
70	sedamdeset
80	osamdeset
90	devedeset
100	sto
1000	tisuću

¿Para en (Split)?
Da li staje u (Splitu)?

¿A qué hora sale?
U koliko sati kreće?

¿A qué hora llega a (Zagreb)?
U koliko sati stiže u (Zagreb)?

¿Podría decirme cuándo llegamos a (el coliseo)?
Možete li mi reći kada stignemo kod (Arene)?

Quisiera bajarme en (Dubrovnik).
Želim izaći u (Dubrovniku).

Un billete (de)...	*Jednu... kartu.*
1ª clase	*prvorazrednu*
2ª clase	*drugorazrednu*
ida	*jednosmjernu*
ida y vuelta	*povratnu*

el primero	*prvi*
el último	*posljednji*
el siguiente	*sljedeći*
asiento de pasillo	*sjedište do prolaza*
retrasado	*u zakašnjenju*
cancelado	*poništeno*
andén	*peron*
taquilla	*blagajna*
horario	*red vožnje*
estación de trenes	*željeznička postaja*
asiento de ventana	*sjedište do prozora*

Conducir y ciclismo

Quisiera alquilar un/a...	*Želim iznajmiti...*
todoterreno	*džip*
bicicleta	*bicikl*
automóvil	*automobil*
motocicleta	*motocikl*

bomba de bicicleta	*pumpa za bicikl*
asiento infantil	*sjedalo za dijete*
diésel	*dizel gorivo*
casco	*kaciga*
mecánico	*automehaničar*
gasolina	*benzin*
gasolinera	*benziska stanica*

¿Es esta la carretera para...?
Je li ovo cesta za...?

¿(Cuánto tiempo) Puedo aparcar aquí?
(Koliko dugo) Mogu ovdje parkirati?

El coche/la motocicleta se ha averiado (en Knin).
Automobil/Motocikl se pokvario (u Kninu).

Se me ha pinchado una rueda.
Imam probušenu gumu.

Me he quedado sin gasolina.
Nestalo mi je benzina.

He perdido las llaves.
Izgubio/Izgubila sam ključeve. (m/f)

GLOSARIO

(m) masculino, (f) femenino y (pl) plural

ánfora – gran recipiente con dos asas donde se almacenaba agua o vino

ábside – zona del altar en una iglesia

autocamps – enormes *campings* con restaurantes, tiendas y fila tras fila de caravanas

ávaros – pueblo del este de Europa que sostuvo una guerra continua contra Bizancio entre los ss. VI y IX

ban – virrey o gobernador

bb – en una dirección, las letras "bb" después del nombre de una calle (como Placa bb) significan *bez broja* (sin número)

bura – viento frío del noreste

cesta – carretera

crkva – iglesia

fortica – fortaleza

galerija – galería

garderoba – consigna

glagolítico – antiguo idioma eslavo cuyo alfabeto fue creado por los misioneros griegos Cirilo y Metodio

gora – montaña

HDZ – Hrvatska Demokratska Zajednica; Unión Democrática Croata

ilirios – antiguos habitantes de la costa del Adriático, derrotados por los romanos en el s. II a.C.

jezero – lago

karst – roca caliza o dolomítica muy porosa

klapa – música desarrollada a partir de los cantos corales de iglesia

konoba – término tradicional para un pequeño e íntimo restaurante, a menudo ubicado en una bodega; actualmente se aplica a una amplia variedad de restaurantes; normalmente, un establecimiento sencillo y regentado por una familia

maestral – viento fuerte y constante del oeste

maquis – vegetación densa formada principalmente por arbustos de hoja perenne y pequeños árboles

muzej – museo

nave – parte central de una iglesia flanqueada por dos pasillos

NDH – Nezavisna Država Hrvatska; Estado Independiente de Croacia

obala – paseo marítimo

otok (s), **otoci** (pl) – isla

pension – casa de huéspedes

plaža – playa

polje – zona hundida de caliza que suele cultivarse

put – sendero, camino

restoran – restaurante

rijeka – río

sabor – Parlamento

šetalište – sendero, calle peatonal

sobe – habitaciones disponibles

sveti – santo

svetog – santo (en genitivo; es decir, "de san", como en "iglesia de San José")

tisak – quiosco

toplice – *spa*

trg – plaza

turbo folk – tipo de música serbia

ulica – calle

uvala – bahía

velik – grande

vrh – cima, pico

zimmer – habitaciones disponibles (palabra alemana)

Entre bastidores

LA OPINIÓN DEL LECTOR

Las cosas cambian: los precios suben, los horarios varían, los sitios buenos empeoran y los malos se arruinan. Por lo tanto, si el lector encuentra los lugares mejor o peor, recién inaugurados o cerrados desde hace tiempo, le agradeceremos que escriba para ayudar a que la próxima edición sea más útil y exacta. Todas las cartas, postales y correos electrónicos se leen y se estudian, garantizando de esta manera que hasta la mínima información llegue a los redactores, editores y cartógrafos para su verificación. Se agradece cualquier información recibida por pequeña que sea. Quienes escriban verán su nombre reflejado en el capítulo de agradecimientos de la siguiente edición.

Toda la correspondencia debe enviarse, indicando en el sobre Lonely Planet/Actualizaciones, a la siguiente dirección de geoPlaneta en España: Av. Diagonal 662-664. 08034 Barcelona. También puede remitirse un correo electrónico a viajeros@lonelyplanet.es.

Nota: Puede ocurrir que determinados fragmentos de la correspondencia de los lectores aparezcan en los productos Lonely Planet, tales como guías de viajes, webs y productos digitales, por lo que se ruega a todo aquel que no desee ver sus comentarios reproducidos ni que figure su nombre que lo haga constar. Para más información, véase lonelyplanet.com/privacy.

NUESTROS LECTORES

Muchas gracias a los siguientes viajeros que utilizaron la edición anterior y escribieron a Lonely Planet para enviar información, consejos útiles y anécdotas interesantes:

A Carol Abel, Declan Alcock **B** Boris Bakarić, Urška H. Barišić, Dvora Baruch, Lucy Bickerton, Tad Boniecki, Julie-Anne Bosomworth, Andrew Bowen-Ashwin, Nancy Bratby, Nicole Brouwers, Doug Bryce **C** Paolo Campegiani, Neil Carter, Kaung Chiau Lew, Eric Chung, Annie Cook, Luca Cornacchioli, Rory Cox **D** Antoinette Daley, Paul Das, Monica Davis, José de Zubeldia, Karin de Boef, Deborah Dees, Rob Den Exter, Markus Deutsch, Veronique Dupuis, Robert Dutilh **F** Brian Fawcus, Marvin y Carole Feldman, Gary Fine, Julia Fuchs, David Fulton **G** Richard Gault, Jesse Göbel, Kate Goldman, Noni Gove, Mario Guajardo, Renata Gukovas **H** Douglas Hagan, Brent Hanson, Mulle Harbort, Helen Harper, Rachel Harper, Dusty Haverty, Andrew Hedges, Helen Hencz, Steve Hilton, T. y B. Horn, Neville Horner, Maggie Huges **J** Joanna Jeans, Alma Jenkins, Anders Jeppsson, Louise Jones **K** Simon Kamronn, Stefan Kanduymski, Jerome Kenyon, Mirian Kesseler, Hrvoje Korbar, Zeljka Kozulic **L** Andrew Lampitt, Bruce Lawson, Stephen Leong, Mikael Lypinski **M** Sarah Marshall, Mark McConnell, Kay McKenzie, Susan Metcalf, Vanessa Mikulic, Marie Miller, Julian Mompalao de Piro, Sean Murray, Sinead Murray **N** Pamela Nelson, Jo y Paul Noakes **O** Eleanor O'Brien **P** Liis Parre, Jure Pezo, Barbara Pickup, David Pumphrey, Leona Purvis **Q** Suzanne Quartermain **R** Deborah Rees, Johan Reyneke, Joie Risk, Rebecca Rosen, Ophelia Rubinich, Adam Russell, Virginia Ryan **S** Charlotte Samiec, Oliver Selwyn, Eva Sharpe, Bill Smith, Carrie Smith, Ed Smith, Knirie Søgaard, Mia Šoškic, Cathy Spinage, Lisa Spratling, Noah Strang, Robert Szabo **T** Cristy Tapia, Julie Teague, Charlotte Thackrah, Bev Thompson, Ruby Tuke **V** Glenn Van Der Knijff, Maurice Van Dael, Loeki Vereijken, Margaret Vile, Ana Vinkerlic, Stacey Vos **W** Heather Walker, Kylie Webster, Jonathan Wheatley, David Whyman, Philippa Woon

AGRADECIMIENTOS

Anja Mutić

Hvala mama, por tu comida y tu risa. Gracias a la familia de Barcelona, en especial a mi sobrino Biel. *Obrigada*, Hoji, por estar ahí antes, durante y después. Enorme *hvala* a mis amigos en Croacia que me ofrecieron innumerables contactos y recomendaciones; esta guía no sería la misma sin vosotros. ¡Lidija, siempre tienes unas ideas geniales! Gracias a mi coautor Iain Stewart. Por último, un recuerdo a mi difunto padre, que sigue viajando conmigo.

Iain Stewart

Gracias a Jo Potts por invitarme a formar parte de la guía de Croacia y a mi coautora Anja. En Eslavonia, Jasmin me enseñó los pantanos de Kopački Rit y otros lugares y luego me cocinó las setas que recogimos. También quiero dar las gracias a Ivana en Zadar, Goran en Rijeka y Zoran en Dubrovnik. Fue una maravilla pasar tiempo de calidad con mi familia (los queridos Fiona, Aubs, Susan, Louis y Monty Stewart) en la magnífica costa de Dalmacia. ¡Volveremos!

RECONOCIMIENTOS

Los datos del mapa de clima están adaptados del "Mapamundi actualizado con la clasificación climática de Köppen-Geiger" de Peel M.C., Finlayson B.L. y McMahon T.A. (2007), Hydrology and Earth System Sciencies, 11, 163344.

Fotografía de cubierta: puerto de Dubrovnik, Croacia/Jean-Pierre Lescourret, LPI. Gran parte de las imágenes que aparecen en esta guía está disponible con licencia de Lonely Planet Images (www.lonelyplanetimages.com).

ESTE LIBRO

Esta es la traducción de la sexta edición de *Croatia*, escrita por Anja Mutić e Iain Stewart. La quinta edición corrió a cargo de Vesna Marić y Anja Mutić; Will Gourlay es el autor del capítulo *Historia*. El capítulo *Salud* es una adaptación del texto escrito por la Dra. Caroline Evans. Las primeras cuatro ediciones en inglés las escribió Jeanne Oliver.

VERSIÓN EN ESPAÑOL

GeoPlaneta, que posee los derechos de traducción y distribución de las guías Lonely Planet en los países de habla hispana, ha adaptado para sus lectores los contenidos de este libro.

Lonely Planet y GeoPlaneta quieren ofrecer al viajero independiente una selección de títulos en español; esta colaboración incluye, además, la distribución en España de los libros de Lonely Planet en inglés e italiano, así como un sitio web, www.lonelyplanet.es, donde el lector encontrará amplia información de viajes y las opiniones de los viajeros.

Gracias a

Mark Adams, Imogen Bannister, David Connolly, Laura Crawford, Melanie Dankel, Stefanie Di Trocchio, Janine Eberle, Ryan Evans, Joshua Geoghegan, Mark Germanchis, Michelle Glynn, Lauren Hunt, Laura Jane, David Kemp, Yvonne Kirk, Lisa Knights, Nic Lehman, John Mazzocchi, Dan Moore, Wayne Murphy, Darren O'Connell, Trent Paton, Adrian Persoglia, Piers Pickard, Averil Robertson, Lachlan Ross, Michael Ruff, Julie Sheridan, Lyahna Spencer, Amanda Sierp, Laura Stansfeld, John Taufa, Sam Trafford, Gina Tsarouhas, Dora Whitaker, Juan Winata, Emily Wolman, Nick Wood

Índice

A

aceite de oliva 280, 281, 314-315
actividades 16, 335, *véanse las actividades individuamente*
actividades al aire libre 16
acuarios 111, 139
aduana 335
agroturismo 131
aguas termales, *véase spas*
ala delta 147
albergues juveniles 333, *véanse también las poblaciones individualmente*
alojamiento 332-335, *véanse también las poblaciones individualmente*
alojamientos particulares 15, 334
Andrić, Ivo 325
antes de partir 14-15, *véase itinerarios*
  calendario de celebraciones 18-20
  cuándo ir 14
  información en la Red 15
  niños 29-31
  regiones de Croacia 32-35
Aqua lasae 77
Aquacity 74
arquitectura 16, 318-320
  barroca 320
  gótica 319
  prerrománica 318-319
  renacentista 319-320
  romana 318
arte 325-330, *véanse arquitectura, cine, danza, música, pintura*
  abstracto 329
  contemporáneo 329
  naif 78, 329
asistencia médica 336-337
Asociación Croata de Artistas de Bellas Artes 48
Augustinčić, Antun 329
autobús 345-346

La **negrita** indica los planos
El azul indica las fotografías

cómo desplazarse por Croacia 344-345
cómo llegar y salir a/desde Croacia 342-343
automóvil 15
  alquiler 345
  cómo desplazarse por Croacia 345
  cómo llegar y salir a/desde Croacia 343
  distancias por carretera **345**
  normas de circulación 345
  permisos de conducir 345
  seguro 345
Avenida de los Glacolíticos 130
aves 321, **10**, *véase* buitres leonados
avión
  aeropuertos 341-342
  como desplazarse por Croacia 343
  cómo llegar y salir a/desde Croacia 341-342

B

bahía de Mir 191
bahía de Telašćica 191
Bale 111
baloncesto 307-308
Baranja 92-94
barco, *véanse* piragüismo, *ferry*, kayak, *rafting*, navegación
  cómo desplazarse por Croacia 344
  cómo llegar y salir a/desde Croacia 342
Baredine, cueva de 123
barkarioli 178
Basílica Eufrasiana 114, **21**
Baška 164-165
Bauer, Branko 326
bebidas 17, 313-315
Beli 157-158
Beli Manastir 94
Belić, Duilio 314-315
Beram 123
Bilje 94
Biokovo, monte 230
Biševo 249, **9**
Blažević, Dominko 318
bodegas
  Baranja 94
  Eslavonia 93
  Iločki Podrumi 97
  Međimurje 77
Bol 234-238, **7**
Božava 191
Brela 231-232
Brač, isla de 232-238
Brešan, Vinko 326
Brijuni, islas 108-110
Broz, Josip, *véase* Tito
buceo, *véase* submarinismo

buitres leonados 156, 157, 158, 321
Bukovac, Vlaho 272, 329
Buzet 128-130

C

café 58
cajeros automáticos 338
calles, nombres de las 337
camping 333
Carlomagno 291
Carnaval de Pag 193
Carnaval de Rijeka 18
cascadas 200
castillos, *véanse* fortalezas y torres, palacios
  castillo de Trakošćan 78, **27**
  castillo de Trsat 137
  castillo de Veliki Tabor 80-81, **11**
  castillo Grimani 125
  Dvorac Tikveš 93
  Kaštel 127
  Kaštel Gomilica 228
  Kaštel Kambelovac 228
  Kaštel Lukšić 228
  Kaštel Novi 228
  Kaštel Štafilić 228
  Kaštel Stari 228
  Kaštel Sućurac 228
  Stari Grad 76
catedrales, *véanse* iglesias y catedrales
catolicismo 309
Cavtat 272-273
celebraciones, *véase* fiestas
cementerios
  cementerio de Varaždin 73
  Mirogoj 50
Centro Sokolarski 200
centros marinos y reservas
  Centro de Educación Marina de Lošinj 153
  Instituto de Investigación y Conservación Marina Blue World 154
  Reserva de Delfines de Lošinj 154
cerveza 314
ciclismo 343
  Cres, pueblo de 155
  Korčula, ciudad de 277
  Krk, pueblo de 162
  Kvarner 144
  Mali Lošinj 150
  Mljet, isla de 270
  Parenzana 123
  Parque Natural de Učka 147
  Poreč 119
  Pula 103
  Rab, pueblo de 169

355

Rovinj 112
Rt Kamenjak 105
Vis, ciudad de 246
Čigoć 68
cigüeñas 68
Čikat 150
cine 326-327
circuitos 346, *véase* circuitos a pie
   Dubrovnik 260
   Hvar, ciudad de 240
   Mljet, isla de 270
   Parque Natural de Kopački Rit 93
   Pula 103
   Rab, pueblo de 169
   Rovinj 112
   Split 213
   Vis, ciudad de 246
   Zadar 178-179
circuitos a pie
   Split 214, **214**
   Zagreb 51, **51**
clima 14, *véanse las regiones individualmente*
comida y bebida 17, 311-317
   aceite de oliva 314-315
   costumbres 316-317
   fiestas 315-316
   precios 311
   slow food 312
   vegetarianos y veganos 316
cómo desplazarse por Croacia 343-346
cómo llegar y salir a/desde Croacia 341-343
comunidad homosexual 60, 336
conducción, *véase* automóvil
consulados 336
correo electrónico 337
costa de Kvarner 137-148
costa istriana 100-122
costumbres 288
Cres, isla de 155-160, **12**
Cres, pueblo de 155-157
Crveni Otok (Isla Roja) 116
cuestiones legales 337
cuestiones medioambientales 324
cuevas
   cueva de Baredine 123
   cueva del Dragón 235
   Gruta Azul 249, **9**
   Manita Peć 187
   sima de Pazin 126-127
   Vela Špilja 280-281
cuevas kársticas 323

La **negrita** indica los planos
El azul indica las fotografías

cultura 286, 306-310
cursos 313

D
Ðakovački Vezovi 87
Ðakovo 87
Dalmacia central 204, 223-249, **206-207**
   alojamiento 204
   clima 204
   cuándo ir 204
   dónde comer 204
   lo más destacado 206
Dalmacia, norte de 34, 173-203, **174**
   alojamiento 173
   clima 173
   cuándo ir 173
   dónde comer 173
   lo más destacado 174
Dalmacia, sur de 34, 250-251, 268-284, **251**
   alojamiento 250
   clima 250
   cuándo ir 250
   dónde comer 250
   lo más destacado 251
danza 275
danza *moreška* de la espada 275
delfines 154
deporte 307-309
descuentos 62
Días de Julio Verne 127
dinero 14, 15, 335-336, 338
discapacidades, viajeros con 340
distancias por carretera **345**
Dol 237
Drakulić, Slavenka 326
Drava, orillas del río 74
Drvenik Mali 228
Drvenik Veli 228
Držić, Marin 325
Dubrovnik 34, 250-268, **251**, **254**, **256-257**, **5**
   acceso a Internet 267
   actividades 259-260
   agencias de viajes 267
   alojamiento 250, 261-264
   asistencia médica 267
   circuitos 260
   clima 250
   cómo desplazarse 268
   cómo llegar y salir 267-268
   cuándo ir 250
   de compras 266-267
   dónde beber 265-266
   dónde comer 250, 264-265
   fiestas y celebraciones 260
   historia 252, 294

   información turística 267
   lo más destacado 251
   ocio 266
   playas 259-260
   puntos de interés 252-259
Dugi Otok 189-191
Dvorac Tikveš 93

E
Eco-Centre Caput Insulae 157
economía 287
edificios y estructuras
   Aqua lasae 77
   Arco Balbi 111
   Arsenal 239
   Asociación Croata de Artistas de Bellas Artes 48
   ayuntamiento (Trogir) 225
   ayuntamiento (Varaždin) 74
   columna de Orlando 259
   lonja 123
   murallas de la ciudad 176
   Palacio Comunal 102
   puerta Pile 253
   puerta romana 139
   Sabor 47
   salas del sótano (Palacio de Diocleciano) 211
   Teatro Nacional de Croacia (Varaždin) 74
   Villa Angiolina 144
Elafiti, islas 269
electricidad 332, 336
embajadas 336
encaje 194, 308
encefalitis 336
Ergela 87
escalada en roca
   Parque Nacional de Paklenica 187
   Rovinj 112
escalera de Petar Kružić 139
escultura 328-329
esencial 14-15
esquí 50, 308-309
Eslavonia 33, 83-97, **84-85**
   alojamiento 83
   clima 83
   cúando ir 83
   dónde comer 83, 312-313
   historia 86
   lo más destacado 84
estatuas
   Apoksiomeno 150, 177
   Daleki Akordi 159
   estatua de bronce del obispo Grgur Ninski 74
   Gregorio de Nin 211
etiqueta 288

excursionismo
  Bol 236
  Gračišće 128
  Korčula, ciudad de 277
  Mali Lošinj 149, 150
  Marjan 212-213
  Medvednica, monte 65
  Orebić 282
  Parque Nacional de Biokovo 230
  Parque Nacional de Paklenica 186-187
  Parque Nacional de Risnjak 148
  Parque Natural de Učka 147
  paseo marítimo de Marjan 213
  Poreč 119
  Rab, pueblo de 169
  Samoborsko Gorje 67

F

fauna 321-322, *véanse* osos, delfines
ferry 344, **10**
festivales de cine
  Festival de Cine de Motovun 132
  Festival de Cine de Pula 103
  Festival de Cine de Split 213
  Festival de Cine de Vukovar 95
  Festival de Cine de Zagreb 53
  Festival Internacional de Cine de Animación 52
  Libertas Film Festival 260
  Tabor Film Festival 80
  Trash Film Fest 75
festivales de música
  Festival de Verano de Trogir 225
  Garden Festival 183
  Hartera 140
  Veladas Barrocas de Varaždin 74
  T-Mobile INmusic Festival 52
festivos 339
fiestas 18-20, *véanse* festivales de cine, festivales de música
  Carnaval de Pag 193
  Días de Julio Verne 127
  Festival de la Canción Kajkavski 79
  Festival de Verano de Dubrovnik 19
  Festival de Verano de Rovinj 113
  Garden Festival 183
  Zagreb 52-53
fiestas oficiales 339
flora 322
fortalezas y torres, *véanse* castillos, palacios
  campanario (pueblo de Rab) 167-169
  defensas de la ciudad (ciudad de Korčula) 274-275
  Dubovac 66

fortaleza de Labin 122
fortaleza de Kamerlengo 225
fortaleza de San Miguel 198
Fortica 240
Kaštel (pueblo de Krk) 162
Kaštelet 212
Medvedgrad 50
murallas y fuertes de Dubrovnik 253
torre de la ciudad (Rijeka) 139
torre de Lotrščak 43
Tvrdalj 243
fotografía 338-339
fuente de Onofrio 258-259
fuentes termales, *véase* spas
fútbol 307

G

galerías de arte, *véase* museos
  colecciones de arte 150
  Estudio Meštrović 43
  Galería de Arte de la Ciudad 79
  Galería de Arte Moderno 49
  galería de arte Ultramarin 153
  Galería de Bellas Artes (Osijek) 89
  Galería de Bellas Artes (Split) 211-212
  Galería de Hlebine 78
  Galería de Koprivnica 78
  Galería de Maestros Antiguos y Modernos 74
  Galería Fonticus 134
  Galería Meštrović 212
  Galerija Branislav Dešković 235
  Galerija Galženica 42
  Galerija Josip Generalić 78
  Galerija Klovićevi Dvori 43-47
  Galerija Miroslav Kraljević 42
  Galerija Nova 42
  Galerija Studentski Centar 42
  Pabellón de Arte 49
  War Photo Limited 253
  Zagreb 42
Garden Festival 19, 183
gays y lesbianas 60, 336 *véase también* comunidad homosexual
Generalić, Ivan 329
geografía 321
geología 323
glosario 352
golf 77
Golik, Krešo 326
golpe de calor 336
Gračišće 128
grapa 314
Grisia 111
Grožnjan 133-134
Gruta Azul 249, **9**

Guerra de la Patria 301
Gundulić, Ivan 325

H

Hegedušić, Krsto 78
hípica
  Motovun 132
  Parque Natural de Lonjsko Polje 68
  Parque Natural de Učka 147
historia 289-305
  alto el fuego (negociado por la ONU) 301
  cultura iliria 289-290
  dominio veneciano 292
  Guerra de la Patria 301
  Imperio austrohúngaro 293-296
  Imperio de los Habsburgo 293-294
  Imperio otomano 293
  Imperio romano 290
  ingreso en la OTAN 304
  libros 292, 294, 296, 300, 301, 303
  siglo xx 296-305
  Ustaša y la Segunda Guerra Mundial 297
homosexualidad 310, 336
hora local 340
horario comercial 335
hostales 333, *véanse también las poblaciones individualmente*
hoteles 333-334, *véanse también las poblaciones individualmente*
Hum 130-131
Hvar, ciudad de 239-243, **6**
Hvar, isla de 238-245

I

idioma 14, 72, 347-352
iglesias y catedrales, *véanse también* monasterios y conventos
  Basílica Eufrasiana 117, **21**
  capilla de San Jerónimo 130
  capilla de Santa María Formosa 101
  catedral 101
  catedral de Đakovo 87
  catedral de la Asunción (pueblo de Krk) 161
  catedral de la Asunción (Varaždin) 74
  catedral de la Asunción de la Santísima Virgen María 39-42
  catedral de la Asunción de la Virgen 255
  catedral de San Domnion 209
  catedral de San Esteban 239
  catedral de San Jacobo 197
  catedral de San Lorenzo 224
  catedral de San Marcos 275
  catedral de San Vito 140
  catedral de Santa Anastasia 178

iglesia Capuchina de Nuestra Señora de Lourdes 140
iglesia de la Anunciación (Svetvinčenat) 125
iglesia de la Anunciación (Supetar) 233
iglesia de la Asunción 159
iglesia de la Natividad de la Virgen (Labin) 123
iglesia de la Natividad de la Virgen (Mali Lošinj) 150
iglesia de la Sagrada Trinidad 65
iglesia de la Santa Cruz 167
iglesia de Marija Bistrica 81-82
iglesia de Nuestra Señora de Trsat 137-139
iglesia de San Andrés 167
iglesia de San Antonio 130, 169
iglesia de San Antonio el Ermitaño 153
iglesia de San Blas 125, 258
iglesia de San Crisógono 178, **22**
iglesia de San Donato y ruinas romanas 175-176
iglesia de San Esteban 132
iglesia de San Ignacio 257-258
iglesia de San Iván 198
iglesia de San Jorge 228
iglesia de San Justino 167
iglesia de San Marcos 43
iglesia de San Nicolás 228
iglesia de San Pedro y San Pablo 89
iglesia de San Salvador 259
iglesia de San Simón 177
iglesia de San Vito, San Modesto y Santa Crescencia 134
iglesia de Santa Eufemia 110, 128
iglesia de Santa Lucía 165
iglesia de Santa María 128
iglesia de Santa María 190, 193
iglesia de Santa María de las Nieves 155
iglesia de Santa María de Škriljine 123
iglesia franciscana y monasterio de San Juan Bautista 74
iglesia jesuita de Santa Catalina 47
iglesia y monasterio franciscanos 198
iglesia y torre de San Juan 167
San Quirino 161
Santa María la Grande 169
Ilija, monte 282
ilirios, los 289-290
Ilok 96-97
Ilovik 151

La **negrita** indica los planos
El azul indica las fotografías

Imperio bizantino 290
Imperio otomano 293
impuesto sobre el valor añadido (IVA) 338
impuestos 338
información en la Red
  antes de partir 15
  historia 297
  medio ambiente 323
información turística 340, *véanse también las poblaciones individualmente*
inmigración 341
insolación 337
Instituto de Investigación y Conservación Marina Blue World 154
Internet, acceso a 337
islas 16
Istarske Toplice 133
Istria 33, 98-134, **99**, 7
  alojamiento 98
  clima 98
  cúando ir 98
  dónde comer 98, 313
  historia 100
  lo más destacado 99
Istria, interior de 122-134
itinerarios 21-28, **22**, **24**, **26**, **28**
  Split 214, **214**
  Zagreb 39, 51, **51**
IVA 338

J
jardines de Trsteno 273
jardines, *véanse* parques y jardines
Jelsa 244-245
Jergović, Miljenko 326
Josipović, Ivo 286

K
Kamene Priče 111
Karlovac 65-66
Kaštel 127
Kaštel Gomilica 228
Kaštel Kambelovac 228
Kaštel Lukšić 228
Kaštel Novi 228
Kaštel Štafilić 228
Kaštel Stari 228
Kaštel Sućurac 228
Kaštela 228
kayak, *véase también* rafting
  Dubrovnik 260
  Rovinj 112
Klanjec 81
klapa 219, 327
Koločep 269

Komiža 248-249
Korčula, ciudad de 274-280, **276**
Korčula, isla de 273-281
Kornati , islas 202-203
Kosor, Jadranka 286
Kotli 123
Kraljević, Miroslav 329
Krapina 78-80
Krapinske Toplice 80
Krapje 68
Krivica 149
Krk, isla de 160-165
Krk, pueblo de 161-163
Krleža, Miroslav 325
Kućica 66
Kukurin, Nenad 312
Kumrovec 81
Kvarner 33, 135-172, **136**
  alojamiento 135
  clima 135
  cúando ir 135
  dónde comer 135, 313
  lo más destacado 136

L
Labin 122-124
lagos
  lago Jarun 50-52
  lago Mir 191
  Malo Jezero 270
  Parque Nacional de los Lagos de Plitvice 185
  Veliko Jezero 270
lesbianas 60, 336 *véase también* comunidad homosexual
libros 286, 287, *véase también* literatura
  historia 292, 294, 296, 300, 301, 303
Limska Draga Fjord 116
literatura 325-326, *véase también* libros
Lokrum, isla de 268-269
Lopar 171-172
Lopud 269
Lošinj, isla de 149-154
Lubenice 160
Lumbarda 280
Lungomare 144

M
Makarska 229-231
Mala Učka 147
Mali Lošinj 149-153
Mali Ston 283-284
mapas 337-338
Marija Bistrica 81-82
marrasquino 314

Marulić, Marko 325
Matías Sandorf 126
Medena 227
medidas 332
Međimurje 77
medio ambiente 308-311
medios de comunicación 288
Medvednica, monte 65
mejillones 116
mercados
   Dolac 42
   Zagreb 61
Meštrović, Ivan 48, 209, 329
Milna 234
minas antipersonales 86, 339
Mir, lago 191
Mirković, Alenka 326
Mirogoj 50
Mljet, isla de 269-272, **6**, **25**
monasterios y conventos, *véase también* iglesias y catedrales
   convento de San Nicolás 225
   ermita de Blaca 237
   iglesia y monasterio franciscanos (Šibenik) 198
   iglesia y monasterio franciscanos (Zadar) 178
   monasterio benedictino 240
   monasterio de Krka 200
   monasterio dominicano 243
   monasterio dominico y museo 235
   monasterio franciscano (Krapina) 79
   monasterio franciscano (Makarska) 229
   monasterio franciscano (Punat) 163
   monasterio franciscano de Santa Eufemia 171
   museo y monasterio dominico (Dubrovnik) 255
   museo y monasterio franciscano (Dubrovnik) 253-255
   museo y monasterio franciscano (ciudad de Hvar) 239
   Samostan Visovac 200
moneda 14
Montenegro 266
monumentos conmemorativos
   cementerio conmemorativo de la guerra 95
   monumento conmemorativo de Ovčara 95
mordeduras de serpiente 337
mosaicos 102
Mostar 266
motocicleta 343
   alquiler 345
   cómo desplazarse por Croacia 345
   cómo llegar y salir a/desde Croacia 343

   distancias por carretera **345**
   normas de circulación 345
   permisos de conducir 345
   seguro 345
Motovun 132-133, **28**
movimiento de liberación croata (Ustaša) 297
Mraz, Franjo 329
mujeres en Croacia 310
mujeres viajeras 340
Murter 201
Murtić, Edo 329
museos, *véanse museos arqueológicos, museos etnográficos, galerías de arte*
   Casa de la Batana 110-111
   Casa-Museo Marasović 188
   Colección de Arte Sacro 125
   Galería Strossmayer de los Maestros Antiguos 47-48
   Lugar de la Memoria: Hospital de Vukovar 95
   monasterio dominico y museo 235
   Mundo de Insectos 74
   Museo Cívico 111
   Museo Croata de Arte Naïf 43
   Museo Croata de Turismo 144
   Museo de Arte Callejero de Zagreb 49
   Museo de Arte Contemporáneo 49-50
   Museo de Arte Moderno 259
   Museo de Arte Moderno y Contemporáneo 140
   Museo de Arte Sacro 178, 198
   Museo de Arte y Artesanía 48-49
   Museo de Bunari 197-198
   Museo de Eslavonia 87
   Museo de Gloria Maris 87
   Museo de Historia 101
   Museo de Historia de Croacia 47
   Museo de Historia Natural 139
   Museo de Historia Natural de Croacia 47, 53
   Museo de Iconos e iglesia 277
   Museo de la Ciudad (Hum) 130
   Museo de la Ciudad (ciudad de Korčula) 275-276
   Museo de la Ciudad (Karlovac) 65-66
   Museo de la Ciudad (Labin) 122
   Museo de la Ciudad (Makarska) 229-230
   Museo de la Ciudad (Pazin) 127
   Museo de la Ciudad (Samobor) 67
   Museo de la Ciudad (Sibenik) 198
   Museo de la Ciudad (Split) 209
   Museo de la Ciudad (Trogir) 225
   Museo de la Ciudad (Varaždin) 72-73

   Museo de la Ciudad (Vukovar) 95
   Museo de la Ciudad (Zagreb) 43
   Museo de la Ciudad de Rijeka 140
   Museo de la Guerra Nacional 259
   Museo de la Pesca 248
   Museo de la Sal 193
   Museo de la Técnica 53
   Museo de la Torre 153
   Museo de los Neandertal de Krapina 79
   Museo de Odescalchi 96-97
   Museo de Tusculum 223
   Museo del Aceite de Oliva 281
   Museo del Encaje 193
   Museo del Vidrio Antiguo 176-177
   museo e iglesia ortodoxa serbia 259
   Museo Honorífico de Jasenovac 68
   Museo Malacológico 229
   Museo Marco Polo 276-277
   Museo Marítimo (Dubrovnik) 259
   Museo Marítimo (Orebić) 282
   Museo Marítimo y de Historia 139
   Museo Marton 67
   Museo Mimara 47
   Museo Regional 128
   Museo Riznica 277
   Museo Staro Selo 81
   tesoro del Obispo 240
museos arqueológicos, *véase también* museos
   Osijek 87-89
   Osor 159
   Pula 101
   Split 211
   Vis, ciudad de 246
   Zadar 178
   Zagreb 48
museos etnográficos, *véase también* museos
   Dubrovnik 259
   Pazin 127
   Split 210-211
   Zagreb 48
museos marítimos, *véase también* museos
   Dubrovnik 259
   Orebić 282
   Rijeka 139
música 327-328
   klapa 219
   turbo-folk 307

N

Napoleón 294-295
natación, *véanse también* playas, *spas*
   Dubrovnik 259-260
   Hvar, ciudad de 240
   Rovinj 112

naturismo 104, 116, *véase* playas nudistas
navegación 228
navegación a vela 228
niños, viajar con 29-31, 53
Novak, Slobodan 326
Novalja 194-195
Novigrad 123

O

observación de aves 321
   Centro Sokolarski 200
   Parque Nacional de Paklenica 186
   Parque Natural de Kopački Rit 92-93
   Parque Natural de Lonjsko Polje 68
   Parque Natural de Učka 147
   Rovinj 112
observación de la naturaleza 184
Observatorio de Višnjan 123
observatorios
   Centro Astronómico 139
   Observatorio de Višnjan 123
Okrug Gornji 227
Opatija 143-146
Oprtalj 123
Orebić 282-283
Órgano del Mar 175
Osijek 86-92, **88**, **28**
Osjak 281
Osor 158-159
osos 147, 184, 186, 321, 322
ostras 116

P

Pag, pueblo de 192-194
Pag, isla de 191-195, **23**
Pakleni, islas 240
Palacio de Diocleciano 205-209, 318, **11**
palacios, *véanse también* castillos, fortalezas y torres
   Banski Dvori 47
   palacio Ćipiko 225
   Palacio de Diocleciano 205-209, **11**
   palacio de Patačić 74
   palacio de Patačić-Puttar 74
   palacio de Salomón 128
   palacio Dominis 169
   Palacio Episcopal 117
   palacio Scampicchio 123
   palacio Spinotti Morteani 134
   palacio Sponza 255-257

La **negrita** indica los planos
El azul indica las fotografías

rectoría (Dubrovnik) 255
rectoría (Cavtat) 272
Pantan 227
parapente 147
parques acuáticos 74
parques nacionales 17, 322-324, *véanse también* parques naturales, parques y jardines
   Parque Nacional de Biokovo 230
   Parque Nacional de las Kornati 203
   Parque Nacional de Krka 200-202, 323
   Parque Nacional de los Lagos de Plitvice 184-186, 323, **4**, **23**
   Parque Nacional de Mljet 269
   Parque Nacional de Paklenica 186-188, 322-323, **8**
   Parque Nacional de Risnjak 148, 322
   Parque Nacional de Velebit Septentrional 323
parques naturales, *véanse también* parques nacionales, parques y jardines
   Marjan 212-213
   Parque Natural de Kopački Rit 92-94, **10**
   Parque Natural de la Bahía de Telašćica 189-191
   Parque Natural de Lonjsko Polje 68
   Parque Natural de Učka 147
parques y jardines, *véanse* también parques nacionales, parques naturales
   Boćarski Dom 53
   jardín botánico 49
   jardín botánico de Biokovo 229
   jardín de las Delicadas Fragancias 150
   jardín medieval del monasterio de San Lorenzo 198
   jardines de Trsteno 273
   Mini Croatia 111
   Parque Forestal de Punta Corrente 111
   parque Komrčar 169
   parque Maksimir 50
Parun, Vesna 325
paseos, *véase* excursionismo
Pavelić, Ante 297
Pavličić, Pavao 326
Pazin 126-128
Pazin Chasm, sima de 126-127
películas 287
peligros 86, 339
Pelješac, península de 281-284
periódicos 322
pesca 116
pesos 332

Petrčane 182-183
picigin 216
pintura 328-329, *véase también* arte naíf
piragüismo 112
Piškera 203
playas 17, *véanse también* spas, natación
   Bačvice 212
   Bonj Les Bains 240
   Brela 231
   Čikat 150
   Cres, pueblo de 155
   Dalmacia central 235
   Drvenik Mali 228
   Drvenik Veli 228
   Dubrovnik 259
   Glavica 244
   Hawaii, playa 105
   Jelsa 244
   Kolombarica, playa 105
   Krivica 149
   Livačina, playa 171
   Lokrum, isla de 268
   Lungomare 144
   Makarska 229
   Medena 227
   Nugal 229
   Okrug Gornji 227
   Orebić 282
   Osjak 281
   Pantan 227
   Paraíso, playa 171
   Proizd 281
   Punta Rata 231
   Rt Kamenjak 105, **8**
   Stara Baška 164
   Stolac, playa 172
   Sunčana Uvala 150
   Šunj 269
   Supetar 233
   Sveti Nikola 117-119
   Trstenica 282
   Valun 159-160
   Verudela, península de 105
   Vis, isla de 248
   Zečevo 244
   Zlatni Rat 235, **7**
   Zrće, playa de 195
playas nudistas, *véase también* naturismo
   Glavica 244
   Lokrum, isla de 268
   Nugal 229
   Sahara, playa 171
   Stolac, playa 172
   Zečevo 244
plaza Kaptol 42-43

plazas
- Gradski Trgovi 177
- plaza de Artesanías Tradicionales 74
- plaza de San Esteban 239
- plaza Kaptol 42-43
- Trg Frane Petrića 155
- Trg Josipa Jelačića 47
- Trg Marafor 117

población 288
política 286-287
Poreč 116-122, **118**, **21**
prefijos de zona 15, 339
presupuesto económico 14
Primošten 201
Proizd 281
propinas 332
Prvić 201
Pučišća 237
Pula 100-108, **102**
Punat 163-164

Q
queso de Pag 192, 194

R
Rab, isla de 165-172, **166**
Rab, pueblo de 167-171, **168**
Račić, Josip 329
radio 332
rafting, véase también kayak
- Dalmacia central 231
- Dubrovnik 260
- río Cetina 231

rakija 313-314
Raša 123
refugios de fauna y flora
- Centro Sokolarski 200
- Eco-Centre Caput Insulae 157
- refugio de Kuterevo 322

religión 309
Reserva de Delfines de Lošinj 154
revistas 332
Rijeka 137-143, **138**
- alojamiento 140-141
- cómo desplazarse 143
- cómo llegar y salir 142-143
- de compras 142
- dónde beber 141-142
- dónde comer 141
- fiestas y celebraciones 140
- historia 137
- información turística 142
- ocio 142
- puntos de interés 137-140

Riviera de Makarska 229-232
Roč 130

Rovinj 110-116, **112**, **24**, **25**
Rt Kamenjak 105, **8**
ruinas
- anfiteatro romano 101
- arco triunfal de los Sergios 101
- murallas de Motovun 132
- pozo barroco 128
- torres venecianas 117

Rušinović, Goran 326

S
Sali 190-191
Salona, *véase* Solin
salud 336
Saludo al Sol 175
Samobor 66-68, **26**
Samoborsko Gorje 67
Sanader, Ivo 286, 304
Savudrija 123
seguridad 86, 339
seguro
- automóvil 343
- de viaje 337
- motocicleta 343

Šibenik 196-199, **196**
Šibenik-Knin, región de 195-203
sinagoga 259
Šipan 269
Šipanska Luka 269
sistema de vídeo 332
sitio de Vukovar 96
Škrip 234
Slanica 201
Smajić, Petar 329
Solin (Salona) 223-224
Šolta 223
Sovinjsko Polje 131-132
Špancirfest 20
spas, véanse también playas, natación
- Istarske Toplice 133
- Krapinske Toplice 80
- Spa & Golf Resort Sveti Martin 77
- Stubičke Toplice 82
- Varaždinske Toplice 76-78
- Zadar 178

Split 205-223, **208**, **210-211**, **11**
- acceso a Internet 220
- actividades 212-213
- agencias de viajes 221
- alojamiento 204, 213-217
- asistencia médica 220
- circuito a pie 214, **214**
- circuitos 213
- clima 204
- cómo desplazarse 223
- cómo llegar y salir 221-222
- cuándo ir 204
- de compras 220
- dónde beber 218-219
- dónde comer 204, 217-218
- fiestas y celebraciones 213
- historia 205
- información turística 221
- lo más destacado 206
- ocio 219-220
- Palacio de Diocleciano 205-209, 318, **11**
- puntos de interés 205-212

Split y Dalmacia central 34, 204-249, **206-207**
Stari Grad 243-244
Starigrad 188-189
Ston 283-284
Stubičke Toplice 82
submarinismo
- Beli 157
- Bol 236
- Cres, pueblo de 155
- Dubrovnik 260
- Hvar, ciudad de 240
- Krk, pueblo de 162
- Mali Lošinj 150
- Mljet, isla de 270
- Poreč 119
- Pula 103
- Rab, pueblo de 169
- Rovinj 112
- Sali 190
- Supetar 233
- Vis, ciudad de 246, **24**

Sumartin 237
Sunčana Uvala 150
Supetar 233-234
Susak 151
Sveta Katarina 116
Sveti Andrija 116
Sveti Martin 77
Sveti Maškin 116
Sveti Nikola 117-119
Svetvinčenat 125-126

T
tarjetas de crédito 338
tarjetas telefónicas 339
teleférico 259
teléfono 15, 339
teléfono móvil 15, 339
televisión 288
templos
- templo de Augusto 101
- templo de Júpiter 209-210
- templo de Neptuno 117

tenis 308
tipos de cambio 15
Tito 81, 109, 299, 300

Toklarija 131
torre de Lotrščak 43
torres, *véanse* fortalezas y torres
tren
   cómo desplazarse por Croacia 346
   cómo llegar y salir a/desde Croacia 342-343
   de Ploče a Mostar 229
Trogir 224-227, **226**, 17
trufas 129
Tuđman, Franjo 300, 303

U

Ugljan 183-184
Ugrešić, Dubravka 326
Unije 151
Unión Europea 286-287
urgencias 15

V

vacaciones 339
Valun 159-160
Varaždin 72-76, **73**, 26
   acceso a Internet 76
   agencias de viajes 76
   alojamiento 75
   cómo llegar y salir 76
   dónde beber 75-76
   dónde comer 75-76
   fiestas y celebraciones 74-75
   historia 72
   información turística 76
   puntos de interés 72-74
Varaždinske Toplice 76-78
vegetarianos y *veganos* 316
Vela Luka 280-281
Veli Lošinj 153-154
Veli Rat 191
Verne, Julio 126
Verudela, península de 105
vía crucis 82

vinos 314-315
Virius, Mirko 329
Vis, ciudad de 246-248
Vis, isla de 245-249, 24
visados 15, 340
Vodnjan 124-125
Volosko 146-148
voluntariado 340
Vrbnik 164
Vrsar 123
Vukovar 94-96
Vukšić, Ivana 49

W

wakeboarding 162
windsurf
   Bol 235, 236
   Čikat 150
   Cres, pueblo de 155
   Pula 103
   Viganj 282

Y

yacimientos 78-79
   Krapina 78-80
   Palacio de Diocleciano 205-209, 318, 11
   Pula 101
   Solin (Salona) 223-224
   Zadar 175-176
Yugoslavia 295-301

Z

Zadar 175-182, **176**, 11, 22
   actividades 178
   alojamiento 179-180
   circuitos 178-179
   cómo desplazarse 182
   cómo llegar y salir 182
   dónde beber 181-182
   dónde comer 180-181

   fiestas y celebraciones 179
   historia 175
   información turística 182
   ocio 182
   puntos de interés 175-178
Zadar, región de 175-189
Zagorje 32, 69-82, **70-71**, 27
   alojamiento 69
   clima 69
   cuándo ir 69
   dónde comer 69
   lo más destacado 70
Zagreb 32, 38-68, **40-41**, **44-45**, 7, 22
   acceso a Internet 62
   actividades 50-52
   agencias de viajes 62-63
   alojamiento 38, 53-55
   asistencia médica 62
   circuito a pie 51, **51**
   circuitos 51, 52
   clima 38
   cómo desplazarse 64-65
   cómo llegar y salir 63-64
   cuándo ir 38
   de compras 61-62
   dónde beber 58-59
   dónde comer 38, 55-58, 312
   fiestas y celebraciones 52-53
   historia 39
   información turística 62
   itinerarios 39
   lo más destacado 40
   niños 53
   ocio 59-60
   puntos de interés 39-50
   urgencias 62
Zlarin 201
Zlatni Rat 235, 7
Zoo Osijek 89
Žut 203
Zvijezda 65

La **negrita** indica los planos
El azul indica las fotografías

Cómo utilizar esta guía

Simbología para encontrar el tema deseado:

- ⊙ Puntos de interés
- 🏃 Actividades
- 🍽 Cursos
- 👉 Circuitos
- 🎊 Fiestas y eventos
- 🛏 Alojamiento
- 🍴 Dónde comer
- 🍷 Dónde beber
- ☆ Ocio
- 🛍 Comercios
- ℹ Información/transporte

Simbología de información práctica:

- ☎ Teléfono
- ⊙ Horario
- Ⓟ Aparcamiento
- ⊘ Prohibido fumar
- ❄ Aire acondicionado
- @ Acceso a internet
- 📶 Acceso wifi
- 🏊 Piscina
- 🥗 Buena selección vegetariana
- 🇬🇧 Menú en inglés
- 👶 Apto para niños
- 🐾 Apto para mascotas
- 🚌 Autobús
- ⛴ Ferry
- Ⓢ Subway
- ⊖ London Tube
- 🚊 Tranvía
- 🚆 Tren

Atención a estos iconos:

- 👍 Recomendación del autor
- GRATIS Gratis
- 🌿 Propuesta sostenible

Los autores han seleccionado lugares que han demostrado un gran sentido de la responsabilidad, apoyando a comunidades y productores locales, habiendo creado un entorno laboral sostenible o llevando a cabo proyectos de conservación.

Las reseñas aparecen en orden de preferencia del autor.

Leyenda de los mapas

Puntos de interés
- Playa
- Templo budista
- Castillo
- Templo cristiano
- Templo hindú
- Templo islámico
- Templo judío
- Monumento
- Museo/Galería de arte
- Ruinas
- Lagar/viñedo
- Zoo
- Otros puntos de interés

Actividades, cursos y circuitos
- Submarinismo/buceo
- Canoa/kayak
- Esquí
- Surf
- Natación
- Senderismo
- Windsurf
- Otra actividad/curso/circuito

Alojamiento
- Alojamiento
- Camping

Dónde comer
- Lugar donde comer

Dónde beber
- Lugar donde beber
- Café

Ocio
- Ocio

De compras
- Comercio

Información
- Oficina de correos
- Información turística

Transporte
- Aeropuerto
- Puesto fronterizo
- Autobús
- Teleférico/funicular
- Ciclismo
- Ferry
- Metro
- Monorraíl
- Aparcamiento
- S-Bahn
- Taxi
- Tren
- Tranvía
- Estación de metro
- U-Bahn
- Otros transportes

Red de carreteras
- Autopista
- Autovía
- Ctra. principal
- Ctra. secundaria
- Ctra. local
- Callejón
- Ctra. sin asfaltar
- Zona peatonal
- Escaleras
- Túnel
- Puente peatonal
- Circuito a pie
- Desvío del circuito
- Camino de tierra

Límites
- Internacional
- 2º rango, provincial
- En litigio
- Regional, suburbano
- Parque marino
- Acantilado
- Muralla

Núcleos de población
- Capital (nacional)
- Capital (2º rango)
- Ciudad/gran ciudad
- Pueblo/aldea

Otros
- Cabaña/refugio
- Faro
- Puesto de observación
- Montaña/volcán
- Oasis
- Parque
- Puerto de montaña
- Zona de *picnic*
- Cascada

Hidrografía
- Río/arroyo
- Agua estacional
- Pantano/manglar
- Arrecife
- Canal
- Agua
- Lago seco/salado/estacional
- Glaciar

Áreas delimitadas
- Playa, desierto
- Cementerio cristiano
- Cementerio (otro tipo)
- Parque/bosque
- Zona deportiva
- Edificio de interés
- Edificio de especial interés

LA HISTORIA DE LONELY PLANET

Un automóvil destartalado, unos pocos dólares en el bolsillo y muchas ganas de aventura. En 1972 eso es todo lo que necesitaron Tony y Maureen Wheeler para hacer el viaje de sus vidas: toda Europa y Asia por tierra hasta Australia. Tardaron varios meses y, al final, sin un céntimo, pero llenos de energía, se sentaron en la mesa de la cocina a escribir y grapar su primera guía de viajes: *Across Asia on the cheap*. En una semana ya habían vendido 1500 copias. Así nació Lonely Planet.

Hoy en día, Lonely Planet tiene oficinas en Melbourne, Londres y Oakland, con más de seiscientos autores y trabajadores. Lonely Planet mantiene la filosofía original de Tony: "Toda guía excelente debe hacer estas tres cosas: informar, educar y entretener".

LOS AUTORES

Anja Mutić

Autora y coordinadora, Zagreb, Zagorje, Istria, Split y Dalmacia central Ya han pasado más de dieciocho años desde que Anja dejó su Croacia natal. Sus viajes le llevaron a varios países antes de establecerse en Nueva York hace once años. Sin embargo, sus raíces la llaman constantemente. Regresa a Croacia con frecuencia para trabajar y pasar sus vacaciones; en cada visita se propone descubrir un nuevo lugar, ya sea un parque natural, una población aislada o una isla remota. Su afán es que las bellezas de Croacia se aprecien en todo el mundo, pero en el fondo echa de menos la época en que se podía tomar un café tranquilamente en el Stradun de Dubrovnik sin tener que esperar a que una mesa quedara libre. En su último viaje disfrutó explorando los emplazamientos militares de Vis y el interior de Hvar, salpicado de campos de lavanda. Anja tiene un *blog* sobre sus viajes: www.everthenomad.com.

Más información en: lonelyplanet.com/members/anjamutic

Iain Stewart

Eslavonia, Kvarner, el norte de Dalmacia, Dubrovnik y el sur de Dalmacia Iain visitó Croacia por primera vez en 1987 y desde entonces ha regresado con regularidad a este país culturalmente rico y lleno de islas. Ha escrito más de treinta guías, normalmente de regiones tropicales como el sureste asiático y Centroamérica. Esta guía fue su primera obra sobre Croacia. Para su viaje de investigación, recorrió en kayak los bosques inundados junto al Danubio, exploró los senderos de los parques nacionales de Paklenica y Plitvice y recorrió las murallas de Dubrovnik.

---

geoPlaneta
Av. Diagonal 662-664. 08034 Barcelona
viajeros@lonelyplanet.es
www.geoplaneta.com - www.lonelyplanet.es

Lonely Planet Publications (oficina central)
Locked Bag 1, Footscray, Victoria 3011, Australia
61 3 8379 8000 - fax 61 3 8379 8111
(Oficinas también en Reino Unido y Estados Unidos)
talk2us@lonelyplanet.com.au

Croacia
4ª edición en español – junio del 2011
Traducción de *Croatia*, 6ª edición – marzo del 2011
1ª edición en español – junio del 2005

Editorial Planeta, S.A.
Con la autorización para la edición en español de Lonely Planet Publications Pty Ltd A.B.N. 36 005 607 983, Locked Bag 1, Footscray, Melbourne, VIC 3011, Australia

Aunque Lonely Planet, geoPlaneta y sus autores y traductores procuran que la información sea lo más precisa posible, no garantizan la exactitud de los contenidos de este libro, ni aceptan responsabilidad por pérdida, daño físico o contratiempo que pudiera sufrir cualquier persona que lo utilice.

ISBN: 978-84-08-09794-5
Depósito legal: B. 21.169-2011
Textos y mapas © Lonely Planet 2011
© Fotografías 2011, según se relaciona en cada imagen
© Edición en español: Editorial Planeta, S.A., 2011
© Traducción: Delia Álvarez, Ton Gras, Iñigo Rodríguez-Villa, 2011.

Impresión y encuadernación: T.G. Soler
Printed in Spain – Impreso en España

Reservados todos los derechos. No se permite la reproducción total o parcial de este libro, ni su incorporación a un sistema informático, ni su transmisión en cualquier forma o por cualquier medio, sea este electrónico, mecánico, por fotocopia, por grabación u otros métodos, sin el permiso previo y por escrito del editor. La infracción de los derechos mencionados puede ser constitutiva de delito contra la propiedad intelectual (Art. 270 y siguientes del Código Penal).

Diríjase a CEDRO (Centro Español de Derechos Reprográficos) si necesita fotocopiar o escanear algún fragmento de esta obra. Puede contactar con CEDRO a través de la web www.conlicencia.com o por teléfono en el 91 702 19 70 / 93 272 04 47.

Lonely Planet y el logotipo de Lonely Planet son marcas registradas de Lonely Planet en la Oficina de Patentes y Marcas de EE UU y otros países.

Lonely Planet no autoriza el uso de ninguna de sus marcas registradas a establecimientos comerciales tales como puntos de venta, hoteles o restaurantes. Por favor, informen de cualquier uso fraudulento a www.lonelyplanet.com/ip.

El papel utilizado para la impresión de este libro es cien por cien libre de cloro y está calificado como papel ecológico.